U0862202

中共北京市委社会工作委员会
北京市社会建设工作办公室 编

北京社会建设年鉴 2014

北京出版集团公司
北 京 出 版 社

图书在版编目（CIP）数据

北京社会建设年鉴. 2014 / 中共北京市委社会工作委员会，北京市社会建设工作办公室编. — 北京 : 北京出版社，2014. 12

ISBN 978 - 7 - 200 - 11041 - 8

Ⅰ. ①北… Ⅱ. ①中… ②北… Ⅲ. ①社会发展—北京市—2014—年鉴 Ⅳ. ①D671 - 54

中国版本图书馆 CIP 数据核字(2014)第 280478 号

北京社会建设年鉴 2014

BEIJING SHEHUI JIANSHE NIANJIAN 2014

中共北京市委社会工作委员会
北京市社会建设工作办公室 编

*

北京出版集团公司
北京出版社 出版

（北京北三环中路 6 号）

邮政编码:100120

网　址: www. bph. com. cn

北京出版集团公司总发行

北京京华虎彩印刷有限公司印刷

*

787 毫米×1092 毫米　16 开本　31. 75 印张　64 页彩插　791 千字

2014 年 12 月第 1 版　2014 年 12 月第 1 次印刷

ISBN 978 - 7 - 200 - 11041 - 8

定价:100. 00 元

质量监督电话: 010 - 58572393

《国共演义》系多卷本章回体纪实性历史通俗演义，立体
观地展现现代中国历史，记叙1918年至1949年中国历史上的重
刻画了众多的历史人物。风土人情，趣闻轶事，偶插其间。融历
性和文学的艺术性于一体，有较强的可读性和历史参考价值。

本书2011年出版二卷。第一卷分第一、二、三册，记叙1918年
间新民学会成立、留法勤工俭学、五四运动、府院之争、直皖战
战争、中国共产党成立、中国国民党改组、国共第一次合作、东
大革命失败等重大事件；第二卷分第一、二、三、四、五册，记
至1937年间中共主要的武装起义、根据地的创立、宁汉战争与宁
蒋介石的政治起伏、蒋桂战争与中原大战、国共两党两军的“
反“围剿”、红军长征、长城抗战、西安事变等重大事件。

责任编辑：李鞍明
书籍设计：李　戎

加强社会建设　创新社会治理

北京市
社会建设工作巡礼

BEIJING SHI
SHEHUI JIANSHE GONGZUO XUNLI

深入扎实开展党的群众路线教育实践活动
以作风建设的新成效推动首都社会建设开创新局面

召开动员部署会议

宋贵伦同志作党课报告

召开领导小组会议

全体机关干部集中学习交流

参观《复兴之路》展览

参观警示教育基地

全体机关干部集中观看教育片

★ 市委社会工委、市社会办深入开展党的群众路线教育实践活动

加强社会建设 创新社会治理

★ 4 月 13 日，社会建设与社会治理研究中心成立暨首届中国社会建设论坛举办

★ 6 月 22 日，北京社会建设研究基地成立 5 周年座谈会召开

★ 5 月 25 日，第三届中国社会管理论坛举办

★ 12 月 15 日，社会建设改革治理专题座谈会召开

★ 8 月 26 日，北京市“十二五”时期社会建设规划纲要中期专家评审会召开

★ 11月25日至26日，全国深化社会体制改革研讨会暨“加强社会建设 创新社会治理”（广东）年会召开

★ 11月25日，北京、上海、重庆、广东等省市社会建设工作机构签署社会建设合作备忘录

★ 9月26日，国际城市论坛2013年年会暨北京社会发展研究中心揭牌仪式举办

★ 12月7日，第二届“首都社会诚信论坛”举办

★ 7月19日，2013年中国社会学年会“社会建设的理论与实践分论坛”举办

社区建设
SHE QU JIAN SHE

加强社会建设
创新社会治理

★ 5 月 29 日，2013 年全市社区建设工作推进会召开

★ 9 月 27 日，2013 年度北京市魅力社区评选活动颁奖典礼举行

★ 2 月 27 日，全市第二批社区用房市级检查验收工作会召开

★ 3 月 28 日，第七届“十大感动社区人物”评选颁奖典礼举办

★ 9 月 24 日，全市推进老旧小区自我服务管理试点工作会召开

★ 推进社区规范化建设，细化为民服务功能

社区建设

SHE QU JIAN SHE

加强社会建设
创新社会治理

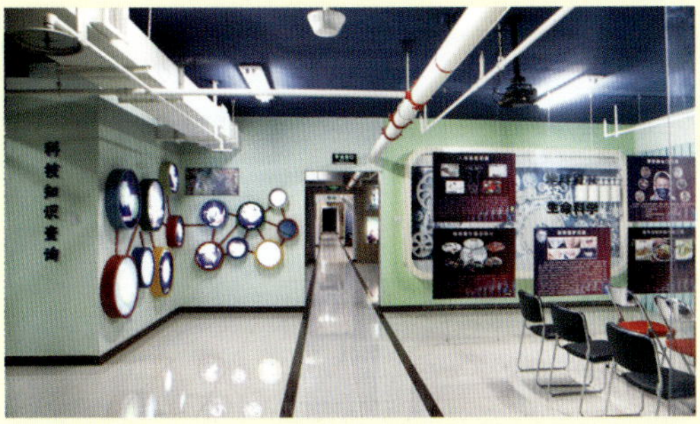

★ 深入推进社区基本公共服务全覆盖工作，利用人防工程开展便民服务

★ 推进“一刻钟社区服务圈”示范点建设，提升社区服务功能

★ 推进农村社会服务管理创新试点

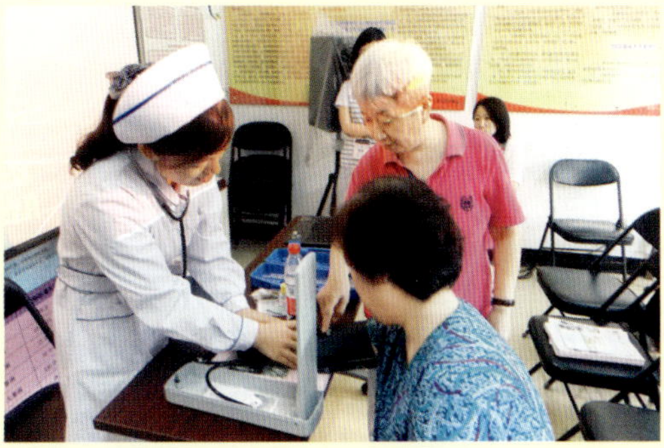

★ 开展社区关爱行动，服务社区老年人

★ 加强国际化社区建设，中英双语服务中外居民

★ 社区居民文体活动丰富多彩

★ 4月27日，北京社会组织公益行系列活动启动

★ 北京社会组织公益产品展示

★ 天天乐大讲堂邀请党校专家解读十八大精神

★ 巧娘工作室发展协会开展送技能下社区公益培训

★ 6月28日，北京市法学会开展法学法律专家公益行活动

★ 5月5日，北京市民族联谊会举办5·6民族团结日活动

★ 9月9日，北京民办教育协会举办“送书香、献爱心”活动

★ 9月25日，北京老年书画协会深入社区开展活动

★ 10月16日，北京企联组织知名企业开展进社区活动

★ 10月22日，公益组织“公益星期六”开展徒步行走宣传活动

★ 12月28日，北京市文联举办“‘中国梦’ 乐在社区”百姓健身舞展演活动

★ “北京市万名社区工作者培训”继续在各区县进行

★ 1月25日，2013年迎新春社会工作专业机构座谈会召开

★ 4月15日，2013年“国际社工日”交流活动暨北京社工队伍建设论坛举办

★ 10月21日至25日，北京市高级社会管理服务人才班举办

★ 11月30日，首都第二届“寻找最美社工”活动结果发布

★ 北京市社会工作事务所建设成果展示

★ 绿港社会工作事务所进入社区开展服务

★ 北京市社会工作事务所 LOGO 集锦

★ 李楠社会工作事务所开展“社区一家亲”助残月活动

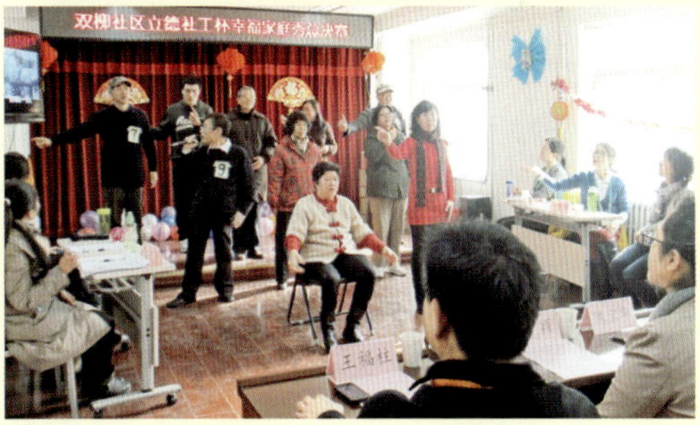

★ 立德社会工作事务所开展幸福家庭秀活动

★ 北京市妇联组织专业社工开展服务

★ 七彩昀社会工作事务所举办专业社会工作介入社会救助学术研讨会

★ 3 月 5 日，北京市志愿者志愿服务计时工作正式启动

★ 12 月 6 日，2013 中国志愿服务国际交流大会在京召开

★ 11 月 1 日，北京市街道社区社会动员工作试点座谈会召开

★ 3 月 5 日，市民劝导队志愿服务主题研讨活动举行

★ 9 月 5 日，志愿服务计时工作推进会召开

★ 3 月 5 日，志愿服务走进生活主题交流活动举办

★ 北京志愿者服务“永远的雷锋”大型主题展开展

★ 北京园博会志愿者为游客指路

★ 曙康社会工作事务所组织志愿者为残障人士服务

★ 志愿者为汶川地震孤儿和残疾儿童做辅导

★ 街道社区开展为老志愿服务

★ 6月29日，北京市社会领域党的建设研究会成立

★ 4月27日，全市城乡基层组织建设推进会召开

★ 4月24日，中组部调研北京市非公有制企业党建工作

★ 3月5日，北京民办教育协会等10家市级"枢纽型"社会组织党建工作委员会成立

★ 5月17日，全市离退休党员干部担任非公党建指导员培训工作启动

★ 非公有制经济组织和社会组织党组织负责人培训班举办

社会领域党建工作

SHE HUI LING YU DANG JIAN GONG ZUO

加强社会建设 创新社会治理

★ 12月9日至11日，北京市街道党工委书记集中培训班举办

★ 9月23日至27日，北京市社区党组织书记示范培训班举办

★ 10月28日，非公党建指导员座谈会召开

★ 对各区县三级联创工作进行检查指导

★ 开展工商进楼宇主题活动服务非公有制经济组织

★ 商务楼宇工作站举行七一服务宣传活动

社会建设信息化建设

SHE HUI JIAN SHE XIN XI HUA JIAN SHE

加强社会建设
创新社会治理

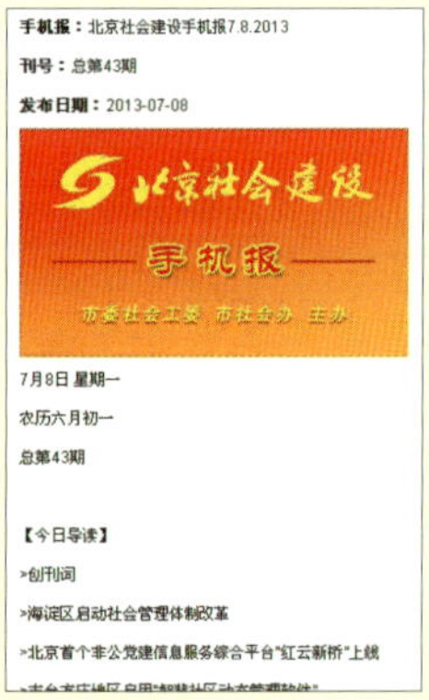

手机报：北京社会建设手机报7.8.2013

刊号：总第43期

发布日期：2013-07-08

北京社会建设

手机报

市委社会工委 市社会办 主办

7月8日 星期一

农历六月初一

总第43期

【今日导读】

>创刊词

>海淀区启动社会管理体制改革

>北京首个非公党建信息服务综合平台"红云新桥"上线

★ 7月8日，《北京社会建设手机报》正式创刊

★ 北京社会服务之窗方便居民生活

★ 市委社会工委、市经济信息化委、市民政局与北京市邮政管理局研究邮政进社区工作

★ 在全市推进智慧社区终端建设

★ 调研指导区县网格化社会服务管理体系建设工作

★ 5月8日，北京市智慧社区建设工作月度交流调度会召开

★ 9月26日，2013年全市首批智慧社区试点建设总结验收认定工作暨社会建设信息化第三季度例会召开

★ 推进街道信息化平台建设

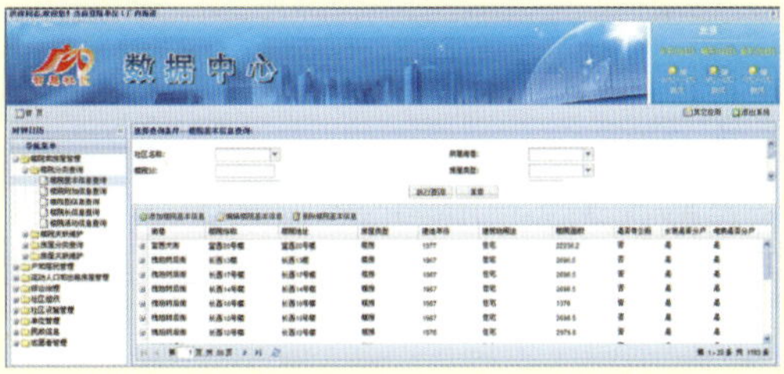

★ 推进街道基础信息数据库建设

★ 社区设立居民知情台，方便居民查阅信息

★ 6月26日，北京市社会心理工作联合会成立

★ 5月7日，北京市社区工作者心理服务能力培训班举办

★ 5月11日，北京市心理危机干预技术培训班举办

★ 7月28日，北京市家庭教育研究会举办梦想的力量——家庭教育高峰论坛

★ 曙光小学邀请专家进校园，开展心理辅导

★ 邀请台湾专家为社区家庭教育工作者讲授专业知识

★ 8月2日，北京社会生活心理卫生咨询服务中心为东花市地区消防官兵进行火灾救援后的心理干预

★ 9月17日，北京心理危机研究与干预中心同外交学院签订心理共建协议

★ 9月18日，北京人民广播电台《知识开讲》栏目举办心理健康知识讲座

★ 11月28日，红枫诺思博管理顾问公司开展失独家庭心理关爱活动

★ 12月27日，社会治理中的社会心理工作实践与创新年会举办

★ 开展老年人心理健康宣传

加强社会建设
创新社会治理

★ 8月12日，市委社会工委书记、市社会办主任宋贵伦为机关干部讲党课

★ 8月19日，机关干部参观北京市反腐倡廉警示教育基地

★ 1月18日，举办机关干部迎新春诗歌朗诵会

★ 2月4日，举办2013年机关迎新春联欢会

★ 3月14日，机关干部参观“永远的雷锋”大型主题展览

★ 4月10日，机关团支部进行换届选举

★ 4月17日，机关干部参观“光辉典范——抗战时期中国共产党党风廉政建设”主题展览

★ 4月19日，召开机关纪检工作会议

★ 5月3日，举行纪念五四青年节活动

★ 7月30日，机关干部参观《复兴之路》展览

★ 7月31日，召开庆八一转作风座谈会

《北京社会建设年鉴2014》编纂委员会

顾　　问　吕锡文　戴均良

王　翔　刘宇辉　戴　卫

主　　任　宋贵伦

副 主 任　赵小卫　张　坚　陈建领　刘占山　王丽竹

王智玲　赵济贵　张青之

委　　员　（按姓氏笔画为序）

于瑞林　王东日　王建元　王珮琦　王培兰

王森林　艾　丽　卢　建　宁秋君　邢桂丽

朱俊颖　刘向东　孙先礼　沈代平　张　强

张友生　张玉震　张永新　张志华　张德广

陈　刚　岳金柱　赵小平　赵年生　赵海军

赵海英　高　峰　唐志华　鲁振中

《北京社会建设年鉴 2014》编辑部

主　　编　宋贵伦

副 主 编　赵济贵

执行副主编　赵海英　龙斯钊　王　彤

编　　辑　李　研　李占影　王　方　薛依群　马凤媛
张文文　张晓霞　李筱婧　欧阳胜男　刘亚丽
张　婷　王胜健　王晓娟　王卫峰　郭　克
尹　利　郭军强　彭喜乐　赵培文　陈　涛
胡俊华　王莎莎　王　磊　宋　瑜　朱丽芳
赵英堂　尹相南　顾艳梅　卢　鑫　胡天伟
朱　森　郑　策　王　焱

编 辑 说 明

一、《北京社会建设年鉴》（以下简称《年鉴》），是一部反映北京社会建设领域工作的大型资料工具书和史料文献。在《年鉴》编纂委员会领导下，由《年鉴》编辑部组织编辑。

二、本《年鉴》以邓小平理论、"三个代表"重要思想和科学发展观为指导，认真学习贯彻习近平总书记一系列重要讲话精神，按照"人文北京、科技北京、绿色北京"及建设中国特色世界城市的战略要求，坚持实事求是的原则，在编纂中力求科学性、客观性。

三、本《年鉴》从2008年开始逐年编纂出版。当年出版的年鉴，力求全面记载上一年度北京社会建设发展的基本情况，真实记录北京在社会建设领域改革创新的历史进程，系统反映北京市社会各界参与社会建设事业的新情况、新特点、新进展、新成就，以服务社会、存史资政。

四、本《年鉴》采用文章和条目两种体裁。设有特载、文件、专文、重大事件、综述、大事记、理论文章与调研考察报告7个基本栏目及附录。

五、本《年鉴》收录的文章和条目，均通过各相关单位确定专人负责撰写或提供，并经单位主要负责人审核。

六、本《年鉴》收录的材料，以材料文体分别归属一级目录。

七、本《年鉴》反映2013年1月1日至12月31日期间情况（部分内容依据实际情况时限略有前后延伸），凡2013年事项，均直书月、日，不再写年份。

本《年鉴》在资料收集、整理过程中，得到了相关单位、部门的大力支持和配合，在此一并表示衷心感谢！

《北京社会建设年鉴》编辑部

2014年9月

目　录

·特　载·

·文　件·

·专　文·

·重大事件·

·综　述·

·大 事 记·

·理论文章与调研考察报告·

·附 录·

· 特　　载 ·

中共中央关于全面深化改革若干重大问题的决定（摘录）

（2013年11月12日中国共产党第十八届中央委员会第三次全体会议通过）

创新社会治理体制

创新社会治理，必须着眼于维护最广大人民根本利益，最大限度增加和谐因素，增强社会发展活力，提高社会治理水平，全面推进平安中国建设，维护国家安全，确保人民安居乐业、社会安定有序。

改进社会治理方式。坚持系统治理，加强党委领导，发挥政府主导作用，鼓励和支持社会各方面参与，实现政府治理和社会自我调节、居民自治良性互动。坚持依法治理，加强法治保障，运用法治思维和法治方式化解社会矛盾。坚持综合治理，强化道德约束，规范社会行为，调节利益关系，协调社会关系，解决社会问题。坚持源头治理，标本兼治、重在治本，以网格化管理、社会化服务为方向，健全基层综合服务管理平台，及时反映和协调人民群众各方面各层次利益诉求。

激发社会组织活力。正确处理政府和社会关系，加快实施政社分开，推进社会组织明确权责、依法自治、发挥作用。适合由社会组织提供的公共服务和解决的事项，交由社会组织承担。支持和发展志愿服务组织。限期实现行业协会商会与行政机关真正脱钩，重点培育和优先发展行业协会商会类、科技类、公益慈善类、城乡社区服务类社会组织，成立时直接依法申请登记。加强对社会组织和在华境外非政府组织的管理，引导它们依法开展活动。

创新有效预防和化解社会矛盾体制。健全重大决策社会稳定风险评估机制。建立畅通有序的诉求表达、心理干预、矛盾调处、权益保障机制，使群众问题能反映、矛盾能化解、权益有保障。

改革行政复议体制，健全行政复议案件审理机制，纠正违法或不当行政行为。完善人民调解、行政调解、司法调解联动工作体系，建立调处化解矛盾纠纷综合机制。

改革信访工作制度，实行网上受理信访制度，健全及时就地解决群众合理诉求机制。把涉法涉诉信访纳入法治轨道解决，建立涉法涉诉信访依法终结制度。

健全公共安全体系。完善统一权威的食品药品安全监管机构，建立最严格的覆盖全过程的监管制度，建立食品原产地可追溯制度和质量标识制度，保障食品药品安全。深化安全生产管理体制改革，建立隐患排查治理体系和安全预防控制体系，遏制重特大安全事故。健全防灾减灾救灾体制。加强社会治安综合治理，创新立体化社会治安防控体系，依法严密防范和惩治各类违法犯罪活动。

坚持积极利用、科学发展、依法管理、确保安全的方针，加大依法管理网络力度，加快完善互联网管理领导体制，确保国家网络和信息安全。

设立国家安全委员会，完善国家安全体制和国家安全战略，确保国家安全。

（原载《人民日报》2013年11月18日）

中共北京市委关于认真学习贯彻党的十八届三中全会精神全面深化改革的决定（摘录）

（2014 年 1 月 13 日中国共产党北京市第十一届委员会第四次全体会议通过）

创新社会治理体系

改进社会治理方式。完善社会建设领导体制和工作体系。坚持系统治理，加强党委领导，发挥政府主导作用，鼓励和支持社会各方面参与，健全人民团体、社会组织、企事业单位参与社会治理的机制，实现政府治理和社会自我调节、居民自治良性互动。坚持依法治理，加强法治保障，运用法治思维和法治方式化解社会矛盾。坚持综合治理，强化道德约束，规范社会行为，调节利益关系，协调社会关系，解决社会问题。坚持源头治理，标本兼治、重在治本，以网格化管理、社会化服务为方向，健全基层综合服务管理平台，及时反映和协调人民群众各方面各层次利益诉求。

完善基层社会治理结构，强化街道（乡镇）在地区服务管理中的主体地位，加快完善社会动员机制，增强社区（村）民主自治功能。

激发社会组织活力。加快实施政社分开，推进社会组织明确职责、依法自治、发挥作用。适合由社会组织提供的公共服务和解决的事项，交由社会组织承担。支持和发展志愿服务组织。

加快推进社会组织登记管理制度改革，完善社会组织直接登记制度。改革社会组织评估、年检、考核制度。继续完善“枢纽型”社会组织工作体系。限期实现行业协会商会与行政机关真正脱钩。完善综合监管体系，引导社会组织和在京境外非政府组织依法开展活动。

创新预防和化解社会矛盾的体制。健全重大决策社会稳定风险评估机制。完善公共决策社会公示、公众听证、专家咨询论证制度及基层民意调查制度。健全群众权益保障机制。积极推动行政复议体制改革，完善行政复议委员会工作机制，健全行政复议案件审理机制。完善社会矛盾调处机制，健全人民调解、行政调解、司法调解联动工作体系，大力发展行业性、专业性调解组织。

推动信访工作改革，实行网上受理信访制度，健全及时就地解决群众合理诉求机制，引导涉法涉诉信访问题在法治轨道内解决，建立涉法涉诉信访依法终结制度。

健全公共安全体系。牢固树立安全发展理念，建立健全党政同责、一岗双责、齐抓共管的责任体系，完善党委领导、政府监管、企业负责、社会监督的工作格局，积极推进安全生产的法治化、标准化、信息化、社会化建设，严格安全准入标准，强化安全生产考核，夯实安全生产基层基础，建立隐患排查治理体系和安全预防控制体系。

完善统一、权威、高效的食品药品安全监管体制，制定最严格的覆盖全过程的监管制度，加强食品药品安全追溯、信用管理风险评估和应急处置体系建设。

健全防灾减灾救灾综合管理体制，提高应对极端天气、地质灾害、突发公共安全事件等的处置能力。加大依法管理网络力度，完善网络安全管理体制机制，维护国家网络和信息安全。

高度重视首都安全稳定，进一步完善维稳工作体系。落实民兵预备役体制改革，完善应急力量体系建设。落实国防教育改革，提升市民国防意识。

（原载《北京日报》2014 年 1 月 22 日）

2013 年首都工作要在九个方面有所作为

郭金龙

（2012 年 12 月 28 日）

2013 年首都工作要以党的十八大精神为指导，在以下九个方面有所作为。

第一，在加快转变经济发展方式上要有新作为。我们转变经济发展方式的根本在于实施创新驱动战略。要紧紧抓住国务院关于调整中关村空间规模和布局批复的契机，深入落实中关村 1 + 6 政策，持续推进先行先试，强化企业的创新主体地位，加快建设中关村科学城、未来科技城，努力形成两城两带、一区多园、各具特色的高端产业发展格局。通过建设一区多园，带动各区县的科技创新，推进创新驱动战略。中关村国家自主创新示范区要抓好军民融合、科技金融中心、人才特区建设、现代服务业试点等几个重大新课题，不断取得新成效。一区 16 园特别是北京经济技术开发区，要研究承接中关村重大科技成果的辐射和转化，承担起转化基地、发展实体经济和战略性新兴产业的责任。“六高四新”高端产业功能区要按照功能定位抓好重点产业，提高发展的质量和效益。同时，要认真抓好市第十一次党代会已经确定的产业新区。要继续高度重视服务业的发展。服务业是首都经济的重大优势，对这个认识要毫不动摇。着力推动金融服务、商务服务、科技和信息服务等生产性服务业发展，完善创新驱动的市场环境；着力提升生活性服务业的发展水平，方便群众生活；着力发挥京交会等高端平台的重要作用，全面提升服务贸易的水平，推动企业“走出去”。要发挥总部经济的优势，支持总部管理与实体化经营并行发展。在继续扶持民营经济、中小微企业发展的同时，高度重视市属国企、央企在首都经济发展中的重要作用，积极培育创新能力强、国际影响力大的企业和企业集团。

第二，在提高城市精细化管理水平上要有新进展。提高城市精细化管理水平，是市第十一次党代会提出的重要任务，也是履行首都职责、提高“四个服务”水平的重要基础性工作。进一步强化建管并重，树立现代管理的理念，注重科学管理、精细管理、个性化管理。这项工作，要在首都功能核心区抓好试点。一要加强统筹协调，推动行政资源整合，防止部门分割、管理多头、力量分散，形成管理合力。二要探索行政管理与社区自治、社区居民积极参与的有机结合方式，调动广大群众参与管理的积极性、主动性和创造性。三要完善网格化管理，强化网格化管理基础性工作，进一步落实管理责任制，充分利用现代信息技术，建立起早发现、早报告、早处置的机制。面对城市交通拥堵难题，要坚持公交优先的理念，坚持加大基础设施建设力度，同时认真总结成功经验，深化落实市和区县两级责任，加强道路微循环系统建设，抓好静态停车管理、高峰疏导等多种措施，力求见到新成效，增强社会信心，努力使群众的满意度逐步提高。

第三，在加快城乡发展一体化步伐上要有新探索。郊区发展对疏解城市中心区人口和功能、调整产业结构和产业布局具有重大战略意义。要进一步做好统筹城乡规划、基础设施建设、人口调控、产业布局等工作。城乡结合部建设是躲不开、绕不过的难题，是破解首都人口、资源、环境协调发展的重大课题，也是确保首都城市公共安全的重大问题。抓好这项工作有利于提高城乡结合部地区人民群众的生活质量，也有利于加强生态环境建设，推动产业结构优化升级。要认真研究、总结大兴区西红门镇盘活集体建设用地、海淀区东升乡的集体土地入股建设科技园的试点，实现“腾笼换鸟”的做法，切实利用好农村集体建设用地，使郊区宝贵的集体建设用地资源实现集约高效使用，发挥出更好效益。要加强对小城镇建设的调查研究，总结经验，探索规律，更好地发挥小城镇在首都经济社会发展中的重要作用。

第四，在加强民主政治建设上要有新成效。坚持中国特色社会主义政治发展道路，支持和保证人民通过人民代表大会行使国家权力，支持市人大及其常委会充分发挥国家权力机关作用，进一步加强地方立法，提高法规立项论证、立法后评估和预案研究工作水平，加强对权力运行和公共资源配置的监督，完善代表工作方式，充分发挥人民代表大会制度的政治优势。认真落实社会主义协商民主制度，充分发挥人民政协作为协商民主重要渠道作用，支持政协围绕团结和民主两大主题，积极主动开展工作，更好地发挥人民政协协调关系、汇聚力量、建言献策、服务大局的作用。再有不到一个月的时间，我们将召开新一届市人大、市政协“两会”，这是首都社会主义民主政治建设的一件大事。要精心做好各项筹备工作，确保开好“两会”，发扬民主，凝聚共识，进一步调动全市人民推动首都科学发展的积极性。加强统战工作，促进政党关系、民族关系、宗教关系、阶层关系、海内外同胞关系的和谐。充分发挥工、青、妇等人民团体在推动科学发展、促进社会和谐中的重要作用。全面落实依法治国方略，推进科学立法、严格执法、公正司法、全民守法，增强全社会学法遵法守法用法意识，营造良好的法治环境。加强国防教育，支持驻京解放军、武警部队建设，搞好国防后备力量建设，提高双拥共建水平，巩固军政军民团结。

第五，在发挥首都全国文化中心示范作用上要有新举措。发挥好首都作为全国文化中心的示范作用，是中央交给我们的一项光荣任务。要加强社会主义核心价值体系建设，持之以恒地坚持实施思想道德引领战略，弘扬“北京精神”，深化精神文明创建活动，进一步打牢全市人民团结奋斗的共同思想基础。深化文化体制改革，调动文化工作者的积极性，着力打造更多的文化精品和群众喜闻乐见的文化品牌活动。充分发挥首都高校、研究机构、中央在京企业、文化机构等资源优势，为首都文化发展提供强大人才保障和智力支持。加大文化惠民力度，加强城乡社区文化设施建设，健全公共文化服务体系，更好地满足基层群众精神文化生活需求。加快发展文化创意产业，培育一批骨干文化企业，进一步提升文化创意产业在首都经济中的支柱地位。深入开展“走转改”活动，不断增强舆论引导的有效性。实施网络文明引导工程，切实加强互联网管理，推进网络依法规范有序运行。鼓励和支持文化企业“走出去”，不断提高首都文化的国际影响力。

第六，在改善民生和创新社会管理上要有新思路。要按照“守住底线、突出重点、完善制度、引导舆论”的要求，发挥“大民政”的作用，切实保障好低收入群众的基本生活，加快基本公共服务体系建设，解决好关系群众切身利益的问题，使广大群众共享改革发展成果。解决民生问题要注意方式方法，既要尽力而为，又要量力而行；既要从群众的需求出发，多做“雪中送炭”的事，又要鼓励引导群众树立通过勤劳致富改善生活的理念。要进一步建立健全社会管理体制，推动城乡社区建设，积极探索政府购买公共服务机制，着力健全社会动员机制，发挥“枢纽型”社会组织作用，完善社会组织体系，加强志愿者队伍建设。深入开展“平安北京”建设，加强信访工作和矛盾纠纷排查化解，切实抓好交通、治安、环境三大秩序整治工作，加强安全生产和食品药品安全工作，确保首都安全稳定。

第七，在加强生态环境建设上要有新推进。要牢固树立尊重自然、顺应自然、保护自然的理念，把人口、资源、环境作为确保首都永续发展的重大问题来认真研究。实施最严格的能耗和环保标准，加大节能减排力度；实施最严格的水资源管理制度，强化节约用水的理念，建立起量水发展的管理机制；实施严格的耕地保护制度，推动集约用地；完善生态补偿机制，抓好明年的大规模植树造林工作，动员全社会的力量，加大城乡绿化美化力度，进一步改善首都生态环境。

第八，在全面深化改革开放上要有新突破。要认真研究深化改革的问题，总结基层改革的经验，梳理改革的思路，不失时机地推动各项改革。积极推进国有企业改革、财税体制改革、投融资改革，继续推进"营改增"试点，加大推进城市管理体制改革力度，充分发挥市场在资源配置中的基础性作用，强化政府创造发展环境、提供优质公共服务、维护社会公平正义的职责。进一步提高对外开放水平，提高运用两种资源、两个市场的能力，统筹推动"走出去"和"引进来"，顺应国际经济一体化大趋势，在高水平上引资、引技、引智。支持有条件的企业积极参与国际竞争、跨国兼并重组，提高国际化经营能力。

第九，在党的建设科学化水平上要有新提高。要认真贯彻党的十八大关于加强党的建设的各项任务，加强各级领导班子思想政治建设，认真学习遵守党章，进一步坚定广大党员干部的理想信念。要加强和改进干部教育培训、考核评价、监督管理，不断提高领导班子建设的水平。巩固创先争优和基层组织建设年工作成果，统筹抓好各领域基层党建工作，进一步发挥基层党组织的战斗堡垒作用和党员的先锋模范作用。要切实加强党对经济工作的领导，善于议大事、抓大事，认真研究涉及首都经济社会发展的人口、交通、资源、环境、首都经济圈协调发展等重大问题。要加强统筹协调，加强对中关村一区多园产业发展总体布局的统筹，加强对大型会展和国际论坛活动的统筹，加强对重大项目、重大工程规划、选址、布局的统筹，加强对援藏、援疆、援青工作的统筹，努力使首都发展更加协调有序。要切实加强能力建设，进一步提高全市各级领导干部把握和运用市场经济规律、自然规律、社会发展规律能力，提高科学决策、民主决策、依法决策能力，提高解决复杂问题、协调利益关系、做好群众工作的能力。要认真落实中央关于改进工作作风、密切联系群众的八项规定，切实改进文风、会风、学风、工作作风，在全市牢固树立"空谈误国、实干兴邦"观念，着力整治庸懒散奢等不良风气，坚决克服形式主义、官僚主义。完善党员干部直接联系群众制度，建立市级领导在乡村、企业、社区建立联系点制度，深入基层调查研究，努力做到与人民心心相印、与人民同甘共苦、与人民团结奋斗。进一步加强党风廉政建设，严格落实党风廉政建设责任制，深入推进惩治和预防腐败体系建设，努力做到干部清正、政府清廉、政治清明。此外，我们要按照中央要求，全力做好市人大、市政府、市政协换届工作，确保换届风清气正，做到思想不散、秩序不乱、工作不断，实现换届与工作两促进、两不误。

（此文为中共北京市委书记郭金龙在2012年12月28日市委十一届二次全会上的工作报告摘录，标题为编者所加，原载《北京日报》2012年12月29日）

政府工作报告（摘录）

——在北京市第十四届人民代表大会第二次会议上

王安顺

（2014 年 1 月 16 日）

着力保障和改善民生，不断增进人民群众福祉

“天地之间，莫贵于人”。面对人民群众过上更好生活的期盼，我们要持续加大民生投入，认真办好惠民实事，提供更加均衡的基本公共服务，织好保障民生安全网。

满足群众基本住房需求。深入研究住房建设规律，构建以政府为主提供基本保障、以市场为主满足多层次需求的住房保障和供应体系。一是坚持以公租房和共有产权房为重点，理顺建设管理体制，建设保障性住房 7 万套。加快推进已开工项目，年内竣工 10 万套，确保“十二五”期间提供 100 万套，逐步解决全市城镇中低收入家庭住房困难。二是加快推进城六区棚户区改造和环境整治，2017 年基本完成四环路以内的棚户区改造任务，年内同步完成 1000 万平方米老旧小区综合改造。三是推进自住型商品住房建设，加快已供地项目实施进度，新增 5 万套供地，优化住房供应结构。四是继续严格执行房地产调控各项政策措施，坚决保持房价基本稳定，促进房地产市场平稳健康发展。加强和创新房屋租赁市场管理，保障出租人、承租人合法权益。

努力为市民健康服务。深化基层医疗卫生机构综合改革，巩固完善基本药物制度，开展全科医生制度试点，抓好中医药服务提升工程，增强基层医疗卫生服务能力。制定实施区域卫生规划，加强医疗卫生资源整合，健全社区首诊、分级就诊、双向转诊机制，规范就医秩序。完善市属公立医院改革试点配套政策，调整医疗服务价格，逐步扩大改革试点范围。落实社会办医 18 条政策，推进一批社会办医项目落地。推动天坛医院、口腔医院等大医院迁建。深化医保付费方式改革，提升医保基金管理水平。建设全市统一的医疗卫生信息平台。加强健康促进工作，完善全民健身公共服务体系，提高市民健康水平。

办好人民满意的教育。全面贯彻党的教育方针，坚持立德树人，形成爱学习、爱劳动、爱祖国活动的长效机制，增强学生社会责任感、创新精神、实践能力。强化体育课和课外锻炼，促进青少年身心健康。制定实施促进义务教育优质均衡发展的政策措施，新增 20 所城乡一体化学校，提高农村地区中小学办学质量。推进课程、教学、考试评价整体改革，出台中考中招、高考高招改革框架方案。健全教师培养培训和流动机制，完善义务教育学校校长教师交流轮岗制度，深化绩效工资和职称评定改革。继续抓好公立幼儿园建设，扶持普惠型民办幼儿园发展。支持高中特色校建设。扩大中高职衔接办学改革试点，培养首都发展需要的技工人才。实施高等教育协作发展计划，促进高校办出特色、争创一流。

全力促进就业增收。完善城乡统一的就业创业政策，全面做实就业服务、就业管理、就业援助工作，扩大职业技能培训，大力帮扶城乡困难群体就业，城镇新增就业 36 万

人。做好高校毕业生就业促进工作，加强离校未就业毕业生的就业指导和帮扶，健全鼓励到基层工作的服务保障机制，完善小额担保贷款等相关政策，增强青年群体创新创业活力。继续深化收入分配制度改革，加快建立合理的收入增长机制，增加城乡居民特别是低收入群体收入。

提升社会保障水平。坚持保基本、兜底线、促公平、可持续，完善职工基本养老保险与城乡居民养老保险的衔接办法，稳步提高各项社会保障待遇标准。加快社会救助城乡统筹，完善医疗救助制度，探索建立“支出型”贫困救助制度，扩大救助范围。健全困境儿童等特殊人群的福利政策，提高优抚保障水平，鼓励发展慈善事业。建立基本养老服务制度，完善支持政策，积极推动养老、健康服务业发展，建设80个街道乡镇养老照料中心，建立一批小型社区养老机构，推行居家养老助残服务卡，发展“医养结合”服务。

切实保障妇女和未成年人权益，健全残疾人社会保障和服务体系。推进民族团结进步事业发展，认真贯彻党的宗教工作方针，欢迎海外侨胞和归侨侨眷参与首都现代化建设。坚持走中国特色军民融合发展路子，支持部队改革建设，做好征兵和转业安置工作，巩固发展军政军民团结。

着力加强精细化管理，提升城市服务保障水平

坚持精细化、人性化和智能化的城市管理理念，积极创新服务管理方式，努力解决突出问题，让城市更加宜居、社会更加有序、生活更加便利。

加强城市服务管理。深化城市管理体制改革，推动管理重心下移、专业职能下沉，做实街乡、做强社区，加快城市管理网格、社会服务网格、社会治安网格有序对接，提升基层服务管理能力。建成200个“一刻钟社区服务圈”，使总数突破1000个、覆盖到60%的城市社区，让群众在家门口就能享受到10大类60项基本公共服务。建立地下管网综合管理体制，落实行业主管部门责任，提升城市运行监控和预警应急能力，保障水电气热供应和安全运行。实施“宽带北京”行动计划，完善信息化基础设施，加快建设“智慧城市”。

全力维护首都安全稳定。坚持管行业、管业务、管生产经营必须同时管安全，深化安全生产管理体制改革，建立隐患排查治理体系和安全预防控制体系，开展地铁、群租房、地下空间、特种设备、城乡结合部等重点领域和地区专项整治行动，坚决遏制重特大事故发生。完善食品药品安全工作体系，健全覆盖生产、经营、消费全过程的监管制度。加强应急体系软硬件建设，建立防灾减灾救灾综合管理体制，提高突发事件的应对处置能力。深化信访工作改革，畅通诉求表达渠道，落实领导干部接访下访制度，完善人民调解与行政调解、司法调解衔接联动工作机制，加强法律援助，提升基层排查化解矛盾纠纷的能力。加大依法监管力度，维护网络和信息安全。深化“平安北京”建设，把反恐防暴纳入维稳工作体系，创新立体化社会治安防控体系，突出群防群治、专群结合，提高社会治安整体管控能力，营造和谐稳定的社会环境。

（原载《北京日报》2014年1月24日）

树立改革精神
不断开创首都社会建设工作新局面

吕锡文

一、充分肯定全市社会建设工作取得的成绩

2013年，在市委、市政府高度重视和正确领导下，全市社会建设工作扎实推进、成效明显。

一是认真学习贯彻党的十八大和十八届三中全会精神，结合北京社会建设的特点和工作实践，面向区县、街道、社区和非公有制经济组织、社会组织负责人，举办了系列专题培训班，围绕推动社会体制改革和社会治理体制创新等重点问题开展研讨调研，大家进一步统一了思想，深化了认识。

二是坚持服务为先，努力保障和改善民生，推动社区公共服务体系建设，社会组织服务、社会公益服务扎实推进，特别是“一刻钟社区服务圈”等工作深受基层群众欢迎。社会服务管理网格化、社区建设规范化、“枢纽型”社会组织建设、商务楼宇工作站建设以及社会领域党建工作都取得了新的成效。

三是扎实深入开展党的群众路线教育实践活动，社工委和社会建设系统各单位领导班子和党员干部注重在学习教育中坚定理想信念，增强政治自觉；主动查找问题，开展积极健康的思想斗争，普遍经受了一次严格的党内政治生活洗礼；拿出认真劲、下真功夫抓好整改，积极回应群众期盼，以整改成效为社会建设注入了新动力。

习近平总书记在视察北京工作时发表的重要讲话，充分肯定了北京近几年的工作成绩，其中还特别讲到“加强了社会建设工作”，这是对我们的极大鼓舞和鞭策！近几年，市委、市政府高度重视社会建设，始终把它当作大事抓，注重顶层设计，明确工作方向和思路，构建纵横协调的工作网络、运转有序的工作机制以及务实可行的政策体系；不断夯实基层基础，社会领域党建、社会组织培育发展、社工和志愿者队伍建设等都取得了较大成效，这是同志们辛勤付出的结果，里面有很多值得好好总结的经验，也为今后建设具有首都特点的基层社会治理体系奠定了重要基础。

二、把握好新形势下加强首都社会建设的几个问题

党的十八大以来，习近平总书记围绕改革发展稳定、内政外交国防、治党治国治军发表了一系列重要讲话，提出了许多富有创见的新思想、新观点、新论断、新要求，深刻回答了党和国家事业发展的重大理论和实践问题。党的十八届三中全会通过的《中共中央关于全面深化改革若干重大问题的决定》，提出了全面深化改革的指导思想、总体目标和主要任务。加强社会建设、完善社会治理体系、激发社会活力等，都是其中的重要内容。

新春伊始，在首都改革发展的关键时期，习近平总书记到北京视察，充分肯定了北京市工作取得的成绩，强调了首都的特殊地位、特殊责任，分析了首都发展的优势和劣势，对事关首都长远发展的全局性、战略性问题作出重要指示，为我们做好首都发展和管理

工作指明了方向、注入了强大动力，在首都发展史上具有里程碑意义。

3月1日至2日，市委专门召开全会，就学习贯彻总书记重要讲话精神形成决议、作出部署、提出要求。郭金龙书记强调，要在首都工作的特殊重要性、首都城市战略定位、控制人口无序过快增长、调整疏解非首都核心功能、提高城市管理水平、推动京津冀协同发展以及维护首都和谐稳定等十个方面提高认识。

当前和今后一个时期，全市各系统、各单位的一项重大政治任务，就是要深入学习领会、坚决贯彻落实好总书记的讲话精神，切实用讲话精神武装头脑、指导实践、推动工作。具体到社会建设工作，就是要牢牢把握三中全会提出的“完善和发展中国特色社会主义制度，推进国家治理体系和治理能力现代化”这个全面深化改革总目标的深刻内涵；深刻认识总书记强调的“建设和管理好首都，是国家治理体系和治理能力现代化的重要内容”，深入分析首都社会建设面临的新形势和新任务，自觉担当起推动首都社会体制改革、创新社会建设体制机制的重大责任。这里强调四点意见：

一是要在首都社会建设中始终坚持“以人为本”的工作理念。3月5日，习近平总书记在参加上海代表团审议政府工作报告时强调，“加强和创新社会治理，关键在体制创新，核心是人，只有人与人和谐相处，社会才会安定有序。”社会建设的目标，说到底就是要建立起充分尊重人的主体地位，充分发挥人的主体作用，人人各尽其能、各得其所而又和谐相处的社会。这就要求我们把“以人为本”的理念贯穿到社会建设全过程。

坚持“以人为本”，首先要把握好人的社会性。社会发展过程中，经济、政治、文化等各方面的发展和改革都会对人的工作、生活产生重要影响。过去计划经济时期，人是单位人，我们大都在一个体制之中，对单位的依赖性很强。北京就更具特殊性，比如大院，有军队大院、中央单位大院、市属机关大院，各个企业也有家属院。大院里的人对单位非常依赖，人们的后勤保障、生活空间都围着单位转，行政管理体制和社会管理体制基本上是相融的。但随着各领域改革的不断推进，我们越来越深切地感受到，社会的流动性和开放性显著增强，也越来越深切地感受到随着机关和企事业单位承担的社会职能逐步剥离，社会管理功能更多地社会化，人和单位的关系慢慢淡化，越来越多的“单位人”成了“社会人”。过去，没有北京户口在北京是无法生存的，生活得不到保障。现在北京流动人口800万，甚至可能更多。

我们要深入思考这种变化给我们带来了什么。在研究分析问题时，要开展不同层次、不同层面的社会调查。比如，团市委针对“蚁族”生存状况开展调查，公安、政法部门也在考虑这些流动人口的生存状况。通过调查可以看到，不同层次的流动人口有不同需求，有的人是为了实现温饱，觉得在北京比在老家生活好，所以不离开北京；有的人是为了干事业，实现人生价值；有的人追求个性发展，更多的人是希望融入这个社会、融入一个组织。人的需求在不同群体、不同组织中，乃至在不同发展阶段都呈现明显的差异性。这也引发了各种社会矛盾的产生、发展、变化，以及对我们现实生活的影响。可以预见，随着改革开放的不断深入，人们思想行为的独立性、选择性会越来越大，必将给社会建设带来一系列新的研究领域。这就需要我们不断研究新情况、新问题，并及时做出反应，付诸行动。

加强社会建设，了解人是第一位的，要了解人的生产、生活方式发生了哪些变化，了解和掌握人都在想什么，通过什么方式表达；研究人的物质需要和精神需要是什么，通过什么方式来实现。只有了解人，才能充分尊重人、理解人、关心人，才能给予他们更好的服务。特别是像“蚁族”“北漂”等流动人群，觉得内心很漂泊、身份很尴尬，他们留在北京，是觉得有希望。人都是活在希望里的，希望在哪里就会奔向哪里，在不断选择中寻找适合自己发展的地方。对于我们来讲，要把握好他们的心态和需求，抓住其特点和规律，搭建有效的沟通平台，提供有效的服务，不断让人民群众感到利益得到实现，真正体现“以人为本”。

二是要在首都社会建设中始终坚持积极推动组织重构。我们党是执政党，中国共产党领导是中国特色社会主义最本质的特征。习近平总书记在省部级主要领导干部学习贯彻十八届三中全会精神全面深化改革专题研讨班上强调，我们对中国特色社会主义制度的优势、韧性、活力、潜能要有充分的认识，“我们的国家治理体系和治理能力总体上是好的”，“我们应该有这个自信”。我认为，我们在有这个自信的基础上，还需要更好地把握中国特色社会主义制度的优势，这是我们事业发展的根本保障。

同时，我们必须看到，当前社会建设、社会治理方面还有许多需要适应和亟待改进的地方，我们要从党长期执政的现实要求来认识这个问题。党组织必须覆盖全社会、延伸到最基层，在政治、经济、文化、社会生活中发挥领导核心作用。这是我们始终强调的，但在实际工作中，我们还有很多做得不够和力不从心的地方。目前，全市有70%以上的人群和组织处在传统体制以外，组织体系相对松散，组织概念相对淡化，而党组织的设置、党的工作，也还没有实现对所有人群和组织的有效覆盖。

人的社会性决定了人一定会和社会的方方面面发生联系，人最怕孤独，无论在生活上还是在感情上，都需要一个可信赖、可依赖的组织，从组织中找到认同感、归属感。工青妇等群团组织作为党联系群众的桥梁纽带，长期以来，在团结带领方方面面力量共同推进经济社会发展中发挥着党的助手作用。习近平总书记在与工会、共青团等群团组织新一届领导班子集体谈话时，也都强调了要扩大组织覆盖的问题。在实际生活中，各类协会、学会、联合会等社会组织在党组织的带领下，都以不同的方式发挥着把人组织起来、奉献社会的作用。这也是我们国家独特的政治优势和制度优势。北京的一大优势就是人才优势，很多高素质专业人才对社会是有自觉奉献意识的。我们搞重大活动可以通过社会组织或志愿服务的方式，把这些群体的力量动员起来。比如，在“7·21”特大暴雨救灾中，很多志愿组织发挥了积极作用，像蓝天救援队调动它的专业力量参与抢险救援，像车友会自发组织车友驾车去机场接送乘客等。这就是社会志愿组织在发挥作用，这是我们巨大的优势。人只有为社会、为他人做贡献才能显现出崇高品格，才能令人敬佩，社会和谐也体现在这里。我们要通过各种社会组织把这个优势充分发挥出来。

下一步，要把加快推动基层组织重构作为一项重要的基础性工作，深入研究党组织在构建现代化社会治理体系中的角色和定位，深刻领会毛泽东同志在三湾改编时提出的“把支部建在连上”的内涵和意义，研究为什么要“把支部建在连上”，现在的“连”在哪儿，怎么才能把人组织起来并发挥应有的作用。要研究如何加强基层服务型党组织建设，提高服务群众、做群众工作的能力，让群众信任自己身边的人，使社会更加和谐稳定。要研究如何以社区党建、非公有制企业党建和社会组织党建为重点，科学设置基层组织，理顺隶属关系，健全组织体系，通过党组织带动各类经济组织、社会组织，把所有的群众都能够纳入组织体系，把工作做到群众中去，更好地凝聚起方方面面的力量，为党的事业、为更好地实现他们的社会价值共同努力奋斗。

三是要在首都社会建设中始终坚持大力培育社会组织。社会组织是社会自我服务、人民群众参与社会治理的重要载体。近年来，全市高度重视社会组织的培育和发展，通过政府专项资金向社会组织购买服务等方式，支持社会组织发展。目前，全市378家市、区、街三级“枢纽型”社会组织联系了2.6万余家社会组织，每年财政支付约1个亿的资金向社会组织购买300—500个公共服务项目。比如，市妇联举办了“公益成就梦想”北京妇女儿童公益服务博览会，有50多家妇女社会组织提供了200多场服务；市侨联举办海外侨界高层次人才为国服务团活动，有来自11个国家的29位高层次人才带着33个高新技术项目与区县对接。这些活动作为政府服务的有益补充，既满足了群众的需求，也激发了社会组织发展活力，赢得了社会认同。

党的十八届三中全会《决定》明确提出，要“推进社会组织明确权责、依法自治、发挥作用”。具体到我们的工作，就是要将社会组织纳入党委和政府主导的社会组织体系，努力为社会组织的发展提供更好的生长环境。目前推行的四类社会组织直接登记是一个良好的开端。下一步，要着眼于更好地满足群众多样化的需求，深入研究如何正确处理政府和社会的关系，推动社会组织提高服务能力，建立多种形式的公共服务供给机制；如何更好地运用民主协商等方式，兼顾好各方面群众的利益诉求。同时，要加强对社会组织的协调、引导，推动社会组织自身规范运行，在社会建设中发挥更大作用。

四是要在首都社会建设中始终坚持发挥社区自治组织作用。一个国家的治理，根本立足点在基层，在城乡社区。社区是一个熟人社会，大家彼此信任、彼此依靠，邻里守望、互相帮助。特别是随着基层社会结构的发展变化，社区越来越成为社会成员的聚集点、社会生活的支撑点，同时也是基层社会治理的重要平台和主要单元。这些年，社区自治组织协助基层政府承担了一些与群众日常生活相关的行政职能和服务功能，但同时也存在着部分社区居委会成员与社区联系不够紧密、外部管理与内在需求不够一致、社区自治功能发挥不够、居民参与度不够高等问题。

下一步，要深入研究社区自治组织的结构、人员来源构成、发挥作用的途径和方式等，研究社区居委会如何更好地贴近群众、汇集民意，研究社区服务站如何在居委会的指导组织下开展服务，研究如何引导各类社会组织、志愿者、社区居民有序参与，努力使居民自己的事情，由自己提出，由自己协商解决。对于依据《居民组织法》响应、协助政府做的事情，也可由居民们自己商量如何结合本区域的实际，以自己适合可行的方式来共同参与和实现。有参与，才有认同；有了认同，才能实现有效动员。同时，要深入研究如何更好地发挥社区“网格化”管理服务体系的作用，要依托这个信息化手段解决好责任落实问题，要注意融合外来人口管理和本地居民需求，要注意对接社会需求和管理手段，切实在基层下好功夫，创造人与人之间心贴心的信赖感。

三、以更加良好的精神状态和工作作风抓好各项工作任务的落实

全年社会建设各项任务已经明确，创新社会治理体系改革的任务非常艰巨。我们要按照郭金龙书记在市委十一届五次全会上的要求，以更加饱满的热情、更加优良的作风，贯彻落实好总书记重要讲话精神，以奋发有为的精神干事创业，以勇于担当的精神攻坚克难，以踏石留印、抓铁有痕的劲头狠抓落实，以坚定必胜的信心推进工作。

一是要树立改革精神，不断开创工作新局面。当前，社会建设领域面临许多新情况、新问题，面对人民群众的新期盼，面对人民群众反映强烈的突出问题，特别是面对总书记提到的“不断发展的北京面临的令人揪心的很多问题”，如何从社会建设的角度去破题，应该说目前我们的办法还不多，工作成效还不明显，广大群众还有很多不满意的方面。这只有靠改革创新，改革体制机制，创新工作方法；只有靠实践探索，靠群众创造。所以，大家都要动起来，要把基层和社会动员起来，一起探索、共同创新，努力提高首都社会建设水平。

二是要改进作风，不断取得工作实效。社会建设工作说到底就是服务群众的工作。

目前，第一批党的群众路线教育实践活动单位的整改工作还在继续，第二批活动正在区县深入开展，区县、街道（乡镇）、社区（村）、“两新”组织联系基层群众更为紧密，是社会建设的最前沿。我们要把开展教育实践活动与加强社会建设更加紧密结合起来，工作作风要更加扎实，带着对人民群众的深厚感情，更加贴近群众，以对人民群众高度负责的精神，着力构建基层社会治理体系，着力解决与群众利益密切相关的问题，切实做好抓基层、打基础的工作，真正以好的作风推动各项工作落实。

三是要加强统筹协调，形成首都社会建设工作的强大合力。近年来，市委市政府积极创新社会建设体制机制，基本形成了领导小组及办公室综合协调，依靠各部门抓落实的工作格局，这是首都社会建设的创新和优势。下一步，社会建设领导小组要认真总结经验，巩固发展已有成果，进一步加强宏观指导和工作统筹，特别是要抓好顶层设计，以首都工作的首善标准、以中国特色社会主义核心价值观来引领、谋划首都社会建设，积极探索构建具有时代特征、中国特色、首都特点的社会治理体系。领导小组办公室要做好日常工作的综合协调和督促检查，各职能部门要各司其职，加强沟通合作，把抓工作的成效体现在民生改善上，体现在社会和谐上，体现在群众发自内心的认同、支持和共同努力的行动上。

让我们共同努力，推动首都的社会建设、改革、治理不断有新的进步，为建设国际一流的和谐宜居之都作出新的更大贡献！

（此文为市委副书记吕锡文2014年3月12日在2014年北京市社会建设工作会议上的讲话，标题为编者所加）

全面把握推进网格化社会服务管理体系建设的几个关键问题

陈　刚

市委、市政府高度重视网格化社会服务管理体系建设。市委十一届二次全会和刚刚结束的市“两会”，多次强调网格化对提高城市精细化管理水平的重要意义，对推进网格化工作提出了明确的部署。各区县在下一步网格化工作中要着重把握以下几点基本要求。

一、切实加强组织领导

2012年8月22日，郭金龙书记在市委常委会上对北京市的社会建设和社会管理工作，特别是涉及社会工委、综治办、民政局等职能交叉问题做了一个总体的要求。按我理解，就是要把各方面力量调动好，多沟通、多协调。我们重点是要把自己的工作做好，发挥好已有体制机制的作用。至于全市网格化体系建设的管理体制，这项工作涉及面很广。如果从技术角度来说，它应该是信息办来做；如果从人口管理来看，应该是综治办来做；如果说从给老百姓服务的角度，应该是社会工委来做；如果从城市管理内容来说，应该是市政市容委来做。所以，网格化工作本来就是一个综合性工作，不要简单化，认为这项工作就应该由一个部门来专门负责，其他部门仅仅是配合。这项工作需要跨部门的综合协调。吉林同志和我专题研究时，确定由市社会建设工作领导小组办公室来牵头做这项工作。我们调研时了解到，各区县在网格化的组织领导上也是不尽相同。我们尊重各区县按照自己的模式来推进工作。但是，今天特别要对各区县提出一个要求，那就是要统一由区县级社会建设的主管领导和区县社会工委来牵头负责这项工作，把这项工作统筹起来，协调起来，形成工作的整体合力。特别要强调的是，大家要发挥好各个区县社会建设工作领导小组的工作机制。社会建设工作领导小组每个区县都有，每个区县的书记、区县长都是领导小组的组长、副组长。网格化体系建设工作应当向领导小组组长汇报，要以领导小组的名义来协调各个部门的工作。

二、要进一步增加工作的紧迫感

市委、市政府2012年召开了全市网格化社会服务管理体系建设推进大会，下发了文件，对这项工作做出了全面部署。近一段时间以来，郭金龙书记对网格化工作有一系列要求。在市委十一届二次全会上，郭书记明确指出，在城市建设管理方面，进入了精细化管理的阶段，要切实加强网格化体系建设。安顺同志也多次强调要加快推进网格化建设。可见，市委市政府对做好网格化工作是一以贯之、坚定不移的。各区县要把思想认识尽快统一到市委市政府的要求部署上来，切实把这项工作抓紧抓实。进展快的区县要继续深化和完善工作体系，还在调研试点阶段的区县一定要把“规定动作”做到位。网格化工作是一项基础性、长远性、系统性工程，在这项工作上，我们不能有短期行为。要认认真真研究工作，一步一个脚印抓落实，切实把这项工作真正落到实处。我在区里工作过，体会特别深，网格化工作难度很大，是一把手工程。没有一把手的支持，这个事情很难办好。要由一把手亲自抓、负总责，加大统筹协调的力度。我们打算，在恰当的时候还要召开区县一把手参加的会议，听取汇报，提出要求。

三、切实完成好“规定动作”

网格化工作有三个要素，缺一不可。第一个要素，网格要到位。划分网格是各种服务管理的基础。明确划分网格目的就是实现管理边界清晰化、管理责任明确化。这就是说，一方面，网格的划分必须实实在在，也就是技术网格的边界必须清晰，必须到位。另一方面，网格里的职责要到位。这方面东城区的基础工作做得比较扎实，七大员入网格。各区县要根据实际情况，在网格内逐人、逐地、逐事明确工作任务，划分好“责任田”，责任落实到人，形成时时、处处、事事都能有人管、有人查、有责任落实的良好局面。第二个要素，信息化要到位。信息化是网格化最为重要的技术支撑。我们现在搞网格化，一定要以信息化为手段，不然的话，我们就还是以前生产队的水平，还是以前靠喇叭、靠开会、靠运动来实施管理，这样的管理管得了一时，管不了长久。没有信息化手段的集成运用，网格化就是空的，也就形成不了精准定人、定物、管事的工作体系，就做不到底数清、情况明，切实解决问题。第三个要素，封闭流程到位。就是刚才贵伦同志讲的五个关键环节，信息采集、源头发现、任务分派、问题处置、检查反馈，形成闭环式工作流程。简单说，只有了网格，有了责任人，有了传输手段，但最后没有形成闭环式工作流程，管理工作缺乏有效监督，这样的网格还是残缺不全的。所以，我们把上面的“三要素”作为“规定动作”，作为硬指标，要求各区县必须完成到位。各区县的“自选动作”要在完成这三个“规定动作”的基础上进行，在“规定动作”上要拿出具体的路线图和时间表，切实抓好各项任务的落实。

四、要强化“条块整合”

条块“两张皮”一直是困扰我们工作的顽症。通过网格化体系建设促进条块整合，是市委市政府推进这项工作的初衷之一。在这一点上，市里的领导同志之间也是有共识的，就是要通过网格化解决好各部门之间的关系，形成资源的整合、力量的整合、职能的整合，来提升整个城市的管理水平。换句话说，不能因为“两张皮”的问题，我们就停滞不前。反过来说，如果我们能够解决好“两张皮”的问题，我们的工作就会再上一个大台阶。总之，我们要在网格化建设中再造政府工作流程，有效地形成“条块整合”，实现各项管理工作的职责清晰、工作到位、监督到位、考核到位，进一步提升管理精细化水平。目前一些区县对这个问题有了比较深的认识，已经着手解决。各区县在推进网格化建设时，要下决心突破这一难关，在理顺职责关系上迈出更大步伐。

五、要强化街道作用

网格化工作的重心在基层。根据当前工作实际，市里决定先不考虑建立市级平台。各区县要把工作着力点放在街道乡镇。现在各区县情况不一样，比如说东城区是立足于单元网格做得最好的，西城区是街道层面做得最强的，朝阳区是区级层面水平最高的。不管各个区县处在什么阶段，我们都要求大家把街乡这个层面的工作抓起来。因为街乡是解决问题规模最适当的管理主体，太大了管不过来，太小了事权不够。另一方面，我们搞网格化建设，必须要把当前社会热点问题、老百姓关注的难点问题放在突出位置。那么解决这些问题，街道乡镇最直接、最有力。希望各区县在下一阶段工作中，要把着力点放到街乡层面上来，充分发挥好街道乡镇的作用。

（此文为时任市委常委陈刚2013年2月1日在全市网格化工作座谈会上的讲话摘录，标题为编者所加）

持续抓好规划实施　推进服务管理精细化

戴均良

《北京市“十二五”时期社会建设规划纲要》（以下简称《规划》）中期评估工作做得好，《规划》实施进展顺利，各项目标和重点任务如期推进，全市社会建设和服务管理总体形势令人振奋；社会服务管理精细化指标体系制订得好，围绕两大类、18大项、40小项提出180个测评指标，基本涵盖了社会服务管理精细化的方方面面，必将对全市网格化体系建设和社会服务管理精细化起到促进推动作用。

一、继续实施好“十二五”社会建设规划

规划的生命力在于实施。现在距“十二五”期末还有两年多的时间，继续组织实施好“十二五”时期社会建设规划，是我们社会建设主管部门的核心任务之一。刚才听了张坚同志介绍《规划》编制过程，我感到真是来之不易，也是弥足珍贵。我们这个《规划》，作为全国首个省市级社会建设五年规划，与市委十届九次全会《意见》一起提出了北京社会建设“五个更加、一个全覆盖”的六大体系和目标，构成了具有时代特征、中国特色、首都特点的北京社会建设科学体系，这是我们北京注重抓顶层设计、抓夯实基层基础的结果，是全市上下共同不懈努力的结果，也是理论联系实际创新发展的结果。这些阶段性成果的取得，对于首都乃至全国的社会建设来说，不论是在实践创新方面还是在理论创新方面，都具有重要的引领和示范效应。今后，我们一定要在巩固和提升这

些成果的基础上，按照党的十八大和即将召开的十八届三中全会精神，按照市十一次党代会和市委市政府的一系列新部署新要求，充分发挥市社会建设工作领导小组办公室综合协调、统筹规划、宏观指导、检查督促的职能，继续组织实施好《规划》，继续围绕《规划》安排部署工作、按照《规划》推进重点工作、依据《规划》检查督导工作，特别是以解决《规划》实施中存在的突出问题为着力点，加大力度协调相关部门、指导区县做好重点难点目标任务的推进工作，确保《规划》提出的各项目标任务圆满完成，推动首都科学发展、社会和谐稳定，为全面建成小康社会和建设中国特色世界城市做出应有的贡献。与此同时，我们还要进一步认真总结和梳理规划编制、实施工作经验和做法，认真分析和研究当前首都经济社会发展形势和阶段性特征，提前着手，及早行动，科学谋划，做好下一个五年社会建设规划前期研究工作，确保两个五年规划可衔接、可持续、可操作、可落实，推动首都社会建设科学发展，并继续走在全国前列。

二、运用好社会服务管理精细化测评指标体系

指标体系是推动工作的重要抓手。社区网格化、村庄社区化、社会服务管理精细化，这是我们北京社会服务管理的目标任务，也是我们“十二五”社会建设规划提出的重要任务。市委、市政府高度重视网格化工作，明确市委社会工委、市社会办主抓这项工作，2012 年 5 月专门召开了全市大会，出台了指导意见；今年到目前全市已有 70% 以上的社区（村）、70% 以上的街道（乡镇）展开试点，这表明不论工作力度还是工作成效都是十分明显的。如何进一步推进网格化工作、加快社会服务管理精细化，除了继续坚持已有的经验和做法、不断深入探索创新外，制订和运用好这套测评指标体系，是一个新的重要抓手。刚才听了贵伦同志的介绍，作为全国首创的社会服务管理精细化测评指标体系，现在这套指标体系已基本成型，下一步就是如何试用、完善、送审、报批、发布的问题了。行百里者半九十，后期工作还需一鼓作气、一气呵成。为此，市委社会工委、市社会办和上海华夏研究院要进一步集中时间、力量和精力，抓紧抓好指标体系的修订、完善、测试、送审、报批等工作，反复征求相关部门、区县和街道（乡镇）、社区（村）的意见，注重吸纳基层的建议；反复进行专家咨询论证，注重听取专家学者的意见；反复进行测试和实践运用，注重发现问题并加以修正和完善，争取早日上会研究通过并发布运用，争取在年底全年工作检查验收中让区县具体运用，确保指标体系有用、实用、管用、好用，真正发挥指标体系检验工作、引导工作、促进工作、提升工作的得力抓手作用，进一步推进全市社会服务管理精细化、科学化水平的不断提高。

希望社会工委、社会办要再接再厉、集中精力、认真负责、全力以赴地抓好各项工作落实，深入学习领会和贯彻落实党的十八届三中全会精神，继续开展好党的群众路线教育实践活动，认真完成深化社会体制改革文件、社会服务管理精细化测评指标体系等重点工作，提前思考和谋划明年工作，确保今年社会建设各项任务圆满完成，为首都科学发展做出新贡献。

（此文为副市长戴均良 2013 年 9 月 27 日在听取市委社会工委、市社会办专题工作汇报时的讲话摘录，标题为编者所加）

·文　件·

关于进一步加强社区青年汇工作的意见

为深入贯彻落实党的十八大和北京市第十一次党代会精神，根据《中共北京市委关于加强和创新社会管理全面推进社会建设的意见》（京发〔2011〕13号），现就深化社会建设和管理，进一步加强社区青年汇工作制定如下意见。

一、重要意义

社区青年汇建在青年身边，是实现青年交流、团结、组织的重要平台，对于有效联系、服务全体青年，做好新形势下党的青年群众工作、巩固党执政的群众基础具有重要意义。

社区青年汇扎根基层社区，是强化基层服务的重要载体，能够推动基层社会管理和服务体系建设，增强社区服务功能，充分发挥群众参与社会管理的基础作用。

社区青年汇立足服务创新，是加强社会建设和管理的重要探索，有利于改进政府提供公共服务方式，发挥“枢纽型”社会组织作用，引导社会组织健康有序发展，健全社会管理体制，推动和谐社会建设。

二、指导原则

社区青年汇是建在青年生活、工作聚集的基层社区、商务楼宇或公共文体设施等区域之中，具有明显区域特点，以满足青年成长发展所需要的文体活动、学习培训、人际关系拓展以及青年自组织发育等为主要服务内容的地域性活动平台和基层青年组织。

加强和推进社区青年汇工作，要把握以下原则：

（一）整合资源

要把社区青年汇作为面向社区、面向青年的重要工作载体，整合社区及周边已有的服务、活动、办公等设施场地，向社区青年汇免费开放，进一步提高使用率，把各级各部门面向基层的服务资源通过社区青年汇加以实施、落实，惠及广大青年和社区群众。

（二）融合关系

要通过定期活动和全天候联系服务，推动社区内各类青年的交流互动，重构、改善青年群体的社会关系，促进流动青年与本地青年、社区居民的相互融合，促进社区和社会的和睦稳定。

（三）协同运行

要按照“党委领导、各方参与、强化基础、立足长远”的工作思路，由市、区县、街道乡镇三级分工协作推动社区青年汇工作，支持社区青年汇主动承担政府青少年事务，积极承接政府购买服务项目，落实基层社区面向不同类型青年开展的各项工作。

三、重点任务

（一）科学规划全市社区青年汇布局

在青年生活、工作聚集的社区、商务楼宇和公共文体设施等城市重点区域，按照青年分布规律，对社区青年汇进行合理布局。全市规范运行的社区青年汇到2013年年底达到300家，实现全市85处青年流动大学毕业生群体聚集区域全覆盖；到2014年达到700家；到2015年，全面完成1000家的建设目标，实现对青年群体的全覆盖。

加大在城乡结合部、保障房社区、城市化试点地区、开发区等青年聚集的新区域建设社区青年汇的工作力度。不断提升社区青年汇联系和服务青年的能力和水平，实现每家社区青年汇密切联系1000名以上区域内青年，开展的服务和活动影响覆盖区域内全体青年。

（二）构建专兼职结合的骨干工作团队

努力形成“总干事+专职社工+志愿者”的社区青年汇骨干工作团队。社区青年汇总干事应由街道乡镇副科级以上干部或社区村副职以上人员担任，负责统筹协调社区青年汇的相关事务。通过政府购买服务岗位的方式，为每家社区青年汇至少配备1名专职青少年社工，通过专业方法开展青年社会工作。立足社区，吸纳社会力量参与，发掘和培育热心社区青年汇工作的志愿者协助开展工作。

逐步完善针对青少年社工的管理、督导、培训和服务机制，不断提升青少年社工的业务水平和综合素养。培育、引进、孵化一批与建设中国特色世界城市相适应的青少年社工机构，培养一批有首都特色、高水平、专业的青少年社工，研究出台促进青少年社工发展成长的激励政策。

（三）开展满足青年成长需求的各类活动

以青年的发展和需求为导向，设计统分结合的项目体系，不断活跃社区青年汇。每家社区青年汇每年开展活动的次数不少于48次，每次活动参与人数不少于20人，其中市级层面统一活动不少于24次，主要包括新青年城市体验营、学习培训、交友联谊、志愿服务、文化艺术、体育比赛等活动；区县层面组织开展的活动不少于12次，主要包括各区县社区青年汇的统一活动和支持各社区青年汇开展的创新项目；由社工事务所指导开展的活动不少于12次，主要为运用专业的社会工作方法在社区青年汇开展的活动。

通过各类活动，为青年的成长发展提供切实有效的服务和帮助，并及时了解和掌握青年思想行为动态和意愿诉求，畅通表达渠道，化解矛盾，维护稳定。以青年乐于接受的方式进行思想引领，动员组织社区青年积极参与社会建设，引导青年成为正能量的发现者、表达者和放大者。

（四）培育孵化各类青少年社会组织

发挥社区青年汇深入社区、贴近青年的优势，有效组织青少年社会组织开展各类服务活动，积极培育立足兴趣爱好、乡情乡缘、同类行业等类型的青少年社会组织，努力把社区青年汇打造为培育孵化青少年社会组织的“枢纽型”基层平台。加强对青少年社会组织的扶持力度，加大对青少年社会组织的骨干培训，凝聚一批青少年社会组织领袖，有效提升各类青少年社会组织可持续发展能力。

加强社区青年汇自身建设，适时成立社区青年汇联合会，把社区青年汇建设成基层青年组织。加强对各社区青年汇的联系、指导和支持，完善市、区县、街道乡镇三级社区青年汇组织体系。

四、组织领导

健全市、区县、街道乡镇三级社区青年汇工作领导协调机制，把社区青年汇工作纳入社会建设工作考核的重要内容。

市（区县）社区青年汇的工作，在市（区县）社会建设工作领导小组的统一领导下，由分管社会建设和共青团工作的领导牵头负责，社会建设工作领导小组成员单位和各区县（街道乡镇）共同组织实施，办公室设在团市（区县）委。组织、宣传、社会建设、综治、人力社保、民政、财政、教育、文化、卫生、体育等单位及各地区要结合本单位、本地区实际向社区青年汇注入资源，把社区青年汇作为在基层社区开展工作的重要载体，明确责任、分工联动，统筹推进社区青年汇各项工作。

各街道乡镇要强化属地责任，街道乡镇主要领导要高度重视、亲自部署，明确1名街道乡镇领导牵头负责，整合辖区内公共资源，统筹规划好社区青年汇的选址，协调落实社区青年汇的活动场地，支持总干事开展工作，为社区青年汇配备工作力量，使社区青年汇落地生根、切实发挥作用。

五、经费保障

市、区县、街道乡镇要将社区青年汇工作经费列入同级财政预算，加大支持保障力度。

市财政按照每家社区青年汇不低于8万元给予经费支持，主要用于组织开展全市社区青年汇统一培训活动，建设市级社区青年汇工作统筹支撑保障平台。

区县财政每年按照不低于市级投入水平提供经费保障，主要用于统筹推进本区县社区青年汇工作，策划组织开展区域内社区青年汇统一活动，以政府购买服务等方式支持各社区青年汇开展创新项目，开展本区（县）社区青年汇总干事和专职社工培训等。

街道乡镇每年按照不低于市级投入水平投入社区青年汇建设经费，主要用于提供社区青年汇日常办公场所、设备及物资，协调支持开展活动所需场地及设施，按照全市要求统一社区青年汇形象标识，提供专职社工和志愿者开展工作所需的交通、餐饮等相关保障，鼓励有条件的街道乡镇为专职社工提供住宿。

共青团要建立社区青年汇发展基金，整合社会资源，争取社会支持，为社区青年汇持续发展提供经费保障。

（此文件2013年4月28日由市社会建设工作领导小组印发）

北京市商务楼宇工作站服务管理办法（试行）

第一章　总　则

第一条　为贯彻落实中央和市委、市政府加强和创新社会服务管理有关文件精神，推动商务楼宇工作站规范化建设，提升工作站服务质量和管理水平，促进楼宇经济发展、楼宇组织关系和谐，制定本办法。

第二条　本办法中所指的商务楼宇工作站是党和政府在商务楼宇设立的综合性社会服务管理平台，主要开展党建及群团工作，提供政府基本公共服务，加强经济组织、社会组织的管理。

第三条　商务楼宇工作站服务管理工作要以提升工作站服务质量和管理水平为主题，以加强党的建设、推动科学发展、服务员工群众、团结凝聚力量、促进关系和谐作为工作的出发点和落脚点，坚持党建带工建、带团建、带妇建，党群共建，不断建立健全长效工作机制，不断扩大党组织和党的工作覆盖面，不断扩大社会服务和社会管理覆盖面，为推动首都科学发展、促进社会和谐稳定、建设中国特色世界城市奠定坚实基础。

第二章　工作职责

第四条　商务楼宇工作站是把党组织建在商务楼宇、把政府服务和社会服务管理引进商务楼宇的具体举措和重要载体，承担着搞好商务楼宇党务、政务、社务工作的职责。其主要职责是：

（一）宣传和执行党和政府的路线、方针、政策。

（二）讨论决定本商务楼宇工作站服务和管理中的重要问题和重大事项，及时向上级组织汇报工作，向楼宇单位通报情况。

（三）积极拓展服务领域，创新服务方式，提高商务楼宇工作站服务水平。

（四）充分发挥工、青、妇等群众团体的“枢纽型”社会组织作用，联系群众、服务群众、发动群众、宣传群众、教育群众，及时了解、反映商务楼宇内社情民意。

（五）加强商务楼宇党建指导和服务管理协调工作。

（六）加强商务楼宇工作站自身建设，搞好商务楼宇工作站内部管理。

第五条 商务楼宇工作站既是街道（乡镇、经济开发区、科技文化园区）党务、政务、社务工作延伸到商务楼宇的工作平台，也是本商务楼宇党群组织的办事机构。商务楼宇根据入驻单位党组织和员工党员数量，设置不同形式的党组织或临时党组织（党委、党总支或党支部）；根据员工情况设置不同形式的工会、共青团、妇联组织。商务楼宇党组织和工青妇组织组成人员，在本楼宇或相关楼宇内选举产生。办公室设在商务楼宇工作站。

第六条 商务楼宇工作站根据职责一般设党建工作站、社会服务站、工会工作站、共青团工作站和妇联工作站等，并实施“五站合一”工作机制。既有明确分工，又相互配合。坚持精简高效，努力形成合力。各站具体职责如下：

（一）党建工作站职责

1. 做好商务楼宇内基层党组织和党员基础数据统计工作，及时向上级党组织反馈数据统计情况。

2. 负责指导商务楼宇内经济组织、社会组织建立党组织工作。

3. 负责接转楼宇内流动党员组织关系，接收入党申请书、收缴党费等党务工作，提供党务信息咨询服务。

4. 协助楼宇内党组织做好党务工作者选拔和培养、党员教育管理、党员发展等工作。

5. 组织开展党群共建活动，为楼宇内各种组织发展创造条件，为楼宇内企业、党员服务社会搭建平台。

（二）社会服务站职责

1. 协助政府及派出机构职能部门办理商务楼宇内基本公共服务事项，将政府基本公共服务延伸到商务楼宇。

2. 组织楼宇内经济组织和社会组织参与公共服务和公益事业。

3. 建立楼宇组织和员工需求台账，依托政府及派出机构职能部门，整合区域资源，动员楼宇内各类组织力量，开展便利服务活动，努力满足楼宇内组织和员工社会服务需求。

4. 通过各种渠道及时了解和反映楼宇内组织和员工的意见和建议。协调治安、消防等相关部门按照各自职能加强对楼宇内企业管理，维护商务楼宇安全稳定。

5. 培育和壮大商务楼宇内公益性服务组织，支持和引导志愿组织积极发挥作用。

（三）工会工作站职责

1. 依法开展楼宇内建会工作，发展工会会员，指导所辖工会组织会员开展活动，增强基层工会组织的活力。

2. 指导协调楼宇工会组织向职工群众宣传党的路线方针政策和法律法规，营造工会工作的良好氛围。

3. 掌握楼宇内职工和用人单位的基本状况，开展职工群众思想、工作和生活状况调查，收集、反馈会员和已建会用人单位信息。

4. 及时反映职工群众利益诉求，为楼宇内会员和职工提供信访接待、政策咨询、困难帮扶、互助保障及法律就业等服务。

5. 与有关部门一起依法协调劳动关系，协助开展劳动争议调解工作，促进劳动关系和谐。

（四）共青团工作站职责

1. 负责商务楼宇团建工作，指导楼宇内组织建团、发展团员，组织团员过组织生活，开展团员推优入党工作，做好团组织和团员基础数据统计工作。

2. 负责楼宇青年人才工作，做好推优荐才工作，推荐优秀青年代表参与各级评优表彰活动。

3. 加强对商务楼宇青年的组织引导，组织青年开展文化学习、联谊交友等文明、健康、有益的活动。

4. 服务商务楼宇青年创业就业，提供创业培训、小额贷款、中小企业开户等服务。

5. 负责商务楼宇志愿者工作，组织成立

志愿者队伍，定期开展各类志愿服务活动。

6. 负责商务楼宇青年权益保护工作，整合各类资源，为青年提供法律援助、心理咨询等服务。

7. 负责商务楼宇内青年组织的联系和培育，指导青年组织开展活动并提供一定的支持。

（五）妇联工作站职责

1. 宣传贯彻马克思主义妇女观和男女平等基本国策，团结、引导妇女发扬自尊、自信、自立、自强精神，全面提高素质，促进妇女人才成长。

2. 面向楼宇内女性员工开展法制宣传教育，提供有关保护妇女儿童合法权益的政策、法律、法规和婚姻家庭、社会道德等方面的咨询。

3. 了解商务楼宇内女性员工基本情况和服务需求，积极向党和政府及有关部门反映楼宇内妇女意见、建议和要求。

4. 为商务楼宇内女性员工提供心理疏导、婚姻家庭问题、家庭教育指导、交友联谊等服务项目，帮助其解决身心健康和家庭生活中遇到的困难。

5. 在商务楼宇开展“巾帼建功”活动，大力宣传表彰楼宇内的优秀妇女典型，积极引导她们在岗位成才建功，在首都经济社会建设中发挥作用。

6. 增进妇女之间、妇女团体之间及其他妇女组织之间的交流与合作，加强与社会各界的联系，协调和推动社会各界为妇女群众办实事、办好事。

第三章　工作规范

第七条　商务楼宇工作站原则上一楼一站。商务楼宇工作站纳入街道（乡镇、经济开发区、科技文化园区）党政工作服务管理范畴。要把商务楼宇当作“竖立起来的社区”和小的经济开发区进行服务和管理。

第八条　有地方办事。商务楼宇工作站要有固定的办公用房。工作站要设在方便开展工作位置，面积在20平方米以上。在显著位置悬挂或设立“北京市×××区（县）×××商务楼宇工作站”统一标志牌，配齐电脑、电话、打印机、传真机等基本办公设施和宣传资料。要统筹和整合现有资源，充分利用街道（乡镇）、园区及社区各类服务站、工作站等设施，为商务楼宇开展活动提供场所。

第九条　有人员办事。商务楼宇工作站要有一定数量的专兼职工作人员。工作人员一般3—7名，其中，专职工作人员至少1人。与街道（乡镇、经济开发区、科技文化园区）等党政部门签订劳动合同聘用的专职工作人员可纳入社区工作者队伍管理，享受社区工作者工资待遇；兼职人员可采用购买管理服务岗位等方式解决待遇问题。与楼宇产权单位等签订劳动合同的专兼职工作人员，按所签劳动合同执行。

第十条　有经费办事。商务楼宇工作站要有基本的工作和活动经费保障。工作站运行要建立财政拨款、党费返还、楼宇内经济组织和社会组织支持等多种渠道的长效经费保障体系。市级通过北京市社会建设专项资金等渠道，在政府购买服务项目、服务岗位和党建工作全覆盖等方面给予支持。要切实落实区县属地为主的财政支出责任，确保商务楼宇工作站正常开展工作和活动，并逐步建立经费投入稳定增长机制。

第十一条　有工作制度。商务楼宇工作站要逐步完善规章制度，建立健全工作运行机制。工作站要统一规范标识，将职责上墙，逐步完善服务管理精细化措施，逐步完善信息反馈机制，逐步完善工作考核评价体系，推动工作规范化、高效化。

第十二条　有信息化支撑。商务楼宇工作站要把服务管理工作纳入网格化社会服务管理体系，利用互联网、远程教育网、手机等现代传媒和信息技术手段，创新教育形式，丰富服务载体，探索实现网上工作部署、培训、党费交纳、公共服务咨询等多项功能，推动商务楼宇内党建工作学习资料电子化、活动通知短信化、组织生活在线化、信息发布网络化、意见征询论坛化建设。

第十三条 有组织和工作覆盖。商务楼宇工作站要有广泛的工作覆盖。要按照党委领导、政府负责、社会协同、公众参与、法治保障的总要求，不断完善管理体制。要按照为入驻单位所需要、为业主所理解、为楼宇党员所欢迎、为楼宇员工所拥护的要求，不断创新方式方法，不断扩大党组织和党的工作覆盖面，不断扩大社会服务和管理的覆盖面，不断使党组织的战斗堡垒作用和共产党员的先锋模范作用得到充分发挥，使政府公共服务职能得到充分发挥，使党和政府、群团组织与各界群众联系桥梁纽带作用得到充分发挥。

第四章 组织领导

第十四条 加强组织领导。各级党委、政府及其有关部门要将商务楼宇工作站工作纳入区域党建和经济社会发展整体规划，当作推动科学发展、促进社会和谐的大事来抓。市、区县社会建设工作领导小组办公室要加强组织协调。各街道（乡镇、科技文化园区）要搞好对商务楼宇工作站工作的日常服务管理。

第十五条 加强典型宣传。要不断探索和总结先进经验。在开展规范化建设的基础上，扎实开展商务楼宇工作站示范点创建活动，创建一批示范点。各区县、街道（乡镇、科技文化园区）要认真开展创建活动并发挥示范点的带动、引领和辐射作用，积极推动商务楼宇服务管理和楼宇经济发展上水平、上台阶。

第十六条 加强督促检查。结合市社会建设工作领导小组年底检查验收工作，参照市社会办对区县政府依法行政工作考核标准，每年对各区县商务楼宇工作站建设情况进行督促检查。结合全市基层党组织“三级联创”活动，将商务楼宇工作站党建工作纳入“三级联创”检查当中，加强统筹协调和督促检查，切实把工作落到实处。

第五章 附 则

第十七条 各区县、街道（乡镇、科技文化园区）可参照本办法，结合区域实际，制定具体的实施细则。

第十八条 本办法自发布之日起试行。

（此文件2013年1月9日由市社会建设工作领导小组办公室印发）

2012年北京市社会建设工作总结

2012年，在市委、市政府领导下，全市社会建设工作抓重点、抓协调、抓落实，全面实施“规划纲要”，扎实推进社会服务管理创新，不断完善社会建设科学体系，为迎接党的十八大胜利召开、推动首都科学发展、促进社会和谐做出了应有贡献。主要表现在以下几个方面。

（一）社会服务水平不断提升

坚持以保障和改善民生为重点加强社会建设。公共财政加大投入力度，投入173.4亿元，全面完成了35件市政府为民办实事工作任务。市社会建设工作领导小组各成员单位按照市委、市政府要求和“十二五”社会建设规划折子工程，认真落实服务民生各项任务，在社会保障、就业、就学、就医、保障房建设、老旧小区综合改造等方面办了许多实事好事。坚持服务为先，协调市社会建设工作领导小组30多个成员单位完成1322

个社区基本公共服务全覆盖任务，累计达到1967个社区，占总数的71%。新建成213个“一刻钟社区服务圈”示范点，累计达到622个、覆盖1116个社区、惠及790万社区居民。着力完善养老服务体系，落实“九养”政策。大力推进公共文化服务体系建设，开展基层公共文化设施服务效能评估，不断丰富群众文化生活。进一步加强便民利民服务体系建设，在117个社区推广车载蔬菜直销模式，解决居民买菜贵、买菜难问题。在600个居住小区开展垃圾分类达标试点工作，涉及16个区县51.46万户。

（二）社会管理精细化深入推进

市委、市政府召开全市网格化社会服务管理体系建设推进大会，印发《关于推进网格化社会服务管理体系建设的意见》，在巩固发展东城区、朝阳区、顺义区三区试点成果基础上，在全市各区县162个街道、乡镇开展试点工作，占总数的50%，实现了网格化社会服务管理体系建设的新突破。全市已有27个职能部门将工作力量下沉到网格。党的十八大安保期间，各区县通过网格报告问题726万件、解决问题696万余件，解决率达到95.9%。推动实有人口服务管理全覆盖，首次摸清了全市实有房屋的数量与构成，首次实现了实有人口信息的统一整合，首次实现了人房关联和精确定位，首次形成了全市标准地址信息数据库。探索建立了流动人口服务管理双向协作机制，建立了全员人口信息系统，启动居住证制度立法调研工作。大力推进“智慧北京”建设，搭建物联网应用支撑平台，实现医疗卫生、交通等9个部门60类物联信息共享。推进城市基层发现、反馈、解决问题的“微循环”管理机制，市级平台积压案件削减超过50%。重视发挥基层群众在服务管理工作中的主体作用，广泛动员开展交通、治安、环境三大秩序管理整治工作，全面强化对全市187处秩序乱点和240条重点大街9大类问题的整治力度。

（三）社区建设规范化基本实现

社区建设成效显著。经过五年的努力，全市城市社区建设基本实现规范化，并完成首批211个示范点建设任务。完成第二批社区用房建设项目，全市共有2199个城市社区用房面积达到350平方米，占总数的81%。圆满完成全市第八届社区居民委员会选举工作，户代表和直接选举比例达到29.5%，比上届高出18.5个百分点，1668名大学生社区工作者通过选举进入社区居委会，33名流动人口进入社区居委会。开展“六型社区”创建工作，建成520个示范单位，农村典型示范社区133个。确立501个智慧社区试点，社区网站服务体系建设实现全覆盖。总结推广怀柔、昌平、大兴、房山等区县农村社会服务管理经验，确定134个村庄作为社会服务管理创新试点。推进社区城乡一体化建设，完成500个农村社区服务站标准化建设，实现全市农村社区服务站标准化建设全覆盖。朝阳区在老旧小区开展准物业管理试点，海淀区推动物业管理“四方共建”，石景山区推动社区管理“五统一”，平谷区建立社区“微服务”机制等都产生了较好效果。社工队伍建设成效显著。出台《首都中长期社会工作专业人才发展规划纲要（2011—2020年）》，研究制定《北京市社区工作者培训大纲》，启动“万名社区工作者培训计划”，实施“社区工作者硕士研究生培养计划”。五年来第三次大幅度提高社区工作者工资待遇，全市社区工作者人均每月核增800元绩效工资，并建立了与本区县全额拨款事业单位职工工资同步同幅增长机制。全市4218人通过全国社会工作者职业水平考试，占全国的近50%，累计达到11723人，由原来的占全国1/10上升到占1/8以上。社工事务所累计达到50家。购买第三批共192个专业社工岗位。“最美社工”“最美慈善义工”“感动社区人物”等评选表彰活动产生了广泛深刻的影响。丰台、通州等区县广泛开展社工技能大练兵、大比武活动并产生了较好效果。西城、密云等区县在街道体制改革中特别是整合协管员队伍方面进行了积极探索，创造了先进经验。

（四）社会组织“枢纽型”工作体系基本形成

推进市级“枢纽型”社会组织规范化建设，不断完善社会组织服务管理。推动“枢纽型”社会组织体系向基层延伸，共认定区县级“枢纽型”社会组织174家，不断完善“枢纽型”社会组织工作网络。加大社会组织培育扶持力度，利用市社会建设专项资金购买了368个服务项目，试点购买了200个社会组织专职管理岗位，为156家市级社会组织充实了专业化工作力量。11个区县设立了社会建设专项资金，共投入5446万元购买了518项社会组织服务项目。举办“北京公益行——2012年北京社会组织公益系列活动”，动员27家市级“枢纽型”社会组织、16个区县近万家社会组织参加，全年累计服务城乡居民超过百万人次。市级“枢纽型”社会组织积极发挥作用，通过建立“二级”枢纽、促进社团实体化、建立专业服务机构、开展能力建设、举办品牌活动等方式，不断创新服务管理。西城区、朝阳区率先建立区级社会组织服务中心。各区县通过本级“枢纽型”社会组织引导、带动社会组织发展，特别是广泛参与社区治理和社区服务，取得了明显成效。

（五）社会动员机制发挥突出作用

动员社会力量服务保障党的十八大。各有关部门、各区县积极动员起来，集中开展了迎接十八大10个专项行动，从社会矛盾排查化解、突出治安问题和社会治安重点地区排查整治、公共安全隐患中的生产安全、公共卫生安全、食品安全排查整治、流动人口服务管理、特殊人群服务管理、社会组织服务管理、城市秩序治理等方面深入开展工作。发挥群防群治工作优势，组织动员140万治安志愿者开展“平安志愿行动”，为党的十八大营造了和谐稳定的社会环境。出台《关于在社区、社会组织、新经济组织中进一步加强信访和矛盾纠纷排查化解工作的指导意见》。认真开展公共场所社会文明提示语设置工作，在十大类1万个重点场所，共设置10万条文明提示语，为党的十八大召开营造了良好的社会文明氛围。领导干部、专家学者、普通百姓三支队伍组成的党的十八大精神宣讲团，深入社会领域宣讲，迅速掀起了学习贯彻新高潮。志愿服务体系不断完善。全市实名注册志愿者达170万，11个区县成立了志愿者联合会。进一步健全应急志愿者管理机制，建立市级应急总队、33支专项队伍、403支基层应急队伍。市民劝导队工作稳步推进，共建立市民劝导队2000余支、队员约6万人。动员社会力量积极参加“7·21”抗洪抢险和“11·3”抗击特大暴雪工作。房山区、延庆县全员动员战斗在第一线，全市社会力量积极动员起来，社区从身边做起，社会组织发挥专业优势，非公经济组织积极捐资捐物，百余家志愿团体组织动员6万多人次参与救灾服务，为夺取救灾胜利作出了积极贡献。

（六）社会领域党建广泛覆盖

深入开展社会领域创先争优暨基层组织建设年活动，社会领域表彰了350个先进典型，叶青大厦、金诚信矿业建设集团党委、北京市注册会计师协会、北京市福建企业总商会、北京国际城市发展研究院被评为全国创先争优活动先进基层党组织。制定《中共北京市委关于进一步加强和改进非公有制企业党的建设工作的意见》，全面实施“非公有制企业党建促进工程”，全市新建非公有制企业党组织855个。以基层组织建设年为契机，对全市8210个非公经济组织和835个社会组织进行了分类定级。启动全市社区党建“三级联创”活动，全市各街道、绝大部分乡镇建立了社会工作党委，基本实现社区党建工作区域化。27家市级“枢纽型”社会组织全部建立党建工作委员会，指导成立党组织98个，建立70余个党建工作小组，基本实现市级社会组织党建工作全覆盖。圆满完成社区党组织换届选举，1147名“大学生社工”被选进党组织，换届“直选”比例达到95.4%，比上届高出78.7个百分点。以“学习十八大、加强社会建设”为主题召开座谈会，分别举办了区县局级领导干部、区县社工委书记（社会办主任）、“枢纽型”社会组织负责人、街道工委书记、街道办事处主任、社区党组织书记、“两新”组织党组织负责人等一系列培训班。

总之，在党的十七大精神指引下，在市委、市政府领导下，经过过去五年的共同努力，具有时代特征、中国特色、首都特点的北京社会建设基本模式和体系框架初步形成；基层基础工作规模初步形成，各种基本量化指标任务完成均在80%以上，北京社会建设基层基础工作进入“80后时代”；积累了许多经验，探索形成了许多富有成效的新思路、新做法，2010、2011年中央媒体两次集中宣传北京社会建设工作经验；奠定了坚实的基层工作基础，各方面工作一年一个脚印，一浪一浪滚动发展，有计划、有步骤、有成效地夯实基层社会建设工作基础。首都社会建设开创了崭新局面，走在了全国前列，站在了新的历史起点上。

学习领会党的十八大精神，总结过去五年的工作，我们清醒地认识到：过去取得的成绩是初步的，工作中还存在不少问题，还有很大差距，特别是在完善体制机制、加强统筹协调、推动社会服务管理精细化等方面还有大量工作要做，还有许多方面需要加强和改进；我们深切地体会到：进一步加强新形势下的社会建设，必须搞好顶层设计、形成科学体系，必须加快体制改革、创新服务管理，必须服务保障民生、构建社会和谐，必须夯实基层基础、切实解决突出问题，必须加强综合协调、形成工作合力。

（此文件2013年2月18日由市社会建设工作领导小组办公室印发）

2013年北京市社会建设工作要点

2013年全市社会建设工作的总体思路：在市委、市政府领导下，深入贯彻党的十八大和市第十一次党代会精神，以保障和改善民生为重点，以社会体制改革为动力，以街道（乡镇）社会服务管理创新为着力点，以网格化社会服务管理体系建设为突破口，以社会服务管理精细化为落脚点，紧紧围绕社会服务更加完善、社会管理更加科学、社会动员更加广泛、社会环境更加文明、社会关系更加和谐和社会领域党建全覆盖的目标，进一步推动社会服务管理创新，进一步开创首都社会建设新局面。

2013年全市社会建设工作的基本要求：巩固提高，拓展延伸，改革创新，务实高效。即：巩固已有成果，提高实际效能，努力实现社会服务管理规范化；拓展工作领域，延伸工作触角，努力实现社会服务管理全覆盖；改革体制机制，创新社会服务管理，努力实现社会服务管理科学化；破解实际难题，务求工作实效，努力实现社会服务管理精细化。

2013年全市社会建设工作的重点任务：

（一）完善社会服务体系，切实保障和改善民生

按照党的十八大要求，社会建设要以保障和改善民生为重点，多谋民生之利，多解民生之忧，解决好人民群众最关心最直接最现实的利益问题，积极推动就学、就业、就医、提高收入、社会保障等突出问题的解决。按照市委、市政府要求，社会建设工作领导小组各成员单位要着力办好惠民实事，努力满足人民群众过上更好生活的新期待。深入推进基本公共服务、社会公益服务、社区便民服务广泛覆盖，不断提高社会服务水平。推进制定促进养老服务业发展的政策体系，着力构建社会化养老服务体系。加快完善社区服务体系，完成第三批800个社区基本公共服务试点建设任务，力争今年实现城市社区全覆盖。再建200个“一刻钟社区服务

圈”，进一步整合资源，完善便民服务网络。

（二）加快社会体制改革，推动社会服务管理创新

按照党的十八大“一个围绕、四个加快形成”的目标任务要求，在总结经验基础上，完善思路、加快推进全市社会体制改革。巩固发展全市社会建设创新成果，着力推进体制机制创新，健全社会建设领导小组及其办公室统筹协调工作机制，完善“纵向到底、横向到边”的工作网络。着力推进工作体系创新，制定首都社会建设指标体系，加快形成整体设计、量化管理的工作体系。着力推进社会服务体系创新，完善购买社会服务机制，加快形成政府主导、覆盖城乡、可持续的基本公共服务体系。整合资源、形成合力，集中实施一批惠及民生的重大项目，积极推动和扶持社会企业发展。着力深化街道体制改革，完善基层社会服务管理体系，加快形成统筹协调、条块结合、以块为主的社会服务管理体制，使街道、乡镇社会服务管理骨干的作用得到更好更大的发挥。着力完善社会组织“枢纽型”工作体系，加快形成市、区（县）、街道（乡镇）三级工作网络，加快推进二级“枢纽型”社会组织和区县、街乡“枢纽型”社会组织建设，深化社会组织登记体制改革，加快推进行业协会改革，加快形成政社分开、权责明确、依法自治的现代社会组织体制。着力推进社会管理方式方法创新，加快形成源头治理、动态管理、应急处置相结合的社会管理机制。

（三）提升社会建设科学化水平，推进社会服务管理精细化

全面推进网格化服务管理体系建设，积极推动市级层面部门联动整合，指导区县全面落实网格化体系建设任务，基本形成街道乡镇网格化工作全覆盖。切实解决保障民生、实有人口服务管理、环境整治、综治维稳、突发事件应对处置、社会矛盾化解、社会动员、社会心理服务、社会领域党建等突出问题，努力实现社会服务管理精细化。认真组织开展首届“北京城市管理奖”评选工作，提升城市管理科学化水平。加快推进社会建设法治保障，扎实推进社会领域立法，在完善“1+4+X”政策体系基础上，将社会建设纳入法制化轨道，做好《北京市志愿服务促进条例》修订工作，推动“社区办公和服务用房建设与管理”进入立法程序。积极推进依法行政工作，扎实开展社会领域“六五”普法工作。

（四）推进社会建设规范化，提升社区和社会组织建设水平

完善社区治理结构。进一步健全社区民主自治机制，逐步推广朝阳区准物业管理经验，在老旧小区停车、治安、保洁等方面取得突破。探索建立物业管理行业联合会，继续开展业主大会及业委会法人制度试点建设。探索开展驻区单位履行社会责任试点工作，完善社区共建共享机制。在基本实现社区建设规范化基础上，再建设200个社区规范化示范点、500个“六型社区”示范单位和100个农村社区建设典型示范社区，启动第三批社区用房建设项目，力争全市城市社区办公和服务用房面积全部达到350平方米。逐步扩大农村社区规范化建设覆盖面，继续建设一批农村社会服务管理创新试点项目，推进城乡结合部重点村的回迁和社区建设工作。完成首批智慧社区建设，启动第二批500个智慧社区建设。加强“枢纽型”社会组织规范化建设。加强政府购买社会组织服务政策和平台建设。加快推进北京市社会组织孵化一中心、多基地工作体系建设，大力扶持、积极培育公益性社会组织发展。深入开展第二届“北京公益行”系列活动。着力抓好社区社会组织建设，加强对全国性社会组织、在京国际社会组织和外地驻京社会组织以及“草根”组织的联系、引导和服务。

（五）加强能力和作风建设，提高社工队伍建设和志愿者工作水平

加强干部队伍作风建设，按照中央和市委部署，在社会领域深入开展“为民、务实、清廉”为主要内容的党的群众路线教育实践活动。认真落实密切联系群众、转变工作作

风有关规定。坚持以人为本、关注民生、构建和谐、服务社会，为民多办好事实事。勤政廉政，勤俭办一切社会事业。不断加强能力建设，坚持和完善各级领导干部社会服务管理培训制度。加强社会工作者队伍专业化职业化建设。健全社会工作专业人才工作联席会议制度，加强市、区两级社会工作者联合会建设。实施“万名社区工作者培训计划”和“社工高层次人才培养计划”。探索面向社区工作者定向招录公务员、事业编机制，拓宽社区工作者发展渠道和空间。实施“社工事务所标准化建设工程”，制定《专业社工岗位购买工作指导目录》。加强志愿者队伍建设，提升社会动员能力。进一步发挥志愿者工作联席会、志愿者联合会作用，深化街道志愿服务指导中心、志愿者服务示范站等平台建设，加强志愿者工作的统筹协调和重大问题研究。全面推进志愿者实名注册工作，规范志愿者服务管理。举办志愿服务博览会，促进志愿服务供需有效对接，完善志愿服务项目化管理体系。加强应急志愿者队伍建设和服务项目开发。健全社会动员体制机制，抓好50个城乡基层自治和公共治理试点。研究制定《北京市突发事件社会动员工作管理办法》。深化市民劝导队工作，开展特色创新项目，健全长效工作机制。

（六）加强党建工作，基本实现社会领域党组织和党的工作全覆盖

成立北京市社会领域党建工作研究会，健全社会领域党建工作联席会机制，推动社会领域党建理论创新和实践创新。完善街道（乡镇）社会工作党委运行机制，实施社区党建“三级联创”，健全社区党建科学考评体系。完善市级“枢纽型”社会组织党建“3+1”工作机制，指导区县、街道“枢纽型”社会组织加强党建工作。深入推进非公有制企业党建工程，提升规模以下非公有制企业党组织组建率，基本实现非公有制经济组织党组织和党的工作全覆盖。健全非公有制企业党组织书记联席会机制，搞好非公有制企业党建工作的指导和协调。加强非公有制企业党建队伍建设，聘请1200名离退休党员干部担任非公有制企业党建指导员。加强商务楼宇工作站示范点建设，提升商务楼宇工作站服务能力。探索建立党员信息卡制度，实施流动党员动态管理。

当前，首都社会建设既面临新的发展机遇，又面临新的挑战。要以更加良好的精神状态和扎实的工作作风，团结奋进，攻坚克难，开拓创新，务求实效，全面推进社会建设和社会服务管理创新，不断满足广大人民群众对幸福生活的新期待，为推进首都科学发展、促进社会和谐，为全面建成小康社会、实现中华民族伟大复兴作出新的贡献。

（此文件2013年2月18日由市社会建设工作领导小组办公室印发）

关于对2012年“北京社会组织公益行”相关活动和单位进行表彰奖励的通知

2012年“北京社会组织公益行”系列活动开展以来，得到了各市级“枢纽型”社会组织和各区县的积极响应，全年共有万余个各级各类社会组织开展公益活动近300项2000余场次，直接服务城乡居民超过百万人次，取得了良好的社会反响和实际效果。

为了进一步弘扬公益精神，激发广大社会组织参与社会公益事业的积极性，市社会建设工作领导小组办公室组织开展了2012年度“北京社会组织公益行”有关奖项的评选工作。经活动主体申报、市级“枢纽型”社会组织和区县社会建设工作领导小组办公室

初审推荐以及互审互评、抽样调查等环节，从推荐的150项活动中评选出“首都农民工大学生助推计划”等84项活动为“2012年‘北京社会组织公益行’优秀公益活动”（名单见附件）；根据各单位在“北京社会组织公益行”活动中的整体组织情况，决定授予27家市级“枢纽型”社会组织和16个区县社会建设工作领导小组办公室“组织奖”。

希望获得奖项、受到表彰的社会组织和有关单位珍惜荣誉、再接再厉，不断创造新经验，取得新成绩，作出新贡献。希望全市各级各类社会组织在今后的工作中，更好地践行公益事业、打造公益服务品牌，自觉承担社会责任，进一步开拓创新、诚信自律，为首都经济社会发展作出新贡献。

附件：2012年“北京社会组织公益行”优秀公益活动名单

（此文件2013年3月30日由市社会建设工作领导小组办公室印发）

附件：

2012年“北京社会组织公益行”优秀公益活动名单

一、市级“枢纽型”社会组织活动

（一）北京市总工会

1. 首都农民工大学生助推计划

2. “职工服务公益孵化”项目

（二）中国共产主义青年团北京市委员会

3. “孝动京城　青春能量”重阳节登高敬老活动

4. 北京青少年成长公益课堂

（三）北京市妇女联合会

5. “汇聚爱　为希望绽放”——妇女工作领域社会组织公益文化季

6. 指尖艺术工作坊

（四）北京市科学技术协会

7. “7·21”灾后义诊活动

8. “咿呀总动员”活动

（五）北京市残疾人联合会

9. “蓝丝带”助残服务活动

10. 手语风采大赛活动

（六）北京市归国华侨联合会

11. “公益大讲堂”系列活动

（七）北京市文学艺术界联合会

12. 春联服务市民活动

13. “京剧启蒙”公益活动

（八）北京市社会科学界联合会

14. “让蓝天下的孩子一起乐起来”活动

（九）北京市红十字会

15. “‘7·21’水灾救援”行动

16. “救援暴雪中被困群众”行动

（十）北京市法学会

17. “法律服务基层”活动

18. 《法治进行时》免费法律咨询热线

（十一）北京市工商业联合会

19. 京城收藏公益大讲堂

（十二）中国国际贸易促进委员会北京市分会

20. 北京民营经济推介会

（十三）北京市人民对外友好协会

21. “外国友人眼中的北京精神”摄影文化活动

（十四）北京市志愿者联合会

22. 志愿北京之蓝天行动

23．毛主席纪念堂志愿服务活动

（十五）首都慈善公益组织联合会

24．“7·21”水灾募捐活动

25．善行天下——首都慈善晚会

（十六）北京市私营个体经济协会

26．大兴区学雷锋志愿者服务活动

27．青龙桥地区义务指路活动

（十七）北京工业经济联合会

28．心系群众——北京工业产品保质量保安全推介进社区

（十八）北京市商业联合会

29．“关爱老人　一元理发”活动

（十九）北京市建筑业联合会

30．家庭可持续装饰装修低碳环保行动

（二十）北京企业联合会

31．北京名优企业进社区公益活动

（二十一）北京民办教育协会

32．“创业成果进校园”系列公益活动

33．首都大学生人文综合素养提升计划

（二十二）北京市民间组织国际交流协会

34．节能环保可持续发展公益展示

（二十三）北京市体育总会

35．第四届北京市体育大会

（二十四）北京市民族联谊会

36．“唱响红五月”民族歌舞公益演出

（二十五）首都民间组织发展促进会

37．越剧进社区公益演出

38．组团公益活动

（二十六）北京注册会计师协会

39．安康支教活动

（二十七）北京市律师协会

40．首都百家律师事务所公益服务日

二、区县活动

（一）东城区

41．“生命阳光”活动

42．东城巧娘优秀创意作品秀活动

（二）西城区

43．爱在西城首届公益文化节

44．关爱社区残障人士实现“家庭自助式”服务项目

45．萱草苑剪纸公益行动

（三）朝阳区

46．朝阳区首届志愿服务博览会

47．“爱心树”公益服务平台

48．青少年成长向导康乐会

（四）海淀区

49．海淀志愿者嘉年华活动

50．“服务进社区　名人大讲堂”活动

51．“健康进社区　名医伴你行”活动

（五）丰台区

52．九万里·儿童安全训练营

53．“优乐奇”儿童成长公益书屋

54．“为老服务探访团”活动

（六）石景山区

55．“开启幸福”——残疾人社会生存能力公益行动

56．“学雷锋促和谐”宣传服务活动

57．“关爱农民工子女志愿服务”活动

（七）门头沟区

58．“滨水山城我养护”千名志愿者绿地认养活动

59．博爱义工社区公益行

（八）房山区

60．“7·21”特大自然灾害救灾志愿服务活动

61．“宣传北京精神　传承太极文化”志愿服务活动

62．“学雷锋”行动

（九）通州区

63．“繁荣杯”群众演艺大汇

64．暖阳志愿者团队关爱老人行动

65．学雷锋科技服务系列活动

（十）顺义区

66．“爱心互传递　公益大家行”社会组织公益展示活动

67．“世界空港城”系列活动

68．“情聚北小营　欢乐一家亲”世钟杯家庭服务及公益文化活动

（十一）昌平区

69．“和谐之声”活动

70.“京北丽人”巾帼志愿服务活动
71. 天通苑大学堂
（十二）大兴区
72. 大兴区科技周活动
73.“朗润老人心理健康关怀”活动
74.“志愿同心服务”活动
（十三）平谷区
75.“老年人排难应急服务”活动
76.“民间艺术传承宣传培训”活动
77.“送法律、送服务”普法宣传活动
（十四）怀柔区
78.“践行北京精神、艺术服务人民”活动
79. 怀柔旅游咨询“i”在行动
80.“邻里节”活动
（十五）密云县
81.“暖心工程”群众文化服务公益活动
82. 志愿服务进网格工程
（十六）延庆县
83.“雏鹰计划”社工能力培养活动
84.“展文明骑行风采　做低碳生活引领者”活动

关于开展2013年“北京社会组织公益行”系列活动的通知

为深入贯彻落实党的十八大精神，大力践行“北京精神”、弘扬公益理念，进一步促进广大社会组织参与社会公益事业并展示其良好风貌，市社会建设工作领导小组办公室决定今年继续开展“北京社会组织公益行”系列活动。现就有关事项通知如下：

一、活动主题

“践行公益　服务社会”

二、活动时间

系列活动贯穿2013年全年。

三、活动形式

（一）活动载体

以区县及市级“枢纽型”社会组织为依托，广泛动员本地区、本领域社会组织踊跃参与，在“北京社会组织公益行”总体概念下，组织开展各具特色的公益活动。

（二）活动内容

按照“践行公益　服务社会”的主题，以“发展社会组织，促进社会和谐”为目标，逐步把各地区、各领域社会组织开展的相关活动引导、纳入“北京社会组织公益行”系列活动中来。广泛开展扶老助残、心理疏导、医疗服务、支教助学、就业帮扶、法律援助、生态环保、社会救助等便民服务活动，或根据特定的时间节点（如“地球日”“读书日”“助残日”等）以及各地区、各单位的具体情况，举办主题鲜明、服务社会的相关活动。

（三）活动范围

充分发挥区县的“属地优势”，注重拓展活动“广度”，广泛动员街道办事处、社区积极参与，力争全市140余个街道办事处都有相应的主场活动，并以“社区公益节”“社区邻里节”等多种形式吸引广大社区社会组织和居民群众参与到活动中来。充分发挥“枢纽型”社会组织的业务优势，注重挖掘活动“深度”；应充分动员本领域社会组织开展专业性强、主题效果突出的活动，并逐步将工作重心向基层下移，延伸工作网络。

（四）活动特征

“北京社会组织公益行”作为一项主旨明确、贯穿全年的活动，各单位在开展过程

中应注重做好日常工作与主题活动的有效整合、专场活动与整体活动的有效结合，争取做到“点”“线”“面”的有机统一。市委社会工委、市社会办在统筹全市活动整体开展的过程中，在几个重要节点上，要开展不同形式的全市统一性活动，如“‘公益行’启动仪式”、“社会公益资源交流会”、“社会企业发展研讨推进会”、“建立现代社会组织体制研讨会”、总结及评比表彰活动等。

四、活动步骤

（一）筹划准备

拟订活动整体方案，并进行相关工作部署和准备。各市级“枢纽型”社会组织和各区县在4月初制定活动方案，筹划活动项目。

（二）启动仪式

4月27日，举办2013“北京社会组织公益行”系列活动启动式。

（三）实施阶段

各市级“枢纽型”社会组织、各区县按照既定方案，积极筹备和举办好各项活动。在此期间，市委社会工委、市社会办认真做好协调和服务工作，及时掌握各种活动开展情况，并积极做好对有关重要活动的新闻宣传工作。

（四）总结表彰

对年度“公益行”系列活动情况进行总结。采取自下而上、逐级申报推荐、公众投票等方式，评选出“优秀公益活动”，并根据各单位的组织情况评选出“优秀组织奖”等奖项，对获奖的活动和单位进行表彰奖励。各区县、各市级“枢纽型”社会组织也应结合具体情况进行一定形式的总结、表彰。

五、活动要求

（一）制定“工作方案”

各市级“枢纽型”社会组织和区县要根据“北京社会组织公益行”活动主题，紧密结合本单位、本地区实际，形成翔实的有针对性和操作性的活动方案，明确具体任务和实施步骤。“方案”要着眼于全年，合理安排时间，相对饱满地推出各项活动，力争使整体活动贯穿全年。

（二）搞好活动设计

在设计活动项目时，应根据各地区、各领域的实际情况和城乡居民的实际需求合理筹划，注重实际效果，不走形式，不走过场，突出体现广泛性、持续性、公众参与性和品牌性。

（三）扩大参与范围

把“公益行”活动作为加强服务、联系和管理广大社会组织的平台，尽可能广泛地动员本领域、本地区的各级各类社会组织参与进来，通过举办活动加强沟通，增进了解，进一步扩大工作影响力。

（四）营造良好氛围

各市级“枢纽型”社会组织和各区县原则上都要组织统一的专场活动，更好地营造整体活动氛围。同时要加大宣传力度，及时发布活动信息，做好宣传报道。

希望各单位按照本通知的要求，积极协调、精心组织、抓好落实，确保2013年“北京社会组织公益行”系列活动顺利开展。

（此文件2013年3月30日由市社会建设工作领导小组办公室印发）

关于开展街道“枢纽型”社会组织工作体系建设试点的指导意见

为进一步贯彻落实《中共北京市委关于加强和创新社会管理全面推进社会建设的意见》(京发〔2011〕13号)、《北京市“十二五”时期社会建设规划纲要》(京政发〔2011〕63号)等文件精神,加快建立完善市、区(县)、街三级社会组织服务管理网络,现就开展街道“枢纽型”社会组织工作体系建设试点工作提出如下指导意见。

一、充分认识构建街道“枢纽型”社会组织工作体系的重要性

街道“枢纽型”社会组织,是街道区域内的联合性或综合性社会组织,在区县社会工委、社会办指导及街道党工委、办事处领导下,由街道社会工作党委进行综合协调,负责对区域内的社区社会组织进行联系、服务和管理。

构建这一体系,是贯彻落实党的十八大、十八届二中全会及十二届全国人大一次会议精神,加快建立现代社会组织体制、引导社会组织健康有序发展的重要探索;是进一步加强和创新基层社会服务管理,有效促进社会协同、扩大公众参与的重要举措;是实现政社分开、“以社管社”,将广大社区社会组织有效纳入党和政府主导轨道的重要途径。各区县、街道和相关部门要充分认识这项工作的重要性,将其作为加强社会建设的一项重要基础性工作,积极有效地加以推进。

二、街道“枢纽型”社会组织的主要职责

根据《关于构建“枢纽型”社会组织工作体系的暂行办法》(京社领发〔2009〕1号)的规定,“枢纽型”社会组织的工作职责是,对同性质、同类别、同领域的社会组织进行联系、服务和管理,承担政治上的桥梁纽带作用、业务上的引领聚合作用、日常服务管理上的平台作用。据此,街道“枢纽型”社会组织的具体职责是:

1. 联系、服务、管理社区社会组织,引导其依照法律法规和章程开展活动,促进其健康有序发展。

2. 在街道党组织领导下,开展社会组织党建工作,宣传贯彻党的路线、方针、政策,夯实党的群众基础。

3. 开展社区社会组织调查研究,动态掌握其基本情况,及时反馈意见建议。

4. 整合社会组织资源,开展社区公益活动和社区便民服务。

5. 搭建服务平台,为社区社会组织提供政策信息、业务指导、教育培训、互动交流等服务。

6. 其他相关工作。

三、街道“枢纽型”社会组织的主要构建形式

构建街道“枢纽型”社会组织工作体系,要因地制宜、注重实效,坚持从各地区实际出发,积极探索、大胆实践,不拘泥于形式,重在发挥作用。可以采取以下几种形式:

(一)以本级人民团体为骨干

将本级工会、团委、妇联、残联、文联等人民团体认定为“枢纽型”社会组织,明确其承担对辖区内同类别、同性质的社区社会组织进行联系、服务和管理,探索新形势下基层群团组织参与社会服务管理,开展群

众工作的有效途径。

（二）提升规范现有骨干社团

根据实际情况，对现有的“社区建设协会”“社区文体协会”“社区治安协会”等综合性社会组织进行必要的改造、规范和提升，进一步突出其代表性和联合性，广泛吸纳相关社区社会组织，切实发挥“枢纽”作用。

（三）建立新的联合性组织

根据实际需要，成立街道社会组织联合会、社会组织联盟或类似机构，对辖区内社会组织的建设与发展进行综合协调。

（四）探索其他有效形式

有条件的地区可以探索建立社会组织服务中心等实体性机构，以此为平台，集约性地对辖区内社会组织进行有效联系、服务和管理。

四、推进街道“枢纽型”社会组织工作体系建设的阶段安排

街道“枢纽型”社会组织工作体系建设，坚持“分步实施、典型带动、逐步完善”的思路，一般分三个阶段进行：

（一）认定人民团体类别的“枢纽型”社会组织

各区县社会工委、社会办，区县人民团体、街道党组织要加强对基层群团组织的指导和服务，引导其在履行既有职能的同时，积极转变工作理念、创新工作机制、扩大服务对象、提升服务能力。2013年年底前，完成人民团体类别“枢纽型”社会组织的认定工作。

（二）开展其他类别“枢纽型”社会组织认定工作

在人民团体覆盖不到或有实际需要的领域，通过新建、改造、提升等方式，按照“成熟一个、认定一个”的原则，逐步明确相关类型的“枢纽型”社会组织。2014年上半年，初步建立起覆盖广泛的工作体系框架。

（三）建成完善的“枢纽型”社会组织工作体系

2014年年底前，各街道一般均应建立起布局合理、覆盖广泛、功能健全、运行规范的“枢纽型”社会组织工作体系，使其成为本地区社会建设的重要力量和载体。

有条件的地区，应当先行先试，综合开展认定及相关工作，加快建立健全这一体系。

五、加强对街道“枢纽型”社会组织工作体系建设的领导与支持

（一）高度重视，加强领导

区县社会工委、社会办要加强工作指导，做好综合协调；各街道党工委、办事处要将该项工作纳入重要议事日程，统筹安排、积极推进；街道社会工作党委要结合社会组织工作特点和规律，切实把工作抓细、抓实、抓好。

（二）深入调研，统筹推进

各区县在工作开展过程中，要统筹规划、合理安排，稳妥有效地开展工作。特别是要对本区域内的社会组织状况进行深入细致的调研分析，有针对性地开展认定及相关工作，提高工作效率、减少盲目性。

（三）整合资源，培育扶持

各区县积极发挥本级社会建设专项资金、社区公益事业专项补助资金等的导向作用，以项目化方式为主，支持“枢纽型”社会组织有效开展日常服务管理工作。对工作中的经验和典型，要及时总结推广，并通过适当形式予以表彰奖励。

（四）狠抓落实，务求实效

各区县要按照本意见精神，结合实际，研究制定具体落实方案，明确阶段性目标和工作重点，加大推进力度。对于试点工作进展情况，要及时向市委社会工委、市社会办反馈。

（此文件2013年7月15日由市社会建设工作领导小组办公室印发）

关于开展老旧小区自我服务管理试点工作的意见

为发挥社区居民自治作用，有效解决不同类型老旧小区存在的突出问题，市社会建设工作领导小组办公室（以下简称“市领导小组办公室”）研究决定，从2013年起开展老旧小区自我服务管理试点工作。现就试点工作提出以下意见：

一、总体要求

（一）指导思想

在总结基层实践经验基础上，以居民自治为核心，以解决突出问题为重点，创新体制机制、方式方法，积极动员社会协同、公众参与，完善社区治理结构，推动老旧小区服务管理向规范化、社会化、精细化发展。

（二）基本原则

1．坚持居民自治、共建共享原则。以小区居民意愿为基础，充分发挥居民的自助互助作用。在区县党委政府统筹规划下，充分发挥街道（乡镇）主体作用和社区等基层组织的基础作用，动员区域单位和居民共同参与，共建共享。

2．坚持问题导向、分类指导原则。针对不同类型老旧小区的各自特点和存在的突出问题，加大指导和支持力度，不断提高小区自我服务管理水平。

3．坚持创新实践、试点先行原则。鼓励区县、街道（乡镇）结合小区实际，积极探索，大胆创新，构建各具特色的老旧小区服务管理模式。探索开展试点工作，加强示范引导，以点带面。

（三）主要目标

通过开展试点工作，基本形成依法自治、各具特色、作用明显的小区服务管理组织体系，在不同类型的老旧小区创建一批服务完善、管理民主、充满活力、和谐幸福的典型，逐步实现“五好”目标，即自治组织建设好、自我管理机制好、自我服务效果好、驻区单位协同好、突出问题解决好（具体标准要求见附件）。

二、主要任务

（一）健全老旧小区服务管理组织体系

1．建立小区服务管理组织。小区服务管理组织是以小区为活动范围，根据社区居民会议的授权，组织居民开展自我服务、自我管理的非营利性社区社会组织。社区居委会应围绕老旧小区存在的突出问题和居民的共同需求，通过组织召开社区居民会议，建立小区服务管理组织（包括小区自管会、院管会等）。小区服务管理组织应在街道（乡镇）进行备案，或登记注册为民办非企业单位。其成员由3—7人组成，一般由关心小区事务、责任心强、民意基础好、有居民自治组织经验或能力突出的常住居民、产权单位和驻区单位代表担任。规模较大、综合性较强的小区服务管理组织，可由社区居委会承担相应职责的委员兼任小区服务管理组织负责人。没有成立业委会和小区服务管理组织的，可暂时由小区所在的社区居委会牵头做好相关事项。

2．完善运行机制。小区服务管理组织在社区党组织的领导和社区居委会的监督指导下开展工作。社区党组织对小区服务管理组织实行政治领导，培养其负责人队伍。社区居委会明确专人负责小区服务管理组织的日常服务管理，并在备案管理、组织运作、活动场地、人才培养等方面提供指导和帮助。形成政府引导、社区居委会指导、小区服务管理组织运作、居民群众参与的小区自我服务管理新机制。

（二）完善老旧小区自我服务管理模式

根据各自实际，老旧小区自我服务管理模式可分为三种类型：

1. 物业自主式服务管理模式。对物业服务企业已进驻的小区，由物业服务企业按照有关规定实行“物业自主式服务管理”。发挥业主大会和业委会在小区服务管理中的积极作用，社区居委会要积极支持物业服务企业开展多种形式的社区服务，业委会和物业服务企业要主动接受社区居委会的指导和监督。建立健全社区党组织、居委会、业委会、物业服务企业、驻区单位协调机制，及时协调解决物业服务纠纷，维护各方合法权益。

2. 社区自治式服务管理模式。对物业服务企业未进驻的小区，实行“社区自治式服务管理”。由街道办事处（乡镇政府）牵头，结合老旧小区综合整治工作，指导小区服务管理组织或社区居委会以“有安全防范、有绿化保洁、有维修维护、有停车管理”（四有）为基本目标，创新小区基本物业服务机制，通过服务外包、聘请专职人员、培育相关志愿服务队伍等多种方式，依法协助相关部门做好与居民利益有关的小区停车管理、房屋维修、清洁卫生、绿化养护、秩序维护、下水管道疏通、水电故障排除、简单电器维修等工作，逐步满足小区居民对基本物业服务的需求，改善居住环境。

3. 单位自助式服务管理模式。对单位（大院）自主管理的小区，实行“自助式服务管理”。明确产权单位的责任，由1个产权单位管理的小区，由该产权单位组织实施自我服务管理。由2个及以上产权单位管理的小区，探索建立小区共商共议机制，整合小区资源，共同解决小区房屋修缮、停车管理、绿化保洁、安全防范等方面的问题。对于涉及地区性、社会性的重要问题，小区所在的街道（乡镇）和社区应会同产权单位积极研究、协商解决。

（三）创新老旧小区自我服务管理方式

1. 创新服务提供方式。本着自我服务管理为主、政府引导扶持为辅的原则，各区县政府、街道办事处（乡镇政府）通过政府购买服务、设立项目资金等途径，充分调动社区多元主体的积极性，推动小区服务管理提供的政府单一主体向政府、市场、社会组织（社团）、驻区单位、居民个人等多方主体转变，形成多元参与、共同治理的良好局面，增强小区自我服务管理功能。

2. 创新管理机制。建立各级党代表、人大代表、政协委员联系社区制度，深入基层了解社情民意，听取基层意见和建议。探索“社区、社团、社工”三社联动机制，大力培育小区服务性、公益性、互助性社会组织，提高小区居民的组织化程度。建立小区资源共享机制，积极推动驻区单位将文化、教育、体育等活动设施，以及食堂、停车场等生活设施向小区居民开放，努力营造和谐小区共驻共建的良好氛围。

3. 创新工作平台。整合小区现有信息网络资源，积极探索网上论坛、民情恳谈、小区对话等有效形式，广泛开展楼门文化建设、邻里节等活动，鼓励小区居民广泛参与，充分发挥小区服务管理组织、社区志愿者在反映群众诉求、化解矛盾纠纷、服务居民群众、融洽邻里关系、促进小区和谐稳定等方面的积极作用。

三、保障措施

（一）提高认识，加强领导

开展老旧小区自我服务管理试点工作是保障和改善民生、改善小区生活环境、提高居民生活质量的重要举措。市领导小组办公室要在试点工作中发挥统筹协调作用，综治、发改、公安、民政、建设、市政市容、交通、城市管理、园林绿化等相关部门要按照各自职能，强化责任意识，共同指导老旧小区服务管理推进工作。各区县领导小组办公室要根据本意见，结合本地区实际情况，选择好试点，提出切实可行的试点实施方案，报市领导小组办公室。

（二）动员各方，加大支持

各区县、街道（乡镇）要充分整合小区内各种设施、资源，统筹协调产权单位、小区服务管理组织、物业服务企业、辖区单位，共同参与小区服务管理。建立政府、市场、社会、居民个人多元参与的资金筹集机制。各区县政府、街道办事处（乡镇政府）可根据实际情况，加大对老旧小区服务管理试点工作的资金支持力度。市财政局可采取奖励方式对试点工作成效突出的小区给予一定支持。在物业服务企业未进驻的小区，鼓励小区服务管理组织、产权单位按照有关法律法规，根据服务需求和质量标准，在广泛征求产权人、使用人意见的基础上，适当收取一定数额的停车、垃圾处理、卫生、社区服务网点管理等服务费用，用于小区绿化、保洁、治安、停车管理等方面的运行经费。

（三）强化督察，确保实效

将老旧小区自我服务管理试点工作作为创新社会体制、推动社区服务管理精细化的重要内容，年底对试点工作完成情况进行检查验收。要以居民满意为标准，紧紧围绕居民关注的热点、难点问题，从群众最关心、最现实、最直接的利益问题入手，不断提高小区服务管理水平，让居民享受到小区服务管理的成果，从小区建设中看到变化、见到成效、得到实惠。

（四）加强宣传，营造氛围

通过各种形式，宣传、树立小区服务管理组织服务品牌，充分发挥先进典型的引领、辐射、带动作用。各区县要注意研究试点过程中出现的新情况、新问题，积极探索和总结解决问题的办法和经验，把好事办好。

附件：老旧小区自我服务管理的标准要求

（此文件2013年9月7日由市社会建设工作领导小组办公室印发）

附件：

老旧小区自我服务管理的标准要求

序号	内容	具体标准或要求
1	自治组织建设好	建有小区服务管理组织
2		有规范的名称和章程、管理制度和备案手续
3		有相对固定的组成人员、活动场地
4		自治功能完善
5		内部管理规范
6		在社区党组织的领导和社区居委会的指导下依法履行职责，依章开展工作，充分发挥作用
7	自我管理机制好	建立小区多方参与的协商议事机制
8		建立小区结对帮扶机制
9		建立小区组织与相关职能部门协同治理的长效管理机制

续表

序号	内容	具体标准或要求
10	自我服务效果好	小区居民自觉遵守小区居民自治章程或居民（业主）公约
11		小区居民主动参与社区建设，自觉清理卫生死角，自愿认养公共绿地
12		小区居民依法依章缴纳相关费用
13		小区无违章违约现象
14		小区各方关系融洽和谐
15	驻区单位协同好	建有小区党建工作联席会议制度
16		建有小区共驻共建机制，辖区单位参与小区共建积极性高，签订共建协议
17		建立小区与辖区单位错时停车制度
18		小区可开放的单位服务设施普遍向居民开放
19	突出问题解决好	涉及小区居民利益的事项，及时召开相关会议研究
20		能协助相关部门解决停车无序问题
21		能协助相关部门解决环境脏乱问题
22		能协助相关部门解决道路破损问题
23		能协助相关部门解决违法建设问题
24		能协助相关部门解决预防发案问题
25		能协调解决小区其他突出问题

关于使用市社会建设专项资金购买社会组织管理岗位的暂行办法（试行）

第一章　总　则

第一条　为进一步规范使用市社会建设专项资金购买社会组织管理岗位工作，在总结试点经验基础上，根据有关规定，制定本办法。

第二条　购买管理岗位是政府通过购买服务的方式，对符合条件的社会组织管理岗位提供一定经费补贴，支持社会组织加强职业化、专业化建设，更好地促进工作开展。

第三条　购买管理岗位采取项目化运作方式，由市社会建设工作领导小组办公室（以下简称“领导小组办公室”）统筹安排，市级“枢纽型”社会组织协调落实，相关社会组织具体实施。

第二章　岗位申报

第四条　本办法所指的管理岗位，主要包括：

（一）党务管理岗位：社会组织党组织书记、副书记、党建工作专职人员；

（二）综合管理岗位：驻会专职负责人；

（三）辅助管理岗位：秘书处等日常办事机构的专职工作岗位。

兼具业务管理和党务工作性质的岗位优先支持。

第五条 申请购买管理岗位的社会组织应具备以下条件：

（一）在市社团登记管理机关依法登记或由市级“枢纽型”社会组织直接联系的重点社会组织。

（二）非财政拨款单位。

（三）已建立党组织（含临时党组织、党建工作组织）。

（四）运行规范，制度健全，工作基础扎实。

（五）承担的公益性任务及日常管理服务工作任务较重。

（六）规模较大、具有一定的行业代表性。行业协会、专业协会等社团的会员（含单位会员和个人会员，下同）数量一般在100个以上，学会、研究会等社团的会员数量一般在80个以上，民办非企业单位年提供服务一般在500人次以上。

（七）通过自身力量难以解决所申报岗位的经费。

第六条 一个非联合性社会组织申报购买岗位数量一般不超过两个；联合会视具体情况研究确定。购买岗位合同期限为1年。

第七条 购买管理岗位的申报程序：

（一）由拟购买管理岗位的社会组织向本领域市级“枢纽型”社会组织提交购买管理岗位项目《申报书》（附件1）。

（二）市级“枢纽型”社会组织进行初审，对申报单位的工作重要程度、基本条件、申报理由、现有人员基础等进行审核，签署明确意见，将符合条件的统一报送领导小组办公室。

（三）领导小组办公室组织评审、确定岗位，并以《项目实施通知书》予以明确。

第三章 岗位聘用

第八条 岗位确定后，各单位要制定《岗位说明书》，并本着公开、公平、公正的原则，进行岗位人员选聘、择优录用。

第九条 岗位聘用人员条件：

（一）政治强。拥护党的路线、方针、政策，思想素质好，原则上是中共党员。

（二）业务精。具有符合岗位要求的业务素质，对所在领域或行业有一定了解和掌握。

（三）作风正。廉洁自律，公道正派，勤勉敬业，有奉献精神。

（四）善管理。具有相应的组织协调、团结协作、研究策划和社会活动能力。

除以上一般条件外，各单位应根据具体岗位业务要求，进一步明确聘用人员的附加性条件。

第十条 购买岗位经费不能用于给非购买岗位人员发放奖金或补贴。

第十一条 购买岗位人员确定后，市级“枢纽型”社会组织将《聘用人员情况登记表》（附件2）报送领导小组办公室备案。其间如果出现人员变动，应及时将有关情况报送领导小组办公室。

第四章 管理监督

第十二条 领导小组办公室对岗位聘用人员情况进行核实确认后，向市级“枢纽型”社会组织拨付购买管理岗位经费。

第十三条 购买管理岗位的经费要专款专用，不得虚报、冒领、截留、挪用或变相使用。对违规行为，领导小组办公室视情节追究相关责任。

第十四条 用人单位应按照国家有关规定，同岗位聘用人员直接签订劳动合同；直接签订劳动合同确有困难的，可从具有专业资格的社工事务所等机构引入所需人员。

第十五条 按照“谁使用、谁管理”的原则，用人单位应按照《岗位说明书》及劳动合同中确定的工作职责和权利义务，加强对岗位聘用人员的日常管理和服务。

第十六条 市级“枢纽型”社会组织要加强制度建设，对用人单位的岗位申报、人员使用及日常管理服务进行协调、督促和指导，不断加强队伍建设。

第十七条　领导小组办公室采取必要形式对人员上岗出勤、作用发挥及经费使用等情况进行抽查或集中检查，进一步促进工作落实。

第五章　考核评估

第十八条　建立三级考核制度：

（一）用人单位每季度要通过一定形式对岗位聘用人员进行工作考核，主要内容是在岗履职和作用发挥情况等。

（二）市级“枢纽型”社会组织每半年对用人单位进行一次评估考核，主要内容是岗位人员安排、经费使用、工作成效等。

（三）领导小组办公室每年度对市级“枢纽型”社会组织开展此项工作的成效进行综合考核评估，主要内容是党建及业务工作开展情况、专项经费的整体使用效果等。

第十九条　领导小组办公室可根据实际需要引入第三方评估机构，采取社会化的评估考核方法，促进此项工作规范有效开展。

第六章　附　则

第二十条　本办法由领导小组办公室负责解释。

第二十一条　各市级“枢纽型”社会组织依据本办法并结合实际制定实施细则。

第二十二条　本办法自发布之日起试行。

附件：1. 北京市购买社会组织管理岗位项目申报书

2. 购买社会组织管理岗位拟聘用人员情况登记表

（此文件2013年10月23日由市社会建设工作领导小组办公室印发）

附件1：

北京市购买社会组织管理岗位项目

申　报　书

申报单位：______________________________

填报日期：______________________________

联 系 人：______________________________

联系电话：______________________________

一、申报组织基本情况

<table>
<tr><td rowspan="6">基本情况</td><td>组织名称</td><td colspan="2"></td><td>联系电话</td><td colspan="2"></td></tr>
<tr><td>办公地址</td><td colspan="2"></td><td>邮政编码</td><td colspan="2"></td></tr>
<tr><td>法定代表人</td><td colspan="2"></td><td>组织类别</td><td colspan="2"></td></tr>
<tr><td>业务主管单位</td><td colspan="2"></td><td>机构代码</td><td colspan="2"></td></tr>
<tr><td colspan="2">是否财政拨款单位</td><td></td><td colspan="2">是否建立党组织</td><td></td></tr>
<tr><td colspan="3">会员数量（或年提供服务人次）</td><td colspan="3"></td></tr>
<tr><td>组织简介</td><td colspan="6"></td></tr>
</table>

二、申请购买管理岗位理由及岗位类别、具体职责

三、项目达到预期目标

四、现有工作人员基础和条件

秘书处（日常工作机构）专兼职人员组成、职务及其简要情况等

五、市级“枢纽型”社会组织审核意见

负责人：	单位公章 年　月　日

六、评审意见

（根据审核意见，作出准予立项或不予立项的决定）

领导小组办公室公章
年　月　日

附件2：

购买社会组织管理岗位拟聘用人员情况登记表

<table>
<tr><td>姓名</td><td></td><td>性别</td><td></td><td>出生年月</td><td></td><td rowspan="4">一寸免冠
照片</td></tr>
<tr><td>民族</td><td></td><td>籍贯</td><td></td><td>政治面貌</td><td></td></tr>
<tr><td>学历</td><td></td><td>学位</td><td></td><td>身体状况</td><td></td></tr>
<tr><td>毕业院校</td><td colspan="3"></td><td>所学专业</td><td></td></tr>
<tr><td colspan="2">熟悉专业及特长</td><td colspan="5"></td></tr>
<tr><td colspan="2">申报岗位名称</td><td colspan="5"></td></tr>
<tr><td colspan="2">岗位职责</td><td colspan="5"></td></tr>
<tr><td colspan="2">个人简历</td><td colspan="5"></td></tr>
<tr><td colspan="2">其他需要说明的情况</td><td colspan="5"></td></tr>
</table>

贯彻落实中央和市委关于改进工作作风密切联系群众有关规定的实施办法（试行）

为贯彻落实中央和市委关于改进工作作风、密切联系群众有关规定，经市委社会工委、市社会办研究，结合委办工作实际，制定如下实施办法。

一、加强和改进调查研究

1. 注重实际效果。委办领导的调研活动要根据主题安排内容，增强调研的针对性和实效性。调研要力求准确、全面、深入了解基层的真实情况，解决实际问题，防止走形式、走过场。既要注重总结经验，又要研究问题，要到困难较多、情况复杂的地方去研究问题、解决困难、指导工作。委办领导与各位处长要按照市委领导要求，认真落实联系点工作制度。

2. 合理安排调研。委办领导安排调研活动时，为加强统筹和协调，相关处室应提前一周将调研计划报办公室，办公室根据调研事项轻重缓急、区县平衡、人员安排、车辆协调等因素提出总体安排意见后，报委办主要领导审批后执行。

3. 减少陪同人员。委办主要领导调研，委办主管领导1人、办公室及相关处室负责人各1人陪同。委办主管领导调研，相关处室负责人1人、处室具体工作人员1人陪同。

4. 简化接待工作。委办领导调研时，不张贴悬挂标语横幅，不安排群众迎送，不摆放花草，不安排接见合影，不安排题字题词。调研时，一般不安排用餐。确需用餐的，应安排工作餐。委办领导调研时，涉及的相关区县、单位不安排车辆接送。严禁馈赠或接收任何名义的纪念品。不得对基层单位提出超标准接待要求。

二、精简会议活动和文件简报

5. 减少会议活动。按照务实高效的原则，严格清理、切实减少各类会议活动，能不开的坚决不开，能开小会的不开大会，可以合并的坚决合并。要严格会议活动的审批程序，以委办名义召开的全市性会议和举行的重大活动，由办公室统筹安排。本系统的全市性会议，每年不超过1次。区县社会工委书记、社会办主任例会，每季度召开1次，各专项工作会议尽量与例会合并召开。确需召开的专项会议，需按程序报批。未经批准，委办领导不出席各类剪彩、奠基活动和庆祝会、纪念会、表彰会、博览会、研讨会及各类论坛等，需要出席的会议活动，报经主要领导批准后，由办公室统筹安排。

6. 合理安排会议活动。各处室应至少提前一周将会议活动计划报办公室，办公室综合平衡提出总体安排意见后，报委办主要领导审批后执行。

7. 控制会议活动的规模和时间。严格控制会议活动规模，减少参加人员。本系统召开的全市性会议，只安排与会议内容密切相关的部门参加，不邀请市委、市政府主要领导出席，不请各区县党委和政府主要负责同志参加。坚持开短会、讲短话，力戒空话、套话。全市社会建设工作会议不超过1小时，大会发言每人不超过5分钟。

8. 提高会议活动的效率和质量。会议组织部门要科学筹划、精心组织、周密安排，提高会议活动效率。需要安排讨论的会议，要精心设置议题，充分安排讨论时间，提高会议质量。

9. 严格控制会议活动经费。各类会议活动要严格执行有关规定，厉行节约，反对铺张浪费。严禁提高会议用餐、住宿标准，严禁组织高消费娱乐、健身活动。会议活动现场布置要简朴，工作会议一律不制作会议横幅和会标、不摆放花草、不制作背景板。严禁以任何名义发放纪念品。不得对基层单位提出超标准要求。

10. 减少各类文件和简报。严格执行市委精简文件和简报的规定，控制发文范围，减少简报数量。对可发可不发的公文，坚决不发。一般性工作部署严禁发文。严格按照职权和隶属关系行文，不得多头报文、越级报文。未经市委、市政府批准，不得向区县委、政府发布指示性公文，也不得要求区县党委、政府报文。未经委办批准，各处室不得随意向各区县社会工委、社会办发布指示性公文。规范委办信息刊物，能精简的精简，能归并的归并，能发简讯的不发专报。保留《北京市社会服务管理创新专报》《网络舆情快报》《在一起》。简化《北京社会建设信息》，只发简讯，不再设专刊；如确需发专报，统一编入《北京市社会服务管理创新专报》。将《北京市社会建设研究基地专报》改为《社会建设研究参考》，刊发重要研究文章和报告。除此之外，其他处室不再另行编发信息简报。拟报送市委、市政府的简报、材料的种类、格式和报送范围，须报经市委办公厅、市政府办公厅核准。

11. 提高文件、简报的质量和实效。文件要具有针对性和可操作性，有助于解决问题和推动工作。严格控制篇幅。简报突出重要动态、工作进展、重要措施及建议等，减少一般性工作情况汇报。加快信息化建设，逐步实现文件和简报、材料的网络传输和网上办理，降低公文处理成本，缩短公文流转时间，确保公文办理及时有序高效。

三、规范出访活动

12. 加强出访管理。根据工作需要，委办领导出访根据经市外办批准的年度出访计划统筹安排，不再临时安排委办领导出访。执行市委、市政府外事任务、参加重要国际会议以及因特殊情况需要出访的，另行报批。委办领导出访次数、时间、国家数量、随行人员数量严格按照有关规定执行。严格按有关规定加强礼品管理。

13. 注重出访实效。委办领导出访应紧密围绕社会建设工作，切实增强学习考察的针对性和实效性。出访回国后，应在一周内形成学习考察报告，并在相关会议上汇报学习考察成果。

四、加强和改进新闻报道

14. 向媒体提供鲜活素材和新闻线索。有关社会建设的新闻宣传向基层倾斜，以与群众生活密切相关的内容为重点，关注社会公众的所思所想。注重宣传区县、街道（乡镇）、社区（村）和社会组织、非公经济组织在社会建设中的新创造、新经验，注重宣传广大居民群众参与社会建设的积极性、主动性，注重宣传社会建设的实际效果，注重典型宣传。

15. 规范新闻报道。按照中央和市委、市政府的要求安排市领导出席委办相关会议活动的报道。可报可不报的活动一律不邀请新闻记者报道。根据工作需要，只对具有新闻价值、能收到社会效果的会议活动邀请新闻单位安排新闻报道。

五、加强监督检查

16. 每年年底，按照委办统一安排，办公室会同机关党委、宣传处对执行情况进行1次专项检查，形成自查报告，并将检查结果分别报送市委办公厅、市政府办公厅等相关部门。

17. 办公室要定期督促检查，并及时通报执行情况。对违反规定的要依规进行处理。机关党委要把监督执行本实施办法作为改进党风政风的一项经常性工作来抓。宣传处要及时总结宣传好做法、好典型。

18. 本实施办法自发布之日起施行。此前发布的有关规定，凡与本办法不一致的，以本实施办法为准。本实施办法由办公室负责解释。

（此文件2013年2月16日由市委社会工委印发）

2013年北京市社会建设信息化工作要点

2013年全市社会建设信息化工作的指导思想和基本思路是：认真学习贯彻落实党的十八大精神，紧紧围绕全市社会建设大局和委办工作大局，按照《北京市“十二五”时期社会建设信息化工作规划纲要》《关于在全市推进智慧社区建设的实施意见》《北京市智慧社区指导标准（试行）》和《北京市“十二五”期间社区信息化建设指导意见》等文件所确定的各项目标任务，站在更高的起点上，抓落实、见成效、出成果、促应用，全面开创全市社会建设信息化工作新局面，重点做好以下九个方面工作。

1. 大力推进智慧社区建设，加快构建覆盖居民“吃、住、行、游、购、娱、健”智慧民生服务体系。根据2012年10月12日印发的《关于在全市推进智慧社区建设的实施意见》《北京市智慧社区指导标准（试行）》的整体部署和时限要求，按照“标准统领、示范带领、项目引领、成果率领”的推进战略，以便民服务资源和社区志愿服务资源集成开发利用、居民健康自测系统、数字文化社区、数字博物馆、科普、智慧养老、便民服务终端推广应用、社区网站在线服务、社会建设地图网、信用机制和智慧社区示范街道建设为重点，扎实推进智慧社区建设工作，确保在6月底前在全市建成501个智慧社区。7月份启动第二批500个智慧社区建设工作。

2. 大力推进全市社会建设信息枢纽建设，加快构建社会服务管理公共服务资源集成共享协同服务体系。推进三个“全面集成”，汇总形成“一个目录”，为信息枢纽夯实信息资源基础。以网格化社会服务管理体系为抓手，推进人、地、事、物、组织等信息资源的全面集成；以智慧社区建设为抓手，推进对“吃、住、行、游、购、娱、健”等各类与居民生活密切相关信息的全面集成；以四网六库系统为抓手，率先推进全市社会领域党建、社区、社会工作者、社会组织信息的全面集成；汇集网格化社会服务管理信息资源目录、四网六库信息资源目录、便民服务资源目录、街道在线服务资源目录、社区在线服务资源目录，汇总形成全市社会建设信息资源目录。初步实现全市社会建设数据向上集中、服务向下延伸，对上为领导决策提供依据，对下为百姓提供服务，横向为各部门提供资源共享，探索社会建设数据一次采集、资源多方共享、问题联动解决的模式，使全市社会建设信息资源开发利用和共享程度明显提高。

3. 大力推进商务楼宇网站建设，加快构建全市社会领域党建信息化服务体系。今年全市商务楼宇网站服务体系建设将采取两手抓的方式推进，即一手抓网站建设、一手抓网站服务体系在线服务，已经完成网站服务体系建设的商务楼宇要推进在线服务建设工作，没有完成网站服务体系建设的楼宇，今年要再完成30%商务楼宇网站服务体系建设，实现全市商务楼宇网站服务体系建设率累计达到62%的目标。

4. 大力推进社会组织信息化建设工作，加快构建现代社会组织体制信息化助力服务体系。总结市科协和市红十字会等“枢纽型”社会组织利用信息化手段为社会组织服务、怀柔区社会组织手机报、望京网、八通网、回龙观网、天通苑社区网、昌平社区网、青年汇、任我在线等社会组织信息化应用和学习借鉴兄弟省市推进社会组织信息化工作的经验；积极倡导市级“枢纽型”社会组织，区县社会工委、社会办，街道和社区利用门户网站为本领域、本级和本区域社会组织搭建网络服务平台，为促进全市社会组织的培育和发展提供服务，为社会组织参与社会服务管理和社会建设以及促进各社会组织之间相互交流提供新途径。

5. 大力推进全市社会建设信息化联络员队伍体系建设，加快构建适应推进全市社会建设信息化需要的骨干队伍体系。今年全市社会建设信息化联络员队伍建设目标是：实现社区网站服务体系联络员队伍的全覆盖，实现全市商务楼宇网站服务体系建设到哪里，联络员队伍就建立到哪里，实现社会建设信息采集系统部署到哪里，联络员队伍就在哪里发挥用户管理员作用，确保全市社会建设信息化工作各个环节都有人做事。同时，加强培训，把新信息技术知识及时、快速地让联络员掌握，运用最先进的信息技术成果，实现全市社会建设信息化跨越式发展。

6. 大力推进全市社会建设信息化电子年度发展报告机制建设，加快构建全市社会建设信息化科学发展引领体系。2012 年全市社会建设信息化电子年度发展报告将采取“(1+16)×9+142”模式，使全市社会建设电子年度发展报告内容覆盖延伸到各街道，使其能够更加全面地反映全市社会建设信息化发展情况，更加科学地引领全市社会建设信息化工作的持续发展。

7. 大力推进社会领域网络舆情监测工作，加快构建社会领域网络舆情快速反应服务体系。针对当前网络舆情形成快速、信息传播与意见交互空前迅捷、网络舆论的表达诉求日益多元、对社会影响逐步加大和已经成为社会舆论的放大器等现象，将与专业公司合作，开发互联网信息采集系统、社会建设网站群信息采集系统、舆情分析引擎系统、搜索引擎管理系统和建立健全舆情监测机制等多措并举，扩大网络舆情监测广度和深度，切实加强对社会建设、社情民意和社会关注热点、焦点等网络舆情的及时监测、及时了解和及时报告，为领导决策和全市社会建设大局提供网络舆情信息服务。

8. 大力推进全市社会建设信息化调查研究工作，加快构建全市社会建设信息化理论支撑体系。今年全市社会建设信息化理论体系建设的着力点是加强课题调研，特别是围绕一些事关全市社会建设信息化工作全局性、前瞻性、战略性的重大课题，围绕信息技术在民生领域的深化应用，围绕信息共享与整合应用，围绕工作中的薄弱环节、存在问题、围绕基层具有典型意义的先进性、创造性、特色性工作进行调研。每个区县包括街道和社区，共要形成 10 篇以上事关全局、对策可行的调研成果，同时，要促进调研成果的转化，使调研富有成效。

9. 大力推进信息网络安全管理工作，加快构建全市社会建设信息化安全可靠的信息网络安全管理体系。牢固树立安全防范意识，从组织领导、队伍建设、制度建设、日常管理、技术防护、等级保护、安全测评、安全检查、应急处置、灾难备份、教育培训等方面入手，建立健全网络信息安全保障体系。协调有关部门切实加强、严格落实网络安全保密责任制，加强教育，明确责任，强化措施，严防病毒侵袭，确保网络安全。协调有关部门采取切实措施加强信息安全管理，切实规范信息的采集、传递和入库，保证原始数据及其加工过程的安全和准确性。同时，要严格密码、备份、数据安全等方面的管理，从而保障信息和网络系统的安全运行。

（此文件 2013 年 2 月 18 日由市委社会工委、市社会办印发）

市社会办 2013 年全面推进依法行政工作要点

2013 年，是全面贯彻党的十八大精神，努力实现 2020 年基本建成法治政府目标的开局之年，也是实施《北京市“十二五”时期社会建设规划纲要》（以下简称《规划》），推进全市社会建设进入新阶段、迈上新台阶的重要一年。依法推进社会建设工作，要坚持以科学发展观为指导，认真落实党的十八大、市第十一次党代会精神和《北京市人民政府关于加强法治政府建设的实施意见》，依据《北京市 2013 年全面推进依法行政工作要点》和《依法行政专项考评实施细则》，全面加强依法行政工作，努力提高社会建设与管理法制化水平，为开创首都社会建设新局面，建设法治政府作出积极贡献。主要工作如下。

一、加强组织领导，进一步提高依法行政意识和能力

1. 重视依法行政工作。组织委办领导干部和机关工作人员认真学习贯彻全市推进依法行政工作领导小组会议精神，用以统一思想、指导工作。依据《北京市 2013 年全面推进依法行政工作要点》及《市社会办“十二五”时期依法行政工作规划》，研究制定年度推进依法行政工作计划，明确年度推进依法行政工作主要任务。强化委办全面推进依法行政工作领导小组及其办公室职能作用，完善工作机制，进一步加强对依法行政工作的组织领导，确保年度各项任务落实到位。认真落实政府部门依法行政工作自查和整改制度。加强法制机构建设，提高法制工作队伍的履职能力和工作水平。

2. 扎实开展学习培训。依据《市社会办领导干部学法用法工作制度（试行）》，以党的十八大报告中关于依法治国、依法行政的相关内容和习近平总书记的相关重要讲话，以及有关政策法规作为主要内容，制定《市社会办 2013 年依法行政学习培训计划》。完善和落实领导班子理论学习中心组集体学法、领导干部办公会会前学法制度，组织集中学法不少于 4 次。通过举办法制讲座、专题培训、在岗在线学习等形式，实现机关公务员参加基本法律知识和与业务相关法律知识学习培训全覆盖。通过开展学习培训，切实提高委办领导干部和全体机关公务员的法治观念和法律素质，进一步增强依法决策、依法行政、依法办事能力。

3. 加强法制宣传教育。深入开展“法律进机关”活动，组织党员干部深入学习党的十八大关于民主法制建设理论、宪法和基本法律以及新颁布的重要法律法规知识。加强机关法治文化建设，探索创新对领导干部和公务员的法制宣传教育形式，在行政机关弘扬法治精神、宣传法治理念。认真贯彻落实《北京市政府法制信息化建设 2011—2015 年规划》有关要求，积极推进社会建设领域法制信息化建设。依托“北京社会建设网”等载体，加强对社会建设与管理相关政策法规的宣传。贯彻落实市“六五”普法规划，积极开展普法教材和法律宣传资料送社区、送非公有制企业、送社会组织、送商务楼宇、送新居民服务站“法律知识五送”活动，积极做好以“政府购买社会组织服务”方式开展“法律服务基层”活动，在全市社会领域形成学法、遵法、守法、用法的良好氛围，营造和谐稳定、文明有序的社会环境。

4. 搞好依法行政考核。充分发挥委办依法行政组织领导机制作用，加强对区县政府依法推进社会建设工作的分析研究和有效指导。依据市推进依法行政工作领导小组及其办公室对年度区县政府依法行政工作考核要

求，制定对区县政府依法开展社会建设工作的考核标准。按照市政府法制办统一安排，搞好对区县相关部门依法行政工作培训，认真实施对区县政府依法行政工作年度考核，促进《规划》有效落实。

二、健全机制程序，实施科学民主依法决策

1. 健全和完善行政决策制度和程序。认真落实全市关于规范政府重大行政决策程序相关要求和《市社会办依法决策暂行规定》，建立重大行政决策合法性审查、风险评估、集体决定、实施后评估等制度，健全公共决策社会公示、公众听证、专家咨询论证等制度，促进科学决策、民主决策、依法决策。对涉及社会建设与管理全局的重大事项，广泛征询意见，充分协调协商，扩大决策的公众参与程度。对专业性、技术性较强的重大事项，认真组织专家论证、专业咨询和决策评估，确保重大决策民主公开、程序透明，符合群众切身利益。

2. 健全和完善行政决策风险评估机制。认真落实市委、市政府《关于构建社会矛盾多元调解体系和建立健全社会稳定风险评估机制》要求，坚持把风险评估作为决策的重要基础。通过开展调查研究、编发《网络舆情快报》、信息报送等措施，及时了解社情民意，实时掌握社会动态，为政府决策提供依据。在重大事项及相关政策出台前，从合法性、合理性、可控性等方面进行科学、系统的社会稳定风险评估，并根据风险评估结果对重大事项和相关决策作出调整或改进。在重大事项及相关政策出台后，及时跟踪调查社会舆情，系统研究信息动态变化，科学研判形势，采取有针对性的应对措施，有效化解和控制风险，确保决策有效实施。

三、加强制度建设，完善社会建设政策法规

1. 积极推进社会建设立法工作。着眼于从建立健全社会建设政策体系向完善法规体系拓展延伸，在继续加强政策制度创新、完善社会建设政策体系的基础上，积极推进社会建设立法工作。充分发挥委办立法工作领导小组及其办公室职能作用，制定2013年至2015年社会建设政策法规项目计划，加强对立法工作的组织领导。加强沟通协调，积极推动《北京市志愿服务促进条例》的修订纳入市人大五年立法规划，积极推动“新建小区社区办公和服务用房建设与管理”政府规章项目的立法论证工作。积极协助有关部门做好立法调研相关工作。

2. 进一步加强规范性文件管理与备案审查工作。认真落实市政府办公厅《关于健全市政府重大行政决策和行政规范性文件合法性审查工作机制的通知》和《市社会办规范性文件审核及备案管理规定》，进一步完善合法性审查工作程序，提高合法性审查工作质量和水平。按照市人大常委会《规范性文件备案审查条例》的要求，健全完善规范性文件制定、备案工作机制，推进规范性文件备案审查工作的制度化、规范化。认真落实规范性文件定期清理和实施效果评估制度，做好对规范性文件备案审查程序执行情况的监督和纠正力度。积极推进信息公开，保障群众知情权。

四、认真落实《规划》，加快推进社会体制改革

1. 推进《规划》有效实施。结合贯彻全市社会建设工作会议精神，细化年度任务，完善保障措施，加强统筹协调，强化检查督导，推动《规划》顺利实施。依据《规划》和相关标准，指导区县政府依法推进社会建设工作。

2．规范社会服务管理。按照党的十八大“一个围绕、四个加快形成”的目标任务要求，在总结经验基础上，完善思路、加快推进全市社会体制改革。健全社会建设统筹协调工作机制，完善“纵向到底、横向到边”的工作网络，着力推进体制机制创新。制定首都社会建设指标体系，加快形成整体设计、量化管理的工作体系，推进工作体系创新。深化街道体制改革，完善基层社会服务管理体系，加快形成统筹协调、条块结合、以块为主的社会服务管理体制。完善社区治理结构，健全基层民主自治机制。完善政府购买社会组织服务政策制度，加快推进“枢纽型”社会组织规范化建设。研究建立社会工作者职级体系，实施“万名社区工作者培训计划”和“社工事务所标准化建设工程”，制定《专业社工岗位购买工作指导目录》，促进社会工作队伍专业化、职业化发展。研究制定《北京市突发事件社会动员工作管理办法》，规范志愿者服务管理。落实《商务楼宇工作站服务管理办法》，加强商务楼宇工作站示范点建设。加快推进社会建设、法制建设步伐，推动社会建设工作依法有序运行。

3．推动重点工作落实。全面推进网格化社会服务管理体系建设，实现网格化体系在区县、街道（乡镇）全覆盖。完成第三批600个社区基本公共服务全覆盖试点，建设200个“一刻钟社区服务圈”示范点和200个社区规范化示范点，启动第三批社区用房规范化项目，加快完善社区服务体系。逐步扩大农村社区建设覆盖面，继续建设一批农村社会服务管理创新试点项目，推进城乡结合部重点村的回迁和社区建设工作。开展100个社会动员体制机制建设试点，抓好50个城乡基层自治和公共治理试点，动员公众广泛参与社会建设。认真落实《北京市“十二五”时期社会建设信息化工作规划纲要》，不断规范社会建设领域信息化工作。

五、严格履行职责，强化对具体行政行为的监督

认真学习贯彻全市关于行政复议工作有关精神，认真落实市政府法制办关于行政复议、行政应诉及市行政调解部门联席会议办公室关于行政调解有关制度和机制。按照职责和规定要求，积极做好行政诉讼案件应诉、履行生效判决和裁定或司法建议、落实行政复议相关制度和行政复议案件审理程序、履行行政复议决定等工作，不断强化对具体行政行为的监督，依法规范行政行为。

（此文件2013年3月13日由市社会办印发）

市社会办2013年依法行政学习培训计划

为认真落实党的十八大、市十一次党代会精神和《北京市人民政府关于加强法治政府建设的实施意见》《北京市人民政府关于全面推进依法行政的实施意见》，不断强化领导干部和机关公务员的法治精神和法律素质，全面推进依法行政工作，依据《市社会办2013年全面推进依法行政工作要点》，结合社会建设工作实际，制定本计划。

一、指导思想、工作原则和工作目标

（一）指导思想

高举中国特色社会主义伟大旗帜，深入贯彻党的十八大和市十一次党代会精神，认真落实国务院和市委、市政府有关指示要求，紧紧围绕加强法治政府建设和社会建设工作大局，

通过深入系统地学习履行职责所需的法律法规知识，加强能力培训，进一步强化领导干部和机关公务员的社会主义法治理念，牢固树立在宪法和法律范围内活动的观念，不断增强依法决策、依法行政、依法办事能力，推动社会建设与管理在法制轨道上有序运行，为实现全市社会建设迈上新台阶、建设法治政府，提供有力的素质支撑和法治保障。

（二）基本原则

坚持分级分类，增强学习培训针对性；坚持突出重点、有的放矢，确保学习培训质量；坚持理论联系实际，做到学以致用。

（三）工作目标

通过开展学习培训，使领导干部和机关公务员充分认识依法行政的重大意义，增强参与学习培训的积极性、主动性，切实熟悉和掌握与履行政府行政职能相关的法律法规知识，不断强化依法行政观念，进一步营造尊重法律、遵守法律、崇尚法律的良好氛围，努力提高依法决策、依法行政、依法管理等依法推进社会建设的能力。

二、学习培训内容

（一）党中央、国务院和市委、市政府关于加强法治建设的有关文件和会议精神

例如：党的十八大报告关于依法治国、依法行政的相关内容；习近平总书记的相关重要讲话。《国务院全面推进依法行政实施纲要》《关于加强市县政府依法行政的决定》；《北京市人民政府关于加强法治政府建设的实施意见》《北京市人民政府关于全面推进依法行政的实施意见》《北京市“十二五”时期社会建设规划纲要》，以及市政府年度依法行政工作会议精神。

（二）国家有关规范政府行政行为的法律、法规、规章

包括：《宪法》《国务院组织法》《中华人民共和国行政许可法》《中华人民共和国行政处罚法》《中华人民共和国行政复议法》《中华人民共和国行政诉讼法》《中华人民共和国立法法》等。

（三）北京市关于加强依法行政工作的法规文件

包括：市人大常委会《规范性文件备案审查条例》；《北京市人民政府工作规则》（京政发〔2013〕5号）；市委办公厅、市政府办公厅《关于印发〈北京市重大决策社会稳定风险评估实施细则（试行）〉的通知》、市政府办公厅《关于健全市政府重大行政决策和行政规范性文件合法性审查机制的通知》、市政府办公厅《转发市法制办〈关于进一步加强全市行政复议工作规范性建设的意见〉的通知》《关于进一步加强全市行政调解工作的意见》等。

三、学习培训方法

委办领导干部和机关公务员依法进行行政学习培训，围绕年度机关学习教育活动计划，结合干部任职培训工作，统筹安排，整体推进。主要采取集中学习与个人自学相结合、参加培训与在岗在线学习相结合等方法进行。健全并落实领导班子理论学习中心组集体学法、办公会会前学法、机关专题法制讲座等制度。

四、工作要求

（一）加强组织领导

在委办班子领导下，委办全面推进依法行政工作领导小组及其办公室负责组织实施领导干部和机关公务员依法行政学习培训工作。将开展依法行政学习培训作为加强机关自身建设的重要内容，做到年初有计划和部署、年中有检查和督促、年终有考评和总结。将依法行政工作纳入处室、干部年度考评之中，把参加学习培训情况、落实依法行政效果作为考核内容。处级以上领导干部要带头学法用法，带头依法行政。

（二）注重实际效果

委办依法行政学习培训工作，要结合社

会建设工作特点和机关人员实际，做到科学安排，学用结合。积极创新依法行政学习培训的有效形式，建立学法用法与开展日常工作互相促进的有效机制，调动机关人员学法用法的主动性和自觉性。

附件：1. 市社会办领导干部2013年依法行政学习计划

2. 市社会办公务员2013年依法行政学习培训计划

（此文件2013年3月13日由市社会办印发）

附件1：

市社会办领导干部2013年依法行政学习计划

时间安排	学习内容及方式	
一季度	集体学习	党的十八大报告关于依法治国、依法行政的相关内容；习近平总书记2012年12月4日在首都各界纪念现行宪法公布施行30周年大会上的讲话；《北京市人民政府工作规则》（京政发〔2013〕5号）；《北京市人民政府关于加强法治政府建设的实施意见》。
	个人自学	《国务院全面推进依法行政实施纲要》《公务员执政为民的“法律智慧”》第一章。
二季度	集体学习	市政府年度依法行政工作会议精神和年度依法行政工作要点；《北京市人民政府关于全面推进依法行政的实施意见》。
		开展一次专题法制讲座。
	个人自学	《市社会办2013年全面推进依法行政工作要点》；《公务员执政为民的“法律智慧”》第二章。
三季度	集体学习	市委办公厅、市政府办公厅《关于印发〈北京市重大决策社会稳定风险评估实施细则（试行）〉的通知》；市政府办公厅《关于进一步加强全市行政调解工作的意见》和《关于健全市政府重大行政决策和行政规范性文件合法性审查机制的通知》；《重大行政决策程序规定》。
	个人自学	《北京市社会建设工作办公室依法决策暂行规定》；《公务员执政为民的“法律智慧”》第四章。
四季度	集体学习	开展一次专题法制讲座；市政府法制办《关于进一步加强全市行政复议工作规范化建设的意见》。
	个人自学	市人大常委会《规范性文件备案审查条例》；《公务员执政为民的“法律智慧”》第十一章。

附件2：

市社会办公务员2013年依法行政学习培训计划

时间安排	学习内容及方式	
一季度	集中学习	党的十八大报告关于依法治国、依法行政的相关内容；习近平总书记2012年12月4日在首都各界纪念现行宪法公布施行30周年大会上的讲话；《北京市人民政府关于加强法治政府建设的实施意见》。
	个人自学	《国务院全面推进依法行政实施纲要》；《北京市“十二五”时期社会建设规划纲要》；《公务员执政为民的“法律智慧”》第一章；业务工作相关法律法规。
二季度	集中学习	市政府年度依法行政工作会议精神和年度依法行政工作要点；《北京市人民政府关于全面推进依法行政的实施意见》。
		开展一次专题法制讲座。
	个人自学	《市社会办2013年全面推进依法行政工作要点》；《公务员执政为民的“法律智慧”》第二章；业务工作相关法律法规。
三季度	集中学习	市推进依法行政工作领导小组办公室下发的《2013年度区县政府依法行政工作考核实施细则》；《2013年度市社会办对区县政府依法行政工作考核标准》。
	个人自学	市人大常委会《规范性文件备案审查条例》；《市社会办规范性文件审核及备案管理规定》；《公务员执政为民的“法律智慧”》第四章；业务工作相关法律法规。
四季度	集中组织	开展依法行政考核专题培训。
	个人自学	市政府办公厅《关于进一步加强全市行政调解工作的意见》；市政府法制办《关于进一步加强全市行政复议工作规范化建设的意见》；《公务员执政为民的“法律智慧”》第九章；业务工作相关法律法规。

2013年在全市街道社区开展社会动员工作试点的方案

社会动员工作，是新形势下党和政府动员社会和公众积极参与社会建设的一项重要工作，对于进一步整合社会资源、凝聚社会共识、增强社会活力、促进社会和谐具有重要意义。为贯彻党的十八大和市十一次党代会精神，落实《北京市“十二五”时期社会建设规划纲要》，探索新形势下社会动员的特点和规律，拟首先在街道、社区开展社会动员试点工作。具体方案如下：

一、指导思想与基本原则

（一）指导思想

按照“党委领导、政府负责、社会协同、公众参与、法治保障”的工作格局，围绕社会动员体制机制创新，以探索社会动员方式方法为重点，以解决群众关心的热点难点问题为切入点，以社会力量广泛参与为目标，以基础较好的街道、社区为平台，分类分批开展社会动员试点工作，努力探索新时期首都社会动员工作新模式。

（二）基本原则

1. 坚持分类推进。选择一批不同类型、不同特点的街道、社区开展试点工作，有针对性地确定试点工作重点，培育出一批社会动员工作典型。

2. 坚持立足基层。发挥街道统筹区域社会建设的作用和社区贴近群众的优势，重点探索基层社会动员的方法与规律。

3. 坚持循序渐进。街道试点突出统筹作用，社区试点突出特色；要从基础较好的街道、社区做起，从群众最迫切需要解决的问题入手，分批推进，逐步推广。

4. 坚持探索创新。尊重基层的首创精神，鼓励试点街道、社区结合实际，大胆探索，积累经验，形成特色。

二、试点范围与数量

在全市各区县选取基础较好、具有代表性的街道和社区进行试点，第一批初步确定试点单位 57 个，其中街道 22 个、社区 35 个。

三、试点目标与任务

通过试点，倡导“社会协同、公众参与”的理念，引导社会单位和广大公众积极参与社会建设，培育一批社会动员工作示范试点，探索健全与市场经济条件相适应的首都社会动员体制机制。

（一）完善体制机制

建立完善街道统筹、各部门分工负责、驻区单位和公众广泛参与的基层社会动员体制，健全社会动员网络。探索建立健全社会动员决策、会商、信息共享、评估等工作制度。

（二）创新方式方法

在巩固传统社会动员工作优势基础上，充分利用新技术、新媒介开展社会动员工作，尤其是以网格化、信息化建设为手段，探索新形势下社会动员的有效方式方法。

（三）推动共驻共建

扶持发展各类社会组织，培育社会动员的组织载体；引导企业支持公益事业，积极履行社会责任；发动社会单位通过结对共建等形式积极参与驻区建设。

（四）推进依法自治

围绕解决与群众利益密切相关的热点难点问题，加强基层民主自治，搭建平台载体，引导群众有序参与公共决策，实现自我服务、自我管理。

（五）完善应急动员工作机制

建立健全重大活动、重大事件、突发事件等社会动员工作制度和分级预案体系，做好社会领域维稳工作。

（六）深化志愿者工作

加强街道、社区志愿者“枢纽型”组织和专业组织建设，拓宽志愿服务领域，规范志愿者管理与服务，进一步壮大志愿者队伍。

（七）加强市民劝导队工作

突出柔性管理特点，将文明引导与依法管理有机结合，不断拓展市民劝导队服务功能，建立健全长效机制，不断提升劝导工作效果。

（八）完善基本保障政策

建立财政与社会资金相结合的社会动员资金投入保障机制；整合基层社会动员力量，提高动员能力；加强宣传教育工作，形成社会公众广泛参与的良好舆论氛围。

制定街道、社区社会动员试点任务指南，指导街道、社区做好试点工作。

四、实施步骤

（一）确定试点

区县社会工委、社会办根据试点工作名额，研究提出具体试点街道和社区名单，明确各街道、社区试点工作主要任务，报市委社会工委、市社会办备案。

完成时间：2013 年 7 月上旬前。

（二）组织实施

召开会议部署社会动员试点工作。各区县根据试点工作要求，制定实施工作方案，部署试点工作；深入试点街道社区，加强试点工作指导。试点街道、社区做好具体实施工作。

完成时间：2013 年 11 月底前。

（三）总结推广

及时总结各试点单位的好经验、好做法，分析存在的问题与不足，召开全市社会动员第一批试点工作总结推广会议，研究部署第二批试点工作。

完成时间：2013 年 12 月底前。

五、保障措施

（一）加强组织协调

市委社会工委、市社会办成立社会动员试点工作领导小组，加强对试点工作的组织协调；各区县建立相应的工作机制，明确负责领导和工作人员；试点街道和社区成立或明确专门工作机构，确保必要的工作力量。

（二）加强分类指导

采取以会代训、交流研讨、专家辅导等形式，做好各区县社会动员试点工作培训。及时跟进了解各区县试点工作进展情况，深入试点街道、社区，做好分类指导，帮助研究解决有关问题，确保试点工作顺利实施。

（三）提供基本保障

在市、区县社会建设专项资金中设立社会动员专项，支持社会动员试点工作。试点街道和社区所在街道要对社会动员试点工作所需经费给予充分保障。鼓励各区县积极吸纳社会资源支持社会动员试点工作。

（四）搞好舆论引导

通过新闻媒体、互联网络、内部信息等途径，加大社会动员宣传工作力度，及时做好试点单位典型经验宣传和推广工作，形成社会支持社会动员、支持试点工作的良好社会氛围。

附件：1．街道社会动员试点工作任务指南

2．社区社会动员试点工作任务指南

3．第一批社会动员试点单位名额分配表

（此文件 2013 年 7 月 8 日由市委社会工委、市社会办印发）

附件 1：

街道社会动员试点工作任务指南

试点街道要发挥区域统筹协调作用，从实际出发，创新体制机制，整合社会资源，不断完善常态动员与应急动员并重、专业队伍与志愿队伍联动、传统手段与现代技术并用的工作模式，成为社会动员工作示范街道。

一、形成较为完善的社会动员体制

1．建立街道统筹、各部门分工负责、社会单位和公众广泛参与的工作体制。

2．建立社会动员统一指挥平台，明确工作职责和工作力量，健全街道、社区两级社会动员工作网络。

3．制定社会动员试点工作实施方案，完善社会动员工作制度。

二、健全区域共驻共建工作机制

4．发动社会单位通过结对共建、对外开放内部设施等资源共享形式，共同参与地区建设。

5. 引导发动驻区企业通过支持社会公益事业、参与志愿服务等方式参与地区建设，积极履行社会责任。

6. 加强街道“枢纽型”社会组织和其他组织社会动员能力建设，形成街道与社会组织之间的良性互动。

三、指导社区做好居民自治

7. 结合实际总结推广社区居民代表常务会等基层自治经验和做法。

8. 指导建立社会单位、居民参与社区事务决策、管理和咨询等工作制度。

9. 培育社区居民自治建设方面的工作品牌。

四、广泛开展志愿服务

10. 建立街道志愿服务工作统筹协调机制，成立街道志愿服务“枢纽型”社会组织。

11. 在人流密集地区、城市公共空间等地建立一批志愿服务示范站和社区青年汇等组织，基本形成覆盖广泛的志愿服务组织体系。

12. 建立健全常态化志愿服务机制，形成一批富有特色的志愿服务项目和工作品牌。

五、健全市民劝导队长效机制

13. 根据地区实际，进一步健全市民劝导工作制度，不断拓展服务领域，切实发挥市民劝导队文明劝导的作用。

14. 加大对市民劝导队工作的支持力度，加强市民劝导队的培训和管理。

15. 积极培育市民劝导文化，打造地区特色品牌，培育具有示范作用的市民劝导队伍。

六、完善应急社会动员机制

16. 建立街道应急动员响应机制，配合专业部门开展突发事件应对与处置工作。

17. 建立一支以专业人员为骨干的应急动员工作队伍。

18. 做好社会领域维稳工作。

七、创新社会动员方式方法

19. 善于利用网络、手机、微博等新技术、新媒介开展社会动员工作。

20. 做好社会动员信息平台建设，提高社会动员信息化水平。

21. 加强宣传引导，形成良好舆论氛围。

附件2：

社区社会动员试点工作任务指南

试点社区要因地制宜，充分发挥居委会自治功能，完善社区治理机制，通过有效形式引导群众广泛参与，实行自我管理、自我服务，提高社区社会动员能力，形成“一社区一特色”的品牌项目，成为社会动员工作示范社区。

一、开展社区居民自治

1. 完善社区治理结构，建立健全社区居民会议、议事协商会议、社区事务民主听证等居民自治制度。

2. 采取民情恳谈、社区论坛、社区事务

公开等有效形式，引导居民有序参与社区公共事务管理。

3. 围绕社区物业、停车、卫生、治安、文化活动等居民关心的热点难点问题，引导居民积极参与，自主解决关系公共利益的有关问题。

4. 根据社区实际，开展市民劝导工作。

二、组织开展社区志愿服务

5. 支持培育社区志愿服务组织，发展壮大社区志愿者队伍。

6. 以老、幼、病、残及困难家庭等为重点对象，开发有针对性的志愿服务项目。

7. 探索建立社区志愿服务需求与志愿服务项目有效对接机制。

三、健全社区应急社会动员机制

8. 制定社区应急社会动员方案、预案，开展社区防灾减灾和应对突发事件的宣传教育活动，加强应急社会动员演练，提高社区应对突发事件能力。

9. 以志愿者为主体，建立社区应急社会动员队伍。

10. 建立健全社区应急动员信息发布机制和渠道。

四、维护社区社会稳定

11. 组织动员社会力量参与做好社会治安和维护稳定工作，共同建设和谐、平安社区。

五、开展社区共驻共建活动

12. 支持培育一批作为社会动员载体的文化类、服务类、公益类等社区组织，提高社区社会组织联系群众、动员群众的能力和水平。

13. 整合社区资源，引导社会单位参与社区建设。

六、创新社区动员方式方法

14. 善于利用新技术、新媒介开展社会动员工作。

15. 根据社区实际，建设社区网、社区微博等信息沟通平台，提高社区动员信息化水平。

附件3：

第一批社会动员试点单位名额分配表

区县	试点街道（个）	试点社区（个）
东城区	2	3
西城区	2	4
朝阳区	3	4
海淀区	2	3
丰台区	2	3
石景山区	1	2
门头沟区	1	2
房山区	1	2

续表

区县	试点街道（个）	试点社区（个）
通州区	1	2
顺义区	1	2
昌平区	1	2
大兴区	1	2
平谷区	1	1
怀柔区	1	1
密云县	1	1
延庆县	1	1
合计：试点街道22个，试点社区35个。		

北京市智慧社区认定管理办法

第一章　总则

第一条　为贯彻落实《智慧北京行动纲要》精神，推进全市智慧社区建设的深入发展，促进基层社会服务管理模式创新，提高社会服务管理水平，努力提高人民生活质量和幸福指数，制定本管理办法。

第二条　智慧社区近期目标是：力争到“十二五”时期末，在全市建设1500个左右智慧社区。利用物联网、云计算、移动互联网、信息智能终端等新一代信息技术，通过对各类与社区居民生活密切相关信息的自动感知、及时传送、及时发布和信息资源的整合共享，实现对社区居民“吃、住、行、游、购、娱、健”生活七大要素的数字化、网络化、智能化、互动化和协同化，让“五化”成为居民工作、生活的主要方式。

智慧社区远景目标是：将社区建设成为政务高效、服务便捷、管理睿智、生活智能、环境宜居的社区生活新业态，实现5A模式“智慧社区、美丽家园、幸福生活”，使“任何人、在任何时候、任何地点、通过任何方式、能得到任何服务”。

第三条　建设智慧社区要以科学发展观为统领，以高新技术为支撑，以满足公众日益增长的现代化服务需求为目标，以“为民、便民、惠民、安民”为宗旨，着力打造社区基础设施高端化、政府服务协同化、社区管理智能化、公共服务网络化、居民生活现代化、社区服务集成化，为居民提供更加安全、便利、舒适、愉悦的生活环境，让居民生活更智慧、更幸福、更安全、更和谐、更文明。

第二章　智慧社区建设

第四条　智慧社区建设工作要在《智慧北京行动纲要》和《关于在全市推进智慧社区建设的实施意见》的统一部署和安排下进行。各区（县）要把智慧社区建设列入议事日程，列入年度计划，同步部署、同步推进、同步考核。

第五条　要充分发挥政府、社会、市场、居民等各方面的作用，形成合力，共同推进智慧社区建设。

第六条　各区（县）、各街道要根据本管理办法，结合各自的实际情况，制定本区（县）、本街道智慧社区建设规划和措施，并做好北京市智慧社区的组织申报、检查验收、审核推荐等工作。

第三章 智慧社区认定标准

第七条 首批试点智慧社区的认定依据《北京市智慧社区指导标准（试行）》。后续智慧社区的认定依据《北京市智慧社区建设指导标准》。

第八条 智慧社区应坚持标准，保证质量，实行动态管理。

第四章 智慧社区的申报、认定和命名

第九条 智慧社区认定范围：全市范围内的社区，首次认定主要是参加首批试点的512个社区。

第十条 智慧社区认定在未实现全市所有社区全覆盖前，每年认定一次。全覆盖后每两年进行一次升级认定。

第十一条 智慧社区认定实行星级认定，分为一星、二星、三星、四星、五星。

第十二条 智慧社区认定采取自愿申报的方式，按照区（县）考核与群众评议、舆论监督相结合，日常考核与年终检查相结合的原则，确保认定工作的公开性和公正性。

第十三条 智慧社区申报条件

1. 首批试点社区申报条件。参加首批智慧社区建设试点的社区，经过区（县）自评，《北京市智慧社区指导标准（试行）》中31个约束性指标实现25个（含）以上并建立了信息服务资源动态更新维护管理长效机制的社区，可以申报三星级智慧社区；约束性指标实现15个（含）以上并建立了信息服务资源动态更新维护管理长效机制的社区，可以申报二星级智慧社区；约束性指标实现10个（含）以上并建立了信息服务资源动态更新维护管理长效机制的社区，可以申报一星级智慧社区。

2. 后续申报条件。经过区（县）自评，对于已认定为三星级或四星级智慧社区的，如果实现《北京市智慧社区建设指导标准》中65个（含）以上指标，且作用发挥好的，可以申报五星级智慧社区；对于已认定为三星级智慧社区的，实现55个（含）以上指标，且作用发挥好的，可以申报四星级智慧社区；实现45个（含）以上指标，且作用发挥好的，可以申报三星级智慧社区；实现35个（含）以上指标，且作用发挥好的，可以申报二星级智慧社区；实现25个（含）以上指标，且作用发挥好的，可以申报一星级智慧社区。

第十四条 智慧社区认定

1. 自愿申报。具备申报资格的社区，可在每年10月底前自愿向街道（地区）办事处、乡镇提出书面申请，由街道（地区）办事处、乡镇向区（县）社会办提出书面申请。

2. 逐级推荐。各区（县）社会办会同区（县）信息化主管部门、区（县）民政局按照《北京市智慧社区指导标准（试行）》《北京市智慧社区建设指导标准》和申报条件对申报社区进行审核，本着优中选优的原则，在每年11月15日前将推荐的智慧社区申报表一式三份，分别报市社会办、市经济信息化委、市民政局。

3. 择优认定。由市社会办、市经济信息化委、市民政局负责组成专门评估小组进行评估，提出北京市星级智慧社区认定名单，并将拟认定名单分别在各区（县）、街道和市社会办、市经济信息化委、市民政局三个部门门户网站以及首都之窗上进行为期七天的公示，接受群众和社会的评议和监督，根据公示结果对各区（县）申报智慧社区情况进行抽查。

4. “十二五”时期末，全市要建成1500个左右智慧社区，各区（县）要根据本区（县）社区整体数量，对每年智慧社区建设数量做出整体规划，并有效推进。

第十五条 智慧社区命名

智慧社区以市社会办、市经济信息化委、

市民政局三个单位名义发文通报表彰，并授予“北京市星级智慧社区”称号和北京市星级智慧社区电子奖牌。智慧社区电子奖牌由市社会办、市经济信息化委、市民政局负责统一制作，同时在市社会办、市经济信息化委、市民政局三个部门门户网站、各区（县）社会办门户网站、相应街道的门户网站和社区网站进行展示。

第五章　智慧社区日常管理工作

第十六条　市社会办、市经济信息化委、市民政局负责全市智慧社区的检查、认定和表彰工作。各区（县）社会办、信息化主管部门、民政局，负责本地区智慧社区建设的组织、协调、监督、指导、检查和日常管理工作。

第十七条　智慧社区应以认定命名为新起点，坚持巩固提高、持续发展、持续改进的方针，不断研究新情况、解决新问题，总结新经验，取得新成绩。

第十八条　智慧社区应将年度智慧社区工作总结和下年度智慧社区工作计划报市社会办、市经济信息化委、市民政局。

第十九条　智慧社区实行年度抽查制度，市社会办、市经济信息化委、市民政局每年对全市智慧社区进行抽查，并对抽查情况进行通报。

第二十条　智慧社区实行动态管理。市社会办、市经济信息化委、市民政局对所认定命名的智慧社区进行跟踪监督、抽查、复查，发生重大问题和水平严重滑坡的，应根据情节轻重，给予批评、警告、限期整改、撤销荣誉称号等处理，并通报处理结果。

第六章　附　则

第二十一条　各区（县）可根据本管理办法制定实施细则。

第二十二条　本管理办法解释权属市社会办、市经济信息化委、市民政局。

第二十三条　本管理办法自印发之日起执行。

附件：北京市星级智慧社区申报表

（此文件2013年9月17日由市社会办、市经济信息化委、市民政局印发）

附件：

北京市星级智慧社区申报表

（201　—201　年度）

社区名称		负责人	
详细地址		电　话	
辖区总户数	（　　　）户	总人口	（　　　）万
所属区（县）		所属街道（地区）办事处、乡镇	
评估成绩			
建设成效	（可另附材料） （盖章）		

续表

特色创新	
该年度 获市级以上 荣誉称号	
主管街道（地区） 办事处、乡镇 意见	（盖章） 年 月 日
区（县）社会办、 信息化主管部门、 民政局意见	（盖章） 年 月 日
市社会办、 市经济信息化委、 市民政局 审核意见	（盖章） 年 月 日

注：1. 表格、材料一式三份，报市社会办、市经济信息化委、市民政局；

2. 随表格另附建设工作方案及1500字以上文字材料；

3. 上报材料需另附电子版材料，以光盘或邮件（E-mail：zhsq@ bjshjs. gov. cn）的形式于每年11月15日前报市社会办、市经济信息化委、市民政局。

·专　　文·

贯彻十八大精神　深化社会体制改革

宋贵伦

党的十八大报告指出“加强社会建设，必须加快推进社会体制改革”。这对于坚持和拓展中国特色社会主义道路，开创中国特色社会主义事业新局面，具有重大而深远的意义。

一、党的十八大为深化社会体制改革指明了方向

党的十八大报告明确指出，加强社会建设，是社会和谐稳定的重要保证。加强社会建设，必须以保障和改善民生为重点。加强社会建设，必须加快推进社会体制改革。这一个“重要保证”和“两个必须”，是社会建设的“一个中心、两个基本点”，是当前和今后时期社会建设的重要目标任务。尤其是，党的十八大在十七大强调以改善民生为重点加强社会建设的基础上，把加强社会体制改革的任务提到了全党面前，意义重大而深远。

党的十八大报告还明确指出：“要围绕构建中国特色社会主义社会管理体系，加快形成党委领导、政府负责、社会协同、公众参与、法治保障的社会管理体制，加快形成政府主导、覆盖城乡、可持续的基本公共服务体系，加快形成政社分开、权责明确、依法自治的现代社会组织体制，加快形成源头治理、动态管理、应急处置相结合的社会管理机制。”这一个“围绕”、四个“加快形成”，就是社会体制改革的方向、目标、任务和框架。“中国特色社会主义社会管理体系”（我认为，应是“社会建设体系”）是总目标任务，“社会管理体制”（我认为，应是“社会工作体制”或“社会服务管理体制”）是总框架，“社会服务体系”、“现代社会组织体制”（或曰“现代社区、社会组织制度”）、“社会管理机制”，是主要任务（我认为，还应加一条：加快形成分类管理、分级负责、全面覆盖的社会领域党建工作体系）。

党的十八大，为加强社会建设、加快推进社会体制改革指明了前进方向。我们要认真学习领会、抓紧贯彻落实。

二、当前我国社会体制改革面临艰巨而复杂的任务

什么是改革创新？改革创新就是正确适应形势的新变化而改革体制机制、创新方式方法。当前我国社会建设的主要矛盾是形势发展快与工作适应慢的矛盾。要积极面对、加快适应形势新发展、情况新变化，加快推进社会体制改革、方式方法创新。

当前，我们面临一系列新变化。世情在变，世界多极化、经济全球化、文化多样化、社会信息化势不可当。国情在变，经济体制深刻变革、社会结构深刻变动、利益格局深刻调整、思想观念深刻变化正在向纵深方向发展。党情在变，在城市，党执政的社会基础、群众基础、阶级基础已经和正在向社区、新社会组织、新经济组织扩大延伸。市情在变，大量人员流动、人户分离，实体社会结构发生了巨大变化；媒体发达、信息快捷，虚拟社会也越来越活跃、越来越复杂。社会心理在变，社会心态呈现复杂多元的态势，一方面，主基调积极，奋发进取、理性平和、开放包容是主流；另一方面，副基调失衡，浮躁、焦虑、冷漠、急功近利、埋怨、攀比、炫富、仇官、仇富不可忽视。这些新变化，

使社会服务管理面临许多新情况、新问题、新挑战、新任务。

当前，我们的工作还很不适应这些复杂多样的新变化。一是社会体制机制不适应，缺乏顶层设计和制度安排，条块分割、部门利益、政策碎片、合力不够，特别是需要加强统筹协调、系统推进。二是社会服务体系不完善，基本公共服务人群不均等、城乡没一体、区域不均衡，尚未形成打破户籍、地域、身份界限的社会保障体系。三是社会管理机制不健全，面临许多新课题亟待解决，特别是人口服务管理和虚拟社会服务管理还没有从根本上破题。四是社会动员机制不健全，尤其是社会组织自我管理、自主发展、社区民主自治机制和经常性、应急性志愿服务机制不健全。五是社会文明环境建设需要加强，社会诚信、社会责任体系需要健全甚至重构。六是社会和谐关系需要构建，群众利益协调机制、群众诉求表达机制、社会矛盾调处机制、社会稳定风险评估机制都需要进一步健全和完善。七是社会领域党建工作需要加强和改进，党的组织和党的工作全覆盖、体制机制和方式方法创新的任务还很艰巨。八是应对突发事件体制机制、方式方法、理念能力需要加快创新和提高。总的来说，社会体制改革任务繁重而紧迫。

三、总结经验，不断深化北京社会体制改革

多年来，特别是党的十七大以来，北京市委、市政府高度重视社会建设工作，坚持一手抓顶层设计、深化社会体制改革，一手抓夯实基础、推动社会服务管理创新，每年召开一次大会，每年出台一系列文件，每年推出一系列重要举措，社会建设、改革、治理取得初步成效。

坚持抓顶层设计，深化社会体制改革。一是创新体制机制，形成社会建设工作领导小组及其办公室抓综合协调，社会工委、社会办牵头抓总和纵向到底（社区）、横向到边（“两新”组织）全面覆盖的工作网络。二是创新工作体系，确立了社会服务、社会管理、社会动员、社会环境、社会关系和社会领域党建的社会建设“六大体系”目标任务。三是创新政策体系，形成“1+4+X”的政策体系，并逐步向法制化方向转化。四是创新方式方法，在城市推行社会服务管理网格化，在农村推行村庄服务管理社区化。五是创新运行模式，社区服务管理试行社区党建、社区服务、社区自治“三位一体”模式，社会组织服务管理试行“枢纽型”社会组织工作模式，商务楼宇服务管理试行社会工作站、党建工作站、工会工作站、共青团工作站、妇联工作站“五站建设”模式，等等。上述五个方面的改革创新，把党务、政务、社务工作延伸拓展到社区、社会组织和非公经济组织，使具有时代特征、中国特色、首都特点的社会建设体系不断完善。

坚持抓夯实基础，推动社会服务管理创新。按照抓住“一个龙头”（社会领域党建）、夯实“两个基础”（社区建设、社会组织建设）、建设“两支队伍”（社会工作者、志愿者）、推动“三维互动”（政府、市场、社会）、实现“两个覆盖”（党建工作、社会服务管理）的工作思路，扎扎实实夯实基础，切切实实推动社会服务管理创新。一是通过在全市各街道（乡镇）建立社会工作党委，在“枢纽型”社会组织建立健全党建工作委员会等“3+1”机制，在商务楼宇建立健全“五站建设”机制，基本实现社会领域党建工作全覆盖。二是通过开展社区规范化建设、社区基本公共服务体系建设、“一刻钟社区服务圈”建设、社会服务管理网格化建设，逐步夯实社区服务管理基础。三是通过构建社会组织“枢纽型”工作体系、建立政府购买社会组织服务机制、建立社会组织孵化“一中心、多基地”、开展社会组织“公益行”活动，逐步夯实社会组织建设基础。四是通过实施“大学生社工计划”、五年三次大幅度提高社区工作者待遇、培育社工事务所、购买社工岗位、实施全员轮训计划，使社工

专业化、职业化格局基本形成。五是通过及时转化奥运志愿服务成果、建立长效性和应急性志愿服务机制，志愿服务体系不断完善。通过上述五方面的扎实工作，北京社会建设基础工程粗具规模，初步奠定了社会领域党建、社会公共服务、社会管理、社会自治、社会组织建设、社区建设等重点工作的基础。

今年全市社会建设的基本思路是巩固提高、拓展延伸、改革创新、务实高效。我们正在筹备全市社会建设大会，将出台《北京市深化社会体制改革意见》《北京市社会服务管理精细化指标体系》《北京市城市管理奖评选表彰办法》，进一步深化社会体制改革、推进社会服务管理精细化和城市管理创新。

北京市的工作成效还是很初步的。我们将以党的十八大精神为指导，密切结合首都实际，进一步做好社会改革、发展、治理各项工作。

（此文为市委社会工委书记、市社会办主任宋贵伦2013年5月25日在第三届中国社会管理论坛的演讲）

推进网格化社会服务管理体系建设的调研报告

赵小卫

推进网格化社会服务管理体系建设是适应北京发展阶段的要求，实现城市精细化管理的有效途径和重要载体。为了进一步做好这项工作，市政协社法委组织相关委员，联合各民主党派，组成专题调研组，听取了政府主管部门的工作情况通报，赴东城区、西城区、密云县的街道和社区进行实地调研，召开座谈会进行研讨，并与相关部门开展协商活动。在深入调研、广泛听取各方面意见基础上，形成本调研报告。

一、基本情况

网格化管理是指运用现代信息技术，通过划分网格，对管理边界、管理内容、管理责任实行精确定位，对管理全过程实行有效控制的城市管理新模式。2004年，北京市东城区创建了万米单元网格管理法和城市部件管理法，在城市管理上取得明显效果。2005年国家建设部和市委、市政府分别下发文件，在全国和全市推广东城区做法。

随着经济社会的快速发展，首都城市规模不断扩大，城市管理活动日趋复杂，公共服务需求不断增加，社会矛盾和问题越来越多，传统的以突击式、运动式、“人海战术”为主要手段的粗放管理模式已经不能适应新形势的发展。2010年7月，在东城区、朝阳区、顺义区开展了网格化社会服务管理体系建设的试点，由城市部件管理延伸到人、地、事、物、组织的管理。试点经验证明，网格化体系有助于提升社会服务管理信息化、集约化、精细化水平，是适应首都城市发展的新方法、新载体。2012年5月，市委、市政府在总结试点工作基础上，制定了《关于推进网格化社会服务管理体系建设的意见》，召开了全市网格化体系推进大会，这项工作在全市全面展开。

目前，全市各区县正在落实全市大会精神，推进网格化体系建设。截至今年5月底，全市16个区县都制定了推进这项工作的方案和实施意见。除三个试点区县外，有12个区县召开全区大会进行安排部署；有169个街道乡镇开展这项工作的试点，占全市街乡总数的51.84%。实行网格化管理的社区（村）

已经达到2853个，占全市社区（村）总数的42.49%。民政、公安、工商、人力社保、人口计生等20多个政府部门的工作不同程度纳入网格化体系。

作为新型社会服务管理模式，网格化体系的优势在推进过程中初步显现。通过建立完善各种数据库和电子图层，进一步推动基础信息建设，过去那种工作底数不清、情况不明和“信息孤岛”的状况明显好转；利用网格化平台搭载为民服务项目，特别是加强对老年人、残疾人、低保人员、流动人口等群体的服务，公共服务事业有了新的发展；通过实行网格人员实名制，整合各类管理力量，基层工作力量得到充实加强；通过发挥网格化灵敏、便捷的优势，解决了一批突出问题。在党的十八大安保期间网格化体系化解各类社会矛盾14万件，实现了“大事不出，小事也不出”的要求。全市169个试点街乡在春节、“两会”期间，动员网格管理人员264万人次，比较好地完成了工作任务。总之，从工作进展和效果上看，全市的网格化体系正处在打基础、搭框架的起步阶段。

二、存在问题

通过调研，我们感到，网格化体系建设在推进过程中存在一些问题，如不及时解决，势必影响这项工作的落实。主要是：

（一）工作进展不平衡

主要表现是，区县之间快慢不一。进展快的区县在全面落实市委、市政府《意见》的基础上，进入创新发展阶段，创造了很多好的经验和做法。进展慢的区县还停留在动员、研究方案阶段，工作尚未正式展开。“条块”之间冷热不均，区县的工作热情和主动性普遍高于部门。部门间也不尽相同，有的把网格化建设看成是推进本职工作的重要机遇，工作上积极主动，有的则见识迟，行动慢。上述情况反映出对网格化工作认识上的不一致。有的认为，网格化是城里的事，郊区农村做不做关系不大。有的认为，原有的管理模式虽然有问题，但还能应付当前工作，搞不搞网格化关系不大。还有的认为网格化能治百病，看到出现问题就对网格化产生怀疑，等等。进一步解决这些问题，是下一步推进工作的重点任务。

（二）一些管理职责不落实

在调研中大家发现，网格化的作用在居民小区体现的要比街面上好。小区的卫生保洁、日常维修、物业纠纷、便民服务等工作比没有实行网格化之前有很大的改变，但街面上特别是人员流动密集的商业区、城乡结合部、旅游景点、交通枢纽等地区变化不大，小广告、违章建筑、露天烧烤、无照经营、占道办市场、乱停车等问题时有发生。这些问题，有的是网格没有发现报告，但更多的是报告后没有得到及时有效处理。这种状况说明，条块分割、责权分离的问题依然存在，一些职能部门的工作还未实质性地进入网格，特别是管理责任还未落实到位，监督考核体系还没有真正发挥作用。

（三）资源整合利用不到位

调查中我们发现，在软件建设上，除了西城区外，各区县都是各自招标开发，一方面造成资金重复投入，一方面也给以后数据的共享和系统互联互通带来麻烦。在队伍整合上，一些区县和部门整合的意识不强，还没有很好地利用各类协管员队伍，管理资源利用不充分。在方案设计上，有的照搬照抄市里文件，区域特征不明显。有的脱离实际，追求“好看”。加强分类指导，推动资源整合利用，是推进网格化体系建设的重要任务。

（四）依靠社会力量不充分

在调查中很多委员反映，作为社区居民，不知道、不了解网格化这件事，更不知道谁是网格员，有了问题不知道如何反映。与一些区县和部门谈起网格化时，讲管理的多，说服务的少；讲政府的多，说群众参与的少，给人一种政府在唱“独角戏”的感觉。这种状况说明，网格化体系建设群众知晓率不高，社区居民、社会单位、社会组织、志愿服务队伍等参与不够充分，群众监督、舆论监督还不到位，发现和解决问题的办法途径还未能充分挖掘。这种状况势必影响这项工作的开展。

三、对策建议

推进网格化体系建设是社会服务管理模式的重大变革，是适应建设中国特色世界城市新形势的重要举措。做好这项工作，关系到城市安全有序运行，关系到广大群众的切身利益，关系到社会和谐稳定，必须从推动首都科学发展、提高执政能力的高度，把网格化体系建设作为更好履行“四个服务”的战略任务，切实抓紧抓好。现就这项工作提出五个方面的建议。

（一）要进一步在“管用”下功夫

网格化体系是手段和工具，不能把手段当目的，仅仅满足于划分网格，而更要注重发挥作用，解决实际问题。一是要明确责任。按照“谁的事、谁负责”的要求，把工作任务落实到单位、岗位和具体人，切实做到处处有人看，事事有人管，防止出现推诿扯皮和责任盲区，切实扭转“看得见的管不了，管得了的看不见”的局面。二是加强监督考核，确保法定职责的落实。建立健全“信息采集、源头发现、任务分派、问题处置、核查反馈”闭合工作流程，把工作监督、技术监督、社会监督有机结合起来。考核结果要实现量化、动态、公开，作为单位绩效考核和干部业绩考核的重要依据。三是继续推动重心下移。职能部门工作触角要延伸到社区、村庄，管理精力、管理力量、管理手段要下沉到基层，沉到网格的力量要实行实名制，及时解决网格发现的矛盾和问题，做到小问题不出社区，大问题不出区县。四是突出工作重点。要在城市环境整治中充分发挥网格化体系的作用。当前网格化体系要把治理大气污染、污水处理、垃圾处理、打击违法建设作为工作重点，加强对街面无照商贩、侵占绿地、小广告等问题的查处监管，同时在实有人口管理、矛盾化解、应对突发事件、综治维稳和公共服务方面切实把网格化体系的优势发挥出来。

（二）要进一步坚持“服务为先”理念

与传统的管理模式相比，网格化的突出特点是既管物，更见“人”，寓管理与服务之中，在服务中加强管理。推进网格化体系建设，要把维护群众利益放在突出位置，把群众满意作为工作的出发点和落脚点。一是要突出为民服务理念，通过网格化着力解决广大群众工作生活中的突出矛盾和问题，为群众提供零距离、精细化服务，绝不能将网格化工作作为单纯的管控手段。二是要不断扩大服务事项，以群众需求为导向，努力扩展服务范围和数量，最大限度地满足群众需求。三是要更方便群众。充分利用热线电话、呼叫中心、社区网站等手段，畅通广大群众多样性、个性化需求的诉求渠道，整合各职能部门力量，让广大群众得到更多的实惠。四是要加强基础设施建设，加快社区基本公共服务全覆盖步伐，扩大“一刻钟社区服务圈”试点，为提供更多更好服务奠定良好的基础。五是把共性化服务与个性化服务有机统一起来，特别是突出对残疾人、老年人、低收入群体、流动人口等特殊群体的重点服务。

（三）要进一步扩大社会动员参与

网格化体系重点在基层，活力在群众，只有社会的广泛动员参与，这项工作才能取得好的效果。一是拓展群众参与渠道，在组织发动基础上，利用现代信息技术手段，拓展针对不同层面群众的参与途径，加强网络社区与现实社区的互动方式，建立网格与网络的良性互动。二是依靠社会力量。企业、机关、学校等社会单位都按照属地原则参与到网格社会服务管理的各个环节中来。充分发挥各类社会单位、社会组织、志愿者队伍、市民劝导队的积极性，特别是培育社区社会组织共同参与网格化社会服务管理。三是加强宣传。充分利用社区信息公示及网络等手段进行广泛宣传，努力做到家喻户晓、人人皆知。处理好公众知情、受益、参与的关系，使广大群众更多地了解网格化，更好地使用网格化，更有效地监督网格化。四是实现网格化与群众工作的相互促进，不能因为信息化而忽视面对面的服务和交流，工作中注意拉近与群众的距离。进一步深化“访民情、听民意、解民难”活动，为广大群众排忧解难。

（四）要进一步深化改革

网格化体系表面看是信息技术的应用和管理方式的变革，实质上涉及政府职能转变和行政管理体制改革。要处理好技术革命与行政体制改革的关系，再造政府工作流程。一是要转变政府职能，推动政府工作由自上而下的任务导向向自下而上的问题导向转变，把满足群众需求、解决基层实际存在的问题作为政府工作的着力点，降低管理成本，提高管理效能。二是处理好行政管理与居民自治管理的关系。网格建在社区，网格员工作在社区，社区工作水平直接关系到网格化体系的正常运转。要进一步推动社区规范化建设，加强基层民主自治，不断提升社区居民自我管理、自我服务、自我教育、自我监督的整体水平。三是深化街道体制改革。社区网格发现的问题，80%要在街道层面解决。必须加强街道“块统”的职能。要整合协管员队伍交由街道负责统筹调度，加强街道对专业部门工作的监督考核。要推动街道职能转变，把工作重心转移到公共服务和社会管理上来。四是坚持创新实践，各区县各部门要坚持从实际出发，在完成市里的“规定动作”的同时，大胆探索，大胆创新，创造更多的“自选动作”，不断丰富和发展网格化体系。

（五）要进一步加强组织领导

推进网格化体系建设是全市工作的一件大事。要切实加强组织领导，把它作为一项长期的战略性工作加以落实。一是要把网格化工作作为“一把手工程”来推进，作为政府年度的重点工作，纳入政府折子工程和拟办重要实事，加强这项工作的顶层设计，及时研究解决推进过程中的重大问题，尽快制定网格化指标体系。二是要加快工作进度。充分发挥区县和部门的主体作用，列出“路线图”和“时间表”，加大工作力度，确保这项工作按期保质完成。三是建立统筹协调机制。加强对推进过程中的职能调整、工作整合、理顺关系等难点问题的协调，推动工作顺利进行。要加快社会服务管理网与城管网、综治网、应急指挥网的融合，推广统一开发软件的做法，整合各类信息系统，防止重复建设，降低管理成本。四是加强工作督促检查。纪检监察、政府督查等部门要介入网格化推进工作，在《区县政府绩效管理考评细则》中增加网格化社会服务管理工作绩效的权重。五是加强基础信息管理。依据相关法律规定确定信息的授权管理，防止个人信息泄露，损害居民合法权益。六是从人力、物力、财力上加强保障，确保推进工作的落实。

（此文为市社会建设工作领导小组办公室副主任赵小卫2013年9月撰写的调研报告）

新形势下做好北京市社会动员工作的思考

周开让

党的十八提出了“加快形成党委领导、政府负责、社会协同、公众参与、法治保障的社会管理体制”的工作目标。市十一次党代会提出了“进一步健全社会参与、社会动员体制”的工作任务。《北京市“十二五”时期社会建设规划纲要》提出了“社会动员更加广泛”的发展目标。改革开放30年来，政府与社会、市场的关系处于快速转型过程之中，政府加快转变职能，社会力量逐步壮大，社会资源日益丰富，但是社会建设相对于日渐完善的市场经济，总体上还是相对滞后的，传统的社会动员面临诸多挑战。① 新形势下，探索创新社会动员体制机制，加强社会动员能力建设，促进社会协同，推动公众参与，是社会发展的必然要求，也成为党委政府的一项重要工作。

一、厘清对社会动员的基本认识

社会动员是社会管理和社会建设工作，更是一项群众工作。但是，在学术界有多种解读，在不同时期有不同的特点，不同国家和不同工作领域又有不同的认识。

（一）社会动员的概念

社会动员最初源起就是发动群众支援战争。社会学家把这种现象予以概括提升，就演变成了社会发展的一种策略。社会动员的理论很多，代表性的有：新社会运动理论和资源动员理论。② 新社会运动理论以社会运动为核心形式，关注社会问题，追求个人自主自治，倾向于采取小规模、开放、流动的组织形式，更多表现为直接民主的政治表达和参与方式。资源动员理论将每个参与者视为类似经济学上的理性人，具有利益选择自由，把社会动员视为一种资源动员、利益动员的过程，强调个体参与社会动员运动是一个利益计算的模式。这两个基本理论都具有一定片面性，但是分别强调了社会动员的政治性和经济性，一个强调了参与的方式，一个强调了参与者的利益选择。因此，学术界一般解读社会动员为政府、社会组织、民间领袖通过宣传、发动和组织行动，调动社会潜力和挖掘社会资源实现特定目标任务的社会发动过程。在实际工作中，我们初步定位社会动员为党委政府领导、组织和发动公众、社区、社会组织、新经济组织以及其他社会单位依法、有序参与社会建设，整合社会资源，凝聚社会共识，促进社会和谐的过程；发动主体包括党委、政府等公共管理部门，也包括公众、社会组织、企业以及各类社会单位；动员对象包括方方面面，但重点是社会力量。

（二）西方国家的社会动员

西方国家尤其是几个典型发达国家的社会动员实践比较丰富，也具有代表性。梳理起来，主要有几个特点。一是社会自治基础良好，社区依法自治，公民自我管理、自我服务搞得很好。二是社会组织特别发达，几乎每个行业都有自己的行业协会，每个利益群体都有自己的社团，尤其欧洲国家社会组织发展比较成熟。三是社会动员主体突出

① 参见李培林：《转型背景下的社会体制变革》，原载《求是》，2013年第15期。

② 参考王天夫、马福云、张林江等学者的研究成果。此外参见：［美］莫里斯（Morris，A. D）等主编：《社会运动理论的前沿领域》，刘能译，北京大学出版社，2002年版；石大建、李向平：《资源动员理论及其研究维度》，原载《广西师范大学学报（哲社版）》，2009年第6期。

“参与性”，方方面面都可以自由参与社会动员项目，政府、社会组织、公民都是主体，尤其是志愿服务非常活跃。四是社会动员形式呈现“网络化”，现代互联网技术广泛利用，西方国家社交网络非常发达，很多社会组织召开会员代表会议、发布服务项目大都通过网络平台来实现。五是应急社会动员体系健全，作用发挥较好，德国、美国等发达国家都有健全的应急法律法规和教育制度。

（三）我国不同历史阶段的社会动员特点

近代以来，无数爱国仁人志士，为了救国救民，振兴中华，组织发动人民群众反抗侵略、反抗暴政，推翻旧制度，建设社会主义新中国，推进中国特色社会主义伟大事业的历史征程，一部中华民族走上复兴之路的过程，也是一个社会动员的伟大历程。[①] 在不同历史时期或同一历史时期的不同发展阶段，我国社会动员的内容和表现方式是不同的，但是发动群众，组织群众，维护群众利益是一个不变的主题。

在革命战争年代，社会动员主要表现为革命动员。为了把广大人民群众发动起来、组织起来，中国共产党进行了广泛、艰苦的革命动员。在敌强我弱的战争状态下，党发动群众、组织革命运动，就是靠卓有成效的革命动员。“中国的人心掌握在（中国）共产党人手里”，这就是这个时代革命动员的最好诠释。[②] 主要特点有：一是努力满足群众的基本利益需求。无论是土地革命，打土豪分田地，还是减租减息，都是让群众耕者有其田，解决群众的基本生存问题。毛泽东同志早在1934年就提出共产党人要“真心实意地为群众谋利益”“解决群众的生产和生活的问题、盐的问题、米的问题、房子的问题、衣的问题、生小孩子的问题，解决群众的一切问题”。[③] 二是宣传远大革命理想，组织群众，让群众从政治上翻身做主人。毛泽东强调在不同时期坚持不同的统一战线原则，核心就是提高底层人民的社会地位和政治地位，鼓舞群众革命的斗志。[④] 三是走群众路线，加强作风建设。党的七大将“和最广大的人民群众取得最密切的联系”列为党的三大优良作风之一，并将群众路线作为共产党区别于其他政党的显著标志之一。共产党人始终重视深入细致做群众工作，赢得群众认可，依靠群众，从群众中来，到群众中去。

在社会主义建设时期，社会动员基本表现为政治动员。主要特点有：一是在社会结构上，高度集中的政治制度、计划经济体制开始建立，政府集中绝大部分资源，群团组织、社会组织都是政权体系的组成部分，“社会人”大都有了“单位人”的身份，现代意义的“社会领域”几乎不存在，社会等同于政府体系，形象地说是“有集中、有计划、有政府，无市场、无社会”；二是在动员形式上，主要是通过会议层层传达、层层动员的方式，并且表现出一定的组织性、纪律性和计划性，成为我国传统社会动员的基础优势。三是在社会心态上，人民群众刚从被压迫状态下解放出来，对改善生活水平充满期待，对和平稳定充分向往，对新政权充满期待和感恩。

改革开放以来，社会动员具有一系列新的鲜明特点。改革开放以来，党的工作转移到经济建设上来，改善人民群众生活成为时代主题之一。新形势下社会动员呈现出新的特点：一是社会动员所处的社会结构发生了变化。市场经济增强了人们的自主性，开放的环境增加了人们的选择性，在以前计划经济条件下，大部分城市人都在各类单位工作，

① 2013年8月，作者在国家博物馆认真参观复兴之路展览，通过进一步学习中华民族复兴之路和中国共产党人的奋斗历程，更加丰富了自己对这段社会动员历史的认识。

② 参见谢春涛主编：《历史的轨迹——中国共产党为什么能?》，新世界出版社，2012年版，第8页。

③ 参见毛泽东同志的《关心群众生活，注意工作方法》一文，见《毛泽东选集》第1卷第2版，人民出版社1991年版，第136—141页。

④ 参见毛泽东同志的《湖南农民运动考察报告》和《星星之火可以燎原》，见《毛泽东选集》第1卷第2版，人民出版社1991年版，第12—44页、第97—108页。

是单位人，现在大部分人都在社会领域。当市场体制确立并逐步完善后，“同构化”① 的社会从党政一体化模式中解放出来了，社会有了更多的自主性、流动性、复杂性和独立性，社会结构发生了巨大变化。但是从总体上看，政府、社会、市场的三位一体结构中，社会还是太弱小了。二是从动员性质上有别于传统的战争动员和政治运动，更倾向于是社会建设活动，是组织动员社会力量参与中国特色社会主义社会建设，解决社会问题。三是从动员目标上更多是获取社会力量参与、支持和认同。一方面是推动某个重大方针政策获得社会各阶层和广大公众的支持和参与，宣传主流价值观，引导社会舆论；另一方面是加强以改善民生为主要内容的社会建设，促进民生问题的解决，推动社会进步，最终让群众得到实惠。四是从动员对象上更多侧重于社会领域的社会力量，包括社会组织、新经济组织和广大公众。社会动员能力就是一个地方“软实力”的体现，也是一个城市核心竞争力和社会凝聚力的重要内容。五是社会动员方式上从控制式动员逐步转向参与式动员。传统意义的社会动员主要依靠党纪规定、行政命令，是自上而下的社会动员，动员的方式更多表现为控制、管理，是“硬动员”。新形势下，社会动员仍然还有控制式的动员，但是主要内容已经逐步转向参与式动员。社会动员需要政策法规支持，但是不是一味依靠行政手段，而是更多通过政策宣传、资金扶植、舆论引导、开展活动等方式广泛发动群众参与社会动员项目，实现社会协同、公众参与，这就是“参与式动员”，也是“软动员”。

（四）正确认识社会动员与社会建设的关系

社会动员的对象包括公众、社区、社会组织、新经济组织和其他社会单位，涉及社会建设的基本领域。社会动员工作不是另搞一套，社会动员就是在现有的社会建设体制机制内，整合资源，探索创新，推进“社会协同、公众参与”，是社会建设工作的有机组成部分。党的十八大提出的社会体制改革，是社会建设的一项重要任务。社会动员就是要发动社会力量、整合社会资源、引导社会自治，就是社会体制改革的一项重要内容，也会对进一步完善包括基层民主选举、民主监督制度等政治制度建设起到积极作用。从这个意义上说，社会动员工作是社会建设工作的重要组成部分，但是社会动员又不完全局限于社会建设领域。

二、分析北京市社会动员面临的形势与挑战

长期以来，北京市委、市政府高度重视社会建设和社会动员工作，深入贯彻落实党中央和国务院总体要求，不断加强和创新首都社会动员体制机制，推动社会力量全面参与经济社会建设。在举办北京奥运会、新中国成立60周年等重大活动以及历次突发事件应对过程中，全市各项社会动员工作依法有序开展，取得了明显成效，站在了新的历史起点上，也面临着新的形势与挑战。

（一）社会动员面临的新形势

社会动员工作处在新的历史阶段。2012年，全市实现地区生产总值17801亿元，全市常住人口达到2069.3万人，全市人均地区生产总值达到87091元，折合13797美元。首都经济社会快速发展，社会动员的经济、社会基础有了新的时代条件和背景。

社会动员工作有了新的基础和新的工作体制。② 近年来，全市在构建北京市特色的社会建设工作体系过程中，探索形成了新型

---

① 同构化，在经济学上一般是指产业同构化，即地区间的产业发展出现趋同的现象，包括地区之间产业雷同、结构重复等。引申到社会学上，就是比喻政府体制、社会体制、经济体制高度雷同，模式重复的现象。参见王智：《当代中国政治结构变迁——以执政党为中心的政党—政府—社会》，中国社会科学出版社，2010年版，导言。

② 参见宋贵伦：《不断加强社会建设与改革》，原载《前线》，2013年第1期；宋贵伦：《社会建设的着力点在于动员公众广泛参与》，主题宣讲，原载宣讲家网站。

的社会动员体制。构建了党委政府领导，社会建设工作领导小组办公室统筹协调，各部门分工负责，以社区（村）、社会组织、新经济组织和商务楼宇为平台的社会动员工作体制，纵向从市、区县可以延伸到街道（乡镇）、社区（村），横向可以通过“枢纽型”社会组织覆盖到全市80%社会组织，通过街道（乡镇）覆盖到全市所有商务楼宇的社会动员工作网络。

社会动员工作有了首都特色的政策法规体系。2007年以来，先后出台《北京市实施〈中华人民共和国突发事件应对法〉办法》《北京市志愿者管理办法（试行）》《北京市加强社会建设实施纲要》《关于进一步加强和改进志愿者工作的意见》《关于加强和创新社会管理全面推进社会建设的意见》和《北京市“十二五”时期社会建设规划纲要》等一系列政策法规文件，各区县结合实际出台了一系列社会建设和社会管理、应急动员、志愿者等相关规范性文件，初步形成了首都特色的社会动员政策法规体系。

社会动员工作有了新的工作机制。一是建立了社会动员的统筹协调机制。依托社会建设工作机制，形成了市、区（县）社会建设工作领导小组及其办公室协调机制、“枢纽型”社会组织工作协调机制、信息沟通协调机制、决策咨询工作协调机制等。① 二是建立了志愿者动员工作机制。形成了党委政府统一领导，志愿者联合会具体实施，相关单位密切配合、分工负责、团结协作的志愿者工作机制。建立了志愿者工作联席会议制度，积极筹建了市、区（县）两级志愿者联合会，打造了“志愿北京”综合平台。全市实名注册志愿者达235万人，提前完成了《北京市“十二五”时期社会建设规划纲要》提出的200万目标。志愿者的社会动员方式日益多样化。2013年3月5日，全市组织了首次志愿服务推动日系列活动，发布了1.2万多个志愿服务项目，让志愿服务需求双方直接对接，探索了志愿者动员的新方法、新途径。三是构建了基层自治工作机制。在全市推广社区居民会议常务会、街道问政活动、社区物业自管会、村务监督委员会等典型经验，在基层推动群众依法自治，自主解决群众生活中面临的热点难点问题，不断提升依法自治水平。四是构建地区共驻共建工作机制。探索建立街道、社区与驻区单位的资源共建共享机制，扶持发展各类社会组织，培育社会动员的组织载体；引导企业支持公益事业，积极履行社会责任；发动社会单位通过结对共建等形式积极参与驻区建设。五是在总结历次突发事件社会动员经验和教训基础上，建立了应急社会动员工作机制。

社会动员工作处于新的信息网络时代。发达的信息技术条件下，网络媒介成为了社会动员的重要平台。一是公共管理和公共服务的网络资源日益丰富，为社会动员提供了更多便利。近年来，北京市通过推进“数字北京”“智慧北京”建设，建设网格化社会服务管理体系等政务网络工程，形成了功能强大，信息内涵丰富的政务信息资源网络。二是社会网络在社会动员中发挥日益重要的作用，社会动员的方式趋向多元化、多样化。2012年7月21日晚，一批志愿者以朝阳区望京网为平台自发组织“双闪车队”奔赴机场免费接送滞留旅客，充分彰显了现代网络的“正能量”。三是社会动员方法上呈现多样性、网络化倾向。现代网络媒介非常发达，现在看报纸、听文件的少了，上网、用手机接受信息的多了；现在通过网络、手机，人人都可以有发言权，都有发声的话筒。信息发布的渠道日益多元化，社会动员的形式也与时俱进，更多呈现网络化、扁平化倾向。

（二）社会动员面临着新的挑战

当前和今后一段时期，既是建设中国特色世界城市、推进首都经济社会新一轮快速发展的重要战略机遇期，又是深化重点领域改革的攻坚期，也是各种利益冲突和社会矛

---

① 参见宋贵伦：《不断加强社会建设与改革》，原载《前线》，2013年第1期；宋贵伦：《社会建设的着力点在于动员公众广泛参与》，主题宣讲，原载宣讲家网站。

盾的凸显期。社会动员面临严峻挑战：一是传统社会动员模式难以适应多元化社会生活的需要，经济快速发展，人口急剧增加，人口与资源环境之间矛盾凸显，城乡一体化进程进一步加快，流动人口、各类人群和社会组织、非公有制经济组织等社会动员对象出现了新的情况；二是组织动员群众面临的利益矛盾日益增多，群众利益日益多样化，利益诉求和冲突不断增加，社会矛盾纠纷多样多发；三是网络社交化、市场网络化、社会信息化给传统的社会动员方式带来了冲击；四是现有的社会动员平台、公众参与途径和利益诉求反映渠道还不够畅通，社会活力还有待进一步激发，基层民主自治水平、社会动员能力还有待提高。在严峻挑战面前，如何谋划社会动员的创新发展尤为紧迫。

三、加强和创新北京市社会动员工作的几点思考

社会动员工作，是新形势下党和政府动员社会和公众积极参与社会建设的一项重要工作，对于进一步整合社会资源、凝聚社会共识、增强社会活力、促进社会和谐具有重要意义。当前，全党正在开展以为民、务实、清廉为主要内容的党的群众路线教育实践活动。社会动员的核心内容就是要发动群众，引导群众自主自觉参与社会事务，解决群众关心的切身问题，维护群众的根本利益。认真谋划加强和创新社会动员体制机制，在做好群众工作过程中，依法、科学、有效组织群众、发动群众，促进社会协同、扩大公众参与，维护群众利益，成为下一步社会动员工作的重点。

（一）加强社会动员工作要坚持和加强党的领导

各级党组织是各项工作的领导核心，只有坚持和加强党的领导，才能使社会动员工作始终沿着正确的政治方向前进。长期以来的实践证明，党组织的作用发挥得越充分，我们的工作就越有成效，居民群众参与公共事务和公益事业的热情就越高。因此，加强社会动员工作，要毫不动摇地坚持和强化党的领导。

（二）加强社会动员工作要立足解决实际问题，维护群众根本利益

维护群众利益，解决群众生活面临的实际困难和问题，是我们开展社会动员的根本立足点和出发点。随着我国经济快速发展和居民收入增加，群众的生活方式、价值观念发生深刻变化，利益诉求和服务需求呈多样性发展，社会上呈现了大量的民生问题。加强社会动员工作就是要以民生需求为导向，把工作重点放在人的身上，把以人为本、服务为先的理念贯穿到制度设计、方法创新、具体执行中，寓管理、自治于服务之中，着力解决好居民最关心、最直接、最现实的利益问题。因此，社会动员工作的重点是让居民参与公共治理、激活居民参与的动力和活力，引导群众依法、自发、有序参与公共事务管理、决策、监督，自主解决群众关心的居住环境、停车秩序、养犬等热点难点问题。

（三）加强社会动员工作要注重创新发展，尊重群众首创精神

要认真总结和推广近年来首都基层群众创造的鲜活经验，从基层实际出发，大胆创新，探索建立与市场经济条件相适应的北京市社会动员长效机制。包括创新社会动员体制机制、构建社会动员工作新格局；探索新形势下社会动员的新方式、新方法，提高社会动员科学化水平；总结北京市社会动员特点和经验、不断完善社会动员的政策法规体系，从而引导社会自治，组织群众自我服务、自我管理、自我教育，激发群众自治的“正能量”，努力形成人人参与、人人奉献、人人受益的社会动员局面。

（四）加强社会动员工作要找准社会动员工作牵头部门的职责定位

北京市牵头负责社会动员工作的部门是社会工委、社会办。牵头部门作为党委、政府的部门，负责社会动员的统筹协调，要找准社会动员工作的职责，处理好方方面面的

关系。首先，明确工作职责。社会动员工作牵头部门主要职能是加强体制机制建设，完善政策法规体系，加强统筹协调，抓好重点工作支撑，加强典型宣传总结，推进工作创新发展。其次，要正确处理好牵头部门与其他专业部门的关系。牵头部门重点负责在社会领域搭建社会动员平台，建立社会动员体制机制，但不替代相关部门的专业工作，重点是指导街道、社区配合相关专业部门做好组织动员群众的工作。最后，推动基层依法自治建设，要做好与现有基层民主政治制度的工作衔接。人大代表、政协委员是基层民主政治建设的重要力量，居委会选举制度是我国的重要政治制度之一。加强社会动员工作，推进基层依法自治建设，要与有关部门做好协调配合，做好与人大、政协以及居委会等民主政治制度建设工作的衔接，要充分发挥人大代表、政协委员的作用，组织动员群众参与公共事务的决策、管理、监督，提高社会自治水平。

（五）加强社会动员工作要坚持试点先行、立足基层

社会动员的基础在基层，要从街道、社区抓起。2013 年 7 月，市委社会工委、市社会办下发《2013 年在全市街道社区开展社会动员工作试点的方案》及街道、社区社会动员试点任务指南，围绕八个方面试点任务，以解决群众关心的热点难点问题为切入点，以社会力量广泛参与为目标，在全市选取 57 个基础较好的街道社区分类开展社会动员试点工作，打开了首都社会动员工作的新局面。一是完善体制机制，就是要建立和完善街道统筹、各部门分工负责、驻区单位和公众广泛参与的基层社会动员体制，健全社会动员网络，探索建立健全社会动员决策、会商、信息共享、评估等工作制度。二是创新方式方法，就是在巩固传统社会动员工作优势基础上，充分利用新技术、新媒介开展社会动员工作，尤其是以网格化、信息化建设为手段，探索新形势下社会动员的有效方式方法。三是推动共驻共建，就是扶持发展各类社会组织，培育参与社会动员的组织载体；引导企业多种形式支持地区事务，积极履行社会责任；发动社会单位通过结对共建等方式积极参与驻区建设；探索建立健全共建共驻的政策法规。四是推进依法自治，就是围绕解决与群众利益密切相关的热点难点问题，加强基层民主自治，搭建平台载体，引导群众有序参与公共决策，实现自我服务、自我管理。五是完善应急动员工作机制，就是要建立健全重大活动、重大事件、突发事件等社会动员工作制度和分级预案体系，配合有关部门做好各种应对处置工作。六是深化志愿者工作，就是要加强街道、社区志愿者“枢纽型”组织和专业组织建设，拓宽志愿服务领域，规范志愿者管理与服务，进一步壮大志愿者队伍。七是加强市民劝导队工作，突出柔性管理特点，将文明引导与依法管理有机结合，不断拓展市民劝导队服务功能，建立健全长效机制，不断提升劝导工作效果。八是完善基本保障政策，建立财政与社会资金相结合的社会动员资金投入保障机制；整合基层社会动员力量，提高动员能力；加强宣传教育工作，形成社会公众广泛参与的良好舆论氛围。下一步，要通过分批分类推进街道、社区社会动员试点工作，不断夯实社会动员的工作基础和群众基础。

扩大社会参与，加强社会建设，构建和谐社会首善之区、建设中国特色世界城市就是一个组织发动群众的过程，也是一个社会动员的过程。如何更好地维护群众的根本利益，进一步推动社会动员工作的创新发展将是一个需要认真思考和长期努力的重要课题。

（此文为时任市委社会工委副书记、市社会办副主任周开让 2013 年 7 月撰写的调研报告）

积极推动社会治理创新　切实提高首都社会服务管理水平

张　坚

党的十八届三中全会的决定，第一次提出要创新社会治理体制，为社会体制改革明确了方向和路径。近些年，在市委、市政府的领导和推动下，北京的社会建设呈现出许多新面貌。三中全会的决定，为我们进一步总结经验、推进工作提供了强劲动力。

一、深刻理解“治理”内涵，增强工作自觉性、主动性

党的十八届三中全会通过的《中共中央关于全面深化改革若干重大问题的决定》中，关于社会治理和社会体制改革的内容分别体现在多个关键部分里。比如，在指导思想中提出：“全面深化改革，必须高举中国特色社会主义伟大旗帜，以马克思列宁主义、毛泽东思想、邓小平理论、‘三个代表’重要思想、科学发展观为指导，坚定信心，凝聚共识，统筹谋划，协同推进，坚持社会主义市场经济改革方向，以促进社会公平正义、增进人民福祉为出发点和落脚点，进一步解放思想、解放和发展社会生产力、解放和增强社会活力，坚决破除各方面体制机制弊端，努力开拓中国特色社会主义事业更加广阔的前景。”在这里，把促进社会公平正义、增进人民福祉作为全面深化改革的出发点和落脚点，把解放和增强社会活力同解放思想、解放和发展社会生产力相提并论。这充分表明社会建设、社会体制改革、社会治理在全面深化改革中所处的位置极其重要。

又如，在关于社会领域改革目标的阐述中，《决定》提出：“紧紧围绕更好保障和改善民生、促进社会公平正义，深化社会体制改革，改革收入分配制度，促进共同富裕，推进社会领域制度创新，推进基本公共服务均等化，加快形成科学有效的社会治理体制，确保社会既充满活力又和谐有序。”这段话中，保障和改善民生、促进公平正义、促进共同富裕、推进基本公共服务均等化是以前的文件中提过的。但是，加快形成科学有效的社会治理体制，确是一个新的概念，如何理解其内涵，怎样建立这样一套体制是一项全新的任务。

再如，《决定》专门把创新社会治理体制作为一个单独部分集中进行了阐述。提出：“创新社会治理，必须着眼于维护最广大人民根本利益，最大限度增加和谐因素，增强社会发展活力，提高社会治理水平，全面推进平安中国建设，维护国家安全，确保人民安居乐业、社会安定有序。”然后又分别从改进社会治理方式、激发社会组织活力、创新预防和化解社会矛盾体制以及健全公共安全体系四个方面进行了具体阐述。在改进社会治理方式中，《决定》第一次提出了坚持系统治理、依法治理、综合治理和源头治理的总思路。这里，系统治理主要讲的是主体，即党委、政府、社会、居民各自的位置和角色。依法治理主要讲的是依据，强调了法律、法规在社会治理中的基础作用。综合治理主要讲的是方法，既要有法律约束，行政监管，也要有宣传教育，文化熏陶，习惯养成。源头治理主要讲的是重点，要标本兼治，更要正本清源。

什么是社会治理，社会治理与社会管理是什么关系？

治理理论兴起于 20 世纪 80 年代末期。当时，西方国家和一些国际性组织，如世界银行、国际货币基金组织等，对政府与市场、

政府与社会、政府与公民这三对基本关系的状况进行了深刻反思。治理理论在政府、社会与市场三者的角色定位，以及如何通过制定相关制度和机制实现三者之间的协调与合作等诸多问题上取得了突破，使之在现代公共管理领域确立了十分重要的地位。

就我国的实践而言，社会治理与社会管理既区别明显又联系密切。区别主要有以下几点。

其一，社会治理的主体由单一转向多元。社会治理的主体不再只是握有行政权力的政府，还包括社会组织、企业、媒体等各类组织和公民个人。政府也不再是公共服务和公共产品的唯一提供者，社会安全、社会稳定的唯一维护者，上述各类主体也在不同范围、不同程度上负有相应责任。政府应从繁杂的具体事务中解脱出来，把精力更多地投入到宏观调控、长远规划、规范运行、公共服务、社会保障上来，投入到培育和发展社会自治能力上来。

其二，社会治理各主体间的关系由“上下”转向平等。社会管理很容易表现为政府凌驾于社会之上，习惯于包揽一切，习惯于对社会进行命令和控制。社会治理则更多的是在多元行为主体之间形成密切、平等的关系，管理被看作是各主体之间的合作过程。更多地鼓励参与者自主表达、协商对话，达成共识，从而形成符合整体利益的公共政策。

其三，社会治理的方式由依赖行政命令转向多方协商。社会管理主要靠行政权力，靠发号施令，而社会治理则是在行政权力之外，更多地运用市场的、法律的、文化的、习俗的等多种方法和技术。在社会治理中，政府更多的是发挥引导和带领的作用，社会组织、企业、媒体和公民个人则可根据自身优势，以自己合适的方式参与到社会事务的处理过程中，更多地承担社会治理的责任。

在了解了区别之后，还要看到两者间的密切联系。仔细考察近20年来中央文件中的有关提法，就不难看出这种联系。在1992年党的十四大确立了社会主义市场经济的改革目标和方向之后，1993年党的十四届三中全会提出政府部门要强化社会管理职能，不能继续计划体制下的经济管理模式。这就把政府工作的重心由直接管经济转到管理社会上来了。2002年，党的十六大确定政府的职能是“经济调节、市场监管、社会管理、公共服务”，这就进一步加重了社会管理在政府工作中的分量。到2004年，中央正式提出“党委领导、政府负责、社会协同、公众参与”的社会管理格局。这里已经显现了社会管理主体多样化的思想。到党的十八大报告提出了“党委领导、政府负责、社会协同、公众参与、法制保障”的社会管理体制，强调了法制保障的重要性。从这样一个过程看，党的十八大报告关于创新社会管理的论述，与社会治理是密切联系的。这就同经济体制改革，先提商品经济，后提市场经济，先讲市场的“基础性”作用，后讲市场的“决定性”作用是一样的道理。党的十八届三中全会提出创新社会治理体制，体现了党执政理念的重大转变。意味着不仅要向市场放权，也要向社会放权；不仅要解放生产力，也要解放社会活力。

为什么要讲社会治理，怎样认识其背景和意义？

回顾新中国成立以来的历史可以看到，“从以阶级斗争为纲”到以经济建设为中心，从强调社会管理到提出社会治理，这个过程既清楚地反映了国家建设发展的轨迹，也反映了党在执政理念和治国思想上的重大变化。

在改革开放前的30年，我们一直实行以计划经济为基础的高度集中统一的管理体制。在这种体制下，政府权力高度集中，几乎包揽了所有经济和社会事务。在社会管理上，编织了一张以单位为结点，以行政隶属关系为经纬的大网，将所有社会成员和社会活动网罗其中。各类单位全部纳入行政系统，成为行政部门的附属物和行政运行的一个环节。当时，单位办“社会”非常普遍，人们从生到死、从小到老、从就学到就业，几乎没有一项离得开单位，离得开政府。当时的社会管理还有一个特点，就是以对象的静态存在为条件。在户籍制度笼罩下，大家被固定在一个基本不变的地域里。在地域之间人们基本互不往来，在地域内部则形成一个熟人社会。这种以行政手段管理社会的后果就是政府包揽了过多的社会事务，严重挤压了社会自我运行的空间，使社会自身功能发育缓慢甚至萎缩。

在改革开放以来的30多年里，全党的工作重心转到了经济建设上。在经济高速增长的带动下，教、科、文、卫、体等社会事业也快速发展，全社会的物质财富大大增加，人们的物质生活明显改善。但同时，社会问题、社会矛盾、局部地区的社会冲突也越来越突出。比如：收入分配不公的问题，征地拆迁的问题，官员腐败的问题，社会诚信缺失的问题，社会道德滑坡（黄赌毒）的问题，食品药品安全的问题，农民工进城的问题，异地高考的问题，大学毕业生就业的问题等。一时间，各种社会问题如潮水般涌来，使政府的社会管理部门陷入了应接不暇、顾此失彼的被动境地。究竟是什么原因，导致了这种局面？需要从两方面来分析。

第一，经济体制改革既解放了生产力，为社会成员的致富和发展打开了巨大的空间，同时也使社会发生了广泛而深刻的分化，形成了不同的利益群体。多种所有制并存，鼓励民营经济的发展，使相当多的创业者成为企业主。多种分配形式并存，除劳动之外，资本、技术、土地及其他资源（矿产、艺术品）都成为参与分配的要素，这使许多“头脑灵活”的人迅速改变了个人境遇，成为先富起来的人。大量农村剩余劳动力涌入城市寻找立足发展的机会，成了事实上的新市民。部分大学毕业生坚持梦想，在创业成名的路上艰难跋涉，成了城市中的“蚁族”。凡此种种都说明，今天的社会与改革开放前的社会已经截然不同，人们都在社会变革的大潮中努力寻找着自己的位置，争取着自己的利益，谋划着自己的未来。在这个过程中，人们的社会角色分化了，利益分化了，观念分化了，态度也分化了。

第二，经济体制改革既打破了制约企业发展的枷锁，活跃了经济生活，同时也瓦解了原有的社会组织管理结构，导致社会管理出现“体系化”的失灵。经济体制改革明确了企业作为经济组织的法人地位，强化了企业在生产经营上的自主权，同时也把企业从办理各种社会事业的包袱中解脱了出来。职工除了上班、领工资外与单位基本不发生关系，个人和家庭生活不再像以前那样依赖企业和单位。在市场经济环境下，绝大多数企业、事业单位也从过去的行政隶属关系中摆脱出来，按照业务需要形成新的链条和网络。这就造成前面所说的社会管理大网漏洞百出，残破不全，基本丧失了原有的功能。比如：户籍制度面对大规模的人口流动基本丧失了管理功能；土地制度面对大规模征地拆迁中的利益协调问题基本无计可施；政府质监部门面对大量存在的制假售假现象无能为力等。

以上两方面分析表明，当今的中国社会正处在依据新的利益关系和价值追求而展开的整合过程中。各种社会问题、社会矛盾的出现，实质上是这种整合活动与以往社会管理体制之间矛盾冲突的外在表现。所以，为适应我国社会的深刻变革，从全局上把握好社会重构的过程，国家在社会管理上的思路必须进行相应的调整，在体系和制度的设计、建构上也必须进行新的谋划。

二、充分认识首都社会治理的特点和挑战

首都社会有哪些基本特点，通过社会治理应重点解决哪些问题？

1. 社会规模巨大，社会参与不足。到2012年年底，北京常住人口总量为2114万人。自“十一五”以来，北京人口每年都在以52万人的速度增长，与上一个五年相比，平均每年要多增加17万人。在“十二五”的前三年，全市常住人口的年平均增长量仍为51万人。有人推测，如果不加控制，到2020

年全市常住人口将超过3000万人，2030年将达到3500万人，加上流动人口甚至将超过4000万人。要把如此众多的社会成员的行为纳入一个规范的框架中，把如此庞大且种类繁多的社会活动管理得秩序井然，首都社会治理的任务异常繁重。

要达到社会治理的目标，离不开全体社会成员的参与。目前，市民参与公共事务的途径还不够充分。人大、政协和市政府召开的听证会离一般市民较远，议论的事情也非普通市民都关心、都懂得。社区离老百姓最近，社区事务与基层群众的利益关系最直接，也相对简单。但从目前情况看，居民参与社区事务仍很不充分。主要表现在：一是参与主体结构失衡。北京居民参与社区治理中，男性群体参与比例偏低，外来流动人口参与比例偏低，外籍居民的参与比例偏低，高素质人才参与比例偏低。二是活动参与多，决策参与少。绝大多数居民参与社区治理的事务十分有限，很少有机会真正参与涉及居民利益的决策过程。三是行政干预依然较强。居民自治组织权威虚化，资源整合能力不足，居民参与效能感不够，一定程度上压抑了参与热情。四是居民参与缺乏制度化。居民在参与过程中“遵章守纪”意识较差，使用制度外的非理性方式实现自己诉求的现象时常出现。所以，鼓励、引导居民积极参与社区事务是首都社会治理的重要基础。

2. 老龄化突出，社会化为老服务较弱。北京自1990年步入老龄化社会以来，老年人口逐年增加，目前，北京老年人口已经进入快速增长时期。预计到2015年，北京老年人口将达到360万人；到2020年，这一数字更将上升至450万，占总人口的20%，社会进入深度老龄化阶段。近年来，由于家庭规模小型化、子女外出工作求学增多等原因，身边无子女的纯老年人家庭户正在日益增加。有调查显示，老年人与子女或亲属共同居住生活的占78.3%，空巢老人占21.7%。高龄老人、空巢老人不断增加，已成为北京人口的重要特征。

面对庞大且仍在快速增长的老年群体，解决社会化养老问题异常迫切。截至2012年年底，全市各类养老机构共有床位9万张，预计到2020年，全市养老床位也不过16万张。面对全市数百万老人，这个数字显然差距太大。有媒体反映，想要得到北京最热门的养老院的床位要等100年。在一些高端定制的养老机构，养老每月要花3万—5万元，远非一般百姓所能承受。与之相比，社区托老既可让老人不离开熟悉的环境，又可享受专业服务，应是最好选择。但目前北京近4000家社区托老所，有相当一部分是“空壳”，没有实际服务内容，从事老年康复和护理服务的专业社工也严重不足。全市于2009年提出“9064”养老服务模式。这个模式虽考虑了现有养老资源的供求状况，但与为老服务社会化的要求相去太远。出路在于以社区为基点，建设综合性为老服务站点，更加广泛地动员社会资源投入这个领域，快速增强社会化养老服务功能。

3. 阶层分化明显，矛盾化解机制不健全。有学者对北京近些年的社会阶层状况进行了分析，大致分出10个阶层。即：国家与社会管理者，私营企业主，经理人员，专业技术人员，办事人员，个体工商户，商业、服务业人员，工人，农民，其他。除了传统的社会阶层，还出现了以民营科技企业的创业人员和技术人员、受聘于外资企业的管理技术人员、个体工商户、私营企业主、中介组织的从业人员、自由职业人员等为代表的新阶层。截至2011年年底，全市非公有制企业在岗职工突破210万人。面对利益差别日趋扩大的各类群体，进一步完善诉求表达和利益协调机制，对维护首都稳定具有十分重要的基础性作用。

当前，因征地拆迁、环境污染、劳资纠纷、特殊群体的利益诉求等产生的社会矛盾大量出现。而化解矛盾纠纷的综合调处机制尚未建立起来，工作机制僵化滞后，能够适应新形势调解各种新矛盾、新问题的办法不多。基层干部引导群众通过法律途径解决矛盾和问题，依法调处矛盾纠纷的水平较低，“信访不信法”的问题突出。社会组织化解社会矛盾纠纷力量薄弱，社会专业力量参与调解工作机制尚未建立，作用发挥非常有限。社区是各类人员共同的居所，通过调整、完善现有的各种矛盾化解机制并在社区落地应可发挥更加有效的作用。

4. 外来人口多，社会融入难。据统计，2011 年，全市外来人口达 742 万人，占常住人口的比重为 36.8%。与 2000 年相比，外来人口总量增加了 486 万人，接近两倍，在常住人口中的比重上升了一倍。也就是说，11 年间，北京市人口增量中，户籍人口占比不到 1/4，外来人口占比超过 3/4。

大量农民工进城，有 80% 的人就业状态不稳定。这使他们处于城乡两不靠的境地。既不愿回农村，又融不进城市，成了“夹心层”。“夹心层”的出现，带来两个显著的社会问题，一是在城市出现主流社会与边缘社会并存的双重结构，阻碍社会融合。二是形成社会管理上的盲点，导致群体性行为失范。北京城乡结合部流动人口聚居区的刑事案件统计表明，80% 的刑事案件受害者是流动人口，80% 刑事案件的作案者也是流动人口。社区不仅是本地居民的家园，也是外来人员的家园，面对如此庞大的外来群体，在社区建立起促进融入的机制将对解决外来人口的社会融入问题具有非常重要的作用。

5. 市民文化程度领先，社会诚信水平不高。北京市居民的文化程度在全国居领先地位。常住人口的平均受教育年限为 11.5 年，常住人口中拥有大学及以上文化程度的人占 30%。在西城区这一比重达到 41%，在海淀区这一比重更高达 49%。而同期，上海、天津两市的常住人口中具有大学及以上文化程度的人分别占 2.2% 和 1.7%。

与上述情况不相匹配的是，北京在公民诚信方面却没有相应的优势。2010 年，中国社会科学院社会学研究所社会心理学研究中心对北京、上海、广州三地市民的社会信任状况进行调查。结果显示，上海的社会总信任得分为 65.7 分，高于北京和广州；北京社会总信任得分最低，为 59.3 分，属“基本不信任”范围。2011 年 8 月 2 日，北京市第二中级人民法院公布一批逃避执行的“老赖”黑名单，涉及多家北京知名企业和个人，欠债总金额为 1.47 亿元人民币。其中，逃债金额最高的企业为 2800 余万元，最低的仅为 4 万余元。2011 年 9 月，北京警方通报，国内部分城市出现了一种将传统合同诈骗手法与互联网技术结合的新型网络合同诈骗案件，犯罪团伙利用互联网搜索引擎的竞价排名功能，购买点击率推广虚假广告吸引受害人。当时，北京警方已经侦破了三个类似犯罪团伙。

三、高度重视基层社区治理工作

由于传统的社会管理体制在当今社会发展进步的冲击下漏洞百出，大量的“单位人”游离出原有体制之外成了“社会人”，促使整个社会进入了利益关系重新整合、管理体系重新构造的过程。在这个过程中，人们的生活重心悄悄地由工作单位转移到了居住小区。因此，过去以工作单位为支撑的管理体系自然而然地朝着以居住小区为支撑的管理体系转变。在这个过程中，社区作为现代人们居住生活的“基地”，其在社会管理中的重要性也就自然而然地凸显出来了。所以搞好社区治理是实现社会治理目标的基本前提。

截至 2013 年 10 月，全市共有 2778 个社区居委会，比 2007 年上升了 10%。其中，城六区有 1754 个，占居委会总数的 62.8%；郊区县有 1024 个，占总数的 37.2%。按照现行规定，凡居民人数达到 1000—3000 户的即可成立居委会。北京市社区规模大多在 1000—3000 户，其中规模在 1000 户以下的占 20%，1000—3000 户的占 63%，3000 户以上的占 17%。与 2007 年的统计数据相比，社区规模在 3000 户以上的比例上升了 7 个百分点。目前，规模最大的是朝阳区劲松街道八棵杨社区，有 1.1 万户居民，规模最小的是石景山区八宝山街道电科院社区，只有149户居民。

当前在社区自治中的代表性做法有哪些？

一是建立社区居民常务会议。东城区东四六条社区率先探索在社区建立社区居民会议常务会工作机制，作为在社区居民会议闭会期间，对社区建设中的重要事项进行民主议事、民主协商和民主监督的常设机构。社区常务会具有反映群众意见与诉求，代表社区居民会议对社区建设中的重要事项进行民主决策和民主监督，参与社区发展规划、年度工作计划的制定，对社区居委会成员及下属委员会的工作进行监督检查和民主评议的职责。

二是建立四方共议机制。以海淀区世纪城西区社区为代表，建立了由社区党委、居委会、业主委员会和物业公司共同组成的四方联席会议制度，建立了共同协调处理重大事项、共同化解矛盾纠纷、共同部署落实任务、共同评议监督效果的四方协调议事工作机制。主要做法，可以总结为“协调、协商、协同、协力”，即：协调决定重大事项、协商化解矛盾纠纷、协同落实工作任务、协力共建幸福家园。

三是组建“自组织”。比如：朝阳区针对无物业管理的老旧小区，试点成立“小区管委会”这一准物业管理的自治组织，借助政府前期支持，通过拟定章程，动员居民开展互助，实现了400余个老旧小区“有治安防范、有绿化保洁、有维修维护、有停车管理”的目标。西城区红莲中里社区的“阳光工作室”，对于经多次调解仍不能解决的社区矛盾纠纷，经当事双方同意，召开“社会评议团”会议，召集法律心理专家、社区人民调解员、社区居民代表，按照一定比例组成社会评议团，对纠纷进行表决，将社区舆论影响力引入矛盾调解的评判和化解。丰台区永善社区的“市民劝导队”，对辖区违法和不文明行为通过劝说引导，把违章建筑、乱丢垃圾、无照游商、张贴小广告等难题矛盾化解在社区。

四是改进居委会工作方式。通过推行分片包户、上门走访、服务承诺、结对帮扶等做法，积极利用信息化网络技术，创建社区论坛、社区聊天室等新载体，加强居委会与居民之间的沟通，增强居委会的民主自治功能。主要有朝阳区呼家楼北社区通过“十必访一公开一畅通”工作法，掌握辖区居民的家庭情况、困难情况，为开展社区服务管理打下了重要基础。海淀区运用社区官方微博、社区飞信等社区信息化手段，推动社区居委会与居民及时、高效、广泛互动。

五是实施“为民解忧”工程。朝阳区在街道开展“为民解忧”工程，探索在街道工委领导下的新型社区民主自治模式。“为民解忧”工程把过去“我们要为百姓做什么”转变为“群众需要我们做什么”，“政府单向决策、居民被动接受”转变为“政府和居民双向互动、共同决策”，建立“问政、问需、问计于民”常态化议事平台，建立“知忧、议忧、解忧”工作流程，推动了社区的公共治理。

上述做法是大家在多年的基层工作中不断摸索、总结、创新的成果，为提高全市的社会治理水平积累了十分宝贵的经验。

推进社区群众自治亟须解决哪些问题？

第一，任务繁杂，工作越位错位。2007年时曾做过统计，当时全市各社区承担的年度工作平均达253项，内容涉及社会保障、劳动就业、社区服务、综治、普法、文化、教育、科普、环境、卫生、计生、群众团体等十多个领域。根据现行文件要求，居委会在社区自治方面要负责办理的事务有7大方面，内含事项近20项。在协助政府部门工作中，居委会勉为其难地做了不少分外之事。如：全国经济普查，动员了大量的居委会工作人员做调查员，其中大部分人既缺少经济知识也不懂统计工作。还有诸如消防检查、食品安全检查、违章建筑查处以及与居民个人身份确认相关的事项都要由居委会“协助”。许多同志感到力不从心，不堪重负。

第二，“身份”不清，“行政化”严重。主要表现在三个方面。一是政府发派任务占了居委会工作的绝大部分。有调查显示，在居委会承担的各项事务中，属于政府部门发派的占 2/3。这个比例表明，社区工作的主体是完成政府发派的任务，自治类的事务被置于从属地位。二是居委会工作人员的身份模糊不清。既不是公务员，也不是事业单位人员，更不是企业职工。在国家职业序列中根本找不到相应的种类。三是居委会在经费使用上缺乏自主权。在财务管理上，居委会不是独立法人，没有独立账号，社区建设相关经费都由市、区财政划拨到街道统一管理，社区公益金和办公经费的使用都需申请，经批准后才能支取，居委会基本没有自主权。很少被居民认同为“自己的组织”。

第三，自身能力亟待提高。一是社区工作者队伍专业化程度较低。社区工作者目前还未被列为专门的职业门类，职业制度不完善，特别是职业资格准入制度与专业技术职级体系没有建立，在岗工作标准不清楚。二是工作水平亟待提高。很多居委会还习惯于行政性工作思维，不善于挖掘自身自治功能，也不擅长开展自治服务项目，对社区居民需求了解不足。社区居民的需求与政府部门及社区自治组织的供给之间存在较大差距。政府关心的事情居民不关心，居民热心的事务政府不知晓。社区居委会与物业公司、业委会、驻区单位以及社区社会组织等的关系还未理顺，协调能力、动员驻区单位参与社区建设的能力还不足。

在加强社区自治上应采取哪些措施？

第一，转变思想，促成共识。北京是国家首都，管理好城市、服务好中央和群众，各级政府部门负有重大责任，特别是在“维稳”上更是肩负千斤重担。为此，在许多事情上采取直接组织、直接指挥甚至直接操作的办法也是职责所在，不可不为。在当前社会力量发育不足，自身能力十分有限的情况下，许多事情即便政府部门愿意转出，也苦于无人可以承接。但是，必须认识到，今天我们所处的社会环境和中央关于社会管理的思路与以前相比已发生巨大变化，直接管理的方式可以奏效的时间越来越短，范围越来越小，直接管理的效果也不尽如人意。作为行政部门要切实转变观念，按照中央和市委的要求，在调动社会力量特别是自治组织做好基层管理工作上多下功夫。

第二，积极探索行政部门与自治组织对接的有效途径。一是明确政府部门的职权范围。首先，发挥好指导、规范和监督的作用。从整体和长远的角度制定社区发展规划、指明社区发展方向，为社区发展提供必需的轮廓性纲要，增强对社区自治组织进行组织和制度建设的指导，促其建立和完善运行机制，实行规范化管理。其次，为自治创造基本条件、提供经费保障。政府要履行社区投资主体和资源配置主体责任，建设社区公共设施，注入社区建设资金，满足居委会开展工作的基本要求。最后，负责提供基础性、专业性、关键性的社区公共服务。如：满足居民生活最基本需要的公共服务，消防、食品安全检查等专业性很强的公共服务，以及应急救援等必须政府介入并组织调动各方面资源共同完成的关键性服务。二是对市、区职能部门要求居委会协助的工作进行规范，并以购买服务的方式开展工作。基层人民政府或它的派出机关对需要社区协助的事项，要开列清单，形成规范，避免随意摊派。凡确需社区长期协办的常规性工作应采用购买服务的方式开展，由原来的政府部门派活、派钱转换为出钱、出标准向社区购买服务。三是尊重社区自治组织的主体地位并满足社区需求。凡涉及社区居民切身利益的重大决策必须有社区代表参与，在政府部门与居委会意见不一致时，必须协商解决，不能简单由政府部门拍板决定。在街道层面应建立与社区自治组织代表的月度联席会议制度，建立“问政、问需、问计”常态化议事平台，定期指导、帮助社区自治组织解决社区治理中面临的困难和问题。社区居委会对政府职能部门、街道办事处在具体期限内没有做出答复的问题有权向其上级主管部门反映。

第三，扩大社区民主参与，培育社区共同利益。一是让社区居民参与社区决策。加强居民群众对公共政策的听证评议，动员组织居民参加各级政府部门组织的价格、规划、预算、建设项目等与居民切身利益相关的听证、恳谈活动，引导居民有序地表达自己的诉求，保障居民的知情权、参与权、表达权。二是坚持居民需求本位原则，培育社区共同利益。注重用共同需求、共同利益来调动居民参与的积极性。居委会要善于发现问题并与社区领导协作，充分了解、收集居民需求，并对需求信息进行整理、分析，从本社区的客观实际出发，把满足本社区大多数居民的实际需求放在首位，把解决群众普遍关心的热点、难点问题作为社区民主自治的重点。三是完善参与机制。针对社区的具体特点，在社区自治管理条例中明确各参与主体的具体责、权、利，参与内容、途径、程序、方式等细节要求。还要在具体操作层面上积极开拓多种渠道，如居民大会、主任接待日、网上论坛、民情恳谈、社区对话等民主形式，敞开居民广泛参与的大门，进而提高居民参与的积极性。

第四，促进自治组织与社区其他组织的合作。一是理顺与业委会、物业管理企业的关系。居委会要做好对业主大会、业委会和物业管理企业的指导、支持、监督工作，对业主大会、业委会做出的决定认真研究提出意见和建议。建立居委会、业委会、物业公司三方协商对话制度，通过交叉任职、建立联席会议、定期协商等方式加强沟通和协作，共同讨论处理社区事务。探索将业委会纳入社区自治组织体系中，确立居委会在自治组织体系中的主导和综合性地位。二是充分调动驻区单位参与热情。坚持互利互惠，共建共享原则，积极推动驻区单位参与社区建设，将文化、教育、体育等活动设施向社区居民开放，将服务性、公益性、社会性事业逐步向社区开放，帮助解决社区建设的人力、智力、财力、物力和场地困难。完善共驻共建机制，建立社区党组织、社区居民委员会、驻区单位联席会议制度，定期研究资源共享、社区共建事项，让驻区单位通过参与社区建设分享建设成果，促进自身发展，从而保障社区共建可持续发展。三是积极培育社区社会组织并充分发挥作用。放宽建立社区社会组织的条件，普遍实行登记备案制度，经居委会初审，街道办事处审批，社会组织管理机构备案，即可开展社区服务和社区建设活动。加强居委会与社区社会组织之间的协作，将一部分社区服务管理工作尤其是食品安全检查、传染病预防、燃气安全检查、普查工作等专业性要求高、居委会无法胜任的社会服务管理工作交给社区社会组织完成。

第五，完善法律法规。一是落实社区民主自治的要求。社区民主自治内容主要包括民主选举、民主决策、民主管理和民主监督。法律法规应进一步明确这四个民主的具体内容，增强可操作性。二是对居民大会、居民代表大会及居委会的权责范围作出明确规定。三是科学规划社区规模和居委会构成。根据社区履行自治权的需要，科学合理划分和组建社区。以现有居民区为基础，以地缘关系、居民认同感和归属感为指向，科学合理调整社区规模，改变社区规模差异过大的现状。四是对居委会行使自治权利的形式和程序作出具体规定。比如，规范社区居民参与社区事务决策程序，设置听证—磋商—决策程序，社区的重大事项要组织召开社区居民会议讨论和审查，举行公共听证会，听取社区居民意见，通过磋商达成共识。五是健全社区自治规章制度。真正发挥社区居民主体作用，社区自治规章要切实由居民代表大会根据国家法律政策和社区实际共同讨论制定并以书面形式固定下来。健全《社区自治章程》《社区组织机构章程》《社区居民公约》等综合性规章，对社区自治的目的、性质、组织机构的设置和产生形式，活动内容和程序以及居民行为做出全面规定。同时，围绕社区管理制度、社区财务制度、社务公开制度、选举制度等方面健全完善单项性规章制度。

（此文为市委社会工委副书记、市社会办副主任张坚 2013 年 12 月撰写的调研报告）

在创新上下功夫　在管用上求实效

——努力加强和改进全市社会领域党建工作

陈建领

近年来，在市委领导下，在市委组织部指导下，我们坚持以社会领域党建工作创新推进社会服务管理创新，以社会领域党建工作全覆盖推动社会服务管理全覆盖，努力在创新上下功夫、在管用上求实效。主要做法是：

一、在创新体制、统筹协调上下功夫、求实效

（一）加强统筹，形成组织部门牵头、社会工委具体负责的管理体制

2007年，党的十七大后，市、区县先后成立了党委社会工委、政府社会办。按照《中共北京市委关于进一步加强和改进社会领域党建工作的意见》要求，在全市形成了组织部门牵头抓总、社会工委具体负责的社会领域党建工作管理体制。在近几年开展的学习实践科学发展观和创先争优等活动中，也建立了组织部指导、社会工委牵头、统战部、民政局、司法局、财政局、工商局、工商联等部门参与的联席会制度，加强统筹协调，合力推进社会领域党的建设工作。

（二）搭建平台，形成纵向到社区、横向到非公有制经济组织和社会组织的工作网络

2009年年初，市委组织部、市委社会工委启动了街道（乡镇）社会工作党委、“枢纽型”社会组织党建、商务楼宇党建等三项试点工作。截至目前，在全市所有141个街道、182个乡镇建立了社会工作党委，基本形成了区域化党建工作格局；在27家市级“枢纽型”社会组织建立了社会组织党建工作委员会、联合党组织及办公室，健全了党建工作联席会制度等“3+1”工作机制，全市社会组织党建工作网络基本形成；在全市1297座商务楼宇全部建立了党建工作站、社会工作站、工会工作站、共青团工作站、妇联工作站，覆盖楼宇内6.9万余家非公有制经济组织和社会组织、92万就业人员、3.9万党员。成立市社会领域党建研究会，建立街道社区、非公有制经济组织和社会组织等三个党建专业委员会，加强社会领域党建理论研讨及实践经验总结。经过几年努力，全市社会领域党建纵向到社区、横向到非公有制经济组织和社会组织的工作网络基本形成。

（三）条块结合，形成分类管理、分级负责的责任体系

2008年以来，市委及有关部门就进一步加强和改进社会领域党建工作印发了一系列文件，明确了职责任务，明确提出：社区党建以区域管理为主，由街道（乡镇）社会工作党委及社区党组织具体负责；社会组织党建以分类管理为主，由“枢纽型”社会组织党建工作委员会及联合党组织具体负责；非公有制经济组织党建以分级负责为主，按照规模大小，分别由区（县）委社会工委、街道（乡镇）社会工作党委、社区（商务楼宇）党组织具体负责，在开发区（科技园区）的非公有制企业由开发区（科技园区）党委具体负责。将社会领域党建纳入全市城乡基层党的建设“三级联创”活动考评体系，形成了条块结合、分类管理、分级负责的党建责任体系。

二、在创新机制、夯实基础上下功夫、求实效

（一）加强队伍建设，做到“有人办事”

2009年、2010年两年选拔5000多名大学毕业生到社区工作，近几年面向社会选聘、招聘了1000多名具有大专学历的工作人员，使具有大专以上的社工占80%以上，平均年龄41岁。其中1163名大学生党员社工进入新一届社区党组织班子，307人当选为社区党组织书记、副书记；为市级“枢纽型”社会组织及所属社会组织购买200个管理岗位，聘请了1200名离退休党员干部担任非公有制企业党建指导员；自2008年起，与市委组织部联合举办了区县局级领导干部创新社会管理专题研讨班，街道党工委书记、办事处主任、社区、非公有制经济组织和社会组织党组织负责人等系列培训班，累计培训3200余人次；实施“万名社工培训计划”“社区工作者硕士研究生培训计划”，已培训11587人；4年内连续3次大幅提高社区工作者工资待遇，建成59家社工事务所，全市15429人获得助理社会工作师、社会工作师职业水平证书，持证人数占全国的12.6%。全市社工政治素质有了很大提高，知识结构、年龄结构有了根本性变化。

（二）加强经费保障，做到“有钱办事”

建立财政拨款、党费返还、社会支持等多渠道的社会领域党建经费保障体系。全市基层党建经费标准由原来的每名党员每年100元提高到200元，社区办公经费每年8万元，非公有制经济组织和社会组织党费从2012年起实行全额返还。社会建设专项资金通过以奖代补、购买服务等方式，近3年共投入7500万元支持社会领域党建工作。各区县建立了社会领域党建工作专项资金，采取项目化运作方式，解决社会领域党组织活动经费。

（三）加强阵地建设，做到“有地方办事”

2009年以来，通过实施社区规范化建设，已有2199个社区办公和服务用房达到350平方米，占全市社区总数的81%，2014年年底基本实现全覆盖，社区党员和群众活动场所明显改善。市级财政投入5400万元，加强商务楼宇工作站基础建设。各区县、相关部门整合辖区资源，加强开发区、科技园区、商务楼宇、综合市场等区域党组织活动场所建设，目前已建立1000余个社会领域党群活动中心。

三、在创新方法、扩大覆盖上下功夫、求实效

一是多种渠道摸清底数

部署集中调查摸底，启动“非公有制企业党建推进工程”。各区县、街道（乡镇）抽调专人担任信息普查员，深入企业、楼宇摸清企业状况和党建情况，建立企情日记。市、区县联动工商、税务、统计等部门，进行数据比对分析，查漏补缺，完善数据台账。市级“枢纽型”社会组织党建“3+1”机制建立后，集中进行专题调研摸底，建立了基础数据台账。目前，市、区县、街道和社区逐步建立了社会领域党建工作基础数据库。

二是多种方式建立组织

发挥职能部门优势，与市委组织部、市委宣传部、市交通委召开商业网站、出租汽车行业党建推进会，9家商业网站、128家出租汽车企业建立了党组织；依托市、区县、街道（乡镇）三级“枢纽型”社会组织党建体系，建立社会组织党组织2373个、党建小组236个；各区县采取社区联建门店、村企共建、商管协会、网格化党建、楼宇联建、综合市场统建等区域化模式，实现党建工作有效覆盖，全市符合建立党组织条件的2736个社区全部建立了党组织；非公有制企业建立党组织8368个，覆盖企业65096家，非公有制企业党组织覆盖率由2010年的32.8%上升到目前的67.4%。

三是多种途径发展党员

在社会领域广泛开展“组织找党员、党

员找组织”活动，建立党员关爱帮扶机制，多数“口袋党员”“隐形党员”主动亮明身份，近五年来，全市新联系流动党员1.9万余名；采取校企联姻、人才市场输送等方式，指导无党员或党员少的企业年均招聘党员职工2000余人；深入实施“双培”计划和人才聚集工程，把非公有制经济组织和社会组织业务骨干发展成党员，把党员培养成业务骨干，据统计，2012年在非公有制经济组织发展党员3000余名。

四、在创新载体、发挥作用上下功夫、求实效

（一）在重大活动中发挥带头作用

在北京奥运会、残奥会期间，全市共组织23万党员到社区报到，累计参加平安奥运志愿服务活动160万人次；在新中国成立60周年庆祝活动中，组织成立了一支80万名以党员干部为主体的首都治安志愿者队伍，积极参与“国庆平安行动”；在党的十八大和全国“两会”期间，依托27家市级“枢纽型”社会组织党建工作体系、1297座商务楼宇工作站、200余个非公有制企业信息直报点，建立社情民意反馈机制，收集、研判维稳形势，为维护首都安全稳定发挥了重要作用；在学习实践科学发展观和创先争优活动中，开展党员示范岗、党员责任区、党员承诺制、岗位竞赛、科技攻关等活动，立足本职岗位创先争优。近年来，全市2100余个社会领域党组织被评为市、区“五个好”示范点，涌现出叶青大厦党委、金诚信矿业建设集团公司党委、国富浩华会计师事务所党委等一批全国先进基层党组织。

（二）在中心工作中发挥骨干作用

在“保增长、保民生、保稳定”中，非公有制企业党组织围绕推动企业发展献计献策，党员职工为企业提合理化建议41604个，开展技术革新项目12168个；商务楼宇党组织整合职能部门资源，为楼宇企业和员工办好事、实事8.9万余件；在创新社会服务管理中，社区党组织完善网格化组织体系，健全居民自治机制，推行组团式服务、网格化管理，党组织在构建文明和谐社区中发挥了领导核心作用。“枢纽型”社会组织坚持党建与业务一起抓，通过举办“社会组织公益行”等方式，发挥行业优势，积极参与社会建设。2012年组织动员16127家社会组织，开展服务活动53702场次，覆盖参与人群223.3万人次。

（三）在经常性工作中发挥模范作用

广大社会领域党组织围绕服务群众、构建和谐社会，完善服务机制，创建服务品牌，建设基层服务型党组织。社区党组织通过打造“一刻钟社区服务圈”、组建党员志愿互助服务队，让居民群众享受便捷、优质服务，涌现出了社区民情日记工作法、“市民劝导队”等一批党建活动品牌。非公有制企业党组织着力构建和谐劳动关系、搭建企业服务社会平台，叶青大厦党委、慈铭体检集团党委先后与怀柔区渤海镇开展村企共建，为农民免费体检、帮助农民脱贫致富；社会组织党组织在倡导行业诚信经营、履行社会责任上积极作为，北京市水产商会党委在重大节日期间开展“零利润”销售活动，稳定节日物价市场；市红十字会蓝天救援队党支部面对“7·21”特大暴雨，积极参与抢险救灾，出动101人次，共解救群众288人。

我们将以学习贯彻本次全市组织工作会议精神为契机，不断推进社会领域党建体制机制、方式方法创新，为推动首都经济社会发展作出新贡献。

（此文为市委社会工委委员、市社会办副主任陈建领2013年10月24日在全市组织工作会议上的发言）

推进专业社会工作机构发展
加强首都社工人才队伍建设

刘占山

近年来，在市、区县两级社会工委、社会办的共同努力下，在相关部门的积极配合和有关专家学者的大力支持下，全市社会工作事务所不断发展壮大。各事务所充分发挥专业优势，积极开展专业服务，为首都和谐社会建设做出了重要贡献。

一、社会工作事务所发展不断取得新成绩

（一）数量规模不断扩大

截至目前，全市已累计建成社会工作事务所51家，服务范围涵盖了16个区县的全部142个街道。各社会工作事务所在开展专业服务的同时，积极发挥培养和储备专业社工人才的作用，全市51家社会工作事务所共有全职专业社工200余人，兼职专业社工500余人，志愿者2500余人，成为全市社工人才队伍中的一支重要力量。

（二）服务效果显著增强

各社会工作事务所根据社会需求，结合自身专业特长，积极开发服务项目，涵盖了为老、助残、青年服务、社区矫正、心理疏导等20余个领域，开展了大量工作，使更多的公众享受到了专业、有效的社工服务，成为满足城乡居民多层次、多样化需求的重要力量。如，东城区助人社会工作事务所立足社区，提供为老服务、残疾人服务和心理咨询服务等项目，赢得了社区和群众的欢迎；西城区睦友社会工作事务所为养老机构内患有失智症的老年人提供专业服务，提高了他们的沟通交往能力和智力恢复水平；海淀区睿博社会工作事务所专门为青少年提供升学引导、家长咨询、就业培训等方面的服务，获得广泛认可；大兴区博恒司法社会工作事务所探索建立专业矫正体系，对特殊人群开展家庭调解、生涯规划、就业训练等服务，取得较好效果，等等。

（三）社会影响逐步扩大

社会工作事务所的专业服务，在使广大群众得到更多实惠的同时，也使街道、社区工作人员及公众对专业社会工作有了更加深入的了解，增强了认知和认同。鉴于引入专业社工岗位为地区社会服务管理工作带来了良好效果，目前，全市一些街道、社区纷纷投入自有资金购买专业社工岗位，还有的主动要求社会工作事务所增加服务次数，并对服务开展给予了大力支持。工会、残联、公安禁毒、检察等系统已开始系统引进社工，开展专业服务。4月15日，市委社会工委、市社会办与中国社工协会、首都师范大学、中国青年政治学院共同举办了2013年国际社工日交流活动暨北京社工队伍建设论坛，全市社会工作事务所积极参与，以发表演讲、成果汇报、项目推介等形式进行展示，得到有关领导和专家学者的高度肯定，也引起社会的广泛关注，进一步提高了首都社会工作事务所的知名度和影响力，营造了良好的社会环境。

总之，近年来首都社会工作事务所建设呈现出一个良好的发展势头，正处于巩固成绩、扩大规模、提升水平的重要阶段。但客观地讲，首都社会工作事务所发展与长三角、珠三角等社会工作较为发达地区相比，还有

一定差距，还面临一些困难和问题，比如，发展不够平衡、经费来源与专业人才不足、队伍不稳定、机制不够灵活、持续发展能力有限等，这些都需要市、区相关部门及广大社工朋友们共同努力，逐步加以解决。

二、为促进首都社会工作事务所等专业机构发展的建议

（一）培养人才要重能力

专业人才是社会工作事务所的立身之本，拥有一批既懂理论又懂实践的社工人才是社会工作事务所发展的基础与前提。目前全市具有社工专业知识、理论，又具有实际经验的社工人才比较少，成为制约事务所发展的重要因素。社会工作专业机构发展处于起步阶段，因此一定要积极引进社工人才，尤其是高端人才，确保机构的专业性、发展的高起点，发挥好高层次专业社工的示范引领作用，带动提升社会工作人员的整体水平。由于各种限制，现实中，通过工作实践培养自有人才是各社会工作事务所从成立一开始就天然地承担着的重任。当然，市有关部门也高度关注和支持社会工作事务所的发展，三年来，我们通过社会工作事务所，购买了570个“一街一社工”“一所一督导”岗位。这些专业社工岗位的购买，其目的之一就是希望通过购买岗位培养出一批“理论+实践”的一线社工人才。在此，希望各专业社工机构继续发挥好在社工人才培养方面的作用，为社工成长给机会、搭平台、创条件，让一大批既懂理论，又能实践的优秀社工人才在服务实践中脱颖而出。为了帮助社工人才成长成才，我们正在考虑举办社工管理和服务高级人才培训班，选拔一批社工管理和服务人才到外地进行专业实务培训，提升骨干人才的数量和水平。

（二）主动作为要找资源

社会工作事务所的发展要有充足的资源作为支撑，否则发展就成为无源之水、无本之木。资源一方面是资金支持，一方面是社会需求，二者缺一不可。有了资金，才能有钱做事；有了需求，才能有事可做。在资金方面，近几年市、区两级通过拨付开办费、购买专业社工岗位、政府购买服务等方式不断加大扶持培育力度，为事务所的发展给予了一定的资金支持。但政府的投入只是事务所获取资源的一种途径，更重要的途径是通过广泛的社会募集、项目运作来争取社会支持，这才是事务所实现可持续发展的必由之路。目前，全市部分社会工作事务所与一些具有社会责任的企业建立了良好合作关系；有的社会工作事务所开展了有偿服务，适当收费；有的社会工作事务所积极争取各类基金资助，都取得了良好的效果，值得推广和借鉴。在社会需求方面，社会工作事务所的发展毫无疑问建立在社会需要、服务社会之上，社会工作事务所的专业服务一定要与社会的需求相契合，要善于瞄准社会需求校正方向、准确定位。在此方面中鼎、九万里等事务所做得较好，他们积极与有关部门以及多个街道、社区达成合作，争取到多个服务项目，获得了稳定的需求支持，实现了较好发展。

（三）发挥优势要求特色

目前社会工作事务所的类型，主要有两种，一种是专项性的，一种是综合性的。从发展态势看，社会工作事务所在起步阶段要实现综合性的发展，往往心有余而力不足。实践中，是那些开始就集中精力强化优势、突出特色，在某一专项方面做大做强的事务所更容易获得成功。这也符合社会工作事务所的发展规律，为诸多的案例所证明。各社会工作事务所要认真分析自身所处的发展阶段，找准工作的关键点和着力点，发挥好自己的比较优势，努力打造属于自己的叫得响的工作品牌，有计划有步骤地实现长足发展。

为推动首都社会工作事务所更好发展，今年市委社会工委、市社会办有以下几个方面工作计划：

一是加强规范指导。实施“社会工作事务所标准化建设工程”，正在研究制定《北

京市社会工作事务所建设指导标准》，从准入资格、人员构成、工作流程、服务效果等方面，拟提出社会工作事务所建设标准。对已成立的社会工作事务所参照标准逐步规范提升，对新成立的社会工作事务所按照标准严把入口关，实现专业社工机构的规范化发展。同时，探索制定《专业社工岗位购买工作指导目录》，加强监管力度，引导专业社工岗位向“百姓急需、社工能为”的领域倾斜，对购买流程、实施效果等进行监督管理和全面评估，确保专业社工岗位购买工作的针对性和实效性。

二是加强分类管理。根据各事务所所处的不同发展阶段，实施有针对性的分类指导，基本思路是一类抓发展，即对于基础较好、工作成效较为显著的事务所，将重心放在提升管理水平、壮大规模和扩大影响上，通过加大政策和资金倾斜力度，努力将其培育成在国内外具有一定影响力的专业社工机构；二类抓提高，即对于基础稍好、运转已步入正轨的事务所，将重心放在提高其业务水平和拓展业务范围上，使其尽快成长为各方面较为规范和成熟的专业社工机构；三类抓巩固，即对于基础较为薄弱的事务所，将重心放在巩固基础、提升能力上，使其在维系自身基本运转的同时，通过提升服务质量逐步在社会上站稳脚跟。

三是加大人才培养。通过举办社工管理和服务人才示范培训班、社工人才高级培训班等，与相关部门和组织合作，选拔一批社工管理和服务人才到广州、深圳、港澳等地进行专业实务培训，提升骨干人才的专业化水平。同时，探索组建“首都社工专家督导委员会”，对全市一线社工开展定期和持续的监督、指导，由督导委员会成员重点培养一批社工骨干，使其成为社工督导，逐渐形成本地督导团队。

（此文为市委社会工委委员、市社会办副主任刘占山2013年5月10日在北京市社工事务所联谊会暨社区建设研讨会上的讲话）

北京市智慧社区建设的探索与实践

王丽竹

建设智慧北京是把握新一代信息技术变革的机遇，加快城市向信息社会转型发展的必然要求，是建设世界城市的必然要求，是建设“人文北京、科技北京、绿色北京”的必然要求，更是全球城市发展的战略选择，是城市发展核心竞争力的迫切需要。市委、市政府从战略的高度，审时度势，提出了《智慧北京行动纲要》，明确了智慧北京的建设内容和要求，对北京实现全面小康、加快迈向世界城市和现代化具有重大意义。为了贯彻落实市委、市政府关于《智慧北京行动纲要》的决策部署，市社会办、市经信委、市民政局联合，于2012年4月正式启动了在全市开展智慧社区建设工作，并取得了明显成效。

一、全市智慧社区建设背景

全市提出开展智慧社区建设的背景源于《智慧北京行动纲要》的印发，2012年3月16日全市召开了《智慧北京行动纲要》动员和工作部署会，在会上印发了《北京市人民政府〈关于印发智慧北京行动纲要的通知〉》和《市政府办公厅印发的〈智慧北京重点工作任务分工和关键指标责任表的通知〉》。两个文件明确提出了在全市开展智慧社区建设，并明确负责这项工作的责任部门是市社会办、市经信委和市民政局。还明确提出在“十二五”期末，全市要建成2000个社区（村），其中，建成智慧社区1500个。

二、全市智慧社区建设的探索历程

（一）探索建设智慧社区的战略构想

市委、市政府提出“创新驱动、转型发展”目标，推进“智慧北京”建设，为社区借助信息化建设将“后发优势”转化成跨越式发展的能量，提供了难得机遇。智慧社区建设必须把实现市委、市政府提出的“一条主线、两个率先、三个北京、四个服务、五个之都”目标，加强创新基层服务社会管理模式作为推进智慧社区建设的出发点和落脚点。基于这一战略构想确定了全市智慧社区建设的指导思想是：以科学发展观为统领，以高新技术为支撑，以满足公众日益增长的现代化服务需求为目标，以“为民、便民、惠民、安民”为宗旨，着力打造社区基础设施高端化、政府服务协同化、社区管理智能化、公共服务网络化、居民生活现代化、社区服务集成化，为居民提供更加安全、便利、舒适、愉悦的生活环境，让居民生活更智慧、更幸福、更安全、更和谐、更文明。

（二）探索先进创新的智慧社区建设理念

智慧社区建设以人为本，以服务为先，以创新为要，以需求为向，从各类服务资源的集中、整合、共享、开发、利用、开始，从各种先进智慧成果应用起步，注重功能提升，注重民生改善，引领高端生活、抢占未来发展制高点。使居民足不出户或仅需动动指头即可实现生活中的一切大小事务，方便快捷。让智慧社区建设沿着正确的道路高速推进，实现社区服务网格化、社区管理精细化、社区生活便捷化、社区建设现代化、社区环境宜居化。

（三）探索科学务实的智慧社区建设方法

1．统筹规划、分级负责。智慧社区建设是一个渐进的过程，是一项长期任务，各级政府对智慧社区建设和发展要统筹考虑、整体规划。市级负责顶层设计，确定建设目标和主要任务；区（县）、街道（乡镇）和各有关方面负责区域规划，承担建设任务。

2．政府主导、多方参与。推进智慧社区建设是一个系统工程，推动其建设和发展需要社会各方面的协同合作。各级政府要紧密结合区域实际，充分发挥政府主导作用，动员全社会力量广泛参与，建立政府主导、多方参与的智慧社区建设推进体系。

3．因地制宜、突出特色。社区之间差异性很大，应因地制宜、切合实际、立足当前、着眼长远，找准适合区域发展阶段和区域特点的推进智慧社区建设模式，把智慧社区建设重点放在从社区居民身边最关心、最直接、最迫切需求的事情入手，务实推进。

4．整合资源、条块联动。要积极开发和合理利用各类服务信息资源，努力实现各类服务资源的优化配置和有效利用，最大限度地实现各级各类服务资源在智慧社区内共享，充分提高资源的使用效益，实现各种服务资源和部门的公共服务与居民需求形成有效的对接。

5．务实创新、稳步推进。智慧社区建设是一个全新的研究领域，在理论上富有前瞻性，在实践上具有挑战性，目前尚没有一个成熟的理论，也没有现成的经验可供借鉴。各级政府应以改革的精神，创新的理念，积极探索，大胆实践，扎实推进。

（四）探索特色突出的智慧社区建设模式

在发展模式上，努力探索出一条“低成本、集约化、见实效、惠民生”具有时代特征、北京特色智慧社区科学发展的路子。在智慧社区平台建设上，努力探索出一条“数据集中、资源集约、服务集成、系统集合”的大数据、大集成、大共享、大协同的路子。在建设模式上，努力探索走出一条“政府指导、市场运作、社会协同、公众参与”的建设路子。在运行模式上，努力探索出一条

"服务方式网格化、服务手段智能化、服务对象全面化、服务半径便捷化、服务表现人本化"的运行路子。

（五）在全市全面快速推进智慧社区建设

全市智慧社区建设组织实施共分为启动准备、试点建设、推广部署和全面验收总结四个阶段。2012 年 3 月份启动顶层设计工作，9 月 26 日印发《北京市智慧社区指导标准（试行）》和《关于在全市推进智慧社区建设的实施意见》，全面启动智慧社区试点建设工作，全市 16 个区县选定 512 个社区参加首批智慧社区试点建设。2013 年 12 月份全面完成试点建设工作。

三、全市智慧社区试点建设顶层设计目标任务

（一）近期目标

力争到"十二五"期末，在全市建设 1500 个左右智慧社区。利用物联网、云计算、移动互联网、信息智能终端等新一代信息技术，通过对各类与社区居民生活密切相关信息的自动感知、及时传送、及时发布和信息资源的整合共享，实现对社区居民"吃、住、行、游、购、娱、健"生活七大要素的数字化、网络化、智能化、互动化和协同化，让"五化"成为居民工作、生活的主要方式。

（二）远景目标

将社区建设成为政务高效、服务便捷、管理睿智、生活智能、环境宜居的社区生活新业态，实现 5A 模式"智慧社区、美丽家园、幸福生活"，使"任何人、在任何时候、任何地点、通过任何方式、能得到任何服务"。

（三）重点任务

1. 推进智慧社区基础设施建设，逐步形成覆盖全市社区的智慧社区基础设施网络。

一是加快推进智慧社区网络设施建设。网络设施建设是推进智慧社区建设的基础，各区县和各有关方面应按照《智慧北京行动纲要》和《北京市"十二五"时期城市信息化及重大信息基础设施建设规划》对全市社区的网络设施建设整体部署，主动对接、加快推进。逐年提高高清交互式数字电视入户率，并在 2015 年基本实现高清数字电视网络接入能力全覆盖。逐步提高接入社区和家庭的互联网带宽，到 2015 年，社区和家庭用户宽带接入能力分别达到 1000 兆、100 兆。逐步扩大无线网络覆盖面，实现无线网络公共领域全覆盖。结合社区实际，因地制宜，积极探索和丰富物联网、云计算在本社区的应用。

二是加快推进智慧社区硬件设施建设。硬件设施建设是推进智慧社区建设的关键，各区县要高度重视，采取切实措施，确保每个社区配有电子信息显示屏等终端显示设备，每个社区用于社区办公的电脑原则上每人一台，每个社区配有一定数量用于辖区居民上网和培训的电脑，为居民提供信息化知识、上网技能培训，使居民就近享受上网服务。

2. 推进智慧社区服务体系建设，加快形成更加智能高效便民的服务体系。

一是加快推进社区服务资源信息的集成利用。社区各级各类服务资源信息的集成开发利用是智慧社区建设的核心，也是推进智慧社区建设的重点、难点和关键点。各区县和各有关部门要把其作为重中之重，采取强有力措施，进行全面采集、系统集成、广泛开发、充分利用。为社区居民提供随时随地"一站式"信息云模式服务。能够为居民提供"吃、住、行、游、购、娱、健"等日常便民生活信息搜索引擎服务。能够为居民提供餐饮、休闲、娱乐、购物等服务信息，使居民可以随时随地获得最新最准确和最全面的周边生活消费信息。探索建立完善的社区生活服务智能配送体系，重点提供面向老年人、残障人的健康、餐饮、家政等日常生活服务项目。

二是加快推进便民服务终端网络的统筹建设。便民服务终端是为百姓提供便捷服务

的载体，各区县和各有关部门要加快社区便民服务终端网络建设。根据社区规模，在社区内安装一定数量的便民缴费终端，方便居民缴纳各种费用。利用电视覆盖面广、服务人群多的特点，积极探索在高清交互数字电视终端和区县地方电视台分别开设智慧社区专区。为社区60岁以上老年人、残疾人、病患人群配备电子辅助终端，为老年人提供居家养老信息化服务支持。

三是加快推进公共服务系统建设。各有关部门应加快电子政务向基层延伸，支持基层政府和社区开展管理和服务模式创新。通过建立市、区（县）、街道（乡镇）、社区四级政务服务网络，让居民在社区享受到相关公共政策的网上查询、网上服务等。通过电子政务服务的整合共享，让居民在社区享受到“一站式、互动式、高效率”的在线办事服务。构建面向全民的终身学习网络和服务平台，大力发展远程教育和网上党员学习交流园地。为社区居民建立居民电子健康档案和电子病历，让社区居民能享受到网上预约挂号服务。逐步推进数字文化社区建设。逐步推进人力资源市场信息系统向社区扩展，为居民提供职业介绍等服务项目。各有关部门要建立与居民生活密切相关的公共服务信息推送机制，并及时将相关公共服务信息推送到社区或居民。

3. 构建智慧社区管理体系建设，形成更加安全高效全面的社区管理服务体系。

一是加快推进网格化社会服务管理体系建设。推进智慧社区建设要与推进网格化社会服务管理体系建设相结合，并充分利用各区县建立的网格化社会服务管理系统，建立综合式、集成式、共享式的智慧社区数据功能模块，对社区辖区内各种服务资源信息进行全面采集、动态管理、及时发布，为社区居民提供实时服务。

二是加快推进智慧社区安全管理。智慧社区安全管理是推进智慧社区建设的重要方面。各区县要高度重视，并按照《北京市智慧社区指导标准（试行）》（见附件，以下简称《指导标准（试行）》）中所提出的要求，在社区安装可视对讲、安保监控、门禁等安全技防设备。积极探索车辆智能化管理，包括智能车辆出入管理、车位信息动态感知、车位引导等。社区居民能实时获知极端天气预警、应急避难场所、民防设施地理位置等方面信息。

三是加快推进智慧社区安居管理。社区安居管理是实现居民生活智慧化的手段，各区县要积极探索在居民楼、商务楼宇安装烟雾火灾报警设备，能识别火灾并与消防系统联动。探索在居民楼、商务楼宇安装燃气报警设备。积极探索水、电、气的远程抄表。积极探索智能家电控制。积极探索有毒有害气体检测预警。

四、全市智慧社区试点建设取得圆满成功

（一）初步试出了全市智慧社区整体框架

全市智慧社区建设整体框架初步考虑采取“1+1+4+N+N”的模式，即打造一个统一平台，建设一个智慧社区数据中心，利用互联网、广电网、电信网、物联网四张基础网络，第一个N就是整合利用N种终端，第二个N项服务，就是通过智慧社区建设向百姓、社会提供N项便捷高效、安全优质的服务，创造面向未来的智慧社区系统框架，让广大居民享受到5A模式“智慧社区、美丽家园、幸福生活”，使“任何人、在任何时候、任何地点、通过任何方式、能得到任何服务”。

（二）初步试出了全市智慧社区体系框架

初步考虑全市智慧社区的体系框架为：

1. 构建五大体系：以提升网络宽带化和应用智能化水平为主线，着力构建国际一流的信息基础设施体系、便捷高效的信息感知和智能应用体系、现代化的综合服务体系、精细化的规范管理体系、安全可靠的信息安

全保障五大体系。

2. 建立五大机制：建立各类公共资源一网统筹整合机制、建立基础信息一网采集共享机制、建立各类服务一网零距离服务机制、建立日常管理一网安全监控机制、建立各项民生政策法规一网集成、发布、查寻和办事服务机制。真正在政府与百姓之间形成一个反应敏捷、良性互动、有序高效的信息反馈与处理机制，加强与百姓的有效互动，实现社情全摸清、矛盾全掌握、服务全方位的目标。

（三）初步试出了全市智慧社区的发展模式

努力探索出一条“低成本、集约化、见实效、惠民生”的具有时代特征、北京特色的北京市网格化智慧社区科学发展的路子。在智慧社区平台建设上，努力探索出一条“数据集中、资源集约、服务集成、系统集合”的大数据、大集成、大共享、大协同的路子。在建设模式上，努力探索走出一条“政府指导、市场运作、多元参与”的建设路子。在运行模式上，努力探索出一条“服务方式网格化、服务手段智能化、服务对象全面化、服务半径便捷化、服务表现人本化”的运行路子。

（四）初步试出了智慧社区建设初期阶段需要实现的功能

1. 提供五方面服务：为百姓提供多渠道“一站式、互动式、零距离”的智慧政务服务，为百姓提供随时、随地、随需的“衣、食、住、行、游、购、娱、健”和无处不在的零距离集约服务，为老人提供救助、定位、精神慰藉、健康、餐饮、家政、老年关怀智能贴身的养老现代化服务，为特殊人群提供个性化、智能化贴心关爱服务。为儿童和孩子们提供社区教育、社区科普活动、早期教育等与你同成长服务。运用现代信息化手段为百姓提供全天候、全方位、全程式跟踪服务，帮助百姓解决实际问题。

2. 实现五大转变：实现基层社会服务管理从粗放式向精细化的转变升级、从被动式向主动式的转变升级、从静态式向动态化的转变升级、从单一式向协同化的转变升级，实现服务管理手段从传统式向现代化的转变升级。全面革新基层社会服务管理方式，全面创新基层社会服务管理模式，全面提高基层社会服务管理科学化水平。

3. 实现七大目标：实现社会服务“全覆盖”、社会管理“全时空”、社会动员“全响应”、社会资源“全共享”、社会问题“全关注”、社会环境“全监控”、社会建设“全参与”。

（五）全市首批建成524个星级智慧社区

全市智慧社区试点建设工作自2012年9月启动以来，按照“标准统领、示范带领、项目引领、成果率领”的推进战略，悉心指导，高位推进。各区县按照《关于在全市推进智慧社区建设的实施意见》整体安排，扎实推进，首批524个智慧社区试点任务圆满完成。经过区县自评、互评和网上公示，认定三星级智慧社区421个，覆盖100万户260万人；二星级智慧社区73个，覆盖15万户40万人；一星级智慧社区30个，覆盖6万户15万人。首批524个智慧社区成果惠及121万户315万人口。经过一年多的试点建设工作，在首批524个试点社区中，《北京市智慧社区指导标准（试行）》的31项约束性指标基本实现，13项预期性指标有重要突破，各项长效机制逐步建立。

五、全市智慧社区建设在驱动基层社会服务管理创新方面取得明显成效

（一）在驱动全市基层社会服务管理信息化基础设施体系更加完善方面取得明显成效

目前，“社区之窗”LED大屏基本实现了城区全覆盖，北京社会建设地图网正式上线，在网上开设了社区便民服务、社会政策云、社会服务云和“一刻钟社区服务圈”功能板块，首批服务云集成了特色服务、医疗等13个方面155个便民服务项目、全市142个街道的5110个服务指南和8个区县116个

“一刻钟社区服务圈”。政策云集成了养老服务、权益保障等10大类68项政策法规。96156社区服务平台和社区服务热线经过10余年发展，形成了纵向贯通市、区县、街道、社区，横向联系有关部门、社会组织、社区服务企业的基础平台，能够为政府、企业和居民提供公共服务、公益服务和便利服务等8大类600多项服务，培育签约服务商5000多家。建设了367个“小帮手”电子服务器配备使用窗口，布放了400个“小帮手”社区金融自助服务站，为大部分社区服务站配备了“小帮手”便携式缴费机。全市共建成覆盖市区街居四级社区服务中心209个、社区服务站6251个、社区体育俱乐部102个、社区卫生服务中心324个、社区卫生服务站1580个、社区文化中心（站）6648个、社区图书室4165个。社区警务室、社区人民调解委员会全部建成，智慧社区基础设施为基层社会服务管理提供了强有力的支撑，有力提高了社区公共服务供给能力。

（二）在驱动基层社会服务管理模式创新上取得明显成效

全市智慧社区试点建设推进一年多来，涌现出了一批推进基层社会服务管理模式创新的智慧社区应用典型。如：东城区北新桥街道智慧养老、智慧民安；西城区的办事服务“全区通办、三级联动”，在金融街、白纸坊等7个试点街道实现了30项业务同区通办，广内街道智慧民生、智慧商圈、智慧管理、智慧政务，金融街APP无线交互公共服务平台；海淀区清龙桥街道的人脸识别社会服务综合管理系统，清华园街道智慧医疗、智慧服务，甘家口微博，紫竹院街道“智慧安全紫竹”；朝阳区开设的81890热线，团结湖街道掌上团结湖、智慧信息机、三微一体、一号通，双井街道虚拟13社区微博，八里庄街道车巢网，小关街道科技示范社区，望京街道望京网；丰台区丰台街道社区信息岗、便民服务平台，方庄地区放射性服务网络，南苑街道建立手机短信平台；石景山金顶街街道高清交互数字电视资讯服务；门头沟区为民服务热线，城子街道试点建设老年人健康与安全服务管理平台、61696156服务热线；房山区西潞街道“一刻钟社区服务圈”网站、时间银行志愿者服务系统，城关街道居民知情台，拱辰街道“三通”便民缴费终端；通州区八通网，中仓街道的社区社会化论坛网站；大兴区掌上社会服务网，清源街道爱我大兴社区青年汇、健康小屋、数字化科普系统，林校路街道智慧超市、智慧调解，天宫院街道建立海子角东里社区博客；顺义空港街道“网上居委会”；昌平回龙观社区网、“电子管家”互动服务系统；密云县“电子保姆”，鼓楼街道社区居民服务一站式门户，等等，每个区县、每个街道、每个社区都有符合区域特色的信息化应用典型。这些典型应用，使政府管理服务的触角延伸到了社会的最末端，打通了最后1公里，极大地提升了管理的有效性和服务的针对性，有效推进了基层社会服务管理模式创新，实现了基层工作重点从管理为主向服务为主的转变。

（三）在驱动智慧化服务民生应用上取得明显成效

全市智慧社区建设成果在服务民生应用上不断探索和深化，特别是在居家养老、远程医疗、数字文化社区建设、数字博物馆、网络教育等方面得到广泛应用。如：智慧养老很好地解决了老人老了怎么办、病了怎么办、失去劳动能力怎么办、感到孤独空虚了怎么办、没人做饭或不愿做饭了怎么办等“五个怎么办”问题，使得居家养老和社区养老实现智能化，打破了老人独自居家活动的状态，老人的各种诉求被感知，身体健康状况、外出的位置信息被实时感知，“一键通”“一按铃”等急救设备为老年人提供应急救助，老年网络大学为独居老人提供精神慰藉，从而为老人提供了安全、便捷、健康、舒适的现代养老模式，以智能化引领养老模式的转变。

（四）在驱动提升基层社会服务管理能力和水平方面取得明显成效

各基层部门充分利用网络这一新兴载体作为及时了解社会动态和人民群众对自身工

作反映的最直接、最有效的渠道，作为及时解决老百姓各种利益诉求和矛盾纠纷的最快捷、最有力的抓手，能够及时了解社会活动的真实状况，正确评估政策实行效果，强化服务管理手段，提升管理效能，提高服务质量。通过利用信息化手段对基层政府资源和社会资源的整合，给百姓提供整合后的一站式和一体化服务，使市民对基层公共事务管理的需求、意见、建议得到及时处理，使老百姓最直接、最现实、最关心的现实利益问题得到了较快缓解，使市民在日常生活中的服务需求得到及时满足，提升了社区服务效率，拉近了政府与百姓间的距离。

（五）在驱动减轻基层工作负担和提高百姓幸福指数方面取得明显成效

通过加快推进全市智慧社区建设，社区的各种信息资源得到了有效的开发和利用，社区的工作触角得以延伸，社区的工作空间实现零距离，社区工作人员的办公摆脱了繁重的手工劳作，实现信息化，大大地减轻了社区工作人员的工作量，大大提升了社区现代化、智能化、精细化和科学化水平。同时，在社区还可以不断推出更加多元、更有个性、更具亲和力的服务项目，大大提升居民的生活质量，让有不同需求的人有满足感、让不同层次的人有归属感、让所有的人有幸福感，让每个人在全方位发展的基础上，产生由内而外的幸福感，为现代化社区插上腾飞的翅膀。

（六）在驱动推进基层社会服务管理精细化上取得明显成效

各基层部门大胆尝试运用物联网技术进行智能化集成处理，按需求实现远程自动控制、监测预警，为高舒适、高安全性、快捷便利的智慧社区建设奠定了基础。如朝阳区东湖街道“1+1+3”物联网应用、团结湖街道物联网垃圾清运应用；丰台区左安门公寓智能小区综合信息服务平台系统；朝阳区有毒有害气体防控物联网体系。通过短信互动、网上办事，以信息化为突破口，不断改进基层社会服务管理的工作方法，增强了服务管理的针对性和实效性。在服务内容方面，既要有政府公共服务，又要有社会生活服务，满足不同人群对公共服务的多元化需求，不断提高公共服务科学化、精细化、标准化水平。

（此文为市委社会工委委员、市社会办副主任王丽竹2013年12月撰写的调研报告）

加强与创新社会管理需要注意的五个问题

刘　轩

加强与创新社会管理，关系到经济社会的协调发展和国家的长治久安。近年来，北京市认真贯彻中央精神，成立了专门的社会建设工作机构，在加强首都社会建设与管理方面进行了积极探索和创新，取得了初步成效。结合学习中央领导讲话精神以及实际工作中的一些思考和体会，本人认为，当前加强与创新社会管理应重点注意以下五个方面的问题。

第一，社会建设要突出重点，重在体制机制建设。社会建设有大、中、小概念之分，大概念是指“自然界与社会”中的“社会”；中概念是指“经济社会”发展中的社会；小概念是指经济建设、政治建设、文化建设、社会建设、生态文明建设“五位一体”中的社会建设。现阶段，社会建设工作既不能无所不包、摊子铺得很大，甚至把它当成“筐”，也不能太窄，简单地理解为为民办实事，社会建设也不等同于社会事业。目前北京市把社会建设工作定位于小概念，主要包括完善公共服务、创新社会管理、激发社会活力、动员社会参与、构建社会和谐等方面，并着重加强体制机制建设。通过成立社会建设工作机构，一方面对全市社会建设工作进行统筹协调，同时又针对社区、社会组织等一些基础领域进行体制创新。这样，工作中既有统筹协调，又有重点推进，既各司其职，又形成合力，总体效果良好。

第二，社会管理不能等同于社会管控，重在提供服务。传统的政府管理理念认为，政府是公共事务管理、公共服务和社会福利的唯一提供者。而现代治理理念则认为，公共治理的主体是多元的，一个良性的治理结构，是政府、企业和社会组织等多元主体的共同参与和分工合作。过去，经常把社会管理等同于社会管控，更多地理解为化解矛盾、维护社会稳定，通常采用的方式是“严防死守”式的压制矛盾、掩盖矛盾、不暴露矛盾，实践证明，这种僵化的“维稳观”付出的成本太高，实际效果也不理想，隐藏矛盾，容易积累矛盾，十分危险。因此，加强和创新社会管理，需要政府转变执政理念、深化自身改革、进一步转变职能，并切实加强服务，寓管理于服务之中，努力建设“服务型”政府。同时，要积极培育发展社会组织等多元主体，逐步实现“小政府、大社会”，从而实现善政、达到善治。

第三，群众工作应该进一步转变观念，重在创新方式。社会管理说到底是对人的管理和服务，说到底是做群众工作。因此，加强与创新社会管理，必须同做好群众工作紧密结合起来。改革开放30多年，物质不断丰富，群众的精神面貌和思想观念发生了很大变化，公平意识、民主意识、法治意识、监督意识不断增强。因此，加强和创新社会管理，要进一步创新群众工作的体制机制和方式方法，不能简单地采用老套路和传统的说教方式、政治动员方式、宣传鼓动方式等，要更多地运用沟通、协商、协调、引导等社会工作方法，更多地可以引入一些社会组织和社会服务机构参与，使群众切实感受到地位受到尊重、权益得到保障、心情更加舒畅，从而自觉接受管理、主动配合管理、积极参与管理。

第四，形成新的社会管理格局，重在加强社会协同和公众参与。在党委领导、政府负责、社会协同、公众参与的社会管理格局中，目前社会协同和公众参与是短板，亟待加强和完善。在社会结构深刻变动的新形势下，大量“单位人”变为“社会人”，越来越多的人通过加入社会组织参与社会事务和社会管理是大势所趋，也是新形势的要求。社会协同主要体现为社会组织和社区的积极参与。但目前，无论从全国还是北京的实际情况来看，社会组织发展中还面临许多体制机制上的问题，这就需要进一步加大改革创新力度，特别是要不断优化社会组织的发展环境，培育和促进社会组织有序发展，充分发挥社区自治组织的载体作用，进一步增强社会活力，夯实社会基础。

第五，加强与创新社会管理，重在突出中国特色。目前，全国许多地方都在探索社会建设与管理，理论界也有各种各样的观点。改革开放的下一个30年，加强社会建设、创新社会管理是各方面关注的焦点。社会领域改革涉及面非常广，甚至要比经济体制改革更为错综复杂，因此，改革要始终沿着正确的方向进行，要符合我国的具体国情，要有利于坚持和巩固党的执政地位，始终走中国特色社会主义道路。以社会组织改革为例，既要坚持政社分开、促其自主发展，但又不能完全放任自流、无序发展。因此，北京市以人民团体为骨干构建社会组织“枢纽型”工作体系，把发挥人民团体优势同社会组织自治结合起来，把业务工作与党的建设一起抓起来，把社会组织纳入党和政府主导的工作体系，是对中国特色社会组织管理体制的积极探索和有益尝试。其他方面的改革也同样有一个找准方向、始终不能偏离正确轨道的问题。

（此文为时任市委社会工委委员、市社会办副主任刘轩2013年3月撰写的调研报告）

关于推进老旧小区自我服务管理的调研报告

王智玲

老旧小区服务管理关系到老百姓的切身利益，关系到小区的和谐稳定，是城市发展过程中普遍遇到的一个新课题。党的十八大和十八届三中全会明确提出，要“发展基层民主。促进群众在城乡社区治理、基层公共事务和公益事业中依法自我管理、自我服务、自我教育、自我监督”，为推进老旧小区服务管理创新指明了正确方向。从2009年开始，朝阳区率先探索老旧小区准物业管理试点工作。为全面了解情况，探索解决不同类型老旧小区存在的突出问题，进一步提高老旧小区服务管理水平，从2013年3月开始，我带领专题调研组，集中半年时间，分别到西城区、朝阳区、海淀区、丰台区、门头沟区5个区10个街道18个社区实地考察，召开座谈会9次。在调研的基础上，结合全市近年来老旧小区自我服务管理探索实践，分析存在的问题，并提出了初步的对策和建议。

一、全市老旧小区管理现状

老旧小区是与新建商品房住宅小区相对而言的一种居民住宅类型。目前，我国各地对老旧小区的界定稍有不同，但一般是指早期建设的设计建设标准低、配套不全、设备过时老化、管理不善、人文环境差的旧住宅小区。改革开放以来，随着市场经济的不断发展，城市居民住房制度也发生了深刻变革。自20世纪80年代末开始，北京市开始实施住房制度改革，原先计划经济体制下的大量单位公房出售给个人并进行了产权登记，城市居民住房逐步走向商品化和市场化，居住小区居民与产权单位逐步脱离，从而出现了老旧小区产权多元化、服务管理滞后的现象。

北京市的老旧小区一般建于20世纪90年代以前。据统计，全市现有老旧小区1582个、建筑面积5850万平方米，涉及117万户292万人，占全市居住小区的53%。由于受历史的局限，这些老旧小区无论在公建配套设施的规划设计、建设标准方面，还是在管理模式、运作机制方面，都与居民日益增长的居住生活需求有较大差距，其社会管理任务日趋繁重；与新建小区相比，低收入群体、困难群体高度集聚，其社会性特征非常明显，改善民生问题更为迫切。因此，老旧小区服务管理已成为首都城市管理和社会建设的瓶颈问题。

二、全市老旧小区服务管理的探索实践

为了破解老旧小区服务管理难题，市委、市政府采取了一系列重要措施，将老旧小区服务管理作为事关群众切身利益的重大民生工程，从硬件建设、软件建设两个方面加大推进力度，取得了良好成效。

（一）主要做法

1. 加强老旧小区综合整治，切实改善硬件设施。2012年，全市召开了老旧小区综合整治工作动员大会，市政府印发了《北京市老旧小区综合整治工作实施意见》（京政发〔2012〕3号），计划用4年时间完成老旧小区综合整治，包括抗震加固、节能保温、绿化美化、街景与楼面整修和简易楼改造等。

目前，全市老旧小区综合改造工程累计完工2955万平方米，启动简易住宅楼改造904栋。市、区（县）、街道投入了大量资金。如朝阳区投入一笔运作资金，用于对小区硬件设施进行改造，包括绿化美化、安装路灯、增设治安岗亭等。海淀区学院路街道共提供支持资金600余万元，用于小区内设备维护、设施更新、探头、监控设施安装、绿化服务等。经过全市上下一年时间的努力，已完成1500万平方米的综合整治任务，启动882栋简易楼拆除改造工作。随着这项工作的不断深入，老旧小区绿起来了、亮起来了、美起来了，也畅通起来了，为下一步推进老旧小区后续服务管理工作打下了坚实的基础。

2. 不断创新工作模式，提升服务管理水平。市社会建设工作领导小组办公室积极落实，加快探求破解老旧小区难题对策，在总结基层做法基础上，在全市开展老旧小区准物业管理试点工作。所谓“准物业管理”是指在区县政府的指导下，居民自治组织根据小区实际情况，采取居民自治或互助、服务外包、成立民办非企业物业管理机构等多种形式，为居民提供基本物业服务的一种管理方式。2012年，全市通过项目运作方式，建成了首批34个试点，市级支持资金196万元，区县、街道自筹资金3355.26万元，覆盖人口规模25.6万人，累计增设服务项目248项，成立小区管理自治组织125个，召开会议548次，志愿服务36763人次。2013年又推进第二批82个试点工作。各区县结合实际，积极探索实践，形成了具有各自特色的老旧小区自我服务管理模式。朝阳区从2009年开始在全市率先开展老旧小区准物业管理试点，出台《老旧小区准物业管理工作指导手册》，探索了居民自管与市场机制相结合、居民自管与政府扶持相结合等方式，目前全区实行准物业管理的老旧小区达到96个，占城区无物业管理老旧小区总数的48.5%。近两年，该区投入2亿元用于“为民解忧”和“党政群共商共治”，重点保障老旧小区居民反映强烈的出行、维修、服务等项目。西城区加强分类指导，将老旧小区服务管理工作纳入区政府办实事工程，在新街口街道试点，初步建立起平房区停车、绿化、保洁、治安“四位一体”精细化管理服务模式。海淀区探索建立了“四方议事共建机制”，共同协调社区管理重大事项，共同化解社区内部矛盾纠纷、社区环境治理、社区治安等问题。

（二）*初步成效*

通过开展老旧小区服务管理工作，实现了“三个提升”，促进了“我居我管我幸福”，推动了老旧小区的自我服务管理、和谐发展。一是社区成员的家园意识不断提升。广大居民和辖区单位、小区原产权单位的主人翁意识、责任感明显增强，积极参与社区公益活动，变“要我参与”为“我要参与”。二是小区服务管理水平不断提升，通过培育发展小区自我服务管理组织，加强精细化服务管理，巩固了老旧小区综合整治成果。三是群众的安全感、幸福感和满意度不断提升，较好地解决了部分老旧小区长期存在的停车难、环境脏、治安差、管理乱等问题，受到了居民欢迎。以朝阳区为例，实行准物业管理后，小区居民可防性案件下降62%，35个小区实现了“零发案”，矛盾纠纷下降54%。

（三）*存在的问题*

与商品房小区中驻有物业服务企业不同，绝大多数的老旧小区缺乏正规的物业管理服务，也很难吸引物业企业进驻。为了维持小区居民基本居住生活条件，目前老旧小区主要是由政府负责提供一些最基本的公共服务，服务层次和水平有限，存在很多问题，并随着老旧小区综合整治工作的完成，其后续服务管理问题开始凸显。主要表现在：

1. 基础设施陈旧。绝大多数老旧小区建于1990年以前，有的甚至更早。过去住宅小区的规划、设计和建设标准，已远远无法满足当前社区居民的生活需求。比如，主体建筑陈旧，无法达到现代建筑抗震、节能等标准要求；水电气热管线等设施设备老化，消防设备不足；小区公共服务配套设施匮乏，活动场所相对狭小，公共绿地缺失，停车设施严重不足等问题普遍存在，严重制约居民生活水平的提升。

2. 小区构成复杂。一是小区产权主体组成复杂。由于受房改政策的影响，老旧小区产权单位多，甚至有的产权单位已不复存在，现有管理主体相互推诿，小区公共事务难以协调。二是小区居住主体构成复杂。由于老旧小区居住条件相对较差，居住品质低，住户以老年人、低收入家庭、城市流动人口等群体居多，且流动性和需求差异性大。三是问题复杂。老旧小区普遍存在许多复杂的历史遗留问题，解决难度大。

3. 服务管理不到位。一是治安问题。很多小区缺乏必要的安保人员及安全监控设备，处于半开放或开放状态，治安隐患较多。二是环境治理问题。由于缺乏有效管理，一些小区垃圾随意堆放，小区环境卫生脏乱差现象比较严重。三是停车问题。由于规划设计标准因素，老旧小区车位偏少，乱停车、道路拥堵等问题十分突出，极易引发邻里纠纷。四是违建问题。私搭乱建、“居改商”，以及“房中房”现象大量存在，严重挤占公共空间并影响小区面貌。五是治理难度大。人际关系松散，各方关系不易协调，居民公共意识和互助精神不强，管理难度相对较大。

三、推进老旧小区自我服务管理的对策建议

党的十八届三中全会指出，要改进社会治理方式，坚持系统治理，加强党委领导，发挥政府主导作用，鼓励和支持社会各方面参与，实现政府治理与社会自我调节、居民自治良性互动。下一步，要针对老旧小区服务管理中存在的难题，结合基层实践经验，积极引导和发挥居民自治作用，推进老旧小区的多元化治理，完善老旧小区服务管理体系，进一步提升老旧小区服务管理水平，夯实基层基础。

推进老旧小区自我服务管理的总体思路是：以居民自治为核心，以解决突出问题为重点，创新体制机制、方式方法，积极动员社会协同、公众参与，完善社区治理结构，推动老旧小区服务管理向规范化、社会化、精细化发展。通过开展老旧小区自我服务管理工作，基本形成依法自治、各具特色、作用明显的小区服务管理组织体系，在不同类型的老旧小区创建一批服务完善、管理民主、充满活力、和谐幸福的典型，逐步实现“五好”目标，即自治组织建设好、自我管理机制好、自我服务效果好、驻区单位协同好、突出问题解决好。

（一）建立组织体系

由社区居委会围绕老旧小区存在的突出问题和居民的共同需求，通过组织召开社区居民会议，选举关心小区事务、责任心强、民意基础好、有居民自治组织经验或能力突出的常住居民、产权单位和驻区单位代表组成小区服务管理组织。小区服务管理组织可在街道（乡镇）备案或登记注册为民办非企业单位。社区党组织、居委会加强与小区服务管理组织的工作衔接和互补。社区党组织对小区服务管理组织实行政治领导，培养其负责人队伍；社区居委会由专人负责监督指导小区服务管理组织的日常服务管理，并在备案管理、组织运作、活动场地、人才培养等方面提供支持，形成政府引导、社区居委会指导、小区服务管理组织运作、居民群众参与的自我服务管理机制。

（二）完善服务管理模式

可在老旧小区采取以下三种服务管理模式，并鼓励小区结合自身实际探索其他行之有效的管理模式。

一是物业自主式服务管理模式。对物业服务企业已进驻的小区，由物业服务企业按照有关规定实行“物业自主式服务管理”。发挥业主大会和业委会在小区服务管理中的积极作用，社区居委会积极支持物业服务企业开展多种形式的社区服务，业委会和物业服务企业要主动接受社区居委会的指导和监督。形成社区党组织、居委会、业委会、物

业服务企业、驻区单位的共同协调机制，及时解决物业服务纠纷，维护各方合法权益。

二是社区自治式服务管理模式。对物业服务企业未进驻的小区，实行“社区自治式服务管理”。由街道办事处（乡镇政府）牵头，结合老旧小区综合整治工作，指导小区服务管理组织或社区居委会以“有安全防范、有绿化保洁、有维修维护、有停车管理”（四有）为基本目标，通过服务外包、聘请专职人员、培育相关志愿服务队伍等多种方式，并依法协助相关部门做好与居民利益有关的小区停车管理、房屋维修、清洁卫生、绿化养护、秩序维护、下水管道疏通、水电故障排除、简单电器维修等工作，满足小区居民对基本物业服务的需求。

三是单位自助式服务管理模式。单位（大院）自主管理的小区实行“自助式服务管理”。明确产权单位的责任，1 个产权单位管理的小区，由该产权单位组织实施自我服务管理；由 2 个及以上产权单位管理的小区，探索建立小区共商共议机制，整合小区资源，共同解决小区房屋修缮、停车管理、绿化保洁、安全防范等方面的问题。对于涉及地区性、社会性的重要问题，小区所在的街道（乡镇）和社区会同产权单位进行研究协商解决。

（三）创新服务管理方式

一是创新服务提供方式。坚持自我服务管理为主、政府引导扶持为辅的原则，探索通过政府购买服务、设立项目资金等途径，调动社区多元主体的积极性，推动小区服务管理提供的政府单一主体向政府、市场、社会组织（社团）、驻区单位、居民个人等多方主体转变，形成多元参与、共同治理的局面。

二是创新管理机制。探索建立各级党代表、人大代表、政协委员联系社区制度，了解社情民意，听取基层意见和建议。探索“社区、社团、社工”三社联动机制，积极培育小区服务性、公益性、互助性社会组织，提高小区居民的组织化程度。建立小区资源共享机制，推动驻区单位将文化、教育、体育等活动设施，以及食堂、停车场等生活设施向小区居民开放，形成小区共驻共建的氛围。

三是创新工作平台。整合小区现有信息网络资源，探索网上论坛、民情恳谈、小区对话等形式，开展小区楼门文化建设、邻里节等居民活动。引导和鼓励小区居民广泛参与小区事务管理，发挥小区服务管理组织、社区志愿者在反映群众诉求、化解矛盾纠纷、服务居民群众、融洽邻里关系、促进小区和谐稳定等方面的积极作用。

（四）建立多元筹资机制

建立政府、市场、社会、居民个人多元参与的资金筹集机制。各区县政府、街道办事处（乡镇政府）可根据实际情况，加大对老旧小区服务管理试点工作的资金支持力度。市财政可采取奖励方式对试点工作成效突出的小区给予一定支持。在物业服务企业未进驻的小区，鼓励小区服务管理组织、产权单位按照有关法律法规，根据服务需求和质量标准，在广泛征求产权人、使用人意见的基础上，适当收取一定数额的停车、垃圾处理、卫生等服务费用，用于小区绿化、保洁、治安、停车管理等方面的运行经费。

（此文为市委社会工委委员、市社会办副主任王智玲 2013 年 9 月撰写的调研报告）

加快完善现代社会组织法人治理结构的行动策略

王想平

党的十八大报告把社会组织体制改革作为社会建设和社会体制改革的四大重要目标之一。当前，建立现代社会组织体制，关键就是要在法律的框架下，建立健全以章程为核心的法人治理结构，使社会组织实现自我管理、自我服务、自我教育、自我发展，成为独立的法人主体。与公司法人类似，社会组织的法人治理结构的组织体系一般为“会员大会（或会员代表大会）—理事会（常务理事会）—监事会—秘书处”，同时明确理事长、监事会主席以及秘书长等各领导人员的法律地位、权责。那么，如何建立科学而富有成效的社会组织法人结构呢？首先，我们要从法人治理结构的一般规律出发，寻找建立社会组织法人治理结构的关键环节。

总的来看，任何一种法人治理结构模式都应体现两个核心问题：一是建立委托—代理关系，即理事会接受所有者的委托行使决策权，由理事会选聘产生的执行层行使管理权（代理权），明确委托—代理关系。二是形成有效的分权制衡。即所有者、决策者、执行者（管理者）之间能够通过法人治理组织机构，建立相互独立、相互制约、相互配合的制衡机制。这正是科学有效的法人治理的本质内涵。从这两个核心问题出发，笔者认为，建立现代社会组织法人治理结构要把握好以下三个关键点：

第一，明确理事会和秘书处的权责关系。理事会是会员大会的常设机构，是社会组织的决策机构。秘书处是理事会决策的执行机构，在理事会领导下开展社会组织的日常活动。理事会负责对重大问题和政策召开理事会会议通过票决制做出决定，如战略规划、机构经营目标、主要人事安排以及管理人员薪酬等；秘书处负责在日常工作中贯彻理事会的意志和意图，沟通机构内外联系。要在章程中对理事会、秘书处的职责做出详细、明确的规定，以避免理事会与秘书处权责不清，保证理事会的决策权威和秘书处的有效运作。为发挥好理事会作用，要坚持理事会会议制度。理事会会议每半年至少召开一次。理事会会议、常务理事会会议分别应有2/3以上理事、常务理事出席方可举行。理事会会议、常务理事会会议作出决议，必须经出席会议的半数以上的理事、常务理事无记名投票通过。但涉及社会组织的重大事项，应由占全体理事2/3的理事通过。

第二，切实发挥监事会职能，形成决策、监督、执行机构之间的制衡机制。监事与监事会是监督和约束理事会决策行为、秘书处执行行为的重要存在，与社会组织的决策及执行机构是一种监督与被监督的关系，监事应当具备独立性。在健全、合理的监督机制中，监督方与被监督方不应当存在利害关系，否则将影响监督作用的发挥。因此，应当确保监事与监事会的独立性，避免理事会对监事职权范围内的工作进行干预，也应有效避免理事会对监事任免的影响。建立强而有力的监督机制，应该从以下几方面入手：一是在社会组织章程中对监事会进行具体规定，包括监事的资格、人数及其产生程序；二是监事虽然不能从社会组织获取报酬，但监事行使监督权需要必要的经费，社会组织应当通过制度的方式对工作经费予以保障；三是建立完善的内部管理制度，保证监事对决策和管理活动的参与，监督应该贯穿于社会组织工作的全过程，而不能仅是事后监督；四是借鉴公司治理的“股东代表诉讼制度”，在理事会成员或工作人员的行为对社会组织造成重大损失的情形下，赋予监事代表诉讼权，以社会组织名义提起诉讼，从而使监督权落到实处。①

第三，健全完善日常管理制度，建立公开、透明、高效的社会组织管理长效机制。社会组织的健康良性发展需要建立体现自主和自治原则的各项规章制度和内部管理制度。包括重大事项报告制度、会员登记管理办法、财务管理制度、秘书处工作制度、会员意愿反映制度、民主集中制度、决策失误责任追究制度和内部矛盾处理制度等，强化内部管理。要建立完善的财务制度，根据《民间非营利组织会计制度》建立健全财务管理、会计核算制度，建立独立的财务和银行账户。协会的会计凭证、会计账簿、会计报表和其他会计资料，按国家统一规定保管。重点要落实会员大会或会员代表大会、监事会等机构对行业协会资产管理和资金使用的决定权和监督权。要建立社会组织自主实施的项目服务质量评估制度，建立专业的、独立的评估团队，或聘请第三方评估机构对社会组织进行评估监督。

围绕现代社会组织法人治理结构建设的三个关键环节，笔者认为应该从三个具体方面切入，加快社会组织法人治理结构建设的步伐。

第一，加强章程审查，以章程为核心明确法人治理结构的构成和权责关系。章程是社会组织制度的核心，要建立科学、严密的社会组织章程。章程要对社会组织的宗旨和活动范围明确规范，其中属于法律、法规限制的项目，应当依法经过批准。章程要明确会员大会、理事会、监事会、秘书处的权利和责任。章程应规定一个规范、透明的理事选任程序，以保证理事选聘过程合法、公开、独立。理事由会员大会产生，可分为内部理事和外部理事。内部理事也称执行理事，主要指担任理事的社会组织管理人员如理事长、秘书长等，外部理事亦称外聘理事，主要指不参与社会组织内部管理的会员和会员大会决议聘请的非会员的专家、学者等。一般社会组织理事长不能由公务员担任，理事会成员中政府代表不能超过1/3，不设行政编制和级别，理事不领薪酬，理事不能永久担任。理事会设立专门委员会，为理事会决策提供专门的意见建议，包括提名委员会、薪酬和考核委员会、战略发展委员会、审计委员会等。秘书长对理事会负责，由专人专职担任，秘书长列席理事会、常务理事会，可以当选为理事、常务理事或副会长。秘书长、副秘书长不得在其他行业协会担任相同职务。

第二，加快社会组织监事会建设。应当完善各社会组织监事会的建设，对监事会的职责、权利，监事的产生和任期做出明确规定。监事经理事会或常务理事会提名，由会员大会或会员代表大会选举产生。由于监事会代表多方利益，对监事的任命，一般由不同利益方选派。实践中主要有会员、业务主管单位和登记管理单位，而受益人利益作为监督的重要方面，笔者认为也应吸收服务对象的代表参加监事会。作为内部监督的重要部门，监事除了对公益事业有较高认同感，愿意为公益事业奉献以外，还应当具备一定的专业水准。对于项目运作和财务管理等方面要较为熟悉，这样才能实现有效监督。会长、副会长、秘书长、副秘书长、理事不得兼任监事。监事不领薪酬。为切实保证监事会能够真正代表会员利益并实施有效监督，监事列席理事会或常务理事会会议，会长办公会及秘书处办公会等会议。监事会对各级组织会议形成的决议具有建议和督导执行权，对社会组织开展的重大活动及财务收支等具有指导与监督权，对社会组织在运行过程中出现的较大问题或偏差应及时召开监事会议研究处置意见，并督导相关执行机构采取有效措施进行纠正或调整。另外，还要加强对秘书处工作的监管，尤其是加强对秘书处工作的规范管理。在监管机制上，要重在发挥

---

① 参见周芙蓉等:《论慈善基金会的内部治理结构》，原载于《法制博览》，2012年第6期，第27页。

制度的刚性监督作用，如建立责任制、绩效评价制度和信息披露制度等。

第三，在社会组织内部尽快建立第三方评估机制。强化第三方对社会组织的外部监督是社会组织良性运行的重要一环。国外非常重视独立的第三方评估的监督。例如，美国建立了独立的第三方评估制度，它不仅不会限制好的非营利组织发展，还会淘汰不良的非营利组织，促进健康的非营利组织更好地发展。全国慈善信息局（NCIB）是美国最早成立的民间评估机构之一，其最主要的工作是对慈善组织的非营利性进行评估，帮助捐款人掌握慈善组织全面的信息，使公司、公司社会组织、小企业、个人等捐赠者更明智地捐款。在我国可以引进第三方的会计师事务所对社会组织加强财务审计；可以引入独立的民间咨询机构或者评估机构对社会组织加强业务运行的评估；可以建立完善公开通报制度，特别是重大事项公示制度，使社会组织自觉接受公众和媒体的社会监督；可以优化政府对社会组织的监管，政府社会建设、民政、工商等相关职能部门应当各负其责做好监管工作。

（此文为时任市委社会工委委员、市社会办副巡视员王想平2013年5月撰写的理论文章）

城市老旧小区开展心理服务的几点探索

张青之

根据北京市委社会工委和市社会办关于开展社区心理服务标准化试点要求，从2013年年初开始，对全市社区心理服务标准化工作进行调查研究。总体感到：老旧小区心理服务需要摸准需求，制定完善的实施方案，培养立足社区的心理服务人才，并加强组织领导和提供物质基础。现就其工作程序和内容，提几点探索性意见。

一、了解基本情况，掌握心理服务需求

基层心理服务尤其是城市社区，每一区域都有各自的特点和现实。海淀区的大院文化和西城区商业社区不可采用同样方法；即使是同一地区如果问题不同，也必须区别对待。以房山区西潞街道西潞园社区为例，该社区地处城乡结合部，1992年建成并入住，至今已经22年了，目前共有3673户1.5万多人，属于典型的老旧小区。

该社区具有三个特点：一是构成较为复杂，城乡户籍都有，大部分为外区迁入。二是弱势群体较多，多数为中低收入者，在城区买不起房子，来此买了二手房。三是老人多、孩子多。社区建有一所小学和一个幼儿园，许多居民第二代已经离开本小区了，还把孩子留给本社区爷爷奶奶，因此，本社区成为第一代和第三代集中之处。

该社区对心理服务工作非常重视，有兼职的心理工作人员和1名心理学专业毕业的大学生社工。社区开展了许多创造性的心理服务工作，引入高校社团的大学生为居民提供心理咨询服务等。

通过入户和召开座谈会，我们了解到社区心理服务的需求分为三大类：第一类是居民心态失衡问题，表现为失落感、浮躁、焦虑、无助等消极情绪，需要开展心理健康知识普及，用积极心理学内容引导和疏导居民情绪。第二类是特定群体心理关怀，如“两劳”人员回归社区的融入困难，个别家庭近

年来发生过变故需要心理支持，还有占多数居民人口的退休老人与孩子的心理健康帮助。第三类属于社区工作者压力调适，尤其长期与退休居民或是低收入居民等弱势群体打交道，社工中整体压力较高，情绪较压抑，需要提高他们对消极情绪的调节能力。

二、制定总体目标，研究试点内容

根据市委社会工委确定的总体试点目标，制定了该社区主要完成以下主要试点内容。

（一）明确责任与任务，探索社区心理服务基本内容标准化

根据本社区心理服务需求，进行分类细化，研究不同心理需求的提供形式。包括五项内容标准化：第一是心理健康知识普及形式及内容的标准化。第二是个体心理困境人员疏导服务方式和方法的标准化。第三是老人和孩子心理帮助内容的标准化，第四是社工心理抗压素质增强的标准化。第五是心理危机干预工作的标准化。

（二）明确以责定岗，探索专业人员与社工合理配备标准化

由心理专业工作者提供专业化服务和由社区工作者提供基本心理健康服务，二者必须有机配合。如居民心态失衡问题仅靠专业人员无法做到，必须充分依靠社区党委和社工，通过各种教育和文体等活动，广泛开展心理健康知识普及，用积极心理学内容引导和疏导居民情绪。而特定群体心理关怀，如“两劳”人员回归社区的融入困难，个别家庭近年来发生过变故需要心理支持，还有占多数居民人口的退休老人与孩子的心理健康帮助，就需要专业人员提供一对一的心理疏导。目前，西潞园社区只有1名心理学专业毕业的大学生社工，在力量配备上还有缺欠。房山区社会工委新建了春燕心理专业社工事务所，组织专业心理咨询师进驻社区心理服务站，承担心理问题咨询、心理障碍诊断和心理疾病识别与转诊等专业性服务。与社工、志愿者构成梯次配备力量，建立科学合理的心理服务体系。

（三）按预防为主方针，探索社区心理服务基本程序标准化

社区心理服务应只限定在健康人群、有轻微心理障碍的对象，服务方法是预防、促进和服务。其基本服务程序是：一级预防，包括筛查心理障碍重点人，提供教育、辅导、活动等方面的帮助。通过编制居民心理健康测查问卷，在社区开展调研，全面掌握基础信息，了解服务需求，掌握心理状态有问题的重点居民。二级促进，包括定期开展团体心理健康辅导、个体较重心理障碍者的跟踪监测，以及社区突发的心理危机干预等。对有特殊心理需求的居民，邀请心理专家提供免费心理疏导。针对空巢老人、中青年父母，以及处于青春叛逆期的孩子进行个案辅导与咨询。三级服务，即通过团体辅导与咨询，逐步建立区、街道及社区心理认同，形成社区共同理想和目标，培育居民对社区的归属感，促进社区的和谐稳定，增强居民的幸福感。对出现重大心理问题要及时协助家庭做好防护，需要转介的精神病患要向区县心理服务中心报告并协助护送。各级服务都设立相应的工作目标、工作对象和工作程序。

（四）完善管理制度，探索服务档案、人才培训和督导工作等制度标准化

建立和完善心理服务档案管理制度、心理服务的督导工作制度、服务人才培训制度。对于居民群体、个体的心理档案，要建立严格的档案保存管理制度。人员培训工作也要制度化，以更新工作人员的知识层次，适应社区心理服务发展需要，提高工作效能。这是社区心理服务工作的基本保证。对于社区心理服务的督导工作，也要建立督导时间、督导程序、督导人员的各项制度，这是提高社区心理服务工作质量的关键环节。

（五）提供必要条件，探索社区与街道联合开展心理服务的场地和设备标准化

房山区社会工委在西潞街道上提供了一个面积达120平方米场地，由春燕心理专业社工事务所组织专业心理咨询师进驻社站，

承担心理问题咨询、心理障碍诊断和心理疾病识别与转诊等专业性服务。该服务场所和设备既有为普通的健康人群进行心理锻炼而设计的，也有心理咨询室、团队心理成长空间，还有办公场所，能够覆盖整个街道的心理服务专业场所。社区健心中心使用与管理，由春燕专业心理服务社工事务所制定和完善制度，包括心理辅导章程、社区心理工作者工作守则、社区健心中心值班制度等。社区健心中心的开放时间每周应不少于规定的时间，一般为20—40小时。应当有明确的值班制度，并公之于众。

三、明确实施步骤，控制试点进度

（一）第一阶段，准备阶段

（1）抽样调查。召开居民代表座谈会，进行辖区居民的心理状态数据采集，了解社区居民心理状态。（2）专业培训。在房山区开办社区工作者心理服务能力培训，为试点区域培训40名具有心理咨询师资质的社工。培训后学员纳入到试点骨干力量中，并以春燕心理专业社工事务所为驻点，进行定期跟踪培训与督导。（3）加强联系。由市社会心理研究所和春燕事务所组织工作人员，深入各社区进行家访等活动，建立良好的互动关系。

（二）第二阶段，实施阶段

（1）开展宣传活动，普遍提高居民心理健康知识水平。组织讲座、小组座谈，或组织居民演出心理剧、举办心理健康活动月等活动，培养居民关注心理健康的意识，促使他们在日常生活中关注自身和家人心理健康状态，主动学习心理健康知识，及时进行情绪的自我调节，正视自身和别人的心理问题，在需要时能积极主动寻找专业心理帮助。（2）开展个体咨询、家庭咨询、群体咨询工作。对有心理服务需求的个体、家庭或群体，如老人、青少年、特困家庭、单亲家庭、刑教人员、有重大变故的家庭等，及时提供专业的心理辅导。（3）在已有的心理工作专家中，建立社区心理服务督导小组，并联系精神科专家队伍，对各个社区的心理服务工作进行定期、专业、针对性的督导，定期进行专家指导、个案讨论。

本社区已开展的心理服务工作的特点为心理咨询和社区工作有机结合，有一定成效，但仍需进一步加强其专业化、规范化程度。把心理咨询疏导工作，融入社区各项实际工作当中，充分发挥“五结合”的工作特色，建立本社区的心理服务工作特征。“五结合”具体内容包括：一是把心理咨询、心理疏导和搭架平台、开展活动相结合。二是在心理服务工作中提供平台引导老同志发挥作用，解决社区居民当中发生的矛盾和纠纷，在社区工作中发挥先锋模范作用。三是把心理疏导与学习宣传教育相结合。四是把心理咨询与疏导工作与基层民主自治建设相结合。五是心理咨询与心理疏导和普及法律知识相结合等。

（三）第三阶段，监督评估

由市区两级社会工委及街道组成监督小组，全程监督项目实施。中期评估，主要是找出服务开展过程中的不足，并在服务中不断完善方案。终期评估，由专业社工跟踪走访服务对象及其家庭，评估项目带来的改变，发现新的服务介入点。总结经验，把社区心理服务标准化经验向全市推广。

四、加强组织领导，健全保障机制

为保证社区心理服务试点工作的顺利实施，并严格按照标准运行，需要各单位给予充分重视，并提供相应的物力和财力保证。

（一）成立标准化试点工作联合领导小组

此次试点由市、区社会工委（社会办）主导进行，分管心理工作的社工委（社会办）副书记（或副主任）为副组长的领导小组，全面负责各项工作领导。市社会心理工作联合会和各区县安排相关科室作为执行机构，负责具体工作落实。市社会心理研究所、西潞街道、西潞园社区和春燕心理专业社工事务所作为责任单位，保证此项工作顺利实施。

（二）严格执行各项试点的标准

此次社区心理服务标准试点，是一项创新性高、实践性强的工作，必须始终掌握工作标准的客观性和科学性，既要强化对标准化实施过程的监督，又要注重对结果的评估。试点质量标准包括：社区居民了解心理健康概念；心理健康意识明显提高；掌握基本的情绪心理调适方法；幸福感指数有所提升；社区整体氛围良好。形成一支由专业心理咨询师、专业社工及志愿者组成的心理服务队伍；管理规范，服务质量好，社会满意度高；区、街道和社区三级心理服务网络体系初步形成，实现数据整合，为建立本区社会心态监测研判机制和心理危机疏导干预机制奠定基础。

（三）多渠道落实经费

担任试点工作的社区，由市、区两社会工委按照购买服务的方式安排项目经费，主要是社区心理健康讲座等团体教育费，心理成长小组活动项目宣传横幅、展板、选出品制作费，专家培训补助，督导补助，志愿者补贴和工作人员务工补助等。试点场地由各社区提供。工作人员工资由各区县按照社工事务所形式，给予每年 3 万—5 万元补助。心理咨询室器材费由市社会心理工作联合会向社会筹集。

试点工作领导机构要充分运用各种手段搞好宣传教育，引起全社会对心理健康的高度关注，为试点工作营造有利舆论环境。各不同类型试点单位之间要加强横向联合，互相学习，取长补短，立足一点，辐射一片，使试点成果尽快进入居民生活，使广大居民能够真正享受到标准化的心理服务。

（此文为市社会办副巡视员张青之 2013 年 12 月撰写的调研报告）

· 重大事件 ·

市委社会工委、市社会办党的群众路线教育实践活动总结

（2014年1月）

党的群众路线教育实践活动开展以来，我委办认真贯彻中央和市委要求，在市委第一督导组强有力指导下，以为民、务实、清廉为主题，着眼反对“四风”、联系群众，按照“照镜子、正衣冠、洗洗澡、治治病”的总要求，坚持抓早、抓紧、抓严、抓准、抓实，规定动作到位、不走样，自选动作结合实际、不摆花架子，做到进度服从质量、时间服从效果，以求真务实作风推动各环节工作前后贯通、衔接顺畅、有效落实、成效明显。

一、主要做法

坚持做到“六个贯穿始终”。

（一）“一把手”带头贯穿始终

作为单位“一把手”，宋贵伦同志对教育实践活动高度重视，切实当作重大政治任务，毫不放松地抓好落实，认真履行第一责任人的责任。坚持从自身严起、改起，身体力行，注重发挥表率作用。活动期间，亲自参与策划、审定活动方案，亲自撰写动员报告、党课材料、个人对照检查材料和整改措施，亲自为机关作专题辅导报告，亲自主持起草班子对照检查材料、民主生活会专题报告、“回头看”自查报告、整改方案和总结报告；带头参加学习，带头听取意见，带头以普通党员身份参加组织生活会，带头开展批评与自我批评，带头搞好整改。在“一把手”的示范引领和模范带动下，上行下效，人人主动参与，确保了教育实践活动顺利推进、取得实效。

（二）加强组织领导贯穿始终

牢固树立关键在落实的思想，按照“严而又严、实而又实、细而又细”的要求，高标准、高质量地抓好教育实践活动。委办确定了“周周有安排、月月有小结、实实在在见成效”的原则，先后召开教育实践活动领导小组会议20次，定期召开工委会、办公会，组织班子成员和党员干部迅速传达学习中央和市委有关文件精神，及时研究部署工作，持续搞好思想发动。针对征求意见、谈心谈话及时研究解决出现的问题，针对撰写对照检查材料、整改落实等关键环节，分别制定周密方案，有条不紊逐步推进。适时开展教育实践活动自查，精心组织实施班子民主生活会、情况通报会、“回头看”专题交流会及支部组织生活会，保证了会议质量。认真制定班子整改方案，明确责任分工，严格督促讲评，确保整改任务、措施按计划落实。严格考勤、请销假、补课等制度，确保党员干部全员参加、一人不漏。活动期间，局级领导和正处以上干部基本上没有安排休假，确保重点对象全程参加。利用《北京社会建设信息》编发专报，在“北京社会建设网”开设专栏，加强教育实践活动的宣传和交流。其间，“一把手”注重发挥关键作用，班子成员积极指导分管处室、单位开展活动，各支部书记认真履行本支部教育实践活动第一责任人职责。通过持续加强组织领导，保证了为期半年的教育实践活动一抓到底、善始善终。

（三）学习教育贯穿始终

注重把学习教育作为贯穿活动始终的一

条主线，围绕深入学习领会习近平总书记系列重要讲话和中央、市委有关文件精神，采取集体学习与个人自学、领导宣讲与专家辅导相结合、观看影片与参观展览相结合等方式，扎实开展学习教育。把集中交流作为重要方法，“一把手”上党课，领导班子成员、各处处长、各支部代表在全委办交流发言，班子成员参加所在支部讨论交流，并将全委办党员干部的个人学习体会放到局域网上交流。结合学习贯彻党的十八届三中全会和市委十一届三次全会精神，会同市委组织部，先后举办了全市加强社会服务管理专题研讨班、街道党工委书记和办事处主任专题研讨班，安排班子成员分别参加各个培训班的分组讨论，组织委办33名处级干部分期分批参加了各个研讨班的学习培训；组织全委办党员干部开展了为期2天的集中学习，并人人撰写学习体会。据统计，活动开展以来，我委办先后开展集中学习18次，开展集体交流研讨3次，举办专题辅导12次，集中学习累计达10天，远远超过不少于3天的规定要求。活动期间，落实了学习内容，创新了学习方法，保证了学习效果。

（四）开门搞活动贯穿始终

邀请各方参与、接受群众评判是这次活动的一个突出特点。按照市委要求，我委办坚持开门搞活动，注重交流互动，强化共同参与。一是机关干部全员参与、处级以上领导干部与普通党员干部开展互动。活动过程中，突出重点与兼顾一般相结合，坚持全体党员干部一起学习交流，一起查找问题，一起听取意见，一起对照检查，一起参与整改，特别是通过组织生活会、座谈交流、个别谈心、设意见箱等形式，发动全体党员干部为班子集体和班子成员提意见，班子和班子成员对照检查、召开民主生活会及整改落实等情况及时向全体人员通报，听取大家的意见。二是注重与相关单位加强沟通互动。活动启动前，我委办通过发送《征求意见函》等形式，分别征求了市社会建设工作领导小组45个成员单位的意见；第一环节中，利用全市社会建设半年工作会等时机，通报教育实践活动进展情况特别是初步查摆出的问题，进一步征求相关单位的意见；民主生活会召开后，及时将《领导班子民主生活会情况通报》印送社会建设工作领导小组各成员单位。三是注重与有关单位、基层群众加强沟通互动。为广泛征求意见，在班子成员分别深入基层、贴近群众走访了解的同时，分别召开社区“两代表一委员”、非公经济组织党委书记、街道党工委书记、区县社会工委、社会办负责人、市级“枢纽型”社会组织分管领导等五个层面的专题座谈会，面对面听取意见；之后，又邀请参加座谈会的基层代表列席班子民主生活会情况通报会，并印发整改方案征求基层意见，形成上下互动。结合活动总结及年度工作总结，我委办还将向有关单位和基层代表通报开展活动情况特别是整改落实情况，并公开整改方案和相关承诺，主动接受各方尤其是基层群众的监督和评判。通过诚心诚意开门搞活动，有效调动了各方面的积极性，营造了有利于教育实践活动健康开展的良好内外部环境。

（五）查摆问题贯穿始终

这次教育实践活动，中央和市委强调贯彻整风精神，我委办认真执行、一以贯之。一是主动揭短亮短。为帮助班子成员和党员干部统一思想、端正态度、认识问题，活动启动前，专门分析查摆问题，动员会上就主动亮出“四风”问题的52种表现。二是虚心听取意见。为了帮助找准问题，通过“请进来”“走出去”，背靠背民主评议、书面征求意见，面对面座谈交流、谈心谈话，心对心个人反思、共同查找等形式，全方位、多渠道、不间断地征求意见。主要负责同志、班子成员及处级干部还通过组织生活会、与相关同志个别交流等途径，主动请其他同志帮助提意见。三是勇于自我剖析。在撰写对照检查材料过程中，班子和班子成员按照“像、准、深、诚”的要求认真检查。班子对照检查材料以督导组通报反馈的“四风”问题及审阅材料时提出的具体问题为指引，逐条对照检查，多次讨论研究，先后修改10余稿，并征求已调离我委办原班子成员意见，报经分管市领导审阅；班子成员根据工作分工和职责要求，对督导组通报的问题和反馈的修改意见，不仅认领认账，而且直面问题、分析原因、深挖根源、定实措施，认真撰写个人对照检查材料，又根据主要负责同志的整改意见，反复修改，数易其稿。处级干部也按同样的标准和程序开展对照检查，处级正职都撰写了对照检查材料。总的看，班子和班子成员的对照检查材料剖析比较深刻，质量较高，特别是上报的第一稿就比较成熟，受到督导组的充分肯定。四是勇于开展严肃的批评与自我批评。在民主生活会上，班子成员主动开展批评和自我批评，自我批评直面问题、不躲不绕，相互批评聚焦“四风”、开门见山，每名同志都对其他同志提出了批评意见。活动过程中，由于始终聚集“四风”问题、贯彻整风精神，使班子、班子成员及全体党员干部真正找准了问题，看到了差距，明确了方向，增强了改进提高的紧迫感和自觉性。

（六）边查边改贯穿始终

活动一开始，委办就坚持把学习教育与查摆问题、解决问题、建章立制有机结合，在深化学习的基础上，要求全体党员干部特别是处级以上领导干部针对上级指出的问题、群众反映的问题、单位和个人查摆的问题及各级反馈的意见，做到有则改之、能改快改。针对群众提出的意见和建议，委办研究制定了任务分解书，明确了责任处室、分管领导和完成时限。针对班子查摆出的“四风”问题，从明确“路线图”“时间表”“任务书”三个方面，提出了整改落实的思路和措施。认真组织104名干部职工参与会员卡专项清理，全员填写了“零持有”报告。严格贯彻落实中央关于严肃整治“会所中的歪风”的通知要求，班子成员均向组织做出承诺：不出入私人会所、不接受和持有私人会所会员卡，自觉接受党组织和人民群众的监督。按照市委提出的专项整治内容，认真开展了五个方面的专项整治。认真改进文风、会风，全面规范委办现行工作制度。主动改进工作作风，取消了对各区县2013年度社会服务管理创新工作的集中考评，采取深入实地核查的办法了解网格化体系建设及社区建设重点任务的落实情况。班子成员针对个人查摆出的“四风”问题，认真制定措施，主动搞好整改。每名党员干部都把自己摆进去，边学边改、边查边改，促进了作风转变。

二、主要成效

（一）真正拿起了批评与自我批评的武器，经受了一次严肃的党内政治生活的洗礼

通过深入学习教育、广泛征求意见、相互谈心交心，班子民主生活会上，班子成员放下包袱，消除顾虑，主动拿起批评与自我批评的武器。自我批评聚焦“四风”、直奔主题、不遮不掩，主动回应督导组指出的问题和群众意见，立足政治纪律、理想信念、宗旨意识、党性修养做剖析，着眼具体管用定措施，达到了自我检查、自我教育、自我提高的目的。相互批评直截了当、开诚布公，坚持原则、态度诚恳，达到了互相启发、互相教育、互相帮助、增进团结的目的。支部组织生活会上，每名党员也都认真开展了批评与自我批评。高质量的民主生活会和组织生活会，是发扬党内民主、严肃党内生活的一次生动实践，使大家从过去自我感觉良好中警醒过来，普遍认识到严肃党内政治生活的重要性和弘扬党的优良传统的必要性，深刻感觉到经受了一次难得的党性锻炼和深刻的思想洗礼，强化了自我认识、自我净化、自我完善的意识，增强了党性观念和先进性意识。

（二）受到了深刻教育，增强了贯彻群众路线的自觉性

活动期间，通过持续深入的学习教育，班子成员和党员干部普遍对开展教育实践活动的重大意义有了深刻认识，对马克思主义群众观点的基本内容和党的群众路线的丰富

内涵有了深刻理解，思想受到教育，灵魂受到触动，切实强化了宗旨意识、责任意识和群众观念。大家普遍认识到，社会建设工作从根本上讲就是对人的服务管理，说到底就是做群众工作。大家表示，一定要从维护群众的根本利益、反映群众愿望诉求的高度，来深刻理解社会建设工作的重要和岗位责任的重大；一定要树立正确的政绩观、名利观、地位观，真正把群众满意作为检验工作成效的根本标准；一定要始终把相信群众、依靠群众、服务群众作为工作的基本要求，做决策、抓工作、办事情必须从基层实际和群众需要出发。从而增强了贯彻落实党的群众路线的自觉性和坚定性，强化了服务群众的思想自觉和行动自觉。

（三）切实查找到了班子和个人的问题，明确了努力方向

教育实践活动期间，班子和班子成员围绕遵守党的政治纪律、贯彻落实中央八项规定和市委十五条意见精神的情况进行了认真对照检查，进一步强化了政治意识、大局意识和纪律观念。特别是针对中央指出的22种“四风”表现、市委书记郭金龙同志讲党课指出的18种“四风”现象和全市党员干部群众反映比较强烈的10个突出问题，进行了认真检查反思。通过严格对照，我委办在行政审批、行政许可过多、程序烦琐方面，在行政不作为、乱作为方面，在超标准配车、借占其他单位车辆方面，在公务活动中违规收受、赠送购物卡和会员卡方面，在违规多占办公用房和住房方面，在借会议、调研之名公款旅游方面，在超标准修建办公场所方面，均没有发现违规问题。根据市委关于办公用房专项整治的通知要求，通过自查自纠，没有违规问题。但通过广泛征求意见和检查剖析，班子共查摆出涉及“四风”的15个方面、53条问题，班子成员和全体党员干部也分别找准了“四风”问题，从而看到了不足，找到了差距，达到了自我认识更加清醒、整改方向更加明确、忧患意识普遍增强的效果。

（四）注重整改落实，促进了作风转变

通过边学边查边改，通过开展整改落实和专项整治，使委办机关的文风、会风明显转变，学风进一步浓厚，调查研究更加务实高效，勤俭节约意识逐步养成，机关作风发生了积极变化。根据自查情况，班子查摆出的“四风”15个方面53条问题，目前已立行立改11个方面34条问题；涉及近期整改的2个方面11条问题，要在今年6月底前完成整改；涉及中长期整改的2个方面8条问题，将在2015年年底前整改落实。据统计，与2012年相比，我委办2013年度制发的文件、简报数量及会议次数、会议费支出均明显下降，其中，制发文件由74件减少到37件，减少50%；编发信息简报由464期减少到234期，减少49.6%；会议数量由87次减少到39次，减少55.2%；会议费支出由43.96万元减少到35.92万元，压缩18.3%。同时，制定了《改进作风制度建设计划》，对原有32项制度进行废、改、立分析研究，合并规范为26项制度，目前已修订完善3项，1月底前完成17项，2月底前完成6项。机关党员干部普遍增强了遵规守纪意识，主动改进作风，积极争当“三好”“四有”“五型”干部，进一步树立了为民务实清廉的良好形象。

（五）转化了活动成果，推动了工作落实

教育实践活动期间，我委办妥善处理开展活动与做好业务工作、完成全年各项任务的关系，合理摆布时间，使活动的每个环节、每项措施都与切实改进作风、有效推动工作紧密结合。全体党员干部通过开展活动，强化了责任，激发了热情，增添了动力，调动了以务实作风、更高标准履职尽责的积极性。经过各级共同努力，按照“巩固提高、拓展延伸、改革创新、务实高效”的思路，着眼改善民生、服务群众、构建和谐，2013年各项重点工作扎实圆满完成，全市社会建设取得了新成效。据2012年年底发布的《中国社会建设蓝皮书——北京社会建设报告2013》显示，北京社会建设总指数达到91.74分，

居全国之首，其中社会保障、社会服务、社会治理三个单项指数均为第一。特别是我委办通过近一年的深入调查研究，完成了《北京市深化社会体制改革实施纲要》《北京市社会建设评价指标体系》《北京市社会服务与城市管理精细化测评指标体系》《北京市深化街道体制改革实施意见（讨论稿）》等系列文件的起草，出台了《“北京城市管理奖”评选表彰办法》，为构建首都社会建设改革发展新的政策体系奠定了基础。开展教育实践活动与其他工作实现“两促进、双见效”，助推首都社会建设迈上了新台阶。

三、主要体会

（一）加强作风建设，必须把学习教育放在首位

思想是行为的先导，认识到位才能行动自觉。加强作风建议，保持党的先进性和纯洁性，必须全面加强党的思想建设，毫不放松地抓好学习教育。这次教育实践活动中，强调把学习教育贯穿始终，为活动取得实效奠定了坚实思想基础。同时，分析作风建设方面出现这样那样的问题，不难看出，放松学习教育、思想认识不到位是重要原因。因此，加强作风建设，必须从强化思想认识入手，坚持不懈地加强学习教育。要围绕抓好思想理论建设这个根本开展学习教育，教育引导党员、干部坚定理想信念，坚守共产党人精神追求；要围绕抓好党性教育这个核心开展学习教育，教育引导党员、干部弘扬党的优良传统和作风，牢固树立正确的世界观、权力观、事业观；要围绕抓好道德建设这个基础开展学习教育，教育引导党员、干部讲党性、重品行、做表率，始终保持为民务实清廉的良好形象。

（二）加强作风建设，必须大胆使用批评和自我批评的武器

批评与自我批评是党的三大作风之一，是党的优良传统。加强作风建设，解决作风上存在的问题，严肃认真的批评与自我批评必不可少。这次教育实践活动中，班子专题民主生活会之所以氛围很好、质量较高，就在于充分运用了批评与自我批评这个武器。开展批评和自我批评需要勇气和党性。这些年来，党内严肃认真的批评与自我批评少了，开展自我批评难，开展相互批评更难，之所以如此，党性原则不强、为私心所扰、为人情所困、为关系所累、为利益所惑是主要原因。实践证明，这种不讲原则的好人主义和表面上的一团和气，最终对人对己都没有好处。我们党能够依靠自身力量解决自身问题，靠的就是批评和自我批评。因此，无论社会环境如何变化，绝不能把党的优良传统丢了，绝不能把党内防身治病的有力武器丢了。只要出于公心，态度诚恳，讲究方法，无论批评还是自我批评都是一剂良药，是对同志、对自己的真正爱护。

（三）加强作风建设，必须坚持领导带头

党的十八大以来，中央领导同志带头执行八项规定，带头改进作风、联系群众，为全党作出了榜样。这次教育实践活动，中央和市委明确处级以上党员领导干部是重点，强调领导干部带头、“一把手”发挥关键作用，就是要求各级领导干部在作风建设方面当好表率、走在前列。实践证明，“打铁还需自身硬”。领导干部特别是主要负责同志必须带头严于律己，要求别人做到的，自己首先做到；要求别人不做的，自己带头不做；要求别人整改落实，自己首先立行立改。通过营造主要领导示范带头、一级带动一级的良好氛围，从而影响和带动一个班子、一个单位、一个部门形成良好的作风。

（四）加强作风建设，必须始终贯彻群众路线

坚持开门搞活动是这次教育实践活动的一个突出特点。加强作风建设，也必须坚持群众路线，做到“一切为了群众，一切依靠群众”“从群众中来，到群众中去”，把群众观念、群众路线体现到作风建设全过程。要通过虚心听取群众意见，诚恳接受群众的批评来找准作风建设上存在的问题，不能自说

自话；作风改进的过程，要主动邀请群众参与，接受群众监督，不能自娱自乐；作风改进得如何，要主动接受群众的评判，以群众满意为第一标准，不能自我评价。通过开门抓作风，从而使加强作风建设的过程真正成为强化群众观点、践行群众路线、密切联系群众的过程。

四、存在的不足及下步工作

虽然整个教育实践活动取得明显成效，但通过分析，感到还存在一些不足：一是班子成员和处级正职在查摆问题、开展批评与自我批评方面，还存在不够平衡的问题；二是按照党的十八届三中全会要求，深感在社会体制改革、创新社会治理体制方面还有不少差距，还有大量工作要做，整改落实、建章立制还需持续深入推进。

下一步，我委办将按照市委的部署和督导组的要求，把开展总结工作作为深化整改落实、巩固扩大教育实践活动成果的重要契机和新的开端，深入扎实做好四项工作：一是认真搞好活动总结。系统总结成功做法和经验，客观认识存在问题和不足，注重理性思考，及时补缺补漏，使总结过程真正成为认识再提高、措施再完善、工作再推进的过程。二是继续落实整改承诺。进一步完善和落实领导班子整改方案和个人整改措施，通过公示、通报等形式，公开承诺事项，加大整改落实力度，接受群众监督，以应改尽改的行动和实际成效取信于民。三是不断加强制度建设。认真落实《改进作风制度建设计划》，继续加强制度机制建设，切实推动改进作风、服务群众常态化长效化。四是积极转化活动成果。进一步加强作风建设，努力把教育实践活动形成的思想认识成果、实践成果、制度成果和理论成果转化为推动年度全市社会建设改革发展、推进社会治理创新等社会建设各项工作的实际成效。进一步加强调研指导，加大政策帮扶和服务保障力度，多办基层和群众满意的好事、实事，以扎实的作风、务实的工作，为全市开展第二批教育实践活动提供有力支持。

五、对开展第二批教育实践活动的建议

一是坚持学习教育、查找问题、边学边改齐头并进、贯穿始终。二是坚持上下互动搞活动、集体和个人问题一起找，始终把个人摆进去。三是坚持突出重点、分类指导，抓住单位和个人的突出问题，实施重点整改。

·综　　述·

2013年北京社会建设综述

2013年，全市社会建设工作按照“巩固提高、拓展延伸、改革创新、务实高效”的工作思路，进一步加大工作力度，各项重点工作扎实推进，取得明显成效。

一、深入学习贯彻党的十八大、十八届三中全会精神取得新成果

系统学习党的十八大、十八届三中全会精神，深入研讨社会体制改革、创新社会治理问题，形成深化北京市社会体制改革系列调研报告和实施意见。联合上海、广东等地社会建设工作部门，与国家创新与发展战略研究会共建社会建设与社会治理研究中心，举办首届中国社会建设论坛。完成“十二五”时期社会建设规划中期评估工作。拍摄电视专题片《我们的社会时代——北京社会建设纪实》，编辑出版《北京社会建设概论》。研究制定《北京社会建设综合评价指标体系》，形成《2013北京社会建设报告》。

二、扎实推进社会服务取得新进展

保障和改善民生工作取得新进展。市政府制定并实施《北京市基本公共服务体系行动计划（2013—2015）》。公共财政加大投入力度，全面完成32件市政府为民办实事任务。提高社会保障相关待遇标准，出台加快养老服务业发展的意见，完成学前教育三年行动计划，新增社会办医疗机构86家，启动建设42个重点镇文体中心，超额完成保障性住房建设任务，完成1137万平方米老旧小区综合整治，投入运行4条段轨道交通新线。

社区公共服务体系建设取得新进展。新建200个“一刻钟社区服务圈”示范点，总量达822个、覆盖55%的社区，社区居民满意度达97%。在800个社区推进基本公共服务全覆盖试点建设，基本实现城市社区基本公共服务试点全面覆盖。

社会组织服务水平不断提升。购买社会组织服务项目515个，投入资金7571万元。成功举办“2013年北京社会组织公益行”系列活动。市级“枢纽型”社会组织通过举办公益博览会、公益文化节以及设立专项经费、成立服务机构等方式，支持和带动本领域社会组织服务经济社会发展。

社会公益服务常态化不断推进。志愿者实名注册超过220万人。举办北京志愿服务推动日活动，集中征集志愿服务项目12180个，发布推介110个创新性、示范性服务项目，首次实现全市志愿服务供需对接。建立22支专业志愿者队伍。启动全市志愿服务计时，开展志愿服务星级徽章评选工作。

三、扎实推进社会治理取得新突破

社会服务管理精细化扎实推进。研究制定《北京市社会服务与城市管理精细化测评指标体系》和《“北京城市管理奖”评选表彰办法》。全面推进网格化社会服务管理体系建设，试点工作扩大到244个街道（乡镇）和4724个社区（村），覆盖率分别达到75.3%、70.4%。加快推进社会建设信息化，开办北京社会建设手机报，全市星级智慧社区达524个，提供1600多项在线服务。

社区规范化建设再上新台阶。新建120个社区规范化示范点，累计达331个。完成第二批社区办公服务用房627个项目建设，全市81%的社区办公和服务用房达到350平方米以上标准。新建国际化社区试点8个，创建全国安全社区39个、国际安全社区24个。创建82个老旧小区自我服务管理试点，

累计达116个。推动社区服务管理向城乡结合部和农村延伸，新建100个村级社会服务试点，继续推进城乡结合部重点村的回迁和社区建设工作。

社会组织改革发展取得新成效。27家市级“枢纽型”社会组织联系、服务和管理的社会组织，由认定之前的4367家增加到26236家。全市已认定208家区（县）级、143家街道级“枢纽型”社会组织，市、区（县）、街道（乡镇）三级工作网络初步形成。市级“枢纽型”社会组织规范化建设得到加强，作用充分发挥。行业协会商会类、科技类、公益慈善类、城乡社区服务类社会组织试行直接登记。制发使用市级社会建设专项资金购买社会组织管理岗位的暂行办法，为190家社会组织购买226个社会组织专职管理岗位。市社会组织孵化中心全年共孵化42家公益性组织，7个区（县）建立社会组织孵化（服务）基地，11个街道建立社会组织服务基地，“一中心、多基地”的社会组织服务网络初步形成。全市登记社会组织达8438个、备案社区社会组织14653个，每万人拥有登记备案社会组织11.1个。

扎实推进社会工作队伍专业化、职业化。3706人通过2013年度社会工作职业水平考试，全市获证者累计达15429人。继续实施“万名社区工作者培训计划”“社区工作者硕士研究生培养计划”，举办首届“高级社会管理服务人才培训班”。制定社工事务所建设分类指导意见，新成立11家社工事务所，全市累计达61家，共吸纳社工704人。按照“一街一社工”的标准，为全市145个街道购买145个专业社工岗位。

社会动员工作迈出新步伐。在全市22个街道35个社区开展第一批社会动员工作试点。推进市民劝导队工作，全市劝导队2200多支、队员73500多人，参与交通、治安、环境三大秩序管理整治工作。扎实推进社会领域维稳工作，研究起草统筹规范协管员队伍建设的意见。

四、扎实推进社会领域党建工作取得新提高

街道社区区域化党建工作有效推进。新建街道（乡镇）社会工作党委16个，实现全市街道（乡镇）社会工作党委全覆盖。开展社区“六小门店”党建工作，确定25个首批试点。

社会组织党建工作覆盖面不断扩大。实现27家市级“枢纽型”社会组织党建工作“3+1”机制全覆盖。在现有208个区（县）级、143个街道（乡镇）级“枢纽型”社会组织开展党建工作试点，建立党建工作示范点46个。加大行业协会、社会中介组织、民办非企业组建党组织的力度，已建社会组织党组织2441个。

非公有制企业党建工作进一步完善。全市1244个商务楼宇工作站实现“五站合一”，覆盖1297座商务楼宇、6.9万余家“两新”组织、92万余名就业人员、4.3万余名党员，全市非公有制企业党组织覆盖率达到75%左右。印发商务楼宇工作站服务管理办法，推进商务楼宇“五站合一”规范化建设，确定示范站点100个。聘请1200名离退休党员干部担任非公有制企业党建工作指导员。建成非公有制经济组织党建“五个好”示范点1775个。

（李筱婧）

综合工作

【网格化社会服务管理体系建设区县座谈会召开】 2月1日，网格化社会服务管理体系建设区县座谈会召开。市委常委陈刚出席会议并讲话，市委副秘书长王翔主持会议。东城、西城、朝阳、顺义、怀柔、密云6个区县就推进网格化体系建设工作做交流发言。

（欧阳胜男）

【社会建设与社会治理研究中心成立暨首届中国社会建设论坛举办】 4月13日，社会建设与社会治理研究中心在京成立。该中心由国家创新与发展战略研究会与北京市委社会工委、上海市社会工作党委、广东省社工委等省市社会建设工作部门合作共建。中央党校原常务副校长、国家创新与发展战略研究会会长郑必坚，北京市委常委陈刚出席成立仪式并致辞。仪式结束后，以“在全面建成小康社会目标下加强中国社会建设、改革与治理”为主题举办首届中国社会建设论坛。北京市委社会工委书记、北京市社会办主任宋贵伦，上海市社会工作党委书记崔明华，广东省社工委专职副主任刘润华，民政部办公厅副主任王金华，著名社会学家陆学艺以及周为民、丁元竹等专家学者出席论坛并做主题发言。北京、上海、广东、重庆、河北、南京、嘉兴、鄂尔多斯等13个省市社会建设工作部门有关领导，北京市级“枢纽型”社会组织、区县社会工委负责同志和北京社会建设研究基地专家学者等140余人出席活动。

（李筱婧）

【通报网格化社会服务管理体系建设情况】 4月13日，市政协社会和法制委员会召开“推进首都网格化社会服务管理体系建设”课题组会议。市委社会工委委员、市社会办副巡视员王想平从网格化建设的简要背景、主要做法、总体情况、实际成效和需要深入研究的问题等五个方面，为40余位政协委员详细介绍了首都网格化社会服务管理体系建设的基本情况，并就政协委员提出的相关问题予以解答。该课题是市政协2013年重点调研课题之一。

（欧阳胜男）

【第三届中国社会管理论坛举办】 5月25日，第三届中国社会管理论坛在北京师范大学英东学术会堂举办。论坛以“贯彻十八大精神加快社会体制改革”为主题，由北京师范大学中国社会管理研究院、北京市委社会工委和中国社会工作协会共同主办。国家行政学院原党委书记、常务副院长，北京师范大学中国社会管理研究院院长魏礼群主持开幕式。第十一届全国政协副主席李金华、陈宗兴，第十届全国人大常委会副委员长顾秀莲，民政部党组成员、副部长戴均良，北京师范大学党委书记刘川生，民政部原副部长、中国社会工作协会会长徐瑞新，第十一届全国政协常委、社会法制委员会副主任、劳动和社会保障部原副部长王东进等出席论坛并致辞。第十二届全国政协常委、社会和法制委员会副主任、中国法学会党组书记、常务副会长陈冀平，第十二届全国人大常委会委员、中国社会科学院副院长、党组副书记赵胜轩，北京市委社会工委书记、北京市社会办主任宋贵伦等出席论坛并发表主旨演讲。论坛同时发布了《中国社会体制改革报告》蓝皮书，并以三个分论坛形式分别就社会管理体制机制建设、提高社会管理科学化水平、加快形成现代社会组织体制展开研讨交流。

（李筱婧）

【市社会建设工作领导小组办公室主任会议召开】 6月14日，市社会建设工作领导小组办公室召开主任会议。会议通报了2013年上半年全市社会建设工作总体情况及网格化社会服务管理体系建设、社区基本公共服务全覆盖、“万名社区工作者培训”、“北京城市管理奖”评选表彰等专项工作进展情况；研究了2013年下半年全市社会建设重点工作安排；通报了2012年度市级社会建设专项资金绩效考评情况，审议通过了2013年度使用市级社会建设专项资金购买社会组织服务项目。会议强调，全市社会建设工作要继续以学习、宣传、贯彻十八大精神为动力，进一步推动社会体制改革，加快推进社会服务管理创新，推动各项重点工作的落实，确保全年各项任务圆满完成。

（欧阳胜男）

【北京社会建设研究基地成立5周年座谈会举办】 6月22日，由市委社会工委与清华大学等社会建设研究基地共同主办的北京社会建设研究基地成立5周年座谈会在清华大学举办。市社会建设工作领导小组办公室副主任赵小卫主持座谈会。清华大学常务副书记陈旭出席座谈会并致辞，市委社会工委副书记、市社会办副主任张坚作五年工作情况报告。清华大学研究基地负责人李强、北京工业大学研究基地负责人唐军、国家行政学院社会和文化教研部主任龚维斌、中国人民大学研究基地负责人翟振武、北京交通大学党委副书记颜吾佴等研究基地代表出席论坛并做典型发言。市委社会工委书记、市社会办主任宋贵伦作总结讲话。会议同时对基地五年来的优秀课题成果进行了表彰奖励。市哲学社会科学规划办公室主任王祥武、市委教育工委宣教处处长王达品，12家北京社会建设研究基地所在院校主管领导、研究基地负责人、专家代表等70余人参加会议。

（李筱婧）

【市属媒体聚焦“一刻钟社区服务圈”建设成就】 7月1日，《北京日报》、北京电视台、《新京报》等12家市属媒体记者深入西城区西长安街道、海淀区中关村街道实地采访市政府为民办实事项目——“一刻钟社区服务圈”建设情况。12家媒体在1日、2日的重点版面、重点栏目对全市“一刻钟社区服务圈”建设取得的成效、典型经验和下一步安排进行了全面、深入报道。

（欧阳胜男）

【《北京市“十二五”时期社会建设规划纲要》中期专家评审会召开】 8月26日，《北京市“十二五”时期社会建设规划纲要》（以下简称《规划》）中期专家评审会召开。北京市经济与社会发展研究所介绍了《规划》第三方中期评估情况。中央党校科学社会主义教研部原主任严书翰、国家行政学院社会和文化教研部主任龚维斌、国家行政学院决策咨询部副主任丁元竹等7位专家对《〈北京市“十二五”时期社会建设规划纲要〉中期评估报告》进行评审，充分肯定了《规划》实施进展情况，并结合当前社会建设工作实际提出很多有参考价值的意见和建议。

（李筱婧）

【国际城市论坛暨北京社会发展研究中心揭牌仪式举行】 9月26日，国际城市论坛暨北京市社会发展研究中心揭牌仪式在朝阳区规划艺术馆举行。市委社会工委副书记、市社会办副主任张坚，北京国际城市发展研究院院长连玉明共同为中心揭牌。该中心以社会改革与城市管理创新为重点研究方向，是市委社会工委、市社会办与首都高校、科研院所合作共建的第13个社会建设研究基地。

（李筱婧）

【全国深化社会体制改革研讨会暨“加强社会建设创新社会治理”（广东）年会举办】 11月25日至26日，全国深化社会体制改革研讨会暨“加强社会建设创新社会治理”

（广东）年会在珠海举行。会议由广东省政协副主席梁伟发主持，中共中央党校原常务副校长、国家创新与发展战略研究会会长郑必坚，广东省委常委、珠海市委书记李嘉出席年会并致辞。贵州省委常委、贵阳市委书记陈刚，广东省副省长、省社工委副主任邓海光，北京市委副秘书长王翔，上海市社会工作党委书记、市社建办主任陆晓春作主旨发言，重庆、南京、珠海、大庆、温州、嘉兴等地领导作交流发言。北京、上海、重庆、广东等省市社会建设工作机构签署社会建设合作备忘录。北京、上海、广东分别举办专题论坛，就“深化社会体制改革”“社会改革与法治保障”“建设现代社会组织体制”等主题进行深入探讨。

（李筱婧）

【第二届“首都社会诚信论坛”举办】 12月7日，以“诚信文化的培育与诚信法律体系的建构”为主题的第二届“首都社会诚信论坛”在北京交通大学举办。北京交通大学党委书记曹国永，市委社会工委副书记、市社会办副主任张坚出席论坛并致辞。教育部政策研究与法制建设司司长孙霄兵、最高人民法院执行局法官朱燕、国务院法制办行政复议司副司长方军、北京交通大学法学院院长张生、北京科技大学文法学院院长陆俊、北京交通大学人文学院教授何玉芳，就如何建设社会诚信体系、为社会诚信提供法制保障等发表演讲。全国政协委员、教育部法学教学指导委员会委员、南开大学法学院副院长侯欣一就本次论坛进行点评与总结。来自南开大学、中央财经大学、北京科技大学、首都师范大学、北京联合大学、北京城市学院、北京交通大学的专家学者和研究生出席论坛。

（李筱婧）

【社会建设、改革、治理专题座谈会召开】 12月15日，社会建设、改革、治理专题座谈会在京召开。中共中央党校原常务副校长、国家创新与发展战略研究会会长郑必坚，贵州省委常委、贵阳市委书记陈刚出席座谈会并讲话。市委社会工委书记、市社会办主任、国家创新与发展战略研究会副理事长兼社会建设与社会治理研究中心主任宋贵伦主持座谈。北京、上海、广东、河北、重庆、南京、贵阳、大庆、温州、嘉兴等省市社会建设工作部门负责人和民政部、国家行政学院、清华大学、河北省社科院等专家学者先后发言，围绕当前社会建设、改革、治理面临的突出问题进行专题研讨。

（李筱婧）

【全市街道党工委书记集中培训班举办】 12月9日至11日，市委组织部、市委社会工委、市委党校二分校联合举办全市街道党工委书记集中培训班。培训采取专题讲座、参观见学、学员论坛、分组讨论、座谈交流等形式进行。市委社会工委书记、市社会办主任宋贵伦，国家行政学院公共管理教研部教授宋福范等领导、专家围绕创新社会治理体制、社区服务与社区管理、基层领导心理塑造与调试等专题进行了深入讲解和交流。全市的街道党工委书记、相关主管部门工作人员共148人参加培训。

（刘亚丽）

【全市街道办事处主任集中培训班举办】 12月16日至18日，市委组织部、市委社会工委举办全市街道办事处主任集中培训班。培训采取专题讲座、学员论坛、分组讨论、座谈交流等形式进行，副市长戴均良出席并讲话。中央党史研究室副主任李忠杰，市委社会工委书记、市社会办主任宋贵伦等领导、专家分别围绕“十八届三中全会精神解读”“深化社会体制改革，创新社会治理体制”等专题进行深入讲解和交流。戴均良同志在讲话中指出，街道工作具有基础性、综合性、具体性、复杂性等特点，要从战略高度深刻理解十八届三中全会对基层工作提出的新任务、新要求；要着眼北京全局，研究把握首都基层社会服务管理面临的新形势、新课题；

要立足改革，推进首都基层社会治理创新发展，在街道体制改革、社会服务管理精细化、城乡社区建设、法治建设、干部队伍建设等方面取得新进展，不断推动街道工作再上新台阶。全市街道办事处主任、湖北省巴东县交流干部、相关主管部门工作人员共165人参加培训。

（王胜健）

【全国首份地方版社会建设指数报告发布】 12月29日，《中国社会建设蓝皮书·北京社会建设报告2013》发布。北京社会建设总指数为91.74分，列全国之首，西城区名列全市各区县第一。2013年以来，市委社会工委、市社会办与上海华夏社会发展研究院组成课题组，研究制定了《北京社会建设综合评价指标体系》，依据《中国统计年鉴》等权威统计资料数据，经过科学计算，得出社会建设指数。社会建设指数由“社会保障”“社会服务”“社会治理”“社会环境”四个一级指标构成，在一级指标下设置“人口平均预期寿命”等37个二级指标。从研究结果看，五年来，北京社会建设走势良好。其中，2012年，北京在全国31个省级行政单位和13个人口在1000万以上的特大城市比较中，社会建设指数排名均处于领先地位。

（欧阳胜男）

【北京市社会建设专项资金连续三年被评为优秀】 年内，市财政局绩效考评组对2012年度366个政府购买社会组织服务项目进行结项考评。2012年度，政府购买社会组织服务项目共撬动配套资金1911.72万元，参与社会组织16127家，开展活动53702场次，累计提供专业服务148万小时，覆盖223.8万人次。经考评，市级社会建设专项资金被评为11个市级大额专项资金中的唯一优秀，也是北京市社会建设专项资金自2010年以来连续第三年被评为优秀。

（欧阳胜男）

【政府购买社会组织服务项目工作开展】 年初发布项目指南，围绕社会基本公共服务、社会公益服务、社区便民服务、社会管理服务、社会建设决策研究信息咨询服务5方面、45个类别面向各区县及市级“枢纽型”社会组织征集项目。经专家评审、公示、委办班子会审议、领导小组办公室主任会审议，批准515个项目立项，约占申报项目的1/4，拨付市级专项资金7571万元。

（欧阳胜男）

【网格化工作专题调研开展】 年内，市委社会工委、市社会办分两次赴16区县开展网格化工作专题调研，形成《全市网格化工作进展情况》及《网格化工作调研督导报告》。其中《全市网格化工作进展情况》以市委督察专报形式印发。

（欧阳胜男）

【全市网格化工作顺利推进】 年内，全市网格化建设试点扩大到全市244个街道（乡镇）和4724个社区（村），覆盖率达75.3%和70.4%，并加快向农村地区扩展延伸。在科学划分网格的基础上，统筹各部门力量下沉到网格，网格实名制工作人员13.79万人。2013年以来上报事件692.4万件，处理事件615.9万件，解决率88.9%。

（欧阳胜男）

【市委社会工委、市社会办加强机关建设】 召开领导班子专题民主生活会，以“学习贯彻党的十八大精神，进一步改进工作作风，紧密联系群众，为民务实清廉”为主题，委办领导分别发言。召开庆“八一”转作风座谈会，市委社会工委书记、市社会办主任宋贵伦代表班子对机关干部提出“三好”要求，即思想好，做思想上的先进；工作好，做工作上的模范；业务好，做业务上的骨干。召开机关纪检工作会议，传达十八届中纪委二次全会及市纪委十一届二次全会精神、2013年全市廉政风险防控管理工作任务安排、市直机关工委2013年纪检工作要点。召开机关团支部换届选举会议并开展纪念“五四”青年节活动。组织机关干部参观“永远的雷锋”“光辉典范——抗战时期中国共产党党风廉政建设”“复兴之路”等主题展览。

（郭　克）

社区建设

【概况】 年内，全市社区建设工作按照“抓基层基础、抓难点突破、抓拓展延伸”的要求，扎实推进社区服务管理创新，取得明显成效。一是街道社区管理体制逐步完善。新建成100个社区规范化示范点，全市累计建成311个；完成第二批627个社区用房项目建设，全市社区用房达标率从18%提高到81%，推进人防工程服务社区公益事业；组织开展街道社会服务管理职能专题研究，西城、海淀、门头沟等区印发了文件。二是社区服务体系建设成效显著。建成200个“一刻钟社区服务圈”示范点，累计已建成822个，覆盖1558个社区，惠及1000万社区居民；完成800个社区基本公共服务全覆盖任务，实现全市2800个城市社区全覆盖。三是社区居民自治机制持续创新。制定了老旧小区自我服务管理文件，召开了全市试点工作会，推进了82个试点建设，全市累计建成116个试点；新建8个国际化社区试点，累计建成18个；创建全国安全社区39个、国际安全社区24个。四是城乡结合部和农村社区建设稳步推进。新建100个村级社会服务管理创新试点，累计建成234个，继续推进城乡结合部重点村建设。五是公众参与社区建设的氛围日益浓厚。开展了第六届“魅力社区”“周末社区大讲堂”“十大感动社区人物”评选等活动，形成了居民参与社区建设的良好氛围。

（王胜健）

【周末社区大讲堂活动启动】 1月8日，2013年“周末社区大讲堂 系列科普讲座”活动启动，活动由市委宣传部、市委社会工委、市社科联、市科委共同主办，来自全市16个区县的代表和社区群众200多人参加活动。活动仪式上表彰了社科普及工作先进单位和个人，向荣获全国社科普及名家、工作者、读物、科普基地和北京市社科普及工作优秀组织单位代表颁发了证书、奖牌。“周末社区大讲堂”和系列科普讲座是“首都市民学习品牌”，活动将围绕“学习宣传十八大精神，提高市民人文素质”主题，以学习宣传十八大精神、传播社会主义核心价值理念、弘扬“北京精神”和普及人文社科知识为主要内容，面向广大市民举办内容丰富、形式多样的科普活动，切实发挥社会科学普及惠民作用。

（王胜健）

【全市社区用房规范化建设专项工作推进会召开】 1月23日，市委社会工委、市社会办，市发展改革委组织召开全市社区用房规范化建设专项工作推进会。会议对前两批社区用房建设情况进行回顾总结和成果展示，对下一阶段重要工作任务进行部署。市委社会工委、市社会办，市发展改革委分别与各区县社会工委、社会办，发展改革委围绕第二批项目完成、资金使用情况，以及相关政策业务问题进行座谈沟通，逐一对项目存在的问题提出解决办法。

（王胜健）

【全市第二批社区用房规范化建设项目市级检查验收启动】 2月27日，全市召开第二批社区用房市级检查验收工作会。会议要求各区县严格落实市级核查组工作要求，完善手续、合规推进、规范档案，坚持实事求是的原则做好检查验收工作。市委社会工委、市社会办，市发展改革委，市审计局，市监察局，市住建委，市规划委，市国土局等部门的市级核查组成员以及区县社会工委、社会办主管领导和科室负责人参加会议。

（王胜健）

【全市社区建设工作会召开】 2月27日，2013年全市社区建设工作会召开。会议对2012年全市社区建设工作进行总结，重点就2013年健全社区服务体系、完善社区治理模式、加强社区管理体系建设、加快推进农村社会服务管理创新、加强社区工作者队伍建设等五大方面17项重点工作进行部署。会议同时下发重点工作任务分解书以及推进社区基本公共服务全覆盖、“一刻钟社区服务圈”示范点建设、社区规范化建设示范点、老旧小区准物业管理等6项具体工作的建设方案。

（王胜健）

【全市社区基本公共服务全覆盖工作会召开】 3月8日，市社会建设工作领导小组办公室召开2013年全市社区基本公共服务全覆盖工作会。市委副秘书长王翔主持会议，市委常委陈刚出席会议并讲话，市社会建设工作领导小组办公室主任宋贵伦做工作报告。全市36家委办局相关负责人、16个区县社会建设工作领导小组办公室负责人参加会议。会上播放了两年来全市推进社区基本公共服务全覆盖工作汇报短片，市商务委、市体育局、市文化局、朝阳和西城区有关同志做了交流发言。2013年，全市将进一步推进800个社区基本公共服务全覆盖工作，到年底初步实现城市社区基本公共服务全覆盖。

（王胜健）

【对成立业委会及老旧小区服务管理工作进行研究】 3月27日，市社会办、市住建委及有关单位就成立业委会及老旧小区服务管理工作进行座谈。深入探讨成立小区业委会及老旧小区服务管理中存在的问题：一是小区业委会成立难、管理难，缺乏具有操作性的文件规范；二是老旧小区普遍缺乏物业管理，停车难、环境差、治安差、服务不完善等问题突出；三是部分区县已探索实施老旧小区“准物业管理”等自治、互助管理模式，成效明显，但全市尚无统一指导意见。市社会办、市住建委将进一步加强沟通协调，共同研究破解小区业委会成立和老旧小区服务管理等难题，研究制定相关规范性文件，共同推进和谐社区建设。

（王胜健）

【全市第二批社区用房延期验收项目工作会召开】 4月9日，全市召开第二批社区用房延期验收项目工作会。涉及延期验收的东城、海淀、门头沟、房山、大兴、怀柔等区逐一汇报延期验收项目进展情况、存在的问题及推进计划。会议要求，各区县要紧紧把握时间节点，严格工作标准，务必按时完成延期验收项目建设任务。与会人员还实地查看了清源街道香海园社区、天宫院街道海子角东里社区第二批服务用房项目建设情况。

（王胜健）

【全市社区建设工作推进会召开】 5月29日，全市社区建设工作推进会在密云县召开。各区县汇报了2013年社区建设重点工作任务进展情况。会议要求，一要突出“抓街道、街道抓”，形成以街道为主体的社会建设格局；二要继续抓好社区办公和服务用房、规范化示范点建设、“一刻钟社区服务圈”、老旧小区服务管理创新等重点工作，巩固工作成果；三要加大宣传力度，注重过程管理，注重引导和动员社会参与，确保全年任务圆满完成。

（王胜健）

【全市召开社区用房规范化建设专项工作推进

会】 6月19日，市社会建设工作领导小组办公室组织召开社区用房规范化建设专项工作推进会，市委社会工委、市社会办和市发改委领导，各区县社会办主管领导、科室负责人以及区县发改委具体项目负责人共60人参加会议。会上播放了社区用房规范化建设专题片，对前两批社区用房建设情况进行回顾总结和成效展示；围绕第二批项目完成情况、资金使用情况及相关政策业务问题进行座谈沟通；对下阶段重要工作任务进行部署。会议强调，要高标准、严要求，科学规范推进任务落实；要切实加强项目建设全过程监督；要加大宣传力度，动员各界关注参与社区建设，营造良好氛围。

（王胜健）

【社区养老（助残）券“券变卡”工作推进】 6月21日，市委社会工委、市社会办，市商务委，市民政局“小帮手”服务中心就社区养老（助残）券“券变卡”工作进行座谈。养老助残服务项目是“一刻钟社区服务圈”建设和社区基本公共服务全覆盖工作的重要内容，“券变卡”项目拟通过采用电子服务卡的形式，逐步取代养老（助残）券，实现养老（助残）卡的养老助残、医疗卫生、公交乘车、公园年票、商务银联等服务功能，更好地为老年人、残疾人等提供基本公共服务。

（王胜健）

【第九届全民健身体育节圆满闭幕】 6月23日，第九届全民健身体育节圆满闭幕。该活动由市体育局、市委宣传部、首都精神文明办、市教委、市社会办、市总工会等单位共同主办，分为开幕式、市级系列活动、各人群健身活动、科学健身指导活动、全民健身品牌活动、体育社团活动、北京奥运城市体育文化节等7个部分，共开展市级活动67项次，区县级活动322项次，各街道、社区、企事业单位、行业系统共开展基层活动6224项次，全市参与活动总人数达1562万人次。

（王胜健）

【第六届“十大魅力社区”评选活动开展】 6月28日至7月12日，北京第六届（2013年）“十大魅力社区”评选活动举办。活动由市委社会工委、市社会办和北京人民广播电台主办，以“提升幸福指数，圆梦魅力社区”为主题，以“魅力十条”为评选标准，发动社区各方共同参与。东城区东直门街道东外大街社区、西城区广安门外街道莲花河社区、朝阳区来广营地区办事处清友园社区、海淀区青龙桥街道中央党校社区、海淀区永定路街道六街坊西社区、丰台区新村街道万年花城第二社区、丰台区丰台街道北大街北里社区、石景山区五里坨街道联勤部大院社区、大兴区旧宫镇绿洲家园社区、平谷区兴谷街道园丁社区当选为全市第六届“十大魅力社区”。从2006年开始，“十大魅力社区”评选活动已经连续举办6届，先后评选出“十大魅力社区”60个，成为全市一项品牌社会公益活动。

（王胜健）

【市政府督察室实地督察“一刻钟社区服务圈”示范点建设】 7月1日，市政府督察室实地查看了东城区东花市街道广外南里社区邻里服务中心、社区服务站以及西城区广外街道社会养老管理服务中心青年湖分中心。市政府督察室对示范点建设给予高度评价，认为“一刻钟社区服务圈”示范点建设是真正贴近居民、服务居民的民生工程，是“实事中的实事”。

（王胜健）

【第十五届北京科普之夏活动启动】 7月16日，第十五届北京科普之夏暨电动汽车进社区活动启动仪式在海淀区举行。中国科协，市委社会工委、市社会办，市科协，市科委有关领导及社区居民、媒体记者等100余人参加活动。自1999年以来，北京科普之夏活动每年举办，已经成为全市一项标志性群众科普活动。本届活动以“保护生态环境建设美丽北京”为主题，广泛宣传节约能源资源、保护生态环境的积极意义，动员全社会行动起来，为建设美丽北京贡献一份力量。

（王胜健）

【市社会办参加全国群众体育先进表彰大会】 8月31日至9月1日，第十二届全国运动会开幕式和2009年至2012年度全国群众体育先进表彰大会在沈阳举行，市社会办社区建设处荣获“全国群众体育工作先进单位”称号，并作为北京市群先代表团成员，代表全市61个全国群众体育先进单位和61名先进个人参加表彰大会。

（王胜健）

【市人大代表视察2013年市社会办承办市政府为民办实事项目】 11月15日，9位市人大代表到西城区西长安街街道义达里社区“一刻钟社区服务圈”示范点视察。实地察看了社区服务站、睦邻之家、一刻钟社区服务圈商户等开展便民服务情况，对“一刻钟社区服务圈”示范点建设给予充分肯定和高度评价，一致认为该项工作有效满足了社区居民服务需求，让百姓真正得到实惠。

（王胜健）

【第九届“和谐杯”乒乓球比赛结束】 11月16日，北京市第九届“和谐杯”乒乓球总决赛在昌平体育馆举行，比赛由市体育局、市社会办、市民政局、市直机关工委、市教委、市总工会、市残联等主办，活动以基层为重点、以市民为主体，全市社区居民、运动员等参与人数达到200多万人。“和谐杯”乒乓球比赛历经9届，是我市举办的规模最大、涉及面最广、影响最深的单项群众性体育活动。

（王胜健）

【社区建设专项资金规范化管理进一步加强】 北京市社会建设专项资金通过“以奖代补”方式，对社区规范化示范点项目、“一刻钟社区服务圈”项目、农村社会服务管理创新项目、老旧小区准物业管理试点项目、外籍居民服务管理社区平台试点项目等社区建设重点工作项目进行专项支持。按照专项资金管理相关规定，市社会建设工作领导小组办公室出台《关于北京市社会建设专项资金对社区建设重点工作项目支持范围的补充通知》，对各项目支持范围和使用用途进行明确规定，进一步加大对区县基层使用专项资金的指导力度，提高专项资金使用效益。

（王胜健）

【公共租赁住房社区后期服务管理建设加快推进】 市社会办，市住保办与市、区有关部门先后在公租房项目京原路7号“燕保·京原家园”进行工作调研，召开工作推进现场会，研究加快推进项目社区办公服务用房、卫生服务站、警务工作站等配备设施移交及社区居委会成立等工作，同时要求各单位要加强工作对接，以该项目为试点，努力推进公租房小区的社区服务管理创新。

（王胜健）

【开展利用人防工程服务社区专题调研】 为进一步推进人防工程服务社区工作，市社会办、市民防局集中开展利用人防工程服务社区专题调研，先后查看朝阳区平房地区雅成一里、二里社区，西城区德胜街道民防宣教中心、金融街街道文体活动中心，详细了解人防设施用于公益便民服务日常运营成本、管理机制及存在的问题，并与基层相关负责人员进行深入座谈研究。

（王胜健）

【全市建成2400个垃圾减量分类达标小区】 年内，市市政市容委、首都文明办、市社会办联合开展“做文明有礼的北京人——垃圾减量分类进社区”“垃圾文明一日游”等系列活动，全市共建成2400个垃圾减量分类达标小区，进一步研究确立已达标社区的有效管理工作机制，并推进垃圾减量分类在800个社区全覆盖工作。

（王胜健）

【公安部直属机关党校第61期处级干部进修班考察北京市社会建设工作】　11月21日，进修班实地考察了朝阳区麦子店街道公共服务大厅、城市管理指挥中心、社区服务中心和枣营北里社区，详细了解了街道公共服务体系建设、城市管理、综治维稳以及社区规范化建设等情况，在公共安全体验教室进行了现场体验，听取了北京市社会建设工作的介绍并给予充分肯定。

（王胜健）

【第六届“十大感动社区人物”评选揭晓】本届评选自2012年7月启动，16个区县164个街道（乡镇）近200万人参与。经过公众投票和专家投票，从320位候选人中评选出10位年度“感动社区人物”。活动由市委社会工委与新京报社主办，从2007年开始至今已连续举办6届，累计评选出56位个人和4个团队，在褒扬先进、树立良善典型、倡导和谐风气等方面发挥了积极作用。

（王胜健）

【25个“北京高校青年教师社会实践基地”社区通过年度考核】　自2012年起，北京市申报推选25个社区作为全市第一批“北京高校青年教师社会实践基地”，为首都青年教师挂职锻炼、课题研究等社会实践活动提供平台。在社会实践基地年度考核中，25个社区全部顺利通过。

（王胜健）

【北京经济技术开发区数字电视产业园“员工之家”正式成立】　“员工之家”整合了文化、体育、社区卫生、社区服务、司法等诸多资源，设有社区服务站、社区卫生服务站、社区青年汇，配建亦庄书屋以及文体活动场所和服务设施，为近万名员工提供“一站式”服务。旨在探索流动人口本地化服务管理的新途径，创新社会管理和公共服务。

（王胜健）

【老旧小区自我服务管理试点工作开展】市社会建设工作领导小组办公室出台《关于开展老旧小区自我服务管理试点工作的意见》，启动试点工作。试点工作要求以居民自治为核心，充分发挥居民自治互助作用，按照物业自主式、社区自治式、单位自助式三种服务管理模式，在116个社区开展，着力解决突出问题、完善工作机制。

（王胜健）

【废旧自行车回收公益项目启动】　该项目旨在解决废旧自行车随意堆放影响市容及社区环境卫生、影响社区居民出行等问题。首批“废旧自行车回收站”已在9个社区设立，年内完成100个回收站点的设置工作。市城市再生资源服务中心将统一对回收的自行车进行维修、翻新、统一标识，免费提供给各高校大学生使用。

（王胜健）

【全市首个集中建设公租房小区挂牌成立社区组织】　社区定名为石景山区八角街道景阳东街第三社区，常住人口约7000人，社区工作者9名，开展包括建立居住人口基础信息台账、组建楼门组长和志愿者队伍、成立社区文艺活动组织等工作。社区将于2015年进行社区党组织和居委会首次选举。

（王胜健）

【全市首个社区邻里驿站建成】　该社区邻里驿站位于朝阳区奥运村街道双泉社区，建筑面积近300平方米，以老年人和青少年等为重点服务对象，与多彩童贝贝屋等5家社会组织签约，提供包括三大工程（成长启航行动、银龄关爱行动、便民利邻行动）、八项服务（四点半课堂、多彩童贝贝屋、快乐成长营、银发无忧、艺苑学艺、耄耋餐桌、便民服务坊、虚拟居委会）在内的有偿、低偿、无偿服务。年内，奥运村街道还将启动另外5个社区邻里驿站建设。

（王胜健）

【全市社区办公和服务用房81%达标】 全市自2009年启动社区用房规范化建设，共分三批组织实施。前两批项目已全部竣工完成，并通过市级核查验收。截至10月，全市共计2261个社区达标，达标率由原来的18%提高到81%。为进一步健全社会监督机制，确保社区服务用房的资产安全和公益用途，全市分批次对已投入使用的用房项目进行网上公示，第一批400个项目已上线公示接受社会监督。

（王胜健）

【全市81.3%的人防设施用于社区公益服务】 全市在用人防工程共5297处1238.1万平方米。自2010年起，市民防局、市社会办联手积极开展人防工程的规范管理和腾退工作，截至目前，挂账整治的1860处散租住人的人防工程中，已完成1095处，涉及5.2万人。在用人防工程中，用于社区公益便民服务的人防设施面积累计达到1005万平方米，涉及2674处，主要用于街道应急指挥中心、公共安全宣传教育基地、科普宣传、社区居民停车和文体活动等。

（王胜健）

【全市居民对社区服务满意率达97%】 面向全市开展社区服务居民满意度调查，结果显示全市居民对社区服务总体满意度得分4.84分（满分5分），满意率97%。该调查由市委社会工委、市社会办组织实施，以社区居民户为基本单元，从2700多个城市社区中随机抽取92个社区发放问卷，实际回收有效问卷7228份，回收率99.5%。

（王胜健）

【社区基本公共服务全覆盖积极推进】 市委社会工委、市社会办与市民政局、市园林绿化局分别就社区养老服务、社区绿化美化服务等工作进行座谈并达成共识。市社会建设工作领导小组办公室积极发挥统筹协调作用，加强部门合作，搭建沟通平台，支持市民政局养老（助残）券“券变卡”项目落地，即采用电子服务卡的形式实现养老助残、医疗卫生等更多服务功能，支持市园林绿化局进一步细化分解社区绿化美化服务任务，推动区县积极开展全覆盖工作。

（王胜健）

【全市各社区扎实做好安全稳定工作】 严格落实社区党委书记、居委会主任、服务站站长带班值班制度。依托社区网格平台，加强对社区各类人群的精细化服务管理。广泛收集信息，加强对网络舆情的监控，及时化解不稳定因素。完善信息报送机制，有情况及时报告，遇到突发事件立即报告。

（王胜健）

社会组织建设

【概况】 年内，全市社会组织建设工作以加强“枢纽型”社会组织工作体系建设为核心，以充分发挥各级各类社会组织作用为重点，以培育引导社会组织健康有序发展为目标，扎实推进，成效明显。一是“枢纽型”社会组织工作体系进一步完善，27家市级“枢纽型”社会组织联系、服务和管理的社会组织，由认定之前的4367家增加到26236家，增长5倍多；全市已认定208家区（县）级、143家街道（乡镇）级“枢纽型”社会组织，市、区、街三级工作网络初步形成。二是成功举办“北京社会组织公益行”系列活动，活动贯穿全年，12000多家社会组织参加，举办活动3000多场次，服务居民群众超过百万人次。三是制定印发《关于使用市社会建设专项资金购买社会组织管理岗位的暂行办法》（试行），购买约200个社会组织管理岗位，涉及150家社会组织，进一步探索建立“购买岗位、不固化人员”的用人新机制。四是社会组织培育力度进一步加大，市社会组织孵化中心全年共孵化42家公益组织，举办能力建设培训及沙龙28期，服务2500余人次；西城、朝阳等7个区和十几个街道办事处也建立了社会组织孵化（服务）基地，“一中心、多基地”的社会组织服务网络不断完善。五是启动政府向社会组织转移职能的相关工作，与市编办配合，开展政府向社会组织转移职能的专项调研，向412家社会组织发放了调查问卷，整理分析了社会组织的数十项需求。六是扎实做好社会领域维稳工作，各市级“枢纽型”社会组织及各行业协会积极发挥作用，加大矛盾纠纷排查化解力度，有效维护了社会稳定。

（王晓娟）

【社会组织学习贯彻十八大精神报告会举办】 1月15日，北京市社会组织学习贯彻十八大精神报告会在市委党校举行。中央十八大精神宣讲团成员、中共中央政策研究室原副主任郑新立作了“抓住转变经济发展方式的新机遇”的专题辅导报告，介绍了增加居民收入、扩大消费需求、城乡一体化、创新驱动战略、税制改革、外汇管理体制改革等内容，对新形势下社会组织的建设与发展等问题进行了详细解答。来自市级“枢纽型”社会组织、市区（县）两级社会组织、社区社会组织及相关“草根”公益组织的代表共约800人参加。

（王晓娟）

【市社科联召开所属社会组织工作座谈会】 为深入学习宣传贯彻党的十八大精神，及时总结2012年度工作情况，展望发展新思路，更好地做好2013年所属社会组织管理与服务工作，市社科联学会部分别于1月16日、1月22日、1月28日分三批召开所属民办社科研究机构及社科类基金会工作座谈会、所属团体会员工作座谈会、所属业务主管学会工作座谈会，共计137人参会。会议介绍了2012年度社会工作总体情况及2013年工作要点，与会社会组织负责人针对2013年学会部服务管理工作提出建议意见。

（王晓娟）

【区县社会组织工作研讨推进会召开】 1月25日，区县社会组织工作研讨推进会在北京市职工服务中心召开，全市16个区（县）委社会工委、区（县）社会办主管领导及相关业务科室科长参加会议。会议通报了上年全市社会组织工作完成情况及今年主要工作思路，与会人员就构建“枢纽型”社会组织体系、购买社会组织公共服务、建立支持型社会组织、发挥社区社会组织作用等内容进行了交流讨论。

（王晓娟）

【团市委召开青少年社会组织案例分享会】 1月26日，团市委、北京青少年社团发展促进中心举办的全市100家青少年社会组织案例分享会在外研社国际会议中心举行，全市100家青少年社会组织负责人参会。会上，全体人员观看了《“我们一起走过”——2012年共青团参加社会建设》短片，回顾了2012年团市委发挥“枢纽型”社会组织作用联系青年、社会化方式动员青年、社会化职能服务青年的重点工作。北京青少年发展基金会、老百姓国学会、铁刷子自行车俱乐部、协作者社会工作发展中心、回龙观社区青年联合会、北京青年车友会、绿手套户外探索俱乐部等7家全市示范青少年社会组织负责人做了2012年重点活动项目的案例分享。随后，向首都学雷锋爱民车队宋晓宝、首都的士雷锋车队郝尽辉、京 A 摩旅车友会李振波、艾美特俱乐部林宏博、铁血网李鹏飞、八通网赵亮等 6 名北京市万名“孝星”评选获奖者颁发北京市孝星奖，向北京青年文化交流协会、北京青年压力管理服务中心、北京国学院、北京青少年发展基金会等 9 家青少年社会组织颁发“2011 年政府购买社会组织公共服务项目优秀项目奖”。

（王晓娟）

【市科协举办购买社会组织管理岗位人员培训】 为全面提升政府购买社会组织管理岗位人员的能力素质，探索打造社会组织管理人员专业化、职业化、队伍的形式和途径，推动市科协所属社会组织规范化建设，北京市科协于 1 月 28 日至 29 日举办政府购买社会组织管理岗位人员培训。28 个购买岗位的专职工作人员参加。培训采取理论辅导、案例分析和研讨交流的形式进行，参训人员学习了相关理论知识，交流了经验体会，掌握了实际工作技巧。

（王晓娟）

【市文联组织艺术家喜送春联到农家】 1 月 29 日，市文联组织 20 多名楹联家、书法家，到海淀区东升镇马坊村为村民现场编创、书写春联，为村民们送去文化食粮和新春祝福。此次活动由北京市文联主办，北京楹联学会、北京九州书画研究会、北京中韩书画家联谊会、海淀区志愿者联合会、东升镇人民政府共同承办，楹联家、书法家们现场共为群众编纂和书写春联 150 余幅。

（王晓娟）

【市社会组织孵化中心举办公益组织年会】 2 月 2 日，市社会组织孵化中心在中青旅大厦举办主题为“公益过大年，一起 High Party”的公益组织年会。本次活动由市孵化中心联合 40 余家孵化机构共同举办，来自政府、学界和企业的诸多嘉宾以及 80 余家公益组织的 160 名工作人员和志愿者参加。

（王晓娟）

【市红十字会举办纪念学习雷锋 50 周年暨首都红十字志愿服务总队成立仪式】 3 月 4 日，市红十字会举行纪念学习雷锋 50 周年暨首都红十字志愿服务总队成立仪式，首都红十字志愿者代表、社区居民代表约 300 人参加活动。仪式上，市红十字会宣布成立首都红十字志愿服务总队，并向 16 支区县志愿服务大队和 17 支市属首都红十字志愿服务队进行了授旗。同时，发布了首都红十字人道公益项目。活动现场，市红十字紧急救援中心（999）、市红十字蓝天救援队、北京中医疑难病研究会、北京抗癌乐园等单位为市民开展了健康咨询、知识宣讲、应急技能传授等志愿服务。活动当日，还组织志愿者深入社区、西单献血小屋、敬老院等进行义诊咨询，传播健康及自救互救知识。

（王晓娟）

【市法学会召开社会组织工作会】 3 月 6 日，市法学会召开 2013 年社会组织工作会。会议听取了 2012 年政府购买社会组织服务项目实施进展情况汇报，对 2013 年申报项目工作进行了培训、动员和部署，对“北京公益行”活动项目进行了奖励，并与政府购买社会组织管理岗位聘用人员进行了工作交流。市法学会系统的法学学会、研究会及涉法社团负责人参加会议。

（王晓娟）

【市残联出台《购买使用社会组织管理与服务岗位暂行办法》】 3 月 11 日，市残联召开理事长办公会，通过《北京市残联购买使用社会组织管理与服务岗位暂行办法》。该《办法》明确了购买社会组织管理与服务岗位的程序条件、考核奖惩、经费管理等内容，进一步规范了购买社会组织管理与服务岗位专项工作，促进了残疾人社会组织的建设与发展。

（王晓娟）

【市侨联召开社团工作会议】 3月22日，市侨联召开2013年社团工作会议。会议传达了“两会”精神，对社团2012年的工作情况进行了总结，部署了2013年工作任务。会议对在2012年度工作中做出优异成绩的14家优秀社团、7家先进社团进行了表彰。市侨联所属的50余家社团负责人参加会议。

（王晓娟）

【市私个协召开系统工作会暨“双优”表彰会】 3月27日，市私营个体经济协会召开2013年系统工作会暨“双优”表彰会。会议总结了过去一年全市私个协工作开展情况和非公领域党建工作情况，并对2012年非公有制企业先进基层组织和先进单位进行了表彰，鼓励私营个体会员积极履行企业社会责任，合法经营、诚信经营。市私营个体经济协会积极发挥“枢纽型”社会组织作用，不断加强非公领域党建工作，新成立基层党组织29个，夯实了党组织在非公有制企业中的基础。

（王晓娟）

【“北京公益行”社会组织公益系列活动部署会召开】 3月28日，2013年“北京公益行”社会组织公益系列活动部署会召开。会议交流讨论了《“北京公益行”——2013年北京市社会组织公益系列活动方案》，明确了今年“北京公益行”的活动主题、举办时间、活动形式、活动步骤及有关工作要求。各市级“枢纽型”社会组织、各区县委社会工委、区县社会办相关负责人共计50余人参加会议。

（王晓娟）

【第二届“寻找北京最美慈善义工”活动开展】 3月，由市委宣传部主导，市委社会工委、首都文明办、市广电局共同指导，北京市慈善义工协会与北京电视台和北京人民广播电台联合主办的“中国梦·义工情——寻找北京最美慈善义工”大型文化系列活动（第二届）正式启动。活动历时1年，旨在传播慈善理念，弘扬义工精神，以“中国梦·义工情”为主题，以广大一线慈善义工为参与对象，通过深入寻找、发掘、宣传及表彰优秀慈善义工和慈善义工团体的方式，展示首都优秀慈善义工事迹，达到引起公众对慈善义工事业的关注，促进慈善义工之间相互学习交流，为全面推进首都慈善事业的发展打造良好的基础目标。此次评选分为申报、初审、展示、评审、表彰、巡讲6个阶段，评出“北京最美慈善义工榜样人物”及“北京最美慈善义工榜样团体”各10名，“北京最美慈善义工”及“北京最美慈善义工团体”各50名，并通过巡回讲座、微电影等形式，将中国梦·义工情传递万家。

（王晓娟）

【第三届在京国际组织联谊活动举办】 4月16日，第三届在京国际组织联谊活动在昌平区成功举办。此次活动由市委社会工委、市社会办、市民交协、昌平区政府联合主办，来自英国海外志愿服务社、北京俄罗斯文化中心、美国国际商会、联合国儿童基金会、伊朗使馆、萨摩亚使馆等14个国家、30余个国际组织以及全市部分社会组织代表近200人参加活动。联谊活动紧紧围绕“展现美丽北京风采·同创幸福生活未来”主题进行，中外嘉宾参观了昌平区农民工子弟雨竹学校和十三陵温馨老年公寓，分别向农民工子弟雨竹学校和十三陵温馨老年公寓赠送了学习、生活用品，参观了“北京市民间组织国际交流图片展”，欣赏了民间艺术展示。

（王晓娟）

【市红十字会赴芦山灾区抢险救援成效显著】 芦山地震发生后，市红十字会于4月20日下午17时30分迅速组建了一支由70名救援队员和13辆救援车辆组成的中国北京红十字芦山地震抢险救援队。当晚19时30分，分陆路和飞机启程奔赴灾区。救援期间，市红十字会抢险救援指挥部加强与中国红十字会芦山地震前线指挥部定期沟通，与救援队建立了每 2 小时情况沟通机制、每日下午 3 时的会商制度，会商研究前线抢险救援工作，根据中国红十字会总会前线指挥部和当地政府开展救灾工作的形势及时作出部署和调整。为了加强救援期间的统筹协调，救援队内部成立了宣传信息、医疗救援、搜救排查、物资发放、营地保障、安全保卫和协调联络等 7 个工作小组。同时，建立全体队员、指挥部、新闻媒体等参加的每日例会制度，汇总救援情况，精细组织和科学安排各项工作。经过 16 天的艰苦奋战，圆满完成抢险救援任务。截至 26 日下午，累计巡诊 6000 多人次，救治灾民 1000 多人次，转运重症患者 11 人，提供餐饮 7000 多人次，运送物资里程 3600 多公里，并向灾区群众发放 500 余万元的救灾物资。

（王晓娟）

【市残联举办残疾人社会组织专场招聘会】 4 月 24 日，为拓展残疾人服务机构的用人渠道，市残联采取组团方式在北京社会管理学院等 4 所高校举办了残疾人社会组织专场招聘会。此次招聘专业涉及聋儿康复、自闭症儿童康复、精神康复、幼儿教育等，来自社工、康复、心理等专业的 500 余名学生参加了招聘活动，学生投递简历 1160 份，共有 178 名应届大学毕业生与 50 多家社会组织签订了招聘意向书。

（王晓娟）

【市私个协开展“践行北京精神承担社会责任”建设活动】 4 月 26 日，市私营个体经济协会召开“践行北京精神承担社会责任”建设活动动员大会，宣布将在全市非公经济主体中开展“践行北京精神承担社会责任”建设活动，并向全市广大私营企业和个体工商户发出倡议书，号召大家积极行动起来，弘扬爱国、创新、包容、厚德的北京精神，遵纪守法、诚信经营、回报社会，为首都经济科学发展做出应有的贡献。市私个协制定了《首都企业社会责任行动指南》，提出企业履行社会责任，包括保护员工权益的责任、保护相关人权益的责任、保护消费者权益的责任、保护自然环境及优化社区环境的责任和维护公共利益及社会发展的责任五个方面共 38 项。动员会上，向私营企业和个体工商户发放了《行动指南》65000 册、张贴式宣传品 15000 份。

（王晓娟）

【市民族联谊会举办“5.6 民族团结日”活动】 5 月 6 日，市民族联谊会举办“北京社会组织公益行——首届 5.6 民族团结日”活动。本届活动以少数民族歌舞表演为主，广泛开展了健康义诊、法律咨询、民族特色食品展卖、民族工作图片展、民族大联欢等丰富多彩的内容，具有公益性、群众性和浓郁的民族特色。活动现场还发放了大量《民族宗教知识百题问答》，积极宣传党和国家的民族宗教政策。全市数千名少数民族群众和各界代表参加了活动。

（王晓娟）

【基层建立社会组织服务中心工作交流会召开】 5 月 16 日，推进基层建立社会组织服务中心工作座谈交流会召开。来自各区县的社会组织工作负责人参观了朝阳区社会组织综合服务中心并进行了座谈交流。按照“一中心、多基地”的构建模式，在成立市级社会组织服务中心的同时，积极推动区县建立社会组织服务中心（孵化基地）。西城、朝阳、东城、怀柔已正式建立区级社会组织服务中心，丰台、通州、顺义等区县正积极筹建，石景山、房山、大兴等区县根据区域特点依托街道推进工作。

（王晓娟）

【市法学会举办“法律服务公益行”系列活动】 5 月，市法学会组织 34 名劳动法学专家、40 余名中国劳动关系学院志愿者，先后在中央国家机关所属事业单位劳动人事争议处理培训班以及中关村高新区海淀园、北京市经济技术开发区等地开展了5场劳动法律普法宣传培训活动。通过劳动争议模拟仲裁庭和模拟法庭展示、劳动法律知识讲座、现场咨询答疑等形式，共培训企事业单位人力资源管理及工会负责人、兼职劳动争议仲裁员近千人次。

（王晓娟）

【市体育总会举办防灾减灾“公益行”活动】 5月12日，市体育总会组织体育社团采取展板宣传、知识讲堂、模拟救援、应急演练等多种形式进行防灾减灾知识宣传，普及推广避灾自救、互救技能，倡导广大市民和社会各界增强防灾减灾意识。北京救生协会、民防志愿者应急通信协会、登山运动协会等体育社团，先后举办了“游泳场馆夏季安全应急演练”“无线电应急通信演练”“户外应急救援培训”等主题活动，利用宣传展板、知识讲堂、模拟训练、应急救护等多种形式宣传防灾减灾知识，以提高群众防灾减灾的意识和能力，减少灾害带来的人身和财产损失，取得明显成效。

（王晓娟）

【市文联开展少儿京剧展演活动】 5月26日，市文联事业发展部与北京少儿京昆艺术教育学会共同主办的“我的京剧梦”少儿京剧展演在湖广会馆拉开帷幕。著名书法家欧阳中石，著名京剧表演艺术家王金璐、孙毓敏、王玉珍等参加了活动。少儿京剧爱好者们在近两个小时的时间里表演了精彩纷呈的节目。此项活动以“启蒙、普及、发展、振兴”为目的，给少儿搭建了属于自己的舞台，提高了对京剧表演事业的兴趣。

（王晓娟）

【市友协组织“外国友人眼中的美丽北京”摄影活动】 活动以“美丽北京”为主题，动员更多的热爱北京、热爱中国的外籍专家参与，促进对外文化交流和世界城市建设，从而达到让世界了解中国、了解北京的目的。6月10日，市友协组织驻京外国专家在延庆进行第一次采风活动，来自泰国、马来西亚、新加坡、印度尼西亚、缅甸、匈牙利、波兰等10多个国家及机构等40位中外朋友出席。外国专家们参与了第五届延庆端午民俗文化活动，进行了自行车骑游。此次采风活动充分发挥了民间组织的外事资源优势，加强了友协与在京外国专家的友好联系，使“外国友人眼中的美丽北京”摄影文化活动更加丰富多彩。

（王晓娟）

【首慈联举办慈善公益组织质量管理培训】 6月13日，首慈联举办《慈善公益组织全面质量管理指引》专业培训，60余位会员单位秘书长围绕2013年工作重点，就联合会换届相关事宜，以及如何设计具有较大影响力和良好社会效益的全市性慈善项目，如何联合开展全市性大型慈善活动、打造全市性慈善品牌等议题进行讨论。采取以会代训的方式，从规范组织运作、转变管理方式、实现最优配置等方面对所联系的74家公益慈善类社会组织进行了专业培训，帮助新成立的公益组织快速入门，推进现有公益组织完善制度，加强公益组织从业人员能力建设。

（王晓娟）

【《北京市购买社会力量兴办残疾人服务机构（组织）服务暂行办法》正式印发】 6月19日，市残联、市财政局和市社会办联合印发《北京市购买社会力量兴办残疾人服务机构（组织）服务暂行办法》，鼓励和引导社会力量兴办残疾人服务机构（组织），促进其健康发展，为残疾人提供优质服务。《办法》规定了购买服务的两种方式，即定向购买服务和申请购买服务，所需资金从北京市残疾人就业保障金中支付，每年总计约1000万元。该项政策是国内率先出台的面向社会力量兴办残疾人服务机构专项购买服务政策，更是北京市推进残联“代表、服务、管理”职能的延伸以及推动政府职能方式转变的重要举措，对于深化残疾人社会管理与创新工作具有积极意义。目前，市残联共认定残疾人服务机构233家，成为全市残疾人培训、康复、就业、维权的重要渠道。

（王晓娟）

【市工经联召开“北京工业企业社会责任评价指标体系”发布会】 6月21日，市工经联召开“北京工业企业社会责任评价指标体系”发布会。《评价指标体系》从转变企业传统生产经营模式和管理模式的实际需求出发，明确工业企业履行社会责任的范围和基本原则，制定企业社会责任价值观与战略、社会责任管理、经济影响、社会影响、环境影响5个一级指标及22个二级指标、98个三级指标。北京能源投资（集团）、三元集团等15家企业，向全市工业企业发出倡议：自觉遵守国家法律、法规，维护社会道德秩序；支持公益事业，积极回报社会；共同推进生态文明建设；努力营造和谐社会。全市工业经济领域的行业协会和有关企业责任人共100余人参加会议。

（王晓娟）

【市总工会开展购买社会组织服务工作】 北京市总工会2013年购买社会组织服务项目工作自发布公告后，得到各社会组织的积极响应，共有169家社会组织围绕职工生产服务、职工生活服务、职工职业发展服务、职工文化服务等申报了235个服务项目。6月25日，北京市总工会召开购买社会组织服务项目专家评审会，北京农民之子文化发展中心的“农民工二代职业素质教育”、益云公益互联网社会创新中心的“幸福写字楼”、大兴区朗润社工事务所的“关怀职工·一刻钟美丽心灵服务”等42个项目获得支持（每个项目支持额度为3万—10万元）。

（王晓娟）

【市侨联举办纪念建党92周年“中国梦”报告会】 6月27日，市侨联在北京市民主党派人民团体大楼举办纪念建党92周年，学习宣传“中国梦”专题报告会。报告会邀请了中共北京市委讲师团成员、首都师范大学马克思主义教育学院院长李松林作报告。市人大常委会副主任、市侨联主席李昭玲出席会议并讲话。市侨联联系的社会组织、市侨联机关干部等200余人参加了报告会。

（王晓娟）

【市志愿者联合会初步形成四级志愿服务网络】 市志愿者联合会以市级志愿者组织（含市属委办局系统专业志愿者队伍）和区县志愿者联合会为骨干，以街道志愿者协会和社区各类志愿者组织为基础，初步形成了市、区（县）、街道、社区四级联动的志愿服务网络体系，共联系全市各级、各类志愿者组织7201家，吸纳志愿者2025421人，“枢纽”作用得到充分发挥。四川芦山地震发生后，联合会组织专业救援队伍第一时间赶赴灾区，成功救出被困群众227名，并在受灾现场主动联系来自北京地区的30余支志愿者组织，统一协调救灾行动，打造了北京志愿服务的整体形象，赢得了良好赞誉。

（王晓娟）

【市商联会召开会员大会暨第四届理事大会】 7月12日，市商联会召开会员大会暨第四届理事大会。会议选举北京首旅集团副总裁兼西单友谊集团总经理于学忠为第四届会长。会上，第三届会长李顺利代表理事会作了工作报告，对“枢纽型”社会组织的建设成效及工作展望作了单章表述；中国商联会会长张志刚在讲话中明确肯定了市商联会在“枢纽型”社会组织建设上取得的成效；市商务委主任卢彦在讲话中把认定“枢纽型”社会组织作为上一届理事会的“三个超越”之一。中国商联会、市商务委、市委社会工委等有关部门负责人及会员单位代表约150余人参加会议。

（王晓娟）

【街道“枢纽型”社会组织工作体系建设《指导意见》印发】 7月15日，市社会建设工作领导小组办公室印发《关于开展街道“枢纽型”社会组织工作体系建设试点的指导意见》。《意见》明确提出了街道“枢纽型”社会组织的工作职责、主要形式以及构建该体系的目标任务、方法步骤等。一些街道采取多种形式先行、先试，以印发《指导意见》为标志，此项工作全面推开。

（王晓娟）

【北京民办教育协会举办民办高校诚信公约签署活动】 7月17日，北京民办教育协会举办2013年北京民办高校诚信公约签字仪式。北京城市学院、北京北大资源研修学院等北京市33所民办高校共同签署了诚信公约，承诺杜绝虚假宣传，诚信招生。诚信公约中，33所民办高校向社会公开承诺：严格按照经教育主管部门备案的招生简章和广告，实事求是地公布学校名称、办学地点、办学性质、学校类型、招生类别等内容，如实介绍学校办学状况等相关信息；不以任何形式向考生和家长发布未经备案的招生简章，不在招生活动中擅自调整、变更已备案简章的相关内容；依法开展招生活动，未经批准不以境外办学组织名义进行招生，不将招生工作承包给任何社会中介组织或个人；不做虚假就业承诺，不以保证就业为招揽生源的主要手段等。同时，民办高校招生期间，北京民办教育协会、北京市消费者协会教育系统分会开通了查证监督热线：68987380、68987390和查证网址：www. edu111. cn，接受学生、家长以及社会的查证、监督与投诉。

（王晓娟）

【街道“枢纽型”社会组织工作体系建设推进会召开】 7月24日，全市街道“枢纽型”社会组织工作体系建设推进会在朝外地区社会组织综合服务基地召开。16个区县社会工委，社会办主管领导、科室负责人及部分街道办事处代表共50余人参加会议。会议学习传达了《关于开展街道“枢纽型”社会组织工作体系建设试点的指导意见》，对相关内容进行了解释说明；西城区德胜街道办事处等5个单位做了交流发言。会前，与会人员共同观摩了朝外地区社会组织综合服务基地，并就有关问题进行了现场交流。

（王晓娟）

【市妇联举办“2013北京市妇女儿童公益服务博览会”】 7月25日至28日，市妇女联合会以“弘扬公益精神，助力妇儿发展，实现中华梦想”为主旨，在国家会议中心举办了“公益成就梦想”——2013北京妇女儿童公益服务博览会。此次博览会历时四天，市、区两级50多家妇女社会组织参加了现场公益展示与服务，共提供体验、咨询服务200余场次，发放宣传资料近250000册，受惠群体达180000人次。期间通过项目推介争取到企业支持资金200余万元。博览会为妇女儿童提供家庭教育指导、家庭安全知识宣传、家庭健康、家庭文化展示、家庭生活指导、婚姻咨询、儿童成长测试、法律咨询、专业社会工作、为老服务等十大领域的40项现场体验、宣传展示和咨询服务。作为公益服务博览会的重要组成部分，“公益成就梦想”——北京妇女儿童公益服务项目推介会在市、区两级妇女社会组织中征集了30个妇女、儿童优秀公益服务项目，面向社会进行推介，推介会当天达成项目合作协议7份，争取项目资金支持累计达200余万元。

（王晓娟）

【北京民办教育协会启动“送书香·献爱心”社会公益活动】 活动于7月正式启动，致力于汇聚行业力量，为外来务工人员的子女、北京地区贫困学生提供切实帮助。公益活动首站走进丰台区东铁营二小，由北京民办教育协会、北京城市学院、北京新东方教育集团等民办教育机构捐赠图书3000余册。

（王晓娟）

【市法学会开展“法律专家基层公益行”培训活动】 7月至12月，市法学会组织农村法治研究会、国际法学会在顺义区16个乡镇举办了17场以法律应用为主的培训，由5名法学法律专家授课，累计培训各类人员近3000人。

（王晓娟）

【市法学会召开政府购买社会组织服务项目典型案例汇编研讨会】 8月27日，市法学会召开政府购买社会组织服务项目典型案例汇编研讨会。会议介绍了编撰政府购买社会组织服务项目典型案例的背景和意义，指出要撷取政府购买社会组织服务项目实施四年以来具有典型性，代表性的案例汇编、结集，参会的社会组织负责人结合所承接项目的实施特点就组织方法、展示形式、宣传手段等提出了意见和建议，就各自在案例汇编方面的工作经验进行了交流。

（王晓娟）

【团市委举办2013北京青年社会组织领袖训练营】 8月30日至31日，由团北京市委主办、北京青少年社团发展促进中心承办的2013年北京青年社会组织领袖训练营在北京国际青年营举办。训练营以“增强凝聚力、提升领导力、提高行动力”为培训核心，主要内容有团队建设、项目策划、专题报告、文化建设、示范创建等，旨在全面提升青年社团骨干的能力素质，进一步扩大群众工作覆盖面，更好地实现共青团对青年社会组织的有效引领和团结凝聚。训练营为期2天，吸引了来自户外运动、自行车骑行、国学推广、动漫爱好、公益实践、环境保护等全市10多个青年社会组织联盟的100余名青年社会组织领袖参加。

（王晓娟）

【市妇联举办“社会企业家训练营”】 10月10日至12日，北京市妇联举办“社会企业家训练营”。妇女社会组织负责人、优秀女企业家代表、基层创业女能人和区县妇联社会工作负责人及其他妇女儿童服务机构负责人等近70名学员参加了训练营。训练营历时3天，通过公益理论讲授、案例讲解、战略设计、实践心得分享等方式，为学员提供战略规划、财务管理、市场营销和媒体传播及社会影响评估等方面的深度培训，引导学员定位组织的愿景与使命、思考组织未来战略设计，将新的运营理念、发展技等传递给参训学员。训练营将社会公益的创新概念、理念和实践方法引入北京市妇女社会工作领域，是首都妇女社会工作与国际社会公益潮流接轨的一次重要尝试，也是国际文化交流取得的重要成果。

（王晓娟）

【北京青少年服务促进会成立】 10月15日，北京青少年服务促进会成立暨第一次会员大会召开。北京青少年服务促进会是由北京市热爱和关心青少年工作的机关、团体、企事业单位和个人自愿组成的，是在团市委领导下由北京青少年服务中心、北京市青年宫共同发起的非营利性社会团体。北京青少年服务促进会以促进青少年事业发展、服务青少年全面成长为宗旨，提供青少年法律维权、心理健康、文体娱乐、学习生活及其他各方面的服务。该促进会工作方向是为全市青少年，特别是外来人口中的青少年提供有效服务和引导。

（王晓娟）

【市律师协会组建公益法律服务中心】 10月30日，北京公益法律服务中心正式挂牌成立。该中心是在北京律协公益法律咨询中心的基础上，整合业内公益服务机构组建而成的，是北京律协组织全市律师、律师事务所和专业委员会为社会提供专业法律服务的公益性志愿服务机构。中心拥有近600名公益律师，涵盖市律协57个专业委员会、多家从事公益服务的律师团队和律师事务所，形成了较为全面的公益法律服务体系。中心工作职能覆盖了为群众免费法律咨询、化解社会矛盾、中小微企业和个体私营企业免费法律服务、政府法律服务、法制宣传教育五大方面。特别是在为群众免费法律咨询服务方面，针对农民工、老年人、残疾人、下岗职工、妇女和青少年六类群体引入了专项法律服务团队。

（王晓娟）

【市文联开展公益社区摄影作品展】 11月7日，“幸福梦，乐在社区”系列公益文化活动之社区摄影培训作品展，在丰台区太平桥街道莲花池社区开展。此次摄影作品展是市文联主办的“幸福梦，乐在社区”系列公益文化活动的一部分，由文联下辖的北京摄影爱好者协会深入社区，通过开展摄影知识培训辅导，为社区群众提供专业的摄影知识讲座、作品点评、作业辅导等形式，带动社区文化活动的普及发展，帮助群众性队伍和爱好者提高摄影水平。

（王晓娟）

【市民交协举办北京市民间组织国际交流经验座谈会】 11月8日，国际税收研究会、国际汉语学院、绿化基金会、环保基金会、地球村环境教育中心等近20家会员单位负责人参加会议，以“参与国际非政府组织交流合作的有效做法、成功经验及面临课题”为主题进行了讨论。会议提出，市民交协要积极发挥“枢纽”作用，开展一系列民间组织国际交流活动，打造“国际型、创新型、时效型、规范型、服务型”五型北京NGO品牌。

（王晓娟）

【市建筑业联合会举办2013北京可持续装饰装修公益行活动】 活动于11月9日举办，主题是让消费者更多地选择并使用环保的装饰装修材料、节能电器设备及节水器具，同时引导装饰装修企业在施工过程中使用环保建材、节能节水设备。活动现场发布了《居住建筑装修装饰工程质量验收规范》《住宅装修工程电气及智能系统设计施工与验收规范》，对10个“中国可持续装饰装修示范项目”颁发了荣誉证书。此次活动由方圆标志认证集团、北京市建筑装饰协会等10余家单位承办，20多家建筑装饰领域的行业协会参与。

（王晓娟）

【市侨联举办社团党建工作沙龙】 11月12日，市侨联在民主党派人民团体大楼举办社团党建工作沙龙，来自马来西亚归侨联谊会、越柬老归侨联谊会、北京侨校校友会等10个社团的党建工作小组负责人参加，就侨界社团如何开展党建工作进行沙龙式座谈。各社团负责人分别介绍了各社团近年来开展党建工作的主要做法、经验和体会，相互交流学习，并对今后如何充分发挥党建工作小组作用，更好地开展侨界社团党建工作提出了建议和设想。

（王晓娟）

【首都民间组织发展促进会举办“情系社区、相约邻里、服务百姓”温暖冬季活动】 12月5日，首都民间组织发展促进会带领所联系的社会组织在东城区东花市街道举办“情系社区、相约邻里、服务百姓”温暖冬季活动。活动过程中，北京老年书画联谊会的艺术家现场作画，给居民讲解如何作画，并将所有作品赠送给社区居委会；北京银发公益协会的志愿者理发师为社区残疾、“空巢”老人无偿理发；北京五色土社会工作促进中心的老师给居民们带来了天天乐大讲堂；三替公司和天津银行的志愿者带来家政和金融免费服务，受到居民热烈欢迎。

（王晓娟）

【市文联举办“中国梦，乐在社区”公益文化之百姓健康舞展演活动】 年内，市文联以“文化惠民”为出发点，以丰富群众精神文化生活为工作目标，开展了“中国梦，乐在社区”系列公益文化活动。12月28日，“中国梦，乐在社区”公益文化之百姓健康舞展演活动在北京石油化工学院举行。本届健康舞大赛共有来自海淀区、朝阳区、丰台区、大兴区、顺义区、门头沟区、昌平区7个区县的600余名社区群众参加。海淀区、朝阳区、丰台区、大兴区、顺义区、门头沟区、昌平区获组织奖，大兴区、丰台区、昌平区3支代表队获最佳风采奖，海淀区、朝阳区、顺义区、门头沟区获表演奖。百姓健康舞推广工作是"中国梦，乐在社区"系列公益文化活动之一，于2013年上半年启动，先后在丰台区、门头沟区进行试点，下半年在全市其他区县相继推开，得到了各个区县的积极响应和广泛参与。

（王晓娟）

【市总工会成立职工服务类社会组织服务站】 年底，市总工会依托北京职工服务中心，开辟专门办公服务空间，面向本领域社会组织开展五方面服务管理工作：进行联系服务，公布咨询电话，接待来电、来访；开展能力建设，举办专题培训，提高社会组织从业人员素质和工作水平；发布政策信息和业内动态，实现信息共享；促进合作交流，通过例会、沙龙、论坛等活动促进社会组织互动合作；提供专业指导，解决社会组织实际问题。同时，市总工会开发建设社会工作信息服务平台，包括通知公告、信息交流、政策咨询、理论研究、购买服务5个板块。该平台将与职工类社会组织服务站"配套使用"，加强对职工服务类社会组织的联系和服务。

（王晓娟）

【"枢纽型"社会组织工作体系框架基本形成】 年内，27家市级"枢纽型"社会组织工作覆盖面进一步扩大和拓展，总计联系各级各类社会组织2.6万多家，比认定之前的4367家增加了21869家，增长了5倍多。积极推进市、区、街三级"枢纽型"社会组织体系建设，印发了《关于开展街道"枢纽型"社会组织工作体系建设试点的指导意见》。本年度，区县级"枢纽型"社会组织已认定208家，街道（乡镇）级已认定143家，全市"枢纽型"社会组织工作网络体系框架基本形成。"枢纽型"社会组织作用得到充分发挥，各类社会组织活动平台大大扩展。

（王晓娟）

【"北京社会组织公益行"系列活动举办】 活动贯串全年，27家市级"枢纽型"社会组织和16个区县社会建设工作领导小组办公室积极进行协调部署，共组织动员1.2万家各级、各类社会组织开展了形式多样的公益活动，总计近1200项、13800余场次，活动内容涉及扶老助残、支教助学、就业帮扶、科普宣传、心理咨询、节能环保、法律维权、服务"三农"等多个领域，服务城乡居民超过150万人次。东城、西城、朝阳、顺义、怀柔等区县广泛动员社区社会组织参与活动，在居民家门口举办"社区邻里节""社区公益文化节""公益大篷车""公益资源展示会"等系列活动，为居民群众就近提供贴心、便利服务。团市委、市社科联、市法学会、市民办教育协会、市志愿者联合会等市级"枢纽型"社会组织结合本领域特点，贯穿全年开展"公益星期六""社区大讲堂""法律服务基层""民办高校就业行""志愿北京行动"等活动，服务人次逐年扩大，其中仅"公益星期六"活动就先后有1000余家青少年社会组织参与，围绕国学传承、心理健康、绿色出行等8个方面开展200余场次公益活动，直接服务100多个社区，近6万人次受益。

（王晓娟）

【"枢纽型"社会组织创新社会组织扶持发展办法】 年内，各市级"枢纽型"社会组织积极拓展渠道、整合资源，通过多种方式增强服务效果：市总工会制定《关于购买社会组织服务的暂行办法》，设立500万元专项资金，购买了55家社会组织的58个服务项目，成立职工类社会组织服务站，为本领域社会组织提供政策咨询、能力建设、交流互动、项目发布等专业化服务；市残联制定《北京市购买社会力量兴办残疾人服务机构服务暂行办法》，从残疾人就业保障金中安排1095万元专项资金，鼓励民办残疾人服务机构为残疾人提供专业化服务；市科协全年共资助131家科技社团举办613项学术交流活动；市侨联发挥北京市华侨服务中心为华侨服务功能，接待社团会议109次，服务侨界群众5000余人，举办10余次社团联谊交流活动；市体育总会投入各类资金近800万元，支持市、区县、街三级体育类社会组织规范化建设和工作开展；市商联会积极搭建多元化服务平台，为本领域行业协会和企业服务，开展商业服务业领域职工技能培训和“职工技术练兵”活动，累计参与人数达20余万人次。

（王晓娟）

【“枢纽型”社会组织规范引导本领域社会组织发展】 市级“枢纽型”社会组织从规划和政策层面对本领域社会组织建设与发展进行科学引导：团市委制定《北京青少年社会组织三年行动规划（2013至2015年）》，从组织覆盖、文化引领和切实服务三个方面，提出全市青少年社会组织的发展意见；市科协制定《“百强社团”计划实施方案》和《“百强社团”评估标准》，提出用3—5年的时间完成科技类“百强社团”创建工作；市文联制定《市文联社会组织规范化建设实施方案》，结合本领域实际抓好落实；市社科联制定《北京市社科类社会组织服务管理评价指标体系》，计划从2014年起对所属社会组织进行测评达标试点；市红十字会制定《北京市红十字会社会组织管理办法》，提出日常联系、服务和管理的相关规定；市工商联制定《关于加强全市工商联系统商会建设的指导意见》，修订完善《工商联商会筹备与成立工作指南》《工商联直属商会组织管理办法》等规章制度，规范和促进商会健康有序发展；市体育总会制定《关于区县“枢纽型”体育组织建设的意见》，对区县体育总会从组织建设、工作职责、机构设置、党的建设等方面提出明确意见。

（王晓娟）

【“枢纽型”社会组织取得调查研究新成果】 市总工会对全市已登记和未登记的职工服务类社会组织进行调查摸底，建立了涵盖800余家社会组织的基本情况数据库。市残联撰写《北京市残疾人社会组织建设的实践与思考》，被录入2013年北京市社会建设蓝皮书。首都慈善公益组织联合会编写《北京市慈善事业发展报告》蓝皮书并向社会公布。北京工业经济联合会开展行业协会承接政府职能专题调研，形成《北京工业领域行业协会职能调研报告》，并协调有关行业协会联手调研，拟定了12项“产品能源耗能标准”。北京民办教育协会开展全市民办教育培训机构情况调研并形成工作报告。首都民间组织发展促进会组团赴美国考察社会组织工作，形成《北京市社会组织负责人赴美研修培训交流情况报告》。市民族联谊会撰写了《望京地区朝鲜族社会组织现状及调查分析》《市民族联谊会“枢纽型”社会组织的探索和实践》等研究报告。市企业联合会完成《加强企业文化建设推动企业和谐发展》调研工作。

（王晓娟）

【购买社会组织管理岗位工作开展】 制定《关于使用市社会建设专项资金购买社会组织管理岗位的暂行办法》（试行），购买包括社会组织会长、副会长、专职秘书长、党组织负责人在内的约200个管理岗位，这些岗位分布在27家市级“枢纽型”社会组织及其所联系和管理的150余个社会组织中，推进建立“购买岗位、不固化人员”的社会组织用人新机制。在录用方式上，由各“枢纽型”社会组织协调落实，按照公开、公平、公正的原则择优录用。

（王晓娟）

【社会组织登记数量达到历史新高】 年内，全市共登记社会组织654个（市级249个、区县405个），与上年全年登记社会组织472个相比，同比增加38.56%。其中市级增长88.64%、区县增长19%。4月1日，北京市率先在全国对行业协会商会类、科技类、公益慈善类、城乡社区服务类四类社会组织进行直接登记。截至12月31日，直接登记社会组织221个，占全年登记量的33.79%，为历史最高水平。市级社会组织注册使用社会资金3.15亿元。

（王晓娟）

【社会组织培育孵化工作取得积极进展】 年内，市社会组织孵化中心全年共孵化了42家社会组织，其中22家已在市、区两级正式登记；研发出针对不同层面社会组织管理人员的能力建设培训课程体系，完成了28期培训，受益人群2500余人次；为156家社会组织提供了专业咨询，解决了这些组织发展中的难题。

（王晓娟）

【区县社会组织工作稳步推进】 年内，各区县按照全市统一安排并结合实际情况，以构建社会组织“枢纽型”工作体系为重点，加强培育扶持，注重作用发挥，不断推进社会组织改革与发展工作，有许多新举措和新亮点。东城、西城、朝阳、丰台、顺义、怀柔、房山区建立了区级社会组织服务基地，并推动月坛、德胜、朝外、西三旗等街道设立相应的孵化机构；《关于推进街道建立“枢纽型”社会组织工作体系的意见》印发后，各区县积极行动，认定总量为148家，石景山、大兴区为“枢纽型”社会组织配备专职社工，解决其工作中的实际困难；广泛开展社会组织带头人培训工作，丰台、怀柔、房山、顺义、大兴区等开展了集中培训，累计受训2000人次以上；积极开展购买社会组织服务工作，大多数区县都设立了本级社会建设专项资金，同时严格管理、取得实效；深入动员部署，大力推进社会组织公益行活动开展，西城区举办“爱在西城公益节”、排演话剧“公益村”，朝阳区举办“公益服务博览会”，平谷区、房山区等采取多种形式进行公益宣传，石景山区举办十大公益品牌评选；一些区县还通过多种方式为社会组织提供服务，门头沟区实施“星火工程”方案，怀柔区建立社会组织QQ群，西城区举办公益资源对接会等。

（王晓娟）

社会工作队伍建设

【概况】 年内，全市社会工作队伍建设以党的十八大关于加强社会建设和社会服务管理创新重要精神为指针，按照“建立健全制度、加强交流指导、着力打造品牌、寻求重点突破”的思路，扎实推进社会工作队伍专业化、职业化。一是抓统筹协调，形成各部门合力推进工作的格局，不断强化综合协调职能，充分发挥在全市社工队伍建设方面的统筹协调作用，加强对区县社工队伍建设的协调指导。二是抓培训培养，推动社工队伍专业化、职业化发展，全面实施“万名社区工作者培训计划”“社区工作者硕士研究生培养计划”，举办“高级社会管理服务人才培训班”，专业社工队伍不断壮大，全市持证社工已达15429人。三是抓载体培育，夯实社工人才发展基础，不断加大社工事务所扶持力度，继续购买专业社工岗位，为全市16个区县的145个街道共购买145个专业社工岗位。四是抓典型引领，扩大社会工作的社会影响力，组织开展国际社工日纪念活动，开展第二届“最美社工”评选活动，充分发挥先进典型的示范引领作用。各区县积极探索创新社会工作队伍建设，如朝阳区引入社工事务所进驻保障房社区开展服务，房山区成立大学生社工艺术团，密云县对社区工作者进行编制化管理等。

（张　婷）

【市委社会工委与北京农学院座谈研究社工人才培养工作】　1月23日，市委社会工委、市社会办与北京农学院召开座谈会，研究社会工作人才培养工作。北京农学院文法学院相关领导介绍了社会工作专业的办学成果以及在服务社会方面开展的工作。双方表示，今后将进一步加强合作，大力支持社工专业建设，办好昌平温心社工师事务所，更好地为北京市社会建设服务。

（张　婷）

【迎新春社会工作专业机构座谈会召开】　1月25日，市委社会工委、市社会办举办2013年迎新春社会工作专业机构座谈会。会议总结了全市社会工作事务所建设情况，北京超越青少年社工事务所、西城区厚朴社会工作事务所、朝阳区立德社会工作事务所、大兴区朗润社会工作事务所作为社工专业机构代表发言；海淀、丰台社会工委、社会办分别代表区县社会工委、社会办发言。会上，各区县、各事务所积极交流、畅谈经验，研究探讨当前社会工作事务所建设中存在的问题，对全市社工专业机构发展提出了建议。各区县社会工委、社会办主管领导、科长，全市50家社会工作事务所负责人参加座谈会。

（张　婷）

【“万名社区工作者培训计划”工作推进会召开】　2月28日，市委社会工委与有关部门召开“万名社区工作者培训计划”工作推进会。各区县和北京青年政治学院介绍了培训工作的进展情况及下一步工作打算。“万名社区工作者培训计划”启动之后，各区县和北京青年政治学院高度重视，积极筹备，准备工作扎实有序，取得了阶段性成果。会议要求，下一步要抓好工作落实，认真组织实施，确保取得实效。一是要统一教学内容，按照《北京市社区工作者培训大纲》的要求开展培训；二是要统一师资力量，聘请万名社区工作者培训讲师团成员进行授课；三是要严格教学管理，规范培训班各项管理制度和考核制度；四是要严格经费使用，确保培训工作顺利开展。

（张　婷）

【北京社会工作网络电视开通上线】　2月，北京社会工作网络电视（www.bjsgTV.org）正式开通上线，运营单位为北京市丰台区中鼎社会工作事务所。北京社会工作网络电视台立足服务于北京市各区县社会工作和社区特色服务工作报道，同时重点关注北京市政府社会建设领域的动态，搭建政府与社区居民和社区志愿者公益性平台。重点展示政府支持社区公共服务职能，展示专业社工为老百姓服务的专业服务流程，搭建全市有企业社会责任的公司与专业的社会工作服务机构，以及社工督导与社区工作者、社区志愿者的专属交流平台。社会工作网络电视台的建设以视频为核心，互动为特色，图文为基础，同时设置了“新闻”“政策”“项目”等10余个子栏目，涉及社会管理服务的各方面信息。

（张　婷）

【国际社工日交流活动举办】　4月15日，市委社会工委、市社会办与中国社会工作协会、首都师范大学、中国青年政治学院在首都师范大学共同举办2013年国际社工日交流活动暨北京社工队伍建设论坛。中国社会工作协会会长徐瑞新、市委副秘书长王翔出席论坛开幕式。与会人员以“树立科学发展理念，推动社工专业化职业化发展”为主题，分别围绕“首都专业社工机构培育与发展”和“首都社会工作人才队伍建设”两个专题，在理论与实务方面进行了广泛交流和深入研讨。论坛期间，全市各社会工作事务所通过展板、海报、宣传册等形式，全面展示了近年来全市社工专业机构的发展现状，展示了首都社工的良好精神风貌。各区县社会工委、社会办相关负责同志，首都部分高校社会工作专业教师及学生，社会工作事务所负责人和一线专业社工代表共 300 余人参加论坛。

（张　婷）

【社工事务所向四川芦山地震灾区捐款】　4 月 26 日，丰台区社会工作事务所举行“地震无情、社工有爱”向四川芦山地震灾区捐款献爱心活动，活动共募集善款 3681 元。活动由丰台区九万里、中鼎、蓟翔、利智、乐助、瑞丰 6 家社会工作事务所共同发起，各社会工作事务所的社工们纷纷解囊，为灾区献上爱心，并积极协调关联单位、服务对象以及大学生志愿者共同参与捐助活动。

（张　婷）

【市社工事务所联谊会暨社区建设研讨会召开】　5 月 10 日，市社工事务所联谊会暨社区建设研讨会在北京京民大厦二层报告厅举行。会议从社工人才培养、本土化督导、高校师生参与等方面，总结现状，分享经验。会议认为，近年来首都社工事务所数量规模不断增长、服务效果显著增强、社会影响逐步扩大，呈现出良好的发展势头，处于巩固成绩、扩大规模、提升水平的重要阶段。会议要求，市委社会工委、市社会办通过加强规范指导、实施分类管理、加大人才培养等方式继续助推首都社工事务所发展，引导其在保障和改善民生，推动和谐社会建设方面做出更大贡献。首都近 30 家社工事务所、20 余家相关组织机构及社工领域有关专家学者参加会议。

（张　婷）

【建议提案办理协调会召开】　5 月 17 日，2013 年人大代表建议、政协委员提案办理协调会召开。会议研究了市十四届人大一次会议、政协十二届一次会议有关社会工作队伍建设的建议、提案办理工作，针对建议、提案中提出的社工福利待遇及职业发展等问题，进行了研究并提出了下一步工作思路。市编办、市财政局、市人力社保局、市民政局有关部门负责同志参加会议。

（张　婷）

【全市持证社工人数达到 15429 人】　6 月 15 日至 16 日，北京地区全国社会工作者职业水平考试举行。全市各级、各类社会工作从业人员踊跃报考，2013 年有 14982 人报考，参考率 82.89%；3706 人考试合格，合格率 29.84%，高于全国平均水平，其中，共有 1101 人获得社工师证书，2605 人获得助理社工师证书。截至 2013 年年底，首都地区获证人数累计达到 15429 人，其中社工师 3467 人，助理社工师 11962 人，进一步提高了全市社会工作队伍专业化水平。

（张　婷）

【全国首家驻所青少年司法社工站成立】　6 月 25 日，全国首家驻所青少年司法社工站揭牌仪式在北京市海淀看守所举行。北京超越青少年社工事务所主任席小华针对社工站的建立等相关情况进行了汇报。为了更好地开展涉诉未成年人保护工作，经过前期调研，海淀综治委预青组办公室、团区委与北京超越社工事务所合作，通过政府购买服务的形式，由事务所向海淀看守所派驻 4 名驻所社工，为涉诉未成年人提供社会调查等服务。

（张　婷）

【“万名社区工作者培训”中期总结部署会召开】　7 月 9 日，2013 年“万名社区工作者培训”中期总结部署会在北京城市学院召开。会议通报了上半年全市培训整体情况并部署了下半年工作。会议指出，上半年培训工作领导重视、组织严密、内容丰富、师资雄厚、效果明显。下半年培训工作时间紧、任务重、压力大，希望各区县提早考虑谋划，做好准备工作；继续统一教学内容和师资，强化教学管理，加强沟通协调，进一步提高培训实效；坚持学以致用，使社区工作者用好培训所学，努力实现“学有所获、学有所成、学有所用”。会议还对2013级社会工作硕士专业学位研究生培养工作进行了安排部署。市人力社保局、市民政局相关处室负责同志，各区县社会工委，社会办主管领导、科长，北京青年政治学院有关部门负责同志参加会议。

（张 婷）

【第二届“寻找最美社工”新闻发布会暨启动仪式举办】 8月28日，市委社会工委、市社会办会同中国社工协会、《公益时报》社，共同举办第二届“寻找最美社工”新闻发布会暨启动仪式。中国社工协会副会长兼秘书长赵蓬奇，市委社会工委委员、市社会办副主任刘占山，相关市级“枢纽型”组织负责人，各区县社会工委，社会办主管领导、科长，各社会工作事务所负责人参加会议。启动仪式后，活动正式启动评选报名工作，通过各“枢纽型”组织、各区县和媒体向社会发布评选通知，动员广大社会工作者参与评选活动。

（张 婷）

【北京市高级社会管理服务人才培训班举办】 10月21日至25日，市委组织部、市委社会工委和市人力社保局联合举办“北京市高级社会管理服务人才培训班”，来自全市16个区县社会工委、社会办以及多个街道、社区、社会工作事务所的96名学员参加了培训，其中，管理人才学员包括各区县社会工委、社会办主管领导、科长以及街道主管领导；服务人才学员包括社工事务所负责人，社区居委会主任、书记或社区服务站站长。此次培训以“请进来”的方式，邀请新加坡知名社会组织、研究机构的专家学者和资深社会工作者进行了集中授课，聘请的5位专家来自新加坡社会建设的不同领域，围绕社会工作发展背景、工作理念、组织架构、运行模式、技术实务和具体案例等12个专题，通过理论讲解与问题分析、教师与学员教学互动、国外经验与本土实践对比，紧紧围绕学习借鉴新加坡社会工作的有益经验，引导学员对全市社会建设领域的重点、难点问题进行深入思考，使培训效果进一步深化，达到开拓视野、更新观念、提高能力的目的。

（张 婷）

【第二届首都“寻找最美社工”评选结果发布】 11月30日，由中国社会工作协会、市委社会工委、《公益时报》社共同举办的第二届首都“寻找最美社工”活动举办结果发布仪式，对首都优秀社工进行表彰。活动自8月启动以来，全市各界踊跃报名，经由区县或社会组织推荐、个人自荐，共有来自244个社区、26个专业社工机构、32个社会组织以及部分福利院、学校、楼宇工作站等机构的340名个人申报参选。在评选过程中，组委会组织北京电视台、北京交通广播、人民网等主流媒体采访了37名先进社工及社区群众，从基层社工入手，对社工进行了典型报道。此外，组委会还制作了网络专题及网络投票系统。经过初审、网络投票、专家评审等环节，最终评出王海青、兰凌燕、安娜、刘冠华、朱佳琦、张跃豪、张鹭制、侯晓叶、胡夏瑜、韩士鹏、曾鑫、潘瑞凤等12名“最美社工”，丁蕊、马小娇等38名优秀社工。团市委、东城区委社会工委、朝阳区委社会工委、房山区委社会工委、通州区委社会工委、大兴区委社会工委获得优秀组织奖。此次活动紧密结合党的群众路线教育实践活动，深入发掘首都优秀社工先进典型，多家媒体对活动进行了跟踪报道，取得了良好的社会反响。

（张 婷）

【“社区矫正与行为矫正”社会工作理论与实务工作坊举办】 12月15日，北京市海淀区睿搏社会工作事务所与首都师范大学政法学院社工系合作，联合主办了“社区矫正与行为矫正”社会工作理论与实务工作坊。香港城市大学社会工作系高级督导、香港社会福利署前感化官培训项目主任梁礼君在工作坊做了主题演讲，系统介绍了香港的感化官制度、香港司法矫正社会工作的起源、社区矫正、社区感化的理论及实务。来自首都师范大学、中国政法大学、河南大学、山西财经大学等高校的教师和研究生，丰台中鼎社工事务所、朝阳心声社工事务所的一线社工，以及朝阳区司法局、丰台区司法局的专职司法工作人员共60余人参加了本次培训研讨活动。活动系统介绍了“社区矫正与行为矫正”方面的社会工作理论与实务，使与会者对开展社区矫正与行为矫正的实务技巧有了更系统深刻的认识。

（张　婷）

【完成“万名社区工作者培训计划”年度培训任务】 为贯彻市委、市政府关于加强和创新社会管理、全面推进社会建设的一系列要求，提高社区工作者队伍的专业化、职业化水平，提升社区服务管理水平，2013年全市继续实施“万名社区工作者培训计划”。“万名社区工作者培训计划”启动之后，各区县和北京青年政治学院高度重视，积极筹备，工作扎实有序，取得了阶段性成果。截至2013年年底，全市共对20415名社区工作者进行了培训，培训内容包括社区工作基本理论与实践、社区工作基本法规与政策等，传达了中央和市委、市政府关于社会建设的最新精神，提高了社区工作者的基本技能，丰富了做好社区工作的方法技巧，受到广泛欢迎。

（张　婷）

【“社区工作者硕士研究生培养计划”实施】 为加强社会工作高层次专业人才培养，积极探索创新人才培养模式，2013年全市继续实施“社区工作者硕士研究生培养计划”，委托北京城市学院面向全市社区工作者定向招收培养硕士研究生，分为社会管理、公共服务两个方向专业培养，采取“理论＋实践”的双导师制，充分发挥校内专业教师的理论优势和社会工作实务专家的实践优势，为学员提供综合指导。学习期满并考核合格，将同时授予研究生学历和硕士学位。为提高考试通过率，举办“社区工作者业务能力提升培训班”，对全市80名优秀社区工作者进行了专业知识和业务能力培训。2013年全市共有35名社区工作者通过全国统考，获得攻读社会工作专业硕士学位资格。

（张　婷）

【全市社会工作事务所达61家】 年内，全市积极培育扶持社会工作事务所发展，研究制定社会工作事务所建设分类指导意见，对新成立的社会工作事务所给予扶持补助。2013年全市新成立社会工作事务所11家，截至2013年年底，全市已累计建成社会工作事务所61家，共吸纳专职社工393人，兼职社工311人，共计704人。其中，持证社工261人，占37%；具有社会学、社会工作等专业背景的598人，占85%。各社会工作事务所根据自身专业优势和地区实际需求确定主要服务领域，如儿童早教服务、学校青少年服务、医疗社工服务、社会救助服务、未成年人犯罪预防服务、心理疏导服务、外来人口融入服务等，初步形成了社会工作事务所专业化、特色化的发展模式。

（张　婷）

【购买专业社工岗位工作深入推进】 年内，全市按照“一街一社工”的标准，为16个区县的145个街道共购买145个专业社工岗位，对每个岗位补贴3万元。同时加强对区县的指导，引导专业社工岗位向“百姓急需、社工能为”的领域倾斜，145个专业社工岗位主要分布在特殊群体服务、社区及社会组织发展、家庭关系调解、专业援助及服务共4大类、20个服务领域之中，全年共开展服务近2万余次，直接服务对象近4.5万人次，间接服务对象近10万人次，有效解决社会问题2000多件。各区县积极探索购买专业社工岗位新模式，如房山区在全市统一部署的基础上，结合本区实际，积极开拓创新，探索建立“一项目一团队”和“专家+专业社工+社区工作者+志愿者”的工作模式，顺义区探索专业社工介入社区服务的工作模式，通过专业社工方法及理念的传播，促进社区工作者更好地在社区开展工作，在社区内形成“社工带动义工，义工辅助社工”的新模式。

（张　婷）

【全市社会工作队伍建设获多项荣誉】　西城区悦群社会工作事务所总干事郭昊荣获第27届“北京青年五四奖章”，并当选北京市第十三次妇女代表大会代表；市委社会工委荣获中国社工协会颁发的“2013年度中国社工事业贡献奖”；全市“开展万名社区工作者培训计划”被评为“2013年度中国社会工作领域十大事件”；房山区委社会工委书记、区社会办主任于瑞林当选“2013年度中国十大社工人物”；西城区仁助社会工作事务所总干事安娜当选“2013年度中国优秀社工人物”；韩士鹏、胡夏瑜等11名社工获得“2013年度中国最美社工”称号。

（张　婷）

【加强社会工作队伍建设宣传】　充分利用国际社工日、第二届“寻找最美社工”等重要节日、活动，通过报纸、网站、电视等媒体对首都社会工作队伍建设工作进行宣传。《北京日报》8月22日专版刊登了《打造专业化、职业化的社工队伍　为首都社会工作建设提供坚强的人才支撑——北京社会工作队伍建设工作综述》，《京华时报》《公益时报》等媒体多次对首都社会工作队伍建设进行了报道。为充分展示全市社会工作事务所建设成果，对全市各社会工作事务所的基本情况、典型案例进行了整理，制作了《北京市社会工作事务所概览》。第二届“寻找最美社工”活动期间，将优秀社工的感人故事汇编成册，制作了《北京社工故事》宣传册，进一步弘扬首都社会工作者的优秀事迹。同时，指导各区县结合实际开展一系列立意新颖、特色突出的宣传活动，吸引全市广大社工积极参与，激发他们投身社会建设事业的热情。

（张　婷）

社会动员工作（志愿者工作）

【概况】　年内，全市社会动员工作以加快构建社会动员体制机制建设为核心，大胆探索、扎实推进，各项工作取得实效。印发《2013年在全市街道社区开展社会动员工作试点的方案》，在全市22个街道、35个社区开展第一批社会动员工作试点，从社会动员的体制机制、方式方法、组织队伍建设等方面进行探索创新。印发《北京市2013—2014年度冬季社区扫雪铲冰应急预案》，依托北京市社会建设网和手机报系统，及时发布扫雪铲冰预警信息及工作动态信息。多次召开志愿者联席会，统筹推进志愿者工作。积极筹备志愿者联合会第一次会员代表大会，与有关单位联合举办“让志愿服务走进生活”北京志愿服务推动日活动，召开“12·5”中国志愿服务国际交流大会。推进志愿服务实名注册工作，全市注册志愿团体12830个，实名注册志愿者超过230万人。推进志愿服务长效机制建设，启动全市志愿服务计时，开展志愿服务星级徽章评选工作。扎实开展志愿服务活动，圆满完成第九届中国（北京）国际园林博览会、第十六届中国北京国际科技产业博览会等18项重大赛会的志愿服务，参与志愿者19788人，服务时间累计242603小时。组织动员市民劝导队参与交通、治安、环境三大秩序管理整治工作，探索市民劝导队参与全市性重点工作的有效机制。联合有关部门研究起草了统筹规范协管员队伍建设的意见，协管员队伍统筹规范工作取得阶段性成果。扎实推进重大节日、重要活动、突发事件等敏感期社会领域维稳工作，参与全市“守望教会”专项治理工作，积极配合市相关部门做好青年流动人群服务管理、“平安北京”创建、社会矛盾多元调解等工作，有效保证了社会领域的安全稳定。

（王卫峰）

【各级各类团组织、志愿者组织积极开展扫雪铲冰志愿服务】 1月20日，北京市迎来雨雪天气，团市委、市志愿者联合会第一时间启动扫雪铲冰志愿服务应急工作预案，及时向各区县团委、志愿者联合会发出“志愿真情融冰雪”的扫雪铲冰志愿倡议，组织带领团员青年、志愿者，为街道、社区、学校等公共区域的地面清扫积雪、铲除湿冰等。海淀区、通州区等区县团组织和志愿服务队积极响应号召，3万余名志愿者投身到扫雪铲冰志愿服务中，为广大市民的出行提供安全保障。

（王卫峰）

【“让志愿服务走进生活”北京志愿服务推动日活动举办】 3月5日，市委社会工委、首都文明办、首都综治办、市民政局、团市委和市志愿者联合会举办“让志愿服务走进生活”北京志愿服务推动日活动。活动集中征集了12180个志愿服务项目，发布推介了110个创新性、示范性项目，756家志愿者组织参加现场展示，首次实现了全市志愿服务的供需对接。市委常委陈刚、市委副秘书长王翔、市政府副秘书长侯玉兰出席活动。

（王卫峰）

【市民劝导队志愿服务主题研讨活动举行】 3月5日，市委社会工委、市社会办举办，市志愿者联合会协办的市民劝导队志愿服务主题研讨活动在北京国际会议中心举行。中国人民大学莫于川教授、中国青年政治学院江汛清副教授、北京师范大学张强副教授及各区县委社会工委、市民劝导队代表参加活动。“市民劝导队志愿服务”旨在通过搭建居民志愿服务平台，探索社区居民自治新形式，建立健全社区志愿服务长效机制，动员和组织群众依法理性有序参与社会管理和公共服务，加强和创新社会管理。

（王卫峰）

【志愿者服务计时工作正式启动】 3月5日，依托“志愿北京”信息平台，志愿者服务计时工作正式启动。计时包括直接录入、条形码、二维码等多种方式，为建设星级评定工作制度奠定了扎实基础。

（王卫峰）

【市志愿者联合会党建工作委员会正式成立】 3月15日，“北京民办教育协会等10家市级‘枢纽型’社会组织党建工作委员会成立暨集中授牌会议”在北京城市学院举行。市委常委陈刚，市委副秘书长王翔，市委社会工委书记、市社会办主任宋贵伦出席会议。与会领导为新成立的10家市级“枢纽型”社会组织党建工作委员会授牌，郭新保同志代表市志愿者联合会接受牌匾。

（王卫峰）

【全市中小学积极推动学生志愿服务教育和实践】 3月20日，“志愿服务点亮多彩青春”志愿服务启动活动在北京市第六十五中学举办。该活动旨在深入推进全市中小学志愿服务精神教育和适应中小学身心健康的志愿服务实践活动，鼓励高中学生在监护人的同意下成为北京市实名注册志愿者，通过实际行动推动学雷锋志愿服务常态化。

（王卫峰）

【市应急志愿者服务总队赴雅安抗震救援队圆满完成志愿服务】　4月20日至25日，市应急志愿者服务总队积极响应号召，组建赴雅安抗震救援队，圆满完成了搜救排查、医疗救助、心理安抚等应急救援服务以及应急物资搬运、交通疏导、物资发放等志愿服务。

（王卫峰）

【制定下发《2013年在全市街道社区开展社会动员工作试点的方案》】　7月8日，市委社会工委在深入街道社区广泛调研、摸清底数的基础上，制定下发《2013年在全市街道社区开展社会动员工作试点的方案》，正式启动第一批22个街道、35个社区的社会动员试点工作。

（王卫峰）

【全市街道社区社会动员工作试点部署会召开】　7月11日，全市街道社区社会动员工作试点部署会召开。市委社会工委副书记、市社会办副主任周开让围绕社会动员的基本理论、北京市社会动员的总体情况、如何做好首都社会动员工作的思考、扎实做好第一批社会动员试点工作的要求作辅导报告。朝阳区麦子店街道以《动员社会参与　开展党政群共商共治》为题、大兴区天宫院街道海子角社区以《依托社会组织 服务社区居民》为题做典型发言。各区县社会工委、社会办主管领导，相关科室负责人，试点街道主管领导，试点社区负责人以及委办相关处室负责人共100余人参加会议。

（王卫峰）

【全市注册应急志愿者轮训工作部署会召开】　10月21日，全市注册应急志愿者轮训工作部署会在奥运大厦召开。市应急办相关负责同志、市志愿服务指导中心相关负责同志出席会议，来自各专项应急指挥部、相关委办局和单位、16区县应急委、16区县团委、民间骨干应急志愿者服务队相关负责人员50余人参加会议。

（王卫峰）

【社会动员试点工作系列片会召开】　11月，市委社会工委、市社会办先后组织召开西南、东北、西北3个社会动员试点工作片会。会议听取了各区县试点街道社区的社会动员工作进展情况，总结交流了工作经验，研究了面临的问题和对策。12个区县社会工委分管领导和试点街道社区负责人参加会议。

（王卫峰）

【全市首个公益博览会举办】　12月2日，朝阳区举办全市首个公益博览会——朝阳区2013年社会公益博览会。设立成果展示、交流对接、参与体验和公益沙龙等区域，方便参与者了解公益服务、发布信息、对接交流。会上，同时对朝阳区2012—2013年度社会组织服务管理工作先进街乡、社会组织优秀项目、2013年度突出贡献志愿者、优秀志愿者组织和爱心企业等进行了表彰。朝阳区志愿服务项目化运作实施三年来，共募集资金440余万元，全部用于支持和保障朝阳区志愿服务活动。

（王卫峰）

【中国志愿服务国际交流大会在京举行】　12月5日，由市委社会工委、市社会办和首都文明办、首都综治办指导，团市委、市志愿者联合会和英国海外志愿服务社主办的2013中国志愿服务国际交流大会在京举行。会议的主题是“汇聚志愿力量，共筑中国梦想”，来自国内外的400多家志愿服务组织约1000余人参加了活动。

（王卫峰）

【社会动员试点工作顺利推进】　7月至12

月，全市第一批社会动员试点单位围绕引导居民参与公共决策、引导企业履行社会责任、完善应急社会动员机制、完善志愿服务长效机制等内容，在社会动员体制机制、方式方法、组织队伍建设等方面进行了探索创新，取得了阶段性成效。

（王卫峰）

【社会领域维稳工作扎实推进】 按照全市维稳工作统一部署，圆满完成全国“两会”、国庆、党的十八届三中全会等敏感期社会领域维稳工作，启动维稳情报信息战时会商机制，严格落实安全稳定情况每日“零报告”制度，确保了重大节日、重要活动和敏感时期社会领域的安全稳定。

（王卫峰）

【《关于进一步组织动员社会力量加强扫雪铲冰工作的通知》下发】 《通知》着眼全面加强全市扫雪铲冰能力，确保雪天公众出行安全、道路畅通、市容整洁，从工作目标与主要任务、扫雪铲冰社会动员体系、雪前组织动员准备、做好组织动员工作、保障措施五个方面，对组织动员社会力量参与扫雪铲冰工作作出了规定。

（王卫峰）

【《北京市2013—2014年度冬季社区扫雪铲冰应急预案》制定下发】 根据《北京市扫雪铲冰应急预案》，市委社会工委制定下发《北京市2013—2014年度冬季社区扫雪铲冰应急预案》，建立社区扫雪铲冰应急指挥体系和分级动员响应工作机制，动员社区工作者、志愿者、社区内单位、居民等社会力量约30万人参与冬季扫雪铲冰工作。

（王卫峰）

【全市市民劝导队人员规模超过7万人】 年内，深入区县、街道、社区广泛开展调研，梳理和总结各区县市民劝导队工作情况，举办市民劝导队志愿服务主题交流论坛，组织动员市民劝导队参与交通、治安、环境三大秩序管理整治工作，市民劝导队建设得到扎实推进。截至年底，全市建立市民劝导队2200余支，劝导队员人数达到73500余人，在广泛参与社会治理中发挥了重要作用。

（王卫峰）

【全市实名注册志愿者超过230万人】 扎实推进志愿者实名制注册，截至年底，全市实名注册志愿者超过230万人，注册志愿团体12830个，发布项目15047个，提前完成“十二五”社会建设规划纲要目标。

（王卫峰）

【协管员队伍建设调研工作完成】 以实现协管员队伍建设规范化、社会化和市场化为目标，深入区县开展协管员队伍情况调研。据调查，全市协管员共有72类，近17万人。联合有关部门研究撰写了《统筹规范协管员队伍建设的意见（初稿）》。

（王卫峰）

【重大活动志愿服务圆满完成】 全年圆满完成第九届中国（北京）国际园林博览会、第十六届中国北京国际科技产业博览会、2013年国际田联世界田径挑战赛北京站、第二届中国（北京）国际服务贸易交易会、第四届北京奥运城市体育文化节等18项重大赛会的志愿服务，参与志愿者19788人，服务时间累计242603小时，产生良好的社会反响。

（王卫峰）

【全市四级志愿服务网络初步形成】 以市级志愿者组织（含市属委办局系统专业志愿者队伍）和区县志愿者联合会为骨干，以街道志愿者协会和社区各类志愿者组织为基础，初步形成了市、区（县）、街道、社区四级联动的志愿服务网络体系，共联系全市各级、各类志愿者组织7201家，吸纳志愿者2025421人，“枢纽”作用得到充分发挥。

（王卫峰）

社会领域党建工作

【概况】 年内，全市社会领域党建工作以学习贯彻落实党的十八大精神为主线，紧紧围绕全面提高党的建设科学化水平工作要求，不断创新管理体制和工作机制，改进工作方式和活动载体，扩大党组织和党的工作覆盖面，各项工作取得明显成效。一是街道社区区域化党建工作有效推进。新建街道（乡镇）社会工作党委16个，全市所有街道、乡镇全部建立社会工作党委。在全市范围内启动了“六小门店”党建工作试点，确定25家首批试点单位。与市委组织部等部门联合开展城乡基层党的建设“三级联创”活动，对全市22个街道、54个城市社区、16个农村社区基层党的建设进行调研检查。二是社会组织党建工作覆盖面不断扩大。召开了10家市级“枢纽型”社会组织党建工作委员会成立大会，27家市级“枢纽型”社会组织党建工作“3+1”机制实现全覆盖。在现有208个区（县）级、143个街道（乡镇）级“枢纽型”社会组织开展党建工作试点。与市委宣传部、市交通委座谈互联网、出租汽车行业党建工作，加大行业协会、社会中介组织、民办非企业组建党组织力度。建立党建工作示范点46个，新建社会组织党组织70个。三是非公有制企业党建工作进一步完善。聘请1200名离退休党员干部担任非公有制企业党建工作指导员，组织开展全员培训。印发商务楼宇工作站服务管理办法，推进商务楼宇“五站合一”规范化建设，确定示范站点100个。建成非公有制经济组织党建“五个好”示范点1775个，全市非公有制企业党组织覆盖率达到75%左右。新建商务楼宇工作站19个，全市1244个工作站实现“五站合一”，覆盖1297座商务楼宇、6.9万余家“两新”组织、92万余名就业人员、4.3万余名党员。四是社会领域党建工作队伍建设进一步加强。会同市委组织部举办全市非公有制企业党组织书记、社区党组织书记、社会组织党组织书记示范培训班和街道党工委书记集中培训班，共培训461人。会同市委统战部组织社会领域党组织负责人统战培训，共培训1099人。成立社会领域党建研究会及社区、非公有制企业、社会组织3个专业党建工作委员会，加强社会领域党建理论与实践创新研究。

（刘亚丽）

【对社会领域基层组织建设年工作进行全面总结】 1月上旬，市委社会工委全面总结2012年社会领域基层组织建设年工作。据统计，在参加分类定级的11689个基层党组织中，有98%左右的基层党组织实现了整改提高，其余的基层党组织在本等级上的分值均有所提升。在被评为“较差”等级的203个基层党组织中，有44个基层党组织由于不符合建立党组织条件予以撤销，有3个非公有制企业党组织由于企业处于停业整顿状态未实现晋位升级，其余156个基层党组织实现了整改提高，所占比例为77.1%。其中，有10个基层党组织由“较差”等级晋升为“较好”等级。

（刘亚丽）

【《北京市商务楼宇工作站服务管理办法（试行）》出台】 1月9日，市社会建设工作领导小组办公室印发《北京市商务楼宇工作站服务管理办法（试行）》，明确了商务楼宇党建工作站、社会服务站、工会工作站、共青团工作站和妇联工作站的工作职责，并对工作站的办公用房、工作人员、经费保障、工作制度等进行了规范。市级通过北京市社会建设专项资金等渠道，并落实区县属地责任，在政府购买服务项目、服务岗位和党建工作全覆盖等方面给予支持，确保商务楼宇工作站正常开展工作和活动。

（刘亚丽）

【社会领域党建工作2012年第四季度例会召开】 1月10日，2012年社会领域党建工作第四季度例会召开，总结交流2012年各项工作，研讨2013年工作思路。会议对社区党的建设“三级联创”、聘请离退休党员干部担任非公有制企业党建工作指导员、社会领域党建数据库信息采集等重点工作进行了动员部署。各区县社会工委分管党建工作的领导及党建科长参加会议。

（刘亚丽）

【全市非公有制企业党建工作联席会召开】 2月13日，全市非公有制企业党建工作联席会在市经济技术开发区党群活动服务中心召开。会议组织参观了市经济技术开发区党群活动服务中心和北京泰德制药有限公司党建工作开展情况，座谈交流了2013年全市非公有制企业党建重点工作任务。市经济技术开发区、市投资促进局、市外企服务集团有限责任公司、市人才服务中心以及朝阳区非公有制企业工委、海淀科技园区工委相关负责同志参加会议。

（刘亚丽）

【指导市友协推动对外交往类社会组织党建工作】 2月27日，市委社会工委、市社会办与市友协就完善“枢纽型”社会组织党建“3+1”工作机制、探索创新对外交往类社会组织党建工作特点规律和方式方法等问题进行座谈交流。双方就充分发挥社会组织党建工作委员会统筹协调、把关定向、服务管理作用，提升社会组织党建科学化水平等问题达成共识。

（刘亚丽）

【社会领域“两代表一委员”任职情况统计工作完成】 据统计，全市社会领域中党的十八大代表有3人、市十一次党代会代表有42人、市十四届人代会代表有101人，市十二届政协委员有112人，合计258人。其中，社区层面代表22人，占8.5%；街道层面代表14人，占5.4%；非公有制经济组织代表199人，占77.1%；社会组织代表21人，占8.1%；其他2人，占0.9%。

（刘亚丽）

【北京民办教育协会等10家市级“枢纽型”社会组织党建工作委员会正式成立】 3月5日，北京民办教育协会等10家市级“枢纽型”社会组织党建工作委员会成立暨集中授牌会议在北京城市学院召开。团市委、市文联、市志愿者联合会、首慈联、北京民办教育协会、市友协、市民交协、首促会、市民族联谊会、北京企业联合会共10家市级“枢纽型”社会组织党建工作委员会正式成立，标志着全市27家市级“枢纽型”社会组织党建工作委员会实现了全覆盖。市级“枢纽型”社会组织党建工作委员会的主要职责是坚持党建与业务一起抓，加强对同类别、同性质、同领域社会组织党建工作的服务与指导。市委常委陈刚出席会议并讲话。市委副秘书长王翔主持会议。市委社会工委书记、市社会办主任宋贵伦通报了市级“枢纽型”社会组织党建工作开展情况。各市级“枢纽型”社会组织主管领导和负责党建工作的部门（处室）负责人以及部分市级“枢纽型”社会组织下属社会组织党组织书记等120余人参加会议。

（刘亚丽）

【市级“枢纽型”社会组织工作例会召开】 3月5日，市级“枢纽型”社会组织党建工作例会召开。会议动员部署了市级“枢纽型”社会组织规范化建设、社会组织党建与社会服务管理相结合等工作任务。27家市级“枢纽型”社会组织负责党建工作的部门（处室）负责人及相关工作人员共40余人参加。

（刘亚丽）

【“老党员先锋队”工作积极推进】 3月6日，市委社会工委与市老干部局就推动“老党员先锋队”纳入社区党建工作事宜进行座谈交流，双方一致认为，开展此项工作是引领广大离退休干部立足社区、服务群众，以实际行动发挥老党员先进性的具体举措，继续加强协调配合，努力形成工作合力。会上还研讨了聘请离退休党员干部担任非公党建指导员相关工作。

（刘亚丽）

【全市社会领域党建工作第一季度例会召开】 3月20日，全市社会领域党建工作2013年第一季度例会召开。会议研讨了社会领域党建与社会服务管理创新有机结合相关工作，部署了2013年社会领域党建重点任务。大兴、石景山、东城、丰台、怀柔5个区围绕开展聘请非公党建指导员、构建区域化大党建工作格局、推进社区网格党组织建设、提升非公有制企业党组织覆盖率以及探索建立区县社会组织党建“3+1”工作机制等内容进行典型发言。16个区县社会工委主管领导、党建科长参加会议。

（刘亚丽）

【地雅投资管理集团开设大讲堂】 3月20日，地雅投资管理集团党委开设“地雅大讲堂”，旨在贯彻落实中央、市委关于建设学习型企业、学习型党组织的工作要求，为集团未来战略发展储备人才，进一步助推企业发展、增强核心竞争力。年内，大讲堂共开设《党建和领导班子建设》《谈判技巧与商务沟通》等十八讲课程。

（刘亚丽）

【全市社会领域党建数据库信息采集工作启动】 为进一步加快社会领域党建工作信息化建设，市委社会工委、市社会办3月底正式启动全市社会领域党建数据库信息采集工作。按照“用户分级分类管理”原则，分步完成市、区（县）、街道（乡镇、地区、园区）、社区（商务楼宇）四级社会领域党建数据采集录入工作。年内，全市2498个社区、996个商务楼宇、293个街道（地区、乡镇）、30个科技园区开展了社会领域党建数据信息采集工作，2013年度信息采集任务顺利完成。

（刘亚丽）

【检查验收市级商务楼宇工作站示范点】 为督促检查各区县贯彻落实《北京市商务楼宇工作站服务管理办法（试行）》文件精神和全市开展商务楼宇工作站示范点创建工作进展情况，市委社会工委、市社会办通过实地察看办公及活动硬件设施，翻阅档案资料、工作台账，询问工作站工作人员及入驻企业等方式，对2012年各区县申报的200个商务楼宇工作站进行集中检查，从4月中下旬开始，至7月中下旬结束，共持续3个月。根据示范点创建“六有”（有地方办事、有人员办事、有经费办事、有工作制度、有信息化支撑、有组织和工作覆盖）标准，从中评选出100个示范站（点），并在北京社会建设网公布，接受社会监督。

（刘亚丽）

【中组部组织二局调研北京市非公有制企业党建工作】 4月24日，中组部调研北京市非公有制企业党建工作座谈会在金融街街道商务楼宇党群工作中心站召开。中组部组织二局巡视员、副局长徐彦军出席会议并讲话，北京市委组织部副部长刘宇辉主持会议。会议重点介绍了北京市及西城区非公有制企业党建工作情况，并就非公党建热点问题进行了座谈交流。徐彦军副局长总结了北京市推进非公有制企业党建工作的4个特点并针对北京市面临的非公有制企业党建突出问题提出3点建议。

（刘亚丽）

【市社会领域党建研究会筹备工作会议召开】 4月26日，市社会领域党建研究会筹备工作会议召开。会议通报了研究会筹备工作情况、成立大会预案，审议了研究会章程（草案）、会费标准及收取办法（草案）、领导机构成员建议名单、研究会第一次会员大会选举办法和选举委员会组成人员。各区县社会工委、社会办分管领导，市级“枢纽型”社会组织党建委办公室负责人，市非公有制企业党建主管部门领导以及部分非公有制企业党组织负责人共计70余人参加会议。

（刘亚丽）

【城乡基层党的建设“三级联创”活动全面启动】 4月27日，全市城乡基层组织建设推进会召开。市委副秘书长、市委党建工作领导小组办公室主任张建明出席会议并讲话，市委组织部副部长刘宇辉主持会议。会议通报了全市社区、农村2012年度“三级联创”活动情况，介绍了全市村委会换届选举进展情况，并从强化党委对选举的领导、选优配强村委会班子等五个方面对下一步工作进行了部署。各区县委常委组织部部长、社会工委书记、农工委书记及各区县民政局局长等参加会议。

（刘亚丽）

【出租汽车行业党建工作积极推进】 5月15日，市委社会工委与市交通委召开座谈会，交流研讨《关于加强和改进出租汽车行业党建工作的意见（试行）》以及全市出租汽车行业党建工作推进大会后有关工作的落实情况，并就党建工作如何服务保障出租汽车行业和谐、稳定等工作交换意见。双方一致认为，行业党建工作要坚持围绕中心任务抓党建、发挥行业优势抓党建、创新服务模式抓党建，特别是出租汽车企业党组织和党员要不断探索作用发挥的有效途径，为加强出租汽车管理、提高运营服务水平、促进行业和谐发展作出贡献。

（刘亚丽）

【全市聘请离退休党员干部担任非公党建指导员工作成效显著】 2012年年底，市委社会工委、市老干部局启动在全市聘请离退休党员干部担任非公有制经济组织党建工作指导员工作。截至2013年3月底，全市聘请1200名非公党建指导员工作顺利完成。5月17日，举行离退休党员干部非公党建指导员培训启动仪式。培训工作紧紧围绕中央和市委关于加强和改进非公有制企业党建工作的有关文件解读、北京市社会服务管理创新、全市非公党建工作进展情况及党务工作经验做法等内容开展。市委社会工委书记、市社会办主任宋贵伦以“深化社会体制改革，创新社会服务管理”为题，为参训学员进行开班授课。市委社会工委委员、市社会办副主任陈建领做开班动员讲话。市、区两级社会工委、老干部局主管领导及部分离退休党员干部非公党建指导员近300人参加启动仪式。会后，采取市、区两级联动方式，指导各区县对所有聘请的非公党建指导员开展专题培训。年内，全市1200名离退休党员干部非公党建指导员帮助企业建立党组织485个，指导发展党员559名，培养入党积极分子3050名，建立群团组织508家，联系、指导、走访单位及企业54000多家，帮助企业及员工解决生产经营、子女入学等实际困难3200多件，提出合理化建议2900多条。

（刘亚丽）

【全市社会组织党建工作示范点创建活动启动】 创建活动自5月份启动，分为创建培育和深化提升两个阶段。创建培育阶段重点选择基础较好的社会组织，经过1—2年的创建和培育，健全完善党建工作机制，探索党组织和党员发挥作用的途径、方式，形成一批“五有”（服务大局有成效、联系群众有渠道、发挥作用有载体、功能健全有活力、活动丰富有保障）社会组织党组织；再经过1—2年的深化提升，推出一批达到“五好”（领导班子好、党员队伍好、工作机制好、发挥作用好、各方反映好）要求、具有典型示范作用的社会组织党组织。年内，对各市级“枢纽型”社会组织推荐的59个社会组织党建示范点进行调研走访，最终确认46个市级社会组织党建示范点，并给予经费支持。

（刘亚丽）

【市社会领域党建研究会正式成立】 6月29日，市社会领域党的建设研究会正式成立。中组部党建研究所原所长、中纪委驻科学院纪检组原组长、特邀研究员代表王庭大致辞。市委常委陈刚出席成立大会并讲话。市委副秘书长王翔主持成立仪式。会议表决通过了北京市社会领域党建研究会筹备工作报告、章程、会费管理办法和大会选举方式；选举产生了研究会第一届领导机构成员。市委社会工委书记、市社会办主任宋贵伦当选市社会领域党建研究会会长。该研究会主要职责是整合社会领域党建研究资源，聚集社会领域党建研究人才，深入研究北京市社会领域党的建设理论和实践问题，系统总结和交流社会领域党建工作做法经验，不断推动首都社会服务管理工作创新。市委组织部，市党建研究会，市委社会工委、市社会办，市民政局有关负责同志，部分社会领域党建专家学者以及北京市社会领域党的建设研究会第一届会员等750余人参加会议。

（刘亚丽）

【市级“枢纽型”社会组织半年工作例会召开】 6月19日，市级“枢纽型”社会组织半年工作例会召开。会议就社会领域党建研究会成立大会相关事宜、下半年社会组织党建工作以及购买社会组织党建工作岗位等工作进行了部署。27家市级“枢纽型”社会组织负责党建工作部门负责人及相关工作人员共40余人参加会议。

（刘亚丽）

【市委组织部调研社会领域党建工作】 6月21日，市委组织部组织处到市委社会工委调研社会领域党建工作，重点围绕推进互联网、税务师协会、园区等新兴行业党建工作，探索建立街道社区区域化党建工作格局，建立健全“枢纽型”社会组织党建工作机制，完善非公党建联席会机制，加强非公有制企业出资人队伍建设以及开展服务型基层党组织建设等方面的工作进行了座谈交流。

（刘亚丽）

【全市社会领域各级党组织积极开展活动纪念建党92周年】 海淀区召开社会领域纪念建党92周年大会，对全区社会领域涌现出的53个先进集体、50名优秀共产党员和党务工作者进行表彰；大兴区以街道（乡镇）社会工作党委、生物医药基地工委、新媒体党委为主体，在非公经济组织党组织中开展“七个一”活动；平谷区组织社会领域2000余名党员收听、收看区委书记张吉福讲党课活动，进一步坚定理想信念，建设幸福平谷；朝阳区以共圆“中国梦”为主线，举办“凝聚力量，共筑梦想”主题党日活动，充分展示了基层党组织、党员在实现“中国梦”过程中发挥的领导核心作用；市侨联特邀中共北京市委讲师团成员、首都师范大学马克思主义教育学院院长李松林教授为侨联系统党员群众作题为《“中国梦”与中国特色社会主义道路》报告。

（刘亚丽）

【安利（中国）日用品有限公司党委正式成立】 7月3日，安利（中国）日用品有限公司党委成立，公司在全国共成立27个党组织，覆盖14个省、3个直辖市（其中包括2个党委、1个党总支、24个党支部），有员工党员420余名，约占企业员工总数的5%。安利（中国）作为一家跨国企业，自进入中国后，充分认识到外资企业是非公经济的重要组成部分，积极开展党建工作，较好地发挥了党组织的引领、服务、组织、协调作用。

（刘亚丽）

【在全市“两新”组织党组织中积极开展

"中国梦"学习教育知识竞赛活动】 7月4日至15日，在全市"两新"组织党组织中开展了"中国梦"学习教育知识竞赛活动，组织全市"两新"组织党员干部在集中学习十八大以来习近平同志一系列重要讲话和其他参考资料、在收看《正道沧桑——社会主义500年》电视片的基础上，填写竞赛试题或登录宣讲家网站、中国大学生网参与网络答题。据统计，全市共有18694名"两新"组织党员干部参加竞赛。其中，参与纸质答题活动的有4570人，参与网络答题活动的有14124人。

（刘亚丽）

【重庆市委"两新"工委来京调研"两新"组织党建工作】 8月7日，重庆市委"两新"工委来京调研"两新"组织党建工作，召开座谈会，交流研讨两市非公有制企业从业人员管理和"两新"组织党组织直管等工作情况。东城、西城、朝阳、房山、平谷区社会工委主管领导、非公有制企业主管部门负责人以及部分非公有制企业党组织负责人参加会议。

（刘亚丽）

【全市社会领域党建工作第二季度工作例会召开】 8月9日，全市社会领域党建工作2013年第二季度工作例会召开。会议总结交流了上半年工作完成情况，对下半年开展的服务型党组织建设、区域化党建、加强非公党建指导员队伍建设、社会组织党建示范点创建等重点工作任务进行部署。会议通报了各区县落实《北京市商务楼宇工作站服务管理办法（试行）》和商务楼宇示范点创建检查情况，并讨论了有关整改方案。各区县社会工委分管党建工作的领导及党建科长参加会议。

（刘亚丽）

【6部门共同开展第四届北京市优秀中国特色社会主义事业建设者表彰活动】 8月13日，市委社会工委、市社会办与市委统战部、市人力资源和社会保障局、市经济和信息化委员会、工商行政管理局、市工商业联合会6部门共同印发通知，开展第四届北京市优秀中国特色社会主义事业建设者表彰活动。经广泛推荐、严格评审、媒体公示等环节，授予北京宏源餐饮管理有限公司董事长马龙等46名新的社会阶层人士第四届北京市"优秀中国特色社会主义事业建设者"荣誉称号。

（刘亚丽）

【全市非公有制企业党组织负责人示范培训班举办】 8月14日至16日，市委组织部、市委社会工委、市委党校联合在市委党校二分校举办全市非公有制企业党组织负责人示范培训班。70名非公有制企业党组织负责人参加培训。本期示范培训班采取专题讲座、现场教学、学员论坛、分组讨论、经验交流等形式进行，并组织学员到北京高能时代环境技术股份有限公司、闪联信息技术工程中心进行了参观学习。市委社会工委书记、市社会办主任宋贵伦作了题为"深化社会体制改革，创新社会服务管理"的辅导报告。

（刘亚丽）

【市注协基层党组织书记培训班举办】 为进一步加强行业党建工作，市注协党委于8月至9月在陕西旬邑马栏干部学院连续举办三期基层党组织书记培训班，150余名基层党组织书记参加。培训期间，举行了马栏党建教育培训基地揭牌仪式、向革命烈士敬献花篮、重温入党誓词、为贫困学校献爱心、协会艺术团成立等活动；邀请有关专家介绍了行业党建网的功能及操作情况，讲解了旬邑革命史；组织学员参观了陕甘宁边区关中特区和马栏革命旧址，座谈交流了开展基层党建工作的经验体会。

（刘亚丽）

【中关村科技园区丰台园成立企业家党校】 为推进非公有制企业党建工作，中关村科技园区丰台园党工委从教育培训入手，于8月正式成立园区企业家党校。党校结合工作实际和党建领域的热点、焦点问题，邀请党政机关、高校和各级党校的领导干部、专家学者，为园区企业家开展党务理论知识培训。年内，开展“新党章辅导”“党务公文写作”等5个主题46个班次的专题培训。园区规模以上的31家企业共109名企业家参加培训。

（刘亚丽）

【全市社区党组织书记示范培训班举办】 9月23日至27日，市委组织部、市委社会工委、市委党校共同举办全市社区党组织书记示范培训班。市委社会工委书记、市社会办主任宋贵伦，民政部社区建设专家顾问组成员、南开大学教授唐忠新，北京师范大学教授郑日昌，市委党校教授靳连芳等分别围绕“深化社会体制改革，创新社会服务管理”“社区服务与社区管理”“基层领导心理塑造与调试”“全面贯彻落实十八大精神，扎实推进社区党建工作”等进行了深入讲解。155名社区党组织书记参加培训。

（刘亚丽）

【市社会领域党建研究会非公有制经济组织党建专委会成立】 9月3日，市社会领域党的建设研究会召开非公有制经济组织党建专委会座谈会。会议确定了非公有制经济组织党建专委会组织机构成员名单，研讨了专委会工作运行机制，部署了专委会重点研究方向。北京市工商联副主席，北京叶氏企业集团有限公司党委书记、总裁，市社会领域党的建设研究会副会长秦剑锋任党建专委会主任。

（刘亚丽）

【全市部分非公党建指导员座谈会召开】 10月28日，市委社会工委、市社会办与市老干部局共同召开全市部分非公党建指导员座谈会。会议就各区县对非公党建指导员的管理、考核、奖惩工作以及非公党建指导员自身发挥作用等情况进行了深入交流探讨。全市部分区县15名非公党建指导员参会座谈。

（刘亚丽）

【市社会领域党建研究会社会组织党建专委会成立】 10月29日，市社会领域党的建设研究会召开社会组织党建专委会座谈会。会议宣布了社会组织党建专委会组织机构成员名单，市社会领域党的建设研究会副会长、社会组织专委会主任刘林代表专委会作了表态发言，与会同志研讨了专委会年度重点研究方向和工作运行机制。社会组织党建专委会组织机构30余家成员单位的党组织负责人出席会议。

（刘亚丽）

【全市酒店类（涉外）企业党建工作积极推进】 11月18日，市委社会工委与市委组织部在朝阳区千禧大酒店共同组织召开全市酒店类（涉外）企业党的建设工作座谈会，会议交流研讨了涉外酒店类企业党建工作的热点、难点问题。朝阳区介绍了酒店类（涉外）企业党建工作情况及做法。中组部组织二局三处处长崔亚飞出席会议。市委组织部、市委社会工委相关处室负责同志，城六区委组织部主管部长、社会工委主管领导以及威斯汀大酒店党支部负责同志参加会议。

（刘亚丽）

【市社会领域党建研究会社区党建专委会成立】 11月22日，市社会领域党的建设研究会召开社区党建专委会座谈会。会议确定了社区党建专委会组织机构成员名单，部署和研讨了专委会年度重点研究方向和工作运行机制，27个成员单位的党组织负责人出席会议。朝阳区委常委、宣传部部长兼统战部部长、市社会领域党建研究会常务理事谢莹任党建专委会主任。

（刘亚丽）

【商务楼宇从业人员毒品预防教育活动启动仪式举行】 11月15日，由市禁毒办、市社会办、市法宣办、团市委联合主办，市禁毒教育基地管理中心、北京禁毒教育协会等共同承办的2013—2014年度商务楼宇毒品预防教育活动启动仪式在建外SOHO商务楼宇工作站举行。市禁毒办副主任、市公安局禁毒总队政委金志海，市委社会工委委员、市社会办副主任陈建领共同为活动揭幕。禁毒志愿者代表、商务楼宇及工作站职工代表等30余人参与仪式；中国警察网、北京日报社、交通广播及北京禁毒在线等近10家媒体参与了报道活动。商务楼宇毒品预防教育活动始于2012年，旨在面向北京市各大商务楼宇内职工普及毒品知识，传播禁毒理念，提高自身拒毒、防毒能力，进一步加大禁毒教育进社区工作力度，探索合成毒品危害宣传教育新模式。

（刘亚丽）

【天津非公工委来京调研非公有制企业党建工作】 11月20日，天津市非公有制经济组织工委副书记耿伟率团来京调研非公有制企业党建工作。市委社会工委书记、市社会办主任宋贵伦介绍了全市社会建设工作情况。市委社会工委委员、市社会办副主任陈建领陪同调研。

（刘亚丽）

【全市社会组织党组织负责人示范培训班举办】 11月27日至29日，市委组织部、市委社会工委、市委党校在市委党校一分校举办全市社会组织党组织负责人示范培训班。培训采取专题讲座、现场教学、学员论坛、分组讨论、座谈交流等形式进行。市委社会工委书记、市社会办主任宋贵伦，国家行政学院社会和文化教研部研究员程萍，国防大学教授公方彬，市民政局社团办主任温庆云，市委党校教授靳连芳等专家学者围绕深化社会体制改革、贯彻落实十八大精神推进社会组织党建工作等专题进行了深入讲解和交流。90名社会组织党组织负责人参加培训。

（刘亚丽）

【全市区域化党建工作着力推进】 12月10日，市委社会工委、市社会办与市委组织部联合召开推进区域化党建工作专题研讨会，会议对全市开展区域化党建工作的目标要求、重点任务进行了部署。东城区东花市街道、西城区委组织部等8家单位分别作了交流发言。全市部分区县委常委、组织部长，各区县委组织部主管副部长、社会工委书记参加研讨。市委组织部副部长刘宇辉主持会议。

（刘亚丽）

【全市街道党工委书记、社区党组织负责人培训问卷调查工作开展】 为增强2013年街道党工委书记集中培训工作的针对性和实效性，市委组织部、市委社会工委联合开展了调研工作。向全市16个区县、141个街道和近500个社区发放调研问卷609份，共有141位街道党工委书记和468位社区党组织书记填写了调查问卷，问卷回收率达到95%。通过对回收问卷的分析，有超过90%的问卷对全市街道、社区党组织书记培训的形式、时间、课程设置及聘请教师情况满意或基本满意。

（刘亚丽）

【商务楼宇“五站合一”工作机制建设积极推进】 年内，新建商务楼宇工作站19个，并多次与市工商局、市住建委、市商务委、总工会、团市委、市妇联就加强商务楼宇工作站“五站合一”机制建设进行座谈交流。截至2013年12月，全市1244个商务楼宇工作站实现“五站合一”，覆盖全市1297座商务楼宇、6.9万余家经济组织和社会组织、92万余名就业人员、4.3万余名党员。

（刘亚丽）

【市残联积极推行区县级“枢纽型”社会组织党建“3+1”工作机制】 2012年，市残联率先在怀柔区成立了全市第一个区县级

"枢纽型"社会组织党建工作委员会和社会组织联合党组织后，年内又先后在朝阳、海淀区成功推行这一组建模式，并将朝阳区残联社会组织党建工作委员会、海淀区残联社会组织联合党支部作为党建工作示范点进行创建和培育，有效提升了党的组织和党的工作覆盖面。

（刘亚丽）

【全市社会组织党建调研工作积极开展】 年内，市委社会工委重点走访市科协、市残联、市红十字会、市法学会和市私个协等市级"枢纽型"社会组织，了解社会组织党组织设置模式、功能定位和作用发挥等有关情况；到私个协、注协、律协、民教协、首慈联、民族联谊会等市级"枢纽型"社会组织调研，完成了全国党建研究会2013年重点课题《社会组织党建工作创新研究》的问卷调查及情况汇总。在科协、社科联、红十字会、工经联、志愿者联合会等单位协助下，完成了中组部关于社会组织党建工作调查问卷数据汇总及调研报告撰写工作。完成了市党建研究会课题《北京市"枢纽型"社会组织党建工作体系研究》，并荣获优秀课题成果三等奖。

（刘亚丽）

【全市非公有制企业党建推进工程成效明显】 落实市委《关于进一步加强和改进非公有制企业党的建设工作的意见》，主动与19个市级职能部门联系，确定全市非公有制企业党建工作联席会成员及联络员，在市级层面初步建立了相关职能部门服务非公有制企业的统筹协调机制。协调成立了出租汽车协会党委，加强行业企业党建工作。依托北京市社会建设信息网，为非公有制企业开通了网络链接、免费订阅了部分报刊，加大对非公有制企业服务和宣传力度。年内，总结和推荐非公有制企业新典型18个，市、区县已建立"五个好"示范点1775个，全市非公有制企业党组织覆盖率达到75%左右。

（刘亚丽）

【全市社区联建门店党建试点工作开展】 总结推广石景山区八角街道社区"六小门店"（主要包括小旅馆、小商店、小洗衣店、小发廊、小餐馆、小网吧）党建工作典型经验，在全市范围内启动了"六小门店"党建工作试点，通过探索成立街道社区商管协会、商业街联合党组织，开展社区联建门店等多种形式，将"六小门店"纳入区域化党建格局，健全联动共建机制，实现区域党建工作和社会服务管理全覆盖。首批确定了朝阳区朝外街道芳草地社区、海淀区香山街道香山第一社区等25家首批试点单位。

（刘亚丽）

【社会领域党建理论研究和实践调研成果显著】 年内，就推进社会领域党建重点工作50余次深入基层调研，撰写的《全市积极探索区域化党建的新途径》等4份社会领域党建经验材料，在新华网、光明网、《中国组织人事报》《北京组工通讯》《北京工作》等中央和市属多家新闻媒体刊载。参与了全国党建研究会2013年重点课题《基层党建工作研究》中关于社会组织党建工作创新研究的问卷调查及报告撰写，完成了市党的建设研究会调研课题《北京市"枢纽型"社会组织党建工作体系研究》和纪念毛泽东诞辰120周年学术研讨会主题征文。社会领域党建工作成效在全市组织工作会上作了经验介绍。

（刘亚丽）

【福田汽车北京发动机厂党委建立非公有制企业党员关键业绩指标量化评分管理体系】 年内，先后研究出台了《推行党员量化评分管理的意见》和《党员量化评分要点及标准》，围绕充分发挥党员先锋模范作用，将工作成效分为基本项指标（100分）、加减分项指标（10）、否决项指标三部分。基本项指标包含"政治素质、岗位技能、工作业绩、群众评议"4项，其中，"工作业绩"一项就占45%；加减分项指标主要从个人获得各级奖励和受到处分审查2个方面进行设计；否决项指标包括“重大质量事故、重大安全事故、违规违纪事件”3项。年终，综合得分在85分以上为优秀，70—84分为合格，70分以下为不合格。对优秀党员进行表彰奖励，优先推荐参加各级评比，并在技术培训、科研项目资金扶持等方面给予优先考虑和倾斜。自建立评分管理体系以来，已有40人次获得优秀党员先锋岗荣誉称号，4人次被诫勉谈话，4人次被党内通报。

（刘亚丽）

【中关村海淀园出台《海淀园工委党建管理孵化平台建设三年行动方案》】 园区工委根据园区中小企业大多分布在各专业园、大学科技园、行业协会、产业联盟等单位和组织的特点，依托上述组织建立党建管理孵化平台。2013年，初步建立工委党建管理孵化平台体系，推动现有联合性质党组织建立至少9个党建“孵化器”，完成至少120个独立党组织孵化任务；到2014年9月，打造至少15个党建“孵化器”，完成至少200个独立党组织孵化任务；到2015年12月，工委党建管理孵化平台系统完全建成。

（刘亚丽）

社会建设信息化建设

【概况】 年内，全市社会建设信息化工作以党的十八大精神为指导，紧紧围绕信息化促进社会服务管理创新的总体要求，按照《北京市“十二五”时期社会建设信息化工作规划纲要》等文件所确定的各项目标任务，站在更高起点上，抓落实、见成效、出成果、促应用，全市社会建设信息化工作迈上新台阶、实现新突破，全年各项工作目标任务圆满完成。一是全市社会建设信息枢纽初步建成，汇集了各类社会建设信息资源目录，数据覆盖全市街道、社区、商务楼宇工作站以及市、区（县）两级社会工委、社会办等单位。二是在全国率先开发社会建设手机报，手机报覆盖社会建设相关领域约7000人，全年累计编发手机报165期。三是完成首批试点524个智慧社区建设，惠及314万居民。四是完成北京社会建设网升级改版，商务楼宇网站建设率达到64%，集成了网站群中近6000项服务资源，网站群管理系统共抓取信息约200万条，社会建设网站群服务水平全面提升。五是实现社会建设信息化服务体系手段多元化，完成北京社会服务之窗APP客户端初步开发工作、“北京社会服务之窗信息资源平台研发及示范应用”课题申报工作，全年编发《网络舆情快报》192期。六是四网六库系统服务支撑作用日益凸显，全市已有7198家单位、近万个用户使用该系统。七是望京网、八通网、回龙观社区网等一系列社会组织信息化应用亮点纷呈，社会组织信息化建设蓬勃发展。八是首次采取“（1+16）×9+142”模式编纂发展报告，即一个市级报告、16个区县级报告和142个街道报告，全市社会建设信息化电子年度发展报告和规划纲要的学习指导作用更加突出。

（尹　利）

【北京社会建设网全新升级改版上线】 2月5日，北京社会建设网全新升级改版上线，新版北京社会建设网呈现出服务功能多样性、栏目设置实用性、版面设计易用性三大新特点。新版北京社会建设网增设了舆情关注和网站群头版头条栏目，全面更新了信息枢纽栏目中的2128个社区网站和210个商务楼宇网站，方便了各级领导干部和广大网民实时掌握网络舆情热点和区、街、社区、商务楼宇的最新动态。

（尹　利）

【《2013年北京市社会建设信息化工作要点》发布】 2月18日，市委社会工委、市社会办正式发布《2013年北京市社会建设信息化工作要点》。明确了2013年全市社会建设信息化工作总体思路和主要任务，包括构建智慧民生服务体系、构建社会服务管理公共服务资源集成共享协调服务体系、构建全市社会领域党建信息化服务体系、加快构建现代社会组织体制信息化助力服务体系、加快构建适应推进全市社会建设信息化需要的骨干队伍体系、加快构建全市社会建设信息化科学发展引领体系、加快构建社会领域网络舆情快速反应服务体系、加快构建全市社会建设信息化理论支撑体系、加快构建全市社会建设信息化安全可靠的信息网络安全管理体系9个方面的工作体系。

（尹　利）

【全市智慧社区建设工作第一次月度交流调度会召开】 2月25日，市社会办、市经信委、市民政局联合召开全市智慧社区建设工作第一次月度交流调度会。全市16个区县社会办的主管领导和14个将所辖全部社区纳入智慧社区试点建设的街道负责人，分别汇报了智慧社区试点工作整体安排和进展情况。交流调度会一方面为各区县、各街道提供了互相交流、学习、借鉴和共享试点经验成果的平台，另一方面在更深层次上统一了思想、提高了认识，确保各区县、街道稳步推进智慧社区试点建设工作。

（尹　利）

【智慧社区试点建设全面调研工作开展】 3月至5月，市社会办、市经信委、市民政局联合到全市16个区县及街道、亦庄经济技术开发区调研并现场指导智慧社区试点建设工作。通过实地调研，一方面进一步了解基层推进智慧社区试点工作的整体进展情况、遇到的困难和问题，另一方面有助于总结经验，明确了全市智慧社区建设模式、路径等。智慧社区试点建设工作引起了台盟北京市委员会、《香港文汇报》北京分社等方面高度关注。

（尹　利）

【全市智慧社区建设工作第二次月度交流调度会暨2013年全市社会建设信息化工作第一季度例会召开】 3月26日，市社会办、市经信委、市民政局联合召开全市智慧社区建设工作第二次月度交流调度会暨2013年全市社会建设信息化工作第一季度例会，为各区县、街道提供相互学习交流的平台。会上有6个单位分别介绍智慧社区试点建设经验。全市16个区县社会办主管领导、18个街道和亦庄经济技术开发区社会发展局主管领导参加会议。

（尹　利）

【外省市来京考察北京社会建设信息化工作和智慧社区建设工作】 4月，内蒙古自治区经济和信息化委员会考察团、南京市社会建设工作委员会考察团先后来京考察北京市社会建设信息化工作和智慧社区建设工作。内蒙古自治区考察团实地考察了朝阳区团结湖街道智慧社区建设，南京市考察团实地考察了东城区北新桥街道三和养老公寓智慧养老综合示范基地，均对北京市社会建设信息化和智慧社区建设工作给予高度评价。

（尹　利）

【全市智慧社区建设工作第三次月度交流调度会召开】 5月8日，市社会办、市经信委、市民政局联合召开全市智慧社区建设工作第三次月度交流调度会。16个区县社会办和北京经济技术开发区社会发展局分别介绍智慧社区试点建设工作整体推进情况，现场参观学习青龙桥街道网格化智慧社区试点建设工作经验。会议对前一阶段全市智慧社区试点建设工作进行阶段性总结，对下一步试点工作做出全面部署。全市16个区县社会办、17

个街道、北京经济技术开发区社会发展局主管领导参加会议。

（尹　利）

【《北京社会建设手机报》投入试运行】　5月8日，《北京社会建设手机报》正式投入试运行。试运行时间为2个月。试运行阶段服务对象共1229人，覆盖市有关领导、委办领导及机关全体干部、市级“枢纽型”社会组织主管领导、各区县社会工委、社会办班子成员、各街道书记、主任，以及部分区县社区党组织书记、居委会主任、服务站站长。

（尹　利）

【广泛动员社会力量参与智慧社区建设】　6月至7月，市委社会工委、市社会办先后到北京联通公司、百度公司、腾讯公司、中实集团、北京邮政、中关村科技软件公司、银长城公司、北京拉卡拉公司等8家企业调研座谈，广泛动员社会力量参与智慧社区建设，东城区北新桥街道、西城区广内街道、大兴区观音寺街道“一键通”智慧养老等成为充分借助社会力量推进智慧社区建设的典型。

（尹　利）

【委办《电子邮箱管理办法（试行）》发布】依据相关政策法规，研究制定了《中共北京市委社会工作委员会、北京市社会建设工作办公室电子邮箱管理办法（试行）》，于6月14日正式印发。该管理办法有利于规范委办电子邮箱使用管理，保障委办电子邮箱与网络安全运行，防范网络攻击事件发生。

（尹　利）

【全市智慧社区建设工作第四次月度交流调度会召开】　6月25日，市社会办、市经信委、市民政局联合召开北京市智慧社区建设工作第四次月度交流调度会。各参会单位现场观摩了大兴区观音寺街道养老助残服务中心，听取了大兴区智慧社区试点建设工作经验。会议还对前一阶段全市智慧社区试点建设工作进行了阶段性总结，对下一步试点工作做出了全面部署。全市16个区县社会办、17个街道、北京经济技术开发区社会发展局主管领导参加会议。

（尹　利）

【《北京社会建设手机报》正式创刊】　7月8日，《北京社会建设手机报》正式创刊。自试运行以来，始终秉承“服务领导、服务大局、服务机关、服务基层”的工作宗旨，紧扣社会建设热点，浓缩精品新闻，以丰富的内容、权威的资讯、贴心的服务受到各方面充分肯定和高度评价。2013年，《北京社会建设手机报》服务对象覆盖社会建设相关领域10个方面约7000人，每个工作日一期，共编发手机报165期、信息2001条，实现信息即时传播和接收，强化了信息时效性，真正实现了传播流程反馈，建立起更加快速、更加高效、更加便捷的信息服务渠道，进一步延伸了社会建设的工作手臂、触角和空间，手机报已成为宣传社会建设的新窗口，提供信息服务的新渠道，指导各级部门的新途径，全市社会建设信息化服务体系实现了以满足用户个性化需求为目的的全方位服务，实现了由单一型向多元化转变，实现了服务对象由部分到全覆盖转变，实现了信息资源由内外分离向动态共享转变。

（尹　利）

【北京社会服务之窗APP客户端一期开发工作启动】　7月，北京社会服务之窗APP客户端一期开发工作启动。北京社会服务之窗APP一期包括16大项174小项服务，已录入55140条服务数据，集成共享市经信委、市民政局、团市委、市妇联、市残联、市邮政公司等各有关单位服务，覆盖政务服务、公共服务、公益服务、便民服务等方面，设置了服务查询、定位服务、地图浏览、内嵌APP、使用率统计等12项功能，实现对居民“吃、住、行、游、购、娱、健”等生活要素的数字化、网络化、智能化，为广大用户提供了海量、及时、便捷的社会服务信息。

（尹　利）

【与10个市级部门研究对接智慧社区建设工作】 1月至8月，市委社会工委、市社会办与市经信委、市民政局、市老龄委、市残联、市邮政局、台盟北京市委员会、市商委、市卫生局、市科委、市体育局等10个市级部门研究对接智慧社区建设工作，在实现服务资源整合、共享资源方面达成广泛共识。

（尹　利）

【《北京市智慧社区认定管理办法》印发】 9月17日，市社会办、市经信委、市民政局联合制定印发《北京市智慧社区认定管理办法》。该办法的制定贯彻落实了《智慧北京行动纲要》精神，推进了全市智慧社区建设深入发展，促进了基层社会服务管理模式创新，提高了社会服务管理水平。

（尹　利）

【全市首批智慧社区试点建设总结验收认定工作会议暨2013年社会建设信息化第三季度例会召开】 9月26日，市社会办、市经信委、市民政局联合召开全市首批智慧社区试点建设总结验收认定工作会议暨2013年北京市社会建设信息化第三季度例会。会议听取了各区县工作汇报，全面部署了全市智慧社区试点建设总结验收认定工作和全市社会建设信息化第四季度工作。全市16个区县社会办、18个街道，北京经济技术开发区社会发展局主管领导参加会议。

（尹　利）

【商务楼宇网站服务体系年度建设目标超额完成】 10月底，全市已建商务楼宇网站服务体系共覆盖826座商务楼宇，全市商务楼宇网站服务体系覆盖率达到64%，超额完成62%的年度建设目标。

（尹　利）

【全市智慧社区试点建设工作成效显著】 11月底，全市各区县共申报星级智慧社区524个，智慧社区建设成果惠及121万户314万人口，其中，三星级智慧社区417个，覆盖100万户259万人；二星级智慧社区74个，覆盖15万户40万人；一星级智慧社区32个，覆盖6万户、15万人。经过一年多试点建设工作，首批512个试点社区中，《北京市智慧社区指导标准（试行）》的31项约束性指标基本实现，13项预期性指标有重要突破，各项长效机制逐步建立。

（尹　利）

【全市网格化社会服务管理体系建设全面调研工作开展】 12月4日至25日，市委社会工委、市社会办对全市16个区县及街道网格化社会服务管理体系建设开展实地调研。通过调研摸清了各区县网格化社会服务管理体系现状并形成督促调研报告。

（尹　利）

【全市首批智慧社区试点建设验收认定工作圆满完成】 12月13日，全市首批智慧社区试点建设验收认定工作圆满完成。按照《关于在全市推进智慧社区建设的实施意见》和《北京市智慧社区认定管理办法》要求，经过区县自评、互评、网上公示等阶段，共认定北京市星级智慧社区524个。其中，认定东城区和平里街道林调社区等421个社区为“北京市三星级智慧社区”，颁发“北京市三星级智慧社区”电子牌；认定西城区什刹海街道兴华社区等73个社区为“北京市二星级智慧社区”，颁发“北京市二星级智慧社区”电子牌；认定海淀区学院路街道二里庄社区等30个社区为“北京市一星级智慧社区”，颁发“北京市一星级智慧社区”电子牌。由市社会办、市经济信息化委和市民政局共同为星级智慧社区颁发“北京市星级智慧社区”电子牌。

（尹　利）

【《2012年北京市社会建设信息化工作电子年度发展报告》发布】 12月，市委社会工委、市社会办正式发布《2012年北京市社会建设信息化工作电子年度发展报告》。报告首次采取“（1+16）×9+142”的模式编纂2012年全市社会建设信息化电子年度发展报告，即1个市级报告、16个区县级报告和142个街道报告，总字数1094528字。其中，共组织完成信息化调研报告69篇。通过这种模式将全市社会建设电子年度发展报告内容覆盖延伸到各街道，更加全面地反映全市社会建设信息化发展情况，更加科学地引领全市社会建设信息化工作持续发展。

（尹　利）

【软件正版化自查工作顺利完成】 12月，市委社会工委、市社会办软件正版化自查工作顺利完成。检查了委办全部办公台式计算机、部分笔记本软件正版化情况，共对93台设备、600余个软件进行正版软件安装和调试，整理完成了1581项软件资产数据。

（尹　利）

【北京社会建设核心业务信息化水平进一步提升】 年内，北京市社会建设四网六库信息系统提升了委办核心业务信息化水平，主要表现在以下五个方面。一是各处室全年利用其发布各类内部通知短信7377条，节约了办公成本，提高了沟通效率。二是做好社区基本公共服务信息管理系统运维工作，完成了最后一批社区基本公共服务全覆盖建设试点情况调查摸底。三是做好政府购买社会组织服务项目管理系统运维工作，2013年度政府购买社会组织服务项目工作顺利完成，累计有3012个社会组织注册使用该系统。四是做好社会领域党建数据库和“一表化、点单式”数据信息采集系统运维工作，共采集入库261万项数据信息，在数据信息采集量、数据信息质量、支撑业务工作效果、支撑领导决策效果、提高工作效率程度等方面获得用户好评。五是以库为基础，以网为依托，四网六库对社会建设核心业务实现了全面支撑，全市已有7819家单位使用该系统，基本形成横向到边、纵向到底、全面覆盖的社会建设信息化工作网络和信息平台。

（尹　利）

【“北京社会服务之窗信息资源平台研发及示范应用”课题顺利申请到市财政科技经费】 年内，“北京社会服务之窗信息资源平台研发及示范应用”课题参加了第二批市级科技计划绿色通道项目申报，首次申请到市财政科技经费200万元，基本解决了社会建设信息化工作经费少的困难，为后期北京社会建设之窗的研究开发提供了基础保障。

（尹　利）

【网络舆情监测分析系统作用发挥显著】 年初，网络舆情监测分析系统正式投入使用，实现了舆情检索、我的舆情、关注机构、关注人物、热点话题、舆情瞭望、舆情简报7项功能，建立、健全了科学的网络舆情监测体系。不断拓展和完善监测范围，已覆盖政务门户网站、新闻媒体网站、论坛贴吧、博客、微博等近1500个站点，不断细化和优化监测内容，已涵盖与委办核心业务相关的28个方面共541个关键词，以及与社会建设相关的1863个关键词，基本实现对社会建设网络舆情监测全面覆盖和7小时×24小时动态跟踪。全年编发快报192期、共1843条网络舆情。

（尹　利）

【委办信息系统安全保护等级备案工作圆满完成】 年内，圆满完成委办信息系统安全保护等级备案工作，并顺利通过市经信委审查，标志着委办信息安全工作进入新阶段。

（尹　利）

【市社会建设信息化建设成效明显】 年内，为实现社会建设资源共享、业务协同、服务决策、提升效能目标，经过资源整合、统筹建设，初步建成全市统一的社会建设信息枢纽，汇集了包括网格化社会服务管理信息资源目录、四网六库信息资源目录、便民服务资源目录、街道在线服务资源目录、社区在线服务资源目录等在内的各类社会建设信息资源目录。数据覆盖了全市街道、社区、商务楼宇工作站、专业社会工作机构、社会工作者联合会（协会）以及市区（县）两级社会工委、社会办等单位。初步建立了委办与有关单位信息资源共享工作模式。基于信息化统筹建设所取得的成绩，获得由市信息化工作领导小组颁发的电子政务统筹共享奖。

（尹　利）

【北京社会建设网站群服务水平持续提升】 年内，完成北京社会建设网自开通以来的首次全新升级改版。新版北京社会建设网在栏目上具备了新闻宣传、便民服务、舆情关注、互动交流、理论研究等板块；打造了“北京社会组织公益行”等一系列专栏。全年点击总量为8252891人次。北京社会建设网站群规模不断壮大，集合了北京社会建设网、区县社会建设网、街道办事处网站、街道特色服务网站、社区网站、商务楼宇网站、市级“枢纽型”社会组织网站、社会组织网站、社会建设研究基地网站、非公有制企业网站、各省市社会建设部门网站共11个方面2508个站点。广泛集成了网站群中的近6000项服务资源，加强社会服务云、社会政策云、便民服务集成、“一刻钟社区服务圈”等品牌栏目，基本构建起全市社会建设网站服务体系，全市社会建设网站群服务水平大幅提升。深化站点管理，完成北京社会建设网站群管理系统建设工作，加强对网站群中各个站点的服务和管理，推出了信息抓取、服务聚类等功能和服务，完成了工单派发、公众评价的功能开发。系统共抓取网站群中的信息2055088条，其中，发布至北京社会建设网1482条，刊发在《北京社会建设手机报》上1376条；共整理聚类入库网站群中的23类共670项在线服务，覆盖18类人群。

（尹　利）

社会心理研究

【概况】 年内，全市社会心理研究工作积极开展、成效明显。一是出版了《2012—2013年度社会心态分析报告》。二是成立了全市第一个社会心理服务领域“枢纽型”社会组织——北京市社会心理工作联合会。三是开展了以社会情绪为切入点的社会心态调查。四是组织了首届主题为“社会治理中的社会心理工作实践与创新”年会。五是举办了全市针对社工和社会领域心理咨询师第一次公益培训，近800人参加。六是实施了社区标准化心理服务试点工作。七是开通了社会心理领域绿色网站——北京社会心理服务网。此外，还组织专家举办讲座50场次，直接服务居民2万人左右，培训专业人才近千人，收到良好的社会效益。

（郭军强）

【首次社会工作者心理服务能力公益培训举办】 5月6日至16日，由市委社会工委、市社会办组织，市社会建设专项资金支持，北京社会心理研究所和北京市心理危机研究与干预中心承办，对全市16个区县近400名在岗社工和50多家心理服务机构180多名心理咨询师进行了系统培训。这是全市首次由市级政府部门组织的提升社会工作者心理服务能力建设的公益培训。培训内容主要包括：国外开展社区心理服务的基本经验和主要途径、开展社区心理服务的原则方法、社区工作者的动员能力及人际沟通技巧、社工自身压力管理与心理防护、心理素质拓展能力训练、个体和团体心理危机干预介入技术等。通过培训，参训人员掌握了开展社区心理服务的专业知识，提高了用心理学方法开展社区工作能力和心理危机干预的技术水平，同时也使自身压力得到有效调节释放。培训结束后，以北京市社会心理工作联合会为平台，以北京社会心理服务网为依托，对参加培训的人员进行长期答疑和督导。同时，深入调研了解需求，形成长效机制，定期开展心理服务能力培训，为在全市开展社会心理服务工作种下更多“种子”，培养更多“苗子”。

（郭军强）

【北京市社会心理工作联合会成立】 6月26日，北京市社会心理工作联合会成立（选举）大会召开，首批39家成员单位的70余名代表参加大会。联合会是由全市从事社会心理服务工作的机构自愿组成的非营利性社会团体。主要宗旨是：团结带领全市从事社会心理工作的机构和从业者，遵守宪法、法律、法规和国家政策，遵守社会道德风尚；有效执行市委、市政府指示精神，特别是带头落实好有关社会心理工作的政策法规；创建社会心理理论研究、教育咨询、培训督导和服务管理平台，促进社会心理行业规范持续发展；建立社会心理服务工作支持网络，开展社会心理健康服务，培塑良好的社会心态；发挥桥梁纽带作用，维护会员单位合法权益，为会员单位发展服务。核心任务是：搭建起社会心理服务机构与政府和社会之间的桥梁，在服务政府、服务社会、服务会员的过程中，促进本行业的健康持续发展，为首都和谐稳定提供坚强保障。

（郭军强）

【“社会治理中的社会心理工作实践与创新年会”举办】 12月27日，北京市社会心理工作联合会举办首届主题为“社会治理中的社会心理工作实践与创新”年会，旨在全面解读十八届三中全会对社会心理工作提出的新目标、新要求和新任务，研讨重点任务实现途径和有效方法，为首都和谐、稳定提供精神动力和环境保障。年会发布首部《北京社会心态蓝皮书》，试播第一部以心理健康为主题的系列动画宣传片《微心理》，专家学者还作了《心理学助推中国梦》、《大数据时代社会预防的创新机制》和《心理危机干预在处理社会热点事件中的应用与警示》等学术报告。年会将每年举办一次，成为北京社会心理界的一个交流平台、合作平台、供需对接平台，成为联合会对外交流的名片。

（郭军强）

【首批社工心理服务专业能力试点培训启动】 为探索社区心理服务模式、加强和谐社区建设，培养一支专业化的社区心理工作队伍，提升社区解决影响社会稳定和家庭矛盾等心理问题的能力，推进平安社区、和谐社会和幸福城市建设。市委社会工委、市社会办启动了社工心理服务专业能力培训。通过对9个区县社区心理服务工作现状及需求的调研，最终遴选房山区和延庆县作为培训试点。培训工作由北京市社会心理工作联合会承办，通过聘请心理专家授课，将专业培训与岗位需求相结合，实际操作与理论知识相结合，制定系统的培训课程，学以致用，用以促学，学用相长，切实提高社工的工作能力。

（郭军强）

【北京居民社会安全感年度分析报告完成】 为全面综合测量居民安全感，北京社会心理研究所在社会心态调查中对居民社会安全感进行了分析测量。结果显示，居民安全感主要特点表现为：居民整体安全感不高，食品安全感水平最低；女性安全感普遍高于男性；老年人安全感最高，中年人安全感最低；文化程度越高，安全感越低；农业户籍居民安全感普遍高于城镇户籍；社会下层居民安全感普遍最低；个体经营者安全感普遍高于其他单位性质群体，且外资企业员工安全感最低。原因分析：人类基本需求得不到满足，安全感随之下降；风险承担越大，安全感越低；社会压力越大，安全感越低；风险信息接触越多，风险感知能力越强，安全感越低；生活质量期望越高，安全感越低；财富的分配可以影响风险的规避和分配；对组织的风险化解依赖程度越高，安全感越低。对策建议：正视“不安全时代”的来临，倡导理性认识风险社会，培养自我负责意识；加强科学的风险认知、评估宣传教育，提高弱势群体的风险应对能力；加强社会安全监管，发挥社区服务优势。

（郭军强）

【北京居民生活压力年度分析报告完成】 本报告是“北京市居民社会心态问卷调查”中居民心态压力感的专题内容。研究结果如下：生活压力的整体状况：北京居民的生活压力感很强；半数居民预期未来3～5年生活压力会增加；居民的生活压力和居民总体生活满意度呈显著负相关。原因分析：收入、住房等是居民生活压力的主要来源；基本生活保障问题是低收入群体生活压力的主要来源；不同年龄组人群生活压力分析；企业工作人员和共青团员的工作压力大。压力过大对个体的身心健康和整体社会心态产生不良影响。对策建议：引导居民调节认知以提高个体的抗压能力、针对群体心理压力来源提供心理帮助、加强组织性社会支持和切实改善民生等。

（郭军强）

【北京居民幸福感指数年度分析报告完成】 分析报告采用幸福感指数量表（Index of Well－Being），测查人们目前所体验到的幸福程度。2013年度北京居民幸福感指数有如下特点：城六区居民的幸福感指数高于郊区县居民；女性的幸福感指数高于男性，已婚者的幸福感指数高于其他婚姻状况者；外地农业户口者的幸福感指数最低，北京农业户口者的幸福感指数最高；党员的幸福感指数较高，群众的幸福感指数较低；幸福感指数随着个人月均收入的增加呈现上升趋势，收入最低者的幸福感指数最低；幸福感指数随着年龄的增长呈现U形趋势，青少年与老年人的幸福指数远高于中年人。原因分析：总体压力大，收入压力排第一；贫富差距大，收入分配不公平；安全感不高，食品安全感最低；部分人对当前社会心态的评价不高，腐败的影响排第一。对策建议：减轻民众生活压力，降低生活成本，加强生活稳定感；完善收入分配制度，缩小收入差距，提升生活满意度；完善心理疏导机制，积累心理能量，增强心理耐压力；加强社会舆论引导，形成良好氛围，培育良好社会心态。

（郭军强）

【北京居民社会信任年度分析报告完成】 为了解当前居民的社会信任现状，北京社会心理研究所在社会心态调查中对居民的人际信任和媒体信任程度进行了综合测量。结果如下：社会信任总体呈现以下特点：在社会成员人际信任方面，呈现出“家庭亲人、朋友同学、同事邻居、陌生人”四大阶梯状的信任格局，而且表现出“家人信任＞熟人信任＞生人信任”的信任规律。在社会组织信任方面，呈现出对政府工作人员的信任要高于对其他社会组织人员的信任。在社会媒体信任方面，呈现出居民对官方媒体信息的信任程度高于其他商业媒体，对传统媒体的信任程度要高于网络媒体。影响因素“与被调查者的关系”是人际信任最重要的影响维度。“认识时间的长短”是人际信任最重要的影响因素。在此基础上对人际信任主要特点、影响机制、媒体信任主要特点进行深入分析。相关建议：建设信任文化，构建信任友好型社会；促进社会交往，创建和谐互动型社区；建立失信问责制度，提高政府公信力；重塑主流媒体权威，提高商业媒体社会责任感。

（郭军强）

【北京居民社会支持年度分析报告完成】 报告研究分析的数据来自北京社会心理研究所开展的“北京居民社会心态调查”。分析结果如下：居民社会支持的总体来源：工作单位是最主要的正式支持来源；党员比群众、共青团员得到更多正式支持；随着年龄的增长，正式支持的提及率呈上升态势。亲属关系是最主要的非正式支持来源；夫妻（恋人）与父母是最主要的家庭支持来源。居民的家庭支持情况：低压力组的正式支持情况优于高压力组与中等压力组；有社会支持者的幸福感高于无社会支持者；有社会支持者的安全感高于无社会支持者；有正式支持者的生活态度更积极；有社会支持者的生活满意度高于无社会支持者。相关建议：加大政府支持力度，完善正式社会支持系统；加强社会组织建设，多方拓展社会救助渠道；发挥网络媒体号召力，建立网上社会支持平台；完善社区服务内容，提高社会支持力度；重视心理压力疏导，加大心态调适力度。

（郭军强）

【北京居民宏观经济心态年度分析报告完成】 报告采用北京社会心理研究所开展的“北京市居民社会心态问卷调查”中的数据，研究分析北京居民的经济心态。研究结果如下：居民对宏观经济形势的认知和态度：对宏观经济形势持谨慎乐观态度；对我国的经济竞争力表示肯定；通胀知觉为“物价上涨”，通胀预期升温；对收入满意度低，期待提升经济成果共享度；就业问题不容乐观，务实是主流的就业观。影响因素：已婚者的宏观经济认知较为乐观；北京农业户口持有者对宏观经济形势的认知较为乐观；国家公务员对宏观经济形势的认知较为积极；外资企业对宏观经济发展形势的乐观度得分较低；收入水平的提高不意味着积极的宏观经济形势认知。对策建议：普及宏观经济知识，增强居民理性分析能力；推动惠民政策有效落实，增强居民经济信心；重视居民家庭稳定性对个体经济形势预期的影响；保障和提升外地户口人群的经济生活水平；提振私营和外资企业从业者对经济形势的积极预期；关注不同收入群体的经济诉求。

（郭军强）

【北京居民金融投资理财行为年度分析报告完成】 为了更准确地把握居民的金融投资理财行为特点，北京社会心理研究所以“北京市居民社会心态问卷调查”数据和历年社情民意调查数据为基础，结合北京统计年鉴等数据资料，探析居民的金融投资理财行为变迁特点及存在问题。研究结果显示：居民金融投资理财行为体现出五大特点：理财意愿呈增强趋势；理财动机主要为增加财富和规避风险；理财投资情绪周期性明显，保守型投资始终是主流；理财方式日益多元化，选择上也更加自由；家庭资产投资呈现新趋势。居民金融投资理财行为中存在三大问题：缺乏经济安全感，居民抗风险能力弱；投资理财方式集中，投资回报缺乏稳定性；缺乏理性分析，“投机”意识常取代“投资”意识。相关建议：完善投资理财制度环境，提升居民经济安全感；深化投资理财产品创新，提升居民财产性收入；重视投资理财知识普及，提升居民理性分析能力。

（郭军强）

【北京居民消费行为年度分析报告完成】 为了更准确地把握居民的金融投资理财行为特点，北京社会心理研究所以“北京市居民社会心态问卷调查”数据和历年社情民意调查数据为基础，结合北京统计年鉴等数据资料，对居民的消费行为变迁特点及存在问题进行了分析。主要特点：消费意愿降低，有效消费需求不足；消费结构不断升级，居民生活水平不断提高；消费内容日益多元化，多层次消费需求被全面激发；消费观念以“量入为出”为主，超前消费观念并不普及；潜在消费扩展空间巨大。居民消费行为中存在四个矛盾：收入低与刚性需求消费品价格增长过快之间的矛盾；政府公共消费不足与居民负担的公共消费过重之间的矛盾；消费观念上主观希望的“量入为出”与被动的“超前消费”之间的矛盾；居民现有的消费需求与有效供给不足之间的矛盾。相关建议：以解决就业为核心，多渠道提高居民收入水平；增加公共消费投入，缓解居民公共消费预期压力；加强消费监管力度，增加消费安全感；培植休闲经济、体验经济以促进消费。

（郭军强）

【北京居民文化心态年度分析报告完成】 调查显示，北京居民的文化心态表现为：一是居民对传统文化了解程度一般，即使是硕士研究生以上学历的居民对传统文化也称不上“比较了解”。二是居民传承传统文化的意愿强烈。9 成以上的居民希望当前社会继续提倡“仁、义、礼、智、信”；愿意对承载传统文化的经典著作进行系统学习的居民超过了 1/3。三是居民具有较强的文化自信，喜爱国产影视节目。四是居民的文化生活满意度一般，文化产品价格是一个重要制约因素。五是居民需要政府和市场提供丰富的、质优价廉的文化产品和服务。相关建议：一是加强思想教育引导，树立正确的文化价值观；二是加快公共文化设施建设，保障居民的基本文化权益；三是发展文化产业，提供质优价廉的文化产品；四是推进社区文化建设，开展丰富多彩的文化活动。

（郭军强）

【北京市新生代农民工价值取向分析报告完成】 本报告采用自编问卷对北京市农民工价值取向进行调查，主要得到以下结论：（一）农民工自我观特点：将人生意义理解为使自己的亲人、朋友幸福和自我幸福，相信通过自己的勤奋努力、节俭、竞争最终会改变命运，实现理想。（二）农民工人际观特点：交往最多的是同行业中的人，其次是同乡人。他们认为友谊是在困难和有需要时彼此之间要尽可能地提供帮助，认为爱情的意义在于承诺和责任、在于情感需要的满足。（三）农民工金钱观和消费观特点：相对较多的人认为金钱是个体幸福的来源和保证，在消费时更多看重商品的实用性、价格便宜。（四）农民工环境资源观特点：认知上支持保护环境是每个人的责任和义务观点。（五）农民工社会观特点：多数人将家庭利益放在第一位。多数人热爱自己的家乡，希望社会公平公正，社会风气良好。（六）农民工最关注政府清廉公平公正，并希望百姓能有参与决策、表达意见的机会，绝大多数农民工对自己未来的发展有信心并相信生活会越来越好，希望世界和平、祖国日益强大。

（郭军强）

【北京市老年人社会心态状况年度分析报告完成】 老年人社会心态主要包括生活心态、经济心态、文化心态、政治心态和社会生活心态等五个部分。调查显示：总体上看，老年人对当前生活状况、经济发展、文化发展、政治发展和社会发展感到满意的比例均高于中年人和青年人，并且没有性别和受教育程度的显著差异。同时，在五种心态的具体测量上，老年人的正面评价基本上都显著高于中年人和青年人。相关建议：一是继续发挥老年人在整个社会心态上的正能量作用，尤其是党员在这些方面的引领作用。二是生活心态方面，努力改善老年人经济状况、健康状况和娱乐条件。三是经济心态方面，着力点应放在收入公平分配、减少贫富差距和加强社会保障三个方面。四是文化心态方面，重点是不断提高老年人对教育的满意度。五是政治心态方面，主要任务是加大整治腐败力度，提高行政办事效率，改善政府和市民关系。六是社会心态方面，积极推进社会管理创新，增强社会管理能力，创建和谐、诚信社会。

（郭军强）

【北漂人群心理健康年度分析报告完成】 北漂人群指一个具有一定学历或较高的文化素养或知识技能，在北京生活却没有北京户口的人群。调查显示：北漂人群的心理健康水平显著低于居民总体心理健康水平；北漂人群的总体生活满意度低于居民总体生活满意度；北漂人群的社会支持水平也相对较低。报告从社会文化适应性要求、群体特点、个体因素等对北漂人群心理健康影响因素进行分析。相关建议：对北漂人群提供专业的心理辅导和职业指导；改善北漂人群生活和工作环境，提高其生活满意度；给北漂人群提供更充分的社会支持，尤其是提供正式的、组织性的社会支持，提高他们的社会认同感和归属感；城市管理中高度重视外来人口的心理健康服务工作。

（郭军强）

【来京务工群体心理状况年度分析报告完成】 北京市外来务工群体指在北京工作、无北京户口的人员。本次调查主要考查其心理状态、情绪感受、未来期望、社会支持四个方面。分析显示：95.3%的务工人员认为自己的心理状况基本良好，但一些心理问题仍需重视，如空虚无聊感严重，33.3%的务工人员感到空虚无聊，15.1%的务工人员经常感到心情不好、情绪低落；未来不安感积聚，67.5%的务工人员认为目前的生活状况有待改进，46.7%的务工人员对未来生活存在担忧，但考虑到现实因素，41.4%的务工人员多少有点信心不足；心理适应力有限，53.1%的务工人员表示，面对生活、学习与工作上发生的不愉快的事情，不能完全妥善处理；社会支持力不足，超过半数的务工人员缺乏社会支持。相关建议：一是细化社区就业服务，拓宽就业渠道，培养城市工作适应力。二是创新加入工会形式，畅通利益诉求，增强城市社会归属感。三是开展公共心理服务，加强心理疏导，提高心理调适能力。四是加强社会舆论引导，注重人文关怀，提升城市生活融入度。

（郭军强）

【北京市离退休居民心理健康状况年度分析报告完成】 本次研究以北京社会心理研究所北京居民心理健康调查数据为基础，将离退休居民心理健康数据提取并进一步整理分析，研究发现：一是离退休居民总体健康状况良好。64岁（含）以下中低龄组健康状况优于65岁（含）以上高龄组，有伴侣组优于无伴侣组（未婚、离异、丧偶），生活满意度高组优于满意度低组，高收入家庭（人均月收入高于2000元）心理健康状况优于低收入家庭。二是离退休居民的社会支持水平处于中等偏上水平，亲属支持是个体社会支持体系的主要组成部分，选择比例由高到低前三位为：配偶、家人和亲戚。相关建议：一是以人为本，关注离退休人员民生诉求；二是多方入手帮助离退休人员稳定心理调适期；三是良好的社会支持体系是通往心理健康之桥；四是规范化、制度化、专业化是社区心理卫生服务工作的品质保障。

（郭军强）

【“枢纽型”社会组织购买岗位人员职业心态分析报告完成】 调查结果显示：从职业价值观来看，聘用人员最为看重的4项依次为：人际关系、成就感、利他主义和智力刺激。从入职原因来看，绝大多数聘用人员的入职心态良好，并且与社会组织的职业特点相吻合，容易迅速融入团队，全身心地投入工作。从工作稳定性来看，七成以上的聘用人员入职后会比较稳定：22.5%的人已将目前从事的工作当作终生的事业，51.2%的人认为目前的工作是自己今后较长期的职业。从薪酬满意度来看，满意度总体偏低。工资待遇不满意以及认为社会组织发展缺乏良好的社会环境，前景不明，是从业人员离开社会组织的两大原因。相关建议：一是关注职业价值观的保健因素，增强社会组织从业人员的职业安全感。二是关注职业价值观的个人发展因素，增强社会组织从业人员的自我效能感。三是关注职业价值观的职业声望因素，增强社会组织从业人员的职业归属感与自豪感。

（郭军强）

【北京市无职业群体心理状况分析报告完成】 无职业居民是指没有从事任何有偿社会劳动的居民，是应该重点关注的弱势群体。该群体心理特征表现为：一是心理健康水平低，焦虑感和抑郁感突出。二是多数具有正常劳动能力，但进取心不足。三是认知能力较差，对未来迷惘。四是社会支持不足，社会融入度较差。五是心理服务需求迫切，青睐自我调节知识。其中，不同人口学特征的人群又有差异：一是女性心态更积极，男性社会融入度更高。二是年轻人情绪更消极，老年人更缺乏社会支持。三是学历低的人空虚感最严重，学历高的人家庭亲密度低。四是对住房条件越满意的人安全感越高。该群体心理特征形成的原因分析：一是社会保障体制不健全，居民缺乏安全感，产生焦虑、抑郁等情绪；二是就业形势严峻，就业服务机制不完善，导致就业市场供需匹配度差；三是心理服务机制不完善，人们对心理服务的重视度仍有待提高。四是学校教育原因，许多高校的专业设置和师资无法适应社会经济发展形势的变化。五是家庭教育偏差原因。六是个人压力应对能力差，对挫折的容忍能力不强。七是个人缺乏社会实践经验，很多人就业信心不足。八是个人心理发展不成熟，社会融入度差。九是家庭角色分配，部分人为了照顾老人或孩子，或其他原因不工作。相关建议：一是建立全方位心理服务机制，提高心理调适能力。二是构建职业心理咨询机制，合理规划职业生涯。三是开展社区团体心理辅导活动，增强社会适应能力。四是规范心理服务人才培养制度，提高心理服务效能。

（郭军强）

北京市区县工作

东城区

【概况】 年内，区委社会工委、区社会办围绕网格化创新工作大局，发挥区社会建设工作领导小组办公室作用，坚持一流标准，积极落实各项社会建设任务。继续深化网格化社会服务管理模式，参与“两网融合”调研和方案制定，开展专题调研；完善网格化运行机制，强化社会服务工作的标准化建设；规范社区软硬件建设，探索社区工作者弹性工作制度。不断提升社区服务管理水平，开展市级“社区规范化建设示范点”创建工作；推进“一刻钟社区服务圈”、智慧社区试点和探索社区基本公共服务均等化示范街道建设；建立起“一委三会一站、多元参与共建”的社区治理结构。扎实推进社工人才队伍和志愿者工作，社工人才队伍走向专业规范，全区专业社工达到2500人；志愿者工作实现快速发展，全区志愿者注册人数11.78万人，提前实现“十二五”规划目标。稳步发展社会组织服务管理工作，各级各类社会组织在促进政府职能转变、强化社会协同、改善民生等方面发挥重要作用；政府购买服务扎实推进，“枢纽型”社会组织管理体系逐步建立。不断创新社会领域党建工作，17个街道全部成立社会工作党委，建立区域社会领域党建工作横向协调沟通网络；开展“支部建在网格上”，共成立网格党组织573个，通过“网格包干”等形式实现了社区党建工作全覆盖。

（彭喜乐）

【深圳市南山区考察团到东城区参观考察】 1月15日，深圳市南山区考察团围绕网格化社会服务管理模式和社会建设工作到东城区参观考察，实地走访了东花市街道社会服务管理综合指挥分中心、东花市南里社区、巧娘工作室和建国门街道金宝街商务楼宇工作站。

（彭喜乐）

【市级购买社会组织公共服务项目申报工作启动】 3 月，2013 年度市级购买社会组织公共服务项目申报工作启动，共发动全区“枢纽型”社会组织、具有法人资格的社会组织和社区社会组织 54 家申报公共服务项目 67 个。

（彭喜乐）

【社会领域党建数据采集工作培训举办】 3 月 18 日，东城区委社会工委举办社会领域党建数据采集工作专项培训，采用集中讲解、实际操作演练和现场答疑的方式进行。全区 17 个街道社会工作党委（工委组织部）负责信息化建设的工作人员、社区党组织工作人员代表、商务楼宇工作站工作人员代表共 51 人参加培训。

（彭喜乐）

【和平里街道举办首届社工节】 4 月 11 日，和平里街道举办首届社工节活动，以“高扬和谐社区建设理念，传承助人自助社工精神”为主题，通过舞蹈、独唱、合唱、讲述社工故事、粘贴“心愿贴”等群众喜闻乐见的形式，充分展示了社区工作者的良好形象。活动由东城区社会工作者联合会和平里街道工作委员会主办。区领导汤钦飞，市、区相关部门，区社会工作者联合会，和平里街道有关负责同志出席活动，北京市社会建设领域的专家学者、驻区单位、各街道社区工作者代表应邀参加活动。

（彭喜乐）

【南京市考察团调研考察东城区网格化社会服务管理创新工作】 4 月 15 日，南京市栖霞区区委书记臧正金率考察团调研东城区网格化社会服务管理创新工作。先后到东城区社会服务管理中心、东直门街道社会服务管理分中心和北新桥街道“三和”老年公寓参观交流。市社会建设工作领导小组办公室副主任赵小卫，市委社会工委委员、市社会办副主任王丽竹，区领导宋甘澍，以及市、区相关部门负责同志陪同调研。

（彭喜乐）

【西城区交流考察网格化社会服务管理创新工作】 5 月 28 日，西城区委社会工委围绕网格化社会服务管理创新工作到东城区交流考察。实地走访了东花市街道社会服务管理分中心、东花市南里社区。东城区委社会工委、东花市街道相关负责同志参加。

（彭喜乐）

【购买专业社会工作岗位工作启动】 5 月 31 日，东城区启动 2013 年购买专业社会工作岗位工作。截至 2013 年年末，共购买专业社会工作岗位 19 个，开展小组活动 25 次、培训和讲座 40 次、个案访谈 38 次，提供计划书 62 份，参与活动和直接服务 4000 余人次。

（彭喜乐）

【2012 年度市级购买社会组织公共服务工作完成】 5 月，东城区顺利通过专家考评组实地考评验收，完成 2012 年度市级购买社会组织公共服务工作。8 个市级购买项目共开展活动 1119 场，发放宣传资料 64100 份，吸引 143 个社会组织、19210 人次参与，撬动社会资金 25.6 万元。

（彭喜乐）

【北新桥街道“红云新桥”非公党建信息化平台创建】 6 月，北新桥街道工委创建“红云新桥”非公党建信息化平台，为建立学习型、服务型、创新型党组织，推进非公有制企业党建和区域化党建工作提供了有力支撑。街道工委立足工作实际，根据非公有制企业党员职工特点，采用“云技术”，搭建起集学习、生活、服务、管理于一身的非公有制企业党组织、党员和上级党组织在线沟通交流的平台，增强党组织的吸引和凝聚作用，不断扩大党的组织和工作的覆盖面；在机关组建一支“80后”平台管理工作队伍，由平台主创人员、技术开发人员集中进行平台操作培训，确保平台管理到位、服务及时、运转有效。积极做好平台管理志愿者招募工作，鼓励非公有制企业优秀党员加入管理队伍，实现党员自助管理、自我服务、自我发展；设置“红云学习”“红云活动”“红云驿站”“红云资源”等八个模块，设置积分排行榜，对学习积分、服务积分、积分总额等进行分类排名，排名作为党员民主评议、表彰激励的重要依据；把握非公有制企业党员高学历、年轻化、流动大的特点，以信息化平台为载体，积极拓展党员教育管理方式；以信息化平台为依托，探索创新共建形式，有效盘活、高效利用地区的各项资源；采用平台模块，为驻街单位党组织、党员和党务工作者提供高效便捷的服务。

（彭喜乐）

【社区工作者千人培训计划启动】 6月3日，东城区2013年社区工作者培训班开班仪式举办，标志社区工作者千人培训计划正式启动。该计划拟定利用2年时间对全区社区工作者进行轮训，全面提升全区社区工作者综合能力和专业素质，加快专业化、职业化建设步伐。2013年度主要对社区党组织、社区居委会、社区服务站负责人和近年来新招募的社区工作者1500人进行培训。培训从6月3日至27日分三批进行，每批安排十讲，邀请社会建设领域知名专家学者和经验丰富的社区工作者，围绕社会公共服务与社会管理、社区建设与自治、社区队伍与社会组织建设、社会领域党建等多个领域专题授课。

（彭喜乐）

【北新桥街道“智慧养老”项目启动】 6月8日，北新桥街道“智慧养老”项目启动仪式举办。该项目旨在为街道老人搭建智能化、信息化综合服务平台，重点包括家庭服务、紧急救助、医疗保健、安全监控、精神慰藉五大内容。启动仪式上，北新桥街道与北京长风信息技术产业联盟签订了《北新桥街道智慧养老建设战略合作协议》，向社区老年人代表发放了养老、助老产品。市委社会工委委员、市社会办副主任王丽竹，东城区副区长汤钦飞出席仪式。市、区相关部门主管领导，企业、街道及社区老年人代表150余人参加仪式。

（彭喜乐）

【社区建设工作推进会召开】 6月17日，东城区社区建设工作推进会召开，具体部署智慧社区试点工作、社区规范化建设、“一刻钟社区服务圈”建设、基本公共服务全覆盖及社区服务站新标志建设等工作。

（彭喜乐）

【市社会建设专项资金购买社会组织公共服务项目批复会召开】 6月24日，市社会建设专项资金购买社会组织服务项目批复会召开，14个入选项目负责人参加，包括北京协和方通自闭症康复中心的“救助贫困自闭症儿童康复”、东城区阳光社区矫正中心的“新生代农民工心理、法律援助与保护”、北京市协作者社会工作发展中心的“社会工作领袖人才培育与专业支持”等项目。

（彭喜乐）

【到西城区学习交流党建和社区建设工作】 6月26日，东城区委社会工委、区社会办到西城区长安兴融商务楼宇党群服务站、广内街道西便门东里社区等地就商务楼宇党群服务站建设、社区建设情况学习交流。目的是为全面贯彻落实党的十八大精神和《东城区与西城区合作交流机制实施办法（试行）》要求，进一步深化两区在社会建设方面的交流合作，实现协同发展。在长安兴融商务楼宇党群服务站，考察了西城区商务楼宇社会工作站“五站合一”建设及工作情况；在广内街道西便门东里社区，就社区建设工作进行了交流研讨。

（彭喜乐）

【接受市财政局社会建设专项资金使用情况检查】 6月28日，市财政局社会建设专项资金检查组到东城区实地检查。走访了区社会服务管理中心、东直门街道东环社区“零距离”服务一条街、和平里街道兴化社区和龙潭街道网格化社会服务管理分中心，就专项资金（网格化社会服务管理体系建设）使用情况和效果实地检查指导。市委社会工委委员、市社会办副巡视员王想平，区领导颜华陪同检查。

（彭喜乐）

【长安保险公司党委举办纪念建党92周年专题活动】 6月28日，东城区长安责任保险股份有限公司党委举办纪念中国共产党成立92周年党课报告会暨2013年度先进基层党组织、优秀共产党员、优秀党务工作者表彰大会。活动分为两个部分，邀请新四军研究会副会长兼秘书长乔泰阳将军作题为“继承光荣传统、保持党员先进性”的党课报告，并对自下而上推荐评选的9个先进基层党组织、39名优秀共产党员、15名优秀党务工作者进行表彰。公司全体党员、入党积极分子和部分员工2000余人通过现场观看或异地视频的方式参加会议。

（彭喜乐）

【志愿者信息管理系统试点工作完成】 6月30日，东城志愿者信息管理系统试点工作完成。试点期间共更新发布志愿者活动信息40余条，调整新增功能7项，派遣志愿者为居民服务5件，发布并完成有组织的志愿服务项目63个。系统建成后基本实现了三方面目标：（1）一口注册平台。建设了统一规范的志愿者注册登记平台，形成了全面综合的志愿者基础信息数据库，满足了不同部门的不同需求，实现了对志愿者的一口注册、分类管理。（2）网上供需对接。建设了高效便捷的志愿服务供需对接平台，通过了解和采集居民群众对志愿服务的需求及意见建议，实现了公众需求与志愿服务的网上对接、就近匹配。（3）动态跟踪管理。建设了科学量化的志愿者考核评价平台，真实完整地记录和反映志愿者参加志愿服务活动的情况，实现了志愿服务的过程全记录、信息可追溯、效果可评估。

（彭喜乐）

【获评北京市“魅力社区”】 6月至9月，东城区组织辖区街道社区积极参与北京市第六届（2013年度）“魅力社区”评选活动。活动中，东直门街道东外大街社区荣获新一届“魅力社区”称号，永外街道松林里社区荣获“饲养宠物不扰邻”单项奖，东花市街道获得评选活动组织奖。

（彭喜乐）

【“完善社会服务体系，建设幸福东城”课题开题】 7月2日，“完善社会服务体系，建设幸福东城”课题开题报告会在区委党校召开。7月至8月，区委社会工委与区委党校联合对社区服务工作进行实地调研，先后考察了北新桥街道民安社区、东花市街道东花市南里社区、东直门街道、和平里街道安德路社区。年底前，形成了《完善社会服务体系　建设“幸福东城”——关于进一步完善东城区社会服务体系建设调研报告》，对于东城区的社会服务体系建设，将起到更好的指导作用。

（彭喜乐）

【外交部街社区首届公益编织节举办】 7月23日，建国门街道外交部街社区和北京苹果慈善基金会联合举办首届公益编织节优秀编织作品评选暨义卖活动。公益编织节作为东城区入选“2013北京市社会组织公益系列活动”之一，自3月启动以来，以“编织温暖、传递爱心”为主题，先后举办编织技能交流会、编织物优秀作品评选、爱心织物义卖会、公益编织时尚秀及传统文艺节目展演、“扎根藏区、公益十年”摄影图片展、编织作品（精品、名人作品）重点展示、展卖及拍卖会等系列活动，发动引导各方力量共同参与社区建设、参与社会公益。

（彭喜乐）

【市政协社法委调研考察巧娘工作室】 7月25日，市政协社法委妇女儿童工作小组到东城区巧娘工作室调研考察。考察组由市政协社法委妇女儿童工作小组政协委员，以及市财政局、市委社工委、市民政局、市商委、市科委等单位相关负责同志组成。考察组对巧娘工作室的发展给予高度评价，表示将积极发挥政协委员的优势和作用，为巧娘手工艺事业健康发展献计献策，让巧娘工作室在带动妇女创业、就业、促进社会和谐稳定中发挥更大的作用。

（彭喜乐）

【安定门街道青年社工体验军营生活】 8月7日，安定门街道青年社工组织“萤火发光团”开展体验军营生活主题教育活动。51名青年社区工作者到66381部队进行了为期两个半天的军训活动，包括参观部队军史展示室、战士宿舍，观看队操表演，开展队列训练，进行队列比赛等内容。

（彭喜乐）

【街道“枢纽型”社会组织工作体系建设部署会召开】 8月14日，东城区召开街道“枢纽型”社会组织工作体系建设部署会。市委社会工委、市社会办社会组织工作处处长卢建对《关于开展街道“枢纽型”社会组织工作体系建设试点的指导意见》进行了解读，前门街道等四个街道做交流发言。

（彭喜乐）

【台湾代表团参观“家和万事兴”群众调解之家】 8月26日，台湾“海峡两岸共同打击犯罪及司法互助协议”代表团到“家和万事兴”群众调解之家考察参观。司法部台湾事务办公室巡视员王立宪，市司法局副巡视员马捷陪同。“家和万事兴”群众调解之家位于东城区景山街道钟鼓社区，是一家致力于义务调解的品牌社区社会组织。成立8年来，始终坚持“合议会、民声日、倾诉热线”三大工作模式，调解邻里矛盾与家庭矛盾，践行“北京精神”，促进社区社谐，是司法部全国模范人民调解委员会。

（彭喜乐）

【“轮椅健身大步走”活动举办】 9月26日，“2013年北京‘舞动轮椅 快乐生活’轮椅健身大步走”活动在鸟巢举行。该活动由市残联、市残疾人体协主办，东城区残联、区残疾人活动中心、区残疾人体育运动协会具体承办。为配合活动开展，东城区同时启动“体育健身进家庭”，鼓励肢体残疾人勇敢走出家门，积极参加社会活动。截至目前，东城区有持证肢体残疾人1.2万名，其中，中重度肢残人（二级、三级）占40%。

（彭喜乐）

【“广外南里社区邻里服务中心”投入使用】 9月29日，东花市街道“广外南里社区邻里服务中心”正式启动并投入使用。区委副书记、区长牛青山，市民政局副局长谢延智，市委社会工委委员、市社会办副巡视员王智玲，副区长汤钦飞等领导出席活动。会上，为单位代表、居民代表等发放了老龄百合次卡、共建设会员卡、爱心卡等，方便大家更便捷、有效地享受“邻里服务中心”提供的全方位服务。北京市委党校、北京行政学院公共管理教授吴刚，“北京行动”参与行动组织主任宋庆华等专家，驻街单位代表、人大代表以及街道、社区部分干部、居民100余人参加。来自市委党校和“北京行动”参与行动组织的专家发表感言：“广外南里社区邻里服务中心”的建设既是对国内外社区建设先进经验的创新借鉴，也是对社区公共服务建设的有益探索，更是对社会服务管理工作的有力拓展。

（彭喜乐）

【非公有制企业论坛举办】 10月29日，东城区举办非公有制企业论坛。以“才富东城——‘人才、财富、创新、发展’”为主题，集中展示了非公有制企业的亮点与特色，广泛收集非公有制企业在财富创造、社会责任、文化建设、自主创新、聚才育才等方面的经验和做法。长安责任保险股份有限公司、中文在线数字出版股份有限公司等6家企业代表作交流发言。

（彭喜乐）

【志愿者信息管理系统培训举办】 10月29日至30日，东城区举办志愿者信息管理系统培训，全面推广志愿者信息管理系统。培训着重介绍了东城区志愿者信息管理系统的建设背景、系统构成、主要功能等，并对系统具体操作进行详细讲解。全区17个街道187名社区志愿者工作负责人参加培训。东城区志愿者信息管理系统于2012年年底正式上线运行，系统整合了全区各部门11.78万志愿者，初步实现了志愿者一口注册、在线派遣和量化评价。

（彭喜乐）

【检查验收社区规范化建设】 10月中旬至12月上旬，组织全区对2013年社区规范化建设示范点、“一刻钟社区服务圈”建设示范点和老旧小区自我服务管理试点等重点项目开展街道、区级自查工作，并接受市检查组检查验收。截至年底，全区成功创建市级社区规范化建设示范点26个、老旧小区自我服务管理试点8个、“一刻钟社区服务圈”示范点51个，已建成“一刻钟社区服务圈”覆盖社区总数90%。

（彭喜乐）

【首批智慧社区试点验收认定】 10月下旬，组织街道完成首批智慧社区试点建设自查验收及星级认定工作。截至年底，全区成功创建首批智慧社区试点三星级社区48个、二星级社区1个。

（彭喜乐）

【区级购买社会组织服务项目工作启动】 11月13日，2013年度政府购买社会组织服务工作部署会召开。8家区级“枢纽型”社会组织主管领导、17个街道办事处主管主任、相关社会组织负责人参加。本次购买活动中，项目申报主体包括区、街“枢纽型”社会组织、社团和民非、社区社会组织，项目内容涉及基本公共服务、公益服务、便民服务、社会管理服务等。共批复资金81.5万元，购买了52个服务项目。

（彭喜乐）

【台南市参访团到史家社区参观交流】 11月14日，台南市里长会长联合总会参访团到东城区朝阳门街道史家社区参观交流，中台办交流局副巡视员韩蔚陪同。参访团实地参观了朝阳门街道史家社区居委会、社区服务站和史家胡同博物馆，就组织社区居民、驻社区单位共同参与社区自治进行交流。

（彭喜乐）

【和平里街道举行社区社会组织风采展】 12月16日，和平里街道举行2013年社区社会组织风采展示暨经验交流活动，总结展示社区社会组织的发展成果，对参加市、区、街三级政府购买服务和公益创投且成效显著的10家组织进行表彰奖励，通过互相借鉴、相互学习，共同促进社区社会组织健康有序发展。近年来，和平里街道每年投入10万元用于社区社会组织培育和扶持，从理论探讨到项目落地，推动“本土适应接地气”，实现可操作性强；从单独标志向群体共识，做到“响应宽泛拢人气”，实现可接受性强；从感官冲击到思想冲击，力求“先声夺人提心气”，实现可转化性强；激发了社区社会组织活力，促进全面协调可持续发展。

（彭喜乐）

【社区工作者公开招考工作呈现三大特点】 一是招聘人数多。计划招聘社区工作者388人，是近年来招聘规模较大的一次，将进一步充实社区工作者队伍。二是招聘岗位全。涵盖社区工作全部岗位，包括社区党组织、社区居委会、社区服务站、社区社会服务管理工作站、商务楼宇工作站专职从事管理和服务的岗位。三是招聘范围广。除招考东城区城镇户口或全市城镇户口、长期居住在东城区及周边其他街道的符合条件人员外，面向已办理随军手续的随军家属开展招聘工作，营造全区“拥政爱民、拥军优属”的良好氛围。

（彭喜乐）

【新招考311名社区工作者正式上岗】 截至12月中旬，全区2013年招考的311名社区工作者正式上岗。社区工作者总数达3150名，队伍结构呈现四个特点：一是职业化程度不断提升，专职人员2670人，占全体社区工作者84.76%，比“十一五”期末提高了22.65个百分点。二是年轻化趋势更加明显，年龄在40岁及以下的1918人，占60.89%，提高了19.87个百分点。三是知识化水平日益增强，取得大专以上学历的2585人，占82.06%，提高了16个百分点。四是专业化方向逐步显现，取得社会工作师和助理社会工作师职业水平证书的640人，占20.32%，提高了8.43个百分点。

（彭喜乐）

【政府购买社会组织公共服务项目资金管理工作培训会举办】 12月24日，东城区政府购买社会组织公共服务项目资金管理工作培训会举办。邀请北京市华颂会计师事务所讲解《民间非营利组织会计制度》及绩效考评相关注意事项。14个市级购买社会组织服务项目承接单位负责人、财务负责人参加。

（彭喜乐）

【东花市街道广外南里社区开办社区邻里服务中心】 该中心面积1500平方米，设有老年静养室、舞蹈室、阅览室、棋牌室、健身室等，为社区居民提供文化需求。中心将以低偿、无偿形式进行服务，充分发挥社区志愿组织的作用，组织居民开展志愿帮扶活动，建立志愿者“反哺机制”，共同维护和管理“邻里中心”。

（彭喜乐）

【东华门街道成立“心灵家园”帮扶特殊家庭】 “心灵家园”是东华门街道专门为辖区特殊家庭老人设立的帮扶、心理治疗项目，为特殊家庭老人提供心理健康咨询或者帮助他们解决生活困难。目前，东华门街道已在南池子、韶九、正义路、多福巷四个社区成立了“心灵家园”，内设图书馆、多功能厅、体能测试室、心理健康咨询室、音乐治疗室等，提供心理疏导、压力释放、文化娱乐等服务。

（彭喜乐）

【公益行系列活动开展】 年内，共有和平里街道“社工节”系列活动、建国门街道外交部街社区和北京苹果慈善基金会共同举办的“首届公益编织节暨志愿者日”活动、北京社会生活心理卫生咨询服务中心的“扬起青少年心理健康的风帆”暑期系列活动等35个活动项目入选“北京社会组织公益行系列活动”，累计开展活动1273场次，服务居民群众30万人（次）。

（彭喜乐）

【社区规范化水平不断提升】 年内，开展市级“社区规范化建设示范点”创建工作。建成26个市级社区规范化示范点，获得市奖励资金390万元。全力推进社区办公和服务用房建设，基本完成第一、二批市批复项目，共计38处社区用房，建设面积近1.2万平方米，总投资2.89亿元。今年申请的第三批3处社区用房项目已获市批复，总建筑面积

1248.77平方米，总投资4166.18万元。大力推进社区服务站新标志建设。完成93个社区服务站新标志的建设工作。全区社区办公和服务用房面积均已达到350平方米以上（除拆迁区外）。

（彭喜乐）

【社区服务体系建设成效突出】 年内，继续推进“一刻钟社区服务圈”建设。与商务委共同推进“7+1”社区便民商业服务体系，加强“181”菜篮子便民服务平台建设。建成84个社区服务圈，覆盖169个社区，占社区总数90%以上，其中51个被评为市级示范点。与区体育局共同推进“奥林匹克·体育生活化社区”建设，年内新增“奥林匹克·体育生活化社区”40个。扎实推进智慧社区试点建设。首批49个试点社区申报市级三星级智慧社区，市级智慧社区现场会在东华门街道韶九社区召开。东华门街道的“网上居委会”、北新桥街道的“智慧养老”等信息化项目在全市宣传推广。积极支持探索社区基本公共服务均等化示范街道建设。9月底，东花市街道建立的全市首家社区邻里服务中心投入使用。

（彭喜乐）

【社区治理结构不断优化】 年内，全区社区建立起“一委三会一站、多元参与共建”的社区治理结构，推广居民会议常务会、“6631”工程、开放空间讨论会、“两会一厅”等经验做法。开展了地坛、崇东社区等6个老旧小区服务管理的试点工作，探索解决老旧社区环境、停车等难点问题。进一步拓展社区居民参与社区建设的活动载体，指导街道、社区参与第六届“魅力社区”评选活动，东直门街道东外大街社区和永外街道松林里社区分获第六届北京市“魅力社区”荣誉称号和单项奖。

（彭喜乐）

【社工人才队伍走向专业规范】 年内，通过公开招聘、竞争择优等措施，充实社区工作者队伍并优化队伍结构；通过强化培训、规范待遇及发展专业机构等，提高队伍整体水平。开展了社会工作人才管理课题研究。在此基础上，起草社区工作者“1+10”系列文件，对社区工作者职数管理、招考、培训、体检、休假、考核等进行了规范。开展了协管员队伍规范化管理调研。2013年，首次对全区社区工作者职数进行核定，公开招考311名大专以上学历人员充实到社区。实施千人培训计划，对1500余名社区工作者开展大规模、系统化培训。大力支持区社会工作者联合会、社会工作事务所等专业社工机构开展服务，受益者达5300余人次。

（彭喜乐）

【志愿者工作实现快速发展】 年内，东城区在全市率先建成区县级综合性志愿者信息管理系统，并在东直门、建国门、崇外和东花市街道的10个社区完成了试点运行工作。试点期间共更新发布志愿者活动信息40余条，发布并完成有组织的志愿服务项目63个，积极推动了“志愿服务供需匹配在网格”工作的开展。开发建设了东城区志愿者门户网站，搭建了全区志愿者工作的宣传、推荐、服务平台。在交道口街道、龙潭街道，和平里街道地坛社区、景山街道钟鼓社区、朝阳门街道史家社区启动社会动员试点工作，涉及社会动员体制机制建设、共驻共建、维护社区稳定和志愿者动员等方面。

（彭喜乐）

【政府购买服务扎实推进】 年内，以精细化管理作为工作保障，确保政府购买的项目质量和资金安全。27个入选2012年度市、区两级购买的项目顺利完成绩效考评；14个入选2013年度市级购买的项目正在有序推进；2013年度区级购买服务已于11月13日启动，主要面向区、街两级“枢纽型”社会组织、社区社会组织、社团等购买50个公共服务项目。

（彭喜乐）

【"非公"党建广覆盖】　年内，通过按期排查，依托非公有制企业党建联席会议，全力扩大非公有制企业党组织和党的工作覆盖面。加强非公党建工作品牌化建设，2013年在全区范围内培育选树50个非公党建示范点。探索总部型经济党建管理模式，成立了安利中国公司党委。

（彭喜乐）

【商务楼宇规范化】　年内，实施商务楼宇工作站规范化建设，统筹配备政务、党务、社务和群团建设等楼宇工作人员，对全区首批20个商务楼宇工作站示范站实施检查验收，实现统一标志、统一职责、统一人员配备。全区共建立商务楼宇工作站149个，覆盖158座商务楼宇，建立商务楼宇党组织46个。

（彭喜乐）

【支部建在网格上】　年内，结合网格化社会管理工作，建立基层党组织参与网格重大事项决策运行机制，开展"支部建在网格上"，全区共成立网格党组织573个，通过"网格包干"等形式实现了社区党建工作全覆盖。

（彭喜乐）

西城区

【概况】　年内，区委社会工委、区社会办紧扣民生主题，紧紧围绕全面构建"全响应"社会服务管理体系主线，进一步深化需求导向工作机制，着力提高社会服务管理人性化水平；进一步统一服务管理业务标准，着力提高社会服务管理规范化水平；进一步强化街道主体地位作用，着力提高社会服务管理精细化水平；进一步丰富多元主体参与方式，着力提高社会公共治理水平；进一步创新社会领域党建工作机制，着力提高社会领域党建科学化水平，努力实现在改善民生和创新管理中加快推进社会建设，在改进服务和科学发展中创造城市美好生活的目标。"全响应"作为西城区品牌，影响力不断扩大。中央党校和国家创新与发展战略研究会、国家行政学院等国家政策研究机构对全区多元治理工作理念给予高度评价。在全国首个地方版社会建设指数报告《中国社会建设蓝皮书·北京社会建设报告2013》中，专业机构采集的权威统计数据显示，西城区社会建设指数总分90.88分，名列北京市第一。

（赵培文）

【第二届公益文化节举办】　3月5日，以"让公益更有力量"为主题的第二届爱在西城公益文化节正式开幕。此次公益文化节分为开幕式、系列活动、闭幕式三大部分若干个板块，陆续开展了爱在西城公益文化节开幕式、西城区2013年度小学生环保主题演讲比赛、西城区"讲文明树新风"公益广告征集与传播、公益舞台剧"愿望树"公演、"一维画廊"等主题活动。西城区15个街道255个社区3000余家各级各类社会组织积极参与，组织公益系列活动近百场。

（赵培文）

【区社会建设工作会议召开】　4月12日，西城区召开2013年社会建设工作会议。传达了市委、市政府社会建设有关会议的精神，部署了2013年社会建设和六型社区建设工作。提出六方面工作重点：一是健全完善"全响应"网格化工作体系，重点做好完善机制、整合网格和建设平台三项工作；二是深入推进"访民情、听民意、解民难"工作；三是以推进基本公共服务全覆盖为重点，加强"全响应"民生服务体系建设；四是以机制创新为重点，不断提升街道统筹辖区发展的能力；五是广泛动员多元主体参与社会服务管理；六是扩大党组织和党的工作覆盖面，着力提升社会领域党建科学化水平。

（赵培文）

【非公党组织书记培训班举办】　6月19日至26日，区委社会工委联合区委组织部、区委党校举办非公有制企业党组织书记示范培训班。培训采取理论授课、交流访学、异地学习等方式，有效提升了非公有制企业党建工作带头人的能力素质。全区31位非公有制企业党组织书记参加培训。

（赵培文）

【社会组织能力建设培训班举办】 7月24日至26日，区委社会工委举办社会组织能力建设培训班。各街道主管领导、优秀区级社会组织代表和社区社会组织带头人共计80余人参加培训。

（赵培文）

【社区社会服务管理调研开展】 8月，为进一步加强社区社会服务管理，提升社区服务管理水平，由区委社会工委牵头，与区民政局、区行政服务中心成立调研组，通过问卷调查和走访座谈的形式对西城区社区服务管理开展调研。共发放问卷577份（社区居民302份，楼宇居民100份，社会工作者175份），收回有效问卷574份（社区居民302份，楼宇居民97份，社会工作者175份），实地走访座谈了6个社区。此次调研对社区党组织、社区居委会、社区服务站的实际工作情况有了最新的了解，对社区工作人员、社区提供的服务和居民目前的需求进行了分析，针对社区功能定位、社区工作者队伍建设以及制度保障等方面指出了社区服务管理中存在的问题，并从社区建设顶层设计、治理结构等方面提出了意见和建议。

（赵培文）

【统筹街道对科站队所工作】 10月28日，西城区加强街道统筹管理综合执法工作现场会在什刹海街道召开。会议总结了全区街道统筹社会服务管理工作经验，进一步强化了街道属地社会服务管理职责，健全和完善了“纵向到底、横向到边、条块结合、协调联动”的街道社会服务管理工作体系。

（赵培文）

【构建“全响应”网格化工作体系】 年内，以信息技术为支撑，建立了纵向互联、横向互通、全面覆盖、高效运转的运行网络，推动形成“五位一体、四级联动”（行政服务、社会服务、城市管理、社会管理、应急处置五项功能于一体，区、街、社区、网格四级联动）的“全响应”网格化工作体系。区级层面中心依托区城管监督指挥系统正式揭牌使用。15个街道均建成数据中心，14个街道完成硬件建设。85个服务事项实现网上大厅和实体大厅的统一，34个事项实现全区通办，极大提高了办事效率。70个社区通过北京市智慧社区评定。

（赵培文）

【信息化平台建设不断发展】 年内，完成“全响应”指挥（分）中心建设，扩充了区级“全响应”指挥中心“五位一体”的功能，实现区级中心与职能部门、街道分中心联通对接；鼓励已建成分中心的街道依托统一的平台开发拓展新的服务功能。

（赵培文）

【网格业务进一步规范】 年内，将现有城市管理、综治维稳和社区自治以及人、事、地、物、组织等社会服务管理内容全部纳入网格，以实名制方式落实每个网格的基础力量、专业力量、响应力量，制定统一的网格化技术标准和综合业务、社会管理业务、社会服务业务规范。

（赵培文）

【“访、听、解”长效机制形成】 年内，印发《关于建立健全“访民情、听民意、解民难”工作长效机制的通知》，固化了访民情、听民意、解民难工作12项长效机制。全年区领导走访街道社区128次，委办局领导走访街道社区388次。区、街、社区通过“访听解”工作共收集各类社情民意62670件，其中已经解决的问题60687件，解决比例达96.8%，群众集中反映的环境卫生、为老服务等热点、难点问题得到有效解决。

（赵培文）

【统筹街道办实事工作】 年初，确定2013年街道为民办实事计划161件，并首次通过西城报、西城政务网站向社会公布。街道办实事计划既有效承接了市、区办实事项目，又突出了区域实际和地区特色。截至年底，161件实事项目全部完成。

（赵培文）

【民生问题解决机制建立】 年内，发挥街道统筹解决民生问题的作用，加强对职能部门派驻机构的指挥、调度、考核、评价，规范街道、管委会协调机制，推广街道在社区召开办公会等做法，整合社会组织、驻区单位等各方资源，解决民生问题。推行访、听、解工作社区公示制度，建立重大民生工程、民生问题听证机制。

（赵培文）

【社情民意分析解决机制建立】 年内，将“访、听、解”信息管理系统、社情民意问卷调查、信访接待、人大代表和政协委员明察暗访、政务微博、一号通服务热线等多种渠道收集的社情民意进行整合分析，对于居民群众反映的集中性问题和规律性问题，重点给予政策和资金上的支持，对于不符合政策或暂时不能解决的问题，耐心做好解释工作，对于发现的矛盾纠纷，切实做好调处工作，推动了重点问题从源头得到解决。

（赵培文）

【基本公共服务统筹推进】 年内，制定了全区统一的服务事项、办理流程和服务标准，推进全区联网通办，完成83个社区基本公共服务的全覆盖任务，推动基本公共服务更高水平的延伸。巩固社区卫生“家庭医生式服务”工作经验，为居民群众提供约定式、互动式、跟踪式、关怀式、监测式服务。继续开展高雅艺术进社区、旅游服务进社区、金融服务民生等特色便民服务。推进菜篮子、早餐、便利店、再生资源回收、家政、修理、理发等7项生活性服务业的发展，提高社区服务的便捷性。

（赵培文）

【街道公共服务大厅建设不断规范】 年内，将原来各职能部门主管的劳动就业、社会保险、社会福利、住房保障、计划生育、法律服务、志愿者服务等业务职能下沉到街道大厅，提供标准统一的规范化服务。

（赵培文）

【社会建设项目征集公开透明】 年初，围绕群众需求和社会服务管理创新，公开征集2013年社会建设项目，采取网上申报的方式优化申报审批流程，完善专项资金拨付、使用和监督，广泛引导社会组织和驻区单位关注民生、服务民生。

（赵培文）

【社会建设专项资金合理使用】 年内，利用2000万元社会建设专项资金，购买社会组织服务。重点支持了养老助残服务、社会管理服务、特殊人群心理健康服务、专职社工队伍建设、社会组织培育、文化教育、环境保护、资源开放共享7大类75个项目。

（赵培文）

【社会组织有序发展】 年内，采取“引入一批、培育一批、嫁接一批”等方式，不断发展壮大社会组织，健全民主决策、民主管理、民主监督运行机制及自律机制，提升公信力和服务能力。培育了一批公益类、慈善类、生活服务类社区社会组织，推广复制一批优秀社会组织和品牌服务项目。

（赵培文）

【社会组织孵化进一步推进】 年内，西城区社会组织孵化中心选出15个街道“枢纽型”社会组织入壳，为其提供创业初期最急需的帮助和各项孵化服务，提升其扎根社区、服务街道的能力。

（赵培文）

【社区居民自治机制不断完善】 年内，依托社会服务管理网格让居民自治延伸到楼院、小区的机制，实现居民自治管理的精细化。推广了社区互助会、居民事务理事会等经验做法，建立居民群众、社会组织、驻区单位等多方联动自我服务、自我管理机制，强化社区自治组织实施公益事业和公共事务的能力。创新居务公开的有效载体，充分利用微博、微信等新媒体技术，引导更多的居民参与社区事务，监督社区居委会工作。

（赵培文）

【社会领域党建工作机制创新发展】 年内，按照党组织班子社会化、组织体系网格化、运行机制常态化的原则，建立了以街道工委为核心、社区党组织为基础、其他党组织为结点的区、街、社区三级网络化党建工作体系，完善上下联动、条块结合、多方参与、集约共享的工作机制，总结推广区域化党建工作经验，整合、激活、优化区域内党群、行政、社会力量等各类资源，凝聚发展合力，不断扩大党组织和党的工作覆盖面。

（赵培文）

【非公有制企业党建活力工程创建】 年内，落实区委《关于实施“非公有制企业党建活力工程”进一步加强和改进全区非公有制企业党的建设工作的意见》，打造了37个市级非公有制企业党组织“五好”示范点；举办了非公党组织书记示范培训班，提升非公党组织带头人能力素质；建立了150人的非公党建指导员队伍，加强非公党建工作指导力量；编撰了《非公党建创新工作集萃》；深化“163积极分子培养”工程，共举办两期100人的非公有制企业入党积极分子培训班；强化创新项目机制，共完成包括商务楼宇党建、非公党建、区域化党建等方面的38个党建创新项目。

（赵培文）

【党建“三级联创”工作落实】 年内，区级部门结合“访民情、听民意、解民难”“结对共建　先锋同行”等活动，推动了相关职能部门在履行工作职责的同时延伸、拓展公共服务，将政务服务延伸至商务楼宇和非公有制企业，快速、有效解决群众反映强烈的热点、难点问题。强化街道工委的核心地位和作用，丰富资源共享平台，建立协调议事、社会动员等工作机制，引导辖区党组织和党员围绕中心工作和民生热点集思广益，推动发展。做好社区“双向述职”“三评一考”等工作，打造了一批“五个好”示范点，充分发挥典型的示范、引领、带动作用，不断增强基层党组织的创造力、凝聚力和战斗力。

（赵培文）

【街道社区大党建工作格局构建】 年内，积极推动街道大工委建设，以区域化党建为龙头，统筹引领基层社会服务管理创新工作，健全了街道社会工作党委统筹辖区单位、非公有制企业、五小门店、流动党员的党建管理模式，实现了党的组织和党建工作的全面覆盖。开展社会工作党委示范点建设，申报了西长安街街道、展览路街道、白纸坊街道为市级社会工作党委示范点，从组织设置、基础保障、工作机制、活动载体、发挥作用等五方面着力开展创建工作，进一步强化社会工作党委在社会领域党建工作方面的作用。推进社区党建三级联创，进一步推动社区党建向区域化延伸，为统筹资源、服务民生，为化解矛盾、构建和谐社区奠定了组织基础。

（赵培文）

【非公党建指导员队伍建立】 年内，聘请150名离退休干部担任非公党建指导员，深入楼宇、非公有制企业开展党建指导工作，通过建立培训学访、座谈交流、慰问奖励等机制加强队伍管理。通过建立非公党建指导员队伍开展党建工作，有效促进了非公有制企业对党建工作的认识，提升了非公有制企业组建率，推进了非公有制企业党建工作的覆盖。

（赵培文）

【商务楼宇工作站建设得到加强】 年内，重点打造了金融街街道西城晶华、展览路街道五栋大楼、西长安街街道大悦城党群服务中心、白纸坊街道金泰开阳大厦楼宇工作站4个硬件设施良好、服务功能齐备，面积均在300平方米左右的示范站，扩大了辐射功能，在整合社会组织力量、动员社会单位参与、服务企业员工等方面发挥重要的辐射带动作用。进一步加强资源整合，将政务服务、公共服务、公益服务、社会服务等延伸至楼宇，为楼宇企业、员工提供综合性服务，开展国家安全知识进楼宇、社会工作方法助力楼宇党建等活动。建立了商务楼宇图书借阅点23个，文体活动室40个，提供借阅书籍5.3万册，为楼宇企业员工提供文体服务23518人次。

（赵培文）

【市级非公党建“五好”示范点建立】 年内，按照“领导班子好、党员队伍好、工作机制好、发挥作用好、各方反映好”的标准，打造了神玉艺术馆、西单世纪明珠百货公司、首安人力资源咨询公司等37个市级非公有制企业“五好”示范点。梳理总结非公党建典型案例19篇，形成《非公有制企业党建工作创新案例集》。

（赵培文）

【“枢纽型”社会组织党建工作进一步深化】 年内，通过联系和指导教育、卫生、司法等相关部门，在民办学校、民办医院和律师协会组建了“枢纽型”社会组织党组织。在此基础上，进一步向社会各领域、各行业进行辐射，在私个协、在出租车司机当中建立党组织，在流动党员管理、物业管理、劳务派遣机构、中介组织筹备组建党组织，努力实现全领域有效覆盖。

（赵培文）

【163积极分子培养工作机制不断深化】 年内，继续深化落实社会领域积极分子培养163工程，扩大培训覆盖范围，共举办两期100人非公有制企业入党积极分子培训班。建立党员教育学习网络平台。建立西城区党员教育学习网络平台，研发党员在线学习系统，加强社会领域党员的思想教育，进一步提升党员教育管理的信息化和科学化水平。

（赵培文）

【社会领域党建创新项目机制得到完善】 年内，以项目制管理引导党建创新，完善党建创新项目的各项管理机制和工作制度。年内，共申报了38个包括商务楼宇党建、非公党建、区域化党建等方面内容的社会领域党建创新项目，并进行评比表彰，为社会领域党建工作注动力、添活力。通过专家评审、业务指导等方式，加强对党建创新的引导，提升党建工作科学化水平，为开展非公党建活动、总结非公党建工作经验，示范点建设打好基础。

（赵培文）

【社会领域党建调研课题机制进一步深化】 年内，根据年度重点工作，组织各街道和直属党委申报调研课题，鼓励通过调研课题破解社会领域党建重点难点问题，经过申报立项、初步筛选、专家论证、组织实施、中期评估、综合评审等环节，形成了一批成效显著的调研成果，共收集60余篇调研报告，精选出37篇汇编形成《西城区社会领域党建研究课题汇编》。

（赵培文）

【社会领域党群服务中心建成】 年内，重点设计打造西城区社会领域党群服务中心，进一步完善服务功能。年内，共接转党组织关系530余人；举办百家讲坛4期，开展“中国梦”等主题宣讲，受教育党员干部1500余人次。完成社会领域党建信息库数据采集工作。

（赵培文）

【全响应网格化社会服务管理工作不断推进】 年内，采取上下梳理的方式，将1243个综治网格和2432个城管网格以及部分街道自定的社会建设网格进行整合，按照方便群众、易于管理的原则，推进城市管理网格、综治维稳网格和社会管理等多个网格和多种力量进行融合和科学调整，形成全区统一的1697个网格责任区，完成了网格空间标绘，形成了GIS电子地图，落实了每个网格的基础力量、专业力量、响应力量。通过短信平台、多媒体信息会议等方式构建起覆盖整个街道的信息化网格支撑体系，提升网格化基础工作的规范化水平，动员多元主体服务民生。

（赵培文）

【“全响应”区街信息化支撑平台构建】 年内，区级“全响应”社会服务管理指挥中心依托区城管监督指挥系统，推进行政服务、社会服务、城市管理、社会管理、应急处置五大功能的有机结合，一期建设已经完成，6月24日正式揭牌使用，及时推进二期建设；街道层面将多个业务系统进行整合，设计了9个基础应用模块，规范技术标准，实现民生服务、城市管理、应急处理、分析研判、统筹协调等功能。在硬件建设方面，14个街道建成全响应网格化社会服务管理指挥分中心并试运行，1个街道分中心正在建设，街道指挥中心逐步整合全响应调度系统、电视电话会议系统、公安监控系统、人流监控系统、城管网络管理系统与综治网格管理系统等6个系统，实现智能化集中控制，直观、立体、全方位掌握本地区应急保障工作的开展情况，大大提升了信息收集、领导决策、应急指挥的工作水平。在软件建设方面，15个街道均建成数据中心，13个街道建设完成分中心协同平台并投入使用。“访、听、解”软件嵌入区级指挥平台，34个事项实现了全区通办。85个事项实现了网上大厅和实体大厅的统一，极大地提高了办事效率。

（赵培文）

【街道工作统筹进一步加强】 年内，建立了街道主要领导工作例会制度，通过街道间交流工作经验、实地考察、学习培训、工作考核等多种形式推进街道之间的工作交流，结合重点工作设立了城市精细化管理、为老服务专题，全年共组织街道系统工作例会3次；为方便委办局和街道、社区间的交流，印制了《西城区街道基本情况汇编》《西城区社区建设基本情况汇编》。进一步推动工作、财物和人员力量在街道层面的整合，进一步理顺“条”“块”关系，推动司法所、统计所、劳动保障所由街道统筹管理，并完成工作对接。

（赵培文）

【街道系统协管员管理得到统筹规范】 年内，针对街道反映强烈的协管员进入渠道不一、工资标准差异较大、人员素质参差不齐、队伍不断膨胀、政府运作成本不断增加等问题，于3月研究出台了关于落实《西城区统筹和规范街道社区协管员管理的意见（试行）》有关问题的通知，就整合职能、统一规范待遇、合同签订等工作进行了规范，各街道8月前落实了待遇并按照“一人多岗、一岗多责”的原则加强人员的统筹，多年存在的协管员待遇不统一问题得到解决。

（赵培文）

【街道系统绩效考核工作加强】 年内，研究制定“十二五”期间街道系统绩效管理实施意见，以政府办名义印发（京西办发〔2013〕16号）。认真组织2013年街道系统考核工作，内部考核共分为3项一级指标、14项二级指标、85项三级指标，指标内容共涉及38个职能部门；外部评议委托第三方专业机构进行问卷设计、问卷调查和结果分析等工作，设计了5套问卷，15个街道共有2100人次参与对街道工作的问卷调查，由居民代表、社区工作者代表、驻区单位代表、地区管委会代表、街道本级职工等社会群体对街道工作进行评价，推动绩效考核由“上评下”向“下评上”、由“官评官”向“民评官”方向转变。

（赵培文）

【社区规范化建设示范点建设积极推进】年内，按照全市“社区规范化建设示范点”活动要求，进一步巩固社区规范化建设成果，积极推进社区服务站标志系统建设，170个社区服务站完成标志安装。8个社区被北京市评为管理规范、服务完善、设施一流、成效显著、特色突出、群众公认的北京市社区规范化建设示范点。

（赵培文）

【社区基本公共服务全覆盖全面推进】 年内，组织开展社区基本公共服务全覆盖调研，调研显示，92%的服务项目的满足度达到了90%，其中，33%的社区实现60项服务项目全覆盖，59%的社区实现180小项全覆盖。梳理并分解了每个部门的需要延伸到社区而未满足的服务，全面推进此项工作，每季度对街道和各相关职能部门工作范围内的社情民意进行调查，结合“全面感知，快速传达，积极响应”的“全响应”社会服务管理工作，将调查结果及时反馈给各相关委办局，督促其落实解决。年底调研显示，全区基本实现了社区基本公共服务全覆盖。

（赵培文）

【老旧小区服务管理工作推动发展】 年内，先后组织街道主管老旧小区的领导和负责人到朝阳区、海淀区参观学习老旧小区管理经验做法；按照市《关于开展老旧小区自我服务管理试点工作的意见》精神，指导街道开展老旧小区自我服务管理工作，推动老旧小区服务管理向规范化、社会化、精细化发展，逐步实现“五好”目标，即自治建设好、自我管理机制好、自我服务效果好、辖区单位协同好、突出问题解决好。9个老旧小区试点通过北京市社会建设工作领导小组检查。

（赵培文）

【社区办公用房建设成效明显】 年内，指导街道完成了北京市固定资产支持社区用房规范化项目第一批19个项目的公示、第二批10个项目的竣工决算及第三批7个项目的申请，指导街道科学合理的使用分配社区办公和服务用房，缩小办公区域，扩大为民服务空间。

（赵培文）

【安全社区建设不断推进】 年内，树立跨部门合作的大安全观，把创建安全社区作为推动社会管理创新的重要载体和加强应急管理能力建设的重要途径，9个街道先后通过国家安全社区认证，其中金融街、月坛、展览路、新街口、德胜、西长安街6个街道先后通过了世界卫生组织“国际安全社区”认证，成为国际安全社区网络成员。

（赵培文）

【社会工作人才队伍建设进一步加强】 年内，完善了社工联合会工作体系，建立了街道社会工作者联合会分会，形成覆盖全区的社会工作者组织网络体系。完善了“一街一站”职业社工岗位设置工作，组织开展了“一街一队伍”试点工作，推进志愿服务长效化开展。

（赵培文）

【社会工作者队伍培训完成】 年内，完成全区国家社会工作职业水平考试的服务工作；实施万名社区工作者培训计划，采取新闻实训、万名社工培训、高级社会工作管理人才培训等多种形式，提升社会工作队伍的综合素质和服务能力。组织了第三期新加坡实地培训班，促进教育培训由专业知识普及型向专业应用能力提高型的转变，开展了社区工作者调研，规范社区工作者招录、考评、培养等工作，拓宽社区工作者职业发展路径。

（赵培文）

【机关干部下社区机制有效推行】 年内，从全区机关、事业单位中遴选255名优秀年轻干部，到社区脱产挂职一年，推动各类公共服务资源更好地服务基层。

（赵培文）

【服务基层工作取得成效】 年内，挂职基层干部讲党课和政策法规等386场次，组织开展走访帮扶、志愿服务等活动2352场次，梳理群众反映的问题和意见建议5255条，帮助群众办实事1320余件。

（赵培文）

【社区规范化建设进展顺利】 年内，社区用房达标类型由“散点拼凑型”向“集中服务型”转变。打造了22个市级规范化建设示范社区、14个市级“一刻钟社区便民服务圈”示范点，推进了70个智慧社区建设，围绕创建“干净、规范、服务、安全、健康、文化”六型社区，推动了社区建设在更高的水平发展。建成10余个能够辐射一定区域的市民中心，为辖区居民提供综合服务和活动场所；建成社区规范化建设示范点8个；建成10余个能够辐射一定区域的街道市民中心；建立“一刻钟社区服务圈”示范点建设进度月报制度和年中检查制度，逐步健全设施网络，完善运行机制，鼓励开展各具特色的服务圈组建设，14个社区服务圈获得市级“一刻钟社区服务圈”示范点称号，基本实现了社区基本公共服务全覆盖。

（赵培文）

【驻区单位资源共享有效推进】 年内，完善资源共享评价指标体系及方法和《关于进一步推进社会单位资源开放共享的实施意见》，搭建驻区单位内部资源与居民需求对接的平台，建立资源开放共享评价指标体系，健全促进社会资源开放共享长效机制和奖励机制。投入400万元，表彰奖励76家资源共享先进单位，发挥社会建设专项资金的引领撬动作用，促进300余家社会单位开放资源，解决了停车难、养老难、活动场地不足等一些依靠政府自身力量无法解决的难点问题，激发了驻区单位的社会责任意识，推动了养老、文化、停车等各个领域资源开放共享。

（赵培文）

【“十二五”时期社会建设专项评估完成】 年内，对照“十二五”社会建设专项规划确定的各项任务，对两年来规划任务完成情况、存在问题和需要调整的内容进行了认真梳理和分析。完成了《西城区“十二五”时期社会建设规划中期评估自查情况的报告》，并顺利通过了区人大常委会的审议。

（赵培文）

【展览路街道推行“居民自管四步法”解决老旧小区停车难问题】 一是成立小区物业自治管理委员会（以下简称“自管会”）。通过召开居民代表大会的形式，选举出居民认可度高、具有广泛代表性的小区“自管会”。二是服务先行。“自管会”以服务居民为原则，不以营利为目的，通过良好的服务态度和质量，带动居民自觉接受停车管理，缴纳停车服务费。三是创新停车管理举措。雇用停车管理人员、安装门禁设备等，通过广泛宣传，向小区车主收取适当费用，用以支付相关人员雇用和设施建设等费用。车主则“人手一卡、刷卡进门”，规范管理停车。四是引入专业管理。“自管会”通过向区职能部门进行停车备案，或者引进正规停车公司等方式对停车实施管理，逐步形成居民自管与专业管理并行的管理模式。

（赵培文）

朝阳区

【概况】　年内，全区社会建设工作凝心聚力，攻坚克难，创新突破，取得新成绩。一是创新工作机制，探索共商共治，党建引领能力得到加强。党政群共商共治工程扎实有效，经过民主协商确定实事1479项，实事完成率99.5%，群众满意度达到95%。探索社区党建网格化管理，区域化党建工作深入推进。干部队伍能力持续提高。二是坚持民生导向，推进分类治理，公共服务水平稳步提升。城乡社会事业不断发展，社区服务日益完善，加强193个一刻钟社区服务圈规范化建设，推动180项基本公共服务有效落实。三是培育社会组织，强化社会动员，社会治理合力持续增强。加强社会组织服务管理顶层设计，引导社会组织有序参与社会治理，社会组织体系建设不断完善，进一步规范政府购买服务工作，全年购买213个服务项目，市、区两级购买资金超过1700万元，连续三年蝉联全市第一。社会志愿服务更加活跃，涌现出望京公益汇、朝外橙房子等一批志愿服务品牌，推进志愿服务社会化、专业化发展，探索建立志愿服务应急动员机制。四是注重统筹协调，加快重点突破，城市管理水平不断提高。优化全模式网格化社会服务管理体系，积极探索职责明晰、运行顺畅的条块结合管理机制，加强城市环境和安全管理，提高城市管理精细化水平。

（陈　涛）

【全区加强社会建设推进城乡统筹发展工作会召开】　2月25日，2013年朝阳区加强社会建设推进城乡统筹发展工作会召开，会议部署了2013年社会建设工作。区四套班子领导、机关各委办局负责人、街乡领导、社区党委书记、社会单位代表等1200人参加大会。

（陈　涛）

【全区社会志愿服务工作会召开】　3月1日，2013年朝阳区社会志愿服务工作会暨第二届星级志愿者表彰会召开。会议表彰了朝阳区第二批十大星级志愿者，认定星级志愿者13171名，并对2013年志愿服务重点工作进行部署。

（陈　涛）

【星级商务楼宇服务站创建工作总结交流会召开】　3月11日，全区星级商务楼宇服务站创建工作总结交流会召开，对2012年首批评定出的建外街道SOHO等5个四星级、高碑店乡财满街等11个三星级、双井街道京粮大厦等36个二星级、东风乡丰苑大厦等30个一星级楼宇服务站进行授牌表彰，并拨付建设和奖励经费218万元。2012年，全区开展“商务楼宇服务站星级评定”活动，先后出台实施意见和评分标准，按照组织建设、管理服务及场所建设3个大项及68个小项进行考核打分，设置了一星级到五星级5个档次，并会同区级有关部门对全区25个街乡及非公工委所属的82个商务楼宇服务站进行验收评审。

（陈　涛）

【首届“朝阳社区工作者运动会”举办】　4月14日，首届“朝阳社区工作者运动会”举办。运动会设立智力比拼、体力竞赛两类共8个参赛项目，1200余名社区工作者参加，丰富了社区工作者业余文化生活，为相互交流搭建了平台。

（陈　涛）

【雅安地震募捐】　4月22日至28日，区委社会工委、区社会办联合社会志愿者公益储蓄中心快速反应、多方联动，第一时间为雅安地震灾区募集急需物资45000余件，折合人民币40余万元，并于4月24日起发往灾区。同时组织开展“关爱身边雅安人”行动，呼吁广大社会志愿者关心和帮助身边的雅安人，得到广大居民和社会单位的广泛认可和积极响应。

（陈 涛）

【中国职业安全健康协会专家指导朝阳区国际安全社区建设工作】 5月3日，中国职业安全健康协会专家欧阳梅、陈文涛分别到机场、东湖街道指导国际安全社区建设工作。

（陈 涛）

【星级楼宇服务站表彰会召开】 5月17日，区委社会工委组织召开星级楼宇服务站表彰授牌暨社会领域党务工作者培训大会，为82个星级楼宇服务站授牌。全区260名社会领域党务工作者参加大会。

（陈 涛）

【中国社工协会调研区社会建设工作】 6月7日，中国社工协会副会长王国英、副主任委员兼总干事李晶等领导，到朝阳区调研社会建设工作。

（陈 涛）

【中央党校研修班调研区社会建设工作】 6月28日，中央党校地厅级民生与社会建设专题研修班到朝阳区调研社会建设工作。

（陈 涛）

【全区社会领域纪念建党92周年活动举办】 7月1日，全区社会领域纪念建党92周年暨"凝聚力量，共筑梦想"主题党日活动在朝阳区规划艺术馆举办。

（陈 涛）

【全区"六小门店"自律组织党建工作现场推进会召开】 7月19日，区委社会工委举办"六小门店"自律组织党建工作现场推进会，组织参观了双井街道富力社区星光大道"六小门店"自律组织党建工作示范街，介绍了双井地区"六小门店"自律组织党建工作开展情况。区委社会工委从2010年开始推动"六小门店"自律组织党建工作，截至2013年7月，已经建立"六小门店"自律协会102个，共有党员318人，其中，独立成立协会党组织的有22个，建立团组织的有21个，共有团员1200余人，配备党建指导员57人，党的组织覆盖了7030家"六小门店"，"六小门店"自律组织党建工作取得了初步成效。

（陈 涛）

【社会服务管理创新亮点工作交流展评会召开】 8月1日，全区社会服务管理创新亮点工作交流展评暨街道系统半年工作总结部署会召开。

（陈 涛）

【全区第一批区级"枢纽型"社会组织认定】 8月6日，经区社会建设工作领导小组批准，正式认定朝阳区总工会、共青团朝阳区委员会、朝阳区妇女联合会、朝阳区科学技术协会、朝阳区残疾人联合会、朝阳区归国华侨联合会、朝阳区文学艺术界联合会、朝阳区红十字会、朝阳区社区社会组织联合会等9家单位为第一批区级"枢纽型"社会组织。"枢纽型"社会组织负责相关领域社会组织的联系、服务和管理等工作。

（陈 涛）

【国创会会长郑必坚同志调研区社会建设工作】 8月22日，国家创新与发展战略研究会会长郑必坚到朝阳区调研社会建设、改革与治理工作。

（陈 涛）

【民政部领导调研区社会建设工作】 9月3日，民政部基层政权和社区建设司司长蒋昆生到朝阳区调研社会建设工作。

（陈 涛）

【中央统战部领导调研区社会建设工作】 9月3日，中央统战部六局局长王永庆、全国政协常委陈章良、国务院参事汤敏、国家发展和改革委员会规划司副巡视员明晓东、市规划委主任黄艳等领导到朝阳区调研集中建设保障性住房的社会管理工作。

（陈　涛）

【区政府购买社会组织服务保障房项目完成】 9月3日，朝阳区邀请中国社会学会副会长、中国社会工作教育协会会长王思斌等4名专家，对政府购买社会组织服务保障房12个项目进行结题评审，并就下一步工作提出指导意见。该项目是市、区两级政府购买社会组织服务重点项目，包括保障房小区特殊人群心理支持、儿童快乐成长、老年人服务、社区矫正等15个子项目。自2013年8月以来，共开展服务活动1021次，其中个案活动132次、小组活动585次，覆盖15个社区14万人口，直接受益9万余人次，初步形成了城乡保障房社区专业社会工作服务发展模式。承担服务项目的8家社会工作事务所均超额完成任务，最多的超额完成200%。

（陈　涛）

【第二届社区工作者基本功大赛举办】 9月13日，朝阳区“社区有我”第二届社区工作者基本功大赛启动。围绕工作实务、运用个案和小组手法处理社区重点难点问题等设置比赛项目，旨在有效提升社区工作者能力水平。来自375个社区的5000余名社工参加比赛，其中42个街乡168名社工脱颖而出进入复赛。

（陈　涛）

【全区老旧小区准物业管理工作实现“四有”】 9月24日，参加北京市老旧小区自我服务管理工作会的市有关部门和16区县领导到潘家园街道松榆西里社区（东小院）现场参观，副区长苑文新就准物业管理工作介绍经验做法。自2010年以来，朝阳区在96个小区开展准物业管理工作，采取居民自管与市场机制相结合、居民自管与政府扶持相结合两种模式，实现了有治安防范、有维护维修、有绿化保洁、有停车管理的“四有”标准。

（陈　涛）

【共和国史学术年会考察团调研区社会建设工作】 9月26日，当代中国研究所副所长武力率共和国史学术年会考察团60余人到朝阳区调研社会建设工作。

（陈　涛）

【麦子店街道第三届国际社区文化节启动】 10月12日，以“麦 home · dream · 和美家园梦”为主题的第三届麦子店国际社区文化节拉开帷幕，来自社区的多个国家的外籍居民近千人参加开幕式。本届文化节将持续到今年年底，期间将开展体育活动、科教文化、媒体互动三大主题的10余项活动。

（陈　涛）

【全区物业管理工作培训会召开】 10月25日，朝阳区小区物业管理工作培训会召开，副区长苑文新出席会议并讲话。培训会上，区社会办对朝阳区《关于加强业主大会、业主委员会建设的意见（试行）》进行解读并就业主大会、业主委员会建设工作进行部署，区房管局就物业管理工作进行了专题辅导。区社会办、区房管局、区法制办、区农委及各街乡领导和相关科室负责同志参加培训。

（陈　涛）

【商务楼宇毒品预防教育活动启动】 11月13日，由市禁毒办、市委社会工委、市法宣办等多家单位共同承办的2013—2014年度北京市商务楼宇毒品预防教育活动在建外SOHO商务楼宇工作站启动。活动以“健康生活 拒绝毒品”为主题，采用现实教育与网络互动相结合的模式，面向北京市各大商务楼宇内员工普及毒品知识，传播禁毒理念，提高自身拒毒防毒能力，进一步加大禁毒教育进社区工作力度，探索合成毒品危害宣传教育新模式。活动将历时五年持续开展，最大限度地覆盖市内大型商务楼宇。

（陈　涛）

【区首届公益博览会举办】 12月2日，区首届公益博览会在蟹岛国际会议中心举办。此次博览会分为对接展示和表彰等环节。对接展示活动划分为导视区和特装展示区、成果展示区、交流对接区、参与体验区、公益沙龙等五个区域。活动现场播放了2012—2013年度区社会公益服务总结片，认定了首批9家区级“枢纽型”社会组织，并对政府购买服务工作先进单位、社会组织优秀项目等进行表彰。通过现场展示与对接，40余家社会组织与9家区级“枢纽型”社会组织对接，26家社会组织与5家基金会对接，90余家社会组织与43个街乡对接，达成合作项目意向124个，建立联系800余对。

（陈　涛）

【市领导调研区党风廉政建设及社区为民服务工作】 12月27日，市委副书记、市长王安顺到六里屯街道十里堡北里社区调研党风廉政建设及社区为民服务工作。

（陈　涛）

【全国政协常委张海迪到朝阳区看望残疾人朋友】 12月31日，第十二届全国政协常委、中国残联第六届主席团主席张海迪到大屯街道温馨家园看望残疾人朋友，北京市残联理事长吴文彦、副理事长吴学文等陪同。

（陈　涛）

【规范化示范点负责人系列培训举办】 与北京工业大学合作设计开发针对性强、可操作性强、具有启发性的课程。首期培训以业务指导与社区品牌建设为重点，开设走动式工作法介绍、居民自治、团队建设、项目化运作、品牌建设、心理疏导等课程。以“我是社工”为主题，运用专业社会工作方法——小组工作法进行分组讨论，启发示范点负责人在工作中的应用。以机场街道南平里社区为观摩点，组织示范点负责人进行实地体验，从参观路线是否合理、介绍语言是否精练、社区亮点是否突出等方面对观摩进行点评。

（陈　涛）

【叶青大厦党委建立党建微博】 叶青大厦党委在门户网站新浪网上建立了党建微博，通过发布党支部活动通知、社区服务信息等各类信息，吸纳大厦企业的党员为“微博管理员”，为大厦内的130家企业、4000多名员工搭建了综合服务平台，实现了20家企业党组织工作和信息的交互，为250多名党员参加组织活动和大厦企业员工申请加入党组织提供了便利。此外，利用这一平台的即时性，及时解决驻厦企业反映的各类问题，成为大厦党委服务企业员工，畅通社情民意的一条重要途径。

（陈　涛）

【98项政府服务进楼宇】 年内，区政府协调工商、税务、交通、公安、城管以及街道职能科室，在全区367座商务楼宇设立站点，提供包括用工投诉、企业年审、税务登记等在内的19类98项政府服务。

（陈　涛）

【实施“放心工程”进校园】 年内，区社会办将北京市青少年法律与心理咨询服务中心“放心工程”项目列为区社会建设项目并给予专项资金支持。该项目致力于解决小学生放学托管难题，把小学生放学后的“时间差”变成孩子成长、家长放心、社会共管的大课堂。课程分为童军活动、益智类活动、技能培养以及家庭教育课程四个模块，目前已率先在东湖街道南湖东园小学和首都师范大学附属学校启动。

（陈　涛）

【实施“暖冬计划”助孤儿】 年内，建外街道永东社区携手朝阳区白领志愿者协会共同发起“暖冬计划”系列活动。以社会公众募集的方式，为河北省弘德家园的孤儿募集过冬物资、学习用品、学习生活费用等。同时发起“‘爱白领一家一’弘德家园孩子一对一认养捐助活动”“‘为孩子圆梦北京’组织弘德家园孩子到北京游玩一天”两个主题志愿活动，数百名白领志愿者参与。

（陈　涛）

【社会领域党建工作扎实推进】 年内，朝阳区坚持“属地化管理、区域性党建”理念，积极探索社区党建网格化管理，在93个试点社区建立662个网格党组织，设立重点服务项目158个，初步形成以“社区党委—网格党支部—网格党小组”为框架的服务体系。广泛开展“凝聚党旗下、党群心贴心”主题实践活动，建立健全“两代表一委员”民情联络机制，深化“党员示范服务岗”，细化服务项目，提升基层党组织服务能力。建立“两新”组织党组织108个，“六小门店”自律协会102个，改、扩建商务楼宇服务站5个。实现党的组织、工作和服务全覆盖，社会领域党组织的影响力和凝聚力进一步增强。

（陈　涛）

【“三横四纵”社工职业教育体系探索构建】 纵向形成区、街（乡）、社区三级培训体系，区级层面侧重社工专业理论、技巧和方法培训；街乡层面侧重职业规范和实用技能培训；社区层面侧重自学互学，引导社工运用专业理念和方法。横向构建初任培训、岗位培训、进修培训和继续教育四大类课程体系，针对300名新招聘社区工作者开展为期四天的初任培训；举办3期社区建设示范点培训班；引入电子签到卡管理手段，组织2500名社工参加北京市“万名社区工作者培训”；分6期为1034名社工提供继续教育培训，其中，助理社工师培训16学时，社工师培训24学时。

（陈　涛）

【街道社区干部队伍素质能力不断提升】 年内，采取街道党政正职月例会、专题研讨、片区座谈和现场会等方式，提升街道班子统筹地区社会建设和破解社会管理难题能力；构建“三横四纵”社工职业教育体系，开展爱岗敬业模范社工“金蜜蜂”奖评选活动，加强社区工作者队伍建设；在街道系统窗口服务岗位开展“五增强、五不让”教育整顿活动，出台《关于加强街道系统社区纪委规范化建设工作的意见（试行）》，强化社区纪检组织在社区建设和自治中的监督作用，坚决杜绝损害群众利益的行为，加强干部队伍作风建设。

（陈　涛）

【“一刻钟社区服务圈”建设得到加强】 年内，继续在6个社区推进“一刻钟社区服务圈”示范点建设，提升已有193个社区服务圈的建设水平。按照基础资料、服务载体、工作内容、资源整合和工作成效五个部分，制定《朝阳区“一刻钟社区服务圈”检查验收标准》，指导街道开展自查自评，有针对性地做好社区服务体系的查缺补漏工作，并以现场会形式进一步明确“一刻钟服务圈”的建设标准，重点在服务队伍建设、运行机制、社会资源整合等方面做交流学习，促进了全区服务圈建设。

（陈　涛）

【95个老旧小区实现准物业管理】 年内，为解决老旧小区群众反映的出行、停车、绿化、安全等难题，朝阳区本着“自治互助、共治共享、民主协商”的原则，采取“边试点、边完善、边推广”的办法分期分批推行老旧小区准物业管理，每年不断扩大试点和推进范围。截至目前，全区21个街道的95个老旧小区已实现准物业管理，占城区无物业管理老旧小区总数的48%。

（陈　涛）

【社区分类治理积极推进】 年内，针对老旧小区失管、弃管难题，在35个老旧小区按照“四有”“五好”标准推进准物业管理，发动居民成立小区自管委员会，组建自管志愿队伍，实现老旧小区居民自我服务和管理。针对商品房小区物业纠纷突出矛盾，研究制定《关于加强和完善业主大会、业主委员会建设的意见》《业委会自治组织管理指导手册》，引导业委会规范运作，依法维权；出台《加强物业公司管理的工作办法》，引导物业公司规范管理，提升服务。针对农村保障房社区公共配套设施和社会服务管理薄弱的难题，采取政府购买服务的方式，开展“三社”联动服务和管理的模式，促进居民有效融合增强归属感。

（陈　涛）

【社区服务体系建设大力加强】 年内，全区进一步完善社区服务体系建设，促进城乡社区服务均等化。研究制定《朝阳区“一刻钟社区服务圈”验收标准》《朝阳区社区服务体系工作运行图》，加强193个“一刻钟社区服务圈”规范化建设，认定10个星级服务圈、6个养老特色服务圈，推动180项基本公共服务有效落实。提升农村社区服务水平，建成9个社区邻里之家，在黑庄户、金盏等8个地区办事处30个村开展村级社区服务站建设工作，搭建农村居民办理公共事务的平台。启动第三批街乡社区办公用房建设项目，围绕“美丽社区”主题，打造50个社区规范化示范点。创建81个“六型”社区，加强外籍人员服务中心（站）和国际安全社区建设。开展27个街乡69个智慧社区试点工作，推进香河园等13个街道社区服务管理平台建设。

（陈　涛）

【社会组织三级服务平台建设全面推进】 年内，按照“一中心、多基地、N空间”思路，推进社会组织三级服务平台建设。区级综合服务中心孵化8家创新型社会组织，为400多家社会组织提供能力建设辅导，成为展示北京社会建设成果的对外交流窗口。

（陈　涛）

【区妇联推进“枢纽型”社会组织建设】 区妇联注重发挥区级“枢纽型”社会组织作用，在区级层面，重点推进区巧娘手工艺协会、巾帼志愿者协会、女律师联合会、女企业家协会、妇联系统公益讲师团、海外女性人才联谊会、家政服务员联谊会等女性社会组织建设，对全区543个女性社会组织进行分类指导和服务。同时，依托507个社区（村）“妇女之家”和200个商务楼宇、社会单位姐妹驿站，229个社区和谐家庭指导站等，指导“草根”组织为社区群众和职业女性提供服务。

（陈　涛）

【城市建设管理稳步推进】 年内，围绕建立文明城区环境管理长效机制，开展334个“三无”小区和24个“星级环卫绿化管理站”创建工作，完成15个优美小区和20条优美大街创建任务。加大老旧小区综合整治，节能改造158万平方米、抗震节能综合改造40万平方米，涉及81个小区、428栋楼房，惠及群众3.44万户。采取高压态势，坚决控制和拆除违法建设，拆除违法建设750余处、190多万平方米。开展环境专项整治，清除各类脏乱点2000余处。在15个街道的25个小区开展错时停车，解决停车位2000余个。深化民警驻区制，新建改建社区警务室149个。加强小区安全设施建设，创建48个平安示范小区，调解各类纠纷30507件，成功29405件，成功率96.4%，群众的安全感和环境满意度不断提升。

（陈　涛）

【政府购买社会组织服务工作大力开展】 年内，研究制定《政府购买社会组织服务项目资金核定办法》和《项目实施指导手册》，进一步规范政府购买服务工作；全年购买服务项目213个，市、区两级购买资金超过

1700万元，服务项目覆盖全区43个街乡，保障房人群服务、养老服务、失独家庭服务、青少年成长服务等项目受到社会广泛关注；完成153家社会组织评估工作，委托会计事务所对53家重点社会组织进行审计，加强社会组织规范运作。

（陈　涛）

【党政群共商共治工作模式初步形成】 年内，着力规范实事征集、立项筛选、组织实施、监督评价各工作环节，按照问政季、解忧季、收获季的流程，24个街道采取入户走访、网络问政、问卷调查等多渠道公开问政，召开各类问需会7763场次，征集意见建议18984条，经过民主协商确定实事1479项。各方力量积极参与落实实事项目，43个公益组织承接56个项目，实事完成率达到99.5%，双井地区旱厕改造、麦子店枣营北里社区路灯等一批群众反映的问题得到妥善解决，群众满意度达到95%以上。有效提升了居民主人翁意识和辖区单位社会责任感，进一步激发了社会活力。

（陈　涛）

【全模式社会服务管理中心试点建设深入推进】 坚持资源整合、信息共享、业务集成、合作治理，深入推进全模式三级平台、双向循环机制建设和部门职能下沉，在2街2乡（东湖、团结湖、高碑店、王四营）完成“四位一体”全模式社会服务管理中心试点建设，工商、公安、消防等与百姓生活密切相关的9个部门135名工作人员实名下沉到社区网格，实现区级平台与街乡平台、街乡平台与社区平台两个“双向循环”，形成“自上而下”派遣案件和“自下而上”请办案件相结合的服务民生需求新方式。

（陈　涛）

【社会志愿服务工作扎实推进】 年内，加强公益储蓄中心和分中心建设，开展星级志愿者认定表彰、志愿公益博览会等品牌活动，涌现出望京公益汇、朝外橙房子等一批志愿服务品牌。推进志愿服务社会化、专业化发展，培育“百星公益行”和“高校社工志愿服务进社区”等志愿服务项目。探索建立志愿服务应急动员机制，雅安地震期间短短3天募集4.5万件价值40余万元的物资。公益储蓄中心注册志愿者达34万余人，区街两级吸纳的爱心单位超过2000家，储蓄志愿服务时长达350万小时。

（陈　涛）

【保障房地区探索引入专业社会工作服务】 在南磨房、三间房、常营、东坝、垡头5个街乡保障房地区的15个社区，市、区投入资金140万元，撬动社会资金32万元，通过政府购买社会组织服务的方式，引入8家社工事务所，结合居民需求，确定拆迁居民社会关系重建、老人非正式支持网络构建、低收入群体个人成长、残疾人增能和“两类”人员动态帮扶5大类13个子项目，为居民群众提供专业社会工作服务。截至目前，共开展服务活动1021次、服务9万余人次，其中个案132个、小组585次。

（陈　涛）

【机场街道社区工作者培训引入“4D领导力”】 “4D领导力”以蓝、绿、黄、橙4种颜色为代表，其中蓝色代表关注创造力追求卓越，绿色代表关注人和价值观，黄色代表注重关系团结，橙色代表关注系统和计划保障成功完成任务。4D管理体系关注每一类领导者本有的个人领导特色，取长补短，同时在其他三个维度均衡发展。经过前期专业测试，参加培训的社区工作者骨干被分到了不同颜色的组别，每一个组的成员有其特别鲜明的优点和缺点。

（陈　涛）

【街乡配备急救车推动急救社区化】 年内，积极推进在每个街乡建一个急救站、配一辆急救车工作，已在区43个街乡中14个社区卫生服务中心建立了急救站，区政府统一配车，社区卫生服务机构培训社区全科医生护士作为急救人员。

（陈　涛）

【“数字文化社区”建设持续推进】 年内，通过整合利用首都图书馆、艺术院团、文化共享工程等多渠道的文化信息资源，朝阳区将现有有线电视线路引入街道社区文化站，依托高清交互平台，结合互联网无线技术，创建多媒体、跨平台、多终端的文化信息资源共享平台，实现在社区内传播300万册电子图书、1万种电子期刊、2000种中华文化视频、1万种50万册古籍、2万场讲座以及专题视频等数字化文化信息资源。

（陈　涛）

海淀区

【概况】 年内，全区社会建设工作以做实街道、加强社区、夯实社会治理基层基础为着力点，出台《海淀区关于深化社会管理体制改革，增强街、镇统筹协调能力，深入推进网格化工作的实施意见》，理顺街镇与属地队、站、所的关系，强化街镇统筹、组织、协调能力，搭建完善区、街道、社区三级综合服务管理平台，整合下沉区属委办局、街道、社区、社会4类工作力量，完善综合执法、地区管委会、“双向”考评多机制，进一步强化条块协调联动、为网格化工作深入开展提供有力支持。构建区域化党建工作格局，发挥街道社区党组织领导核心作用，建成370个商务楼宇工作站和55个市级商务楼宇示范站，成立街道系统非公党建孵化器44个，新成立非公党组织131个，持续推进社会领域党建组织覆盖和工作覆盖。加快社区规范化建设，新增社区用房7000多平方米，达标率从年初81.95%提升到91%；完成第三批90个社区基本公共服务全覆盖和60个“一刻钟社区服务圈”市级示范点；推行四方共建机制，完善社区民主决策议事程序和制度；公开补录295名社区工作者，对全区2030名社区骨干进行培训，社区运行机制和服务管理体系进一步完善。投入405万元购买30项公共服务，推动专业社会工作发展和开展志愿服务活动，培育扶持社会组织发展，建设街道层面“枢纽型”社会组织工作体系。

（胡俊华）

【“海淀社区志愿者日”活动启动】 1月5日，海淀区社区志愿服务站创建工作推进会召开。会议确定将每月第一个星期六定为“海淀社区志愿者日”，并为新一批社区志愿服务站授牌。会议同时启动“迎新送暖”主题志愿服务活动，医务志愿者在老年公寓开展义诊服务，地区律师协会志愿者开展法律咨询服务等。全区志愿服务工作立足社区、扎根社区、服务社区，每月开展不同的主题活动，涵盖敬老、拥军、教育、环保、文化等12个板块，形成了“市民服务市民、社会服务社会”的长效机制。

（胡俊华）

【学院路街道为79名网格员配备“社管通”】 1月，学院路街道为辖区79名网格员配备“社管通”，便于网格员及时上报社区情况及处置措施，便于重大问题协调解决。通过发现和处理问题，有效整合网格资源，协调解决矛盾，实现社区管理快速反应的微循环。

（胡俊华）

【养老服务管理协会成立】 1月，全区成立养老服务管理协会。该协会旨在培育具有养老服务意识及竞争意识的养老服务行业，打造“私营、民营、公立”三足鼎立且相互补充的养老服务体系。协会是立足于为老服务的群众性组织，有助于发挥会员单位专业和资源优势开展调查研究，发挥规范管理作用，协助政府对会员单位和产品质量进行监管，确保产品质量安全有效，促进全区养老服务行业健康有序发展，为老年人营造幸福的养老环境。

（胡俊华）

【实有人口服务管理体系建立】 2月28日，全区召开实有人口服务管理委员会全体会议。会议明确以信息化建设为先导，率先建立更加科学统一的实有人口服务管理体系，逐步建立“实有人口信息集成化、基本公共服务均等化、区域社会管理精细化”的实有人口服务管理新格局，完善“区委、区政府统一领导，实有人口委统筹指挥，实有人口办协调组织，成员单位具体实施”的实有人口服务管理工作体系。各成员单位、各街镇认真落实，加强统筹领导，形成合力，以信息化为先导，打牢实有人口管理基础，确保人口调控工作发挥实效。

（胡俊华）

【海淀志愿者梦想行动启动】 3月2日，“放飞梦想、心的志愿”海淀区志愿者梦想行动启动。该行动旨在通过志愿服务帮助更多需要帮助的人实现梦想，活动范围不局限于海淀区，分为寻梦计划、追梦之旅、圆梦行动三个阶段。在第一阶段“寻梦计划”中，通过遍布社区、高校的“梦想收集瓶”以及专题网站、微博，面向儿童、空巢老人、残疾人、农民工、大学生、园区青年等六类群体广泛征集梦想。在第二阶段“追梦之旅”中，通过“志愿者梦想嘉年华”“志愿走进生活”系列活动积极推广梦想行动，招募志愿者，与网络媒体合作，通过线上推广动员社会各界认领梦想，同时对招募到的志愿者分组整合，完成志愿者与梦想申请人的对接。在第三阶段“圆梦行动”中，在了解追梦人的详细需求后，志愿者尽自己所能帮助实现梦想，包括少年儿童的成长梦、空巢老人的亲子梦、残疾朋友的出行梦、农民工的学习梦、高校学生的志愿梦、园区青年的创业梦等。

（胡俊华）

【信息化城市管理工作体系建设进一步推进】 3月12日，全区召开信息化城市管理工作视频会。会议全面总结了2012年度信息化城市管理工作，就2013年工作安排进行部署。2012年，全区共受理各类城市管理案件49万多件，立案48.8万件，立案率达98.6%；已办结案48万件，结案率达99.57%；通过视频监控系统发现城市管理类案件48589件。会议明确要进一步推进“平战一体化”工作模式，有效推动城市管理、社会服务管理与应急指挥无缝衔接，在维护城市安全稳定运行、环境优美有序等方面取得进展。

（胡俊华）

【西三旗街道建材东里社区“互助社”成立】 3月14日，西三旗街道建材东里社区举办向雷锋同志学习暨建材东里社区爱心有你“互助社”启动仪式。社区围绕“爱心献社区、真情暖人心”活动主题，为居民开展为老服务、义务劳动等社区公益服务活动，加深居民对雷锋精神的理解，促进社区学雷锋便民服务活动常态化。

（胡俊华）

【区委研究社会服务管理创新工作】 3月27日，区委书记隋振江主持召开第60次区委常委会，就全区社会服务管理创新工作进行研究。2012年，全区建成41个市区级“一刻钟社区服务圈”示范点，社区居民步行15分钟就能享受购物、餐饮、日常修理、金融服务、文体娱乐、医疗卫生等方面的基本生活服务；建成495个社区服务站，完善“一窗式”服务模式；在60个社区试点“智慧社区”建设；全区“15分钟便民法律服务圈”初步建成，开展法律服务“村居行”活动903场次；创建98个“六型社区”示范单位，提升社区服务管理效能；新增社区办公和服务面积4019平方米；社工队伍建设成效显著，新招录144名社区工作者，对400多名社工骨干进行了业务培训。2013年，全区将进一步加快完善社区公共服务体系建设，计划再建112个“一刻钟社区服务圈”示范点，同时加快6个镇级社区服务中心建设，完善便民服务网络。

（胡俊华）

【区社会建设工作会召开】 4月12日，区社会建设工作会召开。会议总结了2012年全区社会建设工作，全面部署2013年工作，区委副书记、政法委书记刘鸿与街镇和单位代表签订了《2013年社会管理综合治理及维护稳定工作责任书》。会议明确，全区将继续推进网格化社会服务管理体系建设，把13个专业部门及各街镇的工作力量下沉到社区（村）网格，明确网格人员及职责，进行实名制公示；不断提升社区和社会组织建设水平，打造100个市区级社区规范化示范点，建设120个“六型社区”示范点，构建“30分钟护理服务圈”和“一刻钟为老生活服务圈”，解决90%以上老人在医疗保健、家政、餐饮和购物等方面的需求；完善社区公共服务体系，新建112个“一刻钟社区服务圈”示范点，加快6个镇级社区服务中心建设，完善便民服务网络；依托网格化社会服务管理体系建设，构建立体化治安防控体系。会议要求，要加快推进社会体制改革，把区属“条条”力量、街道“块块”力量、社区自身力量及社会力量下沉到社区网格，把工作触角延伸到网格，实现力量整合、信息整合、工作整合，各项服务管理工作实现空间上全区域覆盖，将社会服务管理延伸到民生领域的方方面面，不断提高社会服务水平。

（胡俊华）

【社区工作者培训基地建立】 4月15日，西三旗街道与北京信息科技大学共建“社区工作者培训基地”和“学生社会实践基地”。通过集中授课、经验交流、参观见学等方式，组织社区工作者完成培训278学时，提升了社会工作人员运用专业理论和方法解决实际问题的能力，推进了社会工作专业人才队伍建设，也为地区大学生提供了更多接触社区、了解社会的机会。

（胡俊华）

【“健康城市、美丽北京”百家社区行系列活动启动】 4月，“健康城市、美丽北京”百家社区行首站在海淀区正式启动。“健康城市、美丽北京”通过大规模的百家社区行系列活动，向居民宣传健康城市理念，把和百姓生活相关的健康知识带进千家万户。作为全市的首站活动，北京健康城市建设促进会为八里庄街道30个社区的居民代表赠送了“健康城市”系列图书，并开展“健康城市与社区行动”等主题讲座。

（胡俊华）

【选派党员干部深入基层党组织试点工作开展】 5月30日，全区召开选派党员干部组建党建工作组对口深入基层党组织动员部署会。此次试点活动的开展时间为5月至12月，确定万寿路街道、四季青镇、区教育工委等11个单位的基层党组织承担试点工作，涵盖农村、社区、学校、医院和国有企业。根据试点基层党组织提出的工作和人员类别需求，分别从区委、区政府有关部门选派1名党员副处级后备干部（或工作骨干）和1名科级以下干部，进入党建工作组。重点就加强基层组织建设、厘清和明确发展思路、推动中心工作开展、服务和保障民生、维护社会和谐稳定及创新社会管理与服务方式等方面开展工作。目的就是通过推动党员干部下基层“走地头”、“接地气”，真正为干部提供学习锻炼、掌握做群众工作的有效方法，提高干部处理复杂矛盾、驾驭复杂局面、解决实际问题的能力。

（胡俊华）

【养老助残服务创新项目启动】 5月，全市首个“社区养老助残服务体制创新试点”项目——双榆树南里二区“养老助残管理服务中心”正式启动，并将于6月对外运行。双榆树南里二区共有居民1000多户，其中80岁以上的老人及残疾人100多户。中心将为辖区老人、残疾人提供老年餐桌、康复护理、日间照料、慢病管理、家庭病床等全方位服务，所有服务均可使用老年券支付。下一步，全区还将在老旧小区、大院大所及新建商品房小区多个层面推广试点该项养老服务。

（胡俊华）

【驻所青少年司法社工站揭牌】 5月，驻所“青少年司法社工站”揭牌仪式在海淀看守所举行。将通过政府购买服务的形式，由北京超越社工事务所向海淀看守所派驻4名驻所社工，开展社会调查，并制定6～8次的帮教工作计划，结案后还需跟进帮教和回访。

（胡俊华）

【花园路街道空巢老人俱乐部成立】 5月，花园路街道社区服务中心成立空巢老人俱乐部。开设亲情视频聊天室、金色阳光合唱团等，聘请老师、志愿者为社区老人授课，教老人们上网、学习声乐、学习舞蹈。帮助老人走出家门，结交朋友，摆脱孤独，融入俱乐部这个大家庭，真正做到老有所乐。街道35个社区5912名60岁以上的“空巢老人”都不同程度地参与了俱乐部活动。

（胡俊华）

【社区商业服务协会成立】 6月19日，北京市海淀社区商业服务协会成立大会暨第一届会员大会召开。副区长陈双、中国商业联合会会长李顺利出席大会并为协会揭牌。会议审议通过了《海淀社区商业服务协会章程》，选举了会长、副会长、秘书长及理事单位、监事单位等。该协会的成立，是全区创新社区商业管理模式、整合优质社区商业资源、服务社区商业企业的新举措、新探索。

（胡俊华）

【全区社会领域纪念建党92周年大会召开】 6月28日，全区社会领域纪念建党92周年大会召开。会议总结了全区社会领域党的建设一年来取得的成绩，展望今后社会领域党的建设各项工作，对全区社会领域涌现出的53个先进集体、50名优秀共产党员和党务工作者进行了表彰。上半年，全区社会领域857个基层党组织参加了2013年度分类定级工作，将街道机关党建工作纳入社会领域党建年度工作重点，制定了《街道社区党的建设“三级联创”活动实施方案》，逐步健全区、街道、社区三级党组织联动共创工作机制，初步形成区域化“大党建”工作理念。同时，深入开展以“诚信楼宇文化坊”为主题的特色活动，打造全区商务楼宇党建工作品牌。

（胡俊华）

【甘家口街道“微博”为居民解忧】 截至6月，甘家口街道探索社区服务管理新模式建立“微事处理机制”已运行整整一年。“微事处理机制”就是使社区管理线上线下联动，针对日常生活中的大事小情，居民发微博线上呼吁，居委会召集居民线下解决，优点是效率快，搜集反映并解决问题全面及时。一年来，街道依托微博平台及时化解居民身边生活琐事，实时清除垃圾点269处，治理玉渊潭北门、老虎庙等地区的环境应急问题，调解医疗报销纠纷等356个问题，地区的信访量下降约20%。

（胡俊华）

【北下关街道引进专业看护机构入驻社区托老所】 6月，针对社区托老照料中心缺乏老年看护专业资质的问题，北下关街道与慈爱嘉养老服务公司签订《社区托老照料中心服务外包协议》，制定托老照料中心合作方案，引进养老公司为地区老年人提供专业服务。该模式采取政府提供场所和硬件设施，专业服务商利用自身的专业管理和服务资源承接试点照料中心的日间运营、管理和服务活动。为确保该模式的运行，街道将会同试点社区加强对服务商运营情况的监管，并配合服务商开展老年人看护调研等活动。

（胡俊华）

【网格化社会服务管理信息平台上线运行】 7月1日，区网格化社会服务管理信息平台正式上线运行。启动仪式上，区长孙文锴为街镇司法所、统计所授牌，标志全区社会管理体制改革和网格化社会服务管理手段创新取得了阶段性进展。为切实加强和创新社会服务管理，自2012年开始，海淀区全面启动网格化社会服务管理工作，大力推进网格化信息平台和支撑数据库建设以及相关行政管理体制改革。经过近一年的实践，网格化社会服务信息平台上线运行，搭建完成实有人口库、实有单位库、实有房屋库和实有用工库“四个实有”数据库，初步形成具有海淀特色的“一网一库一平台”的网格化社会服务管理模式。

（胡俊华）

【“经方推广基地”落户羊坊店】 7月，“经方推广基地”落户羊坊店社区卫生服务中心。“经方”即汉代以前经典医药著作中记载的方剂，以医圣张仲景《伤寒杂病论》中的方剂为代表。社区医生经过老中医传授理论和临床考核后成为“经方”医师，为居民提供问诊服务，羊坊店社区卫生服务中心的11位中医医师都接受过“经方”培训。

（胡俊华）

【万寿路街道网格化管理中心启用】 7月，改造后的万寿路街道网格化社会服务管理中心正式启用。新建成的网格化管理中心具备两个基本职能：一是在监督应急分中心监控室职能的基础上，增设2个支持WiFi和3G的远红外移动摄像机，为指挥中心有效把控突发事件现场、会商和决策提供准确无误的图像资料，成为网格化管理和城管监督移动的“眼睛”；二是为网格化管理纵深发展提供实施平台，对上接受市区级领导部门的监督检查，对下深入到社区、居委会甚至每户居民，加大社会服务管理的力度，能够及时发现问题，及时上报信息，及时解决问题，提高群众的满意度。下一步还将新增加临时性视频监控设备，通过无线图像传输系统弥补盲区点。

（胡俊华）

【街道式社会组织联盟成立】 8月，街道式社会组织联盟在西三旗街道正式挂牌成立。该联盟由西三旗街道辖区内备案登记的89家社会组织构成，涵盖社区服务、社区发展、社区共建、社区文体、调查研究等类别。西三旗街道引导有条件的社会组织主动承接政府职能转移，配置政府、企业资金和社会资源向社会组织倾斜。同时，将市场领域竞争激励机制引入社会公益领域，增强社会组织的可持续发展潜力，从多个角度号召社会组织积极开展公益性、惠民性项目，不断提供优质高效的公共服务。

（胡俊华）

【新增20家心理咨询室】 9月1日，全区新增20家社区卫生心理咨询室并正式对外开放。心理咨询室担负地区居民心理健康促进工作，为社区居民提供心理测量、心理咨询、生物反馈放松训练等服务项目，同时设有宣泄室和沙盘治疗室。全区社区心理咨询室建设自2012年9月启动，分别在玉渊潭、花园路两家社区卫生服务中心和区精防院试点。至此，全区心理咨询室达23个，覆盖常住人口约230万。

（胡俊华）

【便民直通车首进社区】 9月，全区首支社区商业便民服务队正式成立并同时启动海淀社区商业便民直通车活动。便民直通车活动以便民服务队为载体，整合全区社区商业服务企业资源走进街道社区，为居民提供价格实惠、新颖实用、方便快捷的便民服务，打造绿色健康安全的生活环境和消费空间。

（胡俊华）

【区政府专题研究社会建设工作】 10月28日，区长孙文锴主持召开第77次区政府常务会议，研究加强全区城市管理综合行政执法监管、加快养老服务业发展和社会组织发展等议题。会议听取并原则通过关于《加强海淀区城市管理综合行政执法监管实施意见》的请示，强调要建立健全以属地管理为主体、行业部门和权属单位负主责、执法部门积极履责、城管部门执法监管、综合部门指导评价的工作运行机制，深入推进城市精细化管理。要进一步明确城市管理行政执法监管，明确各部门职责，加大考核力度；要突出城管部门的牵头作用以及综合协调作用，实现多个部门联合执法；要结合网格化下沉管理，充分发挥街道联合执法队的作用。会议讨论并原则通过《海淀区加快养老服务业发展意见》，强调要保障困难人员的基本养老服务；要围绕老年人的实际需求，将养老服务工作落到实处；要通过社会组织实现部分养老服务；要将具体责任落实到街镇，加强对街镇个性化服务的指导。会议审议通过《加快社会组织发展的意见》，强调要针对意见中的探索性措施在全区进行试点，进一步完善常规性措施；要结合地区实际，鼓励社会组织发展；要结合海淀特色，重视中关村科技类行业协会的桥梁纽带作用；要加强监管，建立规范的监管规则。

（胡俊华）

【区委研究养老服务业发展等议题】 11月21日，区委书记隋振江主持召开第85次区委常委会议，研究养老服务业发展、社会组织发展、志愿者工作等议题。会议研究了《海淀区关于加快养老服务业发展的意见》，指出要加强政府主导、企业主体，注重市场调节的作用，按需投入，激活提高现有养老机构，切实为老年人提供贴心服务；以社区为根，提供娱乐、健身、医疗、照料等综合性服务，大力发展居家养老和社区养老；在南部建成区域，挖掘社区空间，建设养老配套设施、增加床位，让老人能够就近养老，进一步加大力度支持养老产业持续健康发展。会议研究了《海淀区关于促进社会组织发展的意见》，要求先行先试，做好社会组织的清理合并工作，新体制启动，老体制转轨，提升社会组织的能力，承担起应有的责任，同时要以社会组织管理体制改革为契机，加强政府职能转变，进一步推进高效服务型政府建设。会议研究了志愿者有关工作，强调志愿者要积极投身到创建全国文明城区工作中去，深入基层、深入社会、深入人心，做好文明的先行者、促进者，将文明传播到海淀每一个角落，以实际行动推进文明城区创建。

（胡俊华）

【全区首个“社区消防教育培训基地”揭牌】 11月，全区首个“社区消防教育培训基地”在万寿路街道紫金长安社区揭牌。该基地旨在通过对社区消防协理员、志愿者的招募、注册和培训，建立根植于社区的消防宣传教育平台，并以社区培训基地、社区防灾教育宣传系统、社区消防警民联合服务队“三位一体”的组织架构形成群防群治的社区消防安保体系，普及社区防灾教育，提高居民自救能力、自防能力，以及公益消防协理员发现隐患的能力，全面提升社区消防安全技能水平。

（胡俊华）

【西三旗街道社会治理创新园揭牌】 12月13日，西三旗街道举行社会治理创新园揭牌仪式。社会治理创新园旨在通过构建政府、社会、市场等主体的平等合作伙伴关系，大力培育社会组织，将地区内外一切积极因素调动起来，实现由传统管理到社会治理的转变，促进地区全面发展。

（胡俊华）

【城市信息化管理水平稳步提升】 年内，全区城市信息化管理日益完善。作为区级网格化管理平台的区城市服务管理指挥中心，能对全区城市管理各个方面进行监控。该中心对监督员上报的案件进行初期审核，包括监督员描述是否明确、上报信息是否齐全等；审核后案件派给接线班长；接线班长审核后，符合标准的案件将会派遣到相关部门进行处置解决；相关部门处理完以后，反馈信息到平台；平台接到处理完的信息后，再给报案件的监督员发核查信息；监督员回到现场拍摄处理完的照片反馈到平台；接线员再审核处理情况，然后结案。巡逻监督员通过“城管通”拍照并配上语音和文字描述，将其上报到区城市服务管理指挥中心进行处理。案件一旦建立，都有专人区分颜色、文字，从立案到分拣转办一直到处理结束，全程监控。截至年底，全区信息化城市管理系统受理各类城市管理问题45万余件，结案43万余件，结案率约为99.12%，派遣处置紧急案件1795件次。

（胡俊华）

【全区网格化社会服务管理体系初步建成】 年内，区委、区政府出台《海淀区关于深化社会管理体制改革，加强街、镇统筹协调能力，深入推进网格化工作的实施意见》（京海发〔2013〕7号），成立区网格化社会管理和社会服务工作领导小组及办公室，29个街镇建立相应的工作机构和工作机制，网格化工作全面开展。组建区城市服务管理指挥中心和各街镇分中心；细化明确9个专业部门网格下沉力量的职能职责；稳步推进街镇各类协管员的整合下沉。建成了区、街道（镇）、社区（村）三级网格化社会服务管理工作平台。区级层面，依托区城市管理监督和应急管理指挥中心，中关村热线96181，组建海淀区城市服务管理指挥中心；街道（镇）层面，在整合综治维稳中心、城管监督分中心、群众事务呼叫分中心等公共服务管理机构和职能的基础上，组建了街道（镇）城市服务管理分中心；社区层面，以社区服务站为依托搭建了社区（村）层面社会服务管理平台。全区形成了横向到边、纵向到底、条块结合、多方参与、协调联动的网格化社会服务管理新格局，全区一级网格1个，二级网格29个，三级网格总数为643个，其中社区网格620个、重点单位网格19个、道路网格4个，实现全区网格化管理工作全覆盖。

（胡俊华）

【八里庄街道网格化编织百姓“幸福网”】 八里庄街道将辖区划分为33个网格，126个网格单元，集中城管监督、科技创安、网格化社会服务管理和非紧急救助4个信息平台。街道网格化平台建立了包括信息采集、案卷建立、任务派遣、任务处理、处理反馈、核查结案、考核评价7个环节的问题处置闭环工作流程。为充分发挥城管监督队伍作用，将其巡查范围从城市道路网格向社会网格延伸，把15名监督员全部下沉到社区网格中，帮助社区提高发现问题、解决问题的能力，方便居民享受快捷的社会服务。

（胡俊华）

【社区文化墙扮靓街道】 年内，全区将绘制文化墙工作重点纳入创建全国文明城区工作中，通过文化墙的绘制美化环境、传承文化、传播文明，营造温馨和谐的社区氛围。甘家口街道进口社区以儿童游戏图画为主题手绘文化墙，是健康主题墙、航天主题墙、文明主题墙之后设计的第四堵文化墙。学院路街道清华东路、奥运北路等主要路段，以“文明、道德、伦理、孝道”等内容为主题手绘总长度达1000多米的文化墙，向居民传播未成年人思想道德、公民道德、家庭美德、文明礼仪等内容。

（胡俊华）

【曙光街道世纪城远大园三区金融便民店进社区】 设有便民增值、自助交易、业务咨询和电子服务体验功能区，提供24小时存款服务以及水电、燃气、一卡通费用缴纳，可订火车票、飞机票，只要是银联的所有借记卡都可实现。截至年底，全区共有80余家民生银行的小区金融便民店。

（胡俊华）

【学院路街道志新社区打造“法制文化示范楼宇”】 充分利用楼宇空间宣传法律法规知识，时刻提醒居民做守法公民，打造“法制文化示范楼宇”。在社区33号楼一层开设“开心法典交流站”，在2—18层每个电梯口设立法制宣传展板，定期更换，用生动形象的案例和漫画向居民宣传法律知识，为出行居民营造一个学法用法的良好氛围，实现居民的自我管理和自我服务。

（胡俊华）

【聘“新居民”担任社区主任助理】 为解决外地来京居民占多数即流动人口管理难的问题，青龙桥地区先后开展房东协会和社区主任助理试点工作。成立出租房屋服务管理协会，探索实践以房屋租赁管理带动地区流动人口管理工作模式。聘任地区“新居民”为社区主任助理，让新居民参与社区事务，更好了解外地新居民的困难、想法和需求，熟悉社区情况和为民服务，向外来流动人员传达政策，增进本地居民和“新居民”之间的联系，成为破解城乡结合部社会管理难题、探索流动人口服务管理模式的有益尝试。

（胡俊华）

【打造医养结合养老新模式】 八里庄老年康复照料中心作为全市首家在公立社区卫生服务机构中设立的日间照料中心，能为社区老人们提供日间康复和上门康复照料服务。附近老年人，可去测血压，验血糖，花费少，有医生指导用药，还有专门活动室，可以喝茶看电视，锻炼身体，也可高兴地互相交流。通过照料不同老人的生活，为老人提供医疗、护理、康复和心理慰藉等方面服务，突出融合医疗资源与居家、社区、机构养老的医养结合特色，有利于构建养老健康服务体系。

（胡俊华）

【网格化社会服务管理工作“双向”考评】 年内，制定《海淀区网格化社会服务管理工作考评办法（试行）》，细化明确考核评价指标，强化街镇、社区（村）对区属专业部门及其派驻机构履职情况的考核评价，进一步完善“双向”考核评价机制。对全区25个委办局及其派驻机构、各街镇、各社区（村）网格及工作人员进行半年和全年绩效考评，考评结果纳入全区绩效考核，切实推动网格化社会服务管理工作的落实。

（胡俊华）

【社会管理专项资金项目实现加强和创新】 年内，利用4000万元加强和创新社会管理专项资金，对社会管理及基本公共服务创新、基层服务管理创新、扶持引导社会组织发展、社会领域党建创新、社会服务管理研究及决策咨询等5大类共83个项目进行支持。项目涉及23个委办局、20个街镇、23个社会组织。通过项目实施，进一步强化街镇统筹协调能力，有力推动社会管理体制改革；进一步健全养老服务体系、完善社区公共服务体系，提升社区服务管理能力和水平；引导扶持街镇进行服务管理创新；探索创新社会领域党组织管理机制和工作方法，促进服务平台和教育网络建设；深入研究全区社会服务管理面临的困难和问题。

（胡俊华）

【全区首座商务楼宇区域中心示范站建成】 年内，在55座市级示范站基础上，依托花园路街道工委城建大厦楼宇工作站，建设全区第一座商务楼宇区域中心示范站。该示范站面积448.86平方米，以党建工作为统领，在提供社会、工、青、妇等服务职能的同时，将工商、税务、司法、社会保障等服务项目同步引入楼宇，打造商务楼宇一站式办公服务平台。

（胡俊华）

【志愿服务平台有效搭建】 年内，全区立足社区、扎根社区、服务社区传播志愿服务文化，共建成各类市级志愿服务示范站34家，依托志愿服务站举办“社区志愿者嘉年华”活动，引入专业志愿服务力量，有针对性地开展医疗义诊、法律援助、家电维修、精神慰藉、亲情陪伴等专业性的志愿服务，加强社区与志愿服务团队、社会公益组织的沟通交流。通过验证的注册志愿者470368人，占全市注册人数的22%，占全区常住人口总数的13%；注册志愿团队2520个，占全市的34%；登记志愿服务项目2747个，占全市的24.4%。各地区、各系统、各专业志愿者开展各具特色的志愿服务活动，累计上岗约12万人次，累计服务时间300多万小时，累计服务群众近500万人次。

（胡俊华）

【志愿服务品牌活动积极开展】 年内，全区开展“爱在海淀”系列品牌活动，包括“永动的蓝立方”城市志愿服务、“快乐共成长”关爱农民工子女志愿服务、“温情暖夕阳”敬老爱老志愿服务，“健康伴你行”社区健康咨询、培训、义诊志愿服务，“平安在身边”治安秩序维护志愿服务等项目，将每月第一个星期六设定为“海淀社区志愿日”，围绕“关爱他人、关爱社会、关爱自然”，依托社区志愿服务站开展“学习雷锋榜样月”“尊师重教感恩月”“七彩童年关爱月”“绿色环保出行月”等12个主题志愿活动，吹响志愿服务集结号，根据不同主题，针对不同群体，不断拓展服务领域，丰富“爱在海淀”项目体系。

（胡俊华）

【辖区7所高校与27个社区结对提供志愿服务】 中国地质大学、中国农业大学等7所高校分别与展春园、学知园等27个社区开展长期志愿服务结对子活动。社区可根据情况向结对子高校提出服务要求，高校根据自己的专长向社区提供志愿服务。街道设立志愿服务“爱心奖学金、助学金”，建立志愿服务时间储蓄制度，对志愿服务进行适度激励。

（胡俊华）

丰台区

【概况】 年内，全区社会建设工作按照“巩固提高、拓展延伸”的工作思路，在抓重点、抓协调、抓落实上下功夫、见成效。一是社区服务管理成效明显。制定出台《丰台区社区事务议事协商制度》等。截至年底，建成159个“一刻钟社区服务圈”，覆盖227个社区。区财政投入360万元，支持14个街道（地区）办事处租赁43处社区办公和服务用房。预计年底前全区将有220个社区办公和服务用房达到350平方米以上，达标率为74.9%。确定73个社区作为“智慧社区”试点社区。实现了全区城市地区网格化社会服务管理体系的全覆盖，并在5个乡镇开展了试点工作。确定了4个老旧小区管理试点。二是社工队伍专业化、职业化水平不断提升。面向全区社区工作者开展“知民情、解民忧”大比武、大练兵擂台赛。面向社会公开招录195名社区工作者。全区1374人通过社会工作职业水平考试。三是社会组织服务管理实现突破。确定丰台和右安门为街道“枢纽型”社会组织工作体系建设试点单位。由1个区级社会组织服务中心、2个街道级社会组织服务中心，共同搭建培育发展社会组织的平台。完成了2012年市级政府购买社会组织服务的17个项目。31个项目获得2013年市级政府购买社会组织服务资金434万元。区财政出资200万元，购买34个社会组织公共服务项目，扶持104个社区志愿服务项目。建成8家社工事务所，拥有专兼职专业社工61人。四是志愿服务工作大力推进。全区共有299支劝导队，志愿者2万余人，实现了劝导队社区100%全覆盖。五是党建工作科学化水平进一步提高。圆满完成了100名非公党建指导员的选聘、上岗和初任培训等工作任务。截至年底，全区已新建非公有制企业党组织191个，全区非公有制企业党组织覆盖率达到60.3%。区委社会工委依托区残疾人联合会机关党支部，于12月建立了区首家“枢纽型”社会组织党组织。

（赵　明）

【政府购买社会组织服务项目工作积极推进】为充分动员和组织全区各级各类社会组织参与北京市2013年政府购买社会组织服务项目工作，区委社会工委、区社会办采取三项措施动员部署。一是于1月31日和2月1日，分别组织区级“枢纽型”社会组织、社会组织业务主管单位、各街道（地区）办事处及专业社会工作机构4个系统56家单位，召开2013年市政府购买社会组织服务项目部署会。会议就《北京市2013年政府购买社会组织服务项目指南》向与会单位作详细讲解，并针对网上项目申报流程及申报注意事项、项目资金支持额度及使用作特别指导和说明。二是将《北京市2013年政府购买社会组织服务项目指南》通过丰台社会建设网面向社会予以公布。三是与区民政局合作，利用“北京市社会组织公共服务平台”，将相关信息发送给所有社会组织，进一步扩大知晓率，提高申报率。

（王莎莎）

【离退休党员干部党建工作指导员初任培训班举办】　4月16日，区委组织部、区委社会工委联合举办离退休党员干部党建工作指导员初任培训班。本期共120名学员参加培训，培训学时8小时，培训主要采取领导动员、专题授课、专家辅导和经验交流的方式。市委社会工委委员、市社会办副主任陈建领以“履职尽责再奉献、非公党建开新局”为题，就离退休党员干部的特殊身份如何开展非公有制企业党建工作进行授课。首都师范大学政法学院副院长、社会心理研究教授田国秀以“人际沟通与自我心理疏导”为题，讲授自我心理调节减压等技巧。丰台区退休干部、国润商务大厦党委书记任秀琴结合自己几年来从事非公有制企业党建工作的切身体会，以“如何当好一名非公有制企业党建指导员”为题，与学员交流开展非公有制企业党建工作经验。通过培训，帮助新选聘的离退休党员干部党建工作指导员较快熟悉了非公有制企业党建工作相关文件政策、了解了丰台区非公有制企业党建工作总体情况，为今后的工作开展明确了目标。

（王莎莎）

【社会建设信息工作会议召开】　4月19日，丰台区召开2013年社会建设信息工作会。会议总结了2012年全区社会建设信息工作情况，表彰了2012年度社会建设信息工作先进单位和个人，并就2013年社会建设信息工作进行部署，从充分认识社会建设信息工作面临的新形势、准确把握社会建设信息工作的着力点、努力开创社会建设信息工作新局面等三方面对2013年全区社会建设信息工作提出要求。各街道（地区）主管信息工作领导、信息员及商务楼宇党建信息员代表、社会组织信息员代表共30余人参加会议。

（王莎莎）

【市级2012年度政府购买社会组织服务项目通过验收】　5月13日，北京市社会建设专项资金购买社会组织服务项目绩效考评专家组对丰台区2012年度获得市级社会建设专项资金支持的17个项目进行了验收评估。验收结果全部判定为合格以上等次。验收评估以听取汇报、查阅资料、实地检查等方式进行。专家组成员首先听取了区委社会工委2012年度购买社会组织服务项目工作情况的总体汇报，之后逐一检查了17个项目实施过程资料，最后前往中鼎社会工作事务所和九万里社会工作事务所进行了实地检查，对中鼎社会工作事务所“导航——丰台区青少年社工服务项目”以及九万里社会工作事务所“九万里儿童安全训练营”项目表示肯定与支持。2012年度丰台区获得北京市社会建设专项资金支持的17个项目由15家社会组织及社区社会组织承接，项目内容涉及儿童安全教育、外来务工人员子女城市融入、空巢老人日常生活扶助及精神慰藉、公众应急救援知识普及等多个方面，服务内容紧密结合社会热点事件、紧扣社会公共服务薄弱环节、紧贴基层群众需求，深受广大群众欢迎。

（王莎莎）

【东铁匠营街道建社区康复托养院】 5月，东铁匠营街道依托社会工作事务所、社区卫生服务站等建立社区康复护理托养院。该托养院总面积300余平方米，床位40多张，各种康复器材、医疗设备、消防设施一应俱全，可提供养老、医疗、康复、护理等多项服务。服务面向辖区60周岁以上的老年人，并为空巢、孤寡、特困、残疾老人提供无偿、低偿服务。托老院的建立是对居家养老服务模式的全新探索，开创了居家养老、社区养老和机构养老相结合的养老体系，真正实现了“老有所养、老有所医”。

（王莎莎）

【“我为社工管理建言献策”征文活动举办】 5月27日至6月28日，区委社会工委、区社会办在全区4000余名社区工作者中开展“我为社工管理建言献策”征文活动，旨在广泛汲取基层在做好社区工作者服务管理上的好建议，群策群力做好社区工作者服务管理工作，同时进一步激发全区社区工作者关注自身建设、积极投身全区社会服务管理创新的热情。此次征文活动的参赛对象涵盖全区社区工作者以及各街道、乡镇、园区机关干部。截至截稿时间，共收到征文近百篇。本着公平、公正的原则，经征文评审领导小组认真评审，最终评选出一等奖3名，二等奖5名，三等奖6名，优秀奖6名。

（王莎莎）

【面向社会公开招聘社区工作者工作启动】 6月，全区面向社会公开招聘195名社区工作者工作启动（含定向招录随军家属30人）。此次招聘报名时间为6月20日至21日两天，报名地点为丰台区社区学院，笔试时间为6月30日，笔试内容包括基本理论政策、时事政治、行政职业能力测试和写作四部分。招录人员将全部进入社区服务站工作。

（王莎莎）

【“六型社区”创建工作推进会召开】 6月18日，丰台区召开2013年“六型社区”创建工作推进会，就“六型社区”创建工作进行了全面部署。2013年，全区以16个街道城市社区为基本创建范围，各街道按照所辖社区数量21%的比例申报市级“六型社区”示范单位，创建工作按照自荐申报、开展创建、验收公示三个阶段组织实施。年底将依据《北京市“六型社区”指导标准细则》，重点考察社区环境整洁、管理规范、服务完善、安全稳定、健康幸福、文明祥和等各项标准的落实情况和申报社区推进“六型社区”建设工作的突出特色、创新措施及主要成效。丰台区“六型社区”建设工作领导小组成员单位主管领导、各街道主管领导50余人参加会议。

（王莎莎）

【社会领域党组织负责人培训班举办】 7月9日至10日，区委组织部、区委社会工委联合举办2013年社会领域党组织负责人培训班。培训以“学习贯彻十八大精神，创新基层服务型党组织建设”为主题，采取集中培训的方式，以专题讲座形式进行。紧密围绕中央、市委加强和创新社会领域党建工作相关要求，邀请中央党校党建部教授祝灵君、国台办新闻局副局长范丽春、市委统战部研究室主任陈勇、市委社会工委党建工作处处长赵济贵、人民警察学院副教授王月英等专家教授，结合丰台区基层党建工作实际，围绕“贯彻学习党的十八大精神，建设服务型基层党组织”“提高做好新形势下群众工作能力”“基层社会管理中的常用法律法规”“社区网格化党建工作”等专题进行授课，取得良好效果。各区委直属党委社会领域党建负责人，各街道（乡镇、园区）社会工作党委书记、副书记，各社区党组织书记、非公有制企业党组织负责人、社会组织党组织负责人，共计460余人参加培训。

（王莎莎）

【购买社会组织服务项目财务专题培训举办】 7月12日，区社会办携手第三方会计师事务所针对2013年获得市社会建设专项资金资助的31个项目举办财务专题培训。培训结合《政府购买社会组织服务项目实施指引》、《丰台区2013年政府购买社会组织服务项目实施方案》等文件，对《民间非盈利组织会计制度》进行重点解读，旨在进一步规范项目承接单位的财务行为，确保项目实施过程规范、成效突出。27家项目承接单位的项目负责人及财务负责人参加培训。

（王莎莎）

【社区党组织书记示范培训班举办】 7月21日至25日，丰台区举办为期5天的2013年社区党组织书记示范培训班，采取“以问题为导向，以团队为基础，以专家为资源”的培训模式，对36名优秀社区党组织书记进行调训。一是围绕要点定主题，确定“做社区建设领路人，建服务型社区党组织”为培训主题。二是结合热点查问题，指导学员围绕培训主题，结合居民群众关心的热点难点问题，认真查找梳理工作中存在的困难和疑惑，确保学员带着问题参加培训，提高培训的针对性。三是突出重点解难题，结合梳理出来的问题，通过专家理论导读、现场参观学习，小组课题研讨等形式，聚焦问题、分析症结、寻找对策，积极探索破解不同类型社区在建设服务型社区党组织建设中存在的难题。四是培育亮点立课题，按照老旧型社区组、建成型社区组、混合型社区组，把参训学员分为三个学习小组，结合各自社区特点，确定不同的研讨课题，通过小组研讨交流的形式，形成课题报告，积极探索破解不同类型社区服务型党组织建设的方法途径，为打造优秀服务型社区党组织奠定基础，创造条件。

（王莎莎）

【右安门街道与乌鲁木齐市火车西站街道建立互派社区干部挂职锻炼工作机制】 7月，右安门街道工委与乌鲁木齐市火车西站街道工委签订《北京市丰台区右安门街道与乌鲁木齐经济技术开发区（头屯河区）火车西站街道结成互助共建对子框架协议书》，就互派社区干部挂职锻炼建立机制。《协议书》约定，两个街道按照每批5人左右，分期分批轮流互派的形式，派遣社区干部赴对方社区挂职社区党委书记助理或居委会主任助理。《协议书》针对双方在社区建设方面的工作特点明确锻炼重点，右安门街道社区干部主要围绕少数民族地区的群众工作、安全维稳等工作锻炼学习，火车西站街道社区干部主要围绕社会管理、公共服务、文体活动等工作锻炼学习，积极探索在少数民族地区推进社会服务管理创新的新举措。截至年底，火车西站街道已选派15名社区干部到右安门街道社区挂职锻炼。

（王莎莎）

【《北京日报》整版刊登丰台区加强和创新社会服务管理经验】 8月6日，《北京日报》第四版整版刊登了丰台区加强和创新社会服务管理的经验做法。稿件摘取了丰台街道永善社区成立“市民劝导队”、和义街道建立社区事务会商会制度、方庄地区芳群园第一社区建立“日巡”工作制度、右安门街道玉林东里二社区成立社区事务自管会、东高地街道六营门社区成立“你我一家亲”学雷锋志愿服务队等五个街道社区典型事例，突出反映了丰台区在加强和创新社会服务管理中，坚持走群众路线，注重发挥社区群众在社会管理创新中的主体作用，积极引导群众在城乡社区治理、基层公共事务和公益事业中自我管理、自我服务、自我教育、自我监督的做法，具有较好的学习推广价值。

（王莎莎）

【社会服务管理网格化体系建设工作推进会召开】 8月7日，丰台区召开社会服务管理网格化体系建设工作推进会。会议就前一阶段全区城市地区网格化工作进展情况进行总结，右安门、南苑、方庄、新村四个街道作经验交流，并就在农村地区开展网格化体系建设工作研究提出总体思路。区委常委、副区长刘宇，区委常委、区委办公室主任孙军民出席会议并讲话，相关委办局及街道党政主要领导，乡镇行政主要领导50余人参加会议。

（王莎莎）

【社会领域党建工作中期推进会召开】 8月27日，丰台区召开社会领域党建工作中期推进会，总结上半年工作，部署下半年工作。大红门街道、东高地街道、新村街道就社区党建“三级联创”活动工作体系建设、社区党组织队伍建设、非公党建指导员发挥作用等工作作经验交流。

（王莎莎）

【社会领域“聚焦园博盛会”摄影展举办】 在第九届中国（北京）国际园林博览会隆重召开之际，区委社会工委组织全区非公有制企业和社会组织开展“聚焦园博盛会 筑梦美丽丰台”摄影比赛展评活动，号召广大非公有制企业和社会组织党组织党员员工通过手中的照相机，记录园博园的展园景观、人物风采、事件故事、党日活动、精彩瞬间等，感受园博建设的伟大成就，激发全区社会领域广大党员“爱丰台、建丰台”的热情，增强“当好东道主，办好园博会”的责任感，以提升社会领域党组织的凝聚力和影响力。截至截稿时间，共收到参展作品614幅，经评委会评选，评出一等奖1幅，二等奖3幅，三等奖6幅，优秀奖20幅，参展奖70幅，并于10月14日展览。

（王莎莎）

【新入职社区工作者培训班举办】 10月15日至18日，丰台区举办新入职社区工作者培训班。培训坚持“分级负责、分层培训、分类指导”的原则，主要围绕市情、区情、社区工作实务、社会公共服务和社区社会组织服务管理等多项内容进行讲解，帮助新入职社区工作者尽快转变角色，融入社区事务。260名新入职社区工作者参加培训。

（王莎莎）

【社会组织能力建设培训班举办】 12月25日，区委社会工委联合区民政局举办2013年度社会组织能力建设培训班。区委社会工委书记、区社会办主任王珮琦全面回顾了全区社会组织的发展历程，深刻分析了党的十八届三中全会后社会组织面临的形势、机遇与挑战，并对明年社会组织培育方面的重点工作进行了阐述。中国社科院社会政策研究中心研究员唐钧、北京市社会职业管理学院教师哈曼、大华会计师事务所执行合伙人季丰分别就《新形势下社会组织发展的模式与实践》《十八届三中全会精神解读》《政府购买社会组织服务项目资金的管理和使用》作了深入细致的讲解。区级“枢纽型”社会组织、社会组织业务主管单位、16个街道地区办事处，以及近三年承接过市区两级购买项目的64个社会组织、社区社会组织代表等共170余人参加培训。

（王莎莎）

【全区首家“枢纽型”社会组织党组织成立】 12月，丰台区残联建立区首家“枢纽型”社会组织党组织。区残联现下辖各类服务型社会组织7家，均是为残疾人提供康复、文化、托养等服务的民办非企业单位，职工共计120人，党员12人。残疾人社会组织已形成一定行业规模，为残疾人提供康复、教育、就业、文体活动等服务搭建平台。丰台区以残联为试点，探索“枢纽型”社会组织党建工作模式，促进党员在社会组织中发挥积极作用，并将试点经验逐步向其他“枢纽型”社会组织推广。

（王莎莎）

【马家堡街道时代风帆楼宇工作站打造“时代微党建”新品牌】 以3G移动技术和“云安全计划”为依托，以手机硬件为载体，以自主开发的手机APP软件为支撑，以楼宇党建工作相关制度为保障，建立了掌上数字化党建项目——“时代微党建”，通过把信息网络技术运用于党的建设，达到了“办公信息化、业务标准化、沟通便捷化、活动网络化”的效果。

（王莎莎）

【“一刻钟社区服务圈”建设积极推进】 一是提前完成任务目标。全区累计建立159个“一刻钟社区服务圈”，覆盖227个社区，提前完成“十二五”期间“一刻钟社区服务圈”覆盖全市60%以上城市社区的目标。二是继续将“一刻钟社区服务圈”建设标准量化为“六个一”，即一个服务圈标志，一张便民资源图，一个网站，一套服务商准入、退出制度和监督制度，一本便民服务手册，一张便民服务卡。三是不断提高居民知晓率和满意率。在去年社区网站全覆盖的基础上，在全区16个街道实现城市地区“一刻钟社区服务圈”信息化服务平台全覆盖，并将其纳入“智慧社区”区级层面的重点项目。

（王莎莎）

【《社会工作实务案例》编印出版】 年内，区委社会工委、区社会办编印出版《社会工作实务案例》一书。该书选登32篇社会工作实务案例，包括个案工作、小组工作、社区工作等三类社会工作方法案例，运用社会工作专业方法，将案例背景、初步分析、服务策略与结案评估等进行了详细阐述。目前，该书已作为全区社会工作者培训教材，下发至各社区、社工事务所。

（王莎莎）

【社会组织服务管理工作实现突破】 一是建立了区、街两级社会组织服务中心。按照“1+2”模式，由1个区级、2个街道级社会组织服务中心，共同搭建培育发展社会组织平台。首批确定丰台和右安门街道为“枢纽型”社会组织工作体系建设试点单位。二是积极推进政府购买社会组织服务项目。31个项目获得2013年市级政府购买社会组织服务资金434万元。区财政出资200万元，购买34个社会组织公共服务项目，扶持104个社区志愿服务项目。三是专业社会工作稳步发展。建成8家社工事务所，拥有专兼职专业社工61人。扶持、带动了一批社区公益组织、社区志愿服务组织，打造了“社工+义工”的升级版，推进了社会工作的专业化进程。

（王莎莎）

【网格化社会服务体系建设有序推进】 一是建立由“区委社会工委牵头、综治办推进、城指中心保障”的工作机制，坚持每月联席会制度。二是将16个街道全部社区划分为981个社会服务管理网格，采集各类基础数据101万条，建成涵盖“人、地、物、组织”的社会服务管理综合数据库。配备981名“格长”及其他网格督导员、信息员9600余人，配备“社管通”1285部。三是年底前完成了农村地区5个试点村的试点工作。

（王莎莎）

【“智慧社区”试点工作取得明显成效】 制定《丰台区推进智慧社区建设工作实施方案》，按照“试点先行、突出实效、整合资源、加大投入、注重宣传、点面结合、逐步推进”的原则，确定73个社区为“智慧社区”试点社区，力争在2015年完成全部社区60%的“智慧社区”创建任务。丰台街道和马家堡街道所有39个社区全部纳入试点。方庄地区推出了智能居家养老、数字一刻钟服务圈、手机综合服务端等服务，其经验在全市“智慧社区”建设工作会上进行了交流。

（王莎莎）

【社会领域党建典型培育初见成效】 一是

老典型有了新内涵。如时代风帆楼宇工作站在实现“六个一体化”的基础上，不断拓展内涵、创新手段，探索推出了手机交流平台、企业孵化功能等新举措，成为覆盖整个马家堡商圈非公有制企业和商务楼宇的党建“孵化器”。二是新品牌有了新进展。去年全面推开以民警进社区任席位制副书记的大党委制工作，今年重点在建机制、抓实效等方面开展试点、探索经验，通过强化指导和扩大宣传，东大街道东里社区、东高地驻区民警罗建等已逐步成为推进大党委制工作的新名片。三是非公有制企业党建有了新试点。如在抓行业党建方面，积极筹建了全市保安行业的第一个非公有制企业党委——戎威远保安公司党委；在抓服务型党组织建设方面，探索推出了依文集团党支部“七彩党建”工作法；在抓作用发挥方面，紧紧围绕园博会召开等重点工作任务，培育和宣传了北京创通集团党支部等非公有制企业党组织在园博工程筹建过程中主动请战、勇挑重担的典型事例。

（王莎莎）

【老旧小区管理不断加强】 一是认真贯彻执行《北京市国民经济和社会发展第十二个五年规划纲要》及《北京市老旧小区综合整治工作实施意见》文件要求，对20个老旧小区进行综合整治，重点完成了主要大街、重点地区、重点旅游景区以及进京国道、铁路周边的老旧小区综合整治任务。二是形成《丰台区老旧小区管理模式研究》报告，主要解决无物业管理老旧小区存在的问题；形成《丰台区物业服务社区化》报告，旨在解决有物业管理的老旧小区物业管理不善的问题；拟出台《丰台区物业服务社区化的实施意见》，具体规范了物业企业、物业行业的职责和责任。三是将“一刻钟社区服务圈”建设工作作为老旧小区管理的辅助手段，寄管理于服务。截至2012年年底，已建成“一刻钟社区服务圈”示范点145个，覆盖200余个社区，惠及125万人口。四是进一步深化和义、右安门、西罗园、卢沟桥等四个街道进行老旧小区的试点工作。五是通过“知民情、解民忧”大比武、大练兵活动和四化入户绘制民情图工作，改进老旧小区服务质量，提升社区工作者服务老旧小区社区居民的水平。六是通过“幸福街道、幸福社区”的创建，实现16个街道信息化建设全覆盖，并在全覆盖基础上研发丰台区“一刻钟社区服务圈”手机客户端（APP）平台，为老旧小区社区居民提供便捷优质服务。

（王莎莎）

【社区事务议事协商会积极推行】 协商会由各社区召集，围绕社会管理、社区服务等涉及群众切身利益的问题进行协商，每月至少召开一次。议事协商人员一般包括街道联系该社区的班子成员及包社区的机关干部、社区“两委一站”工作人员、社区民警、由该社区选举产生的区人大代表、小区物业、驻辖区职能部门工作人员、居民代表。根据议题需要，可邀请辖区社会单位负责人及有直接利益关系的居民群众参加。居民代表和居民群众不少于与会人员的1/3。针对群众提出的问题，能够现场会商解决的，现场解决；不能现场解决的，制定预案、明确时限；确因受政策、规划等特殊情况短期内解决不了或解决起来难度较大的，及时向区级层面反映，并向群众做好宣传解释工作；确需区级层面解决的，由区委办、政府办负责协调，督导督办。办理结果在社区公示，接受群众监督。

（王莎莎）

【政府购买社会组织服务工作扎实推进】 近3年来，丰台区扎实推进政府购买社会组织服务工作，累计征集项目235个，购买公共服务项目63个，涉及项目资金838.3万元。项目服务内容包括儿童安全教育、脑瘫患儿康复训练、空巢老人日常生活扶助及精神慰藉、健康养生知识普及、公众应急救援知识普及、社区社会组织培育等多个方面，紧密结合社会热点事件、紧扣社会公共服务薄弱环节、紧贴基层群众需求，深受群众欢迎。2011年、2012年累计举办活动2544场次，参加人数78948人次，服务小时数达20735小时，发放宣传材料13万余份。自2013年起，积极探索开展区级购买社会组织服务项目工作，将面向社会组织购买30个公共服务项目，扶持100个社区社会组织开展志愿服务活动。初步形成了政府购买社会组织服务项目的政策体系以及项目主责单位、第三方审计机构与项目服务对象综合监督评价机制。

（王莎莎）

【“1+2”模式推进社会组织服务中心建设】 一是找准适合区域社会组织发展的模式。结合区社会组织数量少、规模小、结构散的现状制定“1+2”模式，即由1个区级社会组织服务中心带动丰台街道、太平桥街道2个街道级社会组织服务中心的建设，力争辐射更多街道。二是加强社会组织服务中心制度设计。明确区社会组织服务中心公益理念传播普及、政策咨询及信息交流、社会组织孵化培育、社会组织能力建设、公益项目管理及评估、社会工作人才实践、社会组织成果展示等7大服务功能定位。三是公开遴选第三方运营机构。向现有8所专业社会工作机构发出投标邀请，经专家评审小组评审，确定丰台区九万里社会工作事务所作为区级社会组织服务中心首家运营机构。四是整合多方资源提供综合保障，落实社会组织服务中心办公场所，筹措资金72万元。

（王莎莎）

【区政府向社会组织购买公共服务项目、扶持社区志愿服务项目】 发布《丰台区2013年政府购买社会组织服务项目指南》，从财政经费中拿出200万元，围绕社会基本公共服务、社会公益服务、社区便民服务、社会管理服务4方面、16个类别购买30项社会组织服务项目，同时扶持100项社区志愿服务项目。作为区政府年度折子工程及为民办实事项目之一，此举标志着丰台区首次区级政府购买社会组织公共服务项目工作正式启动，将有效引导和支持社会组织参与社会服务管理，组织和动员居民群众积极参与社区志愿服务，为构建和完善社会动员机制奠定良好基础。

（王莎莎）

【区委社会工委、区社会办多措并举助力园博盛会】 一是在社会领域基层党组织中举办“平安楼宇，奉献园博”主题活动启动仪式。印发《告全区商务楼宇、非公有制企业积极投身“园博先锋行动”的一封信》的倡议书，印制5万余份宣传折页。全区890家非公有制企业党组织带动2万余家非公有制企业、8700余名非公党员积极争当“园博先锋”。二是举办以“开展比武练兵 喜迎园博盛会”为主题的“知民情、解民忧”大比武、大练兵活动擂台赛。擂台赛设置必答题、观众互动等环节，组委会为获胜者准备了200多张园博门票及园博纪念品作为奖品。三是积极协调团区委开展园博会骨干志愿者招募工作，完成了157名园博会前期和骨干志愿者的招募与递补工作，对园博会骨干志愿者进行了3次集中培训，投入8万元用于加强志愿者队伍建设。

（王莎莎）

【全区首个移动综合服务平台在东高地街道启用】 该平台是通过移动网络和互联网，借助智能手机和电脑为管理单位、服务商、辖区居民提供信息的应用平台。一是以街道和社区网站为依托，将街道和社区动态在网站和手机客户端上同时显示；二是与网上“一刻钟社区服务圈”项目结合，居民通过“幸福生活”软件平台可以查询街道及社区周边的商户信息；三是借助“幸福建言”平台居民能直接参与社区管理，一定程度上弥补了网格化管理的空白点，有效解决了辖区动态管理的问题；四是与微博平台相辅相成，使居民可以足不出户了解社区动态。安装“朋友圈”软件的用户还能与圈内其他用户进行信息共享和邻里求助等。此平台的启用补充和加强了现有信息化系统，真正实现了全区域覆盖、全天候服务、无缝隙衔接、动态化管理的社区管理新模式，极大推动了智慧社区建设。

（王莎莎）

【马家堡街道智慧社区居家健康管理小屋试点运行】 健康管理小屋的信息平台是基于居家养老工作基础上，结合“智慧社区”建设提出的新理念。该平台利用信息化和物联网技术，整合计算机软件、健康检测设备、网络等，通过小屋内配备的健康管理一体机、远程视频咨询系统等，实现老年人健康信息的采集、处理和反馈，为辖区老年人提供“看病、管病、防病”三位一体的“一站式”服务，从而改善老年人身体素质、提高老年人幸福感。下一步，街道将以健康管理小屋为试点，逐步推广，争取为辖区内更多老年人提供服务。

（王莎莎）

【马家堡街道应用手机新媒体推进智慧社区信息化建设】 一是聘请专业公司开发智能手机APP移动网络平台，建立幸福家园、幸福快讯、幸福建言、幸福共建、幸福生活百事通5个功能频道。二是在平台开通手机微信功能，实现街道和群众之间的实时沟通。三是载入手机终端申请、审核、注册网格员功能，扩展辖区网格员队伍，使群众成为地区建设的直接参与者。四是与街道政务门户网站相关栏目实现同步，及时更新资讯信息。

（王莎莎）

【丰台街道全面推行离案工作法】 为贯彻落实区委联系群众十项制度，丰台街道全面推行“离案”工作法，即离开办公桌，走到群众中，与群众直接接触。一是要求机关干部、社区干部、执法部门定期深入到社区落实“走、看、听、问、记、办”。二是积极为市、区各级领导干部、党代表、人大代表、政协委员等搭建与群众联系的工作平台，以便能更好地深入社区问需于民，问计于民、三是建立离案工作沟通协调机制、议事协商机制，完善社区事务、群众利益协调会商制度，一般问题一线发现、一线解决，特殊问题综合协商解决。

（王莎莎）

【右安门街道“参与式”管理方式强化社区自治】 通过上门走访、群众反映、社区意见征求本等方式，广泛征求居民对社区规划建设、发展动向及重大活动的意见建议。通过居民代表大会形式，让居民及时了解本社区的重大事项和关键问题，对涉及居民自身利益的事项，组织居民进行讨论、协商，定期向居民通报社区阶段性工作。居民可随时对居委会账目进行监督和查询，实现社区财务公开透明。

（王莎莎）

石景山区

【概况】 年内，全区社会建设工作紧紧围绕中心工作，紧密结合区情实际，各项工作取得明显成效。网格化社会服务管理体系建设扎实推进，划分网格428个，配备专兼职人员1269人，完成八角、广宁、八宝山3个试点街道“社会服务管理综合指挥分中心”建设；制定《石景山区关于统筹规范街道协管员队伍管理的实施方案（试行）》，将20类协管员由相关部门管理调整为街道统筹管理。社区建设水平进一步提升，142个社区的社区用房平均面积达437平方米，达标率97%；完成6个市级、9个区级社区规范化示范点创建工作任务，招录240名社区工作者；29个社区顺利通过市政府绩效管理工作领导小组“六型”社区考核评议，14个智慧社区通过市社会办检查验收。社会组织发展建设健康有序，为10个区级“枢纽型”社会组织配备专职社工18名；联合统战部、工商联，促成10家驻区爱心企业与十大公益品牌项目共建对接；推出政府购买社会组织服务十大公益品牌，3个项目被评为北京市政府购买社会组织服务优秀项目。社会领域党建工作稳步开展。在非公有制企业开展党建精品项目——“向日葵”工程，选树培育非公党建十大标兵，由9个街道、科技园区负责党建工作的主管领导担任党建指导员，进行一对一业务指导；建立党建项目精品库，表彰20个党建精品项目；聘请100名非公有制经济组织党建工作指导员，成立32个非公有制企业党组织，建立3个商务楼宇中心站。

（王　磊）

【组织实施党建精品项目——“向日葵”工程】　自3月起，全区非公有制企业组织实施党建精品项目——“向日葵”工程。选树培育非公党建十大标兵企业，选派9个街道及科委园区负责党建工作的主管领导担任党建指导员，开展一对一业务指导。召开“向日葵”工程推进会，督导十大标兵非公有制企业就近寻找“结对共建”对象，签订《非公十大标兵企业结对共建承诺书》，实行“10＋N”工作方式，带动更多非公有制企业提升党建工作水平。

（高　欣）

【网格化社会服务管理体系建设推进会召开】6月4日，石景山区召开网格化社会服务管理体系建设推进会。会上，八角、广宁、八宝山三个试点街道作建设情况汇报，区社工委、经信委、城市管理监督中心、编办、财政局、发改委、综治办等相关部门作交流发言。区委常委、纪委书记李文起就进一步做好全区网格化社会服务管理体系建设要求要切实增强紧迫感，切实增强责任感，切实发挥网格化作用，紧紧围绕区委、区政府重大关切，在服务居民、环境治理、矛盾纠纷调处、突发事件应对等方面，积极发挥网格化平台统筹协调作用，提高社会服务管理科学化水平。年内，八角、八宝山、广宁街道的社会服务管理综合指挥分中心基本建成。

（高　欣）

【党建品牌创建活动深入推进】　在全区广泛培育、挖掘、推广一批新的有聚集效应、有导向性、有影响力的党建工作品牌，建立“社区党建项目精品库”，选树了“高质量、易推广”的党建项目50个。6月26日，对八角街道盛景国际大厦工作站“一刻钟服务联盟”等20个党建精品项目进行了统一表彰。

（高　欣）

【庆祝建党92周年会议召开】　6月27日，石景山区召开社会领域庆祝建党92周年暨党建工作推进会。会议对33个“星级党建示范社区”、50名“星级党务工作者”、100名“星级党员”、20个“党建精品项目”及“非公党建十大标兵”进行了表彰。区委常委、组织部长庞微提出要着眼大局，提高认识，总体谋划好社会领域党建工作；把握重点，创新实践，扎实推动好社会领域党建工作；健全机制，落实责任，持续推进好社会领域党建工作。

（高　欣）

【社区工作者公开招录完成】　6月至7月，经报名、笔试、面试、体检和政审等环节，公开招录了240名社区工作者。同期与区人力资源和社会保障局联合招录了9名军嫂进入社区工作。

（董妍君）

【街道协管员队伍管理得到统筹规范】　8月22日，全区街道协管员队伍统筹规范工作部署会召开。会议出台了《石景山区统筹规范街道协管员队伍管理工作实施方案（试行）》，确定了“一岗多责、一人多能”的工作目标和“科学统筹协调、分级分类管理、强化街道作用、规范队伍建设”的工作原则。会议指出，要建立区、街、社区三级管理机制，按照工作职责将协管员整合为城市管理类、社会事务管理类和公共服务类三类，管理方式由主管部门派驻为主调整为街道统筹为主。在现行经费保障渠道和工资体系不变的基础上，增加奖励资金，增设季度奖和年终奖，激发工作积极性。

（王　昕）

【公益品牌项目企业爱心工作站建立】 9月9日，石景山区委社会工委联合区统战部、工商联举办企业爱心工作站颁牌仪式，全区十大公益品牌项目与驻区爱心企业完成对接。对接后，企业将在公益项目单位建立爱心工作站，持续为公益项目提供资金资助、资源共享、专业支撑、志愿服务等方面支持；公益项目单位将在企业文化建设、员工培训、教育实践等方面为企业提供平台，强化企业社会责任，实现企业和公益项目的互惠互利。

（李明轩）

【新居民社区建设试点项目启动】 12月11日，区委社会工委、区社会办，清华大学社会科学学院，嘉里集团郭氏基金会举行“石景山区新居民社区建设试点项目”签约仪式。嘉里集团郭氏基金会委托清华大学社会科学学院开展“北京流动人口服务管理”课题研究，确定老山街道梁公庵水厂大院为基金会在北京的第一个示范社区。该项目是政府部门、社会力量、科研机构通过在新居民社区的环境、消防、安全、卫生、教育、就业、文化、组织建设等方面开展合作，支持和援助城市新居民进行社会融入的探索。

（李明轩）

【区领导慰问社区工作者】 春节前夕，区委、区政府、区人大、区政协四套班子领导分别带队慰问全区社区工作者及退休老积极分子。区委、区政府拨专款28万元，购买米和油等生活必需品并发放到社区工作者和退休老积极分子手中，感谢社区工作者一年以来在社区建设和居民服务工作中所做出的努力，关心老积极分子离退休后的生活。

（董妍君）

【社区党建“三级联创”工作进一步深化】 年内，石景山区将社区党建“三级联创”活动与基层党建考评工作有机结合，按照基层党建“五好”标准抓好工作落实，建立健全社区党组织工作台账，全面推进“党员在格上，工作进网格”的网格化管理模式。结合社会领域党建特点，建立健全创先争优长效机制，先后形成了项目管理机制、星级党建示范社区争创机制、定期研讨和现场推进机制，调动基层的积极性和主动性，圆满完成市级“三级联创”检查工作。

（高　欣）

【非公有制企业党建“三培养”工作开展】 年内，即指导企业党组织积极培养入党积极分子，开展把企业生产经营技术骨干培养成党员，把党员培养成生产经营技术骨干，把党员生产经营骨干培养成企业经营管理人员。

（高　欣）

【商务楼宇工作站建设巩固深化】 年内，为商务楼宇工作站补充25名工作人员，新建立3个商务楼宇中心站。巩固深化“五站合一”工作站建设，规范工作站相关制度、服务目录，完善工作台账，加强工作站与楼宇企业之间、党组织与非公党员之间的沟通联系，打造服务型商务楼宇工作站。截至目前，全区已成立41个商务楼宇“五站合一”工作站，实现了对商务楼宇的全覆盖。

（高　欣）

【基层党建工作保障力度不断加大】 在场地建设上，积极筹措资金，不断加强社会领域党组织阵地建设，全区41个商务楼宇工作站平均办公面积28平方米，建立党群活动中心13个。在队伍建设上，开办社区党组织书记、商务楼宇工作站及党建指导员等专题培训班，先后组织开展各级各类人员学习培训

300余人次。在经费保障上，不断加大对社区、非公有制经济组织、社会组织党组织的经费支持，全年下拨党建经费209万元，并加大监督检查力度，确保专款专用。针对非公有制企业党组织组建难、活动少的难题，按照区委组织部要求，全面实行非公有制企业党费全额返还，对新建非公有制企业党组织、非公党组织负责人、新建非公党群活动中心等实行专项补助。

（高　欣）

【“一刻钟社区服务圈”建设继续推进】　年内，以群众需求为导向，以便民、利民、惠民为目标，石景山区继续推进“一刻钟社区服务圈”建设工作，重点打造特色“一刻钟社区服务圈”。共建成16个（市级11个、区级5个）“一刻钟社区服务圈”，覆盖社区28个，服务人口12.7万。

（谢云政）

【“六型”社区创建工作进展顺利】　成立干净、规范、服务、安全、健康、文化6个建设指导小组，明确区市政市容委、社会办、民政局、综治办、卫生局、文委分别为牵头单位，建立健全了主责部门牵头、成员单位指导、街道社区具体落实的工作责任体系。通过自查、互查、联查，相互借鉴创建经验，及时整改存在问题。全区29个社区全部顺利通过市政府绩效管理工作领导小组“六型”社区考核评议，实现挑战值目标。

（金　超）

【老旧小区自我服务管理得到加强】　年内，石景山区以八角街道八角北路社区、八角北里社区、公园北社区及苹果园街道八大处社区4个社区为试点，健全老旧小区自我服务管理自治组织与制度。通过采取精细化、自治化、社会化、自主化以及重点化“五化”管理方式，在老旧小区自我服务管理问题的解决上突出实效，与居民、驻区单位、社会组织协同合作，提升小区自我服务管理水平，为居民打造健康、安全的社区氛围和宜家宜居的生活环境。

（刘欢欢）

【社区工作者队伍建设取得成效】　年内，完成了北京市“万名社区工作者培训计划”石景山区培训计划4期，培训人数达850余人，占全区社区工作者人数的54.8%；对新招录社区工作者进行初任培训；举办了“青年社工沙龙”活动，开办了社工师、助理社工师高级研修班。目前，在全区1500余名社区工作者中，持有国家社工师资格证书的95人、助理社工师资格证书的337人，持证人员比例达到27.9%。

（董妍君）

【政府购买公共服务项目完成】　年内，争取市级政府购买服务经费300万元用于购买21个社会组织提供的公共服务项目；区级政府购买服务工作专项经费追加至350万元，购买38个服务项目。在项目日常监管中，加大过程监督，随时掌握项目运行情况；结项时成立由社工委、财政局、民政局、监察局等部门及清华大学、北方工业大学等高校专家组成的考评小组，对项目进行集中抽查评估；在工作收尾时，由第三方进行项目资金审计，确保资金使用效益。

（李明轩）

【6家社会工作事务所培育发展】　通过购买服务、购买岗位、给予一次性开办资金等措施，培育社会工作事务所6家，共有专兼职社工62人，相对固定的志愿服务团队550余人，主要开展重点人群关怀、养老服务、社区服务、医疗卫生服务、就业指导、残孤儿童救助等服务项目。其中，金顶阳光社会工作事务所以金顶阳光两限房、廉租房小区的重点人群为主要服务对象，重点开展“社区关怀计划”；乐龄老年社会工作服务中心通过开展乐龄互助小组、日间老年照料室等项目，推进以志愿服务为主要内容的参与式社区居

家养老服务；泉源儿童之家开展北京及周边省市残孤儿童的医疗救助、照料和康复工作；星缘社工事务所以志愿服务管理和项目开发为重点，倡导“奉献、友爱、互助、进步”的志愿服务精神；智达社会工作事务所针对首钢分流人员及4050失业人员开展就业指导和就业岗位开发等工作；长庚社会工作事务所依托北京长庚医院，专注于为老年人、残疾人等弱势群体和社区居民提供健康服务，业务范围包含健康咨询、健康课堂、健康督导、医疗研究、志愿服务等方面。

（李明轩）

【志愿反哺工作探索开展】 年内，为进一步推动志愿服务事业健康发展、健全志愿服务激励机制，石景山区开展“志愿反哺”工作。主要做法是“一卡积分、量化考核、定期奖励、十年反哺”。通过积分卡记录志愿者的服务时间、项目，依据积分卡情况对志愿者实行星级认定，设立志愿反哺基金，按照不同的星级对志愿者定期进行奖励，对年满70周岁或因病、因残等原因退出志愿者队伍的荣誉志愿者，在其年满80周岁前（80周岁后享受全市“九养”政策），由街道通过志愿反哺基金为其每月购买服务。服务由老人在理发、家具保洁、洗衣服、拆洗被褥等项目中自行选择。2013年，通过政府购买服务的形式，设立45万元公益反哺专项经费。

（李明轩）

【购买专业社工岗位工作完成】 年内，在前期购买专业社工岗位试点工作的基础上，为各个街道、社工事务所及“枢纽型”社会组织共计购买专业社工岗位30个。其中，市下拨资金37万元购买13个岗位，石景山区配套近100万元，购买17个工作岗位。针对不同岗位，分别制定了岗位职责和管理办法，提高专业社工岗位管理工作的制度化、规范化水平。

（李明轩）

【社会动员工作试点开展】 根据《2013年在全市街道社区开展社会动员工作试点的方案》要求，全区选定鲁谷社区行政事务管理中心、广宁街道高井路社区、八角街道八角北路特钢社区作为石景山区首批社会动员工作试点，发放工作启动资金16万元。试点工作内容包括推动共驻共建、推进依法自治、完善应急动员工作机制、深化志愿服务、加强市民劝导队工作、完善基本保障政策等。

（李明轩）

【志愿者网上注册工作积极开展】 年内，区志愿者联合会组织下属各志愿者分会开展志愿者网上实名注册工作，累计注册志愿者67218人，注册志愿组织57个。同时，积极与市志愿者联合会进行沟通协调，将石景山区志愿反哺积分工作与志愿者服务计时工作进行对接，对库内已有志愿者的网上数据进行及时维护，对新注册志愿者的志愿服务计时进行前期调试。

（李明轩）

【五里坨联勤部社区荣获北京市第六届“十大魅力社区”】 在北京市第六届魅力社区评选活动中，五里坨街道联勤部社区获得“十大魅力社区”荣誉称号，并获得2万元“魅力社区基金”。这是北京市开展魅力社区评选活动以来石景山区首次获此荣誉。

（刘欢欢）

【公共服务在社区“落地”积极推进】 区社会办、苹果园街道与相关部门共同开发利用地下人防空间1800平方米，区民防局、消防局等部门共投资300余万元，建立了社区科普教育宣传基地，分为地震知识、人口教育、消防知识、民防安全、温馨家园等7个主题活动单元，将政府的相关服务、法规政策、科普知识等延伸到社区，为本社区及邻近地区的居民普及各类科普及安全知识。

（王　磊）

【十万平社区试点居民轮流担任“名誉主任”】　采取公开报名、居民小组推荐、居民代表大会投票表决方式，每年统一选出49位社区名誉主任，每人工作一周，一年内轮流上岗，且不享受任何酬金。任职期间，名誉主任与居委会主任享有同样权利，参与处理社区事务，包括协助社区调解家庭矛盾纠纷、维护社区环境、监督社区居委会为居民办事等工作。“居委会名誉主任”制度已试行三年多，共有160位居民轮值担任了这一职务，居民通过担任“名誉主任”，广泛参与社区工作，在社区居民与居委会之间建立起了沟通的桥梁。

（王　磊）

门头沟区

【概况】　年内，区委社会工委、区社会办紧密围绕全区中心工作和重点任务，按照做实街道、科学治理、优化民生的工作要求，努力开创社会治理新局面。一是创新街道体制机制，建立街道“大工委”和社区“大党委”，构建区域化党建工作格局。建立地区管理委员会，下设街道事务综合管理中心、街道社区健康服务中心、街道社区文化教育服务中心等7个服务中心，强化街道在辖区负总责的主体地位。二是夯实社区治理基础。完成基础网格划分，整合公安、司法等8类协管员力量，探索建立“物业+网格”自治模式；做好“一刻钟社区服务圈”、新建居住区建设等工作，夯实社区服务硬基础；通过大讨论、月例会、考察培训等方式，加强社区工作者队伍建设，提升社区服务管理软实力。三是提升社区服务管理水平。启动社区环境提升工程，开展“绿色社区”和“一居一品”创建活动，打造了一批绿色、生态、独具特色的社区；启动“生命影响生命”行动计划，逐步建立完善的12类人群服务体系；扎实完成拆迁拆违、社区环境整治与维护等民生工程。四是开展非公有制企业和社会组织党建推进工程，选派25名离退休干部担任非公党建指导员；新建奥新天地、贸易大楼、熙望大厦等3家商务楼宇党群工作站；继续开展“四评一创”活动，征集意见建议9819条；开展特色党建品牌创建活动，涌现特色党建品牌项目30余项。

（宋　瑜）

【成立区级“枢纽型”社会组织首家党建联席会】　1月23日，区文学艺术界联合会召开会议，成立区级首家“枢纽型”社会组织党建联席会，并印发《门头沟区文学艺术界联合会社会组织党建联席会工作方案》。文联党建联席会的成立，实现了党的组织和党的工作在所属协会的全覆盖，进一步推动“枢纽型”社会组织党建“3+1”工作机制和规范化建设，为全区其他“枢纽型”组织党建工作提供了有益借鉴。截至2013年1月底，全区共成立7家区级“枢纽型”社会组织。

（宋　瑜）

【考察学习“融合式”村级社会管理服务模式】　1月24日，区委社会工委会同区委农工委，组织各镇党委副书记赴怀柔学习考察。参观了怀柔区网格化社会服务管理指挥中心，听取了怀柔区开展“融合式”村级社会管理服务工作的经验介绍，实地考察了村级社会服务管理中心运行情况，相互交流了工作经验。

（宋　瑜）

【部署年度社会建设工作任务】　3月22日，全区社会建设大会召开。会议全面总结了上一年度工作完成情况，对年内工作进行了部署。会议确定，2013年度全区社会建设工作将以强化社区建设为着力点，加大统筹协调力度，推进社会管理体制机制创新，健全完善公共服务体系、志愿服务体系、自治服务体系。有关市、区领导，区社会建设工作领导小组成员单位负责人，各街镇相关人员，各社区党组织书记、居委会主任共计240余人参加会议。

（宋　瑜）

【开展街道系统解放思想大讨论活动】　3月22日，全区街道系统启动以“落实‘三个优化’，多办利民实事，全力建设国家生态文明示范区”为主题的解放思想大讨论活动。各街道充分结合重点工作任务，依托学习培训、成果展示、文体活动、民主监督4个平台，积极开展学习讨论，进一步厘清发展思路，努力破解优化发展环境、创新社会管理、服务保障民生、加强队伍建设、改进工作作风5大难题，实现思想认识有突破、服务发展有作为、队伍素质有提升的“三有”目标。

（白丽莎）

【密云县社会工委到门头沟区参观考察】　3月29日，密云县社会工委、经济开发区有关领导一行5人到门头沟区石龙经济开发区学习考察商务楼宇党群工作站的建设情况。听取了石龙经济开发区党群工作站工作职责、制度规范、文体活动、活动成效等方面的情况介绍，实地参观了基础设施和党群活动场地。

（宋　瑜）

【完成社区工作者届中体检】　3月，全区940余名社区工作者开展届中体检，支出体检费28万余元。

（赵　霞）

【启动街道改革工作】　3月，全区探索启动街道改革工作。7月，区委十一届五次全会审议通过《关于进一步加强街道和地区办事处工作的意见》。10月出台配套文件《关于进一步增强街道统筹协调功能的实施方案》。年底前，建立街道“大工委”和社区“大党委”，吸纳辖区内党政机关、企事业单位、各类社会组织参与辖区重大事项的研究、决策和实施，初步形成了区域化党建工作格局。在街道内部设立地区管理委员会，下设街道事务综合管理中心、街道社区健康服务中心、街道社区文化教育服务中心、街道社区事务处理服务中心、街道城市建设管理服务中心、街道社会动员中心、街道综治维稳中心等7个服务中心，并建立健全联席会议制度、街道办事处主任办公会议制度、综合执法制度等一系列工作机制，强化了街道主体地位，理顺了街道与各职能部门间的条块关系。

（宋　瑜）

【举办“国际社工日”活动】　4月11日，区委社会工委、区社会办举办以“弘扬志愿精神，展示社工风采”为主题的“国际社工日”优秀社区工作者登山比赛活动，引导社工树立生态文明理念，自觉将社区工作与全区创建国家生态文明示范区的工作任务结合起来，为社区发展贡献力量。

（赵　霞）

【召开街道系统社区环境整治现场会】　4月17日，区委社会工委、区社会办在城子街道市场街社区组织召开街道系统社区环境现场会。会议听取了相关工作介绍，实地观摩了小区环境整治效果，并对街道系统环境整治工作进行了现场部署。4个街道和永定、龙泉两个地区办事处的行政主要领导，新建居住区的主管领导、筹备组负责人和物业公司负责人参加会议。

（宋　瑜）

【召开社会领域党建工作会】　4月18日，区委社会工委组织召开社会领域党建工作会。会议明确了年内全区社会领域党建工作重点任务，并对全区镇街社会工作党委负责人进行非公有制企业党建工作专题培训。有关区领导、各街镇党建工作主管领导参加会议。

（宋　瑜）

【学习考察网格化体系建设】　6月8日，区委社会工委组织各镇主管领导及工作人员到密云县学习考察网格化体系建设工作。实地参观了密云县东邵渠镇、村网格化社会服务管理中心和便民服务中心，学习考察了东部渠镇依托网格化社会服务管理体系，建立村级便民服务代办点，整合服务资源，优化办事流程，提高工作效率，满足农村地区群众多元化、个性化需求的主要做法和典型经验。

（宋　瑜）

【学习考察社区管理创新】　6月17日至23日，组织区、街道、社区三级17名领导干部和社区干部赴上海，通过专题授课、现场教学、实地参观等方式学习考察社区管理创新经验。学习考察结束后，召开成果考察交流会，梳理学习考察情况，并就做好街道系统职能整合工作进行研讨。

（宋　瑜）

【开展“四评一创”活动】　7月15日至8月30日，在街道系统开展“四评一创”入户评议活动，共征集到涉及社区基础设施建设、社区安全、社区环境秩序、社区信息化建设、特殊人群服务管理等方面的意见建议9819条，列为整改项目，督促相关职能部门、街道和社区进行整改。

（白丽莎）

【开展“寻找最美社工”活动】　8月，在全区开展“寻找最美社区工作者”活动，邀请区文联和作家协会的专业作家深入社区，对各社区书记和主任进行实地采访，收集社工典型事迹并编辑《风采社工》一书。

（白丽莎）

【组织社区干部集中学习党的十八届三中全会精神】　12月5日，区委社会工委、区社会办联合区委宣传部组织召开“门头沟区社区干部学习十八届三中全会专题报告会”。报告从社会领域改革和社会建设的内容、推进社会领域改革的重要性、推进社会领域改革的重点问题以及完善改革推进方式四个方面阐释了社会领域改革和社会建设工作的基本内容和核心要义。全区相关街镇主管领导、社区党组织书记、部分党建指导员及理论讲师团成员共200余人参加会议。

（宋　瑜）

【召开街道系统改革工作汇报会】　12月24日，区委社会工委、区社会办组织召开街道体制改革工作汇报会。四个街道分别汇报了街道“大工委”、地区管理委员会工作机制制度建立情况，社区“大党委”、七个服务中心建设情况，社会组织培育发展现状、阳光坊（驿站）建设情况，街道体制改革推进过程中存在的主要问题及下一年度总体工作思路。有关区领导参加会议并提出工作要求。

（宋　瑜）

【开展“万名社区工作者培训”】　分别于5月、7月、9月开展3期培训，每期2.5天，全区700余名社区工作者参加培训。

（赵　霞）

【加强社会建设工作体系建设】　制定《关于建立社会建设工作体系的意见》，进一步健全了组织机构和工作职责，完善了联席会议、项目推进、督查督办、考核评价、资金保障等一系列工作机制，确定44项社会建设重点工作任务，并纳入区政府目标管理任务书，实行督察督办，按年度稳步推进。

（宋　瑜）

【调整社会建设考核办法】　结合社会建设工作任务的调整和推进需要，对绩效考核办法中社会建设考核部分的内容和权重进行相应调整。对于新开展的街道体制改革工作，在基础性工作考核内容中加入支持配合街道“大工委”、地区管理委员会和社区“大党委”开展工作等相关制度。同时，将“四评一创”工作纳入绩效考核中，提高工作的监督指导力度。

（朱　琳）

【建立社会建设资金保障机制】　设立区级

社会建设专项支持资金和社区建设专项资金，出台《区级社会建设专项支持资金管理办法(试行)》和《社区建设专项资金使用和管理办法》，明确两类专项资金的使用范围、使用管理、监督检查，实现专项资金的项目化运作与管理。

（宋　瑜）

【开展“专家教授进社区”活动】 邀请中国人民大学、北京市委党校教授组成专家组与社区结对子，全面摸查重点社区的建设和发展规律，并针对新建居住区服务与管理、拆迁安置小区新居民培育、社会组织培育与管理、社区社会动员模式等方面工作，深入社区调研，形成《门头沟区社会组织培育与管理研究报告》《门头沟区社区社会动员模式研究报告》《构建和完善社会服务管理体系研究报告》《门头沟区为民服务信息平台运行与效用提升研究》等系列调研报告，用于指导社区工作。

（宋　瑜）

【实施十二类人群“生命影响生命”行动计划】 通过开展“无线网络无线服务”工程、社区鸿雁行动、“放飞心灵、助人悦己”等系列活动，创新开展老幼互助、健残互助等服务内容，确保对12类特殊人群的服务到位、管控到位；确定17个12类人群服务项目，并纳入区政府社会建设折子工程，实行专项督查督办；通过购买服务的方式扶持30个涉及特殊人群服务项目，实现了对特殊人群的精细化管理。

（刘　迪）

【推进网格化社会服务管理体系建设】 在完成大峪街道试点工作的基础上，实现全区覆盖，建立区、街道（镇）、社区（村）三级指挥平台。在4街9镇划分了1121个基础网格，整合包含司法、公安等在内的8类协管员进网格。

（曹　宇）

【探索建立“物业+网格”自治模式】 军庄镇创新网格化管理工作，聘请专业化的物业公司与村网格化社会服务管理工作站对接，对网格内的事件实现共同管理、共同承担任务，实现了网格内的工作人员与辖区单位、物业公司对接。组建日常保洁队、治安劝导队等物业服务队伍，配备统一的服装和工具，制定相关规章制度，网格化社会服务管理工作站负责协调、配合等工作，确保网格内环境卫生和安全稳定。与物业服务相关的道路、环境卫生等基础工作随着网格化服务管理工作的日益推进不断完善。

（宋　瑜）

【探索构建区域化党建工作格局】 以街道体制机制创新为契机，在4个街道建立“大工委”，在满足条件的社区建立10个社区党委，并开展街镇社会工作党委专题调研，建立健全党建联席会制度，将各方力量凝聚到街镇辖区社会建设工作中来。

（白丽莎）

【开展非公党建推进工程】 通过单独组建、联合组建等方式在414家非公有制企业中组建党组织，截至9月底，单独建立96个党组织，264家企业联合成立79个党组织，党组织覆盖率达87%。

（白丽莎）

【选派非公党建指导员】 制定《门头沟区非公有制企业党建工作指导员管理办法》，下发《关于在全区聘请离退休党员干部担任非公有制经济组织党建工作指导员的通知》，选派25名离退休干部担任非公党建指导员。主要职责是指导和帮助企业制定党建工作年度计划，确定工作目标，完善党建工作制度，培养入党积极分子，支持工、青、妇、等群团组织开展工作，并为企业发展建言献策。

（白丽莎）

【规范商务楼宇党群工作站】 在摸底调查、

开展专项调研的基础上，选取大峪街道贸易大楼、熙旺大厦和龙泉镇奥新天地新组建商务楼宇党群工作站，进一步规范了商务楼宇“五站”工作职责、服务项目和服务内容，扩大商务楼宇党建工作站覆盖面。

（白丽莎）

【开展“特色党建品牌”创建活动】 涌现出永兴社区“少年之家”、城子西街“爱心365服务队”、石门营五区“新联共建团”、龙门新区“寻找老邻居，认识新邻居”等30余项特色党建品牌项目。

（白丽莎）

【开展市级政府购买社会组织服务工作】 争取90万元市级资金，购买文化、体育、卫生、教育等方面11个社会组织服务项目，基本覆盖群众生活的方方面面，有效提升了广大市民群众的生活品质。

（宋　瑜）

【启动社会组织“星火工程”】 出台《门头沟区社会组织“星火工程”实施方案》，确定“筑渠引流”、“集凤筑巢”、社区组织“两化”等三项工程，鼓励在街道建立“阳光坊”、在社区建立“阳光驿站”和“能人工作室”，为社会组织搭建平台、提供支持；向各街道征集服务需求179项、汇总7家“枢纽型”社会组织服务项目97项，完成供需对接。

（宋　瑜）

【引入专业社会组织】 与北京惠泽人中心、北京人力资源服务行业协会等10家市级优秀社会组织进行服务意向对接，邀请两家专业社会组织机构协助做好政府购买社会组织服务、社会组织培育与发展工作。

（宋　瑜）

【开展“五进农村”帮扶工作】 结合实际情况，为对口帮扶村河南台村确立“以发展民俗旅游、林果种植业为主导产业、以依托政策帮扶为基础保障、以提升村民素质和农村社会服务管理水平为补充”的发展思路。通过产业帮扶、政策帮扶、社会建设项目帮扶，在促进全村实现经济收入快速发展的同时，有针对性地对河南台村的低收入户进行帮扶，打造集生态环保、民俗旅游和社会建设和谐发展的现代化社会主义新农村。

（朱　琳）

【开展社会动员试点工作】 制定《2013年门头沟区社会动员试点工作方案》，按照“分类推进、立足基层、循序渐进、探索创新”的原则，选择东辛房街道、东辛房街道石门营五区和城子街道蓝龙家园社区作为试点单位。在各试点单位建立完善的基层社会动员体制机制，以网格化、信息化手段为依托，创新社会动员方式方法，推动社会单位积极参与共驻共建，强化基层民主自治，探索建立起与市场经济条件相适应的社会动员体制机制。

（宋　瑜）

【组建“蓝铃铛”志愿服务队】 下发《关于组建“蓝铃铛”志愿服务队加强社区防汛工作的通知》，调动社区内居民干部、居民小组长、居民代表、党员、志愿者等各方力量，在全区组建了82支“蓝铃铛”志愿服务队，负责做好社区防汛“四员”，即汛情巡查员、汛情劝导员、汛情监督员、汛情宣传员。

（宋　瑜）

【打造“四色”志愿服务队】 打造以市民劝导队为主体的绿色服务队，深化其在社区管理中的功能，尤其是发挥其在社区环境维护中的作用；打造以社区“蓝铃铛”志愿服务队为主体的蓝色服务队，协助街道和社区做好防汛、扫雪铲冰等工作；打造以大学生社区工作者联谊会为主体的白色服务队，以社区内的特殊人群为服务重点的白色服务队，开展志愿帮扶、心理抚慰等活动；打造以街道和社区培育的社会组织为主体的红色服务队，将其纳入区域化党建工作格局，通过政府购买社会组织服务方式，承担辖区内的科教文卫等社会领域工作。

（宋　瑜）

【打造安居民生工程】 全力开展拆违工作，街道系统共发现违法违章建筑67处62456平方米，制止新增违建41处。完成了一批社区绿化美化、路面硬化、排污排洪管道改造、房屋修缮、楼门粉刷、停车位改造、垃圾仓改造等维护项目，优化社区环境。

（宋　瑜）

【推进社区用房建设工作】 完成第二批社区用房检查验收工作，22个项目达标，并投入使用，确定第三批社区用房项目。针对未达标的21个社区用房开展情况调研，提出解决建议，区政府配备专项资金进行解决。

（刘　迪）

【开展全区老旧小区情况摸底调查】 成立专题调查小组，采取问卷调查和实地走访相结合的形式，对4个办事处和有社区的6个镇1990年以前建成的老旧住宅小区进行了集中调查。系统调查了老旧小区的建设年代、建设单位、楼栋数、单元数、居民户数等基本情况和居民的改造需求，并提出老旧小区改造建议。

（宋　瑜）

【开展街道系统社区内无证建设情况调研】 采取问卷调查的方式，对街道系统84个社区内的无证建设情况进行集中调研，系统调查了违建面积、无证建设的性质分类等情况，形成了《关于门头沟区街道系统社区无证建设情况调研报告》，并提出初步解决方案。

（宋　瑜）

【推进"六型社区"创建工作】 建立"一创、二强、三促"工作法，创建示范单位23个。一创，即创建"生命影响生命"12类人群服务管理工作特色品牌。二强，即加强社区用房和社区基础设施建设工作。三促，即促进新建居住区服务管理水平提升、促进与相关单位的沟通协作力度、促进社区环境整治工作。

（宋　瑜）

【推进社区规范化示范点创建工作】 在8个社区开展创建工作，厘清"两委一站"工作职责，强化社区自治功能，扎实推进居务公开。试点成立了绿岛社区业主委员会，建立起社区党组织领导、社区居委会牵头、业主委员会和物业服务企业参与的协调机制。完成第二批23个社区服务站标识系统设计制作安装工作。

（刘　迪）

【开展"一刻钟社区服务圈"示范点建设】 以新桥社区等6个社区为重点，开展示范点建设工作，推进"七小"业态便民设施进社区，整合社区周边商户、社区志愿服务等服务资源，制定了公共服务站点、商业网点台账，制作了《便民服务手册》和社区服务项目示意图。

（刘　迪）

【规范新建居住区服务管理工作】 制定《关于进一步加强新建安置小区服务管理工作实施意见》，进一步明确新建安置小区配套设施、物业管理和社区环境秩序的建设管理要求。在符合条件的新建安置小区及时成立基层党组织，加强服务管理。

（付章妍）

【建立新建安置小区服务管理工作调处机制】 建立联席会议制度，每周召开一次，协调解决新建安置小区的商业、交通、物业等方面问题40余项。

（付章妍）

【建立准物业管理费用“一统三分”模式】 在无物业的老旧小区，由街道牵头，采取居民自我服务管理、服务外包、聘请专业维修队伍等方式提供准物业管理服务，费用采取“一统三分”模式。“一统”指将居民缴付部分的费用统一标准；“三分”指除居民缴付费用之外产生的资金缺口，按照5:4:1的比例，分别由政府补贴、街道补贴和社区自筹，并对残疾人、低保户等困难家庭实施费用减免政策。

（刘　迪）

【开展“绿色社区”创建活动】 制定《关于开展“绿色社区”创建活动的实施方案》，引导社区居民分环境整治、绿化美化、低碳节能三个阶段开展创建活动，推动社区从干净社区到优美社区再到绿色社区逐级达标，打造了以蓝龙家园、黄土台社区等为代表的8个“绿色社区”。

（马晓峻）

【开展“一居一品”创建活动】 制定《门头沟区社区“一居一品”创建活动实施方案》，各社区结合实际，本着“因地制宜、凸显特色、打造品牌、形式多样”的原则，打造了以剧场东街、中门花园、滨河西区、石门营六区等为代表的文体型、双拥型、旅游型、关爱型特色社区。

（马晓峻）

【完成首批“智慧社区”创建工作】 印发《门头沟区推进智慧社区建设工作实施方案》，选取绿岛家园社区、蓝龙社区、石门营五区等8个社区开展试点工作，并取得初步成效。建成了社区基础设施网络，搭建了由电子阅览室、便民缴费小帮手、老年人智能手环等组成的智慧化便民服务体系，形成了以网格化管理、智能车辆出入系统、社区应急天气预警等项目为依托的社区安全管理体系。

（朱　琳）

【开展楼门文化创建活动】 通过设立环保、绿色、廉政、文化、教育、养生、服务等主题楼门，广泛动员居民参与社区建设，改善楼门环境面貌。年内，共创建四星级文化楼门307个，五星级文化楼门73个。

（李岳旸）

【提升社工专业化、职业化水平】 推荐5名社区工作者参加高校进修班，重点培养社会管理人才，鼓励社区工作者参加职业水平考试。截至年底，共有117人取得（助理）社会工作师资格。

（赵　霞）

【招、补录社区工作者】 年内，面向社会公开招录满足“年龄在30周岁以下，具有国家承认的大专及以上学历”招考条件的社区工作者37人，补录社区工作者34人。

（赵　霞）

【调整居委会退离老积极分子待遇】 从1月1日起，退离居委会老积极分子的生活补贴由1000元增加至1100元。全区共353人参加待遇调整，增加财政资金42.36万余元。

（赵　霞）

【完成非京籍社区工作者转户工作】 完成6名2011年市招非京籍应届社区工作者转户工作，户口卡存入区人才中心。

（赵　霞）

【购买专业社会工作岗位】 按照“一街一岗”、“一所一督导”的标准，购买5个专业社工岗位，其中，法律服务专业社工岗4个（每条街道1个），康馨社会工作事务所督导岗1个。

（赵　霞）

【争创学习型机关先进单位】 成立创建工作领导小组，建立了学习制度、调查研究制度、培训制度、考核制度、经费保障制度等相关促学规范制度，确立了以会带学、科室研学、调研深学、活动促学、自主选学等新型学习形式，并通过学习促改革、促社区建设、助推队伍建设，促进学习成果的深度转化。

（宋　瑜）

【健全完善机关内部管理制度体系】　结合区委巡视组巡视反馈意见及单位工作实际，对机关内部管理制度进行修订完善，形成了包含工作规范、党务公开、资产管理、后勤保障4篇28项管理制度在内的《门头沟区委社会工委、区社会办工作制度（修订版）》，内部管理制度体系初步形成。

（宋　瑜）

【推进“社区环境创建年”活动】　印发《关于开展“社区环境创建年”活动的实施意见》和《关于开展“绿色社区”创建活动的实施方案》《社区“一居一品”创建活动实施方案》等“1+2”文件，着力打造5大工程。一是社区环境美化工程，大力实施社区环境综合整治，推动社区绿化、亮化、美化。二是特色文化引领工程，大力培育社区文化队伍，组织开展丰富多彩的社区群众性文体活动。三是社区品牌展示工程，通过多种形式，全方位宣传展示社区特色、工作亮点和品牌活动。四是社工队伍素质提升工程，加强教育培训，开展名师带徒、实地考查等活动，提高专业化水平。五是特色社会组织培育工程，发挥社会建设专项资金的激励作用，加大政府购买社会组织服务力度，积极培育公益性社会组织。

（宋　瑜）

房山区

【概况】　年内，全区社会建设工作紧密结合“一区一城”功能定位，以社会领域党建为核心，以网格化体系建设为着力点，以社区规范化建设为重点，以社区工作者队伍建设为保障，以社会组织建设为基础，以信息化建设为抓手，扎实推进、成效明显。一是以学习十八大精神为主线，实现社会领域党建新突破。建立全区首家“两新”组织党群活动服务中心，积极开展“大串门”走访活动，领导班子及成员开展体验式调研5次，征求意见建议46条，建立全区首家搬迁社区党支部。二是以无缝对接、顺畅运行为目标，实现网格化社会服务管理体系建设新突破。推动50家区直单位及全部28个街道（乡镇）成立网格化领导小组，在西潞街道等4个试点共划分网格732个，配备网格员2757人。三是以硬件建设为基础，实现社区建设新突破。全区116个老旧社区办公和服务用房面积达到350平方米以上，推进社区服务体系建设，实现社区基本公共服务全覆盖。四是以规范管理培训为根基，实现社工队伍建设新突破。组织985名社工参加培训，成立北京市第一家社工艺术团，创作歌曲《我们是光荣的社区工作者》。五是以扶持服务为宗旨，实现社会组织服务管理新突破。指导拱辰、西潞等4个街道，成立街乡层面社会组织联合会，指导成立睿诚社工事务所等专业社会工作机构。完成2012年政府购买社会组织服务项目考评工作，完成2013年项目申报工作。六是以特色品牌为抓手，实现社会建设信息化和“社会家园”电视栏目工作新突破。在全区90个社区开辟在线服务专栏，建成“三个一”交流平台（一网站、一微博、一QQ群），办好《社会家园》电视栏目。

（张云锋）

【网格化服务管理试点街道工作部署会召开】　1月14日，区委社会工委、区社会办与区综治办联合组织召开房山区网格化试点街道工作部署会。会议明确了城关街道、拱辰街道、西潞街道、长阳镇、青龙湖镇5家试点单位，并就下一步工作进行安排部署：一是结合自身实际按照便于服务、便于管理的原则划分网格；二是针对网格内的基础信息进行数据录入；三是充分重视、周密部署，确保房山区网格化服务管理体系试点建设工作。

（杨伟涛）

【走访慰问社会领域优秀共产党员代表】 1月28日，区委社会工委、区社会办走访慰问房山区韩建集团、商贸公司、龙建集团社会领域劳模及优秀共产党员代表。

（刘　佳）

【“学雷锋日”大型便民志愿服务活动开展】 3月2日，学雷锋大型便民活动在燕山文化广场举行。该活动由团区委、区委社会工委、燕山石化公司团委、燕山团工委联合举办。现场500余名青年志愿者开动脑筋、发挥专长，开展了涉及政策宣传咨询、科技普及、节能环保、便民服务等50余项服务项目。其中，义诊、磨刀、理发、饮用水监测、配钥匙、焊盆、画像、义卖和法律政策咨询等服务深受群众的欢迎和喜爱。志愿者们还发放了各种便民宣传品2000余份，为2000余名居民提供了咨询和服务。

（刘彦华）

【全区网格化社会服务管理体系建设研讨会召开】 3月2日，房山区网格化社会服务管理体系建设研讨会召开。会议对房山区网格化社会服务管理体系建设有关情况及汇报稿进行研讨，并决定召开七届区政府第24次常务会和七届区委常委会第50次会议，专题研讨房山区网格化社会服务管理体系建设工作。

（刘红丽）

【全区网格化社会服务管理体系建设工作进行专题研讨】 3月6日、11日，房山区分别召开七届区政府第24次常务会和七届区委常委会第50次会议，专题研讨了全区网格化社会服务管理体系建设工作。会议听取了全区网格化社会服务管理体系建设项目有关情况的汇报，并要求按照北京市总体要求，集成各方面信息资源优势，把网格化服务管理体系建设作为区委、区政府一项长期重要工作落实。

（刘红丽）

【选派社区和非公有制企业党建工作指导员会议召开】 3月15日，区委组织部、区委社会工委、区社会办、区委老干部局联合组织召开选派社区和非公有制企业党建工作指导员会议。会议指出，将从全区离退休处级以上干部中选派50名同志到社区担任工作指导员，从全区离退休党员干部中选派35名同志到非公有制企业担任党建工作指导员。

（刘　佳）

【加快网格化社会服务管理体系建设推进大会召开】 4月2日，房山区召开加快网格化社会服务管理体系建设推进大会。区委书记刘伟出席会议并讲话。会议要求各部门要明确理念目标，把握信息化平台特点，统筹推进，扎实做好网格化社会服务管理体系建设工作；加强组织领导，克服社会建设滞后经济建设等问题，确保网格化社会服务管理体系建设取得实效。

（朱丽芳）

【国际社工日主题宣传活动暨大学生社工艺术团成立仪式举行】 4月16日，房山区举行2013年“国际社工日”主题宣传活动暨大学生社工艺术团成立仪式。市委社会工委委员、市社会办副主任刘占山，区委副书记、政法委书记曾赞荣出席活动并为大学生社工艺术团揭牌。仪式结束后，大学生社工艺术团表演了大合唱《我们是光荣的社区工作者》及舞蹈《舞动青春》等精彩节目。全区各街道、乡镇社会工委主管领导、社区负责人及社工代表共计500余人参加活动。

（朱丽芳）

【“情系雅安灾区”爱心捐款活动开展】 4月26日，区委社会工委、区社会办组织机关全体干部开展“情系雅安灾区”爱心捐款活动，用实际行动支持抗震救灾，帮助灾区同胞渡过难关，共募集捐款5650元。

（刘　佳）

【市政府购买社会组织服务项目绩效考评组到房山区检查指导】 5月7日，市绩效考评工作组一行7人就2012年政府购买社会组织服务项目到房山区检查指导工作。考评组听取了房山区2012年度政府购买社会组织服务项目完成情况汇报，查阅了项目资料，实地考评了食用菌产业就业创业帮扶、幼儿早教等服务项目。2012年，房山区11个政府购买社会组织服务项目涉及家政服务提升，幼儿早教，社区服务、就业帮扶等方面，举办活动734场次，发放宣传海报、手册等宣传资料32610份，累计提供社会服务2551小时，服务8万余人次。

（隗和强）

【试点街道（乡镇）网格化体系建设基础数据录入工作人员培训会召开】 5月7日，区委社会工委、区社会办组织试点街道（乡镇）有关工作人员在城关街道东三层会议室召开房山区试点街道（乡镇）网格化体系建设基础数据录入工作人员培训会。

（张家榕）

【北京市“万名社区工作者培训”房山区第一期培训班举办】 5月29日，北京市“万名社区工作者培训”房山区第一期培训班正式开班。来自西潞、拱辰等街道的460名社区工作者参加了为期3天的培训。

（朱丽芳）

【市社会建设专项资金绩效检查组到房山区检查指导】 6月5日，市社会建设专项资金绩效检查专家组到房山区检查工作。检查组先后到拱辰街道、西潞街道检查社区规范化及“一刻钟社区服务圈”建设情况，到房山区交通局检查网格化建设情况，参观了房山区非公有制企业党群活动中心的建设情况。检查组对房山区社会建设专项资金使用情况给予充分肯定。

（朱丽芳）

【石化新材料科技产业基地商务楼宇党支部成立】 6月26日，房山区石化新材料科技产业基地商务楼宇党支部成立仪式举行，确定鞠书香为党支部书记，包括党员7名。与会领导向新成立的党支部赠送了图书，还开展了“中国梦·我的梦——助力和谐迎风建设签名活动”以及美丽迎风建设宣誓、齐唱红歌一系列纪念活动。同时，明确了党支部下一步工作重点。一是组织支部党员学习党的基本知识和业务知识。采取集中学习、印发材料、楼宇网站等形式，多途径、多方式开展党课。二是根据楼宇企业特点，创新开展多项文体活动。开展趣味运动会、户外拓展训练，增强党组织的吸引力和凝聚力。三是依托楼宇企业，开展党的组织工作。指导楼宇企业做好党员发展工作，扩大党组织覆盖面和党的工作覆盖面，不断提升党组织的影响力。

（陈娅芬）

【全区社会领域庆祝建党92周年暨党建工作座谈会召开】 7月3日，区委社会工委、区社会办在区“两新”组织党群活动服务中心召开社会领域庆祝建党92周年暨党建工作座谈会。会议总结了以筹建房山区“两新”组织党群活动服务中心为重点的上半年社会领域党建工作，同时部署了下半年重点工作：一是以庆祝建党92周年为契机，认真开展好党组织系列活动；二是深入贯彻落实十八大精神，开展党的群众路线教育实践活动；三是认真抓好党员的培养和发展工作。与会人员以党群活动中心如何运行、如何开展活动为重点，畅所欲言、各抒己见，对党群活动中心如何更有效地运行提出意见和建议。与会人员表示，将结合自身工作实际，做到以党建促经济、以群团促党建，不断开创社会领域党建工作新局面，推动企业经济发展再上新台阶，为房山区“三化两区”、“一区一城”建设再建新功。

（陈娅芬）

【新招录社区工作者座谈会举办】 7月4日，区委社会工委、区社会办组织2013年新招录的社区工作者进行座谈。16名新社工代表以《社区工作之我见》为题进行了演讲。

（朱丽芳）

【“体育文化进社区”艺术团专场演出举办】 7月12日，区委社会工委、区社会办、首都体育学院和区成教中心联合举办“体育文化进社区”——首都体育学院大学生艺术团专场演出。此次演出活动是房山区创建学习型街道社区的系列活动之一，也是首都体育学院学生开展“送文化进基层”——三下乡社会实践的第一站。

（孙佳玉）

【“我的梦·中国梦”百姓宣讲团走进区委社会工委】 7月16日，房山区“我的梦·中国梦”百姓宣讲巡回宣讲团第九分团报告会在区委社会工委（区社会办）党群活动服务中心举行。参加宣讲的人员共7人，观众200余人。宣讲团团员来自社会领域不同工作岗位，有在社区一线工作的，也有在街道社区、商务楼宇服务站工作的党建专职工作者。报告会上，宣讲团成员通过朴实的语言，感人的故事向大家阐述了中国梦的丰富内涵、实践路径和实践要求，以中国梦来凝聚我们的智慧和力量。参会人员纷纷表示将结合自己的工作实际，鼓足干劲，振奋精神，为实现自己的中国梦，为“一区一城”新房山建设贡献自己的智慧和力量。

（陈娅芬）

【“我的梦·中国梦”大讨论活动动员部署会召开】 7月18日，区委社会工委、区社会办召开“我的梦·中国梦”大讨论活动动员部署会。会议传达了区委开展“我的梦·中国梦”大讨论活动动员部署会精神，对机关和社会领域大讨论活动工作进行安排部署。

（陈娅芬）

【新招录社工分配会举行】 7月25日，区委社会工委、区社会办举行2013年面向社会公开招考社区工作者分配会，将招录的50名社区工作者分配到燕山地区、7个街道（乡镇）及社会领域部分单位。各相关单位主管领导和新招录社区工作者60人参加会议。

（赵　雪）

【大学生社工党支部提升党总支会议召开】 8月1日，区委社会工委、区社会办召开大学生社工党支部提升党总支会议。大学生社工党员共105人参加会议。目前全区大学生社工党员已达133名，下设的6个党支部覆盖全区28个乡镇街道。

（陈娅芬）

【“我的梦·中国梦”大讨论活动学习报告会召开】 8月30日，区委社会工委、区社会办西路大街党群活动中心召开“我的梦·中国梦”大讨论活动学习报告会。会议传达了《刘伟同志在房山区“我的梦·中国梦”大讨论活动专题辅导报告会上的讲话》精神。

（朱丽芳）

【区社工艺术团摄影培训举办】 为丰富社工生活、增进社工交流、培育社工文化。自7月起至10月底，区社工艺术团连续组织4期面向社工的摄影培训，由区摄影家协会副主席孙绍棠老师授课。

（白安琪）

【“迎接祖国六十四华诞汇聚正能量·抒写中国梦”周末大舞台活动举办】 9月27日，区社工艺术团联合首都体育学院大学生艺术团共同举办“迎接祖国六十四华诞汇聚正能量·抒写中国梦暨房山区社工艺术团周末大舞台”文艺专场演出。

（张晓雯）

【第二期社区工作者培训班举办】 10月16日至18日，在区委党校举办了为期两天半的2013年第二期社区工作者培训。来自西潞街道、拱辰街道、城关街道、燕山地区、长阳镇和社工委机关的新老社区工作者共525人参加。

（朱丽芳）

【区社会领域党建工作会召开】 11月11日，区委社会工委、区社会办与区委组织部联合召开2013年房山区社会领域党建工作会。全区25个乡镇（街道）副书记（组织部长）参加会议。

（陈娅芬）

【社会领域党组织入党积极分子（党员发展对象）、党务工作者培训班举办】 11月14日至15日，区委社会工委、区社会办举办2013年度社会领域党组织入党积极分子发展对象、党务工作者培训班。267名学员参加培训，其中入党积极分子96名，党员发展对象126名，党务工作者45名。

（孟宪洋）

【社工骨干心理服务专业能力培训班举办】 11月20日，全区社工骨干心理服务专业能力培训班正式开班。来自区委社会工委、城关街道等共40名骨干社工参加培训。培训为期12周，以专题讲座与研讨交流相结合的学习方式进行集中授课，授课教师均是由成功之道教育集团提供的资深专家学者、资深社会工作人士。培训班的举办，为提高社工专业素质、提升社区的心理健康服务水平起到了积极的促进作用。

（王 蕊）

【“寻找最美社工”表彰大会召开】 11月30日，由中国社会工作协会、北京市委社会工委、房山区人民政府共同主办，《公益时报》社、房山区委社会工委共同协办的第二届“践行北京精神 寻找最美社工”表彰大会在房山区委党校召开。经过申报、初审、公示、网络投票、专家评选等五个阶段，区委社会工委、区社会办获优秀组织称号，拱辰街道宜春里社区大学生社工朱佳琦获得首都“最美社工”称号，燕山地区迎风街道宏塔社区社工高彦获得首都优秀社工称号。

（朱丽芳）

【“让志愿走进生活·汇快乐在你身边”活动开展】 12月5日，区委社会工委、区社会办与团区委联合组织开展了以“让志愿走进生活·汇快乐在你身边”为主题的志愿服务月活动。参与此次活动的志愿者共18名、社区居民共280人；征集环保作品21件，发放宣传品280份，招募志愿者52人。

（刘新菊）

【社会建设工作推进会召开】 12月10日，区委社会工委、区社会办召开2013年房山区社会建设工作推进会。会议回顾总结了2013年社会建设工作，并对2014年工作进行部署。全区各街道（乡镇）社工委书记、主管领导、社会办主任60余人参加会议。

（朱丽芳）

【社工艺术团送文化进基层】 12月12日，社工艺术团组织8名社工走进周口店山口村博识打工子弟小学，开展充满爱心与乐趣的公益课程，包括绘画课、音乐课、拓展训练课及思维训练课等，使孩子们感受到团队协作的力量和学习的快乐。

（白安琪）

【社会动员工作实现新突破】 一是建立社会领域动员机制。构建区—街道乡镇—社区村庄社会动员组织体系，形成广覆盖、广联系的社会领域动员网络系统。二是推进社会动员体制机制试点建设工作。确定了1个试点街道、2个试点社区的第一批社会动员试点单位。三是开发经常性志愿服务项目。面向社工发放志愿服务调查问卷460份，收回445份。最终确定了治安及纠纷调解、托老养老、社区文体活动3个重点志愿服务方向。

（朱丽芳）

通州区

【概况】　年内，全区社会建设紧紧围绕北京城市副中心建设大局，着力在抓统筹、抓重点、抓协调、抓落实和精细化上下功夫，各项工作取得明显成效。一是社会服务管理工作体制机制创新取得初步成效。成立社会建设研究指导中心；启动实施社会服务管理创新项目，共有6大类60个项目，截至年底，35个项目基本完成；完成加强街道工作的专项调研。二是网格化社会服务管理取得进展。确定“一张网、两条线、三级平台、四级服务管理”的网格化工作思路，形成具有通州特色的城乡全覆盖一体化建设模式，目前综合指挥平台建设稳步推进并试运行。三是社区服务管理工作成效显著。完成60个社区用房规范化建设，投资超过1亿元；建立27个社区小菜园，打造40个“一刻钟社区服务圈”；开展楼门文化“个十百千万”工程。四是社会组织培育扶持力度逐年增大。分三批认定13家区级“枢纽型”社会组织，全区“枢纽型”社会组织服务和管理社会团体106个，分会100余个，直管组织近2000个，覆盖分管注册登记社会组织达90%以上。五是社工队伍建设工作推进有力。经过强化社区两委换届及面向社会公开招聘等措施，全区社工队伍的年龄结构、知识结构、专业水平得到进一步优化和提高。全区共有社区工作者1159人，平均年龄34.5岁，大专以上学历人员占92.4%。专业社工持证率达到24%。六是社会领域党建全覆盖扎实推进。狠抓社区党建“三级联创”，进一步健全“联创联述联考”党建责任工作体系；调整组织设置形式，进一步扩大党组织和党的工作社会领域覆盖面；加大选派培养力度，进一步强化社会领域党务工作者队伍建设。

（赵英堂）

【非公有制经济组织党建工作汇报会召开】　1月8日，全区非公有制经济组织党建工作汇报会召开，就全区下一步社会领域党建工作进行部署并提出要求。

（赵英堂）

【社区党建“三级联创”工作会议召开】　1月10日，全区社区党建“三级联创”工作会议召开，对社区党建“三级联创”工作进行再动员、再部署。

（赵英堂）

【社会工作人才队伍建设工作接受检查验收】　1月17日，区人才工作领导小组检查组检查验收社会工作人才队伍建设工作，对2012年全区社会工作人才队伍建设取得的成绩给予高度评价。

（赵英堂）

【政府购买社会组织服务项目培训班举办】　1月24日，区委社会工委、区社会办举办政府购买社会组织服务项目培训班。培训班就政府购买社会组织服务项目相关事宜进行了详细讲解。13家区级“枢纽型”社会组织、有关街道乡镇约180人参加培训。

（赵英堂）

【网格化社会服务管理平台用房协调会召开】　1月25日，区召开网格化社会服务管理平台用房协调会，明确了区级网格指挥平台办公用房面积及管理权限。

（赵英堂）

【市基层党建“三级联创”考核组检查指导工作】　1月27日至29日，市基层党建“三级联创”考核组到通州区检查指导工作。听取了全区基层党建工作的汇报，并到玉桥街道、梨花园社区、南里南社区、东里社区、格瑞雅居社区实地检查。

（赵英堂）

【社区建设重点项目申报工作部署会召开】 2月1日，区委社会工委、区社会办召开通州区2013年社区建设重点项目申报工作部署会。区民政局、各街道办事处、有关乡镇共计30余人参加。

（赵英堂）

【社会组织工作座谈会召开】 2月1日，区委社会工委、区社会办召开通州区2013年社会组织工作座谈会。

（赵英堂）

【社区工作者表彰暨迎新春联欢会召开】 2月5日，通州区召开社区工作者表彰暨迎新春联欢会。联欢会对107名优秀社区工作者进行了表彰，广大社区工作者满怀热情表演了自编自导的文艺节目。各街道、乡镇有关领导及全区600名社区工作者代表参加活动。

（赵英堂）

【志愿服务项目征集部署会召开】 2月21日，通州区召开2013年志愿服务项目征集部署会。各街道、乡镇和“枢纽型”社会组织相关负责人参加会议。

（赵英堂）

【参加志愿服务推动日活动】 3月5日，通州区组织人员参加“让志愿服务走进生活”2013年北京市志愿服务推动日活动。八通青年汇、房辛店社区青年汇以及玉桥街道玉桥南里南社区十姐妹志愿团队参加了现场展示活动，暖阳志愿者组织等10个志愿项目参加现场项目洽谈对接活动。

（赵英堂）

【全区社会建设暨社会领域党建工作大会召开】 3月14日，2013年全区社会建设暨社会领域党建工作大会在通州会议中心召开。会议由副区长肖志刚主持，区委常委、统战部部长赵玉影出席会议并讲话，区社会办主任张玉震代表区社会建设领导小组办公室作2013年社会建设工作报告。会议印发了《2013年通州区社会建设工作意见》等8个配套文件。区社会建设工作领导小组各成员单位、各街道、乡镇、区级“枢纽型”社会组织等单位主管领导、社区工作者代表250余人参加会议。

（赵英堂）

【社区用房规范化建设项目接受检查验收】 3月18日，市社会建设工作领导小组办公室对通州区第二批社区用房规范化建设项目进行了实地检查验收。检查组对通州区社区用房项目建设进展情况给予了充分肯定，并根据建设项目的功能设置、购置项目的产权分割，新、改扩建项目的建设手续等问题提出了建议和解决方案。

（赵英堂）

【社区工作者第一期培训班举办】 3月20日至22日，通州区举办“北京市万名社区工作者培训计划”第一期培训班。全区261名社区书记、主任、副书记、副主任参加了培训。

（赵英堂）

【网格化社会服务管理系统平台建设立项调度会召开】 4月2日，区社会办组织召开网格化社会服务管理系统平台建设立项调度会。监察、审计、综治、发改、财政、环保等部门及试点街镇有关领导参加会议。

（赵英堂）

【“枢纽型”社会组织座谈会召开】 4月11日，区委社会工委、区社会办召开“枢纽型”社会组织座谈会。13家区级“枢纽型”社会组织负责人、4家街道主管领导和社区中心主任参会。

（赵英堂）

【《通州区城乡全覆盖网格化社会服务管理平台总体规划设计方案》汇报会召开】 4月12日，区委社会工委、区社会办召开《通州区城乡全覆盖网格化社会服务管理平台总体规划设计方案》汇报会。会议对《方案》做了详细解读，区委常委、统战部部长赵玉影出席会议并提出修改建议。

（赵英堂）

【网格化社会服务管理工作专题会议召开】 4月18日，通州区召开网格化社会服务管理工作专题会议。会议听取并通过了《通州区城乡全覆盖网格化社会服务管理平台总体规划设计方案》。相关部门及试点街镇主要领导参加会议，

（赵英堂）

【全区超过九成社区工作者具有大专及以上学历】 4月19日，全区2013年社区工作者基本情况数据库更新工作完成。据统计，全区共有1159名社区工作者，其中研究生学历11人，本科学历605人，大专学历455人，大专以上学历占92.4%；社工师56人，助理社工师225人，持证社工占全体社工24%。

（赵英堂）

【购买社会组织公共服务项目接受考评】 5月7日，市专家组对通州区2012年政府购买社会组织公共服务项目进行考评。专家组详细审阅了区7个项目资料，并实地检查了玉桥北里社区助老扶残服务队开展的“社区助一老一小帮扶计划书”项目活动情况。

（赵英堂）

【党建专题纪录片拍摄工作完成】 5月13日至17日，通州区启动并完成《党企联动、聚力联东》非公有制企业党建专题纪录片拍摄工作。

（赵英堂）

【社会工作者职业水平考试考前培训班举办】 5月19日至25日，通州区举办为期7天的社会工作者职业水平考试考前培训班。全区223名社区工作者参加培训，其中初级班181人，中级班42人。

（赵英堂）

【非公有制经济组织和社会组织党组织负责人示范培训班开班】 5月27日至29日，通州区非公有制经济组织和社会组织党组织负责人示范培训班开班。90余人参加培训。

（赵英堂）

【优秀社工到“枢纽型”社会组织实岗锻炼对接会召开】 5月31日，区委社会工委、区社会办召开选拔优秀社工到“枢纽型”社会组织实岗锻炼对接会。12家区级“枢纽型”社会组织主管领导和4个街道办事处组织部负责人及16名优秀社工参加对接。

（赵英堂）

【创建“试点示范小区”活动部署会召开】 6月5日，区委社会工委、区社会办组织召开通州区开展创建全国文明城区打造“试点示范小区”活动部署会。区文明办、各街道、有关乡镇领导参加会议。

（赵英堂）

【第二批社区用房规范化建设项目推进会召开】 6月6日，区委社会工委、区社会办组织召开通州区第二批社区用房规范化建设项目推进会。区委社会工委、区社会办，区财政局，相关街道（乡镇）的主管领导参加会议。

（赵英堂）

【第三批社区用房规范化建设项目实施方案完成】 6月8日，通州区通过前期调查摸底

和数据核实，聘用专业制作公司，编制完成第三批社区用房规范化建设项目实施方案，并通过区发改委提交市发改委进行立项。

（赵英堂）

【“一刻钟社区服务圈”检查验收】 6月13日至14日，区委社会工委、区社会办对17个“一刻钟社区服务圈”进行了检查验收。

（赵英堂）

【社区心理服务标准化试点申报工作完成】 6月17日，通州区完成社区心理服务标准化试点申报工作。玉桥街道玉桥东里南社区、北苑街道新华西街社区、梨园镇格瑞雅居社区申报社区心理服务标准化试点。

（赵英堂）

【政府购买社会组织服务项目落实会召开】 6月19日，区委社会工委、区社会办召开2013年度政府购买社会组织服务项目落实会。会议对项目落实工作进行了具体部署。获得北京市社会建设工作领导小组办公室审议批复的12个项目负责人和相关“枢纽型”社会组织领导参加会议。

（赵英堂）

【上半年网格化社会服务管理工作总结会召开】 7月3日，通州区召开2013年上半年网格化社会服务管理工作总结会。15个街道、乡镇网格主管领导及责任科室负责人共计30余人参加会议。

（赵英堂）

【区社会建设研究指导中心成立】 7月5日，区社会建设研究指导中心成立仪式暨“首都城市副中心与社会建设”论坛在北京工业大学实验学院举办。该中心按照“1+4+6”（1个中心、4个基地、6个课题组）模式设置，重点开展“通州区社会建设评价指标体系”等六大课题研究，同时负责全区社会建设理论、社区建设工作、社会组织改革与发展、社会工作人才队伍和社会领域党建的研究及全区社会建设人才队伍的培训工作。该中心旨在借助智力资源，引入先进理念，做好社会建设顶层设计，加强全区社会服务管理创新的理论研究和实践指导，实现支撑社会建设发展、社会建设理论研究成果转化和培养社会建设专业人才的有机结合。

（赵英堂）

【市委组织部调研基层党建工作】 7月19日，市委组织部相关领导赴联东集团等地调研基层党建工作。

（赵英堂）

【网格化社会服务管理平台项目开标会召开】 7月22日，网格化社会服务管理平台初步设计方案及概算编制项目开标会召开，共有3家单位竞标。经过评审，最终北京市工程咨询公司成为本次投标的中标单位。

（赵英堂）

【金秋社区节开幕】 8月19日，通州区2013年金秋社区节开幕式暨社区广场舞展演活动在玉桥街道万春园广场顺利举行。区有关部门主要领导、各街道乡镇相关领导以及社区居民群众共计500余人参加活动。

（赵英堂）

【网格化社会服务管理平台建设项目及监理招投标工作顺利完成】 8月27日，通州区城乡全覆盖网格化社会服务管理平台建设项目及监理招投标工作顺利完成，确定国研信息科技有限公司为平台建设项目预中标单位，北京北咨信息工程咨询有限公司为监理预中标单位。

（赵英堂）

【社会建设工作领导小组专题会召开】 9月3日，区社会建设工作领导小组专题会在通州会议中心召开。会议研究讨论了加强街道工作相关事宜。区委社会工委、区社会办，区编办，区财政局，区民政局，区人力社保局主要领导及各街道主要领导参加会议。

（赵英堂）

【网格化社会服务管理工作推进会召开】　9月12日，通州区在宋庄镇公共服务平台召开网格化社会服务管理工作推进会。各街道乡镇、相关部门主管领导与科室负责人以及平台项目建设公司负责人参加会议。

（赵英堂）

【邀请有关人员就网格化工作进行座谈】　9月12日，区委社会工委、区社会办邀请博士联谊会会员就全区网格化管理创新工作进行座谈。

（赵英堂）

【行政职权和便民服务事项梳理工作部署会召开】　9月18日，区委社会工委监察科组织召开行政职权和便民服务事项梳理工作部署会。会议就行政职权和便民服务事项梳理工作进行详细讲解并提出具体要求。各科室负责人参加会议。

（赵英堂）

【社会建设研究课题和创新项目座谈会召开】　9月24日，通州区社会建设研究课题和创新项目座谈会在北工大实验学院召开。区社会办、4个街道、区社会建设研究指导中心和研究基地的负责人参加会议。

（赵英堂）

【课题研究小组与网格化工作对接】　9月26日，北京工业大学通州分校一行5人到社会办就“一中心四基地”的研究课题与网格化服务管理创新工作进行对接。

（赵英堂）

【社会组织工作会议召开】　9月29日，区委社会工委、区社会办召开通州区社会组织工作会议。会议部署了通州区社会组织联合会有关工作。13家“枢纽型”社会组织和7家社会团体参加会议。

（赵英堂）

【选取公益项目参加区财政购买社会服务工作】　9月，经与市委社会工委、市社会办沟通，对前期未购买的社会组织申报项目进行评分查询，最终选取排名靠前的25个公益项目参加区财政购买社会服务工作。

（赵英堂）

【金秋社区节闭幕】　10月11日，2013金秋社区节在现代音乐学院举行闭幕式，标志历时2个月的社区节圆满落幕。来自区委社会工委、区文明办、区文化委、区民政局等多家单位和街道、乡镇相关人员以及红十字会、民间艺术协会等7支优秀社会公益组织共计500余人参加闭幕式。

（赵英堂）

【社区工作者第二期培训班举办】　10月21日至23日，通州区举办“北京市万名社区工作者培训计划”第二期培训班。全区共有242名一线社区工作者参加培训。

（赵英堂）

【对楼门文化建设情况检查验收】　10月29日至31日，区委社会工委、区社会办会同有关部门对今年全区开展的楼门文化建设情况进行检查验收。

（赵英堂）

【网格化平台建设工作协调会召开】　11月7日，通州区召开网格化平台建设工作协调会。市政市容委、安监局、统计局、民政局相关单位主管领导参加会议。

（赵英堂）

【党风廉政建设和反腐败工作汇报会召开】　11月12日，区委社会工委组织召开党风廉政建设和反腐败工作牵头任务汇报会。各街道与有关乡镇领导进行工作汇报。

（赵英堂）

【创建全国文明城区社区建设领导小组成员单位工作汇报会召开】 11月13日，通州区创建全国文明城区社区建设领导小组成员单位工作汇报会召开。区委组织部，区社会办、文明办、民政局、住建委，团区委等成员单位及4个街道、梨园、永顺、潞城镇相关单位负责人参加会议并进行工作汇报。

（赵英堂）

【网格化服务管理平台建设工作培训会召开】 11月15日，通州区召开网格化服务管理平台建设工作培训会。各街道乡镇主管领导及相关科室负责人参加。

（赵英堂）

【网格化平台建设协议签署】 11月18日，区委社会工委，区社会办与国研信息科技有限公司就区、镇（乡）两级网格化平台建设签署协议。

（赵英堂）

【检查验收“试点示范小区”】 11月27日，区委社会工委、区社会办联合区创城办对各单位“试点示范小区”进行检查验收。

（赵英堂）

【“寻找最美社工”活动揭晓】 11月30日，区委社会工委、区社会办获得北京市第二届寻找最美社工活动“优秀组织奖”，玉桥街道玉桥南里南社区居委会主任杨晶和北苑街道新华西街社区主任吕向东获得“首都优秀社工”称号。

（赵英堂）

【区级政府购买社会组织公益服务工作启动】 12月15日，区级政府购买社会组织公益服务工作正式启动。按照相关程序和实际需求，最终确定对16个公益项目进行区级政府购买资金支持。

（赵英堂）

【网格化工作进展情况汇报会召开】 12月25日，通州区召开网格化社会服务管理平台项目进展情况汇报会。区委常委、统战部部长赵玉影出席会议并提出具体工作完成时间节点。区网格办、承建单位、监理单位三方具体负责人参加会议。

（赵英堂）

【政府购买社会组织服务工作会召开】 12月27日，2013年政府购买社会组织服务工作会在通州区会议中心召开。会议主要针对政府购买服务的中标单位提出工作要求。区民政局、区社会办相关领导和工作人员参加会议。

（赵英堂）

顺义区

【概况】 年内，全区深刻把握社会建设工作阶段性特征，在深化服务和创新管理中加强社会建设，努力开创社会建设新局面。一是推进社会服务管理精细化。开发完成顺义区社会服务管理创新指标信息系统并上线运行，从职能部门、镇、街道、社区、村等5个层面选取试点单位进行试点，以实现指标征集、确认、发布、实施、监督、考核等各项工作的信息化。二是提升社会组织服务社会功能。认定6个街道的社区社会组织联合会为“枢纽型”社会组织，大力培育社区社会组织，数量由2012年的684家增长为1182家。扎实开展政府购买服务工作，争取市、区资金1274万元，扶持社会组织参与社会服务管理。社会组织公益行活动有序推进，80多项活动贯穿全年。三是夯实社区规范化建设基础。启动“万名社区工作者培训”和社工师考前辅导，全区累计获得社工师资格410人，职业化、专业化水平不断提升。为35个老旧小区解决居委会办公和活动用房9241平方米，统一街道所辖61个社区的服务标识，制作“一刻钟社区服务圈”图表手册，社区居民生活更加便捷。四是开展社会领域信息化建设。以政府办文件形式印发《顺义区推进智慧社区建设实施方案》，首批37个试点社区经过检查验收成为三星级智慧社区。搭建区“枢纽型”社会组织邮件系统、建立顺义区商务楼宇博客，社会领域信息化建设成效明显。五是深化社会领域党的建设。组织召开全区非公有制企业党建工作专项部署会，在镇、街道、功能区成立党群活动中心，推动非公有制企业党建整体工作。制定《顺义区党建指导员选聘办法和管理办法》，组建了一支由295名党员干部组成的党建指导员队伍。

（尹相南）

【社会组织服务项目申报工作部署暨专题培训会召开】 1月29日，顺义区召开社会组织服务项目申报工作部署暨专题培训会。会议部署了2013年北京市政府购买社会组织服务项目的申报工作，围绕市区重点工作、特殊群体、社会热点问题及技能培训等四个方面，结合典型案例和顺义实际，从项目选题、框架设计、项目论证、注意事项等四方面进行专题培训。区级“枢纽型”社会组织及百余家社会组织负责人参加了会议。

（周二兰）

【“十八大”系列学习活动开展】 1月至2月，区委社会工委开展了“十八大”系列学习活动。一是认真组织学习文件精神，组织机关工作人员认真学习《十八大报告》《十八大报告辅导读本》，通过自学、集体讨论、文件解读等方式，加强理解与认识。二是与马克思主义经典著作相结合，加强对马克思主义经典著作的学习与导读，引发深入分析与思考。三是邀请十八大代表——燕京啤酒集团公司员工王莉娜为机关工作人员作报告解读，从不同的视角加强对党的十八大精神的理解与感悟。四是推进工作创新，各科室先后提出社会服务管理创新指标14条，为顺利推进2013年社会建设各项重点任务奠定了坚实基础。

（樊廷卉）

【万名社区志愿者开展六项学雷锋主题实践活动】 3月7日，在纪念向雷锋同志学习50周年之际，顺义区1.9万名社区志愿者广泛开展“扬雷锋精神 展义工风采 建和谐顺义”六大主题服务活动。活动包括“绿色行动”扫出美丽擦亮家园、“霞光行动”关爱银龄老人、“春雨行动”社区便民服务、“蓝盾行动”防灾减灾进社区、“春蕾行动”青少年社区实践等六大项目，旨在发挥社区义工在增强居民互助意识、打造文明宜居社区、促进社区和谐共融中的作用，使其为传播志愿理念、构建和谐顺义做出积极贡献。

（尹相南）

【社区消费维权联盟成立】 3月18日，顺义区社区消费维权联盟成立。该联盟由工商分局和社会工委共同发起，下设协调委员会，成员为工商分局、社会工委和顺义城区4个街道办事处，协调委员会办公室设在工商分局。联盟各成员单位将以“聚集社会力量、畅通投诉渠道、服务社区百姓、促进消费和谐”为共同宗旨，积极引导百姓科学消费、理性维权，全面提高消费维权意识和知识水平，督促企业提升商品品质和服务质量，主动承担维护消费者合法权益的社会责任，不断推进消费维权工作的社会化进程，努力营造健康和谐的消费环境。

（尹相南）

【7个老旧小区综合整治工作开展】 4月2日，顺义区7个老旧小区综合整治工作开展。整治小区包括东兴一、二、三区，幸福东区，义宾南、北区，胜利小区等7个社区。整治内容包括住宅楼外墙保温、热计量改造及小区环境整治，涉及156栋住宅楼8733户，建筑面积63万平方米；外窗改造涉及胜

利小区24栋住宅楼1564户，改造面积1.71万平方米。

（尹相南）

【非公有制企业党建专项工作部署会召开】 4月12日，区委组织部、区委社会工委、区老干部局联合召开非公有制企业党建专项工作部署会。会议传达了中央、市委、区委对非公有制企业党建工作的一系列要求，分析了全区非公有制企业党建工作面临的新形势、新任务，总结了非公有制企业党建工作的总体情况，并指出当前存在的问题：一是党的组织和党的工作覆盖率不高；二是党建工作指导不到位；三是发展党员工作滞后；四是党组织活动开展少，党组织和党员作用发挥不明显。会议对顺义区非公有制企业党建工作提出了具体要求：一是各镇、街道、经济功能区，工商局、地税局、工商联、总工会等相关部门要严格按照区委要求，共同推进非公有制企业党建工作取得新进展。二是充分发挥社会工作党委的职能作用。要进一步完善全区非公有制企业党建工作体系，充分发挥好“枢纽型”社会组织的桥梁纽带作用。三是建立健全非公有制企业党建工作机制。四是全面推进非公有制企业党建工作。以“两本台账、两个活动、两支队伍、一个中心”为当前工作重点，推动非公有制企业党建整体工作。

（朱广娜）

【“万名社区工作者培训”举办】 5月6日至10日，顺义区举办2013年第一期“万名社区工作者培训”。主要针对社会领域党建、社区建设、社会组织建设、社工队伍发展等方面进行系统的讲解，并针对全区社区工作者的实际情况，开设了顺义区新时期的功能定位、发展阶段性特征和发展思路等课程。通过培训，使广大社区工作者进一步了解当前社会建设和社会服务管理创新工作的重要内容，充分掌握社区理论知识和工作方法，有力提升顺义区社区工作者的理论修养，为指导今后的社区工作奠定坚实基础。

（王 伟）

【北京市政府购买社会组织服务项目绩效考评组检查顺义区项目实施情况】 5月8日，北京市政府购买社会组织服务项目绩效考评组检查顺义区政府购买社会组织服务项目实施情况。听取了顺义区关于项目实施情况的汇报，并到饮食·服务行业协会和大方职业技能培训学校检查了食品安全教育训练推广及“班随人走，上门送技能”等项目。

（李恩雄）

【社会组织公益系列活动正式启动】 5月11日，顺义区举办“北京公益行”——2013顺义区社会组织公益系列活动启动仪式。启动仪式播放了2012年顺义区“爱心互传递 公益大家行”社会组织公益系列活动专题片，为获得2012年“北京社会组织公益行”优秀公益活动及组织奖的单位颁奖，现场展示了2012年顺义区社会组织公益系列活动成果。区委社会工委等相关部门负责同志和相关社会组织近200人参加仪式。

（李恩雄）

【社会工作师考前培训班举办】 5月13日，为期6天的2013年社会工作师考前培训班正式开班。此次培训由区委社会工委主办，聘请来自北京民政干部管理学院多年从事社会工作专业教学的专家教授授课。培训内容为社会工作综合能力、社会工作实务、社会工作政策与法规3门课程。全区113名社会工作师职业水平考试报告者参加培训。

（王 伟）

【社会领域党建数据库信息录入工作培训会召开】 5月14日，区委社会工委组织召开社会领域党建数据库信息录入工作培训会。全区各镇、街以及14个经济功能区和社区党组织工作人员分两批进行培训。通过培训，各单位工作人员掌握了信息录入工作，为下一步的信息录入工作打下良好基础。

（朱广娜）

【律协重大民间纠纷人民调解委员会成立】 5月15日，顺义区成立全市首家律师行业人民调解委员会。该社会组织专门负责全区范围内村居、街乡调解组织无法调解、法律关系复杂的重大民间矛盾纠纷，并首次将专业律师资源与人民调解工作结合，整合全区14家律师事务所的130名律师，轮流值班，免费向社会提供法律咨询、纠纷调解、文书起草、法律援助等服务。

（尹相南）

【非公有制企业党建工作汇报会召开】 5月22日至23日，区委社会工委召开非公有制企业党建工作汇报会。全区各镇、街社会工作党委以及14个经济功能区党委汇报了贯彻落实非公党建专项部署会精神情况。各单位对非公有制企业党建工作的重视程度有了进一步提高，行动都比较积极，结合实际都采取了一些行之有效的措施，工作效果初步显现。

（朱广娜）

【全面规范社区服务站标识系统】 6月，区社会办采取招投标方式投入268万元全面推进统一社区服务标识工作。工程历时2个月，目前已全面完工。为确保工程按期保质完工，主要采取了以下措施：一是严格工作程序。在摸清各社区需求的基础上，严格按照政府采购的程序进行公开招投标，确定北京三希堂广告公司、北京大众视点广告公司为制作单位，并与两家公司签订了采购合同，确保按期保质完工。二是明确工作思路。按照“试点先行、全面推进”的思路，选择旺泉街道西辛北社区，胜利街道义宾南社区、义宾北社区先行试点，在充分总结经验的基础上，对全区社区服务站标识系统进行了全面规范。三是统一规范项目。从门楣楼体、背景墙、职责制度、导引牌、宣传栏、工作牌6方面进行全面规范，有效提升全区社区服务站规范化建设水平。

（王　伟）

【第五届社会组织人才专场招聘会举办】 7月13日，顺义区举办第五届社会组织人才专场招聘会。此次招聘会共有44家社会组织踊跃参加，提供办公室文员、教师、医生、研发、维修等240余个岗位，涉及行政、管理、服务等多个领域，工资待遇基本为2000—4000元。作为吸纳人才、宣传展示社会组织形象的平台，专场招聘会效果显著，连续5年累计提供工作岗位1840余个，为促进就业做出了积极贡献。

（尹相南）

【“枢纽型”社会组织专用政务邮箱开通】 8月1日，为便于“枢纽型”社会组织开展工作，全区统一协调，为“枢纽型”社会组织和街道社区社会组织联合会开通专用政务邮箱，并就政务邮箱的使用进行培训，同时对邮箱的使用提出具体要求。

（李恩雄）

【全区首家村级居家服务中心正式投入使用】 8月2日，全区首家村级居家服务中心正式投入使用。该中心位于张镇驻马庄村，中心占地2000余平方米，以服务老人为主，专门为老人设定集中式照料、入户式照料、老年餐桌3种服务，采取半公益性服务方式，为周边老人提供价格实惠、老有所依、老有所养、老有所乐的场所。

（尹相南）

【全区各镇、街、功能区实现党群活动服务中心全覆盖】 截至8月29日，全区39个镇、街、功能区党群活动服务中心全部成立。党群活动服务中心实行一站式服务和规范化管理，公开服务项目，逐步健全承诺服务、接待登记等工作制度，探索建立区域党建活动轮值制，将年度党建活动分解到各企业党组织轮流承办。

（朱广娜）

【“一刻钟社区服务圈”建设积极推进】 8月，区财政投入66万元制作“一图一册”（“一刻钟社区服务圈”平面示意图和“一刻钟社区服务圈”便民服务手册），方便社区居民生活。2013年，各服务圈共制作平面示意图71套，便民服务手册42000册。通过公示“一图”让“一刻钟社区服务圈”内的居民清楚地看到应该去哪里办事、去哪里享受服务；通过发放“一册”让居民明确地知道“一刻钟服务圈”内都能办什么事、怎么办事，“一图一册”的广泛应用有效地整合了社区服务资源，提高了社区居民的生活便捷度。

（王 伟）

【“一街一社工”工作开展】 9月2日，顺义区6个街道与绿港社工事务所签订“一街一社工”派驻工作三方协议，项目预计在2014年12月底前完成。全区使用市级社会建设专项资金购买专业社会工作岗位已实施三年，累计获得支持资金66万元，专业社工通过智力类残疾人社区康复、青少年寒暑假安全自护培训、社区工作者“手拉手”成长小组等专业方式为社区居民提供服务，共开展各类小组活动、主题讲堂、宣传咨询等300余次，探索出了一条专业社工介入社区服务的工作模式，同时通过专业社工方法及理念的传播，促进社区工作者更好地在社区开展工作，在社区内形成“社工带动义工，义工辅助社工”的新模式。

（李恩雄）

【政府购买社会组织服务项目实施工作部署会召开】 9月4日，区政府购买社会组织服务项目实施工作部署会召开。会议就2013年度使用区社会建设专项资金购买社会组织公共服务进行部署。全区投入配套资金120万，购买12个社会组织服务项目。日前，顺义区社会办已按照区关于资金使用的相关规定，制定下发了项目实施方案，各项目承接单位签订了《承诺书》，并在项目结项时接受第三方专业审计机构的审计，提供《审计报告》。各项目将在2014年5月31日前完成，区社会办将按照相关要求，认真做好项目执行和经费使用的各项督导工作。

（李恩雄）

【社区社会组织负责人培训会召开】 9月12日，全区社区社会组织负责人培训会召开。培训主要围绕四个方面展开：一是我国社会组织政策及改革方向，二是社区社会组织数量和特征，三是社区社会组织成效和作用，四是社区社会组织培育扶持方式。街道的6个社区社会组织联合会负责人和所辖社区社会组织负责人200余人参加培训。

（李恩雄、王伟）

【《推进智慧社区建设实施方案》印发实施】 9月25日，为推动智慧社区建设，不断提升城市社区的服务管理水平，区政府办公室印发实施《顺义区推进智慧社区建设实施方案的通知》，对工作目标、工作原则和职责分工等作了详细规定，为智慧社区建设工作进一步开展提供了指导和参考。

（尹相南）

【社区社会组织专项资金拨付会召开】 9月26日，为规范社区社会组织专项资金的使用，更好地发挥专项资金的作用，顺义区召开社区社会组织专项资金拨付会。会议下发了《顺义区社区社会组织专项支持资金使用暂行规定》，确定了资金的支持标准为每年按照每个社区支持10个社区社会组织，每个社区社会组织支持1万元的标准进行资金拨付，共660万元，并从资金支持方向、资金使用规定两方面进行了具体要求。6个街道社区社会组织联合会主管领导参加会议。

（李恩雄）

【社会服务管理创新指标体系试点工作部署会召开】 10月18日，全区社会服务管理创新指标体系试点工作部署会召开。会上观看了《顺义区社会服务管理创新指标信息系统说明》专题片。区委社会工委书记、区社会办主任张友生做试点工作部署，明确体系试点工作将分三批展开。区委常委、副区长于庆丰出席会议并就做好试点工作提出具体要求。

（刘　玉）

【社区工作者培训班举办】 10月21日，为期一周的社区工作者培训班正式开班。此次培训是区委社会工委按照“万名社区工作者培训计划”组织的第二期培训班。培训对象为全区6个街道的322名一线社区工作者。培训的讲师团队包括多所高校的知名教授、从事社会领域工作多年的处级领导干部以及来自基层的社区居委会负责人等。培训内容主要包括社工基本知识、社会建设的基本政策和社会工作的实践能力。课后讨论环节由区委社会工委工作人员和全体学员一同参与。

（王　伟）

【社会服务管理创新指标体系实施第一批试点培训工作圆满完成】 为稳步推进全区社会服务管理创新指标体系实施第一批试点工作，提高试点工作质量，10月29日至10月31日，区社会建设工作领导小组办公室分三批对社会办、民政局、广电中心、北小营镇、牛栏山镇、北小营镇北小营村、牛栏山镇张庄村、城区6个街道及所属71个居委会的主管领导、具体负责人和工作人员共计252人进行了试点工作培训。培训采取现场讲解、讨论交流与会场指导相结合的方式进行。区委社会工委书记、区社会办主任张友生介绍了社会服务管理创新指标体系的研究背景、现实意义、总体情况；播放了《顺义区社会服务管理创新指标信息系统说明》专题片；国研信息科技公司项目经理丁宁对社会服务管理创新指标信息系统进行了操作演示；区社会办副主任王海涛对指标体系实施试点工作的操作流程、注意事项等进行详细说明，并与参会人员进行了讨论交流。

（刘　玉）

【非公有制企业党建指导员培训班举办】 11月1日，全区非公有制企业党建指导员培训班举办。培训采取政策讲解和经验交流相结合的方式进行。培训传达了中央、市委、区委关于加强非公有制企业党建工作的系列精神，介绍了顺义区非公有制企业党建工作的基本情况、存在的问题和下一阶段工作；现代汽车党委和牛栏山镇党委分别介绍了非公有制企业党建工作经验。来自全区各镇、街道、功能区和离退休党支部90名非公有制企业党建指导员参加培训。

（朱广娜）

【社会领域基层党组织负责人培训班举办】 12月13日，全区社会领域基层党组织负责人培训班举办。培训采取政策讲解的方式进行，详细解读了党的十八届三中全会精神以及顺义区经济社会发展的“三个阶段性特征、四个转型升级”。来自全区各镇、街道、功能区的150名社区、非公有制企业、社会组织党组织书记参加培训。

（朱广娜）

【使用市级资金购买社会组织服务项目引入审计程序】 年内，市级资金政府购买社会组织服务的8个项目首次引入“第三方”审计制度，由专业审计机构全程跟踪项目的实施过程，要求项目承接单位按照《民间非营利组织会计制度》的规定编制财务报表，并在项目结项时接受第三方专业审计机构的审计，提供《审计报告》。区委社会工委、区社会办已制发项目实施方案，与项目承接单位签订《承诺书》，各项目将在2014年5月底前完成。

（李恩雄）

【政府购买服务项目过程监控和资金管理进一步加强】 一是开展专题培训，提高策划能力。邀请专家结合典型案例和顺义实际，从项目选题、框架设计、项目论证、注意事项等方面进行了指导，有效提高了社会组织的策划及论证能力。二是制定管理制度，认真安排部署。区社会办根据不同的资金来源分别制定并下发了《项目实施方案》《工作指引》《资金使用暂行规定》等文件，对项目的资金使用及检查评估等方面提出了具体要求。三是加强跟踪指导，强化督导检查。指派专门工作人员全面负责，对项目实施过程中存在的一些问题进行指导和协调解决。成立工作检查小组，对项目执行和经费使用情况进行实地走访检查。四是引入专业审计，发挥信息平台作用。邀请专业审计机构全程跟踪，借助“第三方”力量加强对项目实施的资金管理。充分利用社会组织信息平台加强与社会组织之间的信息沟通，加强项目实施过程的信息报送和宣传推广。

（李恩雄）

【社区共驻共建工作进一步深化】 一是建立资源与需求对接协调机制。围绕社区热点难点问题和社区居民的实际需求，深入开展调研，推动共驻共建单位最优势的资源与社区最紧缺的需求对接，增强社区共驻共建工作的实效性和影响力。二是健全对共驻共建资金的监管机制。审计部门强化责任意识，定期检查，严格把关；各社区将共驻共建资金使用情况纳入居务公开的范围，并定期在社区公示栏向共建单位和居民通报，确保专款专用、公开透明。三是健全社区共驻共建沟通协调机制。建立街道、社区共驻共建工作协调议事机构例会制度，围绕辖区内的社会性、群众性、公益性工作，每季度至少召开一次成员单位会议，共同研究加强社区党的建设和社区建设工作。

（王　伟）

【空港街道提出管理体制改革试点方案】 一是实现区划管理，明确管辖范围。按照北京市民政局文件精神，空港街道在职责范围内，全权行使相关管理和服务职能，以促进地区全面发展。二是完善工作职能，统筹地区整体发展。在职责中补充了促进经济发展和监督专业管理两项以前没有的职能，进一步健全完善了组织公共服务和指导社区建设两项职能，另增加了辖区内已拆迁村的村级管理职能。三是优化内设机构和人员编制，满足地区发展需要。内设机构在原有基础上，按照综合设置，部分机构采取在相关科室加挂牌子的方式进行设置。人员编制根据相关文件精神进行划转，动态调控。同时，按照“编随事走、人随编转、有增有减、动态平衡”的原则，由周边镇划转编制。四是健全财政体制，保障地区发展。明确街道支出事项，充分保障街道基本需求。街道每年财政收入均由区财政统一拨付，由财政局按实际情况进一步细化。建立街道税收激励奖励机制，实现区、街合力发展。五是明确事权划分，完善工作机制。加强对派驻机构的统筹管理。明确与区直部门的事权划分。推进专业管理部门工作到位。

（尹相南）

【空港街道探索打造国际化融合社区】 一是推行“管家”式管理服务模式。50 户业主设 1 名“管家”，发放便民联系卡，提供入境登记、居住证办理、报修、急救、投诉建议等服务。二是特色活动促融合。结合语言、风俗、宗教、道德等差异，开展中外交流文化节，举办包饺子、舞狮等中华传统民间活动，营造中西互融、和谐共处氛围。三是定期培训强素质。社区居委会联合物业公司，定期组织物业员工、保洁人员开展技能、双语等培训，提高专业化水平。四是社会动员保和谐。成立公益慈善、文体活动、语言翻译等社会组织，促进外籍居民在维护社区稳定、促进社区管理、加强互助服务等方面发挥作用。

（王　伟）

【空港街道创新“五色管理法”】　一是“5种颜色代表5类家庭”。利用粉、蓝、红、黄、白5种颜色，记录空巢、独居、残疾、出租房屋、常态5类家庭的人员结构、困难需求等内容，按需提供服务。二是“5种标志亮出5种身份”。用5种标识“亮”出支部党员、流动党员、居民代表、楼门长、志愿者5种志愿力量，引导其参与社区志愿服务。三是“5种方式服务5类人群”。以志愿者等5种力量为核心，向空巢等5类家庭提供5种服务。包括向空巢老人家庭提供“一帮一、多帮一”定期上门服务，向独居老人家庭提供“日见面”服务，向残疾人家庭提供上门理发、送水等服务，向出租房屋、流动人口家庭提供隐患“周查”服务，向常态家庭提供“诉求回应”服务。

（尹相南）

【推动社会组织参与社会管理服务显成效】　一是搭建社会组织培育发展平台。构建“枢纽型”社会组织工作体系，先后认定15家区级“枢纽型”社会组织，全区90%社会组织纳入工作体系，成立了社会组织服务管理中心，为社会组织孵化成长、规范发展、项目运作和社会参与等方面提供服务；同时率先建立6个街道层级的社区社会组织联合会，将社区社会组织纳入工作体系，进一步激发社会组织参与社会管理和服务的积极性。二是开展政府购买社会组织服务项目。自2010年开展政府向社会组织购买社会公共服务以来，市区两级累计投入621万元向30家社会组织购买54个项目，项目涵盖社会基本公共服务、社会公益、社会管理等领域的方方面面，在改善管理、化解矛盾、协调利益、提供服务、促进和谐等方面发挥了明显功效。三是倡导社会组织公益行系列活动。活动启动以来，社会组织开展了不同规模、不同形式的公益展示、咨询及讲座等活动，累计为社会提供各类服务100余场次，发放各种宣传材料1.2万份，各项活动累计吸引群众超过1万人次。四是探索社区社会组织规范管理与培育发展试点。在光明街道社区社会组织联合会试点探索按照“1＋15＋10＋10”模式，构建社区社会组织规范发展的组织体系，即街道社区社会组织联合会发挥“枢纽型”社会组织作用，引导带动街道所辖15个社区建立社区社会组织分会；每个社区社会组织分会发挥平台作用，问需于民、因地制宜，在社区内培育发展10个以上的社区社会组织；每个社区社会组织吸纳10名居民骨干；每名居民骨干宣传、吸引广大社区居民积极参加社区社会组织开展的各类活动。目前，全区登记注册社会组织256家，社区草根类社会组织851家，形成了门类较多、层次不同、覆盖广泛的社会组织体系。

（李恩雄）

【社区社会组织培育发展】　一是在6个街道分别成立社区社会组织联合会，重点发展社区便民服务、志愿服务、慈善公益、文体活动四大类社区社会组织。二是构建“1＋X＋10＋10”模式，街道社区社会组织联合会发挥“枢纽型”社会组织作用，引导带动街道所辖X个社区建立社区社会组织分会；每个社区社会组织分会培育10个以上的社区社会组织；每个社区社会组织吸纳10名居民骨干；每名居民骨干宣传、吸引广大居民参加社区社会组织开展的各类活动。三是投资660万元以项目化运作的方式购买社区社会组织服务，并支持各街道社区社会组织联合会从制定发展规划、强化分类管理、抓好示范建设、加强人才培养和加大扶持力度等方面提供保障，确保社区社会组织健康发展。

（尹相南）

【安排资金支持老旧小区综合整治工程】　7月初，区财政先后拨付6500万元用于2013年老旧小区综合整治工程。该工程主要对东兴一区、东兴二区、东兴三区、幸福东区、义宾南区、义宾北区、胜利小区建成的既有建筑进行外墙保温、屋面防水及保温和热计量改造等。目前，工程进展顺利。外窗改造、外墙保温改造开工116栋楼，占计划总数的73.8%。热计量改造7月全面开展，10月底完工。环境整治工作将于2014年年初全面实施。

（尹相南）

【社区服务站标识系统全面规范】 采取招投标方式投入268万元，全面推进统一社区服务标识工作。一是在摸清各社区需求的基础上，严格按照政府采购的程序进行公开招投标，确定北京三希堂广告公司、北京大众视点广告公司为制作单位，并签订了采购合同。二是选择3个社区先行试点，在总结经验的基础上，对全区社区服务站标识系统进行全面规范。三是从门楣楼体、背景墙、职责制度、导引牌、宣传栏、工作牌6方面进行了规范。目前该项工作已全部完成，有效提升了全区社区服务站的规范化建设水平。

（尹相南）

【在职党员回社区活动开展】 此项活动的重点是处级及以上党员领导干部和机关在职党员。活动开展以来，全区25205名在职党员中，回社区（村）报到的有20416人，其中处级党员领导干部全部回社区报到。在职党员到社区报到后，社区党组织将根据在职党员从事的职业、技能特长、个人意愿和社区需求，设立不同的服务岗位。在职党员至少认领1个岗位，利用业余时间以志愿服务的形式，参与社区公益活动。活动开展以来，全区在职党员参与社区活动达3万余人次，解决小区修路、垃圾堆放、村民纠纷等问题1256件。

（尹相南）

【争创全国社会组织建设创新示范区活动全面启动】 一是建立组织机构。成立了区争创全国社会组织建设创新示范区活动领导小组。领导小组由区委常委、副区长于庆丰任组长，26个相关职能部门的领导任成员。二是制定实施方案。结合区域实际，制定了《顺义区争创全国社会组织建设创新示范区活动实施方案》，争创工作于年底前完成，共分为六个阶段：启动部署阶段、筹备自评阶段、检查指导阶段、整改提高阶段、评审验收阶段及总结表彰阶段。三是分解具体任务。根据创建标准在社会组织发展环境、服务管理、能力建设和作用发挥等四方面的要求，制定了《顺义区争创全国社会组织建设创新示范区活动量化任务分解书》，将争创活动细化为38项指标，122条具体任务，由26个职能部门协调配合完成。四是创新工作思路。坚持边创建、边建制的工作理念，注重创建成果的转化。以创建活动为契机，积极探索、大胆创新，进一步更新发展理念，转变发展思路，优化发展环境，搞好社会组织管理的规划设计和制度建设，理顺工作机制，不断提高社会组织管理能力和水平，为区域经济社会协调发展做出积极的贡献。

（李恩雄）

【社区工作者持证上岗比率逐年提高】 在2013年国家社会工作者职业水平考试中，顺义区110名社区工作者通过社会工作师或助理社会工作师考试。全区社区工作者持证上岗人数从300名提高到410名，持证比率达到37.27%，与2012年相比提高了10个百分点。

（王　伟）

【推进社会组织系列公益活动有序开展】 一是宣传发动，推进公益意识普及化。召开2013年社会组织开展公益系列活动部署会，认真总结2012年开展“北京公益行”活动成果，充分运用社区网、社区宣传栏、LED显示屏等，大力弘扬公益精神，同时倡导文体类社区社会组织编排弘扬公益服务的节目，使公益精神扎根社区，深入民心。二是搭建平台，推进公益活动多样化。以“践行公益、服务民生”为主题开展顺义区社会组织公益行活动，制定活动方案，组织各类社会组织开展扶老助残、医疗服务、法律援助、社会救助等公益志愿服务活动，激发广大居民群众参与公益服务、传递美德善行的热情。三是典型引领，推进公益服务常态化。开展“社区公益之星”评选活动，积极培育“青春暖心”“巾帼亲情服务队”等公益服务品牌项目。以15家“枢纽型”社会组织和6家社区社会组织联合会为基础，不断拓展公益服务活动的深度和广度，带动全区各级各类社会组织将服务项目扩展至社区建设、生态环保、公共服务等领域，延伸到社会生活的方方面面。

（李恩雄）

昌平区

【概况】 年内，区委社会工委、区社会办认真贯彻党的十八大以及中央、市委和区委关于加强社会建设工作的一系列重要指示精神和重大战略部署，按照“以人为本，关注民生，构建和谐，服务社会”的宗旨，坚持围绕全区确定的各项重点任务，扎实有效推进社会建设工作。构建了由20个镇（街道）社会工作党委组成的社会领域党建工作管理体系；选派了35名非公有制经济组织党建工作指导员；制定出台《关于进一步推进“一刻钟社区服务圈”建设的通知》和《昌平区“一刻钟社区服务圈”建设工作考核标准》，《关于进一步推进社区规范化示范点工作的通知》和《昌平区社区规范化示范点创建标准》，创建了6个市级“一刻钟社区服务圈”示范点，4个市级社区规范化示范点；制定下发《北京市昌平区社会建设工作领导小组办公室关于全面推进社区基本公共服务全覆盖工作的通知》和《昌平区2013年社区基本公共服务全覆盖工作任务分解书》，推进完成92个社区基本公共服务全覆盖工作；举办1200余人参训的4期社区工作者培训班；完成2012年8个政府购买社会组织服务项目考评验收工作。

（顾艳梅）

【传达部署关于改进工作作风密切联系群众的措施规定】 1月30日，区委社会工委、区社会办召开专题会议传达部署中央《关于改进工作作风密切联系群众的八项规定》和习近平总书记重要批示精神，要求全体干部认真学习，严格执行中央、市、区关于改进工作作风密切联系群众的各项规定。

（顾艳梅）

【政府购买社会组织服务项目申报工作部署会召开】 2月1日，区委社会工委、区社会办召开政府购买社会组织服务项目申报工作部署会。介绍昌平区上年度政府购买社会组织服务项目获批情况，重点安排部署本年度政府购买社会组织服务项目申报工作。

（顾艳梅）

【社区建设重点工作推进会召开】 3月6日，区社会办召开社区建设重点工作推进会，统一部署年度社区建设重点工作：一是完善社区基本公共服务体系，在92个社区开展社区基本公共服务全覆盖工作。二是深入创建“一刻钟社区服务圈”和规范化示范点。三是重点开展社区办公用房规范化建设。四是继续探索网格化社会服务管理创新工作，规范网格化运行机制，建立网格化社会服务管理标准化体系。五是加强农村社会服务管理创新和推广老旧小区准物业服务管理模式。六是加强社区工作者队伍管理培训，夯实社区建设力量。

（顾艳梅）

【第二批社区用房建设情况核查】 3月20日，市委社会工委、市住建委相关领导到昌平区核查第二批社区用房情况，对项目整体情况、投入使用效果和相关档案资料进行核查。市检查组到城北街道建明里等4个社区实地查看，听取街道（镇）、社区工作人员关于社区用房相关政策的意见建议，并对社区用房使用及布局进行深入指导。

（顾艳梅）

【非公有制经济组织党建工作指导员选聘工作完成】 3月25日，区委社会工委会同区老干部局完成非公有制经济组织党建工作指导员选聘、培训工作，35名非公有制经济组织党建工作指导员正式上岗。

（顾艳梅）

【政府购买社会组织服务项目中期评估汇报会召开】 3月29日，召开上年度政府购买社会组织服务项目中期评估汇报会。区社会办副主任徐湘涛出席，获得项目批复的8家社会组织相关领导及负责人对项目实施具体问题进行沟通交流。

（顾艳梅）

【社区工作者培训班举办】 4月10日至12日、4月17日至19日，区委社会工委、区社会办举办昌平区社区工作者第一、二期培训班，区委常委、区委社会工委书记陈秋生，区委常委、副区长孙启分别出席第一期、第二期培训班开班仪式并作动员讲话。来自城北街道、城南街道共计600余名社区工作者参加了培训。9月11日至13日、9月25日至27日，区委社会工委举办社区工作者第三、四期培训班，对来自东小口、天通苑北、天通苑南、霍营、北七家、沙河、小汤山7个街道（镇）的600余名社区工作者进行培训。培训主要特点：一是培训内容丰富多彩，既有抽象的宏观社会建设理论，也有操作性很强的社区实务；二是培训老师知识渊博，对社区工作有很强的指导意义；三是学员积极主动，学习热情高；四是培训效果良好，达到了开阔眼界、培养能力的目的。

（顾艳梅）

【政府购买社会组织服务项目工作考评】 5月13日，市委社会工委组织专家考评组到昌平区检查上年度使用市社会建设专项资金购买社会组织服务项目工作。区委常委、区委社会工委书记陈秋生，区委社会工委副书记、区社会办主任刘向东陪同检查。检查组对区上年度政府购买社会组织服务项目工作给予充分肯定。

（顾艳梅）

【回龙观地区社区服务中心开业揭牌仪式举行】 5月19日，回龙观地区社区服务中心举行开业揭牌仪式。市委社会工委书记、市社会办主任宋贵伦与区委书记侯君舒共同为回龙观地区社会工作党委揭牌，市委社会工委委员、市社会办副主任王丽竹与区委副书记、代区长张燕友共同为回龙观社区服务中心揭牌。区委常委、区委社会工委书记陈秋生，市社区服务中心副主任王红武及区有关部门领导参加揭牌仪式。

（顾艳梅）

【政府购买社会组织服务项目启动】 6月24日，昌平区召开本年度使用市社会建设专项资金购买社会组织服务项目工作部署会，获得项目批复的10家社会组织负责人参加会议。会上，下发了《关于2013年度使用北京市社会建设专项资金购买社会组织服务的项目批复》《昌平区2013年度使用北京市社会建设专项资金购买社会组织服务项目资金使用办法》《政府购买社会组织服务项目实施指引》等文件。区社会办副主任徐湘涛部署了项目实施工作。

（顾艳梅）

【庆祝建党92周年大会召开】 6月21日，区委社会工委召开庆祝建党92周年大会，引导广大党员干部在转变作风、服务群众中当先锋作表率。区委常委、区委社会工委书记陈秋生，区委社会工委班子成员刘向东、张兆刚、徐湘涛以及各直属党组织负责人，本年新发展党员等共约60人参加会议。会上，新发展党员和老党员举行了入党宣誓和重温誓词活动。

（顾艳梅）

【社区用房项目核查验收】 8月6日，市委社会工委和市住建委相关领导到昌平区对第二批社区用房规范化建设延期验收项目进行实地核查，市核查组充分肯定昌平区社区用房规范化建设成果。

（顾艳梅）

【申报认定北京市智慧社区工作部署会召开】 10月23日，召开昌平区申报认定北京市智慧社区工作部署会。区委社会工委副书记、区社会办主任刘向东，区民政局副局长徐金旺，区委社会工委委员、区社会办副主任徐湘涛及区经信委信息化科科长魏梓出席会议，15个镇街主管社区建设工作的副职领导及社区办主任，以及首批试点智慧社区负责人参加会议。会上对智慧社区认定、申报及案例征集、成果汇编等进行了部署。

（顾艳梅）

【“引入社工服务理念，创新德育工作体系”项目启动】 11月4日，“引入社工服务理念，创新德育工作体系”项目启动仪式在昌平区前锋学校举行，同时，“北京市昌平区前锋学校·北京农学院·北京昌平温心社工师事务所实习基地”在此揭牌。北京农学院文法学院院长佟占军，区委社会工委委员、区社会办副主任徐湘涛，昌平前锋学校校长李小奇，北京昌平温心社工师事务所所长李巧兰，区教委有关领导以及前锋学校全体初、高中学生参加活动。

（顾艳梅）

【社会工作人才研修班举办】 12月10日，区委社会工委联合区社区学院举办为期1天的昌平区社会工作人才研修班。全区60余名社区工作者参加研修班学习，研修班特邀北京市社区建设专家组专家、北京社区服务协会副秘书长符正成授课。

（顾艳梅）

【全区镇（街道）社会工作党委工作会召开】 12月25日，昌平区镇（街道）社会工作党委工作会议召开。区委常委、区委社会工委书记陈秋生出席会议。区委社会工委副书记、区社会办主任刘向东，区委社会工委委员、区社会办副主任徐湘涛，来自全区20个镇（街道）的党（工）委副书记、组织委员参加会议。会议介绍了全区社会工作党委组建情况：截至5月，全区20个镇（街道）社会工作党委已全部成立，标志着以社会工作党委为核心、社区党组织为基础、驻区单位党组织和社区内全体党员共同参与的“四位一体”区域化党建新格局初步形成。

（顾艳梅）

【区律师协会党总支成立“律师服务团”】 区律师协会党总支从全区32家律师事务所的148名律师中精选50名政治可靠、业务精通、经验丰富的律师（其中律师党员44名）组成“和谐之声律师法律服务团”，开展定点咨询和各种法律专项服务。年内，共接待农民工396批次，涉及1968人，为农民工讨回经济损失达上千万元。

（顾艳梅）

大兴区

【概况】 年内，区委社会工委、区社会办深入贯彻党的十八大精神，加强和创新社会服务管理，不断完善“四有”工作机制，大力实施社区规范化建设，充分调动社会组织活力，着力加强社会工作人才队伍建设，有序推进社会领域党建工作，各项工作取得良好成效。全年完成8个市级社区示范点达标任务，推进12家区级示范点创建，统一了59个城市社区和13个农村社区服务站标识，创建了7个“一刻钟社区服务圈”示范点，建立大兴区社会服务网，搭建大兴商街网络便民服务平台，投资43811.73万元解决社区办公用房面积24547.23平方米，第一期电力改造项目已经做好资金测算。通过7种就业模式使搬迁村劳动力新增就业3149人，有就业意愿劳动力实现就业5.3万人，就业率

98.2%；有就业意愿“4050”人员就业率99.6%；搬迁村资产处置及产权制度改革完成率93%；农地流转2.5万亩，流转率56.8%。新型农村合作医疗参合率100%；完成瀛海2500余户回迁工作，全区累计回迁率84%。全区48个回迁社区共成立社区党委1个、社区党总支6个、社区党支部35个、社区居委会25个。2013年共招录社区服务站工作人员102名，持有专业资格证书者达30%，完成4家社会工作事务所成立工作。2013年购买40项社会组织服务，投入400万元。实施“智慧社区”网络民生工程，全区共建成25个智慧社区试点；为街道社区接通政务内网，完成全区非紧急救助工作融入网格化工作方案。全区150个社区全部建立党支部，实现了“一社一支”目标；全区共建立非公党组织243个，覆盖企业2114家，覆盖率达到74.9%。

（卢　鑫）

【社会服务管理模式创新发展】 协同相关职能部门，全面推进社区基本公共服务全覆盖，制定了《大兴区2013年推进社区基本公共服务全覆盖的实施方案》，完成了全区第三批89个社区基本公共服务全覆盖摸底工作。参与新区城乡环境综合整理督查工作，对瀛海镇环境综合整治工作和街道精品社区建设工作进行全面督查督导。

（卢　鑫）

【准物业管理模式创新发展】 年内全区确定老旧小区准物业管理示范点2个，探索老旧小区改造后社会组织参与物业管理新模式。如天宫院街道海子角社区“夕阳红”居民自管协会是一家已登记注册的社区社会组织，在小区物业管理中形成了适合本社区的准物业自管模式，取得良好服务效果。

（卢　鑫）

【便民公益服务不断推进】 依据居民需求，协调相关职能部门，举办大兴区首届公益性集体婚礼，开创了政府统筹，企业出资，新人受益的公益婚礼新模式，是探索“管家式”便民服务的又一项新举措。推行绿色蔬菜进社区，目前绿色蔬菜供应点覆盖社区80余个。

（卢　鑫）

【社会组织“枢纽型”工作体系建立完善】 成立区级“枢纽型”社会组织13家，为每个“枢纽型”社会组织配备1名专职社区工作者，社会组织“枢纽型”工作体系覆盖率已达67.6%。积极推进街道层面“枢纽型”社会组织建立工作，每个街道均认定1～2家“枢纽型”社会组织，带动街道同领域、同类别、同行业社会组织开展工作。

（卢　鑫）

【社会组织党建工作取得突破】 协调区、镇街相关部门稳步推进社会组织党组织工作覆盖，探索各镇（街）社会组织党建品牌化工作，发挥社会组织党组织在区域引领发展、服务大局上的作用。全区成立社会组织党组织11家。

（卢　鑫）

【“十二五”时期社会建设规划中期评估完成】 对照规划指标，邀请专家对全区“十二五”时期社会建设工作任务指标进行了评估，除人均期望寿命值略低于指标任务外，其他指标性任务均进展顺利，大部分指标任务已提前完成。

（卢　鑫）

【城市、农村社区规范化建设同步推进】 推进社区规范化示范点创建，完成8个市级示范点达标任务。积极推进12家区级示范点的创建工作，重点加强社区服务、软环境建设、硬件设施投入等方面工作。完成59个城市社区和13个农村社区服务站统一标识工作。

（卢　鑫）

【社区服务内容及形式不断丰富】　抓好“一刻钟社区服务圈”建设，完成7个示范点创建工作。加强智能社区建设，建立大兴区社会服务网，搭建大兴商街网络便民服务平台。创新“参与式”治理模式，充分整合社区居民、社会组织、驻区单位力量参与到社区建设中，让社区居民成为社区建设参与者和谏言者。整合辖区资源，完善便民服务手册，方便居民掌握社区周边服务资源。建立大兴区社区基础工作台账，并与网格化工作有效对接，让社区居民获得急需的贴心服务。

（卢　鑫）

【社区民生建设整体环境推进改造】　推进社区办公服务用房项目，累计投资43811.73万元，解决社区用房面积24547.23平方米。推进车位改造工程，对8个停车困难小区进行车位改造。抓好电力改造项目，目前第一期改造项目已经竣工。第二期项目也已在市发展改革委立项完毕，等待批复。

（卢　鑫）

【社区管理体制机制进一步健全】　研究回迁社区建设机制，出台《大兴区回迁社区规范化建设指导意见》，推进“六心”家园回迁示范社区建设。研究地下空间公益使用机制，出台《大兴区关于统筹利用地下空间资源加强社区建设工作意见》，科学规划地下空间公益使用途径。研究社区公共配建落实机制，出台《大兴区居住小区公共服务设施建设和管理工作规定》，保障新建社区公共配建指标全部达标。

（卢　鑫）

【多元化就业模式建立】　区镇两级政府多措并举，通过本地企业“腾”岗位、公益性组织“买”岗位、开发区企业“要”岗位、自主创业“带”岗位、区外企业“找”岗位、灵活就业“创”岗位、一产就业“留”岗位等7种模式，使搬迁村劳动力实现充分就业，新增就业3149人。全区9个涉及搬迁镇，有就业意愿劳动力实现就业5.3万人，就业率98.2%；有就业意愿“4050”人员就业率99.6%，就业形势相对平稳。

（卢　鑫）

【产权制度改革进一步深化】　全区123个搬迁村中，115个村已完成资产处置及产权制度改革，完成率93%。庞各庄、瀛海等7个镇，通过集中理财等6种集体资产经营模式，获得收益共计2.25亿元。加快推进农地流转，累计流转2.5万亩，流转率56.8%。结合平原造林工程，采育、瀛海、西红门3个镇、10个搬迁村共流转农地2614.6亩。深化富裕回迁房中介代理机制，黄村镇枣园尚城小区委托代管房屋352套，已全部转租，年租金1074万元；黄村镇三合北巷小区委托代管房屋169套，瀛海镇南海家园社区采取“以需定租”模式，已委托代管116套，庞各庄镇成立房屋租赁公司，集中托管村民富余回迁房，已委托代管298套。

（卢　鑫）

【民生安置加快改善】　城乡居民养老保险参保率96%，新型农村合作医疗参合率100%，各类救助群体社会保障实现全覆盖。稳步推进转非安置，完成黄村镇狼东、埝坛、薄村、侯村、东磁、西磁等6个村整建制转非安置，为亦庄镇103人办理转非安置相关手续；完成全区2004年至2012年建设征地转非安置情况调查统计工作，研究制定了关于加快推进建设征地补偿安置工作的实施方案和机场地区征地转非安置工作方案。回迁工作平稳有序，完成瀛海镇东一、东二、西一、西二、中兴庄等5个村，2500余户6000余人回迁工作；截至目前，全区累计整体回迁103个村、部分回迁15个村，共3.2万户8.1万人，累计回迁率84%。

（卢　鑫）

【回迁社区组织建设扎实推进】　进一步完

善回迁社区党组织建设，全区48个回迁社区中，共成立社区党委1个，社区党总支6个，社区党支部35个，社区居委会25个。

（卢　鑫）

【回迁社区服务管理创新发展】　深入推广回迁社区“六心”家园创建模式，建立回迁社区服务管理台账，督促落实《关于回迁社区规范化建设指导意见》。强化对搬迁村民服务管理，推广“1106”、网络化联系党员群众、“3211”、“1116”、“2+1+N”、“1+1+6+n”等服务管理模式，确保联系搬迁村民网络覆盖，实现联系群众制度化、常态化。深化新市民教育引导工作，利用周末大课堂、社区学校等资源，深入各镇开展就业观念、科学理财、适应新生活等针对性强的教育培训。全年共开展活动400多场，涉及8万多人次。探索搬迁村村干部分流安置工作，全区477名搬迁村村干部已分流安置135名，安置率为28.3%。积极推进北臧村镇罗奇营社区与林校街道，天宫院社区与天宫院街道对接工作。

（卢　鑫）

【社区工作者专业化、职业化水平进一步提高】　全年共招录社区服务站工作人员102名，提升了全区社会工作人才队伍的职业化、专业化水平。启动全区专职社区工作者全员轮训工程，共完成1000余名社工的轮训工作。拓宽了社区工作者工作思路，提高处理社区事务的能力。鼓励和引导社区工作者积极参加社会工作师职业水平考试，目前社区工作者持有助理及社会工作师职业资格证书的比例达到30%；积极鼓励符合条件的社区工作者进行继续教育，全区共有4人进入北京城市学院定向委培的硕士预科班。

（卢　鑫）

【专业社工队伍建设得到加强】　全年完成4家社会工作事务所（阳光之家、众合、仁和、心之露）成立工作，提前完成大兴区“十二五”期间社会建设规划“一街一所”既定目标。加大扶持力度，为每家事务所提供社会建设扶持资金5万元，完善工作机制，建立社会工作事务所资源共享、项目互助和定期交流工作机制。2013年，为5个街道分别购买1个专业社工岗位，为居民提供专业化服务。

（卢　鑫）

【社会组织发展加快推进】　加大对社会组织服务、引导和管理力度，完成100家社会组织负责人培训工作。加强培育和发展社会组织，全区正式登记注册社会组织361家。积极筹建社会组织联合会和志愿者联合会，整合各领域服务资源，加强全区的社会动员能力，打造广阔的社会组织交流平台和志愿服务平台。

（卢　鑫）

【政府购买社会组织服务力度加大】　年内，全区社会组织申报承接市级购买服务项目19项，同比增长2项，争取市级社会建设专项资金312万元。认真做好市、区两级购买社会组织服务监督落实工作，按照《大兴区政府购买社会组织服务管理办法》，建立了资金发放、过程监管和效果评价工作体系，通过引入第三方评价机制，加强社会组织项目实施监管和资金监管力度，确保购买服务公平、公正、公开和实施效果。项目实施绩效考评获得市社会建设工作领导小组办公室好评。

（卢　鑫）

【社区公益服务需求调研深入开展】　发布《大兴区社区公益服务需求白皮书》，为政府购买服务提供依据，进一步完善政府购买服务指导性目录，明确政府购买服务种类、性质和内容，确保购买项目居民最需要、社会最关注、特殊群体最期盼。健全政府购买社会组织服务机制，完善标准体系，制定2013年区级购买社会组织服务实施方案，投入400万元，购买40项社会组织服务，项目购买强化服务多样性、专业性、连贯性，引导社会组织广泛参与社会建设。

（卢　鑫）

【回迁社区“六心”家园创建模式积极推广】 一是摸清底数。建立回迁社区服务管理台账，摸清回迁社区配套公建、组织设置、教育活动等情况。二是深入调研。9月份组织各镇交流学习，总结先进经验和问题。三是严格考核。落实《关于回迁社区规范化建设指导意见》，年底前组织专项验收，对社区建设标准予以监督。

（卢　鑫）

【华联生活超市进驻御园社区】 华联生活超市是御园社区底商引进的第一家服务机构，经营面积2000余平方米，经营各类百货商品，努力通过严格管理、精心服务，为社区居民提供一个舒适、安心的购物环境。

（卢　鑫）

【庞各庄镇家电下乡服务对接会举办】 庞各庄镇联合国美电器、苏宁电器两大零售商到庞各庄御园社区开展服务，使老百姓在回迁入住的同时，足不出户享受到家电服务到家的便利。

（卢　鑫）

【庞各庄镇着力打造御园社区百姓家园】 庞各庄镇在御园社区建立完善各类休闲文化活动设施，配齐配全垃圾箱、方凳、桌椅、花架、路灯、公厕及健身器材等设施，绿化美化社区周边环境，使社区真正成为百姓家园。

（卢　鑫）

【榆垡镇“搬迁村首届中华传统文化公益论坛”举行】 论坛主题为“落实十八大精神，弘扬中华传统文化，实现中国梦”。来自全国各行各业的10余位老师，通过讲述自己的真实故事，与广大村民一起分享对传统文化的解读与体会。论坛为期3天，吸纳1500余名搬迁村民参与听讲。

（卢　鑫）

【南海家园幼儿园建园】 该幼儿园是南海家园回迁社区最大的幼儿园，建筑面积7000余平方米。预计规模24个教学班，120人师资编制，能接纳儿童720名。

（卢　鑫）

【信息化工作覆盖面实现拓宽】 实施“智慧社区”网络民生工程，推广运行大兴区社会服务网，实现全区11个大类服务项164个小类服务项快捷查询，内容涵盖7000多家服务机构，服务范围基本覆盖大兴主城区。林校路街道被确定为全市智慧社区试点街道。全区累计建成25个智慧社区试点。

（卢　鑫）

【网格化社会服务管理系统工作加快推进】 对全区各属地、职能单位培训500人次，加快试运行进度；为街道社区接通政务内网，该系统于5月底开始运行。完成全区非紧急救助工作融入网格化工作方案。搭建了公众参与网格化建设平台，拓展了社会服务管理系统。

（卢　鑫）

【社区党组织建设稳步前行】 全区150个社区全部建立党支部，实现“一社一支”目标。截至目前，共有社区党员4514名，专职社区工作者1413人。按照市委“有人管事、有钱办事、有地议事”的工作要求，完成全区150个社区“三有一化”相关数据统计、汇总及全年工作总结，深入推进区域化党建工作格局。

（卢　鑫）

【非公党建工作深入推进】 党的组织和工作覆盖实现双提高。全区共建立非公党组织243个，覆盖企业2114家，覆盖率达到

74.9%；全区11座商务楼宇已全部实现“五站合一”工作全覆盖，并为每座楼宇配备了至少1名专职工作者，已有7座商务楼宇建立了楼宇党组织。建立党建指导员联系企业制度，选派35名党建指导员，指导成立非公党组织24家，发展非公党员31人，培养积极分子255人，走访企业2804家。党建活动全面开展，内容涉及党课学习、评优表彰、志愿服务、慰问帮扶及献计献策等多个方面。建立规范化培训体系，集中举办非公党组织书记和党建指导员示范培训。健全科学化考核机制，每半年对党建工作指导员进行一次考评，考核结果与年终绩效奖金挂钩。

（卢　鑫）

【非公党建作用逐步显现】　截至目前，全区共有非公“五个好”党组织67家，在成为区域非公党建品牌的同时，积极发挥着示范引领、辐射带动作用。经统计，在党组织和党员带领下，职工群众共提出合理化建议2359条，开展技术革新1217项，带来经济效益28亿多元，为群众和社会做好事实事4414件，完成急难险重任务935件。

（卢　鑫）

平谷区

【概况】　年内，全区社会建设工作认真贯彻落实全市社会建设工作会议精神，牢牢抓住“幸福平谷”建设主线，坚持“统筹城乡、长远布局、稳中求进、巩固提高”的总思路，着力构建社会服务管理新格局。深入推进社会领域党建工作，党组织覆盖率已达76.3%。基本完成南独乐河镇、滨河街道、兴谷街道3个试点乡镇（街道）网格化社会服务管理体系建设和区级网格化指挥平台建设。构建社会公共服务体系，完成8个社区基本公共服务全覆盖工作，创建9个社区“一刻钟社区服务圈”示范点，4个社区规范化示范点，7个智慧社区和6个“六型社区”，完成15个农村社会服务管理创新试点建设。新认定6个区级“枢纽型”社会组织，建立区、街道、社区三级社会组织联合会，基本建成三级社会组织管理网络。开展社区志愿互助服务，开展16个服务项目，累计服务1万余次。争取市社会建设专项资金202.5万元，开展政府购买社会组织服务9个。推动“万名社区工作者培训计划”和“社区大讲堂”，累计培训社区工作者2200多人次。推动社区工作者职业化，持有国家社会工作师职业水平证书的社区工作者已占区社区工作者总数的49%。

（胡天伟）

【开展慰问社区工作者活动】　1月15日至16日，区委社会工委开展走访慰问社区工作者活动，为全区322名社区工作者送去祝福。

（胡天伟）

【开展“三级联创”检查】　1月30日，市委“三级联创”检查组在区委组织部、区委社会工委有关领导陪同下，到平谷区就街道、社区基层党组织开展“三级联创”工作进行专项检查。

（胡天伟）

【认定第二批区级“枢纽型”社会组织】　1月，认定区志愿者联合会、区水务协会（区农民用水者协会）、区果品产业协会、区私营个体经济协会、区民办学前教育协会、区工商业联合会6家为第二批区级“枢纽型”社会组织。

（胡天伟）

【开展春节走访慰问基层党组织活动】　1月至2月，区委社会工委组织各基层党组织，开展春节走访慰问活动，共慰问党员、群众160余人次。

（胡天伟）

【完善区三级社会组织管理网络】　2月，在滨河、兴谷两个街道和渔阳地区办事处分别成立社会组织联合会，建立完善区、街道、社区三级社会组织管理网络。

（胡天伟）

【完成非公党建工作指导员选聘工作】　3月4日，平谷区完成非公党建工作指导员选聘工作，共选聘党建指导员30名。

（胡天伟）

【召开社区建设重点工作部署会】　3月6日，区社会办召开社区建设重点工作部署会。会议对“一刻钟社区服务圈”创建、社区规范化示范点创建、智慧社区等工作进行了部署。

（胡天伟）

【举办政府购买社会组织服务项目策划培训班】　3月7日，请市级专家对全区社会组织购买服务项目开展培训，全区150余名社会组织负责人参加了培训。

（胡天伟）

【开展志愿服务月活动】　3月，开展2013年平谷区“雷锋精神遍绿谷 为民助人千万家——让志愿服务走进生活”主题志愿服务系列活动。共开展志愿服务活动1560余次，组织招募志愿者12962人次，受益群众达12.24万人次。

（胡天伟）

【开展“幸福平谷社会组织公益行”系列活动】　3月至12月，以“幸福平谷 公益引领　激发活力 服务民生”为活动主题，由区总工会、区妇联、区志愿者联合会等共计50家单位参与，举办法律宣传进基层、金玫瑰巾帼志愿服务、“青春增绿、共植幸福”青年造林行动等74项公益活动，共举办活动46场，受益群众达2.1万人次。

（胡天伟）

【召开区域化党建工作座谈会】　4月1日，区委社会工委召开街道、社区区域化党建工作座谈会，就推进全区街道、社区区域化党建工作进行了座谈交流。

（胡天伟）

【开展街道社区党建“三级联创”工作】　4月3日，平谷区制定出台《2013年城市社区党建“三级联创”考评方案》，对城市社区党建“三级联创”考评细则进行了改进和完善。

（胡天伟）

【召开志愿服务工作联席会议】　4月11日，召开志愿服务工作联席会议，会议研究推出20项志愿服务特色项目。

（胡天伟）

【开展街道社区区域化党建工作】　4月12日，区制定出台《关于在街道社区开展区域化党建工作的指导意见》，全面开展街道社区区域化党建工作。

（胡天伟）

【召开城市基层党组织“三级联创”工作会议】　4月13日，召开2013年城市基层党组织“三级联创”工作会议，印发了《2013年城市社区党建“三级联创”考评方案》，并对2013年创建工作进行了部署。

（胡天伟）

【市政协副主席赵文芝到建西社区调研】　4月19日，市政协副主席赵文芝到滨河街道建西社区调研，区政协主席王春辉陪同调研。

（胡天伟）

【完成社区工作者集训工作】　4月23日至25日，举办社区工作者全员培训班，322名社区工作者参加培训。

（胡天伟）

【开展志愿服务月活动】　4月，开展庆祝国际社工日系列活动。共开展活动20余项，2000余人次社工参与其中，如滨河街道组织50余名社工开展绿色骑行活动，大力倡导绿色骑行、公交出行的绿色时尚出行方式。

（胡天伟）

【参观“永远的雷锋”主题展览】 6月4日，区委社会工委组织社会领域广大党员参观“永远的雷锋”主题展览，全区200余名非公有制企业和社会组织党员参加。

（胡天伟）

【启动“我的梦·中国梦”百姓宣讲进企业活动】 6月18日，区委社会工委组织社会领域“我的梦·中国梦”百姓宣讲进企业首场系列宣讲活动。宣讲活动在维达纸业拉开帷幕。

（胡天伟）

【召开社会领域纪念建党92周年座谈会】 6月27日，平谷区召开社会领域纪念建党92周年座谈会，会上党组织负责人、企业家和党员代表分别就推进和改善社会领域党建工作进行了座谈交流。区委常委、统战部部长刘震参加座谈会并讲话。

（胡天伟）

【召开社会组织表彰大会】 7月10日，对参与“幸福平谷社会组织公益行”系列活动的社会组织进行表彰，评选一等奖2名，二等奖4名，三等奖9名，组织奖22名。

（胡天伟）

【举办社会领域信息化联络员培训班】 7月12日，举办社会领域信息化联络员培训，31名联络员参加培训。

（胡天伟）

【开展社会动员试点工作】 7月，以滨河街道、滨河社区作为社会动员工作试点街道和试点社区，制定工作实施方案，重点加强街道、社区志愿服务组织建设，提高小区停车管理、老旧小区物业管理等群众自我管理、自我服务能力。

（胡天伟）

【全区首个商务楼宇综合服务站投入使用】 9月2日，全区首个商务楼宇综合服务站——渔阳大厦楼宇综合服务站正式挂牌投入使用。服务站制定了《渔阳大厦楼宇综合服务站管理使用办法》和驻站工作人员职责，设站长1名、工作人员2名。服务站实行党建服务站、社会服务咨询站、社会组织服务站、工会服务站、共青团青年汇和妇女之家“六站合一”工作模式。年内，组织开展了工作观摩会、楼宇企业沙龙等活动，充分发挥综合服务站的业务交流、服务咨询、推动区域化党建三大功能，促进了楼宇内各类经济组织之间、楼宇经济组织与街道社区的交流融合。

（胡天伟）

【全国妇联党组书记、副主席宋秀岩调研社区妇女之家】 9月24日，全国妇联党组书记、副主席宋秀岩到滨河街道滨河社区调研社区妇女之家建设情况。区委书记张吉福陪同调研。

（胡天伟）

【召开社区志愿互助服务推进会】 9月24日，区社会办组织召开平谷区社区志愿互助服务工作交流推进会，会议对前一阶段涌现的优秀志愿者进行了表彰，对下一阶段工作进行了安排部署，区委常委刘震出席会议并讲话。

（胡天伟）

【选聘老干部社区工作者】 10月16日，召开老干部社区工作者分配协调会，将选聘的5名社区工作者分配到社区。

（胡天伟）

【完成非公有制企业党组织负责人培训工作】 10月18日至20日，组织开展非公有制企业党组织负责人培训班。全区100余家非公有制企业党组织负责人和30名非公有制企业党建指导员参加培训。

（胡天伟）

【选派18名非公党建指导员进驻基层商会】 11月15日，以各乡镇、街道基层商会换届为契机，选派18名非公党建指导员进驻基层商会，任副会长或副秘书长职务。

（胡天伟）

【召开网格化工作推进会】 12月5日，召开网格化工作推进会，重点对7个乡镇的网格化建设工作进行了安排部署。区领导刘震、底志欣出席会议。

（胡天伟）

【完成“三级联创”考评工作】 12月11日至12日，全区街道、社区“五个好”创建活动考评领导小组先后完成滨河、兴谷两个街道及所属27个社区2013年度党的建设“三级联创”考评工作。

（胡天伟）

【成立全区首个大型批发城党组织】 12月26日，全区首个大型批发城党组织——银河建材城党总支成立。

（胡天伟）

【“看单点菜”式社区服务惠民生】 将与居民生活密切相关的200多家商业网点和服务站点分为17大类，组织街道、社区与150余家商户签订服务合同，在保证商户服务质量的同时，将商户信息印制成册和服务卡，让居民享受到“看单点菜”式的社区服务。全区已经创建完成12个“一刻钟社区服务圈”市级示范点，印制便民手册4.7万册、便民服务卡3万余份。

（胡天伟）

【参加“寻找最美社工”活动】 年内，参加第二届首都“寻找最美社工”活动。滨河社区主任王月波，区残疾人联合会社会工作者王文军获得第二届首都“寻找最美社工”活动优秀社工称号。

（胡天伟）

【加强市民劝导队建设】 年内，共成立市民劝导队28支，劝导队员约7679人，全年开展环境卫生整治、维护市容市貌、秩序安全维护等志愿服务活动2万余起。

（胡天伟）

【完成6家区级“枢纽型”社会组织认定工作】 年内，认定区志愿者联合会、区水务协会（区农民用水者协会）、区果品产业协会、区私营个体经济协会、区民办学前教育协会、区工商业联合会6家为第二批区级“枢纽型”社会组织。

（胡天伟）

【完成“三级”社会组织管理网络建设】 建立区、街道、社区三级社会组织联合会，对各类“草根”社会组织进行联系和管理，推动159个社区社会组织在街道社区进行了备案管理，初步建成“三级”社会组织管理网络。

（胡天伟）

【完成29家社会组织在区社会办备案管理】 创新工作机制，引导29家社会组织在区社会办备案管理，为推动“草根”组织的发展打好基础。

（胡天伟）

【完成“幸福平谷社会组织公益行”系列活动】 年内，以“幸福平谷 公益引领 激发活力 服务民生”为活动主题，共举办活动46场，受益群众达2.1万人次。

（胡天伟）

【开展“专业社工助推社区社会组织发展(1+1)行动”活动】 年内，开展“专业社工助推社区社会组织发展（1+1）行动”。由绿谷社工事务所分别与区内两家社区社会组织结对，开展社区老年餐桌项目，为50名困难老人提供免费用餐。指导社区社会组织开展居家养老服务50次、困难群众帮扶40次，受益群众达3000人次。

（胡天伟）

【创建社区规范化建设示范点】 年内，完成金谷东园、金海、乐园东、兴谷园社区4个市级示范点创建工作。

（胡天伟）

【推进“一刻钟社区服务圈”示范点建设】 年内，完成承平园、金谷东园、北小区、乐园东、建兰、建南、阳光、金乡西、胜利等9个社区“一刻钟社区服务圈”示范点建设，“一刻钟社区服务圈”签约服务商达150多家，涉及日常便民服务17项。

（胡天伟）

【完成8个社区的基本公共服务全覆盖工作】 年内，协调相关部门，对居民急需的便民菜站、餐饮店、早点摊等服务项目进行完善，基本完成阳光、南小区、建南、府前、新星、金乡西、太和园、建兰8个社区基本公共服务全覆盖工作。

（胡天伟）

【完成智慧社区创建工作】 年内，创建森荫、金谷东园、金海、园丁、阳光、迎宾花园、海关西园7个智慧社区。

（胡天伟）

【完成农村社会服务管理试点建设工作】 年内，完成王辛庄镇熊耳营村，东高村镇东高村、门楼庄、南埝头、赵家务、南宅庄户，南独乐河镇峨嵋山、新农村、刘家河、峰台、南山村、望马台、甘营、张辛庄、新立村15个农村社会服务管理试点建设。

（胡天伟）

【完成网格化社会服务管理体系街道全覆盖工作】 年内，基本完成滨河街道、兴谷街道网格化社会服务管理体系建设，初步实现了网格化社会服务体系街道全覆盖和市、区、乡镇（街道）三级信息化指挥平台的互联互通。

（胡天伟）

【完成两个党群活动中心建设】 年内，按照“六有三室两统一”的建设标准，完成区私营个体协会和东发科技园区党群活动中心建设。

（胡天伟）

【创建6个“六型社区”】 年内，制定下发了《关于创建“六型社区”建设幸福平谷的意见》，全年创建溪河、金海、金谷东园、阳光、金乡东、建兰6个“六型社区”。

（胡天伟）

【创建非公有制企业党组织工作品牌】 年内，创建10个非公有制企业党组织工作品牌。

（胡天伟）

【创建非公有制企业党组织“五个好”示范点】 年内，开展非公有制企业“五个好”党组织创建工作，全年创建57个。

（胡天伟）

【开展党员发展工作】 年内，共培训党员发展对象132名，发展中共党员71名。

（胡天伟）

【开展经济类社会组织专题调研】 年内，开展经济类社会组织专题调研，调研对象包括区农村专业合作社指导服务中心、区私个协、区果品产业协会、区农民专业合作社联合会等经济类社会组织。全面采集全区经济类社会组织基本情况及其在促进区域经济发展和农民增收致富方面发挥的具体作用，撰写调研报告《提升服务社会水平 促进区域经济发展——平谷区经济类社会组织基本情况分析及对策研究》，为区领导决策提供参考。

（胡天伟）

【开展购买专业社会工作岗位工作】 年内，按照“一街一社工、一所一督导”的标准制定购买专业社工岗位工作方案。购买滨河街道为老服务岗和兴谷街道法律咨询援助服务岗。

（胡天伟）

【开展社区志愿互助服务】 年内，在全区范围内广泛动员有专长的社区居民，开展志愿互助服务工作，全年确定67名志愿互助服务专职工作者为社区居民提供上门理发、为老年人送餐等16个服务项目。

（胡天伟）

【开展政府购买社会组织服务】 年内，争取市政府购买社会组织服务项目专项资金238万元，开展公益服务项目9个。

（胡天伟）

【加强社区工作者队伍建设】 年内，制定政策措施，鼓励社区工作者积极参加国家社会工作师职业水平考试，持有国家社会工作师职业水平证书的社区工作者占全区社区工作者总数的49%，居全市前列。

（胡天伟）

【完善社区网站群建设】 年内，在区社会建设门户网站增设考核监督分析工具，对社会建设、社情民意和社会关注热点、焦点等信息做到及时了解、及时上报、及时反馈。将社区基本公共服务全覆盖的10大类180项服务内容录入到数据库中，为组织开展便民服务工作提供信息化支持。

（胡天伟）

【加强社会领域信息网络安全管理】 制定《平谷区社会建设网站群管理办法》，进一步规范了网站信息采集、审核和发布流程，加强网络安全防范意识。

（胡天伟）

【加强信息化联络员队伍建设】 制定下发《平谷区信息化联络员管理办法》。将联络员考核与绩效挂钩，增强其责任意识，调动其积极性。

（胡天伟）

【开展廉政文化进社区工作】 年内，创建滨河街道林荫家园社区、平粮社区两个廉政文化墙，通过幽默风趣的漫画形式，进行廉政知识宣传。

（胡天伟）

【积极发挥金玫瑰志愿者服务队作用】 建立完善金玫瑰巾帼志愿者、空巢老人与志愿者结对情况、帮扶活动记录三类档案，对志愿者实行动态管理。建立区、镇乡街道、村社区三级志愿者培训制度，定期对金玫瑰巾帼志愿者进行保洁、家政、健康知识、实用技能、心理健康等业务知识培训。积极开展优秀首都巾帼志愿者、首都巾帼志愿服务优秀团队、市级孝星等评选活动。

（胡天伟）

【“四位一体”模式破解老旧小区管理难题】 由街道办事处、社区居委会、业委会与物业公司通过民主协商的方式，共同参与社区事务管理、共同开展社区服务、共同组织社区活动，并成立社区服务管理委员会，由社区居委会主任担任主任，街道包居干部、物业服务公司、业委会工作人员、各楼栋长为成员，共同解决楼顶漏水、上下水管道年久失修、污水井主管道堵塞、道路破损、环境卫生等问题，实现了老旧小区卫生有人扫、垃圾有人清、治安有人看、纠纷有人调、问题有人管的“五有”目标。

（胡天伟）

怀柔区

【概 述】 年内，区委社会工委、区社会办紧紧围绕怀柔区“三个转变”，即首都远郊区向服务国家对外交往新区转变，传统产业为主向创新驱动的文化科技高端产业新区转变，生态涵养发展区向宜居宜业的绿色生态新区转变，结合区域经济社会发展实际，稳步推进社会建设工作。一是深入推进网格化社会服务管理体系建设。完善网格系统，做实基础网格，健全制度保障，截至 2013 年年底共受理事项 16733 件。二是加强农村社会服务管理工作。推进村级社会管理服务中心建设，开展村级社会管理服务专项评议。三是提升社区规范化建设水平。社区规范化建设取得实效，基本公共服务实现全覆盖，智慧社区试点建设工作有序推进。四是增强社会组织参与社会服务管理能力。建立区、街道级“枢纽型”社会组织体系，健全政府向社会组织购买服务项目机制，开展“怀柔公益行”系列活动。五是推进社会动员工作水平。打造一批特色志愿服务品牌，志愿服务逐步实现专业化、科学化，第一批社会动员试点建设工作取得成效。六是提升社会领域党建工作水平。加快社会工作党委实现全覆盖，社区党的建设“三级联创”活动成果显著，非公党建工作扎实推进。七是提高社会工作人才队伍服务与管理水平。规范社工队伍待遇，科学规划社工队伍建设，开展社区工作者培训。

（朱 森）

【通州区委社会工委来怀柔区网格化中心调研】 1 月 16 日，通州区委社会工委来怀柔区网格化中心调研学习。

（朱 森）

【2012 年度全市社区党的建设“三级联创”迎检工作圆满完成】 1 月 21 日至 23 日，市委城乡基层党的建设“三级联创”活动检查组对怀柔区 2012 年度社区党的建设“三级联创”活动进行了全面检查，共检查区本级、1 个街道、2 个镇、4 个社区。

（朱 森）

【健全镇乡、街道、雁栖经济开发区社会工作党委工作机制推进会召开】 1 月 28 日，区委组织部、区委社会工委召开健全镇乡、街道、雁栖经济开发区社会工作党委工作机制推进会。会上，区委社会工委书记赵海军对成立社会工作党委的重要性及如何推进此项工作与参会人员广泛交换意见，并对社会工作党委运行机制、工作职责作了进一步梳理。

（朱 森）

【政法维稳、社会建设、矛盾调处工作大会召开】 1 月 31 日，怀柔区召开 2013 年政法维稳、社会建设、矛盾调处工作大会。区委书记张建东出席会议并讲话，区长齐静主持会议，区委副书记、政法委书记萧有茂作怀柔区 2013 年政法维稳、社会建设、矛盾调处工作报告，副区长刘久刚宣读《区委、区政府关于表彰 2012 年度政法维稳、防范和处理邪教、信访排查调处工作先进集体和先进个人的决定》，区领导张明、徐占明、董林出席会议。

（朱 森）

【全区社会组织建设工作会召开】 3 月 1 日，区民政局、区委社会工委、区社会办组织召开怀柔区社会组织建设工作会，全面安排部署 2013 年度社会组织各项工作。全区 19 家区级“枢纽型”社会组织、120 家民办非企和 150 家社团负责人参加了会议。

（朱 森）

【区网格化社会服务管理中心成立】 3 月 14 日，经区编委领导批准，同意区委社会工委、区社会办成立北京市怀柔区网格化社会服务管理中心，为区委社会工委、区社会办所属相当科级事业单位，核定事业编制6名，其中科级领导职数1正1副，经费形式为全额拨款。区网格化社会管理服务中心主要职责：负责统筹协调全区社会服务管理网格化各项工作，了解掌握并汇总分析各类数据和基本情况，对上报的各种问题进行处置，对街道（镇乡）和各部门工作进行监督并组织考核评价，指挥处置重要事件和需区级层面协调解决的问题。

（朱　森）

【第二批社区办公和服务用房规范化建设项目检查验收】　3月15日，北京市第二批社区用房规范化建设项目检查验收市级核查组对怀柔区第二批社区办公和服务用房规范化建设项目进行检查验收。

（朱　森）

【全区社会领域党建数据库信息采集工作启动】　3月14日，区委社会工委邀请市委社会工委相关人员，联合各委办局、镇乡、街道20多名联络员，举办了全区社会领域党建数据库信息采集专题培训，建立了QQ群，形成了与各相关单位就工作推进情况即时沟通的工作机制。

（朱　森）

【全区网格化社会服务管理体系正式投入运行】　3月23日，全区网格化社会服务管理体系正式投入运行。区级指挥中心可随时调出电子图层查看流动人口居住情况、物设信息分布情况、各类事件处置情况、网格长位置行走轨迹，并能够随时与分指挥中心和网格长视频对话，查看事发现场情况，便于应急指挥、灵活调度。区级呼叫中心设有20个呼叫席位，全天候接听市民拨打69612345电话告知的有关公共服务、社会管理、环境建设、社会治安、突发事件、矛盾隐患、志愿服务、社会领域党建等方面存在的问题，并第一时间派遣到事件主责部门和网格长，以便社会服务管理工作部门及时处置办结。自2012年10月23日投入试运行以来，区级呼叫中心共受理告知事件137件，办结率90%，群众满意率95%；分指挥中心自行处置事件456件，办结率97%，群众满意率98%。

（朱　森）

【社区党组织评星晋级分类管理工作推进会召开】　4月1日，全区社区党组织评星晋级分类管理工作推进会在泉河街道富乐北里社区召开。区委常委、组织部部长王红兵出席会议并讲话。街道党工委书记、副书记、组织部部长，有关镇党委组织委员，各社区党组织书记、副书记近100人参加会议。会上，龙山街道龙湖新村社区、泉河街道富乐北里社区党委作了交流发言，参会领导为32个社区党组织颁发星级标识牌。

（朱　森）

【“我和我的社区”主题系列宣传活动全面启动】　4月1日，怀柔区全面启动“我和我的社区”主题系列宣传活动。由区委宣传部、区文明办、区委社会工委共同举办，旨在以社区文化建设的繁荣带动社区建设的全面发展，从而不断汇聚社区建设的力量和智慧，丰富居民文化生活，提高居民幸福感，增强居民主人翁意识，引导广大居民主动参与社区建设，创建“我为人人，人人为我，共建社区”的良好局面。

（朱　森）

【深化网格化社会服务管理工作会召开】　4月2日，怀柔区召开深化网格化社会服务管理工作会。副区长刘久刚出席会议并讲话。全区各镇乡、街道党委副书记参加会议。

（朱　森）

【非公有制经济组织党建工作指导员工作推进会召开】　4月16日，怀柔区召开非公有制经济组织党建工作指导员工作推进会。区委组织部、区委社会工委、区老干部局相关领导参会，各镇乡、街道、开发区组织委员及30名党建指导员参会。区委社会工委委员、区社会办副主任钱卫东就进一步推进全区非公党建工作指导员工作进行了安排部署，区委社会工委书记赵海军做了讲话。同时，为30名党建工作指导员配备了公文包、电话卡、公交卡等“十个一”工作保障。

（朱　森）

【市项目绩效考评专家组到怀柔区进行绩效考评】 5月7日，市项目绩效考评专家组一行对怀柔区2012年获得市级批复的7个政府购买社会组织服务项目进行绩效考评。通过听取汇报、与项目单位座谈和实地考察，专家组认为怀柔区2012年获得市级批复的7个项目总体进展情况良好，项目实践比较扎实、材料准备较为齐备。

（朱　森）

【全区社区工作者培训班举办】 5月7日至9日，区委社会工委、区委党校、北京京北社会工作事务所联合在区委党校举办为期三天的2013年全区社区工作者培训班。来自全区城市街道社区和镇（乡）辖社区的社区党组织、居委会、服务站工作人员和大学生社区工作者300余人参加培训。

（朱　森）

【“迎七一 促党建”非公经济组织党建工作座谈会召开】 6月28日，区委社会工委组织召开了“迎七一 促党建”非公经济组织党建工作座谈会，区委组织部、区委社会工委、区老干部局相关领导及30名非公党建指导员参会。会上，每名党建指导员作了经验交流发言，区委组织部就党建指导员工作及全区非公党建工作做了部署。

（朱　森）

【深化基础网格功能试点建设工作动员部署会召开】 9月13日，怀柔区网格化社会服务管理体系建设工作领导小组办公室召开深化基础网格功能试点建设工作动员部署会。副区长刘久刚出席。

（朱　森）

【非公有制企业党建工作部署会召开】 10月27日，区委社会工委召开非公有制企业党建工作部署会，全区各镇乡、街道、开发区组织委员（部长、副书记）参会，汇报了本辖区非公有制企业基本情况、党建工作进展及下一步工作打算。

（朱　森）

【村级社会管理服务中心规范化建设专项评议工作总结会召开】 10月29日，区政协召开村级社会管理服务中心规范化建设专项评议工作总结会。区领导武占刚、刘久刚出席会议并讲话。区政协副主席史宗祥主持会议，区政协副主席董林、尹永利、钟建忠，区政协秘书长梁德元出席会议。区政协常委、各专委会负责人、评议工作组成员、部分政协委员以及区社会办、区民政局等被评议部门负责人和各镇乡党委副书记参加会议。此次村级社会管理服务中心规范化建设专项评议工作历时半年，通过政协专项评议工作有效提升了全区上下对社会建设工作的关注度和参与度，激发了社会建设工作的创新力，对进一步深化怀柔区社会服务管理创新和社会建设工作有重大的影响力和推动力。

（朱　森）

【全区非公有制企业党建数据维护专题培训会召开】 11月28日，各镇乡、街道党（工）委组织部门，北京雁栖经济开发区社会工作党委，区农工委、住建工委、市政市容工委，区经信委、商务委、旅游党委等35名党建工作相关负责人参加培训。一是填报非公有制企业组织覆盖情况表。二是报送非公有制党组织批复文件。三是实施社会领域党建信息库网上数据维护工作。

（朱　森）

【两个联合会一届三次理事大会召开】　11月28日，区社会工作者联合会、区志愿者联合会召开一届三次理事大会。会议审议通过《关于增补怀柔区治安治理巡防协会、怀柔区老年协会、怀柔区应急救援协会、北京怀柔京北社会工作事务所为单位会员的建议》等。对开展“倡导公益志愿 服务国际会都”专项工作进行了部署，组建了语言翻译、旅游咨询、环境保护、心理咨询、应急救护、治安治理等6支专业志愿者队伍。

（朱　森）

【深化网格化社会服务管理工作会召开】12月20日，怀柔区召开深化网格化社会服务管理工作会。市委社会工委委员、市社会办副主任王丽竹，区委书记齐静出席并讲话。区领导常卫、萧有茂、金庚申、刘久刚、杨万悦出席，会议由常卫主持。区社会建设工作领导小组成员单位、各镇乡、街道负责人参加会议。会上，区委副书记、政法委书记萧有茂宣读《关于深化基础网格功能建设的实施意见》。市委社会工委委员、市社会办副主任王丽竹对怀柔区网格化社会管理服务工作给予肯定。区委书记齐静对深化网格化工作提出明确要求。

（朱　森）

【全市社区党的建设“三级联创”迎检工作圆满完成】　12月26日至28日，市委社区党的建设“三级”联创活动检查组到怀柔区进行检查，对怀柔区1个街道（龙山街道）、2个社区（馥郁苑社区、望怀社区）进行了抽查。检查组对怀柔区社区党的建设工作、特别是党建对社区管理、社区服务、社区环境、社区和谐等工作的政治引领和政治核心作用的发挥给予了肯定。

（朱　森）

【泉河街道“邻里节”促和谐社区建设】街道所辖12个社区居委会将组织居民参与百家宴、文艺演出、趣味游戏、饺子宴、废旧物品换鲜花、各种棋类比赛、道德论坛、家庭厨艺大赛等93项主题活动。“邻里节”活动自2006年开展以来，已连续举办8届，共组织社区文化、体育、志愿服务等各类睦邻活动400余项，累计参与居民近25万人次，已成为地区构建新型邻里关系、推进和谐社区建设的一项特色品牌活动。

（朱　森）

【社区志愿服务工作不断加强】　出台《怀柔区志愿服务记录试点工作方案》，在两个街道开展试点工作；制定《怀柔区志愿服务记录细则》，规范志愿服务记录工作。聘请专业社会机构对全区近70名社区志愿者管理骨干进行培训。组织开展“弘扬雷锋精神，共筑和谐社区”志愿服务、婚姻家庭辅导员志愿服务等活动。

（朱　森）

密云县

【概况】　年内，县委社会工委、县社会办着力推进网格化、社区规范化、社会领域党建、社会动员四方面工作。组织40个部门编制了《北京市密云县网格化社会服务管理标准》，以县委、县政府名义发布，被国家标准委确定为国家级服务业标准化试点。2013年，各级网格管理机构共记录事项78.5万件，办结77.9万件，办结率99.25%。统筹推进城乡社区建设，新建6个市级“一刻钟社区服务圈”示范点、3个市级社区规范化建设示范点和11个市级农村社会服务管理创新试点。累计为县城4608户60岁以上老人等特殊群体安装了“电子保姆”系统，提供服务、满足需求。健全社会领域区域化党建新格局，深化“非公党建推进工程”，非公党建覆盖率达到80.1%，与上年年底相比递增10个百分点。创新镇街“3+1”社会组织工作机制，认定11家第二批县级“枢纽型”社会组织，使全县社会组织覆盖率达到90%以上。广泛开展社会动员，确定2013年为密云县“志愿服务品牌建设年”，精心打造十大志愿服务品牌，全县注册志愿者达 6.8 万人，注册志愿者团队 432 支，注册志愿服务项目 483 个。

（李　悦）

【县委常委会研究农村网格化工作】　3 月 11 日，县委书记汪先永主持召开十二届县委第 30 次常委会议，研究农村网格化管理工作。会议强调，2013 年社会建设工作要紧紧围绕农村网格化管理，立足于有效、管用，在“规范化、常态化、全覆盖”上下功夫，常抓不懈，把工作做深、做细、做实，带动全县社会建设工作再上新台阶。

（陈小忠）

【辅导政府购买社会组织服务项目申报】　3 月 15 日，市委社会工委委员王想平到密云县辅导政府购买社会组织服务项目申报工作。从找准项目定位、项目申报技巧、2013 年社会服务热点领域等三方面进行详细讲解。重点分析了项目切入点选择、标题设计、项目论证，并以案例形式深入剖析城镇化建设、环境保护、转型期社会心态引导、防灾减灾安全救护、重大节庆服务等五个领域所需服务项目。共有 40 余家社会组织负责人参与辅导。

（李　钊）

【年度社区工作者培训启动】　3 月 27 日，密云县 2013 年第一期社区工作者培训正式开班。本期培训按照北京市“万名社区工作者培训计划”总体部署，由北京青年政治学院专门聘请市社会建设领域专家，开设中外社会建设理论概述、加强和创新社会管理等 9 门课程，采取集中授课形式，利用 3 天时间，对全县 260 余名社区工作者进行培训，提高其业务能力和综合素质。郭洪泉副县长出席开班仪式并做重要讲话。开班仪式后，市委社会工委副书记、市社会办副主任周开让就《北京市“十二五”时期社会建设规划纲要》及其相关政策进行了首场讲座。

（仇　鑫）

【县社会建设工作领导小组暨综治委第一次全体会议召开】　4 月 3 日，2013 年县社会建设工作领导小组暨综治委第一次全体会议召开，县委副书记、政法委书记、县综治委主任王玉江出席，并就年度社会建设和综治工作提出要求。县委常委、县综治委副主任张涛，县综治委副主任赵秦岭、郭洪泉、钱福生、马强参加会议。

（陈小忠）

【职能部门进网格工作培训开展】　4 月 25 日，密云县举办职能部门进网格工作培训班，第二批融入网格的 17 个单位主管领导、主管科长、信息操作员及各镇街综治办主任参加培训。培训会上，县委社会工委负责同志介绍了密云县立体分类式网格化体系建设情况，并详细讲解了职能部门进网格的方法途径；县网格化指挥中心办公室负责同志介绍了网格化信息平台建设和使用情况。县法院太师屯法庭、民政局结合工作实际，就融入网格化体系作了经验交流。会议要求各单位、各镇街进一步加强统筹协调，建立网格组织体系；科学划分网格，切实服务居民群众；加强标准体系建设，实现规范化发展，使网格化体系在社会服务管理各项工作中发挥更大作用。

（陈小忠）

【县人大代表视察社会建设和网格化体系建设工作】　4 月 27 日，县人大常委会主任李和平带队视察密云县社会建设和网格化体系建设工作。人大代表先后实地查看县网格化指挥中心、鼓楼街道网格化指挥中心、东邵渠镇网格化指挥中心和便民服务中心，听取县社会办负责同志对网格化体系建设工作汇报并进行座谈，对县网格化工作给予充分肯定并提出工作建议。李和平高度评价县社会建设和网格化体系建设工作，对下步工作提出要求。副县长郭洪泉陪同视察。

（刘　杰）

【政府专项资金购买社会组织服务项目绩效考评】 5月7日，市绩效考评组听取了密云县2012年政府专项资金购买社会组织服务工作汇报，详细查看了承接单位项目档案资料。随后到家业如心社工事务所和果园街道社会组织联合会，就关爱农村留守儿童、社区智能化便利服务项目开展情况进行实地检查评估。考评组专家一致认为，密云县此项工作体制机制健全，过程管理严格，能够结合网格化、社区建设等重点工作积极推进项目实施。各项目在政府资金支持下拓展服务范围领域，不断扩大影响力，服务效果突出，取得了较好社会效益；特别是要求承接单位提交财务审计报告的做法值得全市借鉴。希望密云县继续依托政府专项资金加大对社会组织的培育扶持力度，引导更多公益性强、社会效益好的社会组织参与社会社会服务管理。副县长郭洪泉陪同考评。

（李 悦）

【市政协视察密云县网格化体系建设工作】 5月21日，市政协组织部分委员到密云县视察网格化体系建设工作。市政协常委隋秀梅、王翔，市政协社会和法制委员会主任吴玉华，副主任赵小卫、郭宝东、初建华等参加活动。委员们实地视察了东邵渠镇网格化指挥中心和便民服务中心、西邵渠村社会服务管理站及县网格化指挥中心，听取县、镇有关负责人工作汇报并进行座谈。委员们对密云立体分类式网格化体系给予充分肯定，并从加强统筹、建立标准、强化服务管理、推动经济社会协调发展等方面提出意见建议。县领导王海臣、王春林、王稳东、郭洪泉陪同视察。

（陈小忠）

【非公党建工作推进会召开】 6月5日，密云县召开2013年非公党建工作推进会。一是听取20名非公有制企业专职党建指导员工作汇报，总结各镇街非公有制企业党建工作推进情况。二是就继续做好非公有制企业新建党组织工作进行部署。进一步明确组建目标，采取多种形式，集中力量组建党组织，提升全县非公有制企业党组织覆盖率，确保年底前达到80%以上。三是布置成立非公有制企业党群活动服务中心工作。要求有条件的单位结合实际，整合资源，单独成立或联合建立党群活动服务中心，为区域非公有制企业党员、社区党员和流动党员搭建综合性服务平台。

（仇 鑫）

【门头沟区考察密云县网格化和便民服务工作】 6月8日，门头沟区委社会工委带领9个镇街负责同志到密云县考察网格化和便民服务体系建设工作。考察团实地察看了东邵渠镇网格化指挥中心、便民服务中心、西邵渠村社会服务管理站，与县委社会工委及镇村负责同志进行座谈交流。门头沟区考察团高度评价密云县网格化社会服务管理工作，认为密云县网格化工作起步早、力度大、效果好，在网格划分、人员整合、体系搭建、运行机制、信息化支撑等方面创造了很多特色经验，值得吸收借鉴，希望两区县之间进一步密切往来，互助合作，更好地推动社会建设工作向前发展。

（陈小忠）

【社会建设专项资金绩效会召开】 6月13日，社会建设专项资金绩效会召开，市绩效考评组听取了密云县2012年社会建设专项资金绩效情况汇报，查看了网格化社会服务管理体系建设、社区规范化建设等重点项目档案资料和成果专题片，到果园西里社区、果园新里社区进行实地检查评估。检查组一致认为，密云县社会建设专项资金管理和使用制度健全，项目绩效明显，服务效果突出，取得了良好的社会效益。要求密云县依托市级专项资金进一步加大社会建设重点工作推进力度，为群众提供更加优质的公共服务、公益服务和便利服务。副县长郭洪泉陪同检查。

（陈小忠）

【镇街“枢纽型”社会组织工作推进会召开】 6月14日，密云县召开镇街“枢纽型”社会组织建设工作推进会，各镇街副书记、组织委员和相关工作人员参加会议。市民政局和市委社会工委有关领导就“枢纽型”社会组织成立条件、社会组织如何运行以及如何开展社会组织建设工作等方面内容进行了详细讲解。县社会办介绍各镇街“枢纽型”社会组织建设基本情况。会议要求各镇街把握时间节点，健全各项手续，积极引导“枢纽型”社会组织依法登记注册。

（刘 杰）

【丰台区考察密云县网格化体系建设工作】 7月10日，丰台区城市管理监督指挥中心、社会办、综治办、农委等部门组团到密云县考察网格化社会服务管理工作。考察团实地察看了县网格化指挥中心、穆家峪镇网格化指挥中心和大石岭村社会服务管理站，与县委社会工委、综治办有关负责同志进行了座谈交流。丰台区考察团充分肯定密云网格化社会服务管理工作，希望两区县进一步密切往来，共同推动社会建设工作迈上新台阶。

（陈小忠）

【政府专项资金购买社会组织服务工作会召开】 7月10日，密云县召开政府专项资金购买社会组织服务工作2012年总结暨2013年部署会。2012年，全县各承接单位为居民提供服务421场，发放宣传材料17万份，服务时长59092小时，受益人群71840人次。2013年，全县10家组织的13个项目通过市社会建设工作领导小组办公室审批，获批资金293万元。会议从严格落实协议约定、遵守资金管理使用规定、坚持信息报送制度、做好档案资料留存、注重社会效益和主动配合主责单位监管等六方面对各承接单位2013年开展服务工作提出明确要求，并签订《密云县政府专项资金购买社会组织服务项目意向书》和《资金承诺书》。

（李 钊）

【网格化社会服务管理标准体系建设部署会召开】 7月12日，密云县召开网格化社会服务管理标准体系建设部署会。会议部署了《密云县建设网格化社会服务管理标准体系工作方案》，要求与会职能部门通过制定通用基础标准体系、综合管理标准体系、业务标准体系三大类36个分项标准，建立健全网格化社会服务管理标准体系，加快职能部门融入，推动网格化体系纵深发展。县委副书记、政法委书记王玉江就推进网格化工作提出要求。副县长郭洪泉主持会议。

（李 悦）

【网格化社会服务管理表彰工作会召开】 7月17日，密云县召开推进网格化社会服务管理表彰工作电视电话会，分别对一、二季度在网格化社会服务管理工作中表现优秀的网格员、平台管理员、楼长、志愿者和优秀镇街、融入网格优秀单位进行表彰，受表彰单位和个人代表做典型发言。县委副书记、政法委书记王玉江就推动网格化工作向纵深发展提出要求。县领导王稳东、郭洪泉、郑伯华参加会议。

（李 悦）

【镇街社会组织联合会工作推进会召开】 7月25日，密云县召开了成立镇街社会组织联合会工作推进会。会上，各镇、街（地区）党（工）委副书记汇报了工作进展情况，县社会办同志传达了市有关会议精神，并对进一步打造镇街“枢纽型”社会组织“3+1”模式提出明确要求，要形成以工、青、妇等人民团体为骨干、社会组织联合会为补充、社区（村）社会组织为基础的镇、街社会组织工作格局，不断提高社会组织参与社会管理和公共服务水平。副县长郭洪泉参加会议。

（张 宁）

【社会管理与民生建设专题培训班举办】 10月15日，为提升各级干部创新社会管理、加强社会建设的能力素质，密云县举办社会管理与民生建设专题培训班，全县150名来自社会建设工作领导小组成员单位、镇街社会工作党委及部分非公有制企业党组织的负责人参加培训。培训紧扣创新社会管理、加快民生建设主题，邀请清华大学、中国劳动关系学院等单位社会建设领域知名专家学者及市、县社会建设部门负责人进行授课，既有宏观理论研究探讨，也有具体实践思路方法，对进一步推进社会建设工作具有很强的指导性和针对性。

（陈小忠）

【网格化社会服务管理标准体系通过专家评审】 密云县于2013年3月全面启动网格化标准体系建设工作，制定了工作方案、建立了组织机构、组建了由40个职能部门52人组成的标准化编制队伍。目前，已完成研究论证、制定框架、编撰标准等各阶段工作，全面完成由通用基础标准体系（标准化工作导则）、综合管理标准体系（含8项标准）、业务标准体系（含30项标准）组成的标准体系编制工作。10月25日，邀请中央、国家机关和北京市有关部门的社会服务管理、标准化、信息化领域专家组成专家组，对密云县网格化标准体系进行评审。专家组一致认为，密云县网格化社会服务管理标准体系建设工作全面贯彻落实了中央和市委关于加强和创新社会管理，建设中国特色社会主义社会管理体系，全面提高社会管理科学化水平的总要求，运用信息化和标准化的手段，在社会服务管理领域进行了有益的探索，丰富了社会服务管理的方法，具有重要的意义和应用推广价值。标准体系编制技术路线正确，架构科学合理，管理流程清晰，具有较强的创新性和可操作性，可作为网格化社会服务管理运行的指导文件。专家组一致同意密云县网格化社会服务管理标准体系通过评审，建议结合专家组评审意见进一步修改完善。下一步，密云县网格化标准体系将进入组织实施和持续改进阶段。

（李　悦）

【市检查组到密云县检查指导工作】 11月19日至21日，市社会服务管理创新检查组到密云县检查指导工作，分别查看了果园街道果园新里北区等3个规范化示范点社区、鼓楼街道阳光家园等6个市级“一刻钟社区服务圈”示范点社区、鼓楼街道白檀社区等2个老旧小区自我服务管理试点社区和穆家峪镇碱厂村等11个农村社会服务管理创新试点。检查组对密云县社会服务管理创新工作充分肯定，认为密云县高度重视此项工作，规范了社区服务站标志标识、理顺了服务管理流程；社区用房按照“行政空间最小化、服务空间最大化”的原则合理规划，方便了居民办事和活动；在农村地区将网格化体系建设与便民服务有机融合，规定动作完成好，结合实际有创新。希望密云县继续加大工作力度，依托区位优势深入推进社会服务管理创新，为居民提供优质服务。

（李　悦）

【推进网格化及志愿服务工作总结表彰会召开】 12月23日，密云县召开2013年度网格化社会服务管理及志愿服务工作总结表彰推进会。会议对本年度网格化先进工作者、融入网格优秀志愿者和优秀单位进行了表彰；同时围绕贯彻落实党的十八届三中全会精神，推动密云网格化社会服务管理向纵深发展目标，对全县各级各类网格化工作人员提出了明确要求。一是基层网格员、信息员和进网格志愿者要精心着眼各自岗位，精通具体业务，及时做好矛盾隐患和群众需求发现上报、协助处理、监督落实等工作。二是镇村网格化平台指挥人员要敢于统筹，充分整合调动各方面资源和力量，切实为群众解决实际问题、提供便利服务。三是县职能部门要进一步提高认识，加大融入网格力度，利用网格化体系整合工作力量、调整工作机制，深入居民群众，为镇村解决实际困难。四是各级网格化指挥中心要根据形势发展、工作需要和群众需求，进一步加大整合力度、提高事件处理效率，全面提升网格化体系运行水平。

县委副书记、政法委书记王玉江，县委常委、常务副县长王稳东，副县长郭洪泉出席会议。

（陈小忠）

【网格化标准被列入国家级试点项目】 12月31日，经国家标准化管理委员会批准，“北京密云县网格化社会管理服务标准试点”被列入国家级服务业标准化试点项目，项目计划执行时间为2年（2014年1月1日至2015年12月31日）。项目完成后，密云网格化工作将基本实现各个环节有标可依，与网格化有关的国家标准、行业标准、地方标准得到有效实施，社会建设和社会治理标准化、规范化水平明显提升。

（陈小忠）

【鼓楼街道打造“2013民生建设年”】 一是在各社区安装LED电子显示屏，定期发布便民信息。二是更新、安装健身器材，满足居民文体活动健身需求。三是对街道社会福利中心实施改、扩建，建设规模879.96平方米，新增床位20张。四是对腾退的锅炉房进行改造，完善“一刻钟社区服务圈”配套设施。五是推进老旧小区改造，提升社区生活品质。

（李　悦）

【东邵渠镇打造“四合一”农村治理模式】 以网格化为总平台，通过网格管理提升社会管理效能，提升服务水平。组织管理机构合一，成立镇网格化社会服务管理指挥中心，成员包括综治、公安、司法、民政、社保、残联、文化等部门，统筹承担相关工作任务；服务管理平台合一，整合便民服务中心、农村党建全程纪实管理中心、综治维稳管理中心服务管理资源，构筑大平台、一体化的农村社会服务管理格局；服务管理流程合一，实现便民服务、综治维稳、党的建设、产业发展、网格化管理等服务管理运行流程有机合一，将各类办事程序纳入网格化体系统一处置；服务管理资源合一，整合村“两委”班子成员、大学生村官、生态林管护员、管水员、防疫员、保洁员、公路养护员、六护执法员等公益性就业岗位人员，择优选派人员担任专职社会管理员，实现人力资源效益最大化。

（李　悦）

延庆县

【概况】 年内，县委社会工委、县社会办扎实推进各项重点工作，为全县改善民生、促进和谐打下良好的社会基础。一是有序提高社区服务质量。大力推进县城居民住宅小区物业改革。集中力量推动县网格化社会服务管理系统早日上线试运行。认真做好社区用房项目申报和社区基本公共服务全覆盖工作，积极开展“一刻钟社区服务圈”、市级社区规范化建设示范点、市级农村社会服务管理创新示范点、智慧社区等创建工作。二是带动社会力量参与社会管理。开展社会组织公益社区行活动。树立试点街道社区探索社会动员新机制。推进“市民劝导队”与学雷锋志愿服务队伍建设。深化社区文化建设，深入开展生态文明创建活动。三是提升社工队伍专业素质。组织面向社区“两委”干部、大学生社区专职工作者针对性培训。依托专业服务岗位、“枢纽型”社会组织、社会工作事务所及“国际社工日”系列活动，提升社工专业服务领域实操水平。完善社工管理和考评激励制度，激发社工工作活力。四是构建区域化党建新格局。做好社会领域党建数据库建设更新工作。继续开展非公有制企业“五个好”示范点创建活动，选送两新组织党组织书记参加示范培训班。优化社区党组织设置，实现乡镇社会工作党委全覆盖。继续深化县直单位与社区结对共建和“在职党员服务社区”活动。依托学习型社会创建引导居民乐学乐读，成立宣讲团向居民弘扬正能量。

（赵丹欣）

【儒林街道温泉东里社区“放学来吧”开设】 3月6日，儒林街道温泉南区东里社区在社区居委会办公楼开设“阳光课堂，放学来吧”服务场所，免费照看放学归来的孩子，为小学生开辟一处学习和活动空间。“放学来吧”由社区工作人员和志愿者管理，志愿者由儒林街道“绿丝巾”“红袖标”“青苹果”三支志愿服务队队员和社区退休教师组成，每天下午4点到6点为辖区内小学生提供免费校外辅导和照看，极大方便了社区上班族家庭。

（赵丹欣）

【市社会办、市住建委联合验收社区办公用房建设项目】 3月14日，市社会办和市住建委组成联合检查验收小组，对延庆县第二批19个社区办公用房建设项目进行检查验收。验收组一行先后实地察看了双路社区、高塔社区、康安社区、舜泽园社区和旧县社区等5个社区的用房建设情况及相关档案资料，对延庆县社区用房建设工作给予充分肯定，并要求尽快启动第三批社区用房项目申报工作。

（赵丹欣）

【社会领域党建数据库录入工作培训会召开】 3月15日，延庆县举办社会领域党建数据库录入工作培训会，来自县3个街道、15个乡镇、2个开发区的53名管理员和信息填报员参加培训。市委社会工委信息技术人员对社会领域党建数据库概念和使用方法做了生动讲解。培训为县社会领域党建工作信息化打下坚实的人才基础，有助于推动县社会领域党建工作再上新台阶。

（赵丹欣）

【政府购买社会组织服务项目申报工作完成】 截至3月20日，县社会办圆满完成北京市2013年政府购买社会组织服务项目征集申报工作。经过筛选，此次全县共有53个社会组织申报项目60个，内容涉及志愿公益服务、劳动就业、医疗卫生、社会救助、参与社会管理等多个领域。

（赵丹欣）

【第三批社区办公和服务用房项目申报部署会召开】 3月22日，县政府召开第三批社区用房项目申报部署会，发改委、财政局、规划局、国土局、住建委、审计局、监察局及3个街道、8个乡镇主管领导参会，对剩余23个社区用房申报方案进行逐个讨论，明确项目实施方案。会议还要求各项目实施单位严格按照实施标准，规范推进项目落实工作，同时要按照“办公面积最小化，服务空间最大化”的原则合理利用办公和服务用房，切实提高项目为民服务效果。今年共申报22个项目，建筑面积10324.71平方米，总投资16031.37万元，

（赵丹欣）

【社区建设工作部署会召开】 4月8日，延庆县召开2013年社区建设工作部署会，会议从社区服务体系建设、社区规范化水平、社区治理结构、城乡社区一体化建设4个方面总结2012年社区建设工作，从健全社区服务体系、完善社区治理模式、加强社区社会组织建设、健全社区管理体系建设4个方面16项工作部署2013年社区建设重点任务，并下发“社区规范化建设示范点”“一刻钟社区服务圈”创建、网格化社会服务管理示范站3项重点工作建设标准，要求各街道（乡镇）、社区按照工作标准开展工作。

（赵丹欣）

【乡镇社会工作党委工作推进会召开】 4月19日，县委组织部、县委社会工委召开建立乡镇社会工作党委工作推进会。会议对成立社会工作党委的重要性及如何推进此项工作与参会人员广泛交换意见，并对社会工作党委运行机制、工作职责进行了进一步梳理。本次会议通过进一步健全工作机制、规范工作运行，为各乡镇（街道）社会工作党委切

实发挥社会领域党建工作统筹协调作用建立了制度基础。

（赵丹欣）

【迎接政府购买社会组织服务项目结项考评】 5月6日，市社会建设工作领导小组办公室政府购买社会组织服务项目结项考评组一行7人，到县检查2012年度使用市社会建设专项资金购买社会组织服务项目工作。考评组听取了县2012年度政府购买社会组织服务项目实施情况汇报，查看了各项目业务和财务资料，并到延庆县自行车协会和县妇联实地检查了“展文明骑行风采 做低碳生活引领者”及“‘阳光同行’关爱单亲母亲”项目开展情况。

（赵丹欣）

【部署学习型街道、社区创建工作】 5月16日，县委社会工委召开学习型街道、社区创建工作会，部署2013年学习型街道、社区创建工作。会议明确了社会工委、街道和社区在创建工作中的责任，并对今年创建工作提出具体标准和要求。

（赵丹欣）

【创建学习型街道、社区辅导讲座举办】 5月16日，县委社会工委组织创建学习型街道、社区辅导讲座，来自县学习办和社区教育中心的10余名学习型组织指导教师及3个街道、26个社区的60余名主管学习型组织创建工作的领导、工作人员参加讲座。东城区教育研修学院高级教师、学习型城市特约研究员马成奎从学习型组织理论要点、学习型街道（社区）概念及作用、创建学习型街道（社区）重点工作三方面深入讲解学习型街道、社区创建工作，并就学员在实际工作中遇到的问题进行现场答疑。

（赵丹欣）

【百姓宣讲报告会举办】 6月4日，县委社会工委和儒林街道联合举办“我的梦·中国梦”百姓宣讲报告会，来自县广电中心、县文委等单位的8名宣讲员用质朴的语言，真实的情感将抽象的“中国梦”融入到具体工作和生活中，为居民描绘了身边人的文化梦、引导城市文明梦等美好梦想。社区干部、居民等100余人观看了宣讲报告。

（赵丹欣）

【“默默的祝福”公益募捐活动举办】 6月5日，“默默的祝福”爱心公益组织举办“生态与公益携手，文明与爱心同行”公益募捐活动，将低碳环保与公益捐助理念相结合，向社区群众募集各类闲置生活物资捐献给贫困山区，共募集生活用品90余包，取得良好社会效应。

（赵丹欣）

【社会组织公益行项目对接会召开】 6月20日，县社会办组织召开“延庆县2013年社会组织公益行项目对接会”。3个街道和16家社会组织负责人参加会议。县社会办结合社区居民及特殊人群需求，精心组织挑选16家社会组织的55个公益项目，以菜单形式进行罗列并由相关社会组织负责人现场进行介绍，各街道结合自身情况选择项目合作实施，通过街道社区与社会组织之间的双向选择共同合作开展公益活动，在满足社区居民需求的同时，有效提升社会组织的社会影响力，促进其快速健康发展。

（赵丹欣）

【社区服务资源网络规划工作启动】 7月1日，县社会办召开社区服务资源网络规划部署会，正式启动社区服务资源网络规划工作。会议聘请首都经济贸易大学城市经济与公共管理学院副院长刘欣葵带课题组成员，采取小组调研方式对3个街道30个社区进行深入调查，充分了解延庆县社区服务资源现状，在借鉴国内外先进经验基础上，结合全县社区实际及居民需求，制定延庆县社区服务资源网络规划。该规划旨在以县城为中心，整合现有社区服务资源和周边社会资源，提高现有社区服务资源使用效率，有针对性地利用社会资源完善社区服务项目，满足居民日益增长的社区服务需求。

（赵丹欣）

【“学法用法 依法行政”法律知识考试举办】 7月26日，县委社会工委组织职工进行“学法用法 依法行政”法律知识考试，全体机关干部职工共20余人参加。考试采取闭卷形式，考试成绩将登记在《国家公务员培训证书》上，作为公务员当年年度考核的重要依据之一。考试深化了“法律进机关”活动，为提升公职人员依法履职能力打下了坚实基础，同时对促进培训学习、提高培训质量、检验培训效果也起到了非常重要的作用。

（赵丹欣）

【社会建设工作半年汇报会召开】 7月29日，社会工委系统召开社会建设工作半年汇报会。县委副书记胡耀刚分别听取了社会工委和3个街道半年来社会建设的工作情况、存在的主要问题及下半年工作思路，详细了解了社区规范化建设、新建社区居委会进驻、城市低困户及物业服务等热点难点问题，并就工作积极性和紧迫性、充分利用社会资源开展社会建设、搞好人心建设营造健康理性社会氛围等提出希望。

（赵丹欣）

【网格化社会服务管理培训会召开】 7月30日，县委社会工委组织召开网格化社会服务管理培训会，对来自县应急办、市政市容委、综治办和6个试点乡镇、街道的工作人员进行业务培训。培训内容涵盖网格化社会服务管理体系运行机制、流程及信息系统使用等，旨在通过系统化培训进一步提高工作人员的责任意识和业务熟练程度，为推动县网格化社会服务管理试运行工作提供人力基础。

（赵丹欣）

【社区网站建设基本完成】 延庆县以智慧社区创建为推动力，大力推进社区服务项目上线，推进政务网络进社区。截至7月31日，已为25个社区完成政府网光缆铺设及账户开通工作，为4个智慧社区创建单位配置了居民培训电脑，对居民进行了电脑操作基本培训，对联络员队伍进行了信息技术培训，并有26个社区网站全面上线开通。基层社区网站的开通为居民享受社会服务、参与社会管理增添了重要新渠道。

（赵丹欣）

【“我的梦·中国梦”两新组织宣讲会召开】 8月7日，县委社会工委召开“我的梦 中国梦”两新组织宣讲会，来自“两新”组织宣讲团的5名宣讲员将个人梦与基层党组织梦、社会组织梦、非公有制企业梦有机统一起来，为大家描绘了基层党组织的服务梦、爱心梦、环保梦。此次宣讲突出了“两新”组织宣讲团的社会特色，吸引了县机关工委、乡镇、街道、开发区、社会组织、非公有制企业近百人观看。

（赵丹欣）

【社会领域党建工作推进会召开】 8月7日，县召开社会领域党建工作推进会，整体推进县社会领域党建工作，全县各工委、乡镇、街道、“枢纽型”社会组织主管领导、社区及部分非公有制企业党组织负责人和党建指导员近百人参加会议。会议总结了县近期社会领域党建工作，部署了下一阶段工作，并向2012年新成立的非公有制企业党组织和非公有制企业党组织“五个好”示范点发放了电教设备。县委组织部调研员、副部长马红寰出席会议并讲话。

（赵丹欣）

【物业改革意见下发】 8月30日，延庆县委、县政府两办转发由社会办起草拟定的《延庆县关于推进住宅小区物业服务管理改革的意见》。《意见》明确了改革思路，即通过政府投入专项引导资金及人力支持，对居民住宅小区按照“保障类、规范类、示范类”进行分类扶持，以经济奖励手段促进物业公司服务水平，提高居民对物业服务的满意度和居民物业缴费率，最终实现物业行业市场化运营，政府引导资金逐步退出。《意见》完善了“五位一体”监督考核机制等配套制度，突出了街道在改革中的主体作用，引入了物业评估公司进行成本核算，有效提高了本次物业改革的科学性、合理性和针对性。

（赵丹欣）

【社会组织公益行系列活动成效明显】 截至9月，延庆县2013年“营造生态文明氛围建设美丽宜居延庆”社会组织公益行系列活动取得明显成效，共有16家社会组织到延庆县19个社区开展公益活动50余场，包括讲座咨询、义演义诊、展览展示、户外健身等多种形式，涉及扶老助残、心理疏导、医疗服务、生态环保等多个领域，直接服务社区居民3000余人次。

（赵丹欣）

【深入打造“科普示范社区”】 年内，振兴南社区积极做好科普工作，通过打造科普示范楼、科普楼门、科普社区公园、科普长廊、地下多彩科普生活馆等形式，运用操作简单的科普设施和体现健康生活知识的互动多媒体，宣传垃圾分类、节约用水、综治安全等知识，将娱乐与科普相结合，取得良好效果。9月16日，振兴南社区被评为“全国科普示范社区”并举行揭牌仪式。

（赵丹欣）

【做好“十一”期间社会组织服务管理工作】 “十一”期间，县委社会工委、县社会办认真贯彻落实《关于在正风肃纪专项整治中严明若干纪律规定的意见》等重要文件精神，切实做好社会组织社情民意信息搜集整理工作，主动征集意见建议，倾听社会组织呼声，充分落实值班报告、领导带班制度，全体工作人员保证通信联络24小时畅通，有效保证了节日期间社会组织服务管理工作力度。

（赵丹欣）

【选送优秀社工参加心理服务能力培训】 县委社会工委评选20名优秀社工赴房山区参加全市社会心理服务能力专项培训，进一步增强了社区工作者心理领域服务能力。

（赵丹欣）

【社区工作者培训班结业】 “万名社区工作者培训计划”延庆县2013年社区工作者培训班顺利结业。本次培训共分两期，分别于3月27日至29日、10月8日至11日进行，全县397名社区工作者参加。北京市青年政治学院讲师团专家学者围绕《社会领域党的建设》《北京市社会建设“十二五”规划》《社会组织和志愿者服务》等多项内容进行了系统讲解。通过培训，实现了县域社区工作者社会社区建设理论及社区服务意识整体提高。

（赵丹欣）

【社会组织规范化建设评估工作启动】 11月1日，延庆县民政局组织召开“社会组织规范化建设评估工作动员会暨评估工作培训会”，对县域内登记注册的社会团体组织、民办非企业单位进行动员并接受现场报名，北京环宇社会组织服务评估中心专家结合《社会组织评估指标》对参评社会组织作了评估工作培训。本着推荐与申报相结合的原则，县将对50家社会组织进行规范化评估，切实提高社会组织建设规范化程度。

（赵丹欣）

【社区骨干心理服务专业能力培训班举办】 11月7日，全县社区骨干心理服务专业能力培训班举办开班仪式。培训由市委社会工委、市社会办牵头，北京市社会心理工作联合会提供培训机构信息，市社会心理研究所提供资金支持；北京成均教育科技发展中心组织心理学讲师团，结合社工岗位工作需求，围绕社区心理学、基础心理学、发展心理学等心理学科目进行全面系统讲解，充分提高社工识别与解决心理问题专业技能。培训为期3个月，来自全县30个社区，7个乡镇及工会、民政、残联等部门的50名一线骨干社工参训。

（赵丹欣）

【香水园街道物业服务管理中心挂牌】 11月8日，香水园街道物业服务管理中心正式挂牌。街道按照“一套人马、一套制度、一部电话”标准，成立了以街道主管副职任主任的物业服务管理中心，并将各项工作制度一一上墙，标志着物业服务管理中心将进一步规范运行，为监督辖区物业公司服务提供制度保障，为切实担负保障类小区物业服务管理工作奠定基础。

（赵丹欣）

【社区用房项目建设落实】 年内，县委社会工委分两批次共落实24个社区用房项目，社区办公和服务用房均达到350平方米以上。各社区设置了一站式办公大厅、文体活动室、图书室、荣誉室等居民活动场所，满足了社区居民多层次、多样化、个性化的生活需求。

（赵丹欣）

【香水园街道新兴东社区探索建立在职党员临时党支部】 为了加强基层服务型党组织建设，香水园街道新兴东社区将回社区报到的268名在职党员分组编队，建立治安巡逻、政策宣传、帮扶帮困、就业指导等8个在职党员临时党支部，每个支部建立3个党小组和1支党员志愿服务队。对在职党员采用“双卡双册一单”进行管理，“双卡”即在职党员登记卡和联系卡，“双册”即社区党支部宣传手册和在职党员活动手册，“一单”即在职党员服务社区反馈单。

（赵丹欣）

【社区硬件配套设施得到完善】 年内，县社会办按照市相关工作要求和标准，为社区制作统一的服务站标识、制度标牌、胸牌，使服务流程更加清晰，制度更加明确，社区服务更加规范。全年共为14个社区规范化示范点统一制作门楣14块、引导牌14块、制度标牌168块；为网格化农村社会服务管理示范站制作门楣16块、制度标牌78块；为网格化建设工作制作标识牌13块、制度标牌31块；为创建“六型社区”制作各类标牌14块。

（赵丹欣）

【网格化建设全面推进】 年内，县社会办按照“1133”网格化社会服务管理体系设计，协调有关部门完成多项重点工作。争取市级扶持资金为2个专项工作平台、6个乡镇（街道）管理中心、6个社区管理示范站配备必要的硬件设施。协调6个试点乡镇（街道）划分基础网格112个，微网格1388个，配置网格员4559人，各级平台基本具备发现问题、解决问题、上报问题的条件。完善网格化配套制度设计，事件梳理涉及40多个职能部门，涵盖社会保障、社会事业、社会安全、应急管理、城市管理5大类20项424个细项网格化管理事项。落实网格化基础工作，印制下发“人、地、物、组织”信息采集表96000余份，完成采集人员信息22332户72211人，组织信息355个，楼房、井盖等18类物件信息1213146个。完成网格化工作手册及网格化管理系统使用手册设计工作。完成县、乡镇（街道）、村（社区）三级网格化培训工作。目前县网格化社会服务管理系统已具备上线运行条件，即将上线试运行。

（赵丹欣）

【社区工作者学雷锋取得良好社会效益】 年内，县社区工作者学雷锋志愿服务队以综治维稳、为老服务、关爱青年、关爱贫残、法律咨询、维护环境、政策宣传、文艺表演等为服务内容，服务时长累计达到10420小时，极大促进了社区精神文明建设，取得较好的社会效益。

（赵丹欣）

【社会组织参与社会服务品牌打造】 年内，县社会办以政府购买社会组织服务项目为抓手，大力扶持一批潜力大、前景好的社会组织服务项目，如县妇联"'阳光同行'关爱单亲母亲"、自行车协会"展文明骑行风采 做低碳生活引领者"等优质服务项目，共开展技能培训、自行车骑行、科普宣传、专题讲座、慰问送温暖等活动2700余场，发放宣传材料337000余份，参与人群超过15万人次，在知识普及、专业培训、保护生态环境、倡导绿色出行方式等方面充分发挥了社会组织的服务作用，产生了积极的社会影响。

（赵丹欣）

【社区专业服务水平提高】 依托市委社会工委专项扶持资金，县委社会工委在各街道设置法律咨询、心理咨询、为老服务等4个专业服务岗位，聘用专业人员或机构为辖区居民提供法律咨询、心理慰藉等各类专业化服务，运用社会工作专业方法和技巧开展服务，切实解决困难群众问题，在缓解社会矛盾、维护社会稳定方面充分发挥专业优势和作用。

（赵丹欣）

【生态社区建设不断推进】 年内，县委社会工委协同县文明办继续深入开展生态文明创建活动，通过打造3个生态社区、90个绿色楼门、300个低碳家庭，大幅提升全社会生态文明素养，引导广大居民践行低碳绿色生活方式，促进人与自然之间和谐相处，营造全民参与、节约资源和保护环境的良好氛围。

（赵丹欣）

【非公有制企业党建指导员工作步入正轨】 根据全市聘请离退休党员干部担任非公有制经济组织党建指导员相关工作要求，县委社会工委面向党政机关、企事业单位、社区退休党员干部选聘了20名具有多年机关、农村党务工作经验的退休干部担任非公有制经济组织党建指导员，确定了分配方案，拟定了工作协议书，制定了资金管理办法，明确了岗位补贴额度、发放方法，健全了考勤制度和年底绩效考核制度，并为每名指导员配备了《工作日志》，指导党建指导员在抓好党建工作的同时，做好企业服务工作。同时，对20名党建指导员进行了党务知识系统培训，切实提高了党建指导员党务工作水平，增强了党建指导员的服务意识和工作能力。截至2013年年底，非公有制企业党组织组建率已达到80.72%，工作实现全覆盖。

（赵丹欣）

【层级制社会领域党建工作格局形成】 年内，县委社会工委进一步优化社区党组织设置，将党员人数较多的14个社区党支部升级调整为社区党委，协调千家店镇、四海镇、香营乡、刘斌堡乡、珍珠泉乡、大庄科乡建立起社会工作党委，实现乡镇社会工作党委全覆盖，逐步完善社会工作党委运行机制和服务体系，提高党组织对社区各类组织和各项事务的组织领导和管理服务能力，形成了社会工委领导，乡镇、街道党委牵头，社会工作党委具体负责的社会领域党建工作格局。

（赵丹欣）

【统筹区域资源强化社区服务】 年内，县委社会工委、县委组织部继续深化县直单位与社区结对共建和"在职党员服务社区"活动，共计92个二级班子单位与27个社区进行共建，8860余名在职党员到社区报到。县直单位一把手亲自到社区接头，在职党员在共建活动中发挥积极作用，主动参与社区建设、帮扶困难群众、志愿活动、社区环保等活动，密切了党群干群关系，维护了社区和谐。

（赵丹欣）

【组织开展社会动员新机制试点】 年内，县委社会工委选树香水园街道和儒林街道康安社区为社会动员试点街道和社区，探索服务居民新方法。试点街道专门成立社会动员工作领导小组，通过建立社会动员统一指挥平台，明确工作职责和工作力量，健全了街道、社区两级社会动员工作网络，初步建立了街道统筹、各部门分工负责、社会单位和公众广泛参与的工作体制。利用网络、手机、微博等新技术、新媒介开展社会动员工作，极大提高了街道社会动员信息化水平。试点社区把居务公开作为社区居民自治的一项重要内容，成立社区在职党员工作委员会和社区议事委员会，每月召开党员、居民代表会议，通过协商沟通，做到工作情况及时反馈，及时整改，使社区工作失误减少到最低限度，提高居民满意度。社区以栋为单元，发挥楼门组长作用，并在以往楼栋基础上增设小区片长，采用由社区两委成员责任管理、小区片长分管、楼栋长监督的管理方式，切实解决社区疑难问题。

（赵丹欣）

【社区青年汇积极做好服务工作】 年内，川北东梦之翼社区青年汇强化服务青年工作，组织青年参与农村青年创业创富项目大赛培训、青少年公益与共青团工作专题培训、家庭地震预警及应急预案培训等活动，丰富了青年知识。组织青年参加新青年城市体验营，参观北京艺术博物馆、北汽集团北京现代轿车二厂、延庆消防中队、特警基地等，开阔了青年视野。开展中秋慰问、“温暖一冬”等志愿服务活动，激发青年服务社会的热情。通过为广大青年提供学习、交流和提高机会，梦之翼青年汇得到了青年高度关注、大力支持和广泛参与，切实起到了联系青年、组织青年、服务青年的作用。

（赵丹欣）

加强社会建设　创新社会治理

北京市各区县
社会建设工作巡礼

BEIJING SHI GE QUXIAN
SHEHUI JIANSHE GONGZUO XUNLI

东城区
DONG CHENG QU

加强社会建设 创新社会治理

★ 6月5日至6日，东城区举办社会领域党组织负责人培训班

★ 2月22日，东城区巧娘组织技能培训

★ 2月26日，助人社会工作事务所走进三和老年公寓与老人共度新春

★ 9月29日，东花市街道社区邻里服务中心正式启用

★ 社区组织老年人过腊八节

★ 4月15日，东城区举办公益编织节

★ 7月3日，中共安利（中国）日用品有限公司委员会成立

★ 10月21日至22日，东城区举办社区党组织书记培训班

★ 12月24日，东城区政府购买社会组织服务项目工作培训会召开

★ 10月29日，东城区非公有制企业论坛举办

★ 10月24日，山东滨州市市西街道到龙潭街道左安浦园社区考察“智慧社区”建设

西城区
XI CHENG QU

加强社会建设 创新社会治理

★ 6月24日，西城区全响应网格化社会服务管理指挥中心揭牌

★ 5月16日，西城区开展全响应信息化指挥体系建设培训

★ 6月19日，西城区非公党组织书记第一期示范培训班举办

★ 6月20日，西城区街道系统工作例会召开

★ 西城区举办社会工作知识竞赛

★ 西城区开展律师法律服务“进楼宇”活动

西城区

XI CHENG QU

加强社会建设
创新社会治理

★ 西城区编印《红色引擎激发活力——西城区非公党建创新工作集萃》

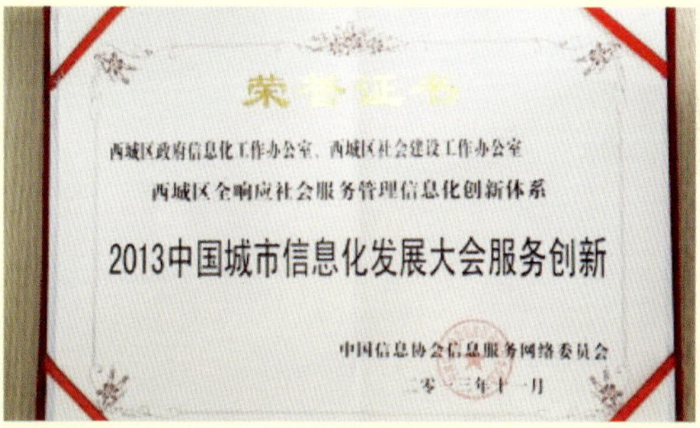

★ 西城区全响应社会服务管理信息化创新体系荣获2013中国城市信息化发展大会服务创新奖

★ 西城区专业社工开展老年健康培训

★ 德胜街道组织青少年暑期夏令营

★ 椿树街道建成金泰为老生活服务中心

★ 新街口街道社会工作党委开展楼宇工作站“青春骑行 快乐之旅”活动

★ 7月11日，“社区朝阳行动”启动

★ 5月17日，朝阳区星级商务楼宇服务站经验交流培训会召开

★ 7月19日，朝阳区“六小门店”自律组织党建工作现场推进会召开

★ 7月1日，朝阳区开展社会领域纪念建党92周年暨“凝聚力量 共筑梦想”党日活动

★ 4月14日，朝阳区社区工作者运动会举办

★ 朝阳区组织开展“万名社区工作者培训”

朝阳区
CHAO YANG QU

加强社会建设
创新社会治理

★ 8月23日，朝阳区社会志愿者公益储蓄中心开展“百星社区公益行”活动

★ 12月4日，朝阳区2013年社会公益博览会举办

★ 奥运村街道设立党政群共商共治工程居民议事厅

★ 朝阳区社区工作者新春文艺汇演

★ 酒仙桥地区举办单身青年联谊会

★ 亚运村街道举办非公经济党员党史知识竞赛

★ 4月12日，海淀区2013年社会建设工作会召开

★ 3月1日，海淀区网格化社会服务管理区级（一级网格）管理平台培训会召开

★ 4月2日，海淀区非公有制企业党建工作推进会召开

★ 7月12日，海淀区社会领域非公党建指导员专题培训班举办

★ 6月14日，海淀区2013年社区建设工作推进会召开

★ 海淀区组织开展“万名社区工作者培训”

★ 6月28日，海淀区社会领域纪念建党92周年大会召开

★ 5月28日，首都保护山川河流志愿服务活动启动仪式举行

★ 7月1日，海淀区网格化社会服务管理信息平台上线运行

★ 学院路街道志新社区网格单元图

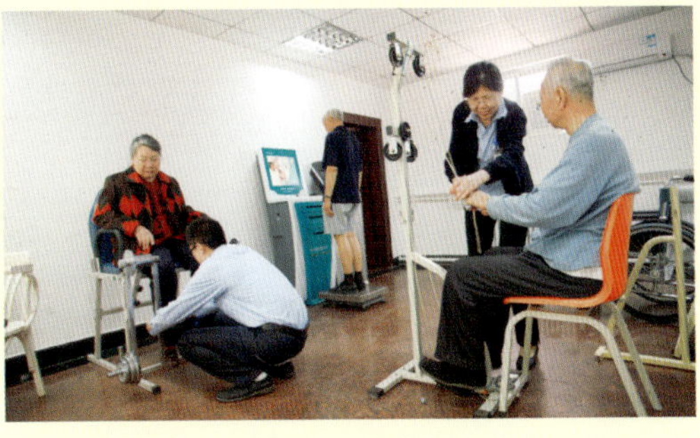

★ 北下关街道南二社区老人日间照料服务

★ “美好家园科普社区行”服务社区居民

丰台区
FENG TAI QU

加强社会建设
创新社会治理

★ 7月9日，丰台区2013年社会领域党组织负责人培训班举办

★ 10月15日，丰台区对新招录社区工作者进行培训

★ 8月8日，丰台区社会服务管理网格化体系建设工作推进会召开

★ 10月14日，丰台区非公有制企业和社会组织党组织“聚焦园博盛会 筑梦美丽丰台”摄影展举办

★ 4月16日，丰台区非公有制企业离退休党员干部党建工作指导员初任培训班开班

★ 5月10日，丰台区举办商务楼宇党务专职工作者“知企情、强服务、促规范”大比武、大练兵擂台赛

丰台区

FENG TAI QU

加强社会建设 创新社会治理

★ 10月21日，丰台区2013年党组织书记示范培训班举办

★ 乐助社会工作事务所“梦飞行”儿童心理工作坊进社区活动

★ 丰台街道对文明引导员进行培训

★ 和义街道和义东里第三社区召开社区事务会商讨环境建设事宜

★ 丰台区网格员工作现场

★ 右安门街道成立社区军民“闪光星”志愿服务队

★ 6月27日，石景山区社会领域庆祝建党92周年暨党建工作推进会召开

★ 5月9日，石景山区举办社工人才市级高级研修班

★ 8月22日，石景山区统筹规范街道协管员队伍管理工作部署会召开

★ 石景山区举办“万名社区工作者培训班”

★ 6月9日，石景山区社区工作者招录报名

★ 9月2日，石景山区“我的梦·中国梦”百姓宣讲社工专场举办

石景山区

SHI JING SHAN QU

加强社会建设
创新社会治理

★ 9月9日，石景山区公益品牌项目授牌

区委社会工委专版

2013.6.20

5

党建引领促发展 典型培树强覆盖

★ 石景山区开展“党建引领促发展 典型培树强覆盖”宣传

★ 古城街道举办健身操大赛

★ 广宁街道开展惠民社区讲座

★ 鲁谷社区举办新春联谊会

★ 苹果园街道苹二社区推进社区规范化建设

★ 4月18日，门头沟区社会领域党建工作会召开

★ 7月15日，门头沟区街道系统“四评一创”工作全面启动

★ 1月23日，门头沟区区级“枢纽型”社会组织首家党建联席会——区文联党建联席会成立

★ 门头沟区开展“万名社区工作者培训”

★ 4月11日，门头沟区组织“国际社工日”登山比赛活动

★ 城子街道推进社区规范化建设

门头沟区

MEN TOU GOU QU

加强社会建设
创新社会治理

★ 门头沟区为非公有制企业党支部授牌

★ 大峪街道临镜苑社区开展“捡拾白色垃圾 美化我的家园”活动

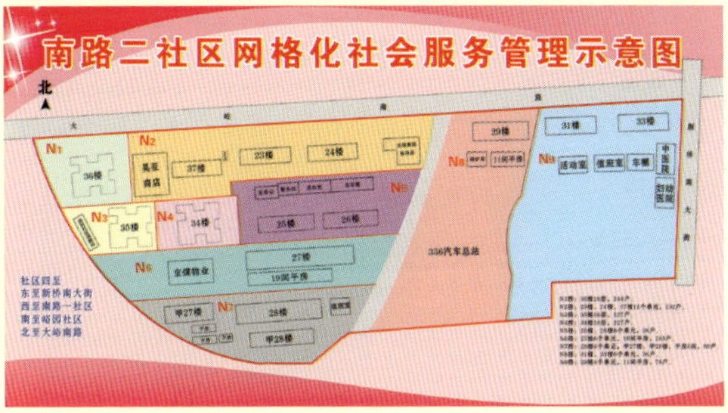

★ 大峪街道南路二社区开展网格化社会服务管理

★ 东辛房街道石门营五区绘制社区民情图

★ 门头沟区会商解决新建居住区居民入住问题

★ 永定镇永安社区开展“一刻钟社区服务圈”建设

★ 4月2日，房山区加快网格化社会服务管理体系建设推进大会召开

★ 4月18日，房山区举办社区党组织书记培训班

★ 4月19日，房山区国家卫生区复审“六进”活动暨2013年环境清洁日启动仪式举办

★ 4月16日，房山区举行2013年“国际社工日”主题宣传活动暨大学生社工艺术团成立仪式

★ 房山区组织居民参加社区大讲堂活动

★ 房山区开展“阳光菜园”进社区活动

★ 8 月 1 日，房山区大学生社工党支部党员大会召开

★ 11 月 11 日，房山区社会领域党建工作会召开

★ 9 月 27 日，房山区社工艺术团举办迎接祖国 64 华诞文艺专场演出

★ 拱辰街道昊天社区开展“用辩论的方式为社区居民举行防诈骗知识讲座”活动

★ 凯利门楼宇党支部举办庆祝建党 92 周年歌咏比赛

通州区
TONG ZHOU QU

加强社会建设
创新社会治理

★ 1月15日，通州区政府购买社会组织服务项目申报工作培训班举办

★ 4月18日，通州区网格化社会服务管理工作专题会议召开

★ 5月27日，非公有制经济组织和社会组织党组织负责人培训班举办

★ 非公有制企业党组织开展党员献爱心活动

★ 通州区举办金秋社区节活动

★ 9月20日，通州区运河艺术节开幕

★ 马驹桥镇开展非公有制企业党建创新工作交流观摩

★ 北苑街道社会组织联合会组织辖区医院为居民义诊

★ 11 月 15 日，通州区网格化服务管理平台建设工作培训会召开

★ 北苑街道社会组织联合会开展为老服务活动

★ 中仓街道新华西街社区“七彩社区梦”活动启动

顺义区
SHUN YI QU

加强社会建设
创新社会治理

★ 9月12日，顺义区社区社会组织负责人培训会召开

★ 9月6日，体育公益社区行走进顺义活动举办

★ 社区居民宣传贯彻十八大精神

★ 在职党员服务进社区活动开展

★ 社区文化志愿者送福到家

顺义区

SHUN YI QU

加强社会建设
创新社会治理

★ 光明街道召开社区新年联谊会

★ 光明街道东兴二社区举办绿色环保知识讲座

★ 光明街道裕龙花园社区开展“过政治生日 争做十表率”活动

★ 石园街道开展“我的梦 中国梦”百姓宣讲活动

★ 石园街道举办家庭疾病预防公益大讲堂系列讲座

★ 双丰街道马坡花园一区义工开展便民服务

昌平区
CHANG PING QU

加强社会建设 创新社会治理

★ 5月19日，回龙观地区社会工作党委揭牌

★ 5月19日，回龙观地区社区服务中心揭牌

★ 3月29日，昌平区2012年度政府购买社会组织服务项目中期评估汇报会召开

★ 4月17日，昌平区社区工作者培训班举办

★ 6月19日，昌平区非公有制企业基层党建工作现场推进会召开

★ 7月4日，昌平区组织社区工作者赴朝阳区、东城区参观学习社区建设工作

★ 8月13日，昌平区社区工作者健康行为养成与传播能力训练项目启动

★ 12月10日，昌平区社会工作人才研修班举办

★ 昌平区开展建筑工地“一站式”综合服务试点项目

★ 昌平区百善学校组织紧急疏散演练

★ 百善镇通过政府购买社会组织服务为残疾人提供帮助

★ 温心社工事务所开展“引入社工服务理念，创新学校德育工作体系”活动

大兴区
DA XING QU

加强社会建设 创新社会治理

★ 1月29日，大兴区购买社会组织服务项目工作部署会召开

★ 9月17日，新区非公有制企业党建工作会召开

★ 5月14日，社会领域党建信息采集培训会召开

★ 5月17日，大兴区首届公益性集体婚礼举办

★ 大兴区组织开展“万名社区工作者培训”

大兴区

DA XING QU

加强社会建设
创新社会治理

★ 11 月 22 日，大兴区举办社会组织负责人培训班

★ 心之露社会工作事务所在社区开展老年人心理保健专题讲座

★ 庞各庄乡努力打造绿色社区

★ 瀛海南海家园社区开展幼教服务

★ 榆垡村首届传统文化公益论坛举办

★ 社会组织积极参加春风行动招聘会

★ 6月25日，平谷区举办政府购买社会组织服务成果展

★ 8月7日，平谷区社会组织调研工作会召开

★ 平谷区开展"雷锋精神遍绿谷 为民助人千万家"活动

★ 平谷区组织开展"万名社区工作者培训"

★ 9月24日，平谷区社区志愿服务工作交流推进会召开

★ 平谷区志愿者参加"唱响中国"活动

★ 绿谷社会工作事务所开展“你的工作我帮忙”特困人员就业援助帮扶公益服务

★ 7月10日，中共汉基集团委员会成立大会召开

★ 滨河街道滨河社区举办亲子嘉年华活动

★ 滨河街道金谷东园社区新老党员重温入党誓词

★ 滨河街道举办庆“三八”文艺汇演

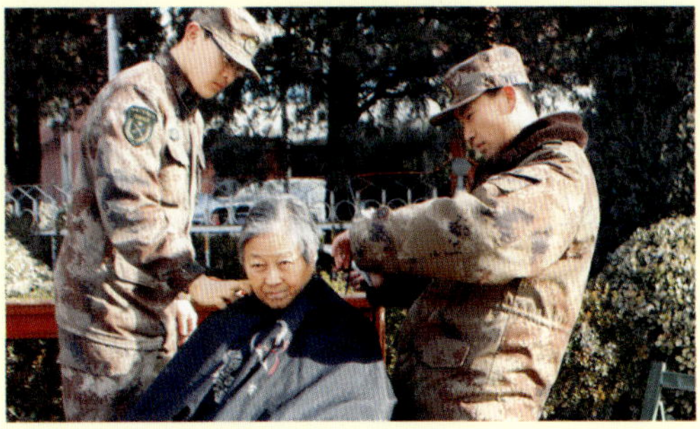
★ 驻军后勤兵为社区老人免费上门理发

★ 3月23日，怀柔区网格化社会服务管理体系正式投入运行

★ 4月1日，怀柔区社区党组织评星晋级分类管理工作推进会召开

★ 4月16日，怀柔区非公有制经济组织党建工作指导员派任仪式举办

★ 怀柔区组织开展“万名社区工作者培训”

★ 9月17日，怀柔区“十佳社区服务品牌”展示交流评选活动举办

★ 11月28日，怀柔区志愿者联合会一届三次理事大会召开

★ 12月20日，怀柔区深化网格化社会服务管理工作会召开

★ 怀柔区志愿者开展“国际志愿者日”服务活动

★ 怀柔区举办“我和我的社区”摄影评选活动

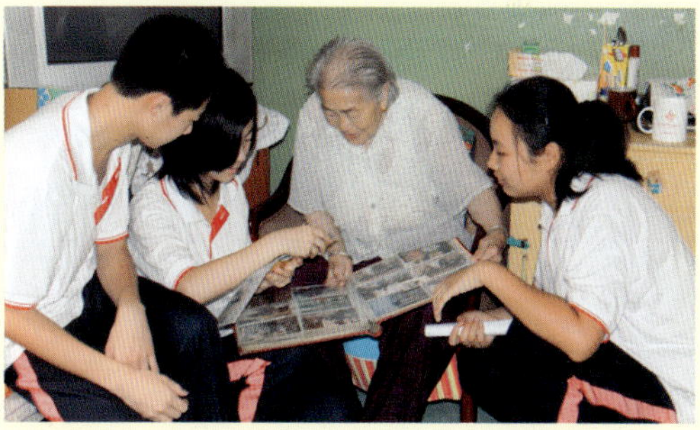
★ 龙山街道龙湖新村社区开展“青春辉映夕阳红”活动

★ 龙山街道南华园一区社区组织开展老年人心理健康培训

★ 泉河街道开放路社区举办和谐邻里宴

密云县
MI YUN XIAN

加强社会建设 创新社会治理

★ 4月3日，密云县2013年社会建设工作领导小组暨综治委第一次全体会议召开

★ 4月7日，密云县志愿服务品牌建设工作部署会召开

★ 4月25日，密云县综治委成员单位进网格工作培训班举办

★ 5月25日，密云县社区工作者职业水平考试考前辅导举办

★ 6月5日，密云县非公党建工作指导员座谈会暨非公党建工作推进会召开

★ 6月14日，密云县镇街“枢纽型”社会组织建设工作推进会召开

密云县
MI YUN XIAN

加强社会建设
创新社会治理

★ 6月27日，密云县政府购买社会组织服务工作2012年总结暨2013年部署会召开

★ 7月17日，密云县推进网格化社会服务管理表彰工作电视电话会召开

★ 鼓楼街道花园社区“老人餐桌”开业典礼举办

★ 新城子镇手工编织技术培训班举办

★ 网格社会管理员在鼓楼大街巡查

★ 鼓楼街道东菜园社区服务站开展为民服务

★ 穆家峪镇华润希望小镇开展社工培训

延庆县
YAN QING XIAN

加强社会建设 创新社会治理

★ 4月8日，延庆县社区建设工作部署会召开

★ 3月27日，延庆县“万名社区工作者培训”启动

★ 4月28日，延庆县非公有制经济党建指导员培训会召开

★ 5月16日，延庆县创建学习型街道、社区辅导讲座举办

★ 延庆县开展“善水行动”关爱母亲河公益服务项目宣传活动

★ 6月20日，延庆县社会组织社区公益行项目对接会召开

加强社会建设 创新社会治理

★ 10 月 10 日，延庆县网格化试点单位推进会召开

★ 11 月 7 日，延庆县社区骨干心理服务能力培训班举办

★ 社会公益组织开展专家进社区活动

★ 香水园街道新兴东社区被评为社区学雷锋志愿服务联络工作示范站

★ 香水园街道新兴东社区成立在职党员志愿服务队临时党支部

★ 延庆县地震应急志愿服务队进社区宣传

·大事记·

2013年大事记

1月

1月5日 市委社会工委委员、市社会办副主任陈建领参加2013年度海淀区街道系统非公有制企业党组织负责人示范培训班开班仪式并作辅导报告。

同日 市委社会工委委员、市社会办副主任陈建领到北京企业文博协会调研社会组织党建工作。

同日 市委社会工委委员、市社会办副主任陈建领到市交通委调研出租汽车行业党建工作。

同日 市委社会工委委员、市社会办副主任刘轩到北京市健康保障协会调研。

1月6日 市委社会工委副书记、市社会办副主任张坚参加北京市人民政府专家咨询委员会2012年度工作会议。

同日 市委社会工委委员、市社会办副主任陈建领到西城区调研社区党建工作。

同日 市委社会工委委员、市社会办副主任王丽竹与市经信委、市民政局、市老龄委相关负责同志座谈研究智慧社区建设工作。

同日 市委社会工委委员、市社会办副主任刘轩参加北京甘肃企业商会迎新春团拜联谊会。

1月7日 市委社会工委委员、市社会办副主任王丽竹调研朝阳区小关街道智慧社区建设工作。

同日 市委社会工委委员、市社会办副主任刘轩参加全国政法工作电视电话会议。

同日 市委社会工委委员、市社会办副巡视员王智玲到延庆县指导落实社区用房建设等重点工作。

1月8日 市委社会工委、市社会办领导赵小卫，陈建领，刘轩与市社团办相关负责同志座谈交流社会领域党建研究会成立事宜。

同日 市委社会工委委员、市社会办副主任刘轩到海淀区调研社会组织工作并参观北京义联劳动法援助与研究中心。

同日 市委社会工委委员、市社会办副巡视员王智玲到密云县调研农村社区服务管理创新工作。

同日 市委社会工委委员、市社会办副巡视员王智玲参加“2013周末社区大讲堂系列科普讲座、科普实验基地启动仪式暨宣传十八大精神社科及社区专场演出活动”。

1月9日 市委常委陈刚会见新加坡中国问题研究专家郑永年。市委社会工委书记、市社会办主任宋贵伦参加。

同日 市委社会工委副书记、市社会办副主任张坚参加北京市抗击“7·21”自然灾害总结表彰大会。

同日 市委社会工委副书记、市社会办副主任张坚参加市政府专题会议。

1月10日 市委社会工委书记、市社会办主任宋贵伦与市贸促会领导座谈研究“枢纽型”社会组织工作。委办领导赵小卫、刘轩参加。

同日 市委社会工委委员、市社会办副主任陈建领参加全市社会领域党建工作第四季度例会并讲话。

1月11日 市委社会工委委员、市社会办副主任陈建领到新奥特集团调研非公有制企业党建工作。

同日 市委社会工委委员、市社会办副主任刘占山到海淀区万寿路街道永定路西里社区调研社会工作队伍建设和社会动员工作。

同日 市委社会工委委员、市社会办副主任王丽竹与市卫生局座谈研究智慧社区建设推进工作。

同日 市委社会工委委员、市社会办副主任刘轩参加北京市政法工作会议。

1月12日 市委社会工委委员、市社会办副巡视员王想平参加北京市工商联商会年会。

1月15日 市委社会工委书记、市社会办主任宋贵伦出席西城区展览路街道社工技能大练兵暨社区活字典总决赛。市委社会工委委员、市社会办副主任刘占山参加。

同日 市委社会工委书记、市社会办主任宋贵伦出席“北京市社会组织学习贯彻十八大精神专题报告会”。中央政策研究室原副主任郑新立作报告。委办领导陈建领、王丽竹、刘轩参加。

同日 市委社会工委委员、市社会办副主任陈建领参加北京市侨联华文学院校友新春联谊会并讲话。

同日 市委社会工委委员、市社会办副主任陈建领参加全市社会组织“学习贯彻党的十八大精神”专题报告会。

同日 市委社会工委委员、市社会办副主任刘轩参加市红十字会第九届五次常务理事会、理事会。

同日 市委社会工委委员、市社会办副巡视员王想平参加通州区政府购买社会组织服务培训会。

1月16日 市委书记郭金龙主持召开十一届市委常委会第32次会议。市委社会工委书记、市社会办主任宋贵伦列席会议。

同日 市委社会工委书记、市社会办主任宋贵伦与非公有制经济党组织负责人座谈。市委社会工委委员、市社会办副主任陈建领参加座谈。

同日 市委社会工委副书记、市社会办副主任周开让参加2013年第一季度全市公共安全形势分析会暨市“两会”安全保障部署会。

同日 市委社会工委委员、市社会办副主任王丽竹听取同方光盘股份有限公司关于舆情手机报和舆情APP设计开发进展情况汇报。

同日 市委社会工委委员、市社会办副巡视员王想平调研西城区月坛街道“玖久缘”文化养老服务中心。

1月17日 市委社会工委书记、市社会办主任宋贵伦主持召开委办领导班子民主生活会。委办领导班子成员周开让、张坚、陈建领、刘占山、王丽竹、刘轩、王智玲、王想平参加。

同日 市委社会工委副书记、市社会办副主任张坚参加全市发展和改革工作会议。

同日 市委社会工委委员、市社会办副主任陈建领参加全市各系统基层组织建设年交流总结会并作发言。

同日 市委社会工委委员、市社会办副巡视员王智玲参加首都标准化委员会第一次全体会议。

1月18日 市委社会工委书记、市社会办主任宋贵伦与摄制组座谈研究社会建设专题片拍摄工作。市委社会工委委员、市社会办副巡视员王想平参加。

同日 市委社会工委、市社会办领导宋贵伦、赵小卫参加市“两会”党员代表、委员会议。

同日 市委社会工委副书记、市社会办副主任周开让参加全市维稳形势分析研判会。

同日 市委社会工委委员、市社会办副主任陈建领到外企人力资源服务公司调研非公有制企业党建工作。

同日 市委社会工委委员、市社会办副主任王丽竹参加市民族联谊会第四届三次全体理事会。

同日 市委社会工委委员、市社会办副主任刘轩参加市社科联“学习贯彻十八大精神、加强社会组织能力建设”研讨会。

同日 市委社会工委委员、市社会办副主任刘轩与市对外友协、市民交协领导座谈研究“枢纽型”社会组织工作。

同日 市委社会工委委员、市社会办副巡视员王智玲参加北京市第五届妇女儿童工作会议。

1月19日 市委社会工委书记、市社会办主任、市社科联副主席宋贵伦参加北京市社科联五届七次常委会。

1月19日至25日 市社会建设工作领导小组办公室副主任赵小卫参加政协北京市十二届一次会议。

1月21日 市委社会工委副书记、市社会办副主任周开让与首都文明办到市志愿者联合会调研，研究筹办志愿服务博览会有关事宜。

同日 市委社会工委委员、市社会办副主任陈建领到东城区调研街道社会工作党委建设及非公有制企业党建工作。

同日 市委社会工委委员、市社会办副主任刘占山与北京市志愿者联合会座谈研究志愿者工作。

同日 市委社会工委委员、市社会办副主任王丽竹主持召开2012年全市社会建设信息化工作第四季度例会。

同日 市委社会工委委员、市社会办副主任刘轩与市妇联领导座谈研究“枢纽型”社会组织工作。

同日 市委社会工委委员、市社会办副巡视员王智玲召开专题研讨会，对全市社区协管员队伍管理存在的问题、基本思路等进行梳理。

1月21日至28日 市委社会工委书记、市社会办主任宋贵伦参加北京市十四届人大一次会议。

1月22日 市委社会工委委员、市社会办副主任王丽竹参加2013年全市社会建设信息工作会议并讲话。

同日 市委社会工委委员、市社会办副巡视员王智玲参加丰台区社区工作者春节联欢会。

1月23日 市委社会工委书记、市社会办主任宋贵伦与上海华夏社会发展研究院院长鲍宗豪座谈研究北京社会建设指标体系项目研究事宜。委办领导赵小卫、张坚、王想平参加座谈。

同日 市委社会工委书记、市社会办主任宋贵伦到北京师范大学中国社会管理研究院参加建立现代社会组织体制座谈会。

同日 市委社会工委、市社会办领导周开让、刘占山与北京农学院党委书记郑文堂座谈研究社会工作人才队伍建设有关事宜。

同日 市委社会工委委员、市社会办副主任刘轩到顺义“三农”研究会调研。

1月24日 市委社会工委委员、市社会办副主任王丽竹到丰台区马家堡街道调研智慧社区建设工作。

同日 市委社会工委委员、市社会办副巡视员王想平主持召开政府购买社会组织服务项目申报启动部署会。

1月25日 市委社会工委、市社会办领导周开让、刘占山参加“2013年迎新春社会工作专业机构座谈会”并讲话。

同日 市委社会工委委员、市社会办副主任刘轩参加“区县社会组织工作研讨会”。

1月26日 市委社会工委副书记、市社会办副主任周开让参加中央领导来京调研工作专题会。

1月28日 市委社会工委副书记、市社会办副主任周开让参加北京市总工会十二届九次委员（扩大）会议。

同日 市委社会工委委员、市社会办副主任王丽竹参加市妇联2012年交流交往工作总结暨培训会。

同日 市委社会工委委员、市社会办副主任刘轩参加市科协社会组织工作座谈会。

1月29日 市委社会工委书记、市社会办主任宋贵伦参加2013年市政府第一次全体会议。

同日 市长王安顺主持召开2013年市政府第一次常务会议。市委社会工委书记、市社会办主任宋贵伦参加常务会议。

同日 市委社会工委书记、市社会办主任宋贵伦参加全市空气重污染日应急工作电视电话会议。

同日 市委社会工委书记、市社会办主任宋贵伦与市工商联领导座谈。委办领导赵小卫、陈建领、刘轩、王想平参加座谈。

同日 市委社会工委副书记、市社会办副主任张坚参加北京交通大学社会建设研究基地“政府购买社会组织服务测评标准体系研究”项目开题研讨会。

同日 市委社会工委委员、市社会办副主任刘占山到密云县调研社会工作队伍建设工作。

同日 市委社会工委委员、市社会办副主任刘占山参加朝阳区社工新春联欢会。

同日 市委社会工委委员、市社会办副主任王丽竹参加市妇联十二届六次执委会议。

同日 市委社会工委委员、市社会办副巡视员王智玲参加中央领导来京调研工作专题会，并到朝阳区香河园街道西坝河东里社区调研社区建设情况。

1月30日 市委常委陈刚主持召开“蚁族”问题专题会议。市委社会工委书记、市社会办主任宋贵伦参加。

同日 市委社会工委书记、市社会办主任宋贵伦参加全市维护稳定工作领导小组会议。

同日 市委社会工委副书记、市社会办副主任周开让参加东城区东华门地区2013年新春团拜会。

同日 市委社会工委委员、市社会办副主任刘轩参加2013北京商务新春联欢会。

1月31日 市委社会工委副书记、市社会办副主任周开让参加全市住房保障工作总结电视电话会。

2月

2月1日 全市网格化社会服务管理体系建设区县座谈会召开。市委常委陈刚出席会议并讲话。市委副秘书长王翔主持会议。市委社会工委、市社会办领导宋贵伦、赵小卫、王想平，各区县主管领导参加会议。

同日 市委社会工委书记、市社会办主任宋贵伦参加中共北京市第十一届纪律检查委员会第二次全体会议暨全市党风廉政建设工作会议。

同日 市委社会工委委员、市社会办副主任刘占山参加昌平区羊坊镇迎新春老领导座谈会。

2月2日 市委常委陈刚到海淀区在京“蚁族”聚集区调研社区青年汇工作。市委社会工委书记、市社会办主任宋贵伦参加调研。

同日 市委社会工委书记、市社会办主任宋贵伦主持召开2013年第1次工委会议。会议研究了2013年全市社会建设工作会议筹备等事宜。

2月4日 市委社会工委、市社会办举办机关新春联欢会。委办领导班子全体成员和机关全体干部参加联欢会。

同日 市委社会工委委员、市社会办副巡视员王智玲到朝阳区香河园街道西坝河东里社区实地调研。

2月5日 2013年北京市社会建设工作会议召开。会议总结了2012年全市社会建设工作，部署了2013年工作任务。市委常委陈刚出席会议并讲话。市委副秘书长王翔主持会议。市委社会工委书记、市社会办主任宋贵伦作工作报告。市委社会工委、市社会办领导班子全体成员及处以上干部，市级“枢纽型”社会组织主管领导，非公有制企业党组织负责人代表，各区县委、区县政府主管领导，各区县社会工委、社会办主要负责人及部分社区工作者代表参加会议。

同日 市委社会工委书记、市社会办主任宋贵伦主持召开2013年第1次主任办公会议。会议听取了各处室1月份工作完成情况及2月份工作计划汇报，研究部署了近期重点工作任务。

同日 北京社会建设网全新升级改版上线。

2月6日 市委社会工委、市社会办组织领导班子和局级领导干部年度考核述职测评。委办领导班子全体成员和机关处级以上干部参加。

同日 市委社会工委、市社会办组织处长述职和处级及以下干部考核测评会。委办领导班子全体成员和机关全体干部参加。

2月7日 市委社会工委、市社会办领导班子成员分别到各区县慰问优秀社区工作者、困难社区工作者和优秀志愿者代表。

2月8日 市委社会工委书记、市社会办主任宋贵伦主持召开2013年第二次工委会议。会议研究了干部人事工作。

2月16日 市委社会工委、市社会办领导宋贵伦、周开让与市志愿者联合会秘书长、市志愿服务指导中心主任郭新保座谈研究"让志愿走进生活"2013年北京"学习雷锋，为民助人"志愿服务推动日方案。

同日 市委社会工委书记、市社会办主任宋贵伦主持召开专题会议，研究2013年社会建设重点工作。委办领导班子全体成员参加会议。

2月18日 市委常委陈刚召开研究2013年社会建设重点工作专题会议。市委副秘书长王翔、委办领导班子全体成员参加会议。

同日 "让志愿走进生活"2013年北京"学习雷锋，为民助人"志愿服务推动日活动协调部署会召开。市委社会工委副书记、市社会办副主任周开让，市志愿者联合会秘书长、市志愿服务指导中心主任郭新保参加会议并讲话。

2月19日 市委常委陈刚听取市委社会工委、市社会办工作专题汇报。委办领导宋贵伦、赵小卫、王想平参加。

同日 市委社会工委副书记、市社会办副主任周开让与团市委书记常宇研究非京籍流动大学毕业生群体调研工作。

同日 市委社会工委副书记、市社会办副主任周开让参加市法制宣传教育领导小组成员全体会议。

2月19日至28日 市委社会工委书记、市社会办主任宋贵伦率团赴土耳其、阿联酋学习考察社会建设工作。

2月20日 市委社会工委委员、市社会办副主任陈建领参加北京市非公有制企业党建工作联席会并讲话。

2月21日 市委社会工委副书记、市社会办副主任周开让主持召开机关处以上干部会，传达学习习近平同志重要讲话精神。

同日 市委社会工委副书记、市社会办副主任周开让参加市维护稳定工作领导小组扩大会议。

同日 市委社会工委委员、市社会办副主任陈建领参加全市组织系统工作务虚会并发言。

同日 市委社会工委委员、市社会办副主任刘轩与市民交协座谈交流"第三届北京市在京国际组织联谊活动"工作方案。

同日 市委社会工委委员、市社会办副巡视员王智玲参加全市三大秩序管理整治工作推进会。

2月22日 市委社会工委副书记、市社会办副主任周开让参加全市组织部长会议。

同日 市委社会工委委员、市社会办副主任王丽竹参加全市外事暨港澳工作会议。

同日 市委社会工委委员、市社会办副巡视员王智玲参加北京市防火安全委员会2013年工作会议。

同日 市委社会工委委员、市社会办副巡视员王想平调研丰台区右安门街道社会组织服务项目。

2月25日 市委常委陈刚召开研究北京青年流动人口重点群体调研报告有关工作会议。市委社会工委副书记、市社会办副主任周开让参加会议。

同日 市委社会工委副书记、市社会办副主任周开让参加全市领导干部电视电话会议。

同日 市委社会工委副书记、市社会办副主任周开让参加市委防范和处理邪教问题领导小组会议。

同日 市委社会工委委员、市社会办副主任王丽竹主持召开全市智慧社区建设工作月度交流调度会。

同日 市委社会工委委员、市社会办副巡视员王智玲到市重大办就老旧小区服务管理进行工作对接。

2月26日 市社会建设工作领导小组办公室副主任赵小卫参加市政协社法委会议。

同日 市委社会工委委员、市社会办副主任陈建领与市对外友协就市级“枢纽型”社会组织党建工作进行座谈交流。

同日 市委社会工委委员、市社会办副主任刘占山到丰台区调研社会工作队伍建设情况。

同日 市委社会工委委员、市社会办副主任王丽竹参加朝阳区智慧社区建设工作培训会并做专题辅导。

2月27日 市委社会工委委员、市社会办副主任王丽竹参加城市管理与科学杂志编委会议。

同日 市委社会工委委员、市社会办副巡视员王智玲参加全市第二批社区用房规范化建设项目检查验收暨2013年社区建设工作会并讲话。

同日 市委社会工委委员、市社会办副巡视员王智玲参加2013年北京市城管执法工作暨环境秩序综合整治部署会。

2月28日 市委常委陈刚到北京市妇女儿童社会服务中心调研。市委副秘书长王翔，市委社会工委副书记、市社会办副主任周开让陪同调研。

同日 市委社会工委委员、市社会办副主任陈建领到大兴区调研聘请离退休党员干部担任非公有制企业党建指导员工作。

同日 市委社会工委委员、市社会办副主任刘占山参加“万名社区工作者培训计划”工作推进会并讲话。

3月

3月1日 市委社会工委书记、市社会办主任宋贵伦参加市党建研究会六届三次常务理事会议。

同日 市委社会工委委员、市社会办副主任王丽竹到石景山区金顶街街道调研，落实“街道一日工作制度”。

同日 市委社会工委委员、市社会办副巡视员王想平为团市委作关于政府购买社会组织服务工作政策辅导。

3月1日至4日 市委社会工委副书记、市社会办副主任周开让参加2013年全国“两会”安保维稳工作每日会商会。

3月4日 市委社会工委副书记、市社会办副主任周开让主持召开社会领域全国“两会”安保维稳部署会。

同日 市委社会工委副书记、市社会办副主任周开让参加首都红十字志愿服务总队成立仪式。

3月5日 “让志愿服务走进生活”——2013年北京“学习雷锋，为民助人”志愿服务推动日活动举办。包括开展第一次全市规模的志愿服务项目供需对接，启动志愿服务计时和星级徽章大众投票评选等志愿服务活动。市委常委陈刚出席，市委副秘书长王翔，市政府副秘书长侯玉兰，市委社会工委书记、市社会办主任宋贵伦，首都综治办主任滕盛萍，团市委书记常宇及委办领导周开让、王想平参加活动。

同日 市委社会工委委员、市社会办副主任陈建领赴丰台区调研聘请离退休党员干部担任非公党建指导员工作。

3月6日 市委常委陈刚到西城区金融街街道调研社会建设工作。市委副秘书长王翔，市委社会工委、市社会办领导宋贵伦、王智玲、王想平参加调研。

同日 市委社会工委委员、市社会办副主任陈建领与市老干部局座谈交流“老党员先锋队”纳入社区党建工作以及聘请离退休党员干部担任非公党建指导员工作情况。

3月7日 市委常委陈刚主持召开预防青少年违法犯罪专项组座谈会。市委副秘书长王翔，市委社会工委、市社会办领导宋贵伦、刘占山、王想平参加座谈会。

同日 市委社会工委书记、市社会办主任宋贵伦参加市人大内务司法对口联系单位工作通报会。

同日 “发现公民榜样、点亮雷锋精神”座谈会召开。市委常委、宣传部长、副市长鲁炜出席座谈会并讲话。市委社会工委、市社会办领导宋贵伦、王智玲，十大感动社区人物获奖者及相关专家学者参加座谈会。

同日 市委社会工委委员、市社会办副主任王丽竹到昌平区回龙观地区办事处调研，落实“街道一日工作制度”。

同日 市委社会工委委员、市社会办副主任王丽竹到海淀区清华园街道调研智慧社区试点建设工作。

3月8日 2013年社区基本公共服务全覆盖工作会召开。市委常委陈刚出席会议并讲话，市委副秘书长王翔主持会议，市委社会工委书记、市社会办主任宋贵伦做工作报告。委办领导赵小卫、王智玲，全市36家委办局相关负责人、16个区县社会建设工作领导小组办公室负责人参加会议。

同日 市社会建设工作领导小组办公室副主任赵小卫调研门头沟区网格化社会服务管理体系建设情况。

3月11日 市委社会工委书记、市社会办主任宋贵伦主持召开2013年第三次工委会议。会议研究了“3·5”北京志愿服务推动日活动经费等事宜。

同日 市委社会工委书记、市社会办主任宋贵伦主持召开2013年第二次主任办公会。会议传达了2月18日市委常委陈刚研究2013年社会建设重点工作专题会有关精神，听取了各处室2月份工作完成情况及3月份工作计划汇报，研究部署了近期有关工作。

同日 市委社会工委副书记、市社会办副主任周开让参加全国“两会”维稳情况会商会。

同日 市委社会工委委员、市社会办副巡视员王想平参加关于进一步完善舆论引导机制意见座谈会。

3月12日 市委社会工委委员、市社会办副主任刘占山到延庆县调研，落实“街道一日工作制度”。

同日 市委社会工委委员、市社会办副主任王丽竹到顺义区胜利街道调研智慧社区试点建设工作。

同日 市委社会工委委员、市社会办副巡视员王智玲与市住保办座谈研究“燕保·京原家园”公租房项目社区管理工作。

3月13日 市委社会工委委员、市社会办副主任王丽竹到亦庄经济技术开发区社会发展局调研社区信息化建设工作。

3月14日 市委社会工委委员、市社会办副主任王丽竹与清华同方座谈研究网络舆情监测分析预警系统、手机报系统、智慧社区微门户建设工作。

同日 市委社会工委委员、市社会办副主任王丽竹到房山区西潞街道调研智慧社区试点建设工作。

同日 市委社会工委、市社会办组织机关干部参观“永远的雷锋”大型主题展览。市委社会工委委员、市社会办副巡视员王想平参加。

3月15日 北京民办教育协会等10家市级“枢纽型”社会组织党建工作委员会成立暨集中授牌会议召开。市委常委陈刚出席会议并讲话，市委副秘书长王翔主持会议，市委社会工委书记、市社会办主任宋贵伦通报市级“枢纽型”社会组织党建工作开展情况。市委社会工委委员、市社会办副主任陈建领，各市级“枢纽型”社会组织主管领导和负责党建工作的部门（处室）领导等120余人参加会议。

同日 市委常委陈刚主持召开研究北京青年流动人口重点群体调研报告有关工作会议。市委社会工委副书记、市社会办副主任周开让参加。

同日 市社会建设工作领导小组办公室副主任赵小卫调研房山区网格化社会服务管理体系建设情况。

同日 市委社会工委副书记、市社会办副主任张坚与北京工业大学课题组座谈社区民主自治工作。

同日 市委社会工委副书记、市社会办副主任张坚参加2013年上半年社会建设研究基地工作会议。

同日 市委社会工委委员、市社会办副主任王丽竹到大兴区林校路街道调研智慧社区试点建设工作。

同日 市委社会工委委员、市社会办副巡视员王智玲到朝阳区调研老旧小区准物业管理工作。

3月16日 市委社会工委副书记、市社会办副主任周开让参加全国“两会”维稳情况会商会。

同日 市委社会工委委员、市社会办副巡视员王智玲到朝阳区调研老旧小区准物业管理工作。

3月18日 市委社会工委委员、市社会办副主任刘占山主持召开2013“国际社工日”首都专业社会工作研讨交流活动协调会。

同日 市委社会工委委员、市社会办副巡视员王想平参加与市委宣传部、首都文明办商议感动社区人物巡讲事宜座谈会。

3月19日 市委社会工委副书记、市社会办副主任周开让参加2013年全国“两会”安保维稳工作总结会议。

同日 市委社会工委副书记、市社会办副主任周开让赴密云县果园街道指导工作，落实“街道一日工作制度”。

同日 市委社会工委委员、市社会办副主任陈建领参加2013年全市社会领域党建工作第一季度工作例会并讲话。

同日 市委社会工委委员、市社会办副主任王丽竹与市经信委副主任王学军座谈研究2013年全市智慧社区建设工作。

同日 市委社会工委委员、市社会办副巡视员王智玲到门头沟区调研老旧小区准物业管理工作。

3月20日 市委社会工委书记、市社会办主任宋贵伦出席“北京市万名社区工作者培训计划”通州区培训班开班仪式并授课。

同日 市社会建设工作领导小组办公室副主任赵小卫参加北京市第二届兰亭北青杯中小学生书法大赛筹备工作会议。

同日 市委社会工委副书记、市社会办副主任张坚参加中央统战部到委办考察能建国同志谈话。

同日 市委社会工委委员、市社会办副主任陈建领参加地雅投资管理集团有限公司“地雅大讲堂”开班仪式并作动员讲话。

同日 市委社会工委委员、市社会办副主任王丽竹与市残联信息中心座谈，对接智慧社区试点建设需求。

同日 市委社会工委委员、市社会办副巡视员王智玲到海淀区进行第二批社区用房建设项目检查验收。

3月21日 市委书记郭金龙围绕“推动城乡结合部建设，加快城乡一体化发展步伐”主题到海淀区调研座谈。市委社会工委书记、市社会办主任宋贵伦参加调研。

同日 市社会建设工作领导小组办公室副主任赵小卫调研昌平区网格化社会服务管理体系建设情况。

同日 市委社会工委副书记、市社会办副主任周开让参加首都社会管理综合治理工作会议。

同日 市委社会工委委员、市社会办副主任陈建领为大兴区非公有制领域党建工作指导员授课。

同日 市委社会工委委员、市社会办副主任陈建领参加北京市建筑业联合会“枢纽型”社会组织2013年工作会议。

同日 市委社会工委委员、市社会办副主任王丽竹到门头沟区大峪街道调研智慧社区试点建设工作。

同日 市委社会工委委员、市社会办副巡视员王智玲到朝阳区进行第二批社区用房建设项目检查验收。

3月22日 市委社会工委书记、市社会办主任宋贵伦参加中宣部关于深入开展道德领域突出问题专项教育和治理活动电视电话会议。市委社会工委委员、市社会办副巡视员王想平参加电话会议。

同日 市委社会工委副书记、市社会办副主任周开让参加2013年北京志愿服务推动日活动总结会。

同日 市委社会工委副书记、市社会办副主任张坚到朝阳区潘家园街道调研，落实“街道一日工作制度”。

同日 市委社会工委委员、市社会办副主任刘占山调研“北京市万名社区工作者培训计划”大兴区培训班情况。

同日 市委社会工委委员、市社会办副主任王丽竹到通州区中仓街道调研智慧社区试点建设工作。

同日 市委社会工委委员、市社会办副巡视员王智玲到丰台区调研老旧小区准物业管理工作。

3月25日 市委社会工委书记、市社会办主任宋贵伦主持召开2013年第4次工委会。会议研究部署了近期重点工作及2013年全市社区基本公共服务全覆盖工作等事宜。

3月26日 市委社会工委书记、市社会办主任宋贵伦参加国务院第一次廉政会议。

同日 市委社会工委书记、市社会办主任宋贵伦与上海华东理工大学教授鲍宗豪商议社会建设指标体系课题研究工作。市委社会工委委员、市社会办副巡视员王想平参加。

同日 市委社会工委委员、市社会办副主任刘占山参加“北京市万名社区工作者培训计划”朝阳区培训班开班仪式并讲话。

同日 市委社会工委委员、市社会办副主任王丽竹主持召开第二次全市智慧社区建设工作月度交流调度会暨2013年全市社会建设信息化工作第一季度例会并做工作部署。

3月27日 市委社会工委书记、市社会办主任宋贵伦出席市编办调研北京市社会组织工作座谈会。委办领导赵小卫、陈建领参加。

同日 市委社会工委副书记、市社会办副主任周开让参加密云县2013年社区工作者培训班开班仪式并授课。

同日 市委社会工委委员、市社会办副主任陈建领参加市私营个体经济协会系统工作总结暨表彰会并讲话。

同日 市委社会工委委员、市社会办副主任刘占山参加“北京市万名社区工作者培训计划”延庆县培训开班仪式并讲话。

同日 市委社会工委委员、市社会办副主任王丽竹调研密云县果园街道智慧社区试点建设工作。

同日 市委社会工委委员、市社会办副巡视员王智玲与市住建委座谈研究业委会建设和老旧小区管理工作。市住建委副主任程建华参加座谈。

3月28日 市委社会工委书记、市社会办主任宋贵伦主持召开专题会议。会议研究了干部人事有关工作。委办领导班子全体成员参加会议。

同日 市委社会工委书记、市社会办主任宋贵伦参加首都生态文明和城乡环境建设动员大会。

同日 市委社会工委委员、市社会办副主任王丽竹到平谷区滨河街道调研智慧社区试点建设工作。

同日 市委社会工委委员、市社会办副巡视员王智玲与首都文明办、市市政市容委座谈研究推进社区垃圾减量、垃圾分类等工作。

3月29日 市委社会工委书记、市社会办主任宋贵伦，市委社会工委委员、市社会办副主任陈建领参加区县委书记、系统负责人党建工作述职会议和市委党的建设工作领导小组（扩大）会议。

同日 市委社会工委委员、市社会办副主任刘占山调研“北京市万名社区工作者培训计划”石景山区培训班情况。

同日 市委社会工委委员、市社会办副主任王丽竹到东城区东华门街道调研智慧社区试点建设工作。

3月29日至4月1日 市委常委陈刚带队赴广东省广州市、深圳市、珠海市、中山市、东莞市、佛山市顺德区考察社会建设工作。市委副秘书长王翔，市委社会工委、市社会办领导宋贵伦、张坚、王想平，市民政局、首都综治办、团市委及有关区县领导参加考察。

3月30日 市委社会工委副书记、市社会办副主任周开让参加2013年首都义务植树劳动。

4月

4月1日 市社会建设工作领导小组办公室副主任赵小卫调研延庆县网格化社会服务管理体系建设工作。

同日 市委社会工委副书记、市社会办副主任周开让参加市政府第一次廉政工作电视电话会议。

同日 市委社会工委委员、市社会办副主任王丽竹为房山区“智慧社区建设工作培训会”做专题讲座。

4月2日 市委社会工委书记、市社会办主任宋贵伦主持召开专题会，研究中国社会建设论坛、广东考察调研总结、事业单位改革等事宜。委办领导周开让、张坚、王丽竹、王想平参加专题会。

同日 市社会建设工作领导小组办公室副主任赵小卫调研密云县网格化社会服务管理体系建设工作。

同日 市委社会工委委员、市社会办副主任陈建领参加海淀区社会领域“五个好”非公有制企业党组织授牌暨非公有制企业党的建设工作推进会。

4月3日 市委社会工委委员、市社会办副主任王丽竹与市经信委党组成员、副主任童腾飞座谈研究全市智慧社区推进工作。

4月7日 市委社会工委副书记、市社会办副主任周开让参加市政府应急系统电视电话会议。

4月8日 市委常委陈刚到市民政局调研社会建设与管理创新工作。市委副秘书长王翔，市委社会工委书记、市社会办主任宋贵伦，市社会建设工作领导小组办公室副主任赵小卫参加调研。

同日 市委社会工委书记、市社会办主任宋贵伦主持召开2013年第五次工委会议。会议研究了北京市社会心理工作联合会标志及干部人事工作有关事宜。

同日 市委社会工委书记、市社会办主任宋贵伦主持召开2013年第三次主任办公会议。会议学习传达了市长王安顺对《关于转发城乡规划违法违纪行为处分办法的请示》的批示精神，通报了市委常委陈刚带队赴广东省调研有关情况和到市民政局调研讲话精神，听取了各处室3月份工作完成情况及4月份工作计划汇报，研究部署了近期重点工作任务。

4月9日 市委社会工委副书记、市社会办副主任周开让参加北京市重大决策社会稳定风险评估工作会议。

同日 市委社会工委副书记、市社会办副主任周开让到西城区德胜街道参加“街道一日工作”并调研社会动员相关工作。

同日 内蒙古自治区经信委党组成员、巡视员兰惠带队来京考察智慧社区建设情况。市委社会工委委员、市社会办副主任王丽竹参加座谈会并做专题介绍。

同日 市委社会工委委员、市社会办副巡视员王智玲参加第二批社区用房延期验收项目工作会。

4月10日 市委社会工委书记、市社会办主任宋贵伦参加2013年全市廉政风险防控管理工作部署会。

同日 市委社会工委书记、市社会办主任宋贵伦到公安部党校为局级干部培训班作专题报告。

同日 市委社会工委委员、市社会办副主任陈建领接受《中国组织人事报》采访，介绍社会组织党建工作情况。

同日 市委社会工委委员、市社会办副主任王丽竹到石景山区金顶街街道参加“街道一日工作”并调研社会建设信息化建设工作。

同日 市委社会工委委员、市社会办副巡视员王智玲到顺义区空港街道参加“街道一日工作”并调研社区建设工作。

4月11日 市长王安顺主持召开第6次市政府常务会议。市委社会工委书记、市社会办主任宋贵伦参加市政府常务会议。

同日 市委社会工委书记、市社会办主任宋贵伦主持召开专题会议，研究讨论《赴广东学习考察社会建设总结报告》。委办领导张坚、王想平参加。

同日 市社会建设工作领导小组办公室副主任赵小卫调研怀柔区网格化社会服务管理体系建设工作。

同日 市委社会工委副书记、市社会办副主任周开让参加中关村示范区社会组织工作大会。

同日 市委社会工委副书记、市社会办副主任张坚主持召开北京市社会心理工作联合会筹备工作会。联合会发起单位北京心理卫生协会、北京市家庭教育研究会等单位有关领导和专家参加会议。

同日 市委社会工委委员、市社会办副主任王丽竹到丰台区丰台街道调研智慧社区试点建设工作。

4月11日至13日 市委社会工委委员、市社会办副主任陈建领参加市委组织部赴上海学习考察区域化党建工作相关活动。

4月12日 广东省社工委专职副主任刘润华带队来京考察社会建设工作。市委社会工委书记、市社会办主任宋贵伦，委办领导张坚、王智玲参加座谈会。

同日 市委社会工委副书记、市社会办副主任周开让参加海淀区2013年社会建设工作会并讲话。

4月13日 首届“中国社会建设论坛”暨社会建设与社会治理研究中心成立仪式举行。市委常委陈刚和国家创新与发展战略研究会会长、原中央党校常务副校长郑必坚出席成立仪式并致辞。上海、广东、重庆等12个省市的社会建设部门有关领导，委办领导班子成员以及市级“枢纽型”社会组织、北京社会建设研究基地和区县社会工委等140余位负责同志和专家学者参加活动。

4月14日 市委社会工委委员、市社会办副巡视员王智玲参加朝阳区社区工作者运动会暨全民健身启动仪式。

4月15日 市委书记郭金龙听取关于北京青年流动人口有关工作的汇报。市委社会工委书记、市社会办主任宋贵伦参加。

同日 南京市栖霞区委书记臧正金、市委社建工委书记许宏带队来京考察社会建设工作。市委社会工委书记、市社会办主任宋贵伦，委办领导赵小卫、王丽竹、王智玲参加座谈。

同日 2013年国际社工日交流活动暨北京社工队伍建设论坛举办。论坛以“树立科学发展理念　推动社工专业化职业化发展”为主题，分别围绕“首都专业社工机构培育与发展”和“首都社会工作人才队伍建设”两个专题，在理论与实务方面进行了广泛交流和深入研讨。中国社会工作协会会长徐瑞新、副会长兼秘书长赵蓬奇，市委副秘书长王翔，市委社会工委、市社会办领导周开让、刘占山、王想平等参加论坛开幕式。

同日 市委社会工委委员、市社会办副主任陈建领为密云县第二期社区工作者培训班作辅导报告。

4月16日 北京市第五期区县领导干部研修班到市委社会工委、市社会办调研社会建设工作。委办领导宋贵伦、张坚、陈建领、刘占山、王丽竹、王智玲参加座谈会。

同日 市委社会工委副书记、市社会办副主任周开让参加第三届在京国际组织联谊活动。

同日 市委社会工委委员、市社会办副主任陈建领到丰台区为非公有制企业党建工作指导员授课。

同日 市委社会工委委员、市社会办副主任刘占山参加房山区国际社工日主题宣传活动暨大学生社工艺术团成立仪式并讲话。

同日 市委社会工委委员、市社会办副巡视员王智玲参加老旧小区自我服务、自我管理试点工作文件征求意见座谈会。

同日 市委社会工委委员、市社会办副巡视员王智玲参加市政府关于2013年住房保障工作要点部署会。

4月17日 市委社会工委书记、市社会办主任宋贵伦参加2013年全市节能降耗及应对气候变化工作电视电话会议。

同日 市委社会工委书记、市社会办主

任宋贵伦与北京社会服务管理精细化指标体系课题组研究工作。委办领导张坚、王想平参加。

同日 市委社会工委书记、市社会办主任宋贵伦到公安部党校为第一期处级干部培训班作社会建设报告。

同日 市委社会工委书记、市社会办主任宋贵伦到怀柔区调研社会建设工作。市委社会工委委员、市社会办副巡视员王想平参加调研。

同日 市委社会工委委员、市社会办副主任刘占山到海淀区调研"北京市万名社区工作者培训计划"海淀区培训班工作情况。

4月18日 市委社会工委书记、市社会办主任宋贵伦到市委党校为中青年干部培训班作社会建设辅导报告。

同日 市委社会工委委员、市社会办副主任陈建领调研海淀园工委非公有制企业党建工作。

同日 市委社会工委委员、市社会办副主任王丽竹到延庆县香水园街道、儒林街道调研智慧社区试点建设工作。

4月18日至19日 市委社会工委委员、市社会办副巡视员王智玲参加2013年中国社会工作协会社区工作委员会工作会议。

4月19日 市委常委陈刚出席赴广东省考察社会建设工作总结交流会并讲话。市委副秘书长王翔，市委社会工委书记、市社会办主任宋贵伦，委办领导张坚、王想平及有关区县领导参加会议。

同日 市委社会工委书记、市社会办主任宋贵伦参加北京市加强境外非政府组织管理工作会议。市委社会工委委员、市社会办副主任陈建领参加。

同日 市委社会工委副书记、市社会办副主任周开让参加市委常委会2013年议题计划部署会。

同日 市委社会工委副书记、市社会办副主任周开让参加2013年度全市维稳调研工作会议。

同日 市委社会工委委员、市社会办副主任王丽竹参加2013年北京市党委系统信息化工作协调小组第一次会议。

4月20日 市委社会工委委员、市社会办副巡视员王丽竹参加"洁净新生活、幸福新家庭——智慧女性 我的家居我做主"大型社区系列活动全国启动仪式。

4月22日 市委社会工委书记、市社会办主任宋贵伦到东方国学院调研该学院建立党组织相关事宜。市委社会工委委员、市社会办副主任陈建领参加。

同日 市委社会工委委员、市社会办副巡视员王智玲与市民政局副局长李红兵座谈研究社区养老服务相关工作。

同日 市委社会工委委员、市社会办副巡视员王想平参加市政协社法委推进网格化社会服务管理体系建设情况通报会。

4月23日 市委书记郭金龙主持召开市委常委会第45次会议。市委社会工委书记、市社会办主任宋贵伦参加会议。

同日 市委社会工委书记、市社会办主任宋贵伦与市民政局局长李万钧座谈。委办领导赵小卫、张坚参加座谈。

同日 市委社会工委书记、市社会办主任宋贵伦与中国人民大学出版社总编辑贺耀敏教授商谈《北京社会建设概论》出版事宜。市委社会工委委员、市社会办副巡视员王想平参加座谈。

同日 市委社会工委副书记、市社会办副主任周开让到石景山区调研社会动员工作。

同日 市委社会工委委员、市社会办副主任陈建领到平谷区参加"街道一日工作"并调研乡镇社会工作党委建设工作。

同日 市委社会工委委员、市社会办副主任王丽竹与中国智慧社区产业联盟座谈研究智慧社区建设工作。

同日 市委社会工委委员、市社会办副巡视员王智玲与市园林绿化局（首都绿化办）副主任甘敬座谈社区基本公共服务全覆盖工作，就社区绿化美化服务工作进行研讨。

4月24日 市委社会工委书记、市社会办主任宋贵伦为公安部直属机关第二期处级干部培训班作报告。

同日 市委社会工委委员、市社会办副主任刘占山到顺义区调研社会工作队伍建设情况。

同日 市委社会工委委员、市社会办副主任王丽竹参加全市基层平安建设电视电话会。

同日 市委社会工委委员、市社会办副巡视员王智玲参加市民政局《关于加快推进北京市养老服务业发展的意见》征求意见座谈会。

同日 市委社会工委委员、市社会办副巡视员王想平参加研究进一步做好青年流动人口服务管理工作会。

同日 市委社会工委委员、市社会办副巡视员王想平参加市红十字会捐赠工作表彰会议。

4月24日至25日 市委社会工委委员、市社会办副主任陈建领参加中组部组织二局调研北京市非公有制企业党建工作相关活动。

4月25日 市社会建设工作领导小组办公室副主任赵小卫调研顺义区网格化社会服务管理体系建设工作。

同日 市委社会工委副书记、市社会办副主任张坚与公安大学课题组座谈研究流动人口服务管理问题。

同日 市委社会工委委员、市社会办副主任王丽竹与市民政局社区服务中心就推进全市智慧社区试点建设和信息资源统筹共享工作座谈。

同日 市委社会工委委员、市社会办副主任王丽竹到朝阳区奥运村街道调研智慧社区试点建设工作。

同日 市委社会工委委员、市社会办副巡视员王智玲到门头沟区大峪街道参加“街道一日工作”并调研社区建设工作。

4月26日 市委社会工委副书记、市社会办副主任周开让参加2013年全市应急管理工作会议。

同日 市委社会工委副书记、市社会办副主任张坚与北京师范大学中国社会管理研究院、中国社工协会座谈研究联合筹备第三届中国社会管理论坛事宜。

同日 市委社会工委委员、市社会办副主任陈建领主持召开北京市社会领域党建研究会筹备工作会议并讲话。各区县社会工委、社会办主管领导参加会议。

同日 市委社会工委委员、市社会办副主任刘占山到西城区、门头沟区调研“北京市万名社区工作者培训计划”培训班工作情况。

同日 市委社会工委委员、市社会办副主任王丽竹到朝阳区麦子店街道调研智慧社区试点建设工作。

同日 市委社会工委委员、市社会办副巡视员王智玲参加2013年全市养犬管理工作部署会议。

同日 市委社会工委委员、市社会办副巡视员王智玲参加北京市2013年第二次消防工作联席会议。

4月26日至28日 市委社会工委委员、市社会办副巡视员王想平参加市文联第八次代表大会。

4月27日 2013年“北京社会组织公益行”系列活动正式启动。活动以“践行公益、服务社会”为主题，旨在深入贯彻落实党的十八大精神，大力践行“北京精神”、弘扬公益理念，促进社会公益活动进一步向纵深发展。活动依托27家市级“枢纽型”社会组织和16个区县，广泛动员全市各级各类社会组织踊跃参与，开展各具特色、主题鲜明、服务社会的公益活动，努力营造“天天有公益、人人做公益”的良好社会氛围。市委常委陈刚、市委副秘书长王翔出席，市委社会工委书记、市社会办主任宋贵伦，委办领导赵小卫、周开让参加活动。

同日 市委社会工委委员、市社会办副主任陈建领参加全市城乡基层组织建设推进会并通报全市社区“三级联创”活动检查情况。

同日 市委社会工委委员、市社会办副主任王丽竹到昌平区回龙观地区办事处参加“街道一日工作”并调研社会建设信息化建设工作。

同日 市委社会工委委员、市社会办副巡视员王智玲参加2013年全市三大秩序管理整治工作动员部署会。

4月28日 市委常委陈刚主持召开分管部门主要负责人会议，学习贯彻中办9号文件精神。市委社会工委书记、市社会办主任宋贵伦参加会议。

同日 市委社会工委副书记、市社会办副主任张坚参加市依法行政领导小组会议。

同日 市委社会工委委员、市社会办副巡视员王智玲参加北京市第九届全民健身体育节开幕式。

4月29日 市委社会工委书记、市社会办主任宋贵伦出席北京社会建设专题片编审工作座谈会。市委社会工委委员、市社会办副巡视员王想平参加座谈会。

4月30日 市委社会工委书记、市社会办主任宋贵伦研究修改《北京市城市管理奖评选表彰办法》。

5月

5月3日 市委社会工委、市社会办组织五四青年节纪念活动。委办领导周开让、陈建领、刘占山、王丽竹及机关团员青年60余人参加活动。

5月6日 市长王安顺主持召开市政府专题会议。市委社会工委书记、市社会办主任宋贵伦参加会议。

同日 市委社会工委书记、市社会办主任宋贵伦参加国家行政学院“社会管理、文化管理学科建设”座谈会。

同日 市委社会工委委员、市社会办副主任陈建领参加市直机关工委“三进两促”活动联席会第一次会议。

5月7日 市社会建设工作领导小组办公室副主任赵小卫参加市政协网格化社会服务管理体系调研组赴东城区专题调研。

同日 市委社会工委副书记、市社会办副主任周开让参加全市调研停车问题座谈会。

同日 市委社会工委副书记、市社会办副主任周开让到朝阳区调研社会动员工作。

同日 市委社会工委委员、市社会办副主任陈建领参加海淀区社会服务管理创新培训班开班仪式并讲话。

同日 市委社会工委委员、市社会办副巡视员王智玲参加北京物业管理行业协会成立“枢纽型”社会组织座谈会。

同日 市委社会工委委员、市社会办副巡视员王想平参加市对台工作领导小组会议。

同日 市委社会工委委员、市社会办副巡视员王想平参加北京市社会心理工作联合会社会建设专项资金支持项目检查。

5月8日 市委社会工委书记、市社会办主任宋贵伦应邀参加国家行政学院省部级领导干部加强和创新社会管理研讨班并作题为《深化社会体制改革 创新社会服务管理——北京社会建设的实践探索》报告。

同日 市委社会工委书记、市社会办主任宋贵伦参加市政府研究引进社会资本推动公共领域市场化建设试点项目工作专题会议。

同日 市委社会工委副书记、市社会办副主任周开让与市城管执法局副局长王连峰座谈研究志愿者工作。

同日 市委社会工委委员、市社会办副巡视员王想平陪同市财政绩效考评专家组考察平谷区、朝阳区购买社会组织服务项目。

同日 《北京社会建设手机报》投入试运行。

5月9日 市委社会工委书记、市社会办主任宋贵伦主持召开2013年第4次主任办公会议。会议传达了近期中央和市委有关会议文件精神，通报了近期重要事件有关情况，听取了各处室4月份工作完成情况及5月份工作计划汇报，研究部署了近期重点工作任务。

同日 市委社会工委委员、市社会办副主任陈建领参加朝阳区街道党工委书记培训班开班仪式并讲话。

同日 市委社会工委委员、市社会办副主任王丽竹为“2013年朝阳区街道系统党政正职培训会”作专题讲座。

5月10日 市委书记郭金龙主持召开市委市政府理论学习中心组学习扩大会。市委社会工委书记、市社会办主任宋贵伦参加。

同日 市委社会工委书记、市社会办主任宋贵伦主持召开2013年第6次工委会议。会议研究了国家创新与发展战略研究会社会建设系列调研经费与中国社会建设论坛费用、干部人事等事宜。

同日 市委社会工委委员、市社会办副主任陈建领参加丰台区商务楼宇专职党务工作者“知企情、强服务、促规范”大比武、大练兵擂台赛活动。

同日 市委社会工委委员、市社会办副主任刘占山参加北京社工事务所联谊会并致辞。

同日 市委社会工委委员、市社会办副主任王丽竹为西城区智慧社区建设工作培训会作专题讲座。

同日 市委社会工委委员、市社会办副巡视员王智玲为朝阳区街道党政一把手培训班作“创新社区服务管理 夯实社会建设基础”专题授课。

同日 市委社会工委委员、市社会办副巡视员王智玲参加丰台区“知民情、解民忧”社区工作者大比武、大练兵活动擂台赛。

同日 市委社会工委委员、市社会办副巡视员王想平与市商业联合会、市建筑业联合会、市社科联座谈政府购买社会组织服务项目绩效考核工作。

5月11日 市委社会工委委员、市社会办副巡视员王智玲参加2013年春季北京国际长走大会。

同日 市委社会工委委员、市社会办副巡视员王想平参加顺义区社会组织公益行启动仪式。

5月13日 市委社会工委书记、市社会办主任宋贵伦为北京市心理危机干预技术公益培训班作题为《深化社会体制改革 创新社会服务管理——以党的十八大精神为指导加强社会建设》的报告。

同日 市社会建设工作领导小组办公室副主任赵小卫带队调研通州区网格化社会服务管理体系建设工作。

同日 市委社会工委副书记、市社会办副主任周开让参加国务院机构职能转变动员电视电话会议。

5月14日 市社会建设工作领导小组办公室副主任赵小卫参加市政协网格化社会服务管理体系调研组赴西城区专题调研。

同日 市委社会工委副书记、市社会办副主任周开让参加全市协管员队伍调研工作座谈会并讲话。

同日 市委社会工委副书记、市社会办副主任周开让到海淀区调研社区自治工作。

同日 市委社会工委委员、市社会办副主任王丽竹到朝阳区安贞街道调研智慧社区试点建设工作。

5月15日 市委社会工委书记、市社会办主任宋贵伦在武警指挥学院为公安部直属机关基层党组织负责人“深入学习贯彻十八大，推动公安工作新发展”研讨班第五期（处级班）作题为《深化社会体制改革 创新社会服务管理——以党的十八大精神为指导加强社会建设》的报告。

同日 市委社会工委副书记、市社会办副主任周开让参加第七届首都民族团结进步表彰大会筹备工作领导小组第一次工作会议。

同日 市委社会工委委员、市社会办副主任陈建领到市交通委调研出租汽车行业党建工作。

同日 市委社会工委委员、市社会办副主任刘占山到密云县调研社会工作队伍建设情况。

同日 市委社会工委委员、市社会办副主任王丽竹参加全市司法行政基层建设会议。

5月16日 城市精细化管理工作座谈会召开。市委常委陈刚主持，副市长张延昆出席并讲话。市委副秘书长王翔，委办领导宋贵伦、赵小卫、周开让、张坚、陈建领、刘占山、王丽竹、王智玲、王想平，市委政法委副书记、市维稳办主任闫满成，首都综治办副主任许继慧，市公安局副局长、市城管执法局局长李润华参加。

同日 市委社会工委书记、市社会办主任宋贵伦参加与北京大学“社区基本公共服务课题组”座谈会。

同日 市委社会工委副书记、市社会办副主任周开让参加北京市城市管理志愿者协会成立大会。

同日 市委社会工委委员、市社会办副主任王丽竹到石景山区金顶街街道参加“街道一日工作”并出席“智慧金顶街”资讯项目上线启动仪式。

5月17日 市委社会工委书记、市社会办主任宋贵伦参加市委防范和处理邪教问题领导小组会议。

同日 全市非公党建工作指导员培训启动仪式举行。市委社会工委书记、市社会办主任宋贵伦为参训学员授课，市委社会工委委员、市社会办副主任陈建领作开班动员讲话。

同日 市委社会工委书记、市社会办主任宋贵伦参加《北京市“十二五”时期社会建设规划纲要》实施中期座谈会。会议对《北京市“十二五”时期社会建设规划纲要》实施情况进行了交流，听取了各相关单位对《北京市社会建设评价指标体系》和《北京市社会服务管理精细化测评指标体系》的意见和建议。市委社会工委副书记、市社会办副主任张坚参加并主持会议。

同日 市委社会工委委员、市社会办副主任陈建领参加朝阳区星级商务楼宇服务站经验交流培训会并讲话。

同日 市委社会工委委员、市社会办副主任刘占山主持召开协调会，研究市十四届人大一次会议、政协十二届一次会议有关社会工作队伍建设的建议提案办理工作。市编办、市财政局、市人力社保局、市民政局有关部门负责同志参加会议，共同研究社工福利待遇及职业发展等工作。

同日 市委社会工委委员、市社会办副巡视员王想平参加首都综治委实有人口专项组全体会议。

5月17日至24日 市委社会工委委员、市社会办副巡视员王智玲带队赴美国、加拿大考察社会建设工作。

5月18日 市委社会工委委员、市社会办副巡视员王想平参加第九届中国（北京）国际园林博览会开幕式。

5月19日 市委社会工委书记、市社会办主任宋贵伦出席昌平区回龙观地区社会工委和社区服务中心揭牌成立仪式。昌平区委书记侯君舒，区委副书记、代区长张燕友，市委社会工委委员、市社会办副主任王丽竹，区委常委、区委社会工委书记陈秋生参加揭牌仪式。

同日 委办领导赵小卫、周开让、张坚、陈建领、王想平参加陆学艺同志遗体告别仪式。

5月20日 市委书记郭金龙主持召开全市维护稳定工作会议。市委社会工委书记、市社会办主任宋贵伦参加会议。

同日 市委社会工委书记、市社会办主任宋贵伦主持召开2013年第七次工委扩大会议。会议传达学习了全市维护稳定工作会议精神，研究了北京市社会领域党建研究会章程及会费管理办法等事宜。

5月21日 市委书记郭金龙到东城区调研社区建设工作。市委社会工委书记、市社会办主任宋贵伦参加。

同日 市社会建设工作领导小组办公室副主任赵小卫参加市政协网格化社会服务管理体系调研组赴密云县专题调研。

同日 市委社会工委副书记、市社会办副主任周开让参加市政府专题会。

同日 市委社会工委副书记、市社会办副主任张坚主持召开2013年度北京市社会心理基础理论研究项目发布会并讲话。

同日 市委社会工委委员、市社会办副巡视员王想平调研指导市社会建设专项资金大兴区有关项目绩效考评工作。

同日 全市召开社区规范化示范点和“一刻钟社区服务圈”示范点建设项目居民满意度调查专项工作会。市委社会工委委员、市社会办副巡视员王想平及市财政局资金绩效考评组专家参加会议。

5月21日至24日 市委社会工委委员、市社会办副主任王丽竹随市妇联考察团赴广州市学习考察社会建设工作。

5月22日 市委社会工委委员、市社会办副主任陈建领到石景山区八宝山街道调研六小门店党建工作。

同日 市委社会工委委员、市社会办副主任刘占山到延庆县调研社会工作队伍建设情况，并到延庆县香水园街道参加“街道一日工作”。

同日 市委社会工委委员、市社会办副巡视员王想平到房山区西潞街道参加“街道一日工作”并调研政府购买社会组织服务项目及网格化社会服务管理体系建设工作。

5月22日至24日 深圳市委副书记、市社工委主任戴北方率深圳市考察团来京考察社会建设工作。市委常委陈刚、市委副秘书长王翔会见考察团一行。考察团在京期间，与市委办公厅、市委社会工委、市社会办、市民政局、市经信委等部门进行了座谈交流，听取北京市社会建设有关情况介绍，并到西城区、朝阳区实地考察网格化社会服务管理、社会组织建设、社区建设和社会领域党建等工作。

5月23日 市委社会工委副书记、市社会办副主任张坚参加第七届心理学家大会筹备会，并与中科院心理所、中国心理协会和人民日报社等单位座谈。

同日 市委社会工委委员、市社会办副主任陈建领到东城区东直门街道调研网格化党建工作。

5月25日 市长王安顺主持召开2013年北京市防汛抗旱电视电话会议暨市防汛抗旱指挥部第一次会议。市委社会工委书记、市社会办主任宋贵伦参加会议。

同日 第三届中国社会管理论坛举办。论坛由北京师范大学中国社会管理研究院、市委社会工委和中国社会工作协会共同主办，来自有关部委、地方政府及国内外的官员、专家、学者、社会组织和企业代表约300人参加。市委社会工委书记、市社会办主任宋贵伦作《贯彻十八大精神，深化社会体制改革》主旨发言，委办领导张坚、陈建领、王丽竹、王想平参加论坛。

5月28日 市委社会工委副书记、市社会办副主任周开让参加保护山川河流志愿服务启动仪式。

同日 市委社会工委委员、市社会办副主任陈建领参加“路易·艾黎职业教育思想研讨暨纪念建校30周年”庆典大会并讲话。

同日 市委社会工委委员、市社会办副巡视员王智玲参加大兴区第25届西瓜节开幕式，并与大兴区委常委付铎就社区建设工作进行座谈。

同日 市委社会工委委员、市社会办副巡视员王智玲到房山区督促指导年度重点工作任务落实情况。

同日 市委社会工委委员、市社会办副巡视员王想平调研指导市社会建设专项资金密云县有关项目绩效考评工作。

5月29日 市委常委陈刚到北京国际城市发展研究院调研社会服务管理创新工作。市委副秘书长王翔，市委社会工委书记、市社会办主任宋贵伦参加。

同日 市委社会工委副书记、市社会办副主任周开让到朝阳区调研社会动员和志愿者工作。

同日 市委社会工委委员、市社会办副主任陈建领参加和君集团有限公司党委成立大会并讲话。

同日 市委社会工委委员、市社会办副主任陈建领到海淀区学院路街道调研网格化党建工作，落实“街道一日工作”制度。

同日 市委社会工委委员、市社会办副主任王丽竹与台盟北京市委员会座谈研究北京市智慧社区建设工作。

同日 市委社会工委委员、市社会办副巡视员王智玲参加全市社区建设工作推进会。

同日 市委社会工委委员、市社会办副巡视员王智玲参加“美丽社区”第三届“五月朝阳”摄影展。

5月30日 市委常委陈刚到北京市互联网信息办公室调研。市委社会工委书记、市社会办主任宋贵伦参加调研。

同日 市委社会工委、市社会办组织机关党员干部学习《依法行政电视教学案例》。市委社会工委副书记、市社会办副主任周开让参加学习。

5月31日 市委社会工委副书记、市社会办副主任周开让到大兴区调研社会动员和志愿者工作。

同日 市委社会工委副书记、市社会办副主任张坚与市民政局副局长谢延智座谈研究社区办公和服务用房立法协调事宜。

同日 市委社会工委委员、市社会办副主任陈建领陪同中组部组织二局副局长牛巧娣到海淀区百度公司调研非公有制企业党建工作。

6月

6月3日 市委社会工委委员、市社会办副主任王丽竹与市经信委副主任姜贵平、王学军座谈研究利用云平台和北斗平台推进智慧社区建设工作。

6月4日 市长王安顺主持召开市政府专题会议。市委社会工委书记、市社会办主任宋贵伦参加。

同日 市社会建设工作领导小组办公室副主任赵小卫，市委社会工委委员、市社会办副巡视员王想平参加市政协网格化社会服务管理体系建设专题调研组研讨会。

同日 市委社会工委委员、市社会办副主任刘占山到大兴区调研社会工作队伍建设情况。

6月5日 市委社会工委书记、市社会办主任宋贵伦主持召开2013年第8次工委会议。会议研究了委办承办建议提案办理报告、2013年北京市“万名社区工作者培训”经费预算等事宜。

同日 市委社会工委书记、市社会办主任宋贵伦主持召开2013年第5次主任办公会议。会议听取了各处室5月份工作完成情况及6月份工作计划汇报，研究部署了近期重点工作任务。

同日 市委社会工委委员、市社会办副主任陈建领参加市私营个体经济协会党组织培训开班仪式并讲话。

同日 市委社会工委委员、市社会办副巡视员王想平陪同市财政绩效考评组考察房山区市社会建设专项资金项目实施情况。

6月6日 市社会建设工作领导小组办公室副主任赵小卫，市委社会工委委员、市社会办副主任刘占山陪同安徽省合肥市政协考察团到西城区、丰台区考察社会工作服务机构平台建设情况。

同日 市委社会工委副书记、市社会办副主任张坚到怀柔区泉河街道调研，并与怀柔区委副书记萧有茂座谈。

同日 市委社会工委委员、市社会办副主任王丽竹到大兴区观音寺街道调研智慧社区试点建设工作。

同日 市委社会工委委员、市社会办副巡视员王想平陪同市财政绩效考评组考察朝阳区市社会建设专项资金项目实施情况。

6月7日 市人大代表就环境建设情况到海淀区视察。市委社会工委书记、市社会办主任宋贵伦参加视察。

同日 市委社会工委委员、市社会办副主任陈建领到大兴区调研社会领域党建工作。

同日 市委社会工委委员、市社会办副主任王丽竹向第十二届北京市政协委员孙步新汇报提案办理情况。

同日 市委社会工委委员、市社会办副主任王丽竹到东城区北新桥街道海巢HOT社区青年汇调研社区网和社区青年汇建设工作。

同日 市委社会工委委员、市社会办副巡视员王想平调研指导延庆县市社会建设专项资金项目实施工作。

6月7日至9日 市委社会工委副书记、市社会办副主任周开让到宁夏担任公开选拔局级干部面试考官。

6月8日 市委社会工委委员、市社会办副主任王丽竹参加东城区北新桥街道智慧养老服务体系建设启动仪式。

同日 市委社会工委委员、市社会办副巡视员王想平参加社会建设与社会服务管理精细化指标体系征求意见座谈会。

6月9日 市委社会工委委员、市社会办副巡视员王想平参加市政府残疾人工作委员会全体会议。

6月14日 市社会建设工作领导小组办公室主任、市委社会工委书记、市社会办主任宋贵伦主持召开市社会建设工作领导小组办公室2013年第一次主任会议。会议通报了2013年上半年全市社会建设工作总体情况及网格化社会服务管理体系建设工作、社区基本公共服务全覆盖、“万名社区工作者培训”“北京城市管理奖”评选表彰等专项工作进展情况，通报了2012年度市社会建设专项资金绩效考评情况，审议了2013年度使用市社会建设专项资金购买社会组织服务项目，研究了2013年下半年全市社会建设重点工作安排。市社会建设工作领导小组办公室副主任赵小卫，市社会建设工作领导小组办公室副主任、市民政局副局长谢延智，市社会建设工作领导小组办公室副主任、市财政局副局长杨慕彦，市社会建设工作领导小组办公室副主任、团市委副书记郭文杰，市委组织部、市发展改革委有关同志参加会议。

同日 市社会建设工作领导小组办公室副主任赵小卫参加市政协网格化社会服务管理体系建设专题调研组研讨会。

同日 市委社会工委委员、市社会办副主任王丽竹主持召开《北京社会建设手机报》试运行情况调研座谈会，听取委办各处室意见和建议。

6月18日 市长王安顺主持召开市政府专题会议。市委社会工委书记、市社会办主任宋贵伦参加会议。

同日 市委社会工委书记、市社会办主任宋贵伦参加党的群众路线教育实践活动工作会议第一次全体会议。

同日 市直机关工委召开市直机关“三进两促”活动推进会。市委社会工委委员、市社会办副主任，市直机关“三进两促”活动领导小组成员陈建领参加会议。

同日 市委社会工委委员、市社会办副主任王丽竹主持召开《北京社会建设手机报》试运行情况调研座谈会，听取市级“枢纽型”社会组织、街道、社区有关意见和建议。

6月19日 市长王安顺主持召开第十二次市政府常务会议。市委社会工委书记、市社会办主任宋贵伦参加常务会议。

同日 市委社会工委副书记、市社会办副主任周开让到延庆县调研社会动员和志愿者工作。

同日 市委社会工委委员、市社会办副主任陈建领主持召开市级“枢纽型”社会组织工作例会并讲话。

同日 市委社会工委委员、市社会办副主任王丽竹到北京联通公司调研，调动社会力量参与智慧社区建设。

同日 市委社会工委委员、市社会办副巡视员王想平参加2013年度政府购买社会组织服务项目批复会。

6月20日 市委社会工委副书记、市社会办副主任周开让到怀柔区调研社会动员和志愿者工作。

同日 市委社会工委副书记、市社会办副主任张坚参加2013年度区（县）政府依法行政考核工作业务培训会。

同日 市委社会工委委员、市社会办副主任陈建领参加华文学院校友会学习座谈活动并讲话。

同日 市委社会工委委员、市社会办副主任刘占山到朝阳区调研保障房地区社会工作事务所建设有关工作。

同日 市委社会工委委员、市社会办副巡视员王想平参加首都综治委专题会议。

6月21日 市委社会工委副书记、市社会办副主任周开让召开社会动员试点工作征求意见会。各区县社会工委、社会办主管领导参加会议。

同日 市委社会工委委员、市社会办副主任陈建领与市委组织部组织处座谈交流下半年社会领域党建工作。

同日 市委社会工委委员、市社会办副主任陈建领参加北京注册会计师协会第二届“飞燕杯”羽毛球团体赛决赛颁奖仪式。

同日 住建部信息中心调研北京市智慧社区建设工作。市委社会工委委员、市社会办副主任王丽竹接待并介绍全市智慧社区建设情况。

6月24日 市委社会工委委员、市社会办副主任王丽竹到西城区广内街道调研智慧社区试点建设工作。

6月25日 市委社会工委书记、市社会办主任宋贵伦参加市维稳领导小组扩大会。

同日 市委社会工委书记、市社会办主任宋贵伦参加北京培黎学院黄孟复受聘荣誉院长仪式。

同日 市委社会工委副书记、市社会办副主任周开让参加市政府专题会议。

同日 市委社会工委副书记、市社会办副主任周开让到顺义区调研社会动员和志愿者工作。

同日 市委社会工委委员、市社会办副主任刘占山参加“全国首家驻所青少年司法社工站揭牌仪式”。

同日 市委社会工委委员、市社会办副主任王丽竹主持召开全市第四次智慧社区建设工作月度交流调度会。

6月26日 市委社会工委书记、市社会办主任宋贵伦参加北京市纪念中国共产党成立92周年座谈会。

同日 市委社会工委书记、市社会办主任宋贵伦参加市委党的群众路线教育实践活动领导小组第一次会议。

同日 市委社会工委书记、市社会办主任宋贵伦为公安部机关党校培训班作社会建设专题报告。

同日 市委社会工委委员、市社会办副主任刘占山到平谷区调研社会工作队伍建设有关工作。

同日 腾讯公司到市委社会工委、市社会办调研智慧社区工作。市委社会工委委员、市社会办副主任王丽竹接待并介绍全市智慧社区建设情况。

同日 市委社会工委委员、市社会办副巡视员王想平到通州区玉桥街道参加“街道一日工作”并调研网格化社会服务管理体系建设及社会组织培育发展工作。

6月26日至28日 市委社会工委委员、市社会办副巡视员王想平参加市残联第六次代表大会。

6月27日 市委社会工委书记、市社会办主任宋贵伦与北京市信息化专家咨询委员会委员、国家行政学院教授汪玉凯座谈。市委社会工委委员、市社会办副主任王丽竹参加座谈。

同日 市委社会工委副书记、市社会办副主任周开让到门头沟区调研社会动员和志愿者工作。

同日 市委社会工委委员、市社会办副主任王丽竹与市政协委员孙步新、市邮政公司副总经理邱淮元共同研究邮政公共综合服务平台纳入智慧社区建设具体事宜。

6月28日 中央党校地厅级民生与社会建设专题研修班来京调研社会建设工作。委办领导宋贵伦、周开让、陈建领、王智玲陪同调研并座谈。

同日 市委社会工委书记、市社会办主任宋贵伦到中国公安大学为全国公安厅长培训班作社会服务管理专题报告。

同日 市委社会工委书记、市社会办主任宋贵伦参加什刹海研究会换届大会。

同日 市委社会工委委员、市社会办副主任王丽竹参加全市主汛期安全度汛暨水利工程建设工作会议。

同日 市委社会工委委员、市社会办副主任王丽竹到海淀区紫竹院街道调研智慧社区试点建设工作。

6月29日 市委书记郭金龙围绕“加强基层服务型党组织建设，提升党的建设科学化水平”主题到西城区调研。市委社会工委书记、市社会办主任宋贵伦参加调研。

同日 北京市社会领域党的建设研究会成立大会召开。市委常委陈刚出席会议并讲话，市委副秘书长王翔主持研究会成立仪式，市委社会工委书记、市社会办主任、北京市社会领域党建研究会会长宋贵伦讲话，市委社会工委委员、市社会办副主任、北京市社会领域党建研究会常务副会长陈建领主持第一次会员大会。

7月

7月1日 市委社会工委委员、市社会办副主任陈建领参加朝阳区社会领域纪念建党92周年暨“凝聚力量，共筑梦想”主题党日活动并讲话。

同日 市委社会工委委员、市社会办副主任陈建领参加京东集团党委纪念建党92周年有关活动并讲话。

同日 公安部直属机关党校第61期处级干部进修班到北京市朝阳区考察社会建设工作。市委社会工委委员、市社会办副巡视员王智玲陪同考察。

7月2日 北京市党的群众路线教育实践活动动员部署大会召开。市委社会工委书记、市社会办主任宋贵伦，市社会建设工作领导小组办公室副主任赵小卫参加大会。

同日 市委社会工委委员、市社会办副主任王丽竹主持召开北京社会服务之窗APP项目专题研讨会。

7月3日 市委社会工委书记、市社会办主任宋贵伦主持召开2013年第九次工委会议。会议研究了推荐北京市建设学习型党组织示范点和品牌活动、北京东方国学院申请建立党建工作委员会等事宜。

同日 市委社会工委书记、市社会办主任宋贵伦主持召开2013年第六次主任办公会议。会议传达了中央和市委关于开展党的群众路线教育实践活动有关精神和要求，听取了各处室6月份工作完成情况及7月份工作计划汇报，研究部署了近期重点工作任务。

同日 市委社会工委书记、市社会办主任宋贵伦参加中共安利（中国）日用品有限公司委员会成立仪式并讲话。市委社会工委委员、市社会办副主任陈建领参加成立仪式。

同日 市委社会工委委员、市社会办副主任陈建领参加市委组织部传达全国组织工作会议精神工作会。

同日 市委社会工委委员、市社会办副主任刘占山到密云县调研社会工作队伍建设有关工作。

同日 市委社会工委委员、市社会办副主任王丽竹到市商务委调研并就整合共享服务资源、共同推进智慧社区试点建设进行座谈。

7月4日 市委社会工委副书记、市社会办副主任周开让参加北京市第一批深入开展党的群众路线教育实践活动单位培训会议。

同日 市委社会工委委员、市社会办副主任陈建领到市交通委调研出租汽车行业党建工作。

同日 市委社会工委委员、市社会办副主任王丽竹主持召开《北京市智慧社区指导标准（试行）》修订工作启动座谈会。

同日 市委社会工委委员、市社会办副主任王丽竹到昌平区回龙观地区开展“街道工作一日”活动并对龙腾苑六区、万润家园两个社区进行实地调研。

7月5日 市委社会工委书记、市社会办主任宋贵伦参加通州区社会建设研究指导中心成立仪式暨首都城市副中心与社会建设论坛并讲话。

同日 市委社会工委副书记、市社会办副主任周开让参加2013年第三季度全市公共安全形势分析会议。

同日 市委社会工委委员、市社会办副巡视员王智玲到怀柔区调研督导社区用房规范化项目建设工作。

7月6日 市委社会工委副书记、市社会办副主任张坚到国家会议中心参加第七届心理学家大会开幕式。

7月8日　市长王安顺主持召开市政府常务会议。市委社会工委书记、市社会办主任宋贵伦参加常务会议。

同日　市委社会工委委员、市社会办副主任陈建领参加街道“枢纽型”社会组织工作体系建设推进会并讲话。

同日　市委社会工委委员、市社会办副主任王丽竹到丰台区方庄地区办事处调研智慧社区试点建设工作。

7月9日　市委社会工委书记、市社会办主任宋贵伦主持召开2013年第十次工委会议。会议研究了委办机关开展党的群众路线教育实践活动、北京市“十二五”时期社会建设规划第三方中期评估经费等事宜。

同日　市人大常委会到海淀区研究市领导基层联系点工作。市人大常委会副秘书长、办公厅主任张清，办公厅副主任李文，市委社会工委书记、市社会办主任宋贵伦，市委社会工委委员、市社会办副巡视员王智玲等参与调研。

同日　市委社会工委、市社会办召开党的群众路线教育实践活动领导小组第一次会议。市委社会工委书记、市社会办主任、委办党的群众路线教育实践活动领导小组组长宋贵伦主持会议。会议传达了中央和市委关于开展党的群众路线教育实践活动有关精神和要求，听取了委办党的群众路线教育实践活动筹备情况和工作方案说明，研究部署了下一步重点工作任务。委办领导周开让、张坚、陈建领、王丽竹、王智玲、王想平参加会议。

同日　2013年“万名社区工作者培训”中期总结部署会召开。市委社会工委委员、市社会办副主任刘占山，北京青年政治学院党委书记楚国清、院长梁绿琦参加会议。

7月10日　市委社会工委书记、市社会办主任，市委社会工委、市社会办党的群众路线教育实践活动领导小组组长宋贵伦与市委党的群众路线教育实践活动督导组交换意见。市委社会工委副书记、市社会办副主任周开让参加。

同日　市委社会工委、市社会办召开党的群众路线教育实践活动领导小组第二次会议。市委社会工委书记、市社会办主任，市委社会工委、市社会办党的群众路线教育实践活动领导小组组长宋贵伦主持会议。会议通报了与市委督导组对接情况，讨论了机关党委关于党风廉政建设情况的分析报告，研究部署了下一步工作。委办领导周开让、张坚、陈建领、刘占山、王丽竹、王智玲参加会议。

同日　市委社会工委副书记、市社会办副主任张坚到西城区调研社区心理服务标准化试点工作。

同日　市委社会工委委员、市社会办副巡视员王想平参加第二届北京家庭人口文化节总结表彰大会。

7月10日至11日　市委社会工委委员、市社会办副巡视员王想平参加市社会建设专项资金绩效考评答辩会。

7月11日　市委社会工委书记、市社会办主任宋贵伦与课题组研究北京市社会服务管理精细化指标体系。市委社会工委委员、市社会办副巡视员王想平参加。

同日　市委社会工委书记、市社会办主任宋贵伦，市社会建设工作领导小组办公室副主任赵小卫到市民政局研究工作。

同日　北京市街道社区社会动员工作试点部署会召开。市委社会工委副书记、市社会办副主任周开让参加会议并讲话。

同日　市委社会工委委员、市社会办副主任王丽竹到石景山区金顶街街道开展“街道工作一日”活动并对金一区、金二区社区进行实地调研。

7月12日　市委社会工委书记、市社会办主任、市社科联副主席宋贵伦参加市社科联主席办公会。

同日　市委社会工委、市社会办进行接收军转干部面试。委办领导班子全体成员担任考官，共32名军转干部参加面试。

同日　市委社会工委副书记、市社会办副主任周开让参加北京市总工会第十二届委员会第十次委员（扩大）会议。

同日 市委社会工委委员、市社会办副主任陈建领到金融街威斯汀大酒店调研非公有制企业党建工作。

7月15日 市委社会工委、市社会办召开党的群众路线教育实践活动领导小组第三次会议。市委社会工委书记、市社会办主任，市委社会工委、市社会办党的群众路线教育实践活动领导小组组长宋贵伦主持会议。会议研究了委办教育实践活动动员部署会有关筹备工作，集中讨论了宋贵伦同志拟在委办教育实践活动动员部署会上的报告。委办领导周开让、张坚、陈建领、刘占山、王丽竹、王想平参加会议。

同日 市委社会工委书记、市社会办主任宋贵伦主持召开2013年第十一次工委会议。会议研究了委办机关接收军转干部体检考察人选、委办干部休假工作等事宜。

同日 市委社会工委委员、市社会办副主任王丽竹与中实集团座谈研究智慧社区建设工作。

同日 市委社会工委委员、市社会办副巡视员王智玲到房山区督促指导社区用房规范化项目建设工作。

同日 市委社会工委委员、市社会办副巡视员王智玲参加北京市第三次全国经济普查领导小组第一次会议。

7月16日 市委社会工委委员、市社会办副主任刘占山参加全市外事工作会议。

同日 市委社会工委委员、市社会办副主任王丽竹到朝阳区太阳宫地区办事处调研智慧社区试点建设工作。

同日 市委社会工委委员、市社会办副巡视员王智玲参加“第十五届北京科普之夏暨电动汽车进社区活动”启动仪式。

同日 市委社会工委委员、市社会办副巡视员王想平调研房山区社会服务管理创新工作。

7月16日至17日 市委社会工委书记、市社会办主任宋贵伦参加北京市2013年上半年经济形势分析会。

7月17日 市委社会工委副书记、市社会办副主任周开让到东城区调研社会动员和志愿者工作。

同日 市委社会工委委员、市社会办副主任陈建领参加利用社区资源做好离退休干部服务工作经验交流会并作专题报告。

同日 市委社会工委委员、市社会办副主任陈建领参加市编办关于推进全市社会组织管理制度改革工作相关调研。

同日 市委社会工委委员、市社会办副主任王丽竹与市科委副主任顾行发座谈研究智慧社区试点建设工作。

同日 市委社会工委委员、市社会办副巡视员王智玲到平谷区南独乐河镇调研农村社区建设情况。

7月18日 市委社会工委、市社会办党的群众路线教育实践活动动员部署会召开。市委社会工委书记、市社会办主任，市委社会工委、市社会办党的群众路线教育实践活动领导小组组长宋贵伦作动员部署工作报告。市委党的群众路线教育实践活动第一督导组组长雷显武讲话。委办领导周开让、张坚、陈建领、刘占山、王丽竹、王智玲、王想平和机关全体干部参加会议。

7月18日至21日 市委社会工委副书记、市社会办副主任张坚赴贵阳市参加2013年中国社会学学术年会，并在“社会建设的理论与实践：从城镇化到城乡一体化”分论坛发表主题演讲。

7月19日 市委社会工委委员、市社会办副主任陈建领参加朝阳区“六小门店”自律组织党建工作现场会并讲话。

同日 市委社会工委委员、市社会办副主任刘占山参加赴墨西哥、秘鲁考察行前会。

同日 市委社会工委委员、市社会办副主任王丽竹到市经信委首都之窗运行中心调研并座谈研究服务资源共享利用和智慧社区建设工作。

同日 市委社会工委委员、市社会办副巡视员王想平参加市人大市级大额专项资金整改情况监督调研会。

7月21日 市委社会工委委员、市社会办副主任陈建领参加市科协举办的科技工作者趣味运动会。

7月22日 市委社会工委委员、市社会办副主任刘占山与北京城市学院座谈研究2013年社区工作者硕士研究生及预科班招生工作。

7月23日 市委社会工委书记、市社会办主任宋贵伦主持召开2013年第十二次工委会议。会议研究了委办机关接收军转干部、干部人事和公务车辆管理事宜。

同日 市委社会工委书记、市社会办主任宋贵伦与市编办调研组座谈。市委社会工委委员、市社会办副主任陈建领参加。

同日 市委社会工委副书记、市社会办副主任周开让到西城区调研社会动员和志愿者工作。

同日 市委社会工委副书记、市社会办副主任张坚到大兴区调研社区心理服务标准化试点工作。

同日 市委社会工委委员、市社会办副巡视员王想平与《公益时报》座谈研究"寻找最美社工"宣传工作。

7月24日 全市社会建设半年工作会召开。市委社会工委书记、市社会办主任宋贵伦作工作报告，市委社会工委副书记、市社会办副主任周开让通报委办开展党的群众路线教育实践活动方案及有关情况。市委社会工委副书记、市社会办副主任张坚主持会议。委办领导陈建领、王丽竹、王智玲、王想平及处级以上干部，市级"枢纽型"社会组织主管领导和相关处室负责人，各区县社会工委书记、社会办主任，共110人参加会议。

同日 市委社会工委书记、市社会办主任宋贵伦接受中央电视台怀念陆学艺教授专题片摄制组采访。

同日 市委社会工委书记、市社会办主任宋贵伦参加全市公共安全部署会。

同日 市委社会工委副书记、市社会办副主任张坚主持召开北京市社会心理工作联合会第一届理事会第二次全会。

7月24日至8月2日 市委社会工委委员、市社会办副主任刘占山率团赴墨西哥、秘鲁考察社会建设工作。

7月25日 市委组织部到市委社会工委、市社会办召开正局级领导干部民主推荐会。委办领导班子全体成员和机关全体干部参加会议。

同日 市委社会工委、市社会办召开党的群众路线教育实践活动领导小组第四次会议。市委社会工委书记、市社会办主任，市委社会工委、市社会办党的群众路线教育实践活动领导小组组长宋贵伦主持会议。会议听取了机关各党支部贯彻落实动员部署会精神学习讨论情况汇报，通报了"学习教育、听取意见"环节有关工作安排和25日北京市政府公共安全电视电话会议精神，研究部署了近期有关工作。委办领导周开让、张坚、王丽竹、王智玲、王想平参加会议。

同日 市委社会工委委员、市社会办副巡视员王想平调研朝阳区常营地区保障房项目。

7月25日至9月20日 市委社会工委委员、市社会办副主任陈建领赴美国参加北京市创新社会管理与社区建设境外培训。

7月26日 市委社会工委书记、市社会办主任宋贵伦参加市委市政府理论中心组学习会，听取中央文献研究室主任冷溶作报告。

同日 市委社会工委副书记、市社会办副主任张坚参加"2013年北京市家庭教育主题周活动"并发言。

同日 市委社会工委委员、市社会办副巡视员王智玲到西城区陶然亭街道龙泉社区和朝阳区东湖街道调研社区建设工作。

同日 市委社会工委委员、市社会办副巡视员王智玲参加社区建设处党支部与市发展改革委资环处（气候处）党支部在西城区金融街街道丰汇园社区联合开展的群众路线教育实践活动座谈会。

同日 市委社会工委委员、市社会办副巡视员王想平参加市妇联"妇女儿童公益服务博览会"。

7月27日至28日 市委社会工委书记、市社会办主任宋贵伦赴嘉峪关学习考察社会建设工作并慰问委办挂职领导。市委社会工委委员、市社会办副巡视员王想平参加考察。

7月29日 市长王安顺主持召开基层代表座谈会。市委社会工委书记、市社会办主任宋贵伦参加座谈会。

同日 市委社会工委书记、市社会办主任宋贵伦审看社会建设专题片《社会时代》。市委社会工委委员、市社会办副巡视员王想平参加审看。

同日 市委社会工委委员、市社会办副巡视员王智玲陪同台湾大陆参访团到西城区陶然亭街道龙泉社区考察社区服务管理工作。

7月30日 市委社会工委、市社会办组织机关干部参观国家博物馆"复兴之路"展览。委办领导周开让、王丽竹、王智玲、王想平和机关干部80余人参观展览。

同日 市长王安顺主持召开市政府专题会议。市委社会工委委员、市社会办副巡视员王智玲参加。

同日 市委社会工委委员、市社会办副巡视员王智玲参加北京市小客车合乘工作座谈会。

7月31日 市委副书记吕锡文召开分管部门见面会。市委社会工委书记、市社会办主任宋贵伦参加见面会。市委社会工委委员、市社会办副巡视员王想平陪同参加。

同日 副市长戴均良到市委社会工委、市社会办调研，与市委社会工委、市社会办领导班子座谈，并实地察看北京市社会组织孵化中心。市政府副秘书长戴卫陪同调研。市社会建设工作领导小组办公室主任、市委社会工委书记、市社会办主任宋贵伦汇报北京市社会建设工作整体情况。委办领导赵小卫、周开让、张坚、王丽竹、王智玲、王想平及各处处长参加会议。

同日 市委社会工委、市社会办机关庆"八一"转作风座谈会召开。市委社会工委书记、市社会办主任宋贵伦在会上讲话，市委社会工委副书记、市社会办副主任周开让主持会议。委办领导张坚、王丽竹、王智玲、王想平参加会议。

同日 市委社会工委委员、市社会办副主任王丽竹到房山区石楼镇铁路社区调研《北京社会建设手机报》运行情况。

同日 市委社会工委委员、市社会办副巡视员王想平参加提升中国公民出境旅游文明素质电视电话会议。

8月

8月1日 市委社会工委书记、市社会办主任宋贵伦参加市委党的群众路线教育实践活动领导小组第二次会议。

同日 市委副书记吕锡文主持召开专题会，研究流动青年调研报告等事宜。委办领导宋贵伦、王想平参加专题会。

同日 市委社会工委副书记、市社会办副主任张坚到北京市经济与社会发展研究所座谈研究"十二五"社会建设中期评估第三方评估事宜。

8月1日至2日 市委社会工委书记、市社会办主任宋贵伦参加市委党的群众路线教育实践活动督导组谈话。委办领导赵小卫、周开让、张坚、刘占山、王丽竹、王智玲、王想平参加。

8月3日 市委社会工委书记、市社会办主任宋贵伦，市委社会工委委员、市社会办副巡视员王想平审看社会建设专题片《社会时代》。

8月5日 市委社会工委书记、市社会办主任，市委社会工委、市社会办党的群众路线教育实践活动领导小组组长宋贵伦主持召开委办党的群众路线教育实践活动领导小组第五次（扩大）会议。会议集中学习习近平总书记6月28日在全国组织工作会议上的重要讲话，传达学习市委党的群众路线教育实践活动领导小组第二次会议精神，通报了全市作风建设中存在的10类问题，研究部署了近期有关工作。

同日 市委社会工委书记、市社会办主

任宋贵伦主持召开2013年第13次工委会议。会议研究了2013年专业社工岗位购买及社工事务所扶持方案、2013年第二届“寻找最美社工”活动媒体合作预算等事宜。

同日 市委社会工委书记、市社会办主任宋贵伦主持召开2013年第7次主任办公会议。会议传达了习近平总书记在全国组织工作会议上的重要讲话精神、市委党的群众路线教育实践活动领导小组第二次会议精神、吕锡文同志主持召开分管单位主要负责同志座谈会和戴均良同志到我委办调研有关情况，听取了各处室7月份工作完成情况及8月份工作计划汇报，研究部署了近期重点工作任务，并通报了有关情况。

8月6日 市委社会工委书记、市社会办主任宋贵伦送周开让同志到市委统战部报到。

同日 市委社会工委委员、市社会办副巡视员王智玲参加市政府研究街道乡镇在城市管理中发挥统筹协调作用专题会。

同日 市委社会工委委员、市社会办副巡视员王智玲参加市政府研究在全市范围内推广社区便民服务房车经营模式会议。

8月7日 市委社会工委书记、市社会办主任宋贵伦送周开让同志到市侨联报到。

8月8日 市委社会工委书记、市社会办主任宋贵伦主持召开2013年第14次工委会议。会议审看了北京社会建设电视专题片《社会时代》（暂名）第三集《活力之源》（暂名）样片，研究了安排基层干部到委办挂职锻炼等事宜。

同日 市委社会工委书记、市社会办主任，市委社会工委、市社会办党的群众路线教育实践活动领导小组组长宋贵伦主持召开委办党的群众路线教育实践活动领导小组第六次会议。会议传达学习了《习近平同志在河北调研指导党的群众路线教育实践活动时的讲话》《刘云山、赵乐际同志在党的群众路线教育实践活动中央督导组工作座谈会上的讲话》及7月30日市委教育实践活动领导小组办公室与中央教育实践活动领导小组办公室沟通的电话记录。会议决定，将8月12日至8月18日确定为委办教育实践活动“集中学习交流周”。

8月9日 市委社会工委、市社会办组织机关全体干部观看电影《周恩来的四个昼夜》。委办党的群众路线教育实践活动领导小组成员宋贵伦、张坚、刘占山、王丽竹、张青之一同观看。

同日 市委社会工委副书记、市社会办副主任张坚主持召开社会体制改革文件起草专题研究会。

8月12日 市委社会工委书记、市社会办主任，市委社会工委、市社会办党的群众路线教育实践活动领导小组组长宋贵伦作题为《坚持群众路线与加强社会建设》的党课报告。委办教育实践活动领导小组成员张坚、刘占山、王丽竹、王智玲、王想平、张青之及全体机关干部参加报告会。

8月13日 市委副书记吕锡文主持召开研究青年流动人口工作会议。市委社会工委书记、市社会办主任宋贵伦，市委社会工委委员、市社会办副巡视员王想平参加会议。

8月14日 市委社会工委、市社会办党的群众路线教育实践活动领导小组举行局级领导班子集中学习交流会。市委社会工委书记、市社会办主任，委办党的群众路线教育实践活动领导小组组长宋贵伦主持，委办教育实践活动领导小组成员张坚、刘占山、王丽竹、王智玲、王想平、张青之做交流发言，全体机关干部参加会议。

8月15日 市委书记郭金龙到石景山区听取社区群众意见。市委社会工委书记、市社会办主任宋贵伦陪同。

同日 市委社会工委委员、市社会办副巡视员王想平参加市红十字会第九届理事会议。

8月16日 市委社会工委书记、市社会办主任宋贵伦为北京市非公有制经济组织党建培训班作报告。

同日 市委社会工委、市社会办党的群众路线教育实践活动领导小组举行处级正职集中学习交流会。委办党的群众路线教育实践活动领导小组成员宋贵伦、张坚、刘占山、王丽竹、王智玲、王想平、张青之及全体机关干部参加会议。

8月19日 市长王安顺主持召开市政府专题会议。市委社会工委书记、市社会办主任宋贵伦参加会议。

同日 副市长戴均良调研全市网格化工作。市委社会工委书记、市社会办主任宋贵伦参加调研。

同日 市委社会工委、市社会办组织全体机关干部参观北京市反腐倡廉警示教育基地。委办党的群众路线教育实践活动领导小组成员张坚、张青之及全体机关干部参加参观活动。

同日 市委社会工委委员、市社会办副主任王丽竹参加北京市妇联第十二届第七次执委会议。

同日 市委社会工委委员、市社会办副巡视员王智玲参加2013年环境优美居住小区街巷胡同评选新闻通气会。

同日 市委社会工委委员、市社会办副巡视员王智玲参加第一次全国地理国情普查电视电话会议。

8月20日 市委社会工委、市社会办党的群众路线教育实践活动领导小组举行支部党员代表集中学习交流会。委办党的群众路线教育实践活动领导小组成员宋贵伦、张坚、刘占山、王丽竹、王智玲、张青之及全体机关干部参加会议。

同日 市委社会工委委员、市社会办副巡视员王智玲参加北京市2013年第三次消防工作联席会。

8月21日 市委书记郭金龙在市党的群众路线教育实践活动会议上讲党课。市委社会工委书记、市社会办主任宋贵伦参加会议。

同日 市委社会工委书记、市社会办主任，市委社会工委、市社会办党的群众路线教育实践活动领导小组组长宋贵伦主持召开委办党的群众路线教育实践活动领导小组第七次扩大会议。会议传达学习了市委书记郭金龙8月21日上午为全市领导干部作的以《坚持群众路线，永不脱离群众》为题的党课报告和市委党的群众路线教育实践活动领导小组办公室下发的《关于在党的群众路线教育实践活动中对照检查群众反映强烈的突出问题的通知》精神，通报了近期委办开展党的群众路线教育实践活动情况，研究部署了下一阶段听取和征求意见系列座谈会安排等工作。

同日 市委第一督导组到市委社会工委、市社会办指导党的群众路线教育实践活动，听取学习教育、征求意见环节工作汇报。市委社会工委书记、市社会办主任，委办党的群众路线教育实践活动领导小组组长宋贵伦与市委第一督导组座谈。委办教育实践活动领导小组副组长张坚汇报有关情况。

同日 市委社会工委书记、市社会办主任宋贵伦主持召开2013年第十五次工委会议。会议研究了2013年度政府购买社会组织服务项目剩余资金使用方案、2013年购买社会组织管理岗位等事宜。

同日 市委社会工委委员、市社会办副主任王丽竹到北京联通公司调研智慧社区建设整体方案。

8月22日 中共中央党校学术委员会主任、国家创新与发展战略研究会会长郑必坚到北京市调研社会建设、改革和治理工作。市委书记郭金龙会见考察团并讲话。市委副书记吕锡文，市委常委、秘书长、政法委书记赵凤桐，市委副秘书长、办公厅主任崔述强，市委副秘书长王翔，市委社会工委书记、市社会办主任宋贵伦，市委社会工委副书记、市社会办副主任张坚参加座谈。郑必坚一行到朝阳区建外街道SOHO商务楼宇服务站、高碑店乡高碑店村、西城区金融街街道丰汇园社区、德胜街道网格化社会服务管理指挥中心、西城区社会组织综合服务中心进行了实地调研，并与市委社会工委、市社会办座谈。吕锡文、王翔、宋贵伦、张坚、刘占山、王丽竹、王智玲陪同调研并参加座谈。

8月23日 市委社会工委书记、市社会办主任宋贵伦，市社会建设工作领导小组办公室副主任赵小卫参加市政协围绕首都城市发展若干问题协商议政专题座谈会。

8月26日 市委社会工委副书记、市社会办副主任张坚主持召开社工心理辅导员培训工作研讨会。

8月27日 市长王安顺主持召开市政府专题会议。市委社会工委书记、市社会办主任宋贵伦参加市政府专题会议。

8月28日 市委书记郭金龙主持召开市委常委会。市委社会工委书记、市社会办主任宋贵伦参加市委常务会议。

同日 市委社会工委书记、市社会办主任，市委社会工委、市社会办党的群众路线教育实践活动领导小组组长宋贵伦主持召开委办党的群众路线教育实践活动领导小组第八次扩大会议。会议集中学习观看了市委书记郭金龙8月21日上午为全市领导干部作的以《坚持群众路线，永不脱离群众》为题的党课报告光盘，传达了市委常委会和市委党的群众路线教育实践活动领导小组会上关于刘云山同志在贵州片会上的讲话精神，研究部署了下一阶段工作。会议确定8月26日至9月10日为集中听取意见阶段，其中8月26日至9月2日为机关内部“集中听取意见周”。

同日 第二届“寻找最美社工”新闻发布会暨启动仪式举办。中国社工协会副会长兼秘书长赵蓬奇，市委社会工委委员、市社会办副主任刘占山参加会议。

同日 市委社会工委委员、市社会办副巡视员王智玲到朝阳区调研座谈老旧小区自我服务管理相关工作。

8月29日 市委社会工委书记、市社会办主任宋贵伦参加委办党的群众路线教育实践活动集中学习，观看电视专题片《正道沧桑——社会主义500年》。委办党的群众路线教育实践活动领导小组成员张坚、刘占山、王丽竹、王智玲、张青之参加学习。

同日 市委社会工委书记、市社会办主任宋贵伦出席“十二五”时期社会建设规划中期评估专家评审会。市委社会工委副书记、市社会办副主任张坚参加并主持评审会。

同日 市委社会工委委员、市社会办副主任刘占山到门头沟区调研社会工作队伍建设情况。

同日 市委社会工委委员、市社会办副主任王丽竹参加第三次全国经济普查工作电视电话会议暨全市经济普查工作电视电话会议。

8月30日 市委副书记吕锡文听取分管部门党的群众路线教育实践活动开展情况汇报。市委社会工委书记、市社会办主任宋贵伦参加并汇报。

8月30日至9月3日 市委社会工委委员、市社会办副巡视员王智玲参加第十二届全运会活动。

8月31日 市委社会工委书记、市社会办主任宋贵伦出席“社会学与社会建设暨陆学艺学术思想研讨会”，并在“社会建设与社会管理研究”专题交流中作题为《迎接社会时代，加强社会建设》的发言。

同日 市委社会工委书记、市社会办主任宋贵伦参加市委办公厅协调会，研究接待中央领导到京视察事宜。

同日 市委社会工委书记、市社会办主任宋贵伦审看电视专题片《社会时代》。

9月

9月1日 市委社会工委委员、市社会办副主任王丽竹参加“心系女性——家庭药箱进万家”百场社区宣教活动。

9月2日 市委社会工委书记、市社会办主任宋贵伦参加县处级以上领导干部电视电话会议。

同日 市委社会工委书记、市社会办主任宋贵伦，市委社会工委委员、市社会办副主任刘占山与市志愿者联合会秘书处领导班子座谈。

同日 市委社会工委、市社会办组织机关全体干部观看电视专题教育片《正道沧桑

——社会主义500年》。委办党的群众路线教育实践活动领导小组成员刘占山、张青之及全体机关干部参加观看。

9月2日至3日 贵阳市社会建设考察团来京学习考察，并与市社工委领导举行座谈会。市委社会工委书记、市社会办主任宋贵伦出席座谈会，市委社会工委委员、市社会办副主任王丽竹参加座谈并陪同考察团到朝阳区、怀柔区实地考察。

9月3日 市委社会工委、市社会办组织机关全体干部观看电视专题教育片《正道沧桑——社会主义500年》。委办党的群众路线教育实践活动领导小组成员宋贵伦、刘占山、张青之及全体机关干部参加观看。

9月4日 "转作风、树形象"——社会领域"两代表一委员"征求意见座谈会召开。委办党的群众路线教育实践活动领导小组成员宋贵伦、张坚、王丽竹、王智玲、张青之及领导小组办公室成员参加。座谈会上17名社会领域"两代表一委员"分别发言，提出意见和建议。

同日 市委第一督导组召集所督导的8个单位召开工作会议。会议传达了刘云山同志8月14日在京主持召开的中央党的群众路线教育实践活动领导小组第三次会议精神、市委党的群众路线教育实践活动领导小组办公室9月2日工作会议精神，对下一步工作提出要求。委办党的群众路线教育实践活动领导小组成员刘占山及领导小组办公室相关人员参加会议。

9月5日 市长王安顺主持召开市政府专题会议。市委社会工委书记、市社会办主任宋贵伦参加会议。

同日 市委社会工委委员、市社会办副主任，市委社会工委、市社会办党的群众路线教育实践活动领导小组成员刘占山主持召开委办党的群众路线教育实践活动领导小组第九次扩大会议。会议传达学习了《习近平同志在广东考察工作时的讲话》《习近平同志在同团中央新一届领导班子集体谈话时的讲话》以及市委、市政府办公厅《关于坚决刹住中秋节国庆节公款送月饼送节礼、公款吃喝和奢侈浪费等不正之风的通知》。

9月6日 市委社会工委委员、市社会办副主任刘占山参加市综治办首都综治委成员单位平安建设工作座谈会。

同日 市委社会工委委员、市社会办副巡视员王智玲参加市政府关于市政协首都城市发展若干问题的建议案办理工作协调会。

9月9日 市委社会工委书记、市社会办主任，市委社会工委、市社会办党的群众路线教育实践活动领导小组组长宋贵伦主持召开委办党的群众路线教育实践活动领导小组第十次扩大会议。会议传达学习了市委第一督导组9月4日工作会议精神，市委办公厅、市政府办公厅关于在全市开展会员卡专项清退活动及市委宣传部关于全市局级党委（党组）中心组专题学习全国宣传思想工作会议精神有关要求，研究部署了近期重点工作任务。

同日 市委社会工委书记、市社会办主任宋贵伦主持召开2013年第十六次工委会议。会议研究了委办继续深入抓好党的群众路线教育实践活动工作方案、申报第九届全民健身体育节优秀组织奖等事宜。

同日 市委社会工委书记、市社会办主任宋贵伦主持召开2013年第8次主任办公会议。会议听取了各处室8月份工作完成情况及9月份工作计划汇报，研究部署了近期重点工作任务。

9月9日至13日 市委社会工委委员、市社会办副巡视员王智玲参加首都标准化战略专题研讨班培训。

9月10日 市委社会工委、市社会办组织机关全体干部观看电视专题教育片《情系人民》。委办党的群众路线教育实践活动领导小组成员宋贵伦、张坚、刘占山、王丽竹、王智玲、张青之及全体机关干部参加观看。

9月11日 "转作风、树形象"——街道领导座谈会召开。委办党的群众路线教育实践活动领导小组成员宋贵伦、张坚、刘占山、王丽竹、王智玲、张青之出席，并与来自16

区县 16 个街道的主要领导座谈交流，各处处长及委办党的群众路线教育实践活动领导小组办公室人员参加座谈。

9 月 12 日 市长王安顺主持召开市政府专题会议。市委社会工委书记、市社会办主任宋贵伦参加。

同日 “转作风、树形象”——全市非公有制经济组织党委书记座谈会召开。委办党的群众路线教育实践活动领导小组成员宋贵伦、张坚、刘占山、王丽竹、王智玲、张青之出席座谈会，并与 15 家非公有制经济组织党委书记座谈交流，相关处室负责人及委办教育实践活动领导小组办公室人员参加。

同日 市委社会工委委员、市社会办副主任王丽竹参加“2013 北京国际友好商协会”大会开幕式。

同日 市委社会工委委员、市社会办副巡视员王智玲到台盟北京市委就市政协十二届一次会议第 0007 号党派提案办理情况进行见面答复。

9 月 13 日 市委社会工委委员、市社会办副主任王丽竹与市经济信息化委副主任王学军共同到北京拉卡拉公司调研智慧社区建设工作。

9 月 16 日 市长王安顺主持召开市政府专题会议。市委社会工委书记、市社会办主任宋贵伦参加会议。

同日 “转作风、树形象”——区县社会工委书记、社会办主任座谈会召开。委办党的群众路线教育实践活动领导小组成员宋贵伦、张坚、刘占山、王丽竹、王智玲、张青之出席，与区县社会工委书记、社会办主任座谈交流，相关处室负责人及委办教育实践活动领导小组办公室人员参加。

同日 市委社会工委委员、市社会办副巡视员王智玲参加市政府关于全市小客车合乘工作会议。

9 月 17 日 市委社会工委书记、市社会办主任宋贵伦参加首都防治大气污染工作动员大会。

同日 市委社会工委委员、市社会办副主任王丽竹参加“2013 北京社会科学普及周”开幕式。

同日 市委社会工委委员、市社会办副巡视员王智玲主持召开街道社会服务管理工作文件起草小组第一次会议，研究文件提纲。

9 月 18 日 市委社会工委书记、市社会办主任宋贵伦主持召开街道社会服务管理工作文件专题研讨会，听取了西城、海淀、门头沟区 3 个区委社会工委主要负责同志相关情况汇报，明确了文件起草指导思想、基本框架和拟重点解决的问题。委办领导张坚、刘占山、王丽竹、王智玲参加会议。

同日 市委社会工委委员、市社会办副巡视员王智玲主持召开街道社会服务管理工作文件起草小组第二次会议，结合专题研讨会精神进一步修改完善文件提纲。

9 月 21 日 市委社会工委委员、市社会办副主任王丽竹参加首都癌症患者首届抗癌健身文化节暨抗癌明星五整生日——“梦在这里飞翔”大型公益活动。

9 月 22 日 市委社会工委副书记、市社会办副主任张坚主持召开 2012 年购买决策研究与信息咨询项目结项评审会。

9 月 22 日至 25 日 市委社会工委委员、市社会办副巡视员王智玲带领街道社会服务管理工作文件起草组研究文件起草工作，形成文件征求意见稿和相关说明。

9 月 23 日 市委社会工委书记、市社会办主任宋贵伦主持召开向副市长戴均良汇报《北京市“十二五”时期社会建设规划纲要》中期评估和《北京市社会服务管理精细化测评指标体系》协调会。市委社会工委副书记、市社会办副主任张坚及相关处室负责人参加协调会。

9 月 24 日 市委书记郭金龙主持召开市委党的群众路线教育实践活动领导小组第三次会议。市委社会工委书记、市社会办主任宋贵伦参加。

同日 市长王安顺主持召开第十九次市政府常务会议。市委社会工委副书记、市社会办副主任张坚参加会议。

同日 市委社会工委书记、市社会办主任宋贵伦参加全市社区党组织书记培训班并作专题报告。市委社会工委委员、市社会办副主任陈建领参加。

同日 市委社会工委副书记、市社会办副主任张坚与北京大学医学部座谈研究合作共建事宜。

同日 全市推进老旧小区自我服务管理试点工作会召开。市委副秘书长王翔出席会议并讲话。西城区、朝阳区、海淀区、市住房建设委、市交通委等部门进行工作交流，市委社会工委委员、市社会办副巡视员王智玲就《关于开展老旧小区自我服务管理试点工作的意见》进行说明，就试点工作进行部署。

9月25日 市委社会工委书记、市社会办主任宋贵伦参加中央党校“社会管理创新”领导干部培训班并作专题报告。

同日 市委社会工委、市社会办组织机关全体干部观看电视专题教育片《苏联亡党亡国20年祭——俄罗斯人在诉说》。委办教育实践活动领导小组成员陈建领、王丽竹、张青之及全体机关干部参加观看。

同日 市委社会工委委员、市社会办副主任陈建领参加市工商联特邀顾问聘任仪式。

同日 市委社会工委委员、市社会办副主任王丽竹到朝阳区高碑店地区半壁店社区（村）调研党建信息化工作。

同日 市委社会工委委员、市社会办副巡视员王智玲参加2013年第四季度全市公共安全形势分析会。

9月26日 市委社会工委书记、市社会办主任宋贵伦参加第78期区县局级领导干部研修班并作专题报告。

同日 市委社会工委书记、市社会办主任宋贵伦参加国庆假期有关工作部署电视电话会议。

同日 市委社会工委书记、市社会办主任宋贵伦出席北京市社会领域党的建设研究会非公有制经济组织党建专业委员会座谈会，市委社会工委委员、市社会办副主任陈建领参加座谈会并讲话。

同日 市委社会工委副书记、市社会办副主任张坚参加北京国际城市发展研究院北京社会发展研究中心成立揭牌仪式，并在国际城市论坛作专题演讲。

同日 市委社会工委委员、市社会办副主任王丽竹主持召开全市首批智慧社区试点建设总结验收认定工作暨2013年社会建设信息化第三季度例会。

同日 市委社会工委委员、市社会办副巡视员王智玲参加北京第六届魅力社区评选活动颁奖典礼。

同日 市委社会工委委员、市社会办副巡视员王智玲陪同当代中国研究所专家团参观考察朝阳区奥运村街道龙祥社区。

9月27日 副市长戴均良听取关于《北京市“十二五”时期社会建设规划纲要》中期评估和《北京市社会服务管理精细化测评指标体系》汇报。市委社会工委书记、市社会办主任宋贵伦，市委社会工委副书记、市社会办副主任张坚及市民政局、市市政市容委、市卫生局、首都综治办等部门主管领导参加。

同日 市委社会工委委员、市社会办副主任陈建领参加北京市社区党组织书记示范培训班结业式并讲话。

同日 市委社会工委委员、市社会办副主任陈建领参加市注协瑞华会计师事务所第一次党员代表大会并致辞。

同日 市委社会工委委员、市社会办副巡视员王智玲主持召开街道社会服务管理工作文件第二次座谈会，征求部分区县社会工委、街道的意见和建议。

9月29日 市委社会工委书记、市社会办主任宋贵伦参加市委第一批党的群众路线教育实践活动单位工作会议。

同日 市委社会工委书记、市社会办主任宋贵伦主持召开2013年第17次工委会议。会议研究了《北京市“十二五”时期社会建设规划纲要》中期评估情况报告和《北京市社会服务管理精细化测评指标体系》制定等事宜。

同日 市委社会工委书记、市社会办主任宋贵伦主持召开 2013 年第九次主任办公会议。会议听取了各处室 9 月份工作完成情况及 10 月份工作计划汇报，研究部署了近期重点工作任务。

同日 市委社会工委委员、市社会办副巡视员王智玲到东城区东花市街道广外南里社区邻里文化中心、服务中心调研。

9 月 30 日 副市长戴均良带队检查国庆节前公共安全工作。市委社会工委书记、市社会办主任宋贵伦参加安全检查。

10 月

10 月 1 日 市委社会工委书记、市社会办主任宋贵伦参加市委办公厅协调会，研究落实接待中央主要领导来京调研事宜。

10 月 2 日 国家创新与发展战略研究会会长郑必坚与贵州省委常委、贵阳市委书记陈刚座谈社会服务管理创新工作。市委社会工委书记、市社会办主任宋贵伦参加座谈会。

10 月 5 日 市委社会工委书记、市社会办主任宋贵伦参加市委办公厅协调会，研究落实接待中央主要领导来京调研事宜。

10 月 8 日 市委社会工委副书记、市社会办副主任张坚参加市委第一督导组召集所督导的 8 个单位工作会议。会议传达了 9 月 29 日全市督导工作会议精神，部署了下一阶段的工作。

10 月 9 日 市委社会工委书记、市社会办主任，市委社会工委、市社会办党的群众路线教育实践活动领导小组组长宋贵伦主持召开委办党的群众路线教育实践活动领导小组第 12 次会议。会议传达了 10 月 8 日市委第一督导组工作会议精神和习近平总书记在指导河北省委常委班子专题民主生活会的重要讲话精神，研究讨论了《市委社会工委、市社会办领导班子民主生活会专项方案》《市委社会工委、市社会办教育实践活动开展谈心活动工作安排》。会议原则同意领导小组办公室起草的《方案》和《安排》，建议报市委督导组审阅同意后实施。委办党的群众路线教育实践活动领导小组成员张坚、陈建领、刘占山、王丽竹、王智玲、张青之及领导小组办公室相关人员参加会议。

同日 市委社会工委、市社会办组织机关干部观看电视专题教育片《苏联亡党亡国 20 年祭——俄罗斯人在诉说》。委办党的群众路线教育实践活动领导小组成员宋贵伦、张坚、陈建领、刘占山、王丽竹、王智玲、张青之及全体机关干部参加观看。

同日 市委社会工委委员、市社会办副巡视员王智玲做客北京城市服务管理广播《城市零距离》节目，与市民交流老旧小区自我服务管理工作。

同日 市委社会工委委员、市社会办副巡视员王智玲与市发展改革委副主任刘印春座谈研究社区用房项目建设问题。

同日 市委社会工委委员、市社会办副巡视员王智玲与当代中国研究所研究员、副所长武力座谈研究推广朝阳区“走动式工作法”事宜。

10 月 10 日 市委社会工委书记、市社会办主任宋贵伦到北京市机构编制委员会办公室座谈交流。

同日 市委社会工委委员、市社会办副主任陈建领到北京建材行业联合会调研社会组织党建示范点创建工作。

10 月 11 日 市委社会工委委员、市社会办副主任刘占山到密云县调研社会工作队伍建设情况。

10 月 12 日 市委社会工委委员、市社会办副巡视员王智玲参加朝阳区麦子店街道第三届国际社区文化节启动仪式。

10 月 13 日 市委社会工委委员、市社会办副主任陈建领参加第五届“红丹丹”盲人趣味运动会并致辞。

10 月 14 日 市委副书记、市长王安顺主持召开市政府党组专题民主生活会。市委社会工委书记、市社会办主任宋贵伦参加民主生活会。

同日 市委社会工委委员、市社会办副主任陈建领到丰台区时代风帆大厦、戎威远保安服务（北京）公司调研商务楼宇党建信息化及非公有制企业党建工作。

10月14日至18日 确定为市委社会工委、市社会办教育实践活动“谈心谈话周”。领导班子主要负责同志与领导班子成员之间、班子成员之间、班子成员与分管部门负责同志之间、处长与处室干部之间、处级干部之间开展谈心谈话活动。

10月15日 市委社会工委副书记、市社会办副主任张坚参加2014年度社会心理基础理论研究课题招标会并讲话。

同日 市人力社保局党组成员、副局长杨晋京带领市级党政机关评比达标表彰活动专项检查组到委办开展实地检查。市委社会工委委员、市社会办副主任刘占山参加会议并汇报。

10月16日 市委社会工委书记、市社会办主任，市委社会工委、市社会办党的群众路线教育实践活动领导小组组长宋贵伦主持召开委办党的群众路线教育实践活动领导小组第十三次会议。会议传达了市委第一督导组关于对照检查材料撰写要求和领导班子民主生活会前专题集中学习的要求，通报了“谈心谈话周”领导班子成员之间谈心谈话情况。委办党的群众路线教育实践活动领导小组成员张坚、陈建领、刘占山、王丽竹、王智玲、张青之及领导小组办公室相关人员参加会议。

同日 市委社会工委书记、市社会办主任宋贵伦主持召开2013年第十八次工委会议。会议研究了《购买社会组织管理岗位暂行办法（试行）》、签订北京市社会组织孵化中心运营合同等有关事宜。

同日 市委社会工委委员、市社会办副主任陈建领参加市综治办召开的贯彻落实“纪念毛泽东同志批示‘枫桥经验’50周年大会精神”座谈会。

10月17日 市委社会工委委员、市社会办副主任陈建领参加市直机关工委“三进两促”活动联席会第二次会议。

同日 市委社会工委委员、市社会办副主任陈建领参加怀柔区第十六届处级干部进修班开班仪式。

同日 市委社会工委委员、市社会办副巡视员王智玲参加丰台区新入职社区工作者培训，并做题为《创新基层社会服务管理 全面推进社区建设》的报告。

10月18日 市委社会工委书记、市社会办主任宋贵伦参加北京市加快政府职能转变推进行政审批制度改革工作会议。

同日 市委社会工委副书记、市社会办副主任张坚列席十二届市政协第四次常委会。

同日 市委社会工委副书记、市社会办副主任张坚主持召开社会心理服务试点工作推进会。

同日 市委社会工委委员、市社会办副主任刘占山到门头沟区检查指导“北京市高级社会管理服务人才培训班”筹备工作。

10月19日 市委社会工委委员、市社会办副主任王丽竹参加“爱在北京城，情定园博园”绿色公益集体婚礼。

10月20日 市委社会工委书记、市社会办主任宋贵伦主持召开协调会，研究接待四川省委领导及社会调研工作。

10月21日 市委副书记吕锡文听取市委社会工委书记、市社会办主任宋贵伦关于社会建设工作和党的群众路线教育实践活动情况汇报。

同日 市委社会工委委员、市社会办副巡视员王智玲参加市政府关于各界群众所提意见建议的整改办理情况工作汇报会。

10月21日至22日 四川省委常委、省总工会主席李登菊率四川省社会建设考察团来京考察社会建设工作，并与北京市有关领导举行座谈。市委副书记吕锡文会见考察团。市人大常委会副主任梁伟，市委副秘书长王翔，市委社会工委书记、市社会办主任宋贵伦，市总工会党组书记、副主席曾繁新，团市委书记常宇，市妇联党组副书记、副主席陈玲参加座谈。考察团实地考察了朝阳区建外SOHO社区青年汇、昌平区回龙观中心社区青年汇、北京市志愿服务指导中心和志愿者应急管理指挥中心（北京市志愿者之家）。市委社会工委委员、市社会办副主任陈建领陪同调研。

10月21日至25日 “北京市高级社会管理服务人才培训班”举办。市委社会工委委员、市社会办副主任刘占山参加开班仪式并讲话。培训班设置政府公共服务、社会管理、危机管理、社区服务等培训内容，邀请新加坡社会工作领域专家学者授课，来自区县、街道、社区、专业社工机构的96名学员参加培训。

10月21日至25日 市委社会工委委员、市社会办副主任王丽竹参加北京市领导干部国际化素质提升专题研讨班。

10月22日 市委书记郭金龙主持召开市委党的群众路线教育实践活动领导小组第四次会议。市委社会工委书记、市社会办主任宋贵伦参加会议。

同日 市委社会工委书记、市社会办主任宋贵伦主持召开2013年第19次工委会议。会议研究了市社会办副主任推荐人选有关事宜。

同日 市委社会工委委员、市社会办副主任陈建领参加首都非公有制经济食品产业链对接活动。

10月23日 市委第一督导组组长雷显武、副组长徐维功、成员王剑冰一行来委办通报领导班子作风建设情况，并对班子成员个人作风建设情况进行反馈。委办党的群众路线教育实践活动领导小组成员张坚、陈建领、刘占山、王丽竹、王智玲、张青之及领导小组办公室相关人员参加。

同日 市委社会工委书记、市社会办主任，市委社会工委、市社会办党的群众路线教育实践活动领导小组组长宋贵伦主持召开委办党的群众路线教育实践活动领导小组第14次会议。会议传达学习了市委党的群众路线教育实践活动领导小组第四次会议精神，讨论研究了市委第一督导组关于委办领导班子作风建设情况的通报，部署了近期重点工作。委办教育实践活动领导小组成员张坚、陈建领、刘占山、王丽竹、王智玲、张青之及领导小组办公室相关人员参加会议。

同日 市委社会工委委员、市社会办副巡视员王智玲到朝阳区安贞街道调研社区建设和志愿服务工作。

10月24日 市委社会工委委员、市社会办副主任刘占山参加市贯彻落实纪念毛泽东同志批示“枫桥经验”50周年大会精神座谈会。

10月24日至25日 市委社会工委委员、市社会办副主任陈建领参加全市组织工作会议并代表委办作《在创新上下功夫 在管用上求实效——努力加强和改进全市社会领域党建工作》交流发言。

10月25日 市委副书记吕锡文到昌平区调研社区青年汇工作。市委社会工委书记、市社会办主任宋贵伦参加调研。

同日 市委社会工委委员、市社会办副巡视员王智玲参加北京市慈善协会2013年“爱心成就未来”助学款发放仪式。

同日 市委社会工委委员、市社会办副巡视员王智玲参加北京市2013—2014年度预防煤气中毒工作部署会并代表市社会办作大会交流发言。

10月26日至27日 市委社会工委书记、市社会办主任宋贵伦研究修改委办领导班子党的群众路线教育实践活动对照检查材料。

10月27日 市委社会工委委员、市社会办副主任王丽竹参加第二届“兰亭北青杯”北京中小学生书法大赛颁奖仪式及获奖作品展。

10月28日 副市长戴均良到市委社会工委、市社会办调研社会建设工作。市政府副秘书长戴卫陪同调研。市委社会工委书记、市社会办主任宋贵伦汇报市社会办承担2013年市政府为民办实事和折子工程项目进展等情况。委办领导班子全体成员和各处处长参加会议。

同日 市委社会工委书记、市社会办主

任宋贵伦主持召开2013年第20次工委会议。会议传达学习了全市组织工作会议精神、通报了吕锡文同志到昌平区调研社区青年汇工作有关情况、研究了《中国社会改革评论》（第1辑）购书方案等事宜。

同日 市委社会工委委员、市社会办副主任陈建领参加全市部分非公有制企业党建指导员工作座谈会。

10月29日 市委社会工委委员、市社会办副主任陈建领参加北京市社会领域党的建设研究会社会组织党建专业委员会座谈。

同日 市委社会工委委员、市社会办副巡视员王智玲与市信访办有关领导座谈外地退休返京知青相关情况。

同日 市委社会工委委员、市社会办副巡视员王智玲参加全市扫雪铲冰工作电视电话动员大会。

10月30日 市委社会工委书记、市社会办主任，市委社会工委、市社会办党的群众路线教育实践活动领导小组组长宋贵伦主持召开委办党的群众路线教育实践活动领导小组第15次会议。会议传达了市委第一督导组对领导班子和个人对照检查材料起草工作的有关要求，研究了领导班子对照检查材料修改有关工作，部署了下一阶段工作任务。委办党的群众路线教育实践活动领导小组成员张坚、陈建领、刘占山、王丽竹、王智玲、张青之及领导小组办公室相关人员参加会议。

同日 市委社会工委书记、市社会办主任宋贵伦主持召开第二十一次工委会议。会议研究了调整社会领域出席北京市第十三次妇女代表大会代表推荐人选有关事宜。

10月31日 市委社会工委书记、市社会办主任宋贵伦参加市委常委会党的群众路线教育实践活动专题民主生活会情况通报会。

同日 市委社会工委书记、市社会办主任宋贵伦参加市政府党组党的群众路线教育实践活动专题民主生活会情况通报会。

同日 市委社会工委委员、市社会办副主任陈建领接待市人大常委会内司委主任刘振宇来委办考察社会建设资金预算。

11月

11月1日 市委社会工委书记、市社会办主任宋贵伦参加全国地方政府职能转变和机构改革工作电视电话会议。

同日 市委社会工委书记、市社会办主任宋贵伦参加21世纪理事会北京会议开幕式。

同日 市委社会工委副书记、市社会办副主任张坚与北京交通大学社会建设研究基地座谈研究举办第二届社会诚信论坛事宜。

同日 市委社会工委委员、市社会办副主任陈建领参加北京市总工会十二届十一次委员（扩大）会议。

同日 市委社会工委委员、市社会办副主任刘占山参加社会动员试点工作西南片会。

同日 市社会办与市民防局座谈利用人防设施服务社区公益事业。市委社会工委委员、市社会办副巡视员王智玲，市民防局副巡视员许金宝参加座谈。

11月2日 市委书记郭金龙等市领导围绕“贯彻落实习近平总书记指示精神，做好首都公共服务和公共安全工作”主题进行调研。市委社会工委书记、市社会办主任宋贵伦参加调研。

11月4日 市委社会工委书记、市社会办主任宋贵伦与班子成员分别进行谈心谈话。

同日 市委社会工委委员、市社会办副主任刘占山参加儒学普及与社区和谐建设暨国际儒联第六次儒学普及工作座谈会并讲话。

同日 市委社会工委委员、市社会办副主任王丽竹参加市党的十八届三中全会安全服务保障工作部署会。

11月5日 市长王安顺主持召开第20次市政府常务会议。市委社会工委书记、市社会办主任宋贵伦参加市政府常务会议。

同日 市委社会工委书记、市社会办主任宋贵伦参加市委党校中青班开班式并作社会建设工作报告。

同日 市委社会工委书记、市社会办主

任，市委社会工委、市社会办党的群众路线教育实践活动领导小组组长宋贵伦主持召开委办党的群众路线教育实践活动领导小组第16次会议。会议传达了市委党的群众路线教育实践活动领导小组办公室关于做好专题民主生活会有关工作要求，重点分析研究了市委第一督导组对委办领导班子及个人对照检查材料的审阅意见，讨论并部署了对照检查材料修改工作。委办党的群众路线教育实践活动领导小组成员张坚、陈建领、刘占山、王丽竹、王智玲、张青之及领导小组办公室相关人员参加会议。

11月6日 市委社会工委书记、市社会办主任宋贵伦主持召开2013年第二十二次工委会议。会议研究了参加“加强社会建设 创新社会治理”（广东）年会、购买《北京市“十二五”时期社会建设规划中期评估报告集》等事宜。

同日 市委社会工委书记、市社会办主任宋贵伦主持召开2013年第十次主任办公会议。会议听取了各处室10月份工作完成情况及11月份工作计划汇报，研究部署了近期重点工作任务。

同日 市委社会工委书记、市社会办主任宋贵伦参加市人大代表海淀团视察居家养老活动。

同日 市委社会工委委员、市社会办副主任陈建领到丰台区大红门街道调研社会工作党委机构创新工作。

同日 市委社会工委委员、市社会办副主任王丽竹参加市妇联十二届八次执委扩大会。

同日 市委社会工委委员、市社会办副巡视员王智玲参加市2013年第四次消防工作联席会议暨今冬明春火灾防控现场会。

11月7日 市委社会工委书记、市社会办主任宋贵伦主持召开机关党员干部大会，传达中央关于薄熙来有关问题处理决定。

同日 市委社会工委、市社会办组织机关党员干部到民族文化宫参观党的群众路线档案展览。委办党的群众路线教育实践活动领导小组成员陈建领、刘占山、王丽竹参加。

11月8日 市委社会工委书记、市社会办主任宋贵伦参加办公室（人事处）联合党支部专题组织生活会。

同日 市委社会工委委员、市社会办副主任刘占山参加社会动员试点工作东北片会。

同日 市委社会工委委员、市社会办副主任王丽竹与清华同方公司座谈研究北京社会服务之窗工作。

11月9日 市委社会工委书记、市社会办主任宋贵伦参加“魅力北京·我的中国梦”志愿者宣讲汇报活动。

同日 市委社会工委副书记、市社会办副主任张坚参加“关爱妇女心理健康，预防产后抑郁症”大型人文关怀与社会心理服务项目公益活动并致辞。

11月11日 市委社会工委书记、市社会办主任，市委社会工委、市社会办党的群众路线教育实践活动领导小组组长宋贵伦主持召开委办党的群众路线教育实践活动领导小组第17次（扩大）会议。会议传达学习了市委书记郭金龙在市直机关工委领导班子专题民主生活会上的讲话精神，分析研究了市委第一督导组对委办领导班子及班子成员对照检查材料的审阅意见，通报了委办党的群众路线教育实践活动领导小组对各处处长对照检查材料的审阅意见，部署了近期工作。委办党的群众路线教育实践活动领导小组成员张坚、陈建领、刘占山、王丽竹、王智玲、张青之及领导小组办公室相关人员参加会议。

同日 市委社会工委委员、市社会办副主任陈建领到市妇联调研社会组织党建、购买社会组织管理岗位及管理经费使用情况。

同日 市委社会工委委员、市社会办副巡视员王智玲应邀为鄂尔多斯市社区工作者作题为《北京市新时期加强社区建设的主要经验和做法》培训报告。

同日 市委社会工委委员、市社会办副巡视员王智玲参加首都防治大气污染工作动员大会。

11月12日 市委社会工委书记、市社会办主任宋贵伦参加市人大2014年市级大额专项资金预算编制初审工作汇报会。

同日 市委社会工委委员、市社会办副主任陈建领参加全市酒店类（涉外）企业党建工作座谈会并讲话。

同日 市委社会工委委员、市社会办副主任陈建领与市老干部局座谈交流《关于加强社区离退休党员管理服务和发挥作用工作的实施意见（讨论稿）》。

同日 市委社会工委委员、市社会办副主任陈建领与红星美凯龙集团有关负责人商讨成立北京区域党委相关事宜。

同日 市人大代表赴西城区集中视察社会服务管理创新工作。市委社会工委委员、市社会办副主任王丽竹陪同视察。

11月13日 市委社会工委书记、市社会办主任宋贵伦参加市人大代表赴西城区集中视察社会服务管理创新工作。

同日 市委社会工委副书记、市社会办副主任张坚到中科院心理所调研网络情绪监测与现实社会态度项目研究等。

同日 市委社会工委委员、市社会办副主任陈建领参加2013—2014年度商务楼宇从业人员毒品预防教育活动启动仪式。

11月14日 市委社会工委书记、市社会办主任宋贵伦与上海市社会工作党委书记、社会建设委员会办公室主任陆晓春一行座谈交流。委办领导张坚、陈建领及相关处室负责人参加座谈。

同日 台湾台南市里长会长联合会总会代表团参观考察东城区朝阳门街道史家社区及社区博物馆并座谈交流。中台办交流局副巡视员韩蔚陪同考察。

11月15日 市委社会工委书记、市社会办主任宋贵伦参加市委市政府理论中心组学习（扩大）会议。

同日 市委社会工委书记、市社会办主任宋贵伦参加全市党员领导干部会议。委办领导赵小卫、张坚、陈建领、刘占山、王丽竹、王智玲参加会议。

同日 市委社会工委委员、市社会办副主任陈建领与上海市社会工作党委领导就社会领域党建体制机制、运行模式、各项保障等工作进行座谈。

同日 上海市社会工作党委书记、社会建设委员会办公室主任陆晓春一行实地参观朝阳区朝外街道芳草地社区、建外SOHO商务楼宇服务站建设情况。市委社会工委委员、市社会办副巡视员王智玲陪同考察。

同日 市人大代表检查组到西城区西长安街街道义达里社区检查2013年市政府为民办实事第23项“一刻钟社区服务圈”示范点建设情况并召开座谈会。

11月16日 市委社会工委委员、市社会办副巡视员王智玲参加北京市第九届全民健身体育节、第七届“和谐杯”乒乓球赛闭幕式。

11月18日 市委社会工委、市社会办召开领导班子专题民主生活会。市委社会工委书记、市社会办主任，市委社会工委、市社会办党的群众路线教育实践活动领导小组组长宋贵伦主持会议，班子成员及局级党员领导干部相互开展批评和自我批评。市委党的群众路线教育实践活动领导小组办公室有关人员、市委第一督导组组长雷显武、副组长徐维功及其他成员，市委组织部有关人员到会指导。

11月19日 市长王安顺主持召开第二十一次市政府常务会议。市委社会工委书记、市社会办主任宋贵伦参加会议。

同日 市委社会工委委员、市社会办副主任陈建领参加市老干部局推进老干部先锋队工作相关活动。

同日 市委社会工委委员、市社会办副巡视员王智玲到东城区东花市街道新景家园社区调研“民生金融便民店”建设情况。

11月20日 市委社会工委书记、市社会办主任宋贵伦列席十一届市委常委会第七十一次会议。

同日 市委社会工委书记、市社会办主任宋贵伦参加市政府2014年分领域预算编制工作征求意见会。

同日 市委社会工委书记、市社会办主任宋贵伦与天津非公工委一行座谈研究非公有制企业党建工作。市委社会工委委员、市社会办副主任陈建领参加座谈。

同日 市委社会工委委员、市社会办副主任陈建领主持召开2014年市级社会建设专项资金预算专家评审会。

同日 市社会办与市民防局到朝阳区调研利用人防设施服务社区公益事业情况。市委社会工委委员、市社会办副巡视员王智玲，市民防局副巡视员许金宝参加调研，并实地参观平房地区雅成一里、二里社区3处人防设施利用情况。

11月21日 市委社会工委副书记、市社会办副主任张坚参加市委十一届三次全会会议材料起草工作会议。

同日 市委社会工委委员、市社会办副主任陈建领到西城区调研区域化党建、社会组织建设等工作。

同日 市政府督查室到东城区东花市街道广外南里社区服务圈、西城区广外街道青年湖社区服务圈检查"一刻钟社区服务圈"示范点建设情况。

11月22日 市委社会工委书记、市社会办主任宋贵伦参加市委党的群众路线教育实践活动领导小组第五次会议。

同日 市委社会工委、市社会办召开党的群众路线教育实践活动领导班子专题民主生活会情况通报会。市委社会工委委员、市社会办副主任陈建领主持会议，市委社会工委副书记、市社会办副主任张坚通报民主生活会情况，市委社会工委书记、市社会办主任宋贵伦讲话。市委第一督导组组长雷显武、副组长徐维功及成员王剑冰到会指导。委办教育实践活动领导小组成员刘占山、王丽竹、王智玲、张青之，社会领域部分"两代表一委员"，部分非公有制经济组织党委书记，部分街道党工委书记，区县社会工委、社会办负责人，市级"枢纽型"社会组织分管领导及机关全体党员干部参加会议。

同日 市委社会工委书记、市社会办主任，市委社会工委、市社会办党的群众路线教育实践活动领导小组组长宋贵伦主持召开委办党的群众路线教育实践活动领导小组第十八次（扩大）会议。会议传达学习了市委书记郭金龙11月22日在市委党的群众路线教育实践活动领导小组第五次会议上的讲话精神，研究部署了委办党的群众路线教育实践活动整改落实、建章立制工作。委办党的群众路线教育实践活动领导小组成员张坚、陈建领、刘占山、王丽竹、王智玲、张青之及领导小组办公室相关人员参加会议。

同日 市委社会工委书记、市社会办主任宋贵伦主持召开2013年第23次工委会议。会议传达学习了市委书记郭金龙在市委党的群众路线教育实践活动领导小组第五次会议上的讲话精神，研究了《北京市深化社会体制改革实施纲要》文件修改等事宜。

同日 市委社会工委委员、市社会办副主任陈建领参加北京市社会领域党的建设研究会社区党建专业委员会座谈会并讲话。

同日 市委社会工委委员、市社会办副主任刘占山参加第二届"寻找最美社工"评选活动评审会。

11月23日 市委社会工委书记、市社会办主任宋贵伦参加北京工业大学社会建设协同创新中心签约仪式暨工作研讨会。市委社会工委副书记、市社会办副主任张坚参加研讨会。

同日 市委社会工委委员、市社会办副巡视员王智玲参加北京市反恐怖工作专题会议。

11月25日至26日 全国深化社会体制改革研讨会暨"加强社会建设 创新社会治理"（广东）年会在珠海市举办，市委副秘书长王翔作主旨发言。市委社会工委书记、市社会办主任宋贵伦在北京市专题论坛作主题演讲。市委社会工委副书记、市社会办副主任张坚主持北京市专题论坛。各区县社会工委书记、社会办主任参加年会。

11月26日 市委社会工委委员、市社会办副主任刘占山参加社会动员试点工作西北片会。

同日 市委社会工委委员、市社会办副巡视员王智玲参加市政府研究部署全市安全生产大检查等工作专题会议。

同日 市委社会工委委员、市社会办副巡视员王智玲与市志愿者联合会座谈研究“国际志愿者日”活动等事宜。

11月27日 市委社会工委副书记、市社会办副主任张坚参加北京师范大学中国社会管理研究院“中国社会管理创新研究信息库建设”开题研讨会。

同日 国家信访局人事司到市委社会工委、市社会办考察胡颂文同志。委办领导陈建领、刘占山、王丽竹参加考察谈话。

同日 市委社会工委委员、市社会办副主任王丽竹到“首都之窗”调研全市街道社区网上服务工作。

同日 市委社会工委委员、市社会办副巡视员王智玲主持召开社会领域今冬明春消防安全工作部署会。

11月27日至28日 国家创新与发展战略研究会会长郑必坚在广东省考察调研社会治理工作。市委社会工委书记、市社会办主任宋贵伦参加考察。

11月28日 市委社会工委副书记、市社会办副主任张坚主持召开北京市社会心理工作联合会理事会，专题研究举办学术年会事宜。

同日 市委社会工委委员、市社会办副主任陈建领参加红星美凯龙集团成立北京区域党委相关活动。

11月29日 市委社会工委书记、市社会办主任宋贵伦到社会组织党组织负责人示范培训班授课。

同日 市委社会工委书记、市社会办主任宋贵伦参加全市第一批教育实践活动单位工作会议。会议部署了整改落实、建章立制等工作。

11月30日 第二届“寻找最美社工”活动结果发布仪式举行。市委社会工委书记、市社会办主任宋贵伦，中国社会工作协会副会长兼秘书长赵蓬奇，市委社会工委委员、市社会办副主任刘占山，房山区区长祁红、副区长刘胜国以及各区县社会工委、社会办代表，社会组织代表，社工代表参加活动。

12月

12月2日 市委社会工委委员、市社会办副主任陈建领参加朝阳区2013年社会公益博览会。

同日 市委社会工委委员、市社会办副主任王丽竹与首都综治办常务副主任、市流管办副主任苗林座谈研究综治维稳信息系统建设。

12月2日至6日 市委社会工委书记、市社会办主任宋贵伦参加第2期全市区县局级领导干部学习贯彻习近平总书记系列讲话精神轮训班。

12月2日至6日 市委组织部、市委社会工委、市委党校一分校共同举办北京市2013年社会建设领导干部培训班。中央党校、国家行政学院、北京大学、北京师范大学专家和民政部领导对党的十八届三中全会精神、社会建设各领域工作进行讲解。市委社会工委书记、市社会办主任宋贵伦作专题辅导。各区县政府社会建设工作主管领导、社会工委书记、社会办主任、市级“枢纽型”社会组织主管领导、湖北省巴东县交流干部等70人参加培训。委办领导张坚、陈建领、刘占山、王丽竹、王智玲参加分组讨论。

12月3日 市人大常委会主任杜德印到基层联系点调研。市委社会工委书记、市社会办主任宋贵伦参加调研。

同日 市长王安顺主持召开市政府专题会议。市委社会工委委员、市社会办副主任王丽竹参加会议。

同日 住建部、商务部、国土资源部联合专题调研北京城市新建社区商业和综合服务设施规划情况。住建部城乡规划司副司长李晓龙，市委社会工委委员、市社会办副主任王智玲，市规划委委员曹跃进，市商务委委员王洪存参加调研座谈。

12月4日 市委社会工委委员、市社会办副主任陈建领参加社会组织大讲堂——“新形势下的社会组织发展路径”专题讲座。

同日 市委社会工委委员、市社会办副主任王丽竹调研大兴区和兴丰街道网格化社会服务管理体系建设工作。

同日 市委社会工委委员、市社会办副主任王智玲参加北京市贯彻中央有关会议精神解决信访突出问题座谈会。

12月5日 市委社会工委委员、市社会办副主任王丽竹调研房山区和拱辰街道网格化社会服务管理体系建设工作。

同日 市社会办与市民防局调研西城区利用人防设施服务社区公益事业情况。市委社会工委委员、市社会办副主任王智玲，市民防局副巡视员许金宝参加调研。

同日 市委社会工委委员、市社会办副主任王智玲参加“国际志愿者日”活动。

12月6日至8日 市委社会工委书记、市社会办主任宋贵伦列席市委常委会扩大会(市领导务虚会)。

12月7日 市委社会工委副书记、市社会办副主任张坚参加北京交通大学研究基地第二届“首都社会诚信论坛”并致辞。

12月7日至8日 市委社会工委书记、市社会办主任宋贵伦参加市委常委会第七十四次（扩大）会议。

12月9日 市委社会工委书记、市社会办主任宋贵伦与上海交通大学第三工作部主任徐家良座谈研究社会组织党建体制机制、运行模式、各项保障等工作。市委社会工委委员、市社会办副主任陈建领参加座谈会。

同日 市委社会工委副书记、市社会办副主任张坚与北京国际城市发展研究院院长连玉明座谈研究合作事宜。

同日 市委社会工委委员、市社会办副主任王丽竹调研延庆县和香水园街道及川北东社区网格化社会服务管理体系建设工作。

同日 市委社会工委委员、市社会办副主任王智玲参加北京市第三次全国经济普查工作会议。

12月9日至11日 市委组织部、市委社会工委、市委党校二分校共同举办北京市街道党工委书记集中培训班。市委社会工委书记、市社会办主任宋贵伦，国家行政学院公共管理教研部教授宋福范等领导、专家分别围绕“深化社会体制改革，创新社会治理体制”等专题进行讲解交流。全市街道党工委书记、湖北省巴东县交流干部、相关主管部门工作人员共148人参加培训。委办领导张坚、陈建领、刘占山、王丽竹、王智玲参加分组讨论。

12月10日 中央政治局原委员、中央文明委原副主任、北京市委原书记、中国志愿服务联合会会长刘淇到西城区调研志愿服务工作。市委社会工委书记、市社会办主任宋贵伦参加调研。

同日 市委社会工委委员、市社会办副主任王丽竹调研通州区和玉桥街道、梨园镇网格化社会服务管理体系建设工作。

同日 市委社会工委委员、市社会办副主任王丽竹调研丰台区和马家堡街道及区指挥中心网格化社会服务管理体系建设工作。

12月11日 市委社会工委委员、市社会办副主任王丽竹调研怀柔区和怀柔镇东四村、龙山街道望怀社区网格化社会服务管理体系建设工作。

12月12日 市委社会工委委员、市社会办副主任王丽竹调研门头沟区和大峪街道南二路社区网格化社会服务管理体系建设工作。

同日 市委社会工委委员、市社会办副主任王丽竹调研顺义区和北小营镇北小营村网格化社会服务管理体系建设工作。

同日 市委社会工委委员、市社会办副主任王智玲接受首都之窗《走进直播间》栏目关于《社区基本公共服务全覆盖》在线访谈。

12月13日 市委社会工委书记、市社会办主任宋贵伦参加2013年市委老干部工作领导小组会议。

同日 市委社会工委书记、市社会办主任宋贵伦主持召开2013年第二十四次工委会议。会议研究了委办购置正版软件、为社会领域有关单位订阅报刊等事宜。

同日 市委社会工委书记、市社会办主任宋贵伦主持召开2013年第十一次主任办公会议。会议听取了各处室11月份工作完成情况及12月份工作计划汇报，研究部署了近期重点工作任务。

同日 市委社会工委书记、市社会办主任，市委社会工委、市社会办党的群众路线教育实践活动领导小组组长宋贵伦主持召开委办党的群众路线教育实践活动领导小组第19次会议。会议研究讨论了委办党的群众路线教育实践活动整改方案，部署了近期工作。委办党的群众路线教育实践活动领导小组成员张坚、陈建领、王丽竹、王智玲、张青之及领导小组办公室相关人员参加会议。

同日 市委社会工委委员、市社会办副主任陈建领参加全市社区党的建设“三级联创”动员部署会。

同日 市委社会工委委员、市社会办副主任陈建领参加南京市政协来京调研组座谈会，全面介绍北京市社会组织改革发展情况。

同日 市委社会工委委员、市社会办副主任刘占山参加市委组织部“人才京郊行”工作总结动员大会。

同日 市委社会工委委员、市社会办副主任刘占山参加市委组织部2013年人才工作者培训班。

同日 市委社会工委委员、市社会办副主任王智玲与公安部机关党委座谈研究公安部机关青年干部“志愿进社区、增进警民情”活动事宜。

12月14日 市委社会工委书记、市社会办主任宋贵伦参加全市领导干部会议，听取传达中央经济工作会议、中央城镇化工作会议精神。

同日 贵阳市委副书记、市委群工委书记王保建一行来京学习考察社会建设工作。市委社会工委书记、市社会办主任宋贵伦，市委社会工委副书记、市社会办副主任张坚参加座谈并陪同调研。市委社会工委委员、市社会办副主任王丽竹参加座谈。

12月15日 市委社会工委书记、市社会办主任宋贵伦参加并主持国家创新与发展战略研究会“社会建设改革治理专题座谈会”。北京、上海、广东、重庆、河北等10个省、市社会建设与社会管理部门负责人、部分首都专家学者参加会议。中央党校学术委员会主任、原常务副校长、国家创新与发展战略研究会会长郑必坚，贵州省委常委、贵阳市委书记陈刚出席会议并讲话。委办领导赵小卫、张坚参加会议。

12月16日 市委社会工委书记、市社会办主任宋贵伦接受北京电视台《北京议事厅》栏目组关于网格化工作的采访。

同日 市委社会工委委员、市社会办副主任王丽竹调研密云县穆家峪镇大石岭村、鼓楼街道向阳西社区、县指挥中心网格化社会服务管理体系建设工作。

12月16日至18日 市委组织部、市委社会工委、市委党校二分校共同举办北京市街道办事处主任集中培训班。副市长戴均良出席并讲话。中央党史研究室副主任李忠杰，市委社会工委书记、市社会办主任宋贵伦等领导、专家作专题授课。全市街道办事处主任、湖北省巴东县交流干部、相关主管部门工作人员共165人参加培训。委办领导张坚、陈建领、刘占山、王丽竹、王智玲参加分组讨论。

12月17日 市长王安顺主持召开第二十三次市政府常务会议。市委社会工委书记、市社会办主任宋贵伦参加会议。

同日 市委社会工委副书记、市社会办副主任张坚主持召开北京市社会心理工作联合会第一届理事会第三次会议，专题研究举办联合会首届年会事宜。

同日 市委社会工委委员、市社会办副主任王丽竹调研石景山区和八角街道网格化社会服务管理体系建设工作。

同日 市委社会工委委员、市社会办副主任王丽竹调研东城区和建国门街道及赵家楼社区网格化社会服务管理体系建设工作。

12月18日 市委社会工委委员、市社会办副主任王丽竹参加全市社会信用体系建设工作汇报会。

同日 市委社会工委委员、市社会办副主任王丽竹调研昌平区和指挥中心网格化社会服务管理体系建设工作。

12月19日 市委社会工委书记、市社会办主任宋贵伦参加首都精神文明建设委员会第一次全体会议。

同日 市委社会工委书记、市社会办主任，市委社会工委、市社会办党的群众路线教育实践活动领导小组组长宋贵伦主持召开委办党的群众路线教育实践活动“回头看”专题交流会。会议通报了委办领导班子“回头看”自查情况，委办领导班子成员及局级党员领导干部汇报了个人“回头看”自查情况，交流了参加活动的体会和收获。市委督导组有关人员，委办党的群众路线教育实践活动领导小组办公室相关人员参加会议。

同日 市委社会工委书记、市社会办主任宋贵伦参加市人大代表与“一府两院”负责同志座谈会。

同日 市委社会工委委员、市社会办副主任王丽竹调研朝阳区网格化社会服务管理体系建设工作。

12月20日 市委社会工委委员、市社会办副主任王丽竹参加怀柔区深化网格化社会服务管理工作大会。

12月22日 市委社会工委委员、市社会办副主任王智玲参加第九届中国（北京）国际园林博览会志愿服务总结分享大会。

12月22日至23日 市委社会工委书记、市社会办主任宋贵伦参加市委十一届三次全会。

12月23日 市委社会工委书记、市社会办主任宋贵伦主持召开2013年第25次工委会议。会议传达学习了市委十一届三次全会精神，研究部署了北京市深化社会体制改革工作会议筹备等事宜。

12月24日 市委社会工委委员、市社会办副主任王丽竹调研海淀区和指挥中心网格化社会服务管理体系建设工作。

12月25日 市长王安顺、副市长陈刚调研保障性住房建设工作并召开座谈会。市委社会工委书记、市社会办主任宋贵伦参加座谈会。

同日 市委社会工委书记、市社会办主任宋贵伦到首都师范大学作社会治理创新报告。

同日 市委社会工委委员、市社会办副主任陈建领参加非公党建专委会座谈会，专题研究非公党建经验书刊出版等事宜。

同日 市委社会工委委员、市社会办副主任陈建领参加市委组织部境外培训工作汇报会并发言。

同日 市委社会工委委员、市社会办副主任王丽竹调研西城区和广内街道网格化社会服务管理体系建设工作。

同日 市委社会工委委员、市社会办副主任王丽竹调研平谷区和兴谷街道网格化社会服务管理体系建设工作。

12月25日至26日 市委社会工委、市社会办举办学习党的十八届三中全会精神专题培训班。市委社会工委委员、市社会办副主任刘占山作培训动员。市委社会工委书记、市社会办主任宋贵伦围绕“深化社会体制改革，创新社会治理体制”作专题授课。组织学员观看中央党史研究室、国家行政学院、北京师范大学专家授课录像。委办领导张坚、陈建领及全体机关干部、事业单位人员参加培训。

12月26日 市委社会工委委员、市社会办副主任刘占山参加北京市第七届首都民族团结进步表彰大会。

同日 市委社会工委委员、市社会办副主任王丽竹参加朝阳区2013年智慧社区建设工作总结会并讲话。

同日 市委社会工委委员、市社会办副主任王丽竹参加市综治维稳信息系统建设座谈会。

12月27日 市委社会工委书记、市社会办主任宋贵伦参加全市老干部工作会议。

同日 市委社会工委书记、市社会办主任宋贵伦，市社会建设工作领导小组办公室副主任赵小卫参加市编办调研政府购买社会组织服务座谈会。

同日 市委社会工委书记、市社会办主任宋贵伦出席北京社会建设蓝皮书发布会。

同日 市委社会工委书记、市社会办主任宋贵伦参加北京市社会心理工作联合会首届年会并致辞。市委社会工委副书记、市社会办副主任张坚参加年会。

12月28日 市委社会工委委员、市社会办副主任陈建领参加北京市文联“中国梦·乐在社区”系列公益文化活动百姓健身舞展演。

12月30日 市委社会工委书记、市社会办主任宋贵伦带队到平谷开展全市党风廉政建设责任制专项检查。

12月31日 市委社会工委书记、市社会办主任宋贵伦参加市委党的群众路线教育实践活动领导小组第六次会议。

同日 市委社会工委副书记、市社会办副主任张坚参加北京工业大学社会建设研究基地承担的市哲学社会科学规划重大项目“北京市社会治理体制机制研究”开题论证会。

同日 市委社会工委委员、市社会办副主任刘占山参加东城区2014年新年音乐会。

·理论文章与调研考察报告·

外出考察报告

美国社会管理与社区建设考察报告

2013年7月25日至9月18日，受委办委派，我参加了由市委组织部举办的北京市创新社会管理与社区建设境外培训班。在近两个月的学习培训中，聆听了芝加哥大学等院校15位教授、专家和学者讲授的“社区城市的运作与管理”“美国非营利组织在美国的社会管理和服务的地位及作用”等17门专业课程；实地走访伊利诺伊州参议院、众议院，库克、杜佩、威尔等4个郡（县）和芝加哥、洛克艾兰市、奥罗拉市等6个城市；同6个芝加哥市政府部门、24个郡（县）政府部门、38个社区城市部门以及学校、图书馆、老人院、森林自然保护区负责人共210多人次进行座谈交流；应邀参加了9场丰富多彩的社区活动，如航空表演、劳动节游行等活动，有机会切身体验了美国居民的生活和社会现状。紧紧围绕一个主题开展深入学习考察，又与委办工作直接相关，感到收获很大、受益匪浅。

（一）进一步开阔了视野，拓宽了思路

在学习考察中，我认为最大的收获是在思想观念上的一些冲击和感受。一是以人为本、选民至上的理念。美国在城市建设、公共服务、环境绿化、社会保障、社会治安、社区服务等方面，充分体现了以人为本的理念。政府决策，要广泛征求民意；社会管理，以便民、利民为重。在介绍各级政府的职能与机构设置时，都要把市民放在最重要位置。二是注重教育、强化素质的理念。实行12年义务教育，各个学区政府主导学生义务教育，从小学开始，就加强公民素质和社会价值的培养，注重人文、科技与创新素质的锻炼。三是家庭核心导向理念。很多美国人认为这是比自由民主还要重要的社会核心价值观；在税收政策、收入水平、社会保障、调查统计等方面，都是以家庭为计量单位；芝加哥市政府和很多社区城市一样，均设有家庭服务部门，以公共政策、公共服务促进家庭和谐发展。四是注重信用、社会监督的理念。美国社会信用体系高度发达，从政府、企业、社会组织到每一个公民，都有自己的信用等级，网上公开，任何人只要支付最多30美元，就可查询以上信息；美国人都清楚信用不好的严重性后果。五是注重法制、依法办事的理念。美国各种法律、法条体系庞大、细密，覆盖社会生活的方方面面，政府依法行政，守法人人自觉，执法透明威严，违法成本昂贵。六是创新驱动、保护环境的理念。美国政府不仅在社会治理方式上有创新，而且一直带头使用、推广新发明、新技术成果，形成崇尚科技创新的社会氛围；在所有新建公共设施中，依法推广节能环保标准；公民向社会捐赠私有房地产、公园、领地，首先选择公共环保单位，提出环保诉求。

（二）社区建设应以居民自治为主线

尽管我们在社区治理及运行层面上不能与美国一一对应，但其在社区建设和管理上的许多做法，很有借鉴意义。一是依法推进居民自治。美国各个社区城市在多年发展历程中，普遍健全和完善了一套完整的城市管理法律体系，在推进社区事务和区域发展中，自主、自治、自决，自我承担法律责任，严格依法办事，严格执法监督。这对我们在社区建设中，坚持党的领导、支持人民群众当家作主和依法办事相结合，稳步推进社区居民自治，从操作层面上有启发。二是治理公开透明，公众广泛参与。主动畅通公众参与渠道，配套法律、制度健全完善。居民通过参加专业参与、专题讨论、听证表达、志愿服务等多种方式参与政府决策与落实。社区议会所有会议都向市民开放，并进行电视直播。我们先后现场观摩了几个社区城市的议会会议，都能看到与会居民对有关议题的热烈讨论与严肃质询。这对我们推进党务公开、政务公开、社务公开和居民自治，很有借鉴意义。三是不断创新社区治理模式。在美国社区城市治理发展过程中，出现一种新的治理模式——市长经理制。就是由市议会和市长决策，聘请一位专业公共管理人士作为城市经理来执行。市长成为一种志愿者式的荣誉职务，只能在本社区居民中通过选举产生。城市经理则可以面向全国选择。这种方式，有效避免了决策与执行过程中的交叉与内耗，突出了社区治理的专业性，提升了提供服务的职业化水平。社区城市政府还与驻区单位及非营利组织合作，为居民提供个性差异化服务；通过非全职、电话应招用工和志愿服务相结合，降低运行成本，提高工作效率；通过专业性区域合作，实现资源共享，弥补自身不足，增强了应急处置能力。这些做法值得我们关注、学习与借鉴。

（三）社会组织是社会治理与社会发展的重要力量

美国非营利组织发达，历史悠久、影响深远。一是有独特优势和制度空间。美国社会根深蒂固的结社精神、丰富的结社生态，普遍的志愿服务与广泛的公众参与，为非营利组织发展提供了良好的社会环境；美国深厚的慈善传统与庞大的捐赠资源，提供了坚实的物质基础；特别是涵盖了政府与市场之间的制度空间，成为政府与公民联系的桥梁与纽带，这些都使得非营利组织能够在美国社会管理和社区建设中发挥重要作用。二是现代社会治理结构的重要组成部分。非营利组织的出现和发展，推动和促进了美国公共服务的社会化，增强了社会活力，减少了政府开销，减轻了政府压力，促进了就业，维护了社会和谐与稳定。以芝加哥市救济基金会为例，它是以帮助刑满释放人员重新找到工作、回归社会的一家非营利组织。这个仅有300名员工的单位，以其优质服务，取得了骄人成绩：与伊州司法矫正部门每年投入改造成本38268美元相比，只用每人每年3200美元的成本，就获得了下降62%重新犯罪率的成果，显示出此类组织的力量之大，地位之重要。三是推动社会发展的重要力量。通过学习比较，我们认为，非营利组织的最大优势是，能够充分调动社会各方面积极性和创造性，用一种制度安排的方式，最大限度地激发社会活力、推动公共事业发展。只能盈利，不能分红的底线，自身承诺的公共使命，所得免税与向其捐赠者抵税的法律规定，能够有效促进“池子”中的水越聚越多，成为社会事业发展的重要动力。如美国哈佛大学、耶鲁大学等知名高校，都是非营利组织发展的成果。美国有不少于1/3的图书馆都是由非营利组织支持创办的。这些做法与经验，对与我们建立政社分开、权责一致、依法自治的现代社会组织制度，具有重要的参考价值。

（四）志愿服务是社会治理与社会动员的重要方式

志愿服务与公民参与在美国非常普遍。以2009年统计数据为例，当年志愿者总数达到了6336万人，占总人口的26.8%，创造的社会总价值达到了2786亿美元。志愿服务已成为大多美国人工作、学习和生活的一部分。学校评职称、企业对员工绩效评估，都要看其在社区或社会参与志愿服务的经历；家长在日常生活中给孩子做志愿服务社会的表率，学校在日常教学中把社会责任意识融入课堂教育等，这些都使美国的孩子从小就养成了志愿服务的习惯。由于志愿服务和公民参与的广泛深入，使得美国社会具有较强的动员组织能力。我们先后直接参加了三个大型群众集会活动，参与人数都在几万到十几万不等。除了维持秩序的志愿者和关键部位的警车、指挥车之外，现场秩序隆重、热烈、喜庆、活泼、有序。人们扶老携幼，举家前往，就像集体参加一场盛大节日一样。这种看似没有、实则严密的组织动员方式，给我们留下了深刻印象。我们在推进社会管理体制改革，建设和谐社会首善之区过程中，应该从美国志愿服务的经验中汲取营养，拓展思路。这些具体做法，对我们构建党委领导、政府负责、公众参与、社会协同、法制保障的现代社会管理体制，有着较强的借鉴价值。

（五）进一步坚定了信心，增强了自觉性

在学习培训中，随着对美国政府、社会的深入了解，更加坚定了对中国特色社会主义的理论自信、道路自信和制度自信。一是张庭伟等教授在讲述、分析美国政府架构与政治制度时都谈到，尽管美国一直致力于推广其民主制度，但全世界成功的案例几乎没有。由于共和、民主两党都不能不过于重视选票，客观上会造成国家层面的短期行为。二是在讲到芝加哥市作为美国第三大城市，之所以能逃脱金融冲击、保持繁荣发展态势时，安迪和诺尔曼教授认为，一个重要因素，就是在芝加哥市，从1930年起，民主党长期执政，不仅有效保证了政府的连续性和稳定性，而且促进了芝加哥大都市区中长期战略规划的制定与实施。三是中国企业与产品的影响力与日俱增。大家反映，以前出国，“中国制造”是便宜货的代名词。现在即使在高档专卖店、在社区、在政府，都能看到“中国制造”的影子。四是华人华侨对祖国的发展成就感到自豪。我们在观摩洛克爱兰等城市议会时，受到议员的全场起立欢迎，颇受震撼。据当地华侨说，这在以前是不可想象的。这些都给大家留下了深刻印象，进一步激发了学员们的爱国热情，增强了对我国发展道路、发展方向的自信。

通过学习培训，结合自身工作实际，借鉴美国有效做法，提出以下工作建议：

（一）加强社会治理的统筹协调与制度设计

党的十七大以来，北京市社会建设管理的方向正确、符合实际、卓有成效。但与美国的社会管理相比，还有很多值得借鉴之处。美国社会治理的一条成功经验，就是建立政府功能和社会自治功能互补、政府管理力量和社会调节力量互动的社会管理网络。学习这一经验，在已有基础上，一是进一步强化市委社会工委、市社会办的统筹协调职能，加强顶层设计，完善制度安排，不断提高公共管理与公共服务的能力。二是要从优化行政体系，进一步转变政府职能入手，加快简政放权步伐，将应该下放的权利下放到基层、市场与社会组织，发挥各个主体在社会服务管理中的重要作用，加快形成多元主体参与的社会服务管理新模式。三是继续大力推进向社会组织购买公共服务，改善社会治理结构，不断扩大公众对社会公共事务的有序参与，拓宽政府与社会衔接的有效渠道。四是畅通公众参与渠道。应采取有效措施，调动民间积极性，使之服务社会，造福社会，最大限度地激发社会活力。

（二）进一步完善社区治理模式

借鉴美国社区城市管理中的好做法，结合全市社区建设现阶段的实际，加大在党和政府引导下的社区自治力度，健全社区组织体制与管理体制，为社区居民参与社区治理提供制度途径，畅通居民参与社区事务渠道，让居民更多地参与社区事项决策。要积极培育、扶植包括物业协会、业主协会等社区社会组织发展，支持其深入社区开展服务和管理，增强社区信任和合作、实现共同利益。

（三）要大力发展社会组织

借鉴美国非营利组织发展经验，加快建立政社分开、权责一致、依法自治的现代社会组织制度。一是正本清源，进一步明确社会组织的功能、地位和作用，为社会组织的发展预留空间、营造氛围。二是要解放思想，简政放权。推动政府向社会组织转移部分职能，向社会组织开放更多的公共资源和领域，把不应由政府承担的一些事务，交给社会组织来承担。三是要加快研究制定培育和发展非营利组织的法规、政策和措施，促其尽快发展。在当前事业单位改革过程中，应按照非营利组织框架来改革公益服务类事业单位。四是要加大培育社会组织力度，进一步鼓励、支持和指导建立社会组织"孵化"基地；健全和落实社会组织从业人员职称评定，薪酬待遇，社会保障等政策，提高社会组织综合实力。

（四）加快推进社会管理体制改革

贯彻党的十八大"加强社会建设，必须加快推进社会体制改革"要求，借鉴美国社会管理的经验，要通过改革社会管理体制，逐步理顺政府与社会的关系，为建设和谐社会首善之区提供体制保障。应按照"一个围绕"和"四个加快形成"精神，综合研究北京市社会体制改革总体方案，加快建设社会管理体制、基本公共服务体系、现代社会组织制度和社会管理机制。在总结北京市近年来加强社会建设、创新社会管理经验的基础上，向中央政策研究室、国家发改委等部门申报社会体制改革试验区，争取更多支持，提升社会服务管理水平，增强北京社会建设影响力。

（五）推进街道管理体制改革，增强区域化资源整合能力

借鉴美国社区城市统筹辖区资源有效做法，通过改革进一步理顺条块关系，推动上级各个部门简政放权，切实增强街道社区对居民切身利益事项的决策权和服务资源。这是当前解决上访、信访高居不下的治本之策。在区县或街道研究探索建立消防救灾、医疗救助相统一的管理体制和运行模式。

（六）加强以志愿服务为核心的社会动员机制建设

推动志愿服务工作立法进程，依法保护志愿者权益。推动政府、社会单位和企业共同落实社会责任，推广志愿服务，致力于在全社会营造崇尚志愿服务的良好氛围。

（此文为市委社会工委委员、市社会办副主任陈建领于2013年7月25日至9月18日，参加北京市创新社会管理与社区建设境外培训班后撰写的考察报告）

加拿大、美国社区建设考察报告

2013年5月17日至24日，由市委社会工委委员、市社会办副巡视员王智玲率团的一行5人赴加拿大、美国进行了社区建设考察。考察团先后参观考察了加拿大温哥华与美国旧金山、洛杉矶、圣地亚哥的社区体制、社区服务以及社区参与、志愿者情况，并与加拿大、美国上述城市的相关政府官员、华侨社团领袖、社区工作者等进行了深入交流。现将考察情况报告如下。

一、基本情况

（一）加拿大、美国的社区体制

1. 加拿大。加拿大实行由政府部门指导及监管，社区组织和民间团体主办，企业通过社区内市场组织提供优质服务的社区发展运行机制。政府、社会、企业三者之间各司其职、相互补充、密切配合，满足社区不同人群的需求。其中，社区委员会自主性强、不受政府直接管理，有权决定为本社区居民提供服务的内容和方式。社区的自我管理组织是社区董事局。董事局由若干委员组成，委员由居住在本社区的居民选举产生，任期为一年，主要职责是代表居民管理协调社区事务、评估选择社区服务机构、参与评议政府工作、对城市发展规划提出建议等。政府主要负责宏观的规划、指导，并给予经费支持和协调服务，社区事务由社区自治组织自

行决策、管理，并负责组织和实施。

2. 美国。美国是联邦制国家，政府架构包括联邦政府、州和特区政府、地方政府，地方政府包括县、郡政府和实行自治的城市政府，县、郡政府以下是社区。政府没有权力直接干预社区事务，但能通过法律、法规、行政命令来规范社区内各利益团体、企业和个人的行为。美国社区事务通常由社区董事会（也称“社区委员会”）来进行自治管理。担任社区董事会董事（委员）的人必须是本社区的居民或在本社区有特殊利益的人，也可以是在某方面有特长或是本社区有号召力的居民。社区董事会的董事由居住在本社区的18岁以上的居民选举产生，每届任期二年，都是兼职，没有工资。社区董事会聘用社区主任，直接负责社区办公室的工作，下设若干工作委员会管理不同事务。

（二）加拿大、美国的社区服务

在加拿大，温哥华市政府的公共管理和服务实行经理管理体制，议会负责决策，城市总裁组织专业部门和人员负责执行议会决议和日常管理服务工作。市长、市议会下设有城市经理办公室，办公室下有理事会、社区服务部、人力资源服务部、公司服务部等，市长聘用城市经理，城市经理具体负责各职能部门的管理。政府在社区的公共服务主要通过项目申请制，依托相关的协会、非营利组织、服务组织等，通过政府购买服务来完成公共管理和服务。社区委员会是市政府下设立的服务居民的社区组织，发挥社区组织者、媒介中间人、信息收集、协调服务等作用，社区主任就社区居民关心的问题，与政府部门官员、职能部门和管理者、立法机构取得联系，及时提供信息，取得帮助和支持。在温哥华市，有23个社区，都设有社区中心，主要由温哥华政府拨款，加上部分自己筹款，每年经费近5000万加元，服务项目主要以文化教育和体育健身为主，居民每月支付很少的钱就可以获得消费卡，到社区中心进行学习和休闲娱乐。

在美国，县、郡政府都设有社区服务部，职责是：为老人提供照料，组织孩子参加夏令营，与消防人员和警察合作维护社区安全，管理公园等公共场所。联邦政府设有房屋部，全美有1500万套公房，每年政府都做出2000万元的预算作为公房管理资金。这些公房主要出租给低收入家庭，到房屋部申请租房需要所在地政府出具租房人收入及相关个人信息的证明，房屋部根据收入状况发租。洛杉矶下辖88个小城市，每个小城市政府一般都内设有办公室、警察部、消防部、社区服务部、社区发展部、财政部、人力资源部、公共设施部等部门，市长是决策人，由居民选举产生，可连选连任。市政府可以就某项工作向社区董事会提供政策性指导与专业咨询，但社区董事会没有义务被迫执行市政府的决策。美国的社区董事会可以看作是一个以自治为基础的市民联合体，在市政府与社区居民之间起桥梁和纽带作用。

加、美两国各级政府与社区的关系是自上而下和自下而上结合的互动关系。社区实行自我管理，但不是恣行其道，虽然社区委员会不对政府直接负责，但社区建设、发展规划仍然是在政府有关部门指导下完成的。

（三）加拿大、美国的社区参与

在加拿大、美国，热心公益、参与社区活动是一个人在社会中发挥作用、扩大影响、体现价值的重要途径。

在加拿大，志愿团体众多，大都由民间发起，政府每年专门拨款支持志愿团体开展工作，志愿团体也通过多种形式自筹一部分经费。在加拿大，志愿服务团体之所以盛行，主要是因为政府的税收制度。加拿大是“万税”国家，个人每年都要按工作、居住省对照个人收入纳税的规定进行纳税，一般是年收入的16%—23%不等，但如果用自己所赚的钱捐赠慈善事业，就可从所交税款中扣除。比如，捐1000元给政府核准的慈善机构，这个机构出一个收条，年底就可从税中抵扣，这样既不影响自己的收入，又彰显了自己的善举。通常大一点的慈善机构是要登记的，每一年的收入情况都要报告政府。

在美国，社区有很多志愿工作，如帮助

老人、儿童等，由专门负责志愿者工作的办公室帮助安排。学校有专门的要求，鼓励学生参加志愿服务，如参加志愿工作每学期登记10小时就可以毕业等，大学对学生不仅考核学习还考核社会活动。教育是参加志愿服务一个动因，居民素质普遍比较高，都自愿为社会、为他人服务。关于志愿者的情况，美国有专门部门进行登记。美国社区参与广泛，主要体现在社区参与结构上，不仅有老人、中青年，还有中小学生，既有社区内的非营利组织和志愿组织，还有驻区企业单位。其中，各类协会在社区中发挥很大的作用，政府对协会的监管主要是看相关报告，具体做什么是独立的，政府给津贴的要管，没给津贴的不管。协会内部都设有一些机构，聘用一些专家、雇员，有董事局，下设委员，有总裁、经理，领薪水。政府拨款后不具体干涉如何运作，只对项目进行抽查，看是否与报告相符。

加、美两国的社区活动有不同的类型：有教会组织的慈善活动，也有社区民间组织开展的文艺、体育、社会服务活动。在美国，任何有人群的地方，随处可见宗教机构和民间组织提供的社会服务。社会服务的受益者，除了弱势群体，还涵盖了整个社会，民众在接受社会服务的同时，也以各种方式回报社会。在社区内，社区委员会每月开两次会，所有居民只要愿意都可以参加，提出自己关心和需解决之事，居民向市（县）反映的问题，有专职人员处理。市长和议员讨论决定社区重大事务的联席会议，都是开放的，居民可以旁听，也可以发言，旁听席上经常座无虚席，与会发言踊跃、诚恳。

二、主要经验

考察团在学习考察中，对加拿大、美国社区建设的经验印象深刻。

（一）各级政府分工明确、各有侧重，共同承担社区建设的主要责任

考察团访问了加拿大、美国联邦、省（州）、市（县）三级政府负责社区建设的主要部门，两国政府对社区建设高度重视，主要是：第一，各级政府在社区建设领域职责明确、各有侧重。如两国联邦政府主要负责制定社区建设规划，明确社区建设、发展目标和主要内容，并通常以立法的形式加以确认。第二，政府不仅负责提供社区公共服务，更将保障社区稳定和促进社区长期发展作为核心工作目标。如两国的社区建设概念要广泛得多，不仅包括提供社区教育、就业等公共服务，更将支持社区住宅改造、社区基础设施建设、促进社区弱势群体发展等纳入了政府支持的社区建设范畴，核心目标是保证社区的稳定和长期发展。在一个更宽的视角下，将社区作为政府维护社会稳定和处理社会事务的基础平台和政策着力点，全面促进社区可持续发展。第三，十分重视对社区建设的投入，资金利用方式灵活多样。在明确职能分工的前提下，两国的联邦、省（州）、市（县）三级政府多年来一直都采取各种方式投资社区项目。如CDBG项目，是目前美国联邦政府支持社区建设、发展的主要投资渠道之一。CDBG项目自1974年设立以来，美国联邦政府投入的社区发展资金已经达到了1000多亿美元。这一项目资金，以基层城市政府为主要资金申请单位，除了规定不能使用的若干领域，如不得用于政府支出、政党活动、设备购置以及作为社区服务设施运行维护支出外，CDBG项目资金可以用于任何与社区建设、发展相关的项目。在得到允许的前提下，CDBG项目资金甚至可以用于经营性的社区项目，但其营利部分需纳入下一年度的CDBG项目预算。

（二）社区民间组织发展成熟，成为社区建设具体事务的主要践行者

社区民间组织是加、美两国社区建设中一支非常重要的力量。两国社区民间组织的特点主要体现在：一是数量多、服务领域广泛。两国的社会管理方式为民间组织发展提供了广阔的空间。考察了解到，温哥华市从事各类社区服务的民间组织众多，涉及社区

服务、文化、治安、卫生等社区居民需求的方方面面：通过设计和实施社区项目，直接为社区居民提供具体的服务；广泛筹集社区发展资金；充当沟通政府与社区居民的桥梁，及时反映居民诉求。二是专业化、人员素质较高。两国的社区民间组织在提供社区服务和自身建设方面呈现出专业化、规范化的特点。两国很多民间组织在社区项目设计、实施、评估等方面，都表现出较高的项目管理与执行能力，很多影响大、效果好的社区服务项目都是由民间组织率先提出和设计的。同时因关注领域不同，民间组织呈现出细致的内部分工，有的多年如一地专注于提供某一领域的社区服务，成为该领域的专业机构；有的发挥筹资能力强的优势，专门为其他提供具体社区服务的民间组织筹措所需资金，并推广、宣传已有的社区服务经验，以争取更多的社区发展资金。三是有比较完善的扶持和监督体系。一方面，两国各级政府都安排一定的财政预算，支持或与社区民间组织合作开展各类社区服务项目，扶持民间组织的发展。另一方面，社区民间组织从组建、运行乃至解散、破产，都需经过严格的审计和评估。特别是当社区民间组织因某种原因解散或转为营利性机构时，两国都有比较严格的退出机制对该组织的资产进行核查，以保证应用于社区服务的各类资金不会被挪用或侵占。

（三）社区公共服务设施完善，成为提供公共服务、促进居民交流和增强社区活力的主要平台

考察团在加拿大和美国期间先后参观了温哥华的社区服务中心、旧金山的社区儿童服务中心、洛杉矶的社区老年人活动中心等社区服务设施，这些服务功能完善的硬件设施和良好的服务氛围令人印象深刻：一是设施规模合理、功能完备。社区服务设施基本都是针对服务需求确定建设规模和使用功能。为此，有的规模很大，如温哥华的综合社区服务中心，主要是为周边学校的青少年提供课外活动场所，同时为所在社区居民提供文化、体育和交流活动场所，建筑面积达近万平方米，包括室外体育场、室内旱冰场、游泳池、壁球室、图书馆、健身房、幼儿教室等，能够满足社区居民绝大部分的社区活动需要。二是社区活动丰富、设施利用效率高。无论对于哪一类社区服务设施，都十分重视设计和开展形式多样的社区活动，以吸引居民参与，大多取得了很好的效果。考察团在访问洛杉矶的社区老年人活动中心时，很多中国裔老年人都在积极参与社区开展的老年人活动，活动中心已成为当地老年人社区生活的重要部分。三是政府保障运行、志愿参与普遍。考察了解到，美、加两国大多数社区服务设施都是各级政府投资建设并保障运行的。除部分社区活动收取少量的费用外，大多数社区服务设施内的活动都是免费的，有的老年人活动中心甚至还为社区低收入老年人提供免费午餐。与此相对应，政府直接雇佣的社区服务人员却很少，其余大部分日常维护和服务工作都由社区志愿者提供。

三、几点启示

（一）进一步完善政府对社区建设的职责定位

通过考察发现，加、美两国政府不仅在社区建设中扮演着重要角色，而且各级政府和有关部门的职责都有着清晰的定位、无缝的对接。探究其原因，加、美等发达国家自20世纪90年代以来，各类组织都逐步引入了肇始于现代企业的新革命：业务流程再造，并充分体现到了社区建设之中。对于北京来说，我们需进一步完善社会建设工作领导体制，健全社会管理工作机制，理顺市、区县、街乡政府和有关部门在社区建设中的工作职责、分工及流程，构建起需求导向、面向流程、IT驱动的社区工作模式。一方面，既要制定社区建设规划、政策，加大社区服务基础设施投入，又要切实转变、转移职能，引入契约合作模式，以市场化的方式，实行项目化运作，改变政府的行政命令、包办代替

为服务、引导、监督，建立起与社区有效沟通渠道；另一方面，要明晰市、区县、街乡政府和有关部门的工作责任、流程，发动社区，全面提升社区建设水平、创新社区发展方式，推进社区建设与发展。

（二）加大社区服务体系建设的投入力度

发展社区服务体系是和谐社区建设的前提条件和重要保障。近年来，北京市有序推进社区基本公共服务全覆盖，大力推进“一刻钟社区服务圈”建设，广泛开展社区志愿服务，实现了全市城市社区基本公共服务全覆盖，促进了社区服务能力的提高。但是总体来看，目前社区服务体系建设资金投入规模小、来源单一，难以满足社区基本服务的需要，特别是郊区县及乡镇地区社区服务设施建设与实际需求差距很大。由于社区服务主要是公益、非营利性质，应进一步加大社区建设投入力度，同时应拓宽资金来源渠道，借鉴加、美两国联邦政府的投资经验，尝试通过贴息、补助、公建民营、共建共用等多种形式，引导社会资金投入社区建设，逐步建立起以政府投入为主、社会各界捐助的多元化的社区建设长效投入机制。还可以借鉴加拿大国家劝募协会、美国企业基金会与CDBG项目等做法，探索成立社区发展基金会，培育、发展社区社会资本。

（三）大力推动社区社会组织发展

目前，在国际上，政府与民间组织在社区建设中建立伙伴关系，依托民间组织提供社区公共服务，已经成为普遍通行的做法。与此相比，北京市社区社会组织发展还十分薄弱。为此，需要总结拓展东城、朝阳、顺义等区社区社会组织联合会做法，充分借鉴国外社区民间组织发展经验，积极引导社区社会组织参与社区服务和管理。政府需要从资金补助、政策扶持、税收优惠等方面支持社区社会组织发展，从规范备案、登记和撤销制度，完善审计、监督，做好日常评估等方面促进社区社会组织自身建设，重点培育能够提供公益服务、发展慈善事业、承担社区公共服务和引导居民参加健康文体活动的社区服务类社会组织。加大政府购买社会组织服务向社区社会组织倾斜的力度，大力扶持社区社会企业、微公益、楼宇志愿服务超市等试点，吸引社会组织经营微利低偿的社区服务。

（四）完善落实促进社区建设政策

《北京市“十二五”时期社会建设规划纲要》以及《北京市社区基本公共服务指导目录（试行）》《关于推进“一刻钟社区服务圈”建设工作的意见》《北京市社区志愿服务促进办法（试行）》确定了一系列推进社区工作的政策措施，应加强监督检查，确保落实到位。对于一些需要制定具体实施细则或执行措施的，需要尽快研究制定，并支持推动区县、街乡出台具体指导意见，确立适合本区县、街乡发展实际和需求的社区发展模式。同时，要以起草《关于深化社会体制改革的意见》为契机，进一步开拓思路，借鉴国内外成功经验，研究制定一些更加灵活有效的社区扶持政策。充分发挥行政机制、市场机制、志愿机制在社区建设中的作用，完善基层群众自治制度，推进社区志愿者参与社区服务和管理。鼓励在社区建设基础较好、群众需求旺盛的区县，推动政策试点，探索经验，适时推广。

（考察团成员：王智玲　赵年升　曹洪谦　鲁振中　王建元）

参加社会管理创新与发展专题研讨班情况报告

按照委办统一安排，我于1月5日至14日赴新加坡、马来西亚，参加了国家外专局在南洋理工大学公共管理研究生院举办的社会管理创新与发展专题研讨班。民政部、科技部、全国总工会和有关省市相关部门领导和处级干部44人参加了研讨班，新加坡前副总理、国会议员、总理特别经济顾问黄根成，前国会议员、政务部长曾士生，前国会议员、政务部长何炳基，前国会议员、前国家发展部长马宝山，人民行动党中央执行理事刘炳森，《联合早报》前总编辑吴元华，南洋理工大学公共管理研究生院院长吴伟博士，马来西亚首相署经济发展规划局副局长 Zunika Bt Mohamed 女士，马来西亚拉曼大学陈中和博士等分别作了新加坡、马来西亚经济发展与社会治理相关讲座和专题报告，先后到新加坡人民行动党总部、社会及家庭发展部、人民协会、油池选区支部和社区、德教太和观、南洋理工大学和马来西亚理工大学进行参观考察和座谈交流，还观摩了新加坡油池选区议员接见选民活动等。研讨班结业时，南洋理工大学副校长余明华、南洋公共管理研究生院院长吴伟，中国驻新加坡大使馆临时代办戴兵、教育参赞周建平、科技参赞张伟成等出席了结业典礼。

通过为期8天的学习、考察和交流，有针对性地了解了新加坡社会发展总体状况，感受较深的主要有以下方面。

一、顺应民意是人民行动党长期执政的根本基础

新加坡实行多党制，但人民行动党自1959年以来一直通过大选控制国会，保持长期执政。国家政治稳定、经济快速发展、社会种族和谐，是人民行动党一以贯之的执政目标。人民行动党强调国家利益至上和民族团结和睦，把超越种族利益和阶层利益、最能体现新加坡的国家利益作为制定政策的出发点和归宿，民意是人民行动党的执政基础。人民行动党的一个重要理念就是要把新加坡最好人才延揽到党内，为此设计了一整套招揽最优秀人才的办法。人民行动党尽管是精英型政党，但其作风却极具“草根化”，最典型也最有说服力的是所有议员必须每周接见选民。每位议员每周都安排一个晚上接见选民，如确实有要事不能参加，需请其他议员代劳。自人民行动党执政至今，这个制度雷打不动，议员也风雨无阻。议员接见选民时，一位一位地见；对选民提出的问题，一个一个地处理，或写信给政府机关，或安排相关人员帮他们解决问题。接见活动常常要持续几个小时，有时甚至到深夜，议员必须等最后一位选民离开才能离开。新加坡一党长期执政且能保持活力和廉洁，重要因素有四：一是以德养廉，使人不想贪；二是以俸养廉，使人不必贪；三是以规养廉，使人不能贪；四是以法保廉，使人不敢贪。

二、解决民生是新加坡政府社会发展的首要政策

中央公积金制度是新加坡解决民生的首要政策，1955年开始实施。公积金由雇主和雇员各按工资20%共同缴纳，国家对公积金不征税。公积金局每月收缴的公积金经计算存入每个会员个人账户，其中30%为普通账户，用于购房、投资、教育等；6%为保健账户，用于支付住院医疗费用和重病医疗保险；4%为特别账户，只限于养老和特殊情况下紧急支付。法律规定，所有雇主在雇佣人员时必须到公积金局注册，按时交款。除了达到

退休年龄时才能领取养老金外，退休前还可在特准范围内用于购买住房、股票、黄金。公积金对医疗、养老、住房的保障如下：①医疗保障。医疗保障包括保健储蓄计划、健保双全计划、保健基金计划。保健储蓄计划是公积金制度中主要的医疗保障计划，允许会员动用公积金6%的保健储蓄存款支付会员个人或直系家庭成员的医疗费用。健保双全计划是重病医疗保险计划，允许会员以公积金保健储蓄账户的存款投保，确保会员有能力支付重病治疗和长期住院的费用。保健基金计划是政府为贫穷国民设立的医疗基金，它在保健储蓄和健保双全均无法提供保障的情况下为贫困患者提供保障。②养老保障。养老保险依靠其中央公积金来实现。政府规定，雇员年满55岁后，个人账户结构由普通账户、医疗储蓄账户和特别账户转变为退休账户和医疗储蓄账户。雇员年满60岁时，在个人退休账户保留一笔法定最低存款的前提下，可按月领取养老金。③住房保障。新加坡公民只要有公积金，结婚就可申请购买政府组屋。政府建屋发展局利用政府公积金贷款，负责房屋建设、出售和出租，使房屋价格保持在低水平。政府不仅为符合购买组屋条件的居民提供公积金抵押融资贷款，还对低收入家庭购买标准条件内的组屋予以购屋津贴。组屋购买5年后可进入市场买卖流通。85%的人都享受政府组屋优惠。

三、依法办事是新加坡社会稳定有序的根本保证

新加坡法律制度完备，可谓包罗万象、事事皆有法定。新加坡现行法律、法规、条例达400多种，法律调整范围大到国家选举、政府权力、经济管理，小到社区物业管理、停车规则、人们言谈举止、衣食住行等，基本做到了公民生活各个方面皆有法可依、有章可循，详细而具体、可操作性强，何种违法行为该受到何种处罚都规定的十分明确。严格依法管理是新加坡成功的一条重要经验。新加坡政府认为，要实现现代化必须保持国家稳定和秩序良好。因此，政府在大力发展经济的同时，注重厉行法治，通过严厉执法保障各项社会管理政策落实。新加坡城市管理立法全面，城市执法人员的每项工作都有法可依，达到“以法治城”。新加坡奉行“重赏之下必有勇夫，重罚之下必有良民”，执法非常严格。如乱吐口香糖、乱扔废弃物、公共场所吸烟、不冲公共厕所等行为，在新加坡都属犯法，要受到重罚。新加坡素有“罚款城市”之称，随处可见罚款告示牌，有人一旦违反，就会为此付出高昂代价，使其不敢再犯。对那些违背社会公德者，政府除了罚款还将他们“暴露”在光天化日之下。这些严厉的法律约束，使新加坡人养成了良好习惯和文明素质，从而创造了和谐有序的社会环境。新加坡政府还规定，公众对公共事务投诉不论到哪个政府部门均不得推诿，即使不是该部门分管的也要通过该部门及时流转，每件投诉均要做到有着落，投诉电话须15秒内接听，电子邮件24小时内必须答复。遇到需要几个部门共同解决的问题，由这些部门联合磋商。

四、政社协同是新加坡社会发展的重要举措

新加坡社会及家庭发展部和文化、社区及青年部负责全国社区发展政策研究制定，其下属的人民协会是法定机构，负责社区事务管理，由政府总理担任主席。人民协会下设87个公民咨询委员会和5个社区发展理事会，负责社区内的公共福利服务和分担部分公共服务职能。人民协会下属2000个基层组织，2.5万名基层领袖志愿为社区服务。公众咨询委员会协调106个居民联络所，各设6个不等的专业委员会，主要负责组织文化、教育、娱乐、体育以及大型的社会活动促进种族的和谐和社会的稳定，协助政府与民众沟通。新加坡社区中最小的区域性组织是居民委员会或邻里委员会（在公共组屋区称为

居民委员会，在私人居住区称为邻里委员会），其主要职能是：在小范围内促进种族和谐、宣传政府政策、反映民意，组织本小区居民文体娱乐活动等；为公民咨询委员会和居民联络所提供人力帮助并反馈信息。从功能上看，公民咨询委员会起到党、政、民之间媒介及执政党基层外围组织的作用；居民联络所着重组织各种社区活动；居民委员会侧重包括邻里关系在内的居住软环境建设。三者均在人民协会指导下运作，在社区服务管理中既保持充分协调性（人员可重叠）又体现高效率性（上情下达、下情上传较为直接）。目前，新加坡共有居民委员会568个、邻里委员会129个。每个居民委员会1500—2500个住户，邻里委员会每个至少400住户。居民委员会工作人员全部是义工。

新加坡社区建设由国家统一规划，政府有关部门负责制定社区发展计划和评估标准，居民联络所、居民委员会等在政府指导下自主活动，及时向政府反馈民众意见。政府部门根据社区居民需要，调整规划和服务管理，按照社会服务标准评估各自治组织业绩，下拨活动经费。政府部门、社区管理机构、基层自治组织及社会团体之间职责分明，上下贯通，形成科学合理、灵活有效的社区服务管理模式。新加坡小政府理念是有所为有所不为，社区贴近民众，凡可自主管理的政府放手但提供指导和经费，通过扶持NGO培养社区成员参与意识。新加坡重视社区基层组织建设，强调政府主导下的公众参与，既弥补社区建设所需公共资源的相对不足，又在一定程度上强化了执政党的基层建设。

新加坡社区中，主要由社区组织承担的工作完全是兼职、义务的，社区开展所有活动都是自愿性质的，包括社区公共环境美化等也都是义务参加。社区内各种名目繁多的组织，类聚了不同兴趣爱好和心理需求的人，形成了组织、参与和资助各种社区活动项目的群众基础。新加坡注重培养为社会自愿贡献的“义工”精神，由国家义务工作中心推动，促进民众及社群广泛参与，使义工活动既服务社区又减轻政府压力，同时节约社区服务管理成本。政府还引导社团、企业参与社区建设，建立社区服务网络，对不同群体开展针对性服务，为民众提供有效援助。

五、种族平等是新加坡社会和谐的重大战略

新加坡人汉族约占75%、马来族占15%、印度族占8%及欧亚族约占2%，33%的人信佛教、20%的人信道教、16%的人信伊斯兰教、12%的人信基督教、6%的人信天主教、4%的人信婆罗门教。新加坡宪法规定各种族、各宗教享有平等权利和遵守共同法规的义务。宗教场所只允许讲宗教事务，不能评论时政和其他宗教。各种族在同样学校接受教育，课堂用英语教学。学校每天升国旗，宣誓词用英语。在政府组屋购买上，每个组屋区按照种族比例分配，必须有马来族、印度族和其他种族，让各种族互相了解、互相融合。新加坡十分重视包括社会凝聚力、政治稳定、国家认同感、集体意志、共同价值观等内在的社会无形资源对构建和谐社会的作用。新加坡是个多种族、多语种、多元文化、多元宗教的社会，为了实现多元种族、多元文化的融合，新加坡政府始终致力于共同价值观建设。1991年，新加坡国会通过《共同价值观白皮书》，提出“国家至上、社会为先；家庭为根、社会为本；社会关怀、尊重个人；协商共识、避免冲突；种族和谐、宗教宽容”的五大共同价值观，并把它提升为新加坡的国家意识，增强不同文化背景人群的国家归属感、文化认同和民族凝聚力，形成全社会团结合作的和谐氛围。1982年，新加坡提出以儒家思想作为社会道德标准，把儒家思想核心的“忠、孝、仁、爱、礼、义、廉、耻”现代化，形成新加坡独具特色的文化范式。这种社会道德集儒家学说思想和现代管理经验于一体，既继承了好的传统又与时俱进，得到各族人民的广泛认同。在新加坡，几乎每个月都有专门的活动周或活

动月，如睦邻周、敬老周、国民意识周、华族文化月、马来文化月、印度文化月等。这些体现共同价值观的社会运动为种族、宗教融合奠定良好的社会和文化基础。新加坡针对种族、宗教多元的现实，采取务实的种族、宗教政策，营造和谐的种族、宗教关系。新加坡政府以宪法形式确立民族关系、宗教信仰自由和政教分离的根本原则，通过《煽动法》《刑事法》《内部安全法》《维持宗教和谐法案》来对付破坏民族、宗教和谐的行为，制定《不良刊物出版法》《电影法》《广播电视节目法》《新闻及出版物法》等对大众传播媒介加强管理，有效预防了有碍民族、宗教和谐的言论，造就了多元种族、多元宗教和谐共荣的新加坡。

新加坡社会治理与创新发展给我们的主要启示：

一是必须始终坚持党建引领社会建设不动摇。执政党引领社会发展方向。在执政党和政府的关系上，新加坡人民行动党奉行的是“党无处可见，却又无处不在”。我们党是宪法规定的执政党，是中国特色社会主义事业的领导核心。为此，我们在学习借鉴新加坡人民行动党建设和执政成功经验的同时，必须始终不渝、毫不动摇地坚持党的领导。特别是在社会建设创新实践中，必须坚持党管社会，全面加强和改进社区党的建设、社会组织党的建设和非公有制经济组织党的建设，不断探索和推进社会领域党建工作创新，充分发挥社会领域各级各类党组织的职能作用，始终坚持以党建工作创新引领社会服务管理创新，以党的组织和党的工作全覆盖推动社会服务管理全覆盖，确保社会建设的正确方向和发展道路。

二是必须始终坚持民生为重社会政策不懈怠。民生关乎民意。新加坡人民行动党和政府顺应民意、解决民生，创造了长期执政和民富国强的世界奇迹。我们党的宗旨是执政为民，强调人民对美好生活的向往就是我们的奋斗目标。这就要求我们在推进社会建设创新实践中，必须始终坚持民生为先政策不懈怠，把党和政府工作重心转移到改善民生、公共服务和社会管理上来，多谋民生之利、多解民生之忧，下大力气解决好人民群众最关心最直接最现实的利益问题，加快实现基本公共服务均等化和城乡发展一体化，努力办好人民满意的教育，推动实现更高质量的就业，千方百计增加居民收入，统筹推进城乡社会保障，着力提高人民健康水平，不断提升社会服务管理科学化精细化水平，让人民生活更加幸福。

三是必须始终坚持社会治理法治保障不偏离。依法治国是国际惯例。新加坡以其闻名于世的法治而屹立于发达国家行列。我国强调依法治国基本方略，但目前有法不依、执法不严、无法可依等问题依然存在，特别是社会领域立法远远滞后于其他领域，亟待加快推进。按照党的十八大提出的“法治保障”新要求，必须加快推进社会建设立法，注重把过去5年来北京社会建设成功经验以法规形式加以提升和固化，逐步形成社会服务、社会管理、社会参与、社会文明、社会和谐方面的政策法规体系，始终坚持依法维护和保障人民正当权益和化解社会矛盾纠纷，依法推进社会建设和社会治理管理，不断提升社会建设法治保障力度和社会治理科学化水平。

四是必须始终坚持社会公众协同参与不折腾。公众是社会建设的主体。新加坡不论是执政党开展工作还是选区、社区进行服务管理，更多的是依靠政社协同、社团发挥作用和公众广泛参与。尽管近年来我们一直大力倡导和推动社会协同、公众参与，但目前这方面工作还存在一些不足、成效还有待于提升。可以说，探索和形成社会治理之路，是今后我国社会管理的发展趋势与必由路径。为此，围绕积极探索中国特色、时代特征的社会治理之路，必须在党委领导、政府负责、社会协同、公众参与、法治保障的体制框架下，构建“政府社会管理＋社会组织自治＋社区治理＋企业事业单位履行社会责任＋公众有序参与”的社会治理模式，确保政社既分开又合作、社会既协同又自治、市场既依法经营又履行社会责任、公众既合理表达诉求维护权益又有序参与社会公共事务，做到政府、社会、公众多元治理和同向同行不折腾。

五是必须始终坚持社会和谐创新发展不停滞。社会发展离不开和谐与创新。新加坡通过法规引导、价值认同等实现多元种族、多元宗教、多元文化的整合与社会和谐发展。多年来，在我们党的和谐社会理论与民族宗教政策方针指引下，首都社会和谐稳定、民族团结进步、人民安居乐业。党的十八大强调推动科学发展、和谐发展、平等发展、深化改革，市第十一次党代会明确社会环境更加和谐、市民福祉明显改善和全面推进社会建设与服务管理创新。为此，必须以科学发展观为指导，以全面建成小康社会为目标，以科学发展为主题，围绕和谐发展与核心价值观凝聚，全面贯彻党的民族政策和宗教工作方针，牢牢把握各民族共同团结奋斗、共同繁荣发展的主题，充分发挥宗教人士和信教群众在促进经济社会发展中的积极作用；围绕实现“五个更加、一个覆盖”，遵循巩固提高、拓展延伸、改革创新、务求实效的要求，坚持开拓创新无止境、深化改革不停滞、狠抓落实不松懈，在持续改善民生和创新管理中不断推进社会建设、深化社会治理，努力开创社会和谐人人有责、和谐社会人人共享的生动局面，为首都科学发展创造和谐的社会环境。

总之，正如中国驻新加坡大使馆临时代办戴兵在研讨班结业时所言，“新加坡的今天不一定就是中国的明天，但新加坡所走过的发展道路将是中国今后发展所不能回避的。”正是由于新加坡将中西方政治、经济、文化、社会的诸多理念和制度等有机结合与科学整合，为己所有所用，形成一整套适合自己国情的发展模式，才建成了今天民主文明富强和谐的新加坡。新加坡发展的先进理念和成功经验，值得我们认真学习借鉴、深入思考探索和积极参考运用。

（此文为市委社会工委、市社会办研究室主任岳金柱参加国家外专局在南洋理工大学举办的社会管理创新与发展专题研讨班后撰写的报告）

北京市有关部门理论研究与调研

关于深化社会体制改革的思考

市委社会工委、市社会办研究室（政策法规处）

党的十七大以来，北京市委、市政府高度重视社会建设工作，初步形成具有时代特征、中国特色、首都特点的社会建设体制和科学体系，开创了北京社会建设崭新局面，走上了新起点，呈现出前所未有的蓬勃生机。但随着改革创新的不断深化，我们感到在社会服务、社会管理、社会动员、社会组织、社会工作等许多方面还存在着不合理、不顺畅、不协调、不完善的问题。这些问题不及时解决将严重制约首都社会建设的步伐，束缚首都社会的创造活力，必须以党的十八大和十八届三中全会精神为指引，进一步解放思想，不断深化改革，以社会体制改革创新为突破口开创首都社会建设的新局面。

一、进一步完善和发展社会建设科学体系

进一步完善工作体制。按照党委领导、政府负责、社会协同、公众参与、法治保障的总要求，进一步完善北京社会建设工作格局。坚持和完善社会建设领导小组及其办公室统筹协调、有关部门各负其责的工作运行机制，坚持和完善年度重点任务折子工程督查督办机制，坚持和完善领导小组办公室季度例会经常性工作沟通和专项工作调度机制，进一步整合资源、形成合力、统筹协调、整体推进。

进一步完善工作网络。进一步发挥市、区（县）社会工委、社会办的牵头作用和社区（村）的基础作用，特别是要强化街道（乡镇）、“枢纽型”社会组织承上启下、横向联系的作用，进一步健全纵向到社区（村）、横向到“两新”组织（商务楼宇）的工作网络，实现社会领域党建、社会服务管理工作全覆盖。

进一步完善工作体系。继续实施《北京市“十二五”时期社会建设规划纲要》，制订实施社会建设综合评价指标体系，发布北京社会建设（年度）蓝皮书，完善“五个更加、一个全覆盖”的北京社会建设工作体系，推动全市社会建设全面、协调、可持续发展。

进一步完善政策法规体系。进一步完善北京社会建设“1+4+X”政策体系，特别是加大社会服务管理重点、难点、热点问题调查研究和政策出台的力度，加快推进立法工作，在社会建设法治保障方面积极探索创新。

进一步完善社会治理结构。抓住党建工作这个龙头，夯实社区建设、社会组织建设两个基础，建设社会工作者、志愿者两支队伍，推动政府、社会、市场三维良性互动，实现社会服务管理城乡一体、各类人群全面覆盖，不断完善党的领导、政府主导、社会自治相结合的社会治理结构。

二、进一步健全基本公共服务体系

推动社会公共服务多元化。完善政府购买公共服务政策，建设政府购买公共服务综合性平台。创新政府基本公共服务投资体制，引进社会资本参与基本公共服务设施建设和运营管理。推进经营性公共服务产业化，建立政府主导、社会参与、公办民办并举的基本公共服务多元供给模式。探索基本公共服务供给的社会参与机制，积极扶持社会企业发展，大力发展社会服务业。制定政府向社会组织转移职能目录和具备承接政府转移职能资质的社会组织目录，充分发挥各类社会组织在基本公共服务需求表达、服务供给予监督评价等方面的积极作用。

推进基本公共服务均等化。落实基本公共服务发展规划，对基本公共服务的内容、标准、运行机制、供给方式以及资金、设施、人员等资源配置做出整体制度安排。建立基本公共服务标准动态调整机制。大力扩展学前教育资源，完善公共就业服务网络，完善基层社区卫生服务网络，深化医药卫生体制改革，健全住房保障制度，完善养老服务体系。

加快城乡公共服务一体化。制定并实施城乡统一的基本公共服务设施配置和建设标准，实现城乡基本公共服务制度衔接和统一。加大农村基本公共服务支持力度，提高城乡结合部公共服务设施标准。进一步完善城乡一体的社会保障和社会福利体系，推动农村基本公共服务体系建设，确保城乡人民生活水平同步提升。

三、进一步加快构建现代社会组织体制

推进政府向社会组织转移职能。进一步规范政府、市场和社会三者关系，厘清边界、让渡空间，培育并增强社会自治功能。进一步梳理分解政府部门职能，凡是社会主体能

够自主解决、市场机制能够自行调节、行业组织能够自律解决的事项，都应转移或委托出去；凡是政府部门继续承担但适合社会组织承办的事项，应通过政府购买服务等形式，委托社会组织办理；凡是社会组织能够提供有效服务的领域，一般不再设立新的事业单位。制订政府向社会组织转移职能的指导意见和转移、购买事项目录，分批推进行业统计、企业资质审查、技术职称评定、社区事务、公益服务等具体事项向社会组织转移。

加强“枢纽型”社会组织工作体系建设。全市社会组织的日常服务管理工作一律纳入相应的“枢纽型”社会组织职责范围。原作为业务主管单位的行政部门主要履行行业管理和业务指导职责，通过转移职能、委托项目、购买服务、发布信息等方式将社会组织纳入行业管理。加快完善市、区（县）、街三级“枢纽型”社会组织工作体系。推进存量社会组织与行政部门脱钩，分类纳入“枢纽型”社会组织体系。支持“枢纽型”社会组织通过备案管理、吸纳会员、活动引导等方式，将各级各类社会组织有效聚合起来。

改革社会组织登记制度。对行业协会商会类、科技类、公益慈善类、城乡社区服务类社会组织实行由民政部门直接登记。成立社会团体和民办非企业单位，注册资金减至1万元；在区（县）成立公益慈善类、社会福利类、城乡社区服务类社会组织，对注册资金不作要求。取消“一业一会”限制，适度竞争、优胜劣汰。取消社会团体、基金会分支机构的登记审批，将基金会和异地商会登记管理权限下放至区（县）民政部门。委托第三方机构对申请登记的社会组织进行评估。

完善社会组织支持服务体系。按照政府投入和社会力量相结合的原则，支持社会组织发展。优先发展公益类和行业协会商会类社会组织，支持其在提供社会服务、规范行业关系等方面发挥积极作用。成立北京市社会组织服务中心，加快完善“一中心、多基地”社会组织服务（孵化）网络。加强社会组织能力建设，实施分类、分级年度培训计划。通过公益创投、公益博览会等形式，积极撬动市场和社会力量，促进企业、社会组织及相关主体间的资源对接。研究制定社会企业培育发展政策，培育发展新兴社会主体。

促进社会组织规范有序发展。建立由相关职能部门、行业管理部门、“枢纽型”社会组织各司其职、协调配合的工作机制。以完善内部治理结构和增强活力为重点，研究建立现代社会组织制度标准体系，促进社会组织规范运作、民主管理、依法自治、激发活力。强化社会监督，及时披露社会组织财务收支、业务开展、年检状况、等级评估等信息，接受会员、媒体和公众监督。加强依法行政，取缔非法社会组织，查处社会组织违法行为，完善退出机制。

四、进一步创新社会管理运行机制

完善流动人口服务管理。健全全员人口管理体制，完善全员人口管理信息系统，建立实有人口属地服务管理机制。加快实行居住证制度，为流动人口提供基本公共服务，逐步推进基本公共服务全覆盖。保障流动人口正常生活水平和合法劳动权益，科学调控流动人口分布和规模。统筹规划、引导劳动力有序转移和合理配置，完善外来务工人员继续教育培训和就业服务政策。

完善互联网新媒体服务管理。提高政府运用互联网新媒体能力，提升政府虚拟社会管理能力。建立健全网上网下综合防控体系和网上动态监管机制，依法打击网络违法犯罪。加强网络舆情收集、研判，准确掌握网络舆情和热点，有针对性地进行跟踪引导和管控。加强依法治理，完善网络社会管理、网络问政、微博微信使用等方面政策措施。加强互联网新媒体舆论监督机制建设，加强互联网新媒体依法监管和行业自律，强化网络从业人员和网民诚信意识、责任意识和公德意识。

加强社会诚信体系建设。构建政府主导、专业机构监管、行业组织自律、社会舆论监督、公众参与的社会诚信体制。加快建立社会诚信制度，建设覆盖全社会的征信系统，加强信用服务市场培育和监管，加大信用行为激励和惩戒力度。完善政府信息公开机制，健全社会听证、公示制度，提高施政的公信力和透明度。完善企业信用发布、信用档案和信用系统，推动各类企业依法纳税、守法经营。健全事业单位信用评价、信用公开和信用奖惩机制。加强社会组织诚信建设，完善信息公开机制和信用管理制度。加强个人诚信建设，建立个人信用档案。

加强网格化工作体系建设。构建条块结合的服务管理模式和支撑保障体系，实现对人、地、物、事、组织的精确定位、精准服务、精细管理。加快推进区（县）、街道（乡镇）多网融合，真正做到基层各类服务管理力量下沉到网格。制定发布社会服务管理精细化测评指标体系，加快社会领域信息化建设，完善网上社会管理和公共服务平台建设，加快智慧社区创建。

五、进一步加快规范社会工作机制

着力推进社会工作者职业化进程。逐步将社会工作师纳入全市专业技术职务制度统一管理，制定社会工作专业技术职位设置管理办法及职级体系。制定职称、待遇、管理、培训等配套政策，建立社会工作师专业技术职务聘任制度，实行评聘分离。在非公有制经济组织和社会组织开展社工人才职称评定，实行专业技术资格与岗位挂钩、岗位与工资待遇挂钩。探索建立与国际接轨的社会工作执业制度。

积极拓宽社会工作者发展空间。重点在社会福利、社会救助、精神卫生、残障康复、矫治帮扶等领域，积极引入社会组织服务，培育一批专业社工机构。民政、人力社保、卫生、教育、信访、工会、共青团、妇联、残联等有关单位，探索开发设置符合单位业务需求的专业社工岗位，并向社工事务所或专业社工机构购买社工服务。

健全社区工作者管理使用机制。推行社区工作者“准编制化”管理，建立社区工作者队伍总额控制机制，确保队伍规模合理、有序发展。加快社区工作者职业体系建设，探索社区工作者职业资格认定标准和职业晋升制度。在社区聘任一定数量的专业社工，实现评聘分离。完善配套薪酬体系及福利制度，进一步加大激励保障力度。

改进社会工作者教育培训机制。加快构建市、区（县）两级人才培训网络。开发“社区工作者在线学习平台”，建设全市社会工作远程教育培训网络。加强与国际机构合作开展交流培训，形成“走出去”与“请进来”相结合的交流机制。

六、进一步加快形成社会动员机制

健全应急社会动员机制。完善统一指挥、分级负责、部门联动的应急社会动员领导体系，着力加强街道（乡镇）、社区（村）等基层应急动员组织体系建设，完善统一权威的应急动员信息发布渠道。加强应急动员宣传教育，提高公众风险意识和自救互救能力。分类做好自然灾害、事故灾难、公共卫生事件、社会安全事件等应急动员预案，在街道、社区开展社会动员试点工作，完善常态动员与应急动员相互衔接的工作机制。

推进志愿服务常态化专业化。进一步完善志愿者工作联席会制度，加强市志愿者联合会建设。形成市、区（县）、街道（乡镇）、社区（村）四级志愿服务组织体系。重点打造20支以上市级专业志愿者队伍，进一步加强应急志愿者队伍建设。分级分类开展专业志愿者和应急志愿者培训，提高专业服务和应急救援能力。重点推进为老服务、交通秩序维护、环境保护、关爱农民工等志愿服务项目。以“志愿北京”网站等为依托，建立全市志愿服务项目与需求信息发布平台，探索科学有效的志愿服务供需对接机制。

引导企业积极履行社会责任。建立企业社会责任领导协调机制，引导企业积极构建和谐劳动关系，维护消费者合法权益，支持公益事业，参与驻区建设。分类制定企业社会责任标准体系。健全企业社会诚信监督机制，适时公布企业履行社会责任情况。加大宣传表彰力度，营造企业积极履行社会责任的良好氛围。

七、进一步加快改革街道社区体制

转变街道服务管理职能。强化街道统筹辖区发展、监督专业管理、组织公共服务、指导社区建设的职能定位，发挥其区域社会服务管理主体功能和统筹协调作用。完善街道层面统筹协调和监督管理机制，实行专业部门派驻机构双重管理体制。建立和完善街道层面联合执法机制，开展城市管理综合执法和各类专项联合行动，形成长效常态工作机制。

强化街道资源力量整合。进一步理顺街道与政府专业管理部门、驻区单位的工作关系，完善街道层面地区社会服务管理委员会及其职能作用。深化街道“大科室”改革，建立“分工合理、职能清晰，关系理顺、协调配合，结构优化、效能提高”的大部门工作机制。优化街道“一站式”办公服务大厅运行机制，拓展街道社区服务中心功能。清理面向街道、社区层面的各级各类考核评比，减轻街道、社区负担。

整合优化协管员队伍。建立各类协管员队伍建设统筹协调机制，形成条块结合、以块为主的管理体系。各类协管员队伍管理权要从职能部门中分离出来，统一由工作所在的街道、乡镇统筹管理使用，并纳入网格化管理。建立协管员队伍总量控制、准入与退出、待遇保障等机制，进一步规范协管员岗位设置和工作职责。

完善社区民主自治。进一步扩大有序参与、推进信息公开、加强议事协商、强化权力监督。逐步提高社区居委会直接选举比例，探索社区流动人口在居住地参加社区居委会选举。进一步完善社区居民会议和居民协商议事会议制度，建立各级党代表、人大代表、政协委员联系社区制度。进一步完善社区党务、居务、财务、服务等信息公开制度。有序开展社区居民对基层政府及其派出机构、市政服务单位、物业服务企业工作情况的评议监督。完善村民委员会直接选举制度，深化村务公开、民主管理，规范村级重大事务民主议事规则。健全村级民主监督机制，充分发挥村务监督委员会作用。

提升社区治理水平。完善“三位一体”社区管理格局，继续推进社区规范化示范点建设。加快培育社区服务性、公益性、互助性社会组织，推动社区、社团、社工“三社”联动。业主大会、业主委员会应积极配合、支持社区居委会开展工作，并接受其指导和监督。建立驻区单位社会责任评价体系，推动共驻共建、资源共享。有序推进老旧小区自我服务管理。委托给社区组织办理的有关服务事项，实行“权随责走，费随事转”。形成以社区党组织为领导核心、以社区居委会为主体、以社区服务站为依托、以社区社会组织为补充、驻区单位协同配合、社区居民广泛参与的现代社区治理结构。

八、进一步完善社会领域党建工作体系

健全社会领域党建领导体制。完善社会领域党建工作联席会制度。探索区（县）直接联系、双重管理规模以上非公有制企业和社会组织体制机制。形成市、区（县）、街道（乡镇）三级“枢纽型”社会组织党建工作网络。规范街道社会工作党委、社区“大党委”组织设置和运行机制，健全党凝聚社会各方力量的区域化党建格局。

构建社会领域党建组织体系。探索建立“1+N”组织设置模式，统筹推进区域内党组织设置、党员发展和教育管理、党建阵地

建设。完善商务楼宇“五站合一”、社区联建门店、街区商管协会、自律组织、网格化党建等工作机制。依托市、区（县）人才（职介）服务中心、街道（乡镇）社会工作党委、新居民互助服务站，建立流动党员联合党组织。加大综合市场、产业基地、行业协会等党组织组建力度，推进构建园区统筹、街区统筹、商圈统筹、楼宇统筹、行业统筹等区域化党建模式，实现区域化党建格局全覆盖。

完善社会领域党建运行机制。健全在职党员进社区、党员责任区、党员志愿服务机制。健全区域协商议事会议制度，建立区域党建信息资源库，建设党群服务活动中心，创新流动党员教育管理方式，推动区域各类组织结对共建、党群活动一体化，提升社会领域党组织服务群众、整合资源、畅通诉求、协调利益能力。

关于进一步深化和完善网格化社会服务管理体系建设的调研报告

市委社会工委、市社会办综合处（宣传处）

2013 年年初，市委社会工委成立网格化工作专项组，对各区县落实 2012 年 5 月全市网格化推进大会精神的情况进行系统调研，总结经验，查找分析存在的问题，对下一步深入推进网格化工作提出意见和建议。

一、今年以来网格化工作总体进展情况

今年以来，特别是 2 月初区县主管领导网格化工作座谈会后，各区县推进网格化工作的力度加大，呈现出一些新的特点，总体进展状况良好，主要表现在五个方面。

（一）网格化工作成为各区县全年的重点工作

各区县认真贯彻落实 2 月 1 日座谈会精神，都向主要领导汇报了会议精神，在全区性会议上把网格化工作作为 2013 年重点任务进行安排部署。16 个区县网格化工作机构也都召开会议进行了专门学习和研究。房山区委常委会和区政府常务会专题研究了网格化推进方案，进一步理顺了工作关系，落实了机构、编制、资金。通州区召开了区委、区政府专题会，区主要领导听取区级平台建设规划的汇报并提出明确要求。门头沟区召开了各街道乡镇网格化工作实施推进会、各职能部门进网格的协调会和网格化体系建设现场会，推进了网格化工作的进展。

（二）街道乡镇试点深入推进

截止到目前，全市 244 个街道（乡镇）和 4724 个社区（村）开展试点工作，划分了 2.1 万多个网格责任单元，覆盖了全市 75.3% 街道（乡镇）、70.4% 社区（村）。在试点街道、乡镇中，涌现了一批好的典型。比如，通州区新华街道组建了网格长、网格管理员、网格指导员加专业力量的“3 + x”工作团队，制定了“机关干部进网格”工作制度。丰台区右安门等 3 个试点街道注重围绕市容市貌、综治维稳、民生需求等中心工作完善网格化体系。朝阳区推动网格化社会服务管理的街道中循环和社区小循环，赋予“全模式”更多的服务管理内容。目前，系统已经开发完成，在 7 个街道 7 个乡镇开展试点。西城区总结五个试点街道的经验和做法，整合开发了街道“全响应”网格化通用信息系统“十大平台”。平谷区南独乐河镇以实用为原则、以解决农民的实际需求为重点，搭建了具有农村地域特色的网格化工作平台。密云县东邵渠镇推行便民服务代办和集约化办公，打造特色便民服务。门头沟区

大峪街道完善规章制度，明确职责、任务、流程，制作了《网格化社会服务管理工作手册》。街道乡镇试点工作效果显著。

（三）资源整合有了新的进展

各区县把资源、力量、职能的整合作为推进网格化工作的重点，进行了深入探索。海淀区出台了《关于深化社会管理体制改革，加强街、镇统筹协调能力，深入推进网格化工作的实施意见》，把街道体制改革作为推进网格化工作的突破口，统筹13个专业部门力量实名下沉到社区网格，由“格长”负责统筹调遣。西城区成立网格化社会服务管理指挥中心，率先将社会服务管理网格、城管网格、政法网格整合到一个平台。怀柔区将38个委办局413项、14个镇乡323项、2个街道33项职能，统一划分为社会服务和社会管理两大类内容，纳入到网格化工作体系当中。

（四）工作方式不断创新

各区县在工作推进过程中，借助现代科技手段创新工作方式。西城区金融街街道建设手机无线交互服务平台（APP），使每一个人都能成为“网格员”，参与社会服务管理工作。朝阳区团结湖街道利用视频技术延伸工作手臂，相关部门工作人员即使人没有到社区网格，也能为居民提供“面对面”的咨询和服务。顺义区将包含上千项指标的网格化指标体系开发成信息系统，纳入网格化平台考核监督。怀柔区、延庆县、西城区德胜街道整合地域范围内视频探头、增设360°高清探头，实现全天候监看。

（五）网格化体系的效能逐步显现

随着工作的逐步推进，网格化在社会服务管理中的作用越来越大，成为区县、街道（乡镇）、社区（村）工作的重要支撑。东城区在春节、“两会”安保等重点时期，每日对系统中收集的“民情日志”进行分类收集和统计分析，形成《东城区社情民意及舆情动态信息报告》，供领导决策参考，确保85%的问题解决在社区网格。今年以来，朝阳区“全模式”系统上报案件2123348件，解决1990906件，解决率93.76%。与此同时，“全模式”系统对环卫、绿化、水务、地下空间、消防安全、食品安全、物业小区、人口服务管理、暴露垃圾、土方工地等20余个城市管理难题实现了作业、管理、执法、监督智能化。密云县网格化体系自建成以来，9个月时间三级网格共记录各类事件71069件，98.5%的事件在规定时限内办结，全县信访人次同比下降55%，刑事案件发案率下降20%。全市169个试点街道在春节、“两会”期间，动员网格管理人员264万人次，比较好地完成了各项工作任务。

二、目前存在的主要问题

这一阶段工作也存在一些问题。主要是：

（一）认识上需要进一步统一

2012年全市大会之后，各区县对网格化工作的认识不断提高。但在调研中也感到，一些区县工作进展不快，与认识不到位有直接的关系。比如有的认为，网格化工作是城市核心功能区要做的事，远郊区县做不做关系不大。有的认为，原有的工作体系和工作方式虽然有些问题，但能够应付当前工作，推进网格化费神费力，搞不好还会影响工作，不如不搞。有的认为，只要有老百姓反映问题的渠道，基层有没有网格都行。由于认识不到位，导致推进网格化工作的动力不足。与此同时，还有的认为网格化能包治百病，看到出现的问题就对网格化产生了怀疑，这也妨碍了工作的开展。

（二）工作力度需要进一步加大

目前各区县工作进度仍不平衡。东城区、西城区、朝阳区、海淀区四城区和密云县等工作比较深入，成效也比较明显。东城区深化网格化体系的服务功能，西城区深入开展街道职能整合，朝阳区完善街道、社区平台，打造“中循环”“小循环”，海淀区强化网格化的统筹协调能力，密云县建成全域覆盖的立体分类式网格，这些都是网格化工作的创新探索。但是，在一些人员密集地区脏、乱、差等顽疾问题仍很突出，如何运用网格及时发现、有效解决问题还没达到令人满意的效果。网格化最终的目的是让政府社会都使用网格，以增加社会服务管理的效能。

（三）条块矛盾需要进一步破解

各职能部门尚未实质性地参与网格化体系，管理权限和工作力量没有下沉，表现在，重硬件建设、轻工作机制建设，重形式、轻内容，重管理、轻服务。由此带来的问题是，网格发现的问题得不到及时的有效处理。比如违章房问题，街面上的小广告、无照经营、露天烧烤、乱停车等问题。在基础数据库方面，部门不愿或不能提供数据信息，信息整合还未能破题。由于条块关系不顺，网格化的监督体系也很难健全，考核评价结果的应用不明确，对部门的约束力不强。

（四）分类指导需要进一步加强

在调查中发现，一些区县热情很高，工作进度很快，但问题也很多。比如有的区县，方案设计基本上是照抄照搬市里文件，没有突出区域特征；有的对市里的精神把握不准，流程设计不合理，专业管理部门没有成为解决问题的主体。

三、进一步完善网格化体系的工作思路

随着网格化体系建设的深入推进，目前，影响和制约网格化体系的关键因素和重点环节逐渐明显，其中突出的制约因素是如何理顺条块关系。建议围绕几个重点问题，推动网格化体系建设工作的深入开展。

（一）进一步明确网格化体系内职责关系，推动基层问题解决

网格化体系以“格”为基础，以“网”为依托，既要重视“格”的划分，发挥“格”的作用，更要明确“网”的职责。一是要按照市委市政府《关于推进网格化社会服务管理体系建设的意见》，进一步明确“格”的主要职责是发现、报告问题和监督问题的解决，解决问题的主要责任在各职能部门。职能部门不能把街道、社区和“格”作为自己的“腿”，要求解决职能部门职责范围内的问题，尤其是专业性技术性问题。二是要把解决实际问题作为网格化的最终目的。网格化是手段和工具，不能把手段当目的，不能仅仅满足网格化体系的建立，而更要注重发挥作用，解决实际问题。要坚持以问题为导向，建立问题发现、上报、处置、解决、反馈的机制。发现和解决的问题多少，是衡量网格化最重要的指标。三是要切实落实部门工作人员实名制进网格的规定。各部门网格工作人员要在网格内公示，履行本部门工作网格首问职责，并接受社区、网格的协调。

（二）把技术革命与体制革命结合起来，推进街道管理体制改革

网格化表面看是信息技术的应用和管理方式的变革，实质上涉及政府职能转变。一是要推动政府工作由自上而下的任务导向向自下而上的问题导向转变，把满足群众需求、解决基层实际存在的问题作为政府工作的主要任务。二是要推动职能部门重心下移，下放审批权限，工作触角延伸到社区、村庄，把更多的行政资源、工作力量放到基层，做老百姓看得见摸得着、反映强烈的事。三是要推动街道管理体制改革，使街道更好地履行“统筹辖区发展、监督专业管理、组织公共服务、指导社区建设”的职能。街道的主要职责不是完成各部门下达的任务，而是监督专业部门、服务群众，加强社会建设和管理。

（三）强化平台意识，推动网格化体系发挥统筹协调作用

网格化三级体系是搭建了区县、街道、社区社会服务管理的平台，是“修路”，要让职能部门在上面“跑车”。一是网格化平台要为各部门履行职责服务，特别是要动员、组织居民为部门做好各项工作提供便利条件。必要时，可以在社区网格层面的人员力量方面提供必要的帮助，辅助开展工作，但绝不是取代部门履行职责。二是网格化平台要协调解决综合性问题、难点问题。对于职责不

清或需要多个部门配合解决的问题，网格化平台要主动承担责任，通过协调会、联合执法等方式，推动问题的解决。各职能部门要服从、服务于网格化平台的指挥调度。三是网格化平台要有对职能部门履行职责的约束和激励手段。尤其是在街道和社区网格层面，平台要对实名制工作人员进行工作考核，赋予平台在网格化工作上的人事建议权和物质奖励权。

（四）整合部门资源，推动建立网格化督查机制

监督机制是网格化体系能否取得实效的关键因素，要大力推动网格化监督机制的完善。一是要健全完善网格化运行分析报告制度，市、区县、街道乡镇要定期对网格化系统运行的情况进行分析研究，特别是对社会服务管理总趋势、重点难点问题的分析，要通过分析研究推动解决老大难问题，对容易引发突发情况的事件进行预警。在市级层面，可与市非紧急救助中心（12345 市民热线）、市委市政府督查室、市监察局等部门开展合作。在区县和街道乡镇层面，也要整合相关部门资源，要强化分析研究和督促检查的权威性。二是要将网格化运行与正在制订的社会服务管理精细化指标体系相结合。将网格化运行结果作为精细化测评的重要依据，形成研究解决实际问题的指挥棒。三是要高度重视舆论监督和社会监督。把各级人大代表、政协委员吸收到网格化体系运行中来，监督各级政府和各职能部门履行职责、解决问题。与新闻媒体合作，定期通报网格化体系运行情况，在宣传网格化体系发挥作用的同时，通过媒体形成公众对解决重要问题、难点问题的舆论监督。四是要重视网格化评价结果的运用。协调组织人事、纪检监察、绩效考评等部门，把网格化系统自动评价监督、组织监督和社会监督的结果，纳入对各级政府、各职能部门和各类工作人员考核的内容，强化网格化监督机制的实际效能。

北京市“枢纽型”社会组织党建工作体系研究

市委社会工委、市社会办党建工作处

北京市现有社会组织 3 万余家，这些数量众多、形态各异的社会组织，已成为首都经济社会建设发展的一支重要力量。加强和创新社会组织党建工作，是全市党的建设中一个重大而紧迫的课题。2013 年，市委社会工委对“枢纽型”社会组织党建工作体系构建及推进情况进行专题调研并形成如下报告。

一、实践探索

近年来，市委市政府高度重视社会组织党建工作，运用创先争优、建设服务型党组织、党的群众路线教育实践活动等载体，以构建党建“3+1”工作机制（“3”即建立社会组织党建工作委员会、社会组织联合党组织和社会组织党建工作部门，“1”即建立社会组织党建工作例会制度）为重点，着力加强“枢纽型”社会组织党建工作体系建设，取得明显成效。

（一）创新党建管理体制，工作机制逐步确立

建立领导机构。党的十七大以来，先后在市、区两级分别成立社会工委和社会办，负责全市社会组织建设、管理、服务和党建工作。针对社会组织运营特点，探索完善工作格局，加强条块结合，整合党建资源，形成组织部门牵头抓总，社会工委具体负责，依靠业务主管部门、挂靠单位和行业协会开

展，街道社区属地管理配合的社会组织党建工作管理体制。健全工作网络。自2009年以来，分三批认定27家市级“枢纽型”社会组织，目前27家共管理联系2.62万家社会组织，比认定前增加5倍多。充分运用“枢纽型”工作平台，探索推行党建“3+1”工作机制，到2013年3月，27家全部建立党建工作委员会。2012年以来还确认了208家区县级、143家街道（乡镇）级“枢纽型”社会组织，在141个街道、182个乡镇成立社会工作党委，2013年在所有街道启动“枢纽型”社会组织体系建设试点，加大对社区社会组织的培育和党建工作的探索，全市社会组织党建工作体系基本形成。

（二）创新组织设置形式，不断扩大“两个覆盖”

依托重点行业建。以律师和会计师行业为突破口，以点带面，探索务实管用、灵活便捷的党组织设置形式。2001年市律协、市注协分别成立党委，选派党建指导员加强党建工作，率先实现党的组织和工作全覆盖。依托行业协会、商会建。按照行业相近、地域相邻、产业相通、工作方便原则，加大在中介、行业协会、商会建党组织力度，指导北京出租汽车行业协会、北京典当行业协会、北京水产商会、福建企业商会成立党组织；通过成立首都互联网协会党委，加强全市商业网站党建。依托商务楼宇建。探索建立“楼宇支部”等形式，在全市1200余座商务楼宇中推行党建、社会、工会、共青团、妇联工作站“五站合一”，加强对楼宇社会组织党建工作的指导，将政府公共服务延伸至楼宇内社会组织和会员。目前全市注册登记的8000余家社会组织中已建立党组织2400余个。

（三）创新党建方法载体，自身活力竞相迸发

创新活动方式。深入开展“公益行”活动，围绕服务群众，组织社会组织党员发挥专业优势，开展公益服务，搭建党建引领社会组织服务管理创新平台。北京国际城市发展研究院党委探索“115”党员服务模式，市红十字会打造社区“红立方”，拓展了党员服务群众新领域。创新共建模式。坚持把党建与工青妇等群团组织建设同频共进，推行开放式党日，搭建服务群众平台。团市委建立“社区青年汇”“乡村青年社”，与8000余家青少年社团实现联动；市妇联建立6590个“妇女之家”，实现对全市16个区县、2736个社区和3944个村全覆盖；市科协、市社科联、市法学会举办“科普进社区”，市侨联开展“侨心向党”，市工商联、市私个协开展诚信自律等活动，产生积极效果。创新党员教育管理模式。围绕加强社会组织党组织自身建设，推行市级示范、区级轮训、街道（乡镇）普训“三级联训”机制，5年来全市共举办社会组织党组织负责人示范培训5期、300余人受训，各区县、街道（乡镇）坚持举办轮训、普训，培训近万人次。

（四）创新党建保障机制，内生动力明显增强

制度保障方面，制定《关于进一步加强和改进社会领域党建工作的意见》，明确了社会组织党建工作管理体制、组织覆盖、活动方式等目标任务。经费保障方面，将社会组织党建经费纳入财政预算，2012年市委制定《关于进一步加强基层党组织工作和活动经费管理办法》，将社会组织党员人均年活动经费提升至200元；利用岗位补贴等方式，累计投入2.5亿元，向市级“枢纽型”社会组织所属社会组织购买400个管理岗位、1500余个社会公益服务项目，专门从事党建和服务管理工作；招聘1200名离退休党员干部担任非公有制经济组织党建指导员，确保有人有钱干事。场所保障方面，推进区域党组织活动场所、资源设施共享，全市建成近千家党群活动服务中心，无偿向社会组织开放。

二、存在的问题及原因探析

（一）思想认识不到位

政策扶持不够。社会组织党建起步晚，或从体制内衍生而来，或与体制内关联密切，

业务主管单位对其党建工作“绝对放心”或“过度忽视”，宏观层面缺少对社会组织党建的整体布局、发展思路和政策指导。自身热情不高。部分社会组织负责人对开展党建认识有误区，存有怕添乱、怕监督、怕增加管理难度、怕利益受损等疑虑，理解支持不够；有的片面追求业务发展壮大，忽视党组织在推动业务发展、激发内在活力中的积极作用。党员归属感不强。普遍存在“雇佣思想”，对党组织的认同感、归属感有限，即使有党组织，也不愿接转组织关系，不少社会组织存在有企业无党员、有党员无组织、有组织无活动的现象。

（二）“两个覆盖”率较低。规模小、党员少、难组建

全市登记注册的8000余个社会组织中，建立党组织的仅有2400余个。这与社会组织发展起步较晚、规模较小、党员不足有很大关系。分化组合频繁难巩固。专业类、技术类社会组织受市场经济效益影响频繁流动，单位状况及员工队伍始终处于动态，党员流动性大，即使建立党组织也难以巩固和稳定。行业地区发展不平衡。从行业看，律师事务所和会计师事务所党组织覆盖率较高，达66%以上；社会团体、民办非企业单位和基金会党组织覆盖率只有10%左右。

（三）传统党建模式与社会组织状况不适应

传统教育管理方式难奏效。社会组织党员普遍年轻、知识层次高、接受新事物快，处于经常流动之中，大多抱有临时心态，挣工资、养家糊口是其主要需求，因此党员意识淡化，游离于组织之外，教育管理难度大。党组织凝聚力影响力不够强。在社会组织中地位普遍不高，对单位资源支配能力有限，一些党员认为不能为单位带来直接效益，对个人前途没有推动作用，不愿亮明身份、参与活动；有的党组织不善于做业主和群众工作，对业主正当利益和职工合法权益维护不够。工作理念不够新。社会组织党建工作较多沿袭机关事业单位党建思路和方法，结合自身特点与时俱进不够，观念方法手段不能有效适应新情况。

（四）体制机制有诸多掣肘

职责定位不清。党章对党的基层组织作了总体定位，对机关、国企、非公有制企业党组织也有明确定位，但对社会组织党组织没有明确定位，指导规范党组织的顶层设计尚未形成，影响了组织作用的发挥。隶属关系较乱。当前社会组织党组织大多沿用党政机关、事业单位党组织管理体制，与社会组织定位脱节，组织隶属关系没有统一范式，分属业务主管单位、挂靠单位、区县委、行业党组织、街道（乡镇）及社区党组织，一些性质相近、联系较多的社会组织党组织却隶属不同层级。管理体制不畅。隶属关系难理顺、责任主体不明确、体制机制不顺畅，导致11家市级“枢纽型”社会组织至今未成立社会组织党组织。多头管理、分散管理、无人管理现象比较普遍，传统以条为主、按行政隶属关系形成的纵向基层党组织管理体系难以适应形势需要，亟须由组织部门牵头，在市委社会工委成立社会组织党委，统筹协调和指导全市社会组织党建工作。

（五）基础保障体系建设滞后

业务主管部门和上级党组织“输血”不够。虽然市里将社会组织党建经费纳入基层党组织总体格局，享有和农村、社区、国企、事业单位等传统领域党组织同等待遇，实行党费全额返还，一些区县在场地和经费方面也进行了有益探索，但仍存在制度性安排缺乏、相关配套政策不足、政策落实不到位等问题。基层党组织自身“造血”不足。社会组织系非营利组织，社会组织负责人为党建工作提供人财物保障有限，党组织在社会组织中定位不明确、不掌握资源支配和形成权力，也导致了经费、场所不足的问题。

三、对策和建议

（一）构建党建政策支撑体系

解决社会组织要不要建立党组织的问题。

必须提高认识，坚定建立党组织、扩大“两个覆盖”决心不动摇。解决社会组织党组织“要不要上级”和“由谁管”的问题。通过建立“枢纽型”社会组织承担业务主管单位有关职责，对社会组织进行必要的服务管理，实践证明可行，设在其中的党组织不能简单实行属地化管理。解决社会组织党组织功能定位、职能作用问题。根据全市加强和创新社会组织党建工作实际，尽快出台相关政策文件，作出明确规定。

（二）健全党建工作组织体系

按照分类管理、分级负责原则，建立“横到边、纵到底”社会组织党建组织管理网络。市委社会工委主抓社会组织党建，负责制定社会组织党建工作规划和政策措施，协调指导区县和市级“枢纽型”社会组织做好社会组织党建工作；区县委社会工委具体负责在本区县民政部门登记注册的社会组织党建工作；街道党工委（乡镇党委）负责辖区内社会组织党建工作，指导社区党组织在区域内社会组织中开展党建工作；社区党组织在街道党工委（乡镇党委）领导下，负责社区范围内社会组织党建工作；“枢纽型”社会组织党组织负责所属社会组织党建工作；开发区、楼宇、用工单位的党组织分别负责园区、楼宇内社会组织党建工作。

（三）健全党建工作运行体系

建立责任体系。进一步明确地方党委或部门党委（组）、组织部门、社会工作部门、业务主管部门、行业协会等职能部门及各级党组织工作职责，构建职能明确、各方协同的责任体系。建立评价体系。突出评价内容、评价标准、评价方式、评价结果运用等要素，既评价地方党委和部门党委（组）履行职责、加强党建工作情况，又评价行业、社会组织开展党建工作情况。建立制度体系。建立健全工作例会、调查研究、党员领导干部联系点、选派党员干部到社会组织担任党建指导员、督促检查、考核评价等制度。

（四）健全党建基础保障体系

营造有利于社会组织发展的外部环境。党委政府和有关部门要深入研究构建社会组织“枢纽型”工作体系，发挥大型社会组织作用，从行业规范、人才保障、税费减免、环境优化等方面提供政策支持，促进社会组织向规模化、高层次发展。从政治上拓宽社会组织从业人员发展空间。深化干部人事制度改革，吸纳优秀人士通过公招、公选等方式，进入社会组织管理层；各级推选“两代表一委员”、推荐表彰各类先进时，应充分考虑社会组织中具有先进性、代表性的党员。切实解决社会组织党建工作中的实际困难。加大政府购买岗位工作力度，可从主管部门委派政治素质高、业务能力强、业内认可的党员干部到协会秘书处及党组织中担任领导职务，也可多方联动组织相关部门党务干部开展业务培训，培养一批熟悉社会组织工作的党务人才。针对部分社会组织负责人对党建重视不够问题，可在相关文件中明确要求符合条件的社会组织必须建立党组织，为党组织开展工作创造条件。针对党建经费缺乏问题，除现行社会建设资金扶持外，研究出台从社会组织业务和管理费用中拿出部分作为党建专项经费计入成本、税前列支政策，多途并举予以解决。针对活动场所缺乏问题，立足实际，按照集约利用、资源共享原则，做到现有党建工作场所设施“一室多能”“一室多用”，也可依托社区实行活动场所共用、设施资源共享。

关于购买专业社会工作岗位情况的调研报告

市委社会工委、市社会办社会工作队伍建设处

为加快推进首都社会工作队伍专业化、职业化建设，为全市社会工作人才提供更广阔的发展平台，2012年市社会建设专项资金继续根据“一街一社工”（一个街道一个专业社工岗位）、“一所一督导”（一个社工事务所一个专业督导岗位）的原则，按照每个岗位3万元/年的标准，在16区县的142个街道、50家社工事务所共购买192个专业社工岗位。

一、基本情况

（一）街道专业社工岗位概况

1. 分布领域。全市142个街道的专业社工岗位主要分布在特殊群体服务、社区及社会组织发展、家庭关系调解、专业援助及服务共4大类20个服务领域之中，基本涵盖了当前社会服务的重点领域（见表1）。

表1 街道专业社工岗位分布领域一览表

类别	领域
特殊群体服务	1. 青少年服务 2. 为老服务 3. 残疾人康复 4. 妇女儿童保护 5. 农民工子女关爱 6. 流动人口融入
社区及社会组织发展	1. 社会组织培育 2. 社区建设 3. 社区工作者能力建设 4. 志愿者管理
家庭关系调解	1. 婚姻家庭服务 2. 邻里关系构建 3. 亲子教育
专业援助及服务	1. 就业援助 2. 司法矫正 3. 心理疏导 4. 法律援助 5. 防灾减灾 6. 绿色环保 7. 社会保障与社会救助

2. 人员构成。142个专业社工岗位共吸纳专职社工393人，兼职社工311人，共计704人。其中，持证社工261人，占37%；具有社会学、社会工作等专业背景的598人，占85%。

（二）专业社工督导岗位概况

1. 专业结构。在50个督导岗位中，教授和研究员16人，占32%；副教授和副研究员11人，占22%；其余23人均具有社会学、社会工作等专业硕士以上学历，或具有社会工作师、心理咨询师等职业资格，占46%（见图1）。

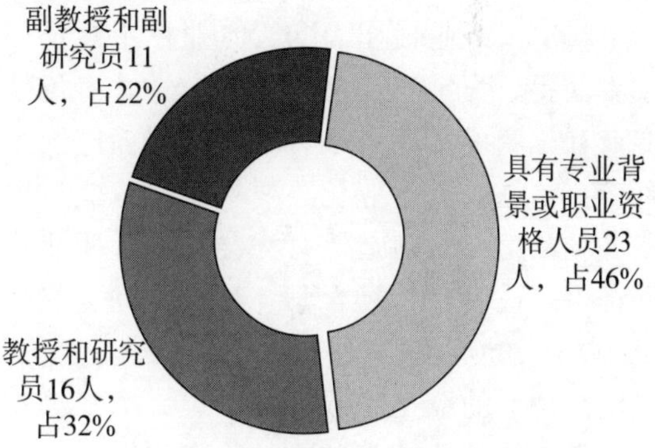

图1 专业社工督导岗位人员专业结构情况图

2. 来源结构。在50个督导岗位中，有44人来自首都科研院校，占88%；6人来自社会工作实务机构，占12%（见图2）。

二、主要做法

（一）分级分层负责

按照“分级管理、分层负责”的工作思路开展专业社工岗位购买工作：一是市委社会工委、市社会办进行宏观指导和监督；二是区县社会工委、社会办负责本地区相关工

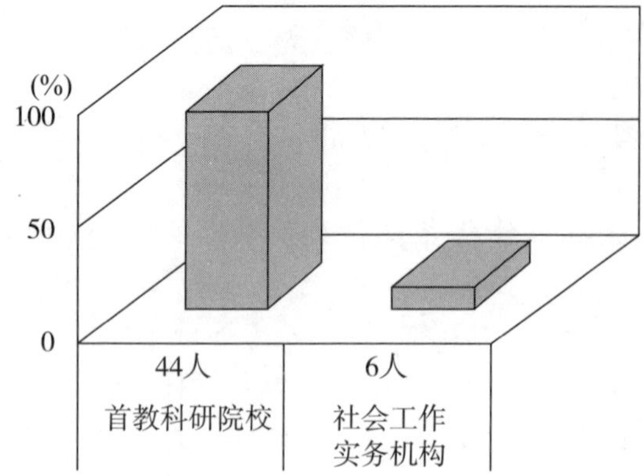

图 2 专业社工督导岗位人员来源结构情况图

作的统筹协调和监管；三是街道提出岗位需求，并对派驻社工进行日常管理；四是社会工作事务所负责选拔、派驻专业社工，并对派驻社工进行专业管理、培训及考核；五是专业社工按照专业社会工作方法开展具体服务。

（二）坚持专业方向

将突出专业性作为购买专业社工岗位的基本前提。为了确保岗位的专业性，避免使专业社工变成普通办事人员，主要抓好两个环节：一是人员专业化。要求在岗位上从事服务的社工，原则上持有社会工作者职业水平证书，或者具有社会学、社会工作、心理学等方面的专业教育背景。二是服务专业化。要求岗位上的社工必须运用小组、个案等现代社会工作专业技术和方法，来化解社会矛盾、关爱弱势群体、解决社会问题，为居民提供专业化的社会服务。

（三）紧扣居民需求

要求各专业社工岗位将满足居民需求作为一切服务的根本出发点和落脚点。一是在岗位设置之初，通过开展问卷调查、入户走访等方式，汇总居民需求，结合专业社工特长确定岗位设置领域。二是在服务过程中，加强动态跟踪，把握居民需求的新变化，及时调整岗位职责，确保岗位运行和服务提供始终围绕居民需求展开。三是在服务过程结束后，对服务对象及时回访，根据其反馈意见，调整岗位领域、完善岗位职责、优化服务流程，使岗位更加贴近居民实际需求。

（四）推行团队运作

强调以岗位为载体，创新人岗匹配方式，打破岗位之间的壁垒，根据居民需求，结合每个专业社工的不同专业优势，建立各个岗位社工之间的交流互换机制，最大限度地盘活人力资源；组织专业社工形成团队，以岗位为平台，共同制订服务方案，共同开展专业服务，共同研究解决服务过程中遇到的困难和问题，这既增强了专业社工岗位的服务能力，同时也扩大了岗位的服务辐射范围，形成了团队效应。

（五）加强规范管理

高度重视对专业社工岗位的规范管理，确保岗位有序运行、高效运转。一是健全制度规范。印发了《关于做好 2012 年度购买专业社工岗位工作的通知》《关于 2012 年度使用北京市社会建设专项资金购买专业社工岗位的通知》，明确了岗位数量、工作原则、责任分工、经费使用及监管等事项。二是强化考核评估。通过定期召开座谈会、评估会和实地考察等方式，对专业社工岗位运行情况进行动态跟踪，同时将其纳入全市社会服务管理创新检查验收范围，年底进行全面评估检查。三是严格日常管理。各区县根据地区实际建立相应的配套管理制度，如西城区印发《社会工作者联合会督导工作管理办法》，朝阳区出台《购买专业社工岗位工作考核办法》，石景山区制定《街道购买社工岗位工作要求》等，加强对社工岗位及其专业社工的日常监督和管理。

三、主要成效

（一）扩大了为民服务的领域和范围

通过购买专业社工岗位，使公共服务触角不断延伸，有效弥补了社会服务力量不足的问题。如丰台区各社工事务所在“7 · 21”特大暴雨灾害发生后，第一时间赶赴灾区参与救援，并开展持续性的灾后心理疏导工作，为安抚灾区群众情绪、维护灾区社会稳定做出了重要贡献；密云县家业如心社工事务所开展“心的呵护”——关爱密云农村留守儿童公益行动，走进学校、农村对留守儿童开展心理健康辅导，为促进城乡公共服务均等化作出积极贡献。据统计，2012 年全市 142 个街道专业社工岗位上的社工开展服务近 2 万余次，直接服务对象近 4.5 万人次，间接服务对象近 10 万人次，有效解决社会问题 2000 多件。50 个专业社工督导岗位上的督导人员共开展各类督导 1000 余次，帮助社工事务所解决问题或提供建议 800 多件，有力推动了社工事务所的持续健康发展。

（二）锻炼了专业社会工作人才

购买专业社会工作岗位，为专业社工人才开展实务工作提供了新的平台，吸引了一大批来自北京大学、中国人民大学、中国青年政治学院等首都名校的社会工作领域专家和专业毕业生，使他们能够更好地将所学专业知识和方法应用到为民服务的具体实践之中，提高了实务工作能力，有效减少了社会工作专业毕业生因找不到对口岗位而流失的现象。全市社工事务所的专职社工总数已从 2010 年的不足 100 人，发展到现在的近 400 人。同时，专业社工岗位已经成为培养专业社工骨干的重要载体，2012 年有 1 名专业社工获得“中国十大社工人物”、1 名获得“中国优秀社工人物”、3 名获得“首都十大最美社工”、5 名获得“首都优秀社工”等荣誉。

（三）提升了专业社工机构服务管理能力

向社工事务所购买专业社工岗位，由社工事务所统筹派驻专业社工的方式，为社工事务所提供了更多开展服务的机会，有利于提升社工事务所自身服务能力，同时也锻炼了社工事务所对社工人才和专业服务过程的管理能力，使社工事务所在管理专业社工岗位的过程中不断增强自身“造血”功能。如东城区助人社工事务所在为社区居民提供暑期儿童托管服务过程中，尝试进行低偿收费，收到了良好效果；丰台区中鼎社工事务所除了获得市社会建设专项资金支持外，还积极争取到市总工会、团市委、北京政法职业学院、大唐电信集团在项目、资金、智力等方面支持；北京超越青少年社工事务所与各级共青团、公安、检察院、法院及司法局密切合作，共同为涉诉未成年人提供合适成年人和社会调查服务，得到了各部门的大力支持和肯定。

（四）促进了专业社会工作发展

购买专业社工岗位使社会各界对专业社会工作有了更加深入的了解和认识，一定程度上提高了专业社会工作的社会认知度，为其进一步发展营造了良好的社会环境。如，朝阳区七彩昀社工事务所开展的低收入人群就业、创业援助服务得到了民政部领导的充分肯定；海淀区上地街道鉴于引入专业社工岗位为地区社会服务管理工作带来了良好效果，在市社会建设专项资金基础上，投入自有资金在街道层面自主开展购买专业社工岗位工作；大兴区朗润社工事务所开展的心理健康服务深受居民欢迎，越来越多的居民在遇到心理问题时从被动接受心理干预逐渐转变为主动寻求帮助。同时，社工岗位上的专业社工还带动了一批志愿者加入到社会服务的行列，形成了社工、义工联动互促的良好局面。据统计，2012 年 142 个专业社工岗位共吸纳 8809 名志愿者参与社会服务。

四、存在的问题及下一步工作思路

在取得显著成效的同时，购买专业社工岗位工作也客观面临着一些困难和问题：一是部分区县或街道对购买专业社工岗位的目的和作用认识不到位，专业社工岗位人员事务化、行政化的现象在一定范围内存在；二是在社会需求不断增加的形势下，目前购买专业社工岗位的数量与实际需求之间还有一定差距；三是由于受物价水平提高、居民收入增加等因素影响，岗位运行成本增加，3 万元/年的岗位购买标准已经难以适应岗位正常运转的基本需要。下一步，将着力从四个方面深化购买专业社工岗位工作。

（一）加强指导

广泛开展调研，全面了解基层需求，结合专业社会工作的特点，研究制定《专业社工岗位购买工作指导目录》，引导专业社工岗位向“百姓急需、社工能为”的领域倾斜，增强专业社工岗位的针对性和实效性。

（二）广泛宣传

进一步加大宣传和教育、培训力度，不断扩大专业社会工作的影响力，增强社会认同。采取多种形式提高区县、街道对专业社工岗位购买工作重要性、必要性的认识，为继续开展此项工作营造良好的社会环境。

（三）动态调整

深入总结近几年来专业社工岗位购买工作开展情况，对购买流程、实施效果等进行全面评估，不断调整、完善相关政策措施，进一步规范各区县、街道购买专业社工岗位的程序及人员招募、使用、管理等环节。特别是对于不符合专业要求的岗位，提出整改意见，指导督促其尽快改进。

（四）拓展延伸

系统总结专业社工岗位运行中形成的“专业社工＋义工”的社会服务模式，采取多种形式支持专业社工岗位上的社工对志愿者开展专业培训和指导，努力拓展“以专业社工岗位为骨干，以志愿者为补充”的团队效应，充分发挥专业社工岗位在社会动员方面的推动作用。

关于北京市健全社区服务管理机制的调研报告

市委社会工委、市社会办社区建设处

城乡社区作为保障和改善民生的重要依托、加强社会管理和公共服务的重要平台、巩固党在城乡基层执政地位的重要基石，在社会建设领域和社会管理体系中发挥着不可替代的基础作用。党的十八大明确提出“要加强基层社会管理和服务体系建设，增强城乡社区服务功能”，对社区建设提出了更高要求。当前，全市进入了加快建设中国特色世界城市的新阶段，如何进一步健全社区服务管理机制，更好地发挥城乡社区的基础平台作用，夯实社会建设基层基础，是当前亟待解决的重要课题。

按照市委社会工委、市社会办的统一部署，市委社会工委委员、市社会办副巡视员王智玲带领社区建设处于5月下旬到7月中旬，历经两个月时间，重点围绕老旧小区自治管理、社区用房建设、社区服务机制创新等内容，到西城区、朝阳区、海淀区、丰台区、门头沟区、顺义区、密云县等十余个区县进行了深入调研。通过调研座谈，全面了解全市社区服务管理现状和存在的问题，提出了下一步健全社区服务管理机制的工作目标、重点任务和主要措施。

一、全市社区服务管理现状

目前，全市现有16个区县144个街道2778个社区和3941个行政村。近年来，特别是2007年12月市委社会工委、市社会办成立以来，市委市政府高度重视社区服务管理工作，以加强社区党建为引领，以创新社区服务管理体制机制为动力，构建基层社会服务管理平台，推动社区服务管理朝着标准化、规范化、一体化、精细化和智能化方向迈进，取得了显著成效，积累了重要经验。

（一）建立社区管理机制，初步形成“三位一体”的社区管理格局

推进社区规范化建设，重点在社区服务站建设、社区工作职能、社区运行机制、社区志愿服务、社区工作者管理、社区基础设

施配置、社区经费投入等7个方面、27项主要指标、近100项具体指标，进行全面规范。经过三年的努力，到2011年年底，全市2700多个城市社区基本达到了规范化建设要求，有效解决了社区“有人办事、有钱办事、有地方办事”的问题。在此基础上，按照“七化”（社区服务站建设平台化、社区工作事项明晰化、社区运行机制联动化、社区志愿服务常态化、社区队伍建设专业化、社区设施使用最优化、社区经费管理科学化）的要求，积极推进规范化示范点建设。截至2013年年底，已创建了331个示范点。

一是建立新型社区服务站。将政府在社区层面设立的综合性服务平台统一命名为“社区服务站”。除法律、法规明确规定需独立设置的工作平台外，将社区其他各类工作站、活动站、服务站等纳入新型社区服务站，统筹承担相关工作任务，实行综合管理、一站多能服务，统一形象标志、统一项目设置、统一运行流程、统一服务规范、统一资源调配。

二是规范社区内部运行机制。明确和细化了社区党组织、居委会和社区服务站的职责分工，建立社区党组织、自治组织以及新型组织之间紧密对接、协调联动的工作机制，促进社区各项工作高效运转。

（二）建立社区服务机制，初步形成“小社区、大社会”的社区服务格局

一是有序推进社区基本公共服务全覆盖。市社会建设工作领导小组办公室从梳理社区公共服务内容入手，会同36个市级相关部门，经过深入研究，出台了《北京市社区基本公共服务指导目录（试行）》及其实施意见，详细列出了社区就业服务、社区社会保障服务等10大类60项社区基本公共服务（简称“1060工程”）。重点建立三项机制。第一，建立供需对接机制。改变了过去相关部门在推进社区服务方面无序投放资金和设施的局面，促进了“条专块统”在社区服务方面的有机结合，有效实现了“需求方”（社区居民）与“供给方”（政府相关部门）的工作对接。第二，建立优先保障机制。各项服务的主责部门结合实际，对服务项目未覆盖社区给予优先支持、帮扶和指导，做到服务设施优先建设，服务项目优先开展，服务人员优先配备，建设资金和工作经费优先投入，尽早实现社区公共服务的全覆盖。第三，创新公共服务提供机制。发挥市、区县社会建设工作领导小组办公室的综合统筹作用，协调相应层面的各主责部门按照“缺什么，补什么”的原则，集成政策、集中资金、集聚资源、集合力量，形成加强社区服务的强大合力。目前，全市城市社区基本实现了基本公共服务全覆盖。

二是加快推进“一刻钟社区服务圈”建设。“一刻钟社区服务圈”是指社区居民从居住地出发，在步行15分钟范围内，能够享受到方便、快捷、舒适的社区服务，主要包括由政府提供的基本公共服务，社会力量和居民个人提供的志愿互助服务，市场机制提供的便民利民服务以及特色服务等。通过整合现有服务设施、资源，鼓励社会力量参与，增强社区服务能力，为居民群众提供优质、便捷、高效服务。重点建立三项机制。第一，建立服务站点认证机制。认证机制包括申报、认证和公示等制度。由愿意进入“一刻钟社区服务圈”的商业服务站点、社区社会组织提出申请，经社区居民代表会议讨论通过后，由街道（乡镇）或相关组织与其签订协议，将其认证为签约服务商。第二，建立辖区单位参与机制。总结推广西城区、朝阳区等区经验，倡导“共驻共建，共融共享”的理念，强化辖区单位的社会责任，加强不同系统、不同隶属关系之间服务资源的有效整合。第三，建立社会监督评价机制。建立健全信息采集和工作评估体系，由街道或相关组织制定管理规范、考核标准，建立社区服务满意度评价和奖惩制度，公布监督电话。截至2013年年底，全市累计已建成示范点822个，覆盖1558个社区，惠及1000万社区居民，基本实现“大需求不远离社区、小需求不出社区”，被媒体誉为“一刻钟圈出百姓的幸

福”，社区居民的满意度和幸福感不断提升。

（三）建立社区参与机制，初步形成充满活力的社区治理格局

一是完善民主管理制度。深入开展以居民会议、议事协商、民主听证为主要形式的民主决策实践，以自我管理、自我教育、自我服务为主要目的的民主管理实践，以居务公开、民主评议为主要内容的民主监督实践，开创了社区居民会议常务会、市民劝导队、老旧小区准物业管理、社区“四方共议”等各具特色的基层自治新模式。

二是大力发展社区社会组织和志愿服务。不断完善登记注册、监督管理、购买服务等方面的政策措施，积极培育发展社会组织。目前，全市备案的社区社会组织达 1.45 万个，涉及文体活动、公益慈善、自我服务管理等多个方面。截至 2013 年 11 月底，北京市社区志愿者登记注册已达 135 万人，志愿服务队伍 11481 支，在提供服务、融洽关系、化解矛盾、促进和谐等方面发挥着越来越重要的作用。

三是创新居民参与载体。通过开展“魅力社区”评选、“十大感动社区人物”评选、“和谐杯”乒乓球比赛、周末社区大讲堂、百家社区健身才艺大赛、楼门文化建设、邻里节等活动，提高了居民的参与热情。7000 余支文体活动类组织活跃在社区，丰富了居民群众的精神文化生活，激发了社区活力。

（四）建立城乡社区统筹发展机制，初步形成城乡社区一体化发展格局

推动城市社区服务管理向城乡结合部和农村地区延伸，研究制定了《关于加强城乡结合部社会建设工作的意见》，50 个重点村中已有 16 个全部完工；总结、宣传推广了怀柔区“一心六站一点”农村社会管理服务新模式，在行政村设立搭建起集人、地、物、事、组织为一体的综合性社会服务管理平台，不断提高农村社会服务管理水平。推进城市社区服务管理向城乡结合部、农村地区延伸，目前全市共创建了 234 个村级社会服务管理创新试点。

（五）建立社区工作保障机制，初步形成全面推进社区服务管理格局

一是政策保障。先后印发了《北京市社区管理办法（试行）》《北京市社区工作者管理办法（试行）》等十余个政策文件，为推进社区服务管理提供了重要的政策支持。

二是资金保障。把财力、物力更多地投到基层，社区办公经费全部按照不少于每户 50 元的标准核定，将社区工作者的工资、福利待遇，社区信息网络建设及管理、运营、维护等经费全部纳入区县政府年度财政预算管理，并足额拨付。规范和完善社区公益事业专项补助资金的使用管理。利用市社会建设专项资金对规范化建设达标社区进行支持奖励，进一步激发基层推进社区服务管理的积极性。首次利用市政府固定资产投资支持社区用房项目，对符合支持范围的项目给予一定的市级资金补助。目前，全市已推进了两批共 956 个建设项目，总投资 40.7 亿元，其中市政府固定资产投资支持资金 15.47 亿元。

三是人才保障。明确社区工作者配备标准。社区党组织至少配备专职党建工作者 1 名。社区居委会由主任 1 人、副主任 1—2 人、委员若干人共 5—9 人组成。社区服务站按照社区实有户数配备工作人员，一般按每 500 户配备 1 人，1500 户以下的配备 3 人。加快推进社区工作者队伍的职业化进程。面向社会公开招考，选聘 5000 余名高校毕业生和“村官”到社区工作。目前，全市共有社区工作者 31223 人，平均年龄 41 岁，大专及以上学历者占 80% 以上。规范工资、“五险一金”和相关补助标准，五年来三次大幅度提高社区工作者工资待遇，保证原则上不低于所在区县全额拨款事业单位的平均水平。启动“社区工作者万人培训计划”和硕士研究生培养计划，首都地区获得全国社会工作者职业水平证书人数累计达到 15429 人。

四是设施保障。全市建成了社区警务工作室 2588 个，社区卫生服务站（中心）1906 个，来京人员和出租房屋服务站 3975 个，建

立了养老餐桌3669个、托老所3727个，建成体育生活化社区1453个，数字文化社区300个，星级智慧社区524个。将社区办公和服务用房建设纳入城市基础设施建设规划，列入全市为群众拟办重要实事内容。通过新建、改扩建、购买、落实配建指标以及锅炉房改造、利用人防设施、资源整合等多种方式，扎实推进社区用房达标建设。截至2013年年底，全市共有2261个社区用房面积达到350平方米，占总数的81%，为开展社区服务创造了良好条件。

二、存在的主要问题

（一）社区服务设施管理的分散性与社区服务管理的社会化方向不相适应

全市社区服务设施规划指标落后，相应配套政策不健全，现有社区服务设施仍显不足，大多数老旧小区由于没有物业管理，社区服务管理问题尤为突出；社区内各类服务设施资源缺乏充分整合和共享，驻区单位对社区开放服务设施的积极性不高，设施综合使用效率有待提升。

（二）社区服务供给方式的单一性与居民服务需求的多元化趋势不相适应

随着居民参与意识和权利意识的不断提高，对社区服务管理内容的要求也越来越高，多元化、个性化、特色化以及便利化成为今后发展的方向。现阶段，全市社区服务管理的总体水平还不能有效满足城乡居民日益增长的需求，社区服务供给方式相对单一，主要依靠政府提供的基本公共服务以及政府主导下的志愿互助服务，市场机制和社会力量参与不足，能够独立运行的市场主体较少；社区社会组织发育条件没有明显改善，规模小，实力弱，不能有效承接社区服务项目，发挥作用有限。

（三）社区服务管理资源的不均衡性与城乡社区发展的一体化要求不相适应

2011年年底，全市城市化率为86.2%，达到了中等发达地区水平。为疏解中心城区人口压力，加大了城市功能拓展区和发展新区的建设力度，不断增强吸纳人口的能力，这些区域的人口总量和流动人口数量占全市54.4%和32.5%。与快速城市化进程相比，全市社区服务管理资源布局明显不合理，优质公共资源主要集中在首都功能核心区，而城市功能拓展区、发展新区和农村地区的资源相对不足，致使城乡社区服务管理水平差异较大。伴随城市化进程加速，新生代农民工、青年流动大学毕业生（“蚁族”）、白领等“新移民”逐渐成为首都社会引人关注的群体，如何为他们提高有针对性的服务，增强他们对首都的社会归属感，是加强社区服务管理面临的新挑战。

三、对策和建议

（一）工作目标

加强基层社会管理和服务体系建设，增强城乡社区服务功能，完善社区治理结构，逐步建立面向全体社区居民，主体多元、设施配套、功能完善、内容丰富、队伍健全、机制合理的社区服务管理体系，积极完善与人口大规模流动、利益多样化、社会信息化、思想文化多元化相适应的社区建设体制机制，努力把城乡社区建设成为服务完善、管理民主、充满活力、和谐幸福的社会生活共同体，不断提高居民群众的参与度、满意度和幸福感。

力争通过三年左右的时间，到“十二五”期末，“一刻钟社区服务圈”覆盖到60%以上的城市社区，社区志愿者注册率占居民人口的15%以上，每个社区拥有10个以上的社区社会组织，80%以上的驻区单位与社区签订共驻共建协议，80%以上的社区党员和30%以上的社区居民参与社区志愿服务活动，居民群众对社区服务的满意率达到90%以上。

（二）重点任务和措施

党的十八大明确指出“在城乡社区治理、基层公共事务和公益事业中实行群众自我管理、自我服务、自我教育、自我监督，是人民依法直接行使民主权利的重要方式”，首次把“社区治理”写入党的纲领性文献，进一步指明了推进社区服务管理的方向、原则和任务。下一步，应按照十八大提出的新要求，把更多的工作精力和注意力放到基层，深入推进以完善社区治理为着力点的城乡社区建设，进一步健全社区服务管理机制，增强城乡社区自治和服务功能，推动社区服务管理城乡一体化、新旧小区全覆盖，提高社区服务群众的能力，打牢基层社会建设的工作基础。

1．提高社区治理水平，推动社区治理多元化

社区治理是创新社会管理的体现，它变政府的单向管理为政府行政管理与基层群众民主自治有机结合，推动形成社区党组织、居委会、服务站、社区社会组织、业主组织、驻区单位和社区居民多元参与、共同治理的良好局面。

——创新居住小区自我服务管理。按照《关于开展老旧小区自我服务管理试点工作的意见》的要求，对物业服务企业已进驻的小区，由物业服务企业按照有关规定实行“物业自主式服务管理”，加强社区居委会对业委会、物业服务企业的指导和监督；对物业服务企业未进驻的小区，实行“社区自治式服务管理”，以“有安全防范、有绿化保洁、有维修维护、有停车管理”（四有）为目标，通过培育小区服务管理自组织、开展志愿服务、服务外包等方式，为居民提供基本物业服务，在破解老旧小区停车难、环境脏、治安差、管理乱等方面取得突破；对单位（大院）自主管理的小区，实行“自助式服务管理”。

——探索构建社区“枢纽型”社会组织工作体系。加大政策扶持力度，结合全市社会组织管理体制改革的整体安排，引导区县、街道结合实际，组建社区社会组织联合会及其分会，或整合发挥现有的社区建设协会、街道社区服务中心的功能作用，有效地把广大社区社会组织联合起来、团结起来、带动起来。

——大力发展社区社会组织。按照“政府扶持、社会运营、专业发展、项目合作”的思路，积极探索“社区、社团、社工”三社联动，推动建立以社区为平台、社会组织为载体、专业社会工作人才队伍为支撑的社区服务管理新机制。

——建立驻区单位社区建设责任评价机制。引导驻区单位加大设施开放、人员交流和资金帮扶力度，形成阵地联建、活动联创、信息联通的良好态势。

2．提升社区服务能力，推动社区服务标准化

社区服务是保障和改善民生的重要依托，必须把服务居民、造福群众作为社区建设的主要任务，让居民群众从社区建设中看到变化、见到成效、得到实惠。

——完善政策措施。修订《北京市居住公共服务设施规划设计指标》和《北京市社区基本公共服务指导目录》，发挥区县政府在社区办公和服务用房项目建设的主体作用，建立社区办公和服务用房建设项目的社会监督机制。提倡“一室多用”，提高社区用房的综合使用效益。

——发挥街道社区服务中心的引领作用。强化街道（乡镇）的统筹职能，有效整合、利用现有社区服务设施和网络，提高街道社区服务中心、社区服务站以及相邻社区服务设施之间的共享程度，降低社会成本，避免重复建设。

——创新社区服务供给方式。建立行政机制、志愿机制和市场机制互联互补的社区服务供给方式，根据社区居民不同职业、不同年龄、不同文化层次、不同兴趣爱好的需求，推广日间照料、“老年餐桌”服务、“四点半”课堂、康复照料、慈善超市等特色服务，满足老年人、未成年人、残疾人、困难群体的特殊需求和普通居民的多样化、个性化需求，提高社区服务的针对性和实效性。探索在公益性社团和社区社会组织中开发专

业岗位，以“社工＋义工”模式为居民提供专业化服务。

3. 完善社区民主制度，推动社区自治法制化。

社区自治是基层民主制度的重要组成部分，必须把民主选举、民主决策、民主管理和民主监督的实践贯穿于社区建设的全过程和各方面，促进基层群众自治组织更好地行使自治职能，提高基层民主决策和民主管理水平。

——扩大有序参与。健全社区居委会组织体系，稳步提高社区居委会直接选举比例。发展院落（楼宇、门栋）自治、业主自治、社团自治等民主形式，探索来京务工人员融入社区、参与社区管理机制。

——加强议事协商。进一步完善社区居民会议和居民协商议事会议制度，健全民情恳谈、社区听证、社区论坛、社区评议等对话机制，推进社区民主协商的制度化、规范化、程序化。要把涉及居民利益的公共服务事项纳入协商议事范围，使公共政策的制定和实施符合群众意愿。探索协商民主在基层的实现形式，推动建立党代表、人大代表、政协委员联系社区制度，就经济社会发展重大问题和群众普遍关心的实际问题听取基层群众的意见。

——强化民主监督。进一步完善社区党务、居务、财务、服务等信息公开制度。有序开展社区居民对基层政府及其派出机构工作情况的评议监督。

4. 加快推进农村社区建设，推动城乡社区一体化。

按照首都城乡一体化的总体要求，坚持“重点突破、城乡联动，以城带乡、整体推进”的原则，逐步将现代化的社区服务管理的理念思路、体制机制、方法手段引入农村地区，推动城市社区规范化建设工作向城乡结合部地区和农村社区延伸，实现资金投入、设施配置、队伍建设等方面的区域均等化、城乡一体化。

——推进城乡结合部社区建设。在旧村拆迁、撤村建居的同时，尽快建设城市社区，及时组建社区组织，逐步规范社区工作者队伍、社区服务设施、社区服务体系建设，逐步完善社区的公共服务功能、参与功能、教育功能、互助功能，实施辖区的人口社区化管理。积极探索流动人口融入社区的新途径，发挥工青妇等群团组织在联系流动人口方面的积极作用。重视“新移民”群体服务管理工作，建立健全社区新居民互助协会、青年汇机制，开展城市观念教育和心理咨询服务，帮助他们解决实际困难，尽快融入城市、融入社区。弘扬“北京精神”，营造和谐友善、平等共享的社会氛围，逐步消除流动人口与户籍居民的精神隔阂。

——制定农村社会服务管理文件。结合农村地区实际，积极推广怀柔区村级社会管理服务中心经验，研究制定市级农村社会服务管理创新文件，明确建设标准，不断提高农村社会服务管理水平。推进城乡社区公共服务均等化，努力做好涉及居民切身利益的劳动就业、社会治安、公共卫生、计划生育、社会保险、社会救助、文体教育等工作，逐步形成城乡社区建设一体化新格局。

5. 创新方式方法，推动社区服务管理精细化。

——全面掌握基本情况。按照构建网格化社会服务管理体系的要求，运用先进信息技术手段，建立基础信息库，实现对社区内人、地、物、事、组织的全覆盖，全面准确、及时高效地了解社区居民的需求，为社区服务管理提供信息基础，做到底数清、情况明，实现动态管理、即时反映。

——实现精细化服务管理。在科学划分管理单元的基础上，将社区细分为若干网格，采用多媒体移动终端、互联网等手段，即时采集和传递信息，推动职能部门人员以及资源下沉到网格中，做到第一时间发现问题、第一时间作出反应、第一时间处置事件，织密“网底工程”，实现“管理全覆盖、服务零距离”。

关于建立现代社会组织体制的调研报告

市委社会工委、市社会办社会组织工作处

建立政社分开、权责明确、依法自治的现代社会组织体制，是当前社会组织改革发展的基本目标和导向。全市经过多年探索与实践，在社会组织政策创新、体制创新以及服务管理创新上有了明显进展，但同时也面临着进一步深化改革、不断优化发展环境的迫切任务。本调研报告以党的十八大、十八届二中全会和十二届全国人大一次会议精神为指导，立足全市社会组织工作实际，着重分析了现状、问题并提出相关对策建议，现报告如下。

一、全市社会组织发展规模

近年来，随着经济社会的不断发展，社会组织的存在方式、表现形式发生了深刻变化，工作领域有了较大延伸。就全市社会组织而言，除纳入民政部门登记的三类组织外，客观上还以备案、挂靠、工商登记等形式存在着众多具有民间性、公益性、志愿性等特征的社会组织。据统计，目前全市各级各类社会组织共有3万家左右，总资产达到500多亿元，吸纳从业人员约20.1万人，初步形成了门类齐全、层级多元、覆盖广泛的社会组织体系。

（一）在民政部门登记注册的社会组织

主要是指按照国家有关条例规定进行登记管理的社会团体、民办非企业单位和基金会。截至目前（2013年9月底，下同）这三类社会组织共有8102家，其中社会团体3689家、民办非企业单位4198家、基金会215家。

1. 社会团体。指按照会员共同意愿开展活动的非营利性会员制社会组织，主要分为四类：一是行业性社团，主要是由经济领域的企业组成的行业协会，如医药行业协会、家具行业协会等，目前全市共有904家，占社团总数的24.5%；二是专业性社团，主要是由各领域专业人员或专业组织组成的各类协会，如对外经济贸易协会、计算机用户协会等，目前全市共有1782家，占总数的48.3%；三是学术性社团，主要是由专家、学者和科研人员组成的各类学会、研究会等，如物理学会、邓小平思想政治研究会等，目前全市共有672家，占总数的18.2%；四是联合性社团，主要是由不同利益需求的人群或各类社团组成的联合体，如工业经济联合会、商业联合会、学生联合会等，目前全市共有331家，占8.9%（见图1）。

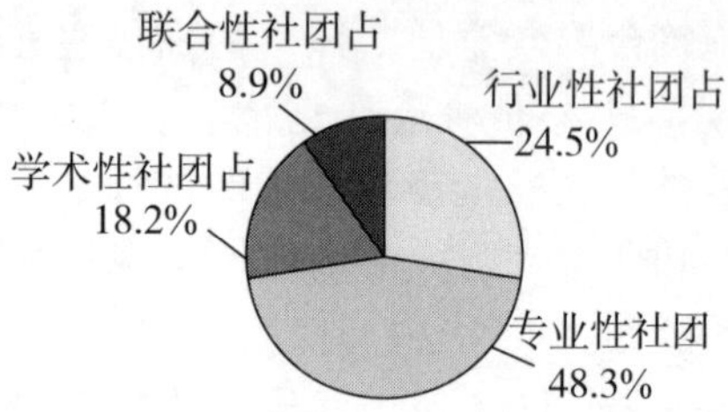

图1　社会团体分类情况图

2. 民办非企业单位。指利用非国有资产举办的、从事非营利性服务活动的民办实体机构，所从事的行业包括教育、卫生、文化、科技、体育、劳动、民政、社会中介服务、法律服务及其他。目前，全市4198家民办非企业单位中，教育类2854家，占68.0%；科技类392家，占9.3%；民政类316家，占7.5%；体育类194家，占4.6%；劳动保障类142家，占3.4%；文化类128家，占3.0%，中介服务类89家，占2.1%；其他类别共83家，占2.0%（见图2）。

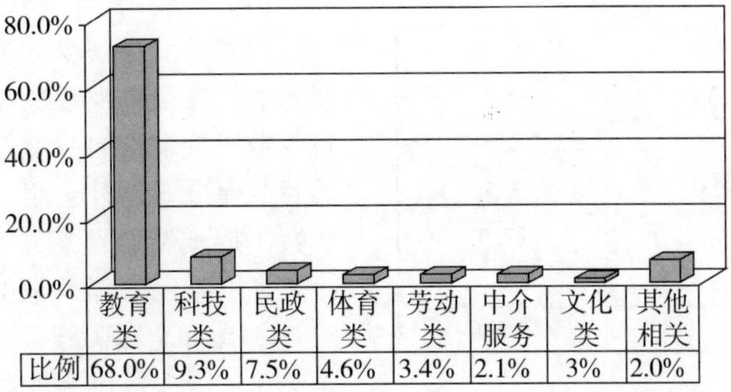

图2 民办非企业单位分类情况图

3. 基金会。指以从事公益事业为目的，利用社会捐赠的资金和财产成立的非营利性法人。具体分为两类：一是公募基金会，即可以向社会公众公开募捐的基金会，共有34家；二是非公募基金会，即不得面向公众募捐的基金会，全市共有181家。全市155家基金会目前共有净资产总额约9.2亿元，主要从事慈善、教育、社会福利、文化、科技等领域的公益活动，2012年基金会公益总支出约3.1亿元。

（二）社区社会组织

主要是指以社区居民为主体，以社区地域为主要活动范围，以满足社区居民需求为目的，由居民自发成立的各类社会组织。截至目前，全市共有社区社会组织15215家。

按成立方式划分：正式登记的为821家，占5.4%；在街道备案的8106家，占53.3%；在社区备案的5975家，占39.3%；未登记或备案的为313家，占2.0%（见图3）。

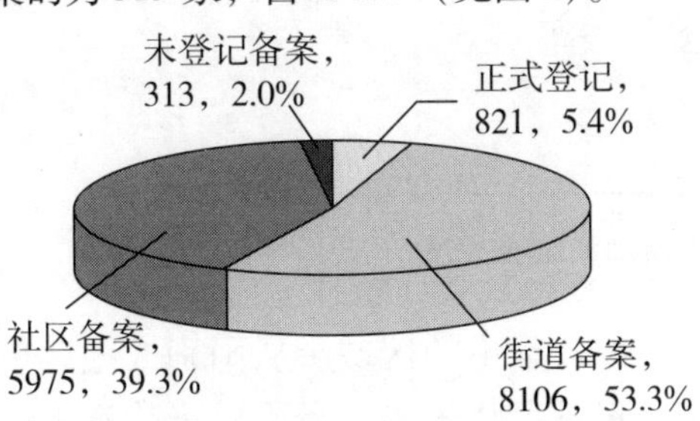

图3 社区社会组织成立方式分类情况图

按照活动领域划分：文体活动类组织7011家，占46.1%；志愿服务类组织3219家，占21.2%；社区事务类组织2415家，占15.9%；生活服务类组织1013家，占6.7%；慈善公益类组织984家，占6.5%；其他组织573家，占3.8%（见图4）。

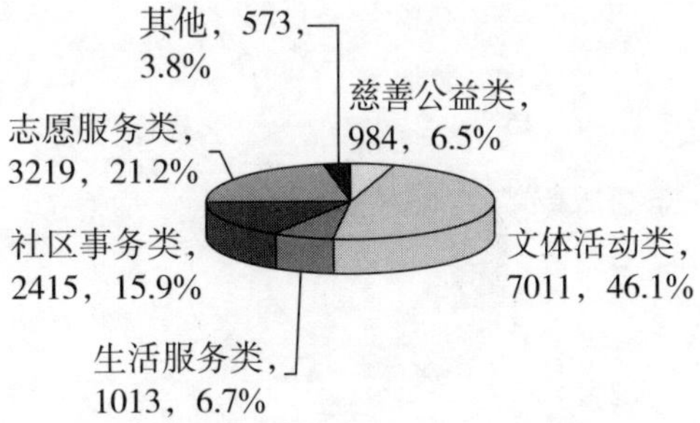

图4 社区社会组织活动类型情况图

（三）高校学生社团组织

主要是指高校学生出于兴趣、爱好、特长或共同愿景，为实现特定宗旨和目标而创建的社会团体。该类社团主要由所在学校的团委、学生会或学生社团联合会管理。

据统计，目前首都60余所高校中共有学生社团4182家，覆盖学生近30.1万人，规模最大的社团是“清华大学马克思主义学习研究会”，会员4000人左右。在所有高校学生社团中，超过1000人规模的有33家，占总数的0.7%；50—100人规模的最多，为1824家，占总数的43.6%（见表1）。

表1　高校学生社团规模情况

规模（人）	数量（个）	比例（%）
大于1000	33	0.7
500—1000	56	1.3
300—500	231	5.5
100—300	748	17.9
50—100	1824	43.6
50以下	1290	31.0

按照活动领域划分，全市高校学生社有以下几个类别：文娱体育类1278家，占30.6%；学术科技类836家，占20.0%；理论学习类725家，占17.3%；志愿服务类702家，占16.8%；社会实践以及其他类别641家，占15.3%（见图5）。

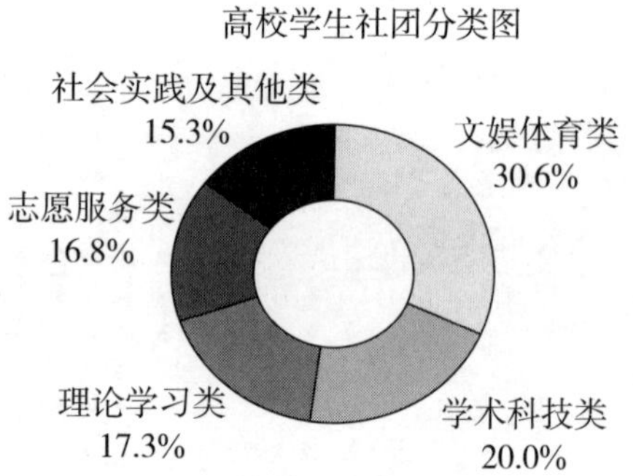

图5　各类学生社团数量情况图

（四）少数民族类社会组织

主要是由在京少数民族群众发起或参与组建、旨在促进少数民族教育文化事业发展或少数民族群众自身基于交流、联谊、互助等目的而成立的社会组织。目前北京地区的少数民族类社会组织主要有以下几种情况：一是在国家民政部登记的全国性组织，共有52家，比如全国民族教育协会、中国民族史学会、中国少数民族舞蹈学会等；二是在北京市、区民政部门注册登记的区域性组织，共54家，比如北京市民族联谊会、北京民间文艺研究会等；三是在街道、社区、高校等领域存在着数量众多的“草根”类组织，比如西城区德胜街道的“社区民族团结协调委员会”、海淀区马连洼街道的“回民志愿服务队”、中央民族大学“京城侗歌表演队”、北京师范大学“雪域文化交流协会”等。

在京少数民族类社会组织活动领域涉及教育、文化、志愿服务、卫生健康、慈善公益、社区服务等多个方面，目的是通过实际行动宣传、倡导和维护少数民族的生活习惯、行为方式，使来京学习和工作的各族民众更好地融入城市生活（见图6）。

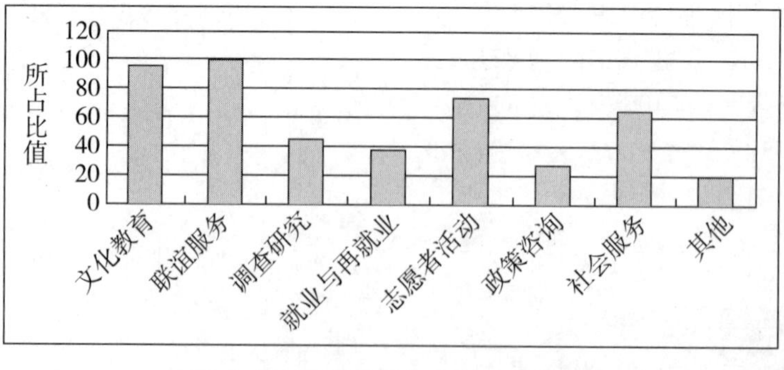

图6　少数民族类社会组织活动领域图

（五）在京国际非政府组织

据统计，目前在京开展活动的国际非政府组织共有近500家，其中在北京设有工作机构（办事处）的有247家（其他在京没有办事机构但有部分活动或项目），主要分布在东城区、西城区、朝阳区、海淀区等几个涉外资源相对集中的区域。从国别或地区属性来看，正式入驻的247家境外非政府组织共涉及33个国家和地区，其中美国33家，日本23家，韩国17家，德国11家，英国11家，加拿大10家，法国9家，意大利9家，俄罗斯3家，我国香港地区36家（见图7）。

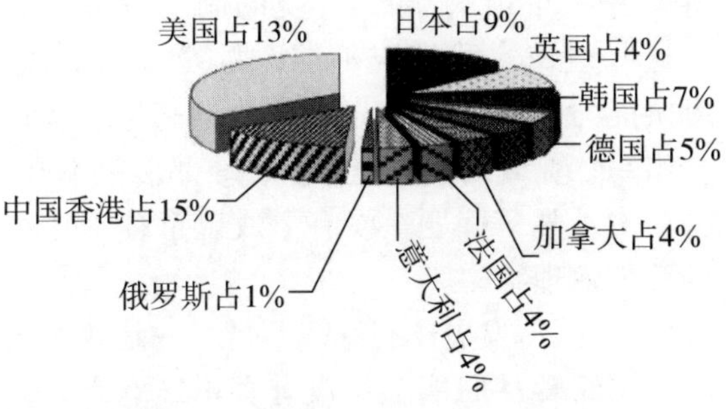

图7 在京国际非政府组织分布图

从工作领域上看，在京境外非政府组织大多集中在贸易促进、科技合作、能源开发、工业制造、体育休闲、文化传媒、知识产权保护等领域；同时，也有少部分从事应对贫困、防治艾滋病、保护生态环境、维护劳工权益等社会事务以及国际政治、地区安全等有关政治外交事务。

二、全市社会组织建设的主要做法和存在的问题

（一）主要做法

近年来，在市委市政府统一领导下，社会建设、民政、外事、公安及国家安全等部门依据各自职能，采取多种措施推进社会组织改革、发展和服务管理，取得了明显成效。

1．加强顶层设计，明确发展方向。2008年，市委、市政府出台《北京市社会建设实施纲要》《关于加快推进社会组织改革与发展的意见》等社会建设“1+4”文件，明确提出了“政社分开、管办分离”“分类管理、分级负责”“培育扶持、加强监管”“推进社会组织直接登记”“建立现代社会组织制度”等要求，为全市社会组织改革与发展明确了目标、思路和具体任务。

2．完善工作体系，创新服务管理。从2009年起，以构建社会组织“枢纽型”工作体系为重点，积极推进社会组织服务管理创新。目前，在市级层面，认定了以工、青、妇等人民团体为骨干的27家市级“枢纽型”社会组织，涉及经济、社会、科技、文化、体育、慈善公益等十多个领域，对市级社会组织的工作覆盖率达到85%以上；16个区县共认定了193家“枢纽型”社会组织，对本级社会组织的工作覆盖率达到71.3%；此外，街道层面也结合实际，通过成立社区建设协会、社区社会组织联合会等形式，积极培育构建基层“枢纽型”组织体系，市—区—街三级工作网络初步形成。在实际工作中，“枢纽型”社会组织积极发挥政治上的“桥梁纽带”、业务上的龙头引领和日常管理服务上的平台作用，成为党和政府在新时期加强社会动员、开展群众工作、完善公共服务的重要载体和工作平台。

3．加强培育扶持，提高发展质量。一是建立了政府购买社会组织服务机制，从2010年开始，共投入市社会建设专项2亿多元，累计购买1000多个社会组织服务项目；相关区县也设立了配套资金，额度从数百万元到2000多万元不等，并落实了一大批社会组织服务项目。二是市、区、街三级探索建立了不同形式的社会组织“孵化器”或服务基地，提供能力建设和专业化服务，重点培育慈善公益类社会组织，进一步整合了资源、集成了服务。三是连续三年举办“社会组织公益活动周”或“社会组织公益行”活动，引导全市社会组织广泛开展公益活动，服务城乡居民超百万人次。四是开展购买社会组织管理岗位试点工作，累计向300多家市级社会组织购买了包括专职秘书长、党组织负责人在内的近500个管理岗位，初步形成“买岗位、不买人员”“养事、不养人”的社会组织用人新机制。五是积极落实国家关于为社会组织提供税收优惠的有关政策要求，2009年以来共授予213个社会组织公益性捐赠税前扣除资格，为163个社会组织认定了免税资格。

4．完善登记管理，促进规范发展。近年来，按照中央提出的“宽审批、严监管”的要求，以社团登记机关为主，相关部门密切配合，采取了一些新举措。一是在中关村示范区开展了社会组织“直接登记”改革试

点，对48家社会组织进行了直接登记；在此基础上，在全市范围内对工商经济类、公益慈善类、社会福利类、社会服务类4类社会组织探索进行直接登记，取得了初步成效。二是建立了社会组织重大事项报告、信息公开、考核评价等管理制度，累计评出3A级以上社会组织892家。三是加大对社会组织的执法检查力度，依法对社会组织的违法违规行为以及非法社会组织进行查处，每年取缔非法社会组织100多个。四是加强对在京境外非政府组织的管理，市外办印发了《关于境外非政府组织在京活动管理办法》，并定期协调公安、安全、社会建设、民政等部门召开联席会议，建立了协调联动机制。

5. 创新党建工作，加强政治引领。近年来，按照市委统一部署，依托“枢纽型”社会组织，积极探索社会组织党建“3+1”工作模式，即在各“枢纽型”社会组织中，成立3个组织形式（社会组织党建工作委员会、社会组织党支部、党建工作部门），建立1个党建工作例会制度，从而实现“枢纽型”社会组织党建工作和业务工作一起抓。目前，27家市级“枢纽型”社会组织均按照“3+1”机制建立了党建工作体系，社会组织党建工作全覆盖工作取得了明显成效。

（二）存在的主要问题

1. 发展数量相对不足。目前，全市正式登记的8100家社会组织，如果按常住人口2070万计算，每万人拥有社会组织约为3.9个；如果按户籍人口1280万计算，每万人6.3个。据有关资料显示，发达国家每万人拥有社会组织一般超过50个，比如法国110个、日本97个、美国52个、新加坡18个、印度11个。由此可见，全市社会组织发展还很不充分，还有很大的发展空间。

2. 自身建设有待加强。一是有些社会组织行政化倾向明显，特别是成立较早的一些行业协会商会官办色彩浓厚，与行政主管部门存在着千丝万缕的联系，自主发展、自我管理的能力不强。二是社会组织获取资源能力整体较弱，大多数面临资金、人员、项目等发展“瓶颈”，除大环境的制约以外，也与这些组织自我定位不准、服务意识不强、筹资能力欠缺等有着直接关系。三是一些社会组织存在着内部管理失序、外部形象不好、公信力不强等问题，没有形成以章程为核心的法人治理结构。

3. 扶持发展还有许多不足。一是政府向社会组织转移职能工作没有真正破题，缺乏制度性安排，一些本应由社会组织承担的职能仍掌握在政府部门手中，越位、缺位、错位现象仍然存在，导致社会组织发展和发挥作用很不充分。二是政府向社会组织购买服务力度仍需加强，特别是通过签订契约向社会组织采购服务的工作机制尚未完全建立，一些部门在这项工作中随意性较强，规范化程度不够。三是缺乏相应的配套政策，比如，对一些提供公共服务、参与社会管理的社会组织还在按企业标准征税；社会组织在引进人才、人员职称评定等方面还存在较大困难。四是法律法规不够健全，对社会组织的性质、地位及权利义务界定不清，不利于社会组织的健康、规范发展。

4. 一定程度上存在着管理分散、疏于管理的问题。一是现行的“双重”管理体制偏重于约束和管制，满足于“不出事”“少出事”，引导和服务的功能体现不充分；二是法律法规对业务主管单位的职责规定得比较笼统，一些部门对于管什么、管多少、管到什么程度认识不清，从而对社会组织工作重视程度不足、投入力量有限，“挂角一缰”“疏于管理”的问题比较突出；三是一定程度上还存在着“重登记、轻监管”的现象，很难及时有效掌握社会组织动态，同时也缺乏有效的退出机制；四是大量“草根”组织游离于法律和政策框架之外，实践中对这类组织工作办法不多、掌握信息不全、管理服务滞后，容易成为社会管理的“死角”和“空白点”。

三、对全市下一步社会组织改革发展有关政策措施的建议

社会组织建设是一项综合性系统工程，需要从全局和战略高度把握方向、明确目标、科学谋划、整体推进。根据中央有关精神并结合全市实际，对全市下一步社会组织改革发展的目标、原则、思路及具体任务提出如下建议：

（一）目标和原则

1. 总体目标

以建立现代社会组织体制为目标和导向，进一步突出社会组织的主体地位，使其在法律框架内自我管理、自主发展，真正成为推动经济社会发展的重要力量和有效发扬社会主义民主、有序参与社会管理的重要载体。通过3—5年努力，逐步形成与首都经济社会发展相协调的现代社会组织运行体系、服务体系、监管体系以及内部治理体系。

2. 基本原则

一是坚持政社分开、管办分离。依法界定政府与社会组织的责权边界，厘清政府、市场、社会三者之间的关系，突出社会组织的法人主体地位；推动社会组织的监管职能与培育发展职能有效分离，形成既相互促进又功能明晰的良性互动格局。

二是坚持党政主导、自主发展。立足当前发展阶段，在坚持党委领导和政府负责的基础上，加快建立法人地位明确、治理结构完善、筹资渠道稳定、制约机制健全、管理运行规范的现代社会组织制度，引导和促进社会组织依法自我管理、自主发展。

三是坚持统筹规划、分类指导。根据首都经济社会发展实际，明确发展重点，构建布局合理、功能完善、作用明显的社会组织发展格局；对社会组织按性质和类别进行分类指导，促进其业务提升和健康规范发展。

四是坚持培育扶持、依法监管。一手抓积极引导发展、一手抓严格依法管理，既要扩大数量规模、提升发展质量，又要依法加强监督管理，建立健全惩戒、退出机制。

（二）基本思路

今后一个阶段着力抓好“放、转、育、管”四个环节，统筹兼顾、综合实施，积极有效地加以推进落实。

1. 着眼“放”，改革登记制度，优化登记管理。按中央统一要求，积极稳妥地推进社会组织直接登记，逐步突破“双重”管理体制；切实在原始（注册）资金、申报流程等方面降低门槛、简化手续，为社会组织申办创造良好条件。同时，适应直接登记后的新变化和新形势，积极完善社会组织“枢纽型”工作体系，用社会化的办法对社会组织施加正确引导、服务和管理，将其有效纳入党和政府主导的工作体系，为政社分开、直接登记提供有效支撑，做到“放而不散、管而不死”。

2. 着力“转”，转移政府职能，让渡发展空间。一是从总体上要改变政府包揽社会事务的传统方式，加大政府职能转移力度，将政府部门不应行使和可由社会组织承担的相关职能转移出去，为社会组织发展壮大和参与社会管理创造条件。二是行业管理部门在实行社会组织直接登记后，应调整工作重心，由“业务主管”向“行业管理”转变。主要是：将改革之前主管社会组织的人、财、物及具体业务审查等，转为在改革之后要制定社会组织在本行业的活动指南、行为规范等，并通过转移职能、项目委托、信息发布、政策指导等方式，对行业内所有社会组织进行指导和扶持。

3. 着手“育”，加强培育扶持，创造发展条件。政府扶持是当前及今后一个时期社会组织发展壮大的重要推动力。过去，一些部门往往采取直接建立、人事安排、给予编制、财政拨款等方式来扶持本系统的社会组织发展，这种行政化的方式直接侵蚀了社会组织的自治性与独立性，也造成了事实上的“内外有别”，不符合发展方向。新形势下，政府扶持应通过市场化、社会化的方式进行，如购买服务项目、搭建服务平台、提供政策

信息、加强培训交流等。这几年全市在这方面进行了积极探索和实践，应在此基础上出台更有“含金量”的配套措施，切实优化社会组织发展环境。

4. 着重“管”，规范内部管理，形成监管合力。社会组织在登记上“放一步”，在管理上则应“进两步”。按照“宽审批、严监管”的总体要求，应着重加强以下几个方面：一是注重多方有效参与，综合部门及各职能部门、行业管理部门、“枢纽型”社会组织等要各司其职、协调配合，形成工作合力；二是规范社会组织内部管理，形成科学化的、自我约束有效的内在治理机制，主要是加强理事会决策效率、管理层制度建设、执行层作业能力和监事会监察效力；三是把更多的监督权交给媒体、公众及相关利益主体来承担，使社会组织对自身的行为负责，自觉接受社会监督；四是加强社会组织党建工作，发挥基层党组织的政治引领、战斗堡垒作用和党员的先锋模范作用。

（三）主要任务

根据以上目标、原则和思路，全市社会组织改革的主要任务是：

1. 改革社会组织登记管理制度。成立行业协会商会类、科技类、公益慈善类、城乡社区服务类社会组织，直接向民政部门依法申请登记。建立社会组织直接登记前的评估、培训机制，委托第三方专业机构，为申办方提供可行性评估、法规政策培训、具体业务指导、发展前景规划等专业化服务，引导其规范、有序开展登记申报工作。按照国家有关规定，研究制定境外非政府组织驻京代表机构登记管理办法，取消社会团体、基金会分支机构的登记审批。登记管理机关、有关职能部门要根据登记管理的新任务和新要求，调整完善相关政策，制定明确的工作流程，优化登记审批环境。

2. 健全社会组织“枢纽型”工作体系。坚持政社分开、管办分离，进一步确立以市、区（县）、街三级“枢纽型”社会组织为主体的日常服务管理模式，以联系、联合、联动等社会化方式，将各级各类社会组织纳入党和政府主导的工作体系，促其自我管理、自主发展。原承担业务主管单位职责的行政部门，应制定社会组织在本行业的活动指南和行为规范，并通过转移职能、委托项目、购买服务、发布信息等方式将社会组织纳入行业管理。以行业协会商会为重点，推进社会组织与行政部门脱钩，分类纳入“枢纽型”社会组织体系，力争2015年年底前完成。各部门、各区县要进一步完善配套政策、形成工作合力，加强“枢纽型”社会组织规范化建设，积极采取措施支持其开展工作、发挥作用。

3. 培育扶持社会组织发展。研究编制政府向社会组织转移职能目录和具备承接政府转移职能资质的社会组织目录，厘清政府与社会组织的职责边界，拓宽社会组织发展空间。进一步完善政府购买社会组织服务制度，坚持项目化导向，探索建立“招投标”运行模式和工作机制。成立北京市社会组织党（工）委，指导、落实社会组织党的建设，以党建工作引领和推动社会组织业务发展。成立北京市社会组织服务中心，为社会组织提供政策咨询、业务培训、能力建设、项目评估、信息发布等专业化服务；各区县、街道办事处要通过多种形式建立社会组织综合服务平台，打造“一中心、多基地”的社会组织服务（孵化）网络。加强社会企业政策研究，培育发展新兴组织类别，通过多种形式、调动多方资源参与社会服务和管理。

4. 加强对社会组织的监督管理。依托市社会建设工作领导小组及其办公室，建立由相关职能部门、行业管理部门、业务主管单位、“枢纽型”社会组织共同参加的社会组织工作联席会议制度，共同研究解决全市社会组织发展中的重大问题，形成工作合力。以完善内部治理结构为重点，研究建立现代社会组织制度标准体系，促进社会组织规范运作、民主管理、依法自治。建立健全社会监督机制，及时公开披露社会组织财务收支、工作开展、人员变动、年检状况、等级评估以及接受捐赠、涉外活动等信息，接受会员、媒体和公众监督。加大日常执法检查力度，取缔非法社会组织，查处社会组织的违法违规行为，完善社会组织退出机制。

北京市协管员队伍的调研报告

市委社会工委、市社会办社会动员工作处（志愿者工作处）

根据市领导要求，市委社会工委、市社会办成立了专项调研组，在全市开展了协管员队伍情况调研，摸清了总体情况，掌握了存在的问题，并研提了相关对策建议。

一、基本现状

（一）总体情况

据调查统计，全市共有协管员72类，共168621人。其中，男性94455人，占56%，女性74166人，占44%；40岁及以下的45199人，占26.8%，平均年龄40.5岁；大专以上学历的17446人，占10.3%；中共党员17164人，占10.2%；非京籍人数为10100人，占5.99%；最长工作年限为20年。

（二）经费来源

一是市财政全额负担（指该类别协管员在16区县都由市财政负担）的有两类：文化市场监督员、环保监督员。二是市、区县（含街道乡镇）财政共担的有21类：流动人口与出租房屋管理员、治安巡防员、劳动保障协管员、社区保安、社区矫正协管员、交通协管员、公共文明引导员、城市管理协管员、城市管理监督员、公路养护员、居家养老助残员、计划生育协管员（宣传员）、残疾人专职委员（协管员）、工会协管员（工会专职社会工作者）、公共设施维护员、农村管水员、生态林管护员、全科农技员、建筑工地安全协管员、城镇建设劳务监督员、辅警文职。三是区县（包含街道、乡镇）财政负担的有49类：其中，两个以上（包含两个）区县均有设置的协管员有13类，分别是食品安全协管员、禁毒协管员、专职人民调解员、社会保障协管员、垃圾分类指导员、动物防疫协管员、专业森林消防队员、安全稳定信息员、防火安全（消防）协管员、村邮递员、农村会计服务所工作人员、保洁队员、公益法律服务工作者等，另外还有36类协管员为某一区县所特有。

（三）招聘渠道

主要是社区公益性就业组织安置就业，另有一部分是面向社会公开招聘，也有一部分是聘用离退休人员或劳务派遣方式录用。

（四）管理方式

一是单方管理，由选聘方单独使用和管理，此类情况有10137人；二是双重管理，即由职能部门选聘、使用，同时接受街道（乡镇）或社区（村）的日常监督，多数类别的协管员属此类管理方式，此类情况有158484人。

（五）工资待遇

总体上可以分为两种情况：一是工资（专项补贴）+保险，月平均工资从1260元到4000元不等，签订劳动合同，基本上有“五险一金”（或部分险），此类情况有104061人（其中18229人享受五险以外的其他险种）；二是工作补贴，一般无“五险一金”，只发工作补贴，月平均从几十元到1000元不等，此类情况有64560人。

（六）发挥作用

总体上看，协管员的产生是应对社会管理任务日益繁重的举措，是满足社会服务领域不断拓展的需要，是解决就业困难人员安置问题的手段。全市各类协管员承担了大量社会服务管理工作，缓解了各区县和有关部门人员紧张的局面，为群众提供了更加及时有效的服务，特别是在重大赛事、重要节日，协管员在协助维持公共秩序、维护社会治安等方面发挥了积极作用。同时，通过开发公益性岗位安置就业困难人员，缓解了就业压力，对维护社会稳定也起到了积极作用。

二、存在的问题

通过调研发现，在协管员管理和使用中存在多方面问题，主要表现在：

（一）管理条块分割

协管员的招聘、薪酬待遇多由职能部门负责，但日常的使用则在街道、社区，导致“管事的管不到人，管人的管不了事”。街道、社区难以根据实际工作任务对各类协管员进行统筹使用和合理调配，在一定程度上造成了人力资源的浪费。

（二）发展缺乏规划

一方面，全市对协管员的队伍设置、经费来源、福利待遇、法律责任等缺乏统筹规划和统一规定，协管员队伍数量在不断增长；另一方面，协管员办公场所、办公经费等保障不足，通常由各街道、社区自行解决，增加了基层负担。

（三）结构不尽合理

协管员队伍中“4050”人员、低保人员较多，学历普遍较低，难以适应多元化、精细化的社会服务管理需要，影响了社会服务管理效率和水平的提升。

（四）待遇参差不齐

全市协管员的工资福利总体偏低，且各类协管员收入差异较大，一方面难以留住优秀人才；另一方面也造成了相互攀比、心态失衡。

三、部分区县的探索与实践

近两年来，许多区县积极探索，社会建设等部门加快推进协管员管理体制改革，主要是结合街道体制改革，变条条管理为块块管理。其中力度较大、走在前列的是西城区、海淀区等区县。主要做法有：

（一）西城区

印发了《西城区统筹和规范街道社区协管员管理的意见（试行）》，主要内容：一是加强统筹管理。将在街道、社区工作的协管员管理权限从部门管理中分离出来，由街道统筹管理，有关部门负责业务指导。二是建立人员总额管理机制。除公益性就业外，全区普遍招聘的、需要区财政负担经费的协管员数量原则上不再增加。三是规范待遇管理。通过公开招聘、统一考试录用的协管人员，实行统一的工资待遇标准。四是建立会商准入机制。由区主管领导牵头，区社会办、区人力社保局、区编办、区财政局成立协管员准入审核小组，对协管员准入进行初审把关。

（二）海淀区

出台《海淀区整合各类协管员开展网格工作实施细则》等配套文件，主要做法有：一是坚持街镇统一管理、部门业务指导，全区22类协管力量统一整合为网格协管员；二是严格控制总量，除公益性就业外，凡新增数量的需报区政府常务会议审议；三是完善协管员待遇保障机制，协管员经费纳入街镇财力，建立考核奖励制度。

（三）其他区县

朝阳区出台了《朝阳区机关事业单位编制外用工管理暂行办法》《朝阳区机关事业单位编制外用工规范管理实施意见》等文件，石景山区制定《石景山区统筹规范街道协管员队伍管理工作实施方案》，平谷区出台了《平谷区协管员管理办法》，门头沟区拟出台《关于进一步加强街道工作的意见》，密云县制定了《关于加强协管员和公益性就业岗位人员管理的指导意见》，都对协管员的整合规范进行探索，主体思路都是由街道统筹，对总量进行调控。

（四）区县探索实践中遇到的突出问题

一是市里没有统一的政策，有些职能部

门态度不积极，担心街道统筹管理后协管员难以完成安排的职责任务，对整合工作持观望态度；二是如果实行资格准入、逢进必考，虽然能提高协管员素质，但与有的部门推进的困难人员安置就业政策相冲突，影响地区就业率指标；三是协管员整合工作单项推进难度较大，宜与深化社会体制改革、加强街镇统筹职能相结合。

四、进一步加强协管员队伍建设的对策建议

为加强协管员队伍建设，进一步整合资源、规范管理，在总结有关方面探索实践经验的基础上，提出如下对策建议。

（一）要当作系统工程抓

一是要与深化社会体制改革、加强街道统筹相结合；二是要与强化“抓街道、街道抓”相结合；三是要与提升北京城市精细化、网格化管理水平工作相结合；四是要坚持分级负责、分类管理。

（二）要进一步加强统筹、形成合力

市社会建设工作领导小组办公室按市领导要求，正结合研究制订市委市政府关于深化社会体制改革的意见，进一步加强调查研究。市有关部门也在积极开展工作。建议由市有关领导牵头，加强统筹、形成合力、深入研究、提出对策。

（三）要进一步强化街道、乡镇统筹管理职能，将协管员纳入网格化管理中

除少数不适合由街道、乡镇统筹管理的协管员类别外，大多数类别的协管员要纳入网格化管理中，由街道、乡镇统筹管理、使用。

（四）要进一步完善政策

一是要建立总量控制机制，市级有关部门要求新增协管员类别的，由该部门提出申请，报市社会建设工作领导小组审定，区县要对本区域内的协管员总量及区县自设的协管员类别进行调控，避免过于膨胀；二是要建立准入与退出机制，除就业困难人员安置性就业外，新聘人员必须通过公开招考的方式录用，对现有协管员加强业务培训，对达不到相应要求的逐步淘汰；三是要建立待遇保障机制，现阶段各类协管员资金来源渠道保持不变，协管员规范整合后，根据实际工作任务，适当提高工资待遇水平，逐步实现所有协管员资金由市、区县财政统一核算，统一拨付，各区县、街道、乡镇可结合工作考核，建立激励机制。

（五）要适时出台文件

在市委、市政府领导下，有关部门牵头，制订加强协管员队伍规范化建设的政策文件，报市委、市政府同意后印发实施。

关于全市智慧社区试点建设工作情况报告

北京市社会建设信息中心

2012年11月全面启动智慧社区建设试点工作，全市首批试点社区514个。市社会办、市经信委、市民政局共同开展了关于全市智慧社区试点建设情况的实地调研，先后调研了全市16个区县和15个将社区全部纳入试点范围的街道。现将全市智慧社区试点建设工作整体进展情况报告如下。

一、试点工作呈现较好的发展态势

智慧社区试点建设工作全面启动以来，尤其是2013年2月召开全市智慧社区建设第一次月度交流调度会以后，各区县推进智慧社区试点建设工作的力度不断加大，全市智

慧社区试点建设呈现出一些新的特点，整体呈现较好的发展态势。主要表现为以下五个方面。

（一）各区县对智慧社区试点工作的认识水平和重视程度不断提升

智慧社区建设工作在理论上具有前瞻性，在实践上具有挑战性。在工作推进之初，大家对什么是智慧社区、为什么要建智慧社区、怎么建智慧社区等基本问题认识不统一，甚至不了解，试点建设工作无从下手。随着试点建设工作的逐步推进，大家对智慧社区建设工作经历了从陌生到认识、从认识到熟悉、从不知道怎么干到知道怎么干的转变过程。随着认识的深入，各区县和街道对试点工作的重视程度也不断提升。目前，各区县都将智慧社区试点建设纳入年度工作计划，研究制定了区县推进智慧社区建设的实施方案和顶层设计方案，部分区县还将试点建设工作列为年度重点工作，并争取财政支持。朝阳区将智慧社区建设纳入智慧朝阳整体框架，区财政设立专项资金，采取以奖代投的方式，支持各街乡建设智慧社区，各街乡相应成立智慧社区建设工作领导小组，负责智慧社区建设工作的整体设计和实施推进。海淀区从区级层面制订了智慧社区顶层设计方案，区财政共拨付400多万支持智慧社区建设工作。东城区、门头沟区、通州区、平谷区、怀柔区等区县从区级层面制订了智慧社区建设的实施方案。

（二）各街道切实推进试点工作

街道在推进智慧社区试点建设工作中起到非常重要、承上启下的作用，是智慧社区建设工作的重要推动力量。随着试点工作的推进，各街道推进工作的思路越来越清晰、定位越来越准确、目标越来越清楚。各街道能够结合地区实际，以居民需求为导向，因地制宜、积极探索、真抓实干，扎实、创新推进试点建设工作。尤其是15个将辖区所有社区全部纳入首批试点工作的街道，这些街道具有社区信息化工作基础好、起步早等优势，在试点建设工作中取得了显著进展、积累了宝贵经验。大部分街道都成立了工作领导小组，制订了智慧社区建设工作的实施方案，安排专人负责试点工作。首批512个试点社区都明确了一名工作人员负责试点工作。西城区广内街道在2009年就启动了智慧社区建设，目前已形成了较成熟的建设模式，智慧社区建设包括智慧中心、智慧政务、智慧商务、智慧民生等共4大模块18个子系统。海淀区清华园街道早在2005年年底就开始探索智能社区建设，逐步深化到智慧社区建设阶段，目前正在推进第三期建设，无论在实践上还是在理论上都积累了宝贵经验。清华园街道智慧社区主要是基于“一个门户、两个平台、三个中心”为居民提供智慧医疗、智慧养老、智慧安居等服务，广受居民好评。朝阳区团结湖街道领导重视且具有突出的人才优势，创新性地提出了由智慧大脑、智慧骨骼和智慧神经组成的“智慧团结湖”，成功打造了智慧信息机、微博微信微群“三微”平台、掌上团结湖、3D智慧社区等多个智慧社区应用项目，多角度、全方位建设智慧社区，为全市智慧社区建设创造了经验，同时也得到了兄弟省市和各方面媒体的高度关注。朝阳区奥运村街道结合“五环国际社区”的区域地位提出以“智慧树”命名的智慧社区建设方案。顺义区胜利街道针对老旧小区的特点，以改善老旧小区环境、焕发老旧小区活力为出发点制订智慧社区实施方案。大兴区林校路街道针对地区社会组织较活跃的特点，积极引导社会力量参与智慧社区建设，在政府投入低成本甚至零成本推进智慧社区建设方面取得初步成效。

（三）整合职能部门力量方面有突破

整合相关职能部门力量包括两个方面，一是统筹相关职能部门共同推进智慧社区建设工作，初步形成协同推进机制。二是整合利用各部门已有的资源，而不是另起炉灶。试点工作在这两个方面都取得了突破。各个区县都建立了与区县信息化主管部门、区县民政局联合推进机制，此外，还积极动员其他相关职能部门参与到智慧社区建设工作中。

西城区制定了《西城区落实“北京市智慧社区指导标准”职责分工》，将责任落实到区民政局、区信息办、区综治办、区市政市容委、区教委、区文委等相关部门。门头沟区制订了《门头沟区推进智慧社区建设工作实施方案（征求意见稿）》，落实分工到各职能部门，并与区科委合作，试点建设“基于物联网的老年人健康与安全服务管理平台项目”。试点工作注重整合利用相关职能部门的已有资源，市级层面已完成与市残联、市老龄委、市卫生局、市邮政管理局等部门关于资源整合利用方案的研究工作。

（四）社会力量积极参与试点建设

各区县和街道在推进试点建设过程中，积极引导社会组织、企业等社会力量参与到智慧社区建设中，初步建立了政府主导、多方参与的智慧社区建设推进体系，创新了工作模式。社会组织在为老年人、残疾人提供智慧养老助残服务方面、为居民提供智慧生活服务方面、为居民搭建政民互动平台方面、为居民提供志愿和互助服务方面以及促进相关产业发展等方面发挥了重要作用。朝阳区奥运村街道、麦子店街道，海淀区、通州区等通过与专业公司合作，共同制订智慧社区建设整体方案，并由公司负责系统研发工作。东城区北新桥街道依托产业联盟整合企业成熟成果，启动了智慧养老服务体系建设。石景山区金顶街街道通过与歌华有线合作，在全市率先开通了基于高清交互数字电视的“智慧金顶街”资讯项目，居民在家中通过遥控器就能享受到全方位的智慧社区服务，如在线观看视频、及时了解市区街三级资讯、政策法规、办公指南、招工招聘、生活服务、文化动态等信息。大兴区充分发挥社会力量，通过与企业合作，以政府部门投入“零成本”的方式成功开发了“大兴社会服务网”手机应用终端，同时依托社会组织，成功打造了“爱我大兴社区网”“爱我大兴社区手机报”“任我在线”社区本地生活消费平台以及观音寺街道养老助残服务中心等。

（五）试点建设的成效逐步显现

试点建设启动以来，智慧社区试点建设取得初步成效，居民真正感受到了智慧社区的建设成果、切身享受到了智慧社区带来的美丽家园、幸福生活。西城区实现了“全区通办、三级联动”，广内街道建设了集阳光经费管理系统、“访、听、解”系统等功能于一体的智慧政务系统，海淀区青龙桥街道以“一站式”网上公共服务大厅和社区服务站为载体打造了“智慧政务”，使街道和社区工作人员的工作效率得到极大提升，让居民享受到了高效、便捷、满意的政务服务。东城区北新桥街道打造的包括五个系统的智慧养老综合服务平台、海淀区清华园街道“五个一”智慧养老服务系统、丰台区丰台街道建设了被称为“没有围墙的疗养院”的养老（助残）智能呼叫中心、朝阳区小关街道为社区所有老人配备了“999E键通”等，这些成功解决了老人老了怎么办、病了怎么办、失去劳动能力了怎么办、不想做饭了怎么办、孤独寂寞了怎么办等“五个怎么办”的问题，让居民随心所愿享受智慧养老。丰台区马家堡街道建立的“马家堡智慧健康管理服务平台”和“马家堡智慧健康管理小屋”，海淀区清华园街道利用短信等及时提醒居民注射预防针、社区医院在线预约挂号时间精确到一刻钟，大兴区清源路街道的健康自测小屋为居民提供健康自测和自动建立健康档案等服务，使居民享受到了智慧、舒心、放心的医疗健康服务。朝阳区麦子店街道在社区安装的蔬菜自动售卖机，大兴区林校路街道的“任我在线”社区本地生活消费平台，顺义区胜利街道的“傻大方”社区生活服务配送中心以及分布在各街道和社区的便民缴费终端，这些都极大提高了居民生活的便捷度。朝阳区麦子店街道建设了智能安保系统，居民可通过手机接收家里突发事件的报警信息并可远程查看视频图像，海淀区青龙桥街道的智能预警系统可利用视频智能分析人员徘徊、物品遗失、周界警戒及入侵等场景模式，人脸识别技术可实现对外来人员进社区的实时掌握，怀柔区利用电子信息显示屏、社区网站等实时发布极端天气预警、应急避难场所、民防设施地理位置等方面信息，门头沟区大峪街道安装了停车场管理系统，顺义区胜利街道已实现水电气的远程抄表，这些让居民切身体验到了安全、舒适、宜居的生活环境。

二、目前存在的主要问题

在肯定成效的同时，全市智慧社区试点建设工作也暴露出一些问题，主要有：

（一）还需进一步提高认识、深入研究

虽然各区县、街道和相关职能部门对智慧社区建设的整体认识水平有了一定程度的提高，但是与智慧社区试点工作的要求相比，各方面的认识还不全面、还不到位，对工作的研究还有欠缺，甚至有的区县、街道的主管领导对工作的认识和研究还远远不够，不能做到主动研究、深入研究。例如，有的认为智慧社区是虚无缥缈的，有的认为智慧社区建设就是将各种与社区有关的工作、与信息化有关的工作进行简单打包即可，有的认为智慧社区只是社区的工作，或者只是街道某个科室的工作，有的还认为智慧社区太高深、太高级，不是目前阶段能够实现的。认识和研究的不到位严重妨碍工作的推进。各区县和街道必须能够认真、主动研究，并真正理解何为智慧社区、为什么要建设智慧社区、智慧社区建设如何与各项工作相结合等，这样才能在探索创新中推进智慧社区建设不断深入。

（二）人员保障力度还需进一步加强

智慧社区建设是一项技术性强、涉及面广、关联度高的复杂工程，对人才素质要求高，需要既懂业务又懂技术和社区工作的人才。通过调研我们发现，参加首批试点的街道和社区普遍存在着人员严重不足和复合型人才缺乏问题。除个别区县和街道外，很多区县和街道都没有配备专门负责推进智慧社区建设工作的人员，更是极度缺乏集技术、业务和行政能力于一身的复合型人才。

（三）资金保障力度还需进一步加强

智慧社区建设需要相关职能部门、各区县和街道加大资金投入，并建立长效机制。一方面将所需经费列入财政预算并建立动态保障机制；另一方面充分发挥市场机制的基础性作用，探索政府搭台、企业运作、社会参与、群众受益的多方投入机制。通过调研我们发现，由于智慧社区建设是新生事物，目前各区县街道普遍存在着所需经费尚未列入正常经费预算的问题。在建立多方投入机制方面，东城区、朝阳区、大兴区等区县做了积极探索并取得了初步成效，但是还需要进一步探索并总结政府与社会力量合作的模式，同时建立并完善长效机制。

三、下一步工作思路及建议

下一步应重点做好以下几项工作。

（一）及时深入总结试点工作中的典型经验并进行推广

经过试点建设工作，智慧社区建设涌现出一批典型做法，积累了很多成功经验。下一步，市级层面应该加大对基层试点建设典型做法的总结力度，形成可在全市进行推广和互相学习的经验，从而在全市范围内共享建设成果、提升全市智慧社区试点建设的整体水平。具体可通过组织召开灵活多样的月度交流调度会、专题培训会、组织街道间的实地学习借鉴、加强对典型经验的宣传等形式促进经验共享。

（二）加大应用需求与产业对接的工作力度

通过应用需求与产业的对接，将市场上的成熟成果介绍给各区县和街道，将各区县和街道的需求传达给社会力量。进一步引入社会力量参与智慧社区建设，不断探索、总结、完善社会力量参与智慧社区建设的新模式。建议适时组织召开一次小规模的需求与产业对接会，在组织召开对接会过程中可尝试与产业联盟合作，充分发挥产业联盟在整合企业力量方面的优势。

（三）进一步加大对基层的指导和督察力度

针对调研过程中各区县和街道反映的重点难点问题，协调相关部门帮助解决困难。根据每个区县存在的不同问题，逐一分析研究，一对一地进行经常性的工作指导。同时，各区县应加强对街道和社区的指导和督察力度，形成分级指导的工作模式。

（四）进一步统筹协调相关职能部门共同推进

智慧社区建设涉及各个部门的多方面工作，需要对各部门已有的资源进行整合，并接通“最后一公里”，将各项服务输送给社区居民。下一步应继续加大与各相关职能部门的对接力度，一方面统一认识，让大家认识到智慧社区建设离不开各职能部门的密切配合，同时智慧社区建设也有利于各自工作的顺利开展，从而充分调动各部门积极参与到智慧社区建设工作中。另一方面，切实做好各方面服务资源的整合利用工作，真正打通“最后一公里”，并建立服务资源整合、更新的长效机制。

把握社会情绪特征　培育健康社会心态

北京社会心理研究所

社会心态是一段时间内弥散在整个社会或群体中的心境状态，是整个社会的情绪基调、社会共识和社会价值观的综合反映。学术界普遍认为社会心态涵盖社会态度与社会价值观两大主要内容，社会心态研究的本质在于了解与分析社会价值观与社会态度的变化及相互关系，也就是研究社会主体所珍视的价值观与他们在社会现实生活中的所想、所为之间的一致性及变化规律。从理论上讲，社会价值观与社会态度之间存在决定与能动反映的关系，即社会价值观决定社会态度，并通过社会态度外显而最终影响社会行为。但社会态度也不总是处于消极的被决定地位，其通过量的累积而最终促使社会价值观更新。在现实生活中，社会环境的复杂性、利益冲突的多样性，导致社会态度与社会价值观之间往往又存在不协调、不一致之处。

考虑到社会价值观更为抽象和一般、更为稳定和持久，所以学者对社会心态的研究多强调对社会态度的研究，认为只有通过由表及里的方式才能发掘导致社会价值观变化的原因与这种变化的程度。而社会态度又可细分为社会认知、社会情绪、社会行为倾向三个相互衔接的内容，当这三个方面的内容存在不统一、不协调时，社会情绪往往占主导地位，决定着社会态度的基本取向和行为倾向。因此，从社会情绪的研究入手进而了解其于社会认知、社会行为倾向及社会价值观的相互联系和影响具有非常重要的意义。

2013 年 10 月北京社会心理研究所在全市范围内开展的“北京居民社会心态调查”活动中，打破以往社会心态简单描述性的研究模式，在深入分析社会情绪特征的基础上，对社会情绪与社会行为倾向之间的影响进行深入剖析，对社会认知、社会价值观与社会情绪之间的联系进行深入挖掘。

在本次研究中，社会情绪指的是一定社会环境下某一群体或某些群体或整个社会多数人所共有的情绪体验。社会认知指的是社会成员对自我、对他人、对社会的感知与认识。社会行为倾向指的是社会成员在社会情绪、社会认知及社会价值观的支配下，对当下社会情境的一种意向性反应，是一种行为准备状态，对社会群体而言意味着某种社会行为模式的萌芽或形成。社会价值观指的是社会成员普遍接受的、用来评价行为、事物及从各种可能的结果中选择自己目标的准则。

在具体内容设计上，凸显社会情绪部分。目前个体情绪的测量方法主要有自我报告法、生理测量法与行为观察法，而社会情绪与个体情绪不同，其测量方法肯定有别于个体情绪。按照 Barret（1987）的观点，社会情绪与个体情绪的差异主要有四点：（1）社会情绪源自社会关系而非个体相关的目的。（2）与社会目标相关。（3）评价涉及自我，同时也涉及别人。（4）这种情绪并不能通过面部表情特征呈现。所以社会情绪的测量只能使用社会成员的自我报告法与社会成员行为观察法。目前社会情绪的测量还处于探索阶段，国内学者基本都使用情绪的自我报告法，如华中师大心理学系的社会心态调查问卷，“您在过去一个月里，是否感到自己是快乐的？愤怒的？愉悦的？郁闷的？高兴的？焦虑的？满意的？沮丧的？不快乐的？”中国社会科学院社会学所 2012 年社会情绪调查使用“您过去一年内社会生活情绪体验？分别给出平和、怀有希望、坚强、热情、开心、有兴致、内心坚定、活跃的、享受的、兴奋的、感激的、受鼓舞的、自豪的等正向情绪与如警觉的、心烦的、无奈的、愤怒的、悲伤的等负向的情绪”。

参考其他学者研究成果，本次社会情绪部分也采用自我报告调查法，但在具体内容设计上又有所创新，主要体现在除了常规的社会情绪自我报告以外，课题组还借鉴个人生活事件量表，选取年度内具有一定社会影响的 32 件大事、日常生活中对个人具有较大影响的 10 件工作学习事件及 25 件家庭生活事件组建成社会事件测量表，力图通过测量社会成员对这些社会事件的情绪反应正负向、情绪反应强度、情绪持久度，找出这些社会事件对社会情绪有何影响、如何影响、影响程度如何等一些基本特点。

紧紧围绕社会情绪，社会心态其他三个维度调查内容分别为：社会行为倾向部分主要是从行为动机、行为对象、行为方式、行为能力等方面研究当前居民行为特点；社会认知部分从居民自我社会阶层认同的角度进行自我总体性认知、进而调查居民的幸福感、压力感及对当前社会生活环境（包括自然与社会环境）的认知；社会价值观部分主要是以黄光国价值观量表（1995）为基础，从现代价值观、传统价值观、群体价值观、个体价值观和社会性价值观五个维度对当下居民社会价值观进行测量。

本次调查采取多阶段随机调查法，从全市 16 个区县抽取 100 个社区，严格按照 2005 年全国 1% 人口抽样所得北京人口分布特点共发放问卷 3200 份，回收有效问卷 2996 份，有效率 93.6%，符合抽样目的。

经数据分析得出：本次北京居民社会情绪总体理性平和，社会情绪直接影响着居民社会行为倾向。积极的社会认知与正确的社会价值观有助于正性社会情绪的培育。

一、年度内，社会情绪保持理性平和

（一）总体特征

1. 在情绪性质上，总体处于理性平和的状态

（1）情绪理性平和的居民所占比例较大。去年大部分时间内，情绪处于愉悦、乐观状态的人占 20.1%；情绪表现为理性平和的人占到 56.4%；情绪上悲观、不满与浮躁的人占 23.1%。从数量和比例上看，拥有理性平和情绪体验的居民分别是正向、负向情绪体验居民的两倍（见图 1）。

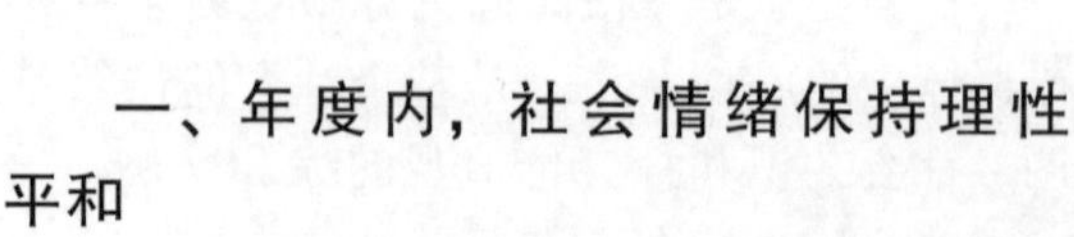

图 1　居民的情绪分数（七点量表）

（2）居民社会情绪的得分介于理性、平和之间。本次居民的社会情绪平均分为 0.51 分，在从悲观（-3 分）到乐观（3 分）的

情绪七点量尺上，处于“理性”与“平和”之间，说明居民的社会情绪总体处于平和状态。

2. 在情绪强度上，负性情绪者所占比例尽管较低但其强度明显高于正性情绪

尽管仅有23.1%的居民带有负性情绪进行生活，但其负性情绪体验的强度大，主要表现在以下两个方面：

（1）负性情绪强度高的居民占比较高。本次调查显示，处于悲观情绪状态的居民中，程度非常强与比较强的分别有34.2%与39.3%。处于不满情绪状态的居民中，程度非常强与比较强的分别有12.4%与51.0%。而处于理性、平和、愉悦与乐观情绪状态的居民，情绪强度表现最多的是“一般”与“较强”（见表1）。

表1 不同社会情绪强度的分布状况（%）

	悲观	不满	浮躁	理性	平和	愉悦	乐观
非常强	34.2	12.4	3.1	2.1	0.7	3.3	6.8
较强	39.3	51.0	38.2	24.0	18.4	43.9	41.4
一般	17.9	33.3	50.9	68.6	78.8	50.5	50.1
较弱	3.4	3.3	7.5	4.9	1.7	1.9	1.4
非常弱	5.1	—	0.3	0.4	0.5	0.5	0.3

（2）负性情绪的得分高。用百分制描述每种情绪的强度（100分为非常强，80分为较强，60分为一般，40分为较弱，20分为非常弱），可以得到居民各类情绪总体的平均得分在60~80分之间，强度介于“一般”与“较强”之间。居民的情绪体验由强到弱依次为：悲观（79.2分）、不满（74.7分）、乐观（70.8分）、愉悦（69.7分）、浮躁（67.6分）、理性（64.5分）、平和（63.4分）。负性情绪（悲观、不满、浮躁）加权平均分为72.0分，中性情绪（理性）为64.5分；正性情绪（平和、愉悦、乐观）加权平均分为65.9分，可见居民负性情绪强度明显高于正性情绪强度的特点。

3. 在情绪感染方面，范围广、途径多

所谓情绪感染途径是指群体成员间通过语言、文字、表情、动作等方式引起其他人产生相同情绪或行为的过程。本次调查数据分析得出，北京市居民社会情绪感染范围广且途径多。

（1）范围广。有69.5%的居民承认自己容易受到社会情绪的影响，这个比例明显高于不受社会情绪影响的居民（其比例30.5%）。在易受社会情绪影响的居民中，负性情绪的影响范围要大于正性情绪，其比例分别为15.4%和13.5%，而易受两种情绪影响的居民比例甚至高达39.7%（见表2）。

表2 社会情绪的感染范围 （%）

	比例
易受负性社会情绪的影响	15.4
易受正性社会情绪的影响	14.3
都影响	39.7
都不影响	30.5

（2）途径多。学者认为社会情绪的感染途径大致包含三种，第一种是与父母、同伴等面对面交流的途径，第二种是在杂志、报纸、网络等间接传播途径，第三种是唤醒或扩大自身经历的途径。

本次调查表明：上述三种社会情绪感染途径中，以第三种途径即唤醒共同经历的感染范围最大，认可该途径的居民比例达到了61.5%。其次为父母熏陶途径，认可该途径的居民比例为38.9%。再次是主流媒体、网络公众舆论与同伴示范，认可该三种途径的居民比例分别为29.6%、25.5%和20.3%。而认可其他途径的居民比例基本上都保持在20%以下，但值得注意的是，易受小道消息影响的居民比例甚至达到了10.4%，需引起我们高度重视（见表3）。

表3 三种社会情绪感染机制的影响情况（%）

		比例
第一种	父母熏陶	38.9
	同伴示范	20.3
	学校教育	16.0
第二种	单位组织教育	19.1
	主流媒体引导	29.6
	网络公众舆论	25.5
	小道消息	10.4
第三种	亲身经历	61.5

同时，正负性社会情绪在感染途径方面还存有显著性差异。数据显示，正性社会情绪，包括中性社会情绪较容易通过单位组织教育宣讲等正式途径得到传播，负性社会情绪较容易通过同伴、网络及小道消息等非正式途径进行传播（见表4）。

表4 正负社会情绪的感染机制差异（%）

	同伴影响	网络等公众舆论	小道消息	单位组织教育
负性社会情绪	24.5	30.6	14.4	15.1
中性社会情绪	21.4	26.1	10.5	22.5
正性社会情绪	18.6	23.2	8.9	19.5

4. 在情绪调节方面，以情绪本身与情绪所产生的原因为对象

情绪调节是指个人通过一定的策略和机制，使情绪在生理活动、主观体验、表情行为等方面发生一定的变化，从而实现管理和改变自己或他人情绪的目的。情绪调节的分类方法很多，有学者将其分为生理调节、行为调节、认知调节、人际调节等。本次研究，根据调节所针对对象的不同大致分为两类，具体情况（见图2）。

从本次调查的数据看来，北京居民在调节不良情绪方面呈现出以下特点：

（1）重视直接针对情绪本身的调节，特别是以向家人和朋友寻求安抚、自我移情关注其他事情两种手段为主，其比例分别为

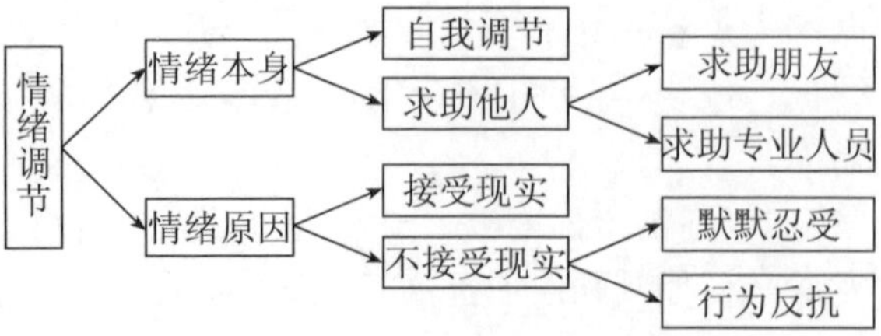

图2 社会情绪调节手段分类

50.2%和47.7%。近些年来，随着心理健康知识的普及与心理咨询行业的逐步规范，居民对心理疏导的需求也越来越大，2012年“全市居民心理健康普查活动”中，有12%的居民有心理辅导的需求，而2013年认为会采取该手段的居民比例也上升到了12.9%。

居民在向家人及朋友寻求安抚时又具有以下两个特点：

一是频率上，居民在遇到烦恼时向家人、亲友等人求助的概率以“经常”最高、“很少”次之、“有时”紧跟其后、“靠自己而不求助”最低，其比例分别为31.2%、29.6%、28.2%和11.1%，这个情况凸显了家人、亲友等人对居民情绪调节的重要性。

二是方式上，居民在遇到烦恼而需要情绪调节时，60.7%的居民会只向关系极为密切的一两个人倾诉、15.5%的居民会主动诉说自己的烦恼，以获得支持和理解、12.1%的居民只有在朋友主动询问的情况下才会讲述自己的烦恼，当然还有11.8%的居民在遇到烦恼时从不向任何人诉述。可见，有一两个亲密到无话不说的朋友是有助于情绪调节的。

（2）针对情绪所产生的客观原因调节时，各种方式所采用的比例有显著差异。其中接受现实、积极去改变自己和社会的比例高达30.2%。不接受现实中，默默忍受的比例最高，为30.9%。寻求法律维权和求助相关部门维权的比例次之，分别为11.8%和8.9%。尽管采用其他反抗行为（包含发微博、以自己身体要挟造舆论、针对矛盾源反抗、针对局外人发泄、移民国外）的居民比

例较低，但这些反抗行为所带来的社会影响却较大。如2013年"'7·20'首都机场爆炸事件"，尽管未造成其他乘客伤亡，但其社会影响较大（见表5）。

表5 居民对各社会情绪调节手段的认可情况（%）

	比例	
情绪本身	移情关注其他事情	47.7
	向家人及朋友寻求安抚	50.2
	寻求心理疏导	12.9
情绪原因	积极去改变自己和社会	33.2
	无法改变只好忍受	33.9
	发微博信息造舆论	6.5
	以自己身体要挟造舆论	1.6
	参与游行、示威、静坐	2.6
	寻求法律维权而疏导	11.8
	求助有关部门维权来疏导	8.9
	直接针对矛盾源反抗	3.5
	针对局外人发泄	3.5
	移民国外	1.4

（3）不良情绪种类不同，其调节手段又有所差异。数据显示，居民的不良情绪越强烈，越可能采用针对局外人发泄的手段，而较少采用向家人及朋友寻求安抚的手段。如处于悲观状态下的居民在情绪调节时，其采取针对局外人发泄的比例为12.6%，明显高于不满与浮躁状态下的居民；相反，处于浮躁状态下的居民采取向家人及朋友寻求安抚的比例为51.1%，而采用针对局外人发泄的比例仅为5.6%（见表6）。

表6 各不良社会情绪状态下居民情绪调节手段的差异情况 （%）

	向家人及朋友寻求安抚	针对局外人发泄
悲观	38.7	12.6
不满	37.0	5.7
浮躁	51.1	5.6

（二）群组特征

1. 年龄上以20世纪60年代出生为分水岭，之前出生的居民多正性情绪、之后多负性情绪。从正性、中性与负性社会情绪的居民分布上来看，60年代是一个分水岭，60年代之前（包括60、50及40年代）正性情绪的居民比例高、负性情绪的居民比例低，而60年代之后（包括70、80及90年代）刚好相反，处于负性情绪的居民比例高、正性情绪的居民比例低（见表7）。

从居民社会情绪的得分上看来，40后最高（0.90分），80后最低（0.22分）。70后（0.40分）也低于总体（0.51分）的平均水平。

从悲观到乐观不同情绪种类的分布上来看，40、50年代出生的居民情绪最为平和。80后居民表现出悲观、不满、浮躁的比例高于其他年代居民，且平和、乐观的比例最低。

表7 年龄因素对社会情绪的影响 （%）

	负性	中性	正性
40年代及以前	14.5	17.0	68.5
50年代	15.2	18.8	65.9
60年代	16.5	22.7	60.9
70年代	27.0	20.3	52.7
80年代	30.6	20.2	49.2
90年代	21.9	19.9	58.1

2. 工作状态上以是否有稳定收入为分界线，有者多正性情绪、无者多负性情绪。从正性、中性与负性社会情绪的居民分布上来看，有稳定收入群体（包括有正式工作及离退休的居民）其产生正性情绪的概率显著高于无稳定收入群体（包括临时工作及无业、失业或下岗的居民），而产生负性情绪的概率显著低于后一群体。其中，有正式工作的居民产生正性情绪的比例达到了23.3%，为正性情绪中最高。相反，无业、失业或下岗的居民产生负性情绪的比例达到了41.6%，为负性情绪中最高（见表8）。

表 8　工作状态对社会情绪的影响　(%)

	正式工作	临时工作	无业、失业或下岗	离退休
正性社会情绪	23.3	15.9	18.1	18.0
中性社会情绪	54.1	51.0	40.3	70.1
负性社会情绪	22.5	33.1	41.6	11.9

从居民社会情绪的得分上看来，有稳定收入群体中的离退休居民得 0.87 分。正式工作者其次（0.48 分）。而无稳定收入群体中临时工的得分仅为 0.16 分，无业、失业或下岗居民得分甚至到了 -0.08 分。

从悲观到乐观不同情绪种类的分布上看来，无业、失业或下岗居民产生悲观、不满与浮躁情绪的比例最高，有正式工作的居民最为理性、愉悦，离退休的居民最为平和与乐观。

3. 职业种类上以是否有“铁饭碗”为区分点，有者多正性情绪、无者多负性情绪。从正性、中性与负性社会情绪的居民分布上来看，是否有铁饭碗是居民社会情绪好坏的分界线，属于国家公务员、事业单位工作人员及国企工作人员的群体中其产生负性情绪的居民比例要明显低于私企、外来务工及自由职业者等非铁饭碗群体，而正性情绪的居民比例却都在 54% 以上，明显要高于非铁饭碗的群体（见表 9）。

表 9　职业因素对社会情绪的影响　(%)

职业	负性	中性	正性
国家公务员	24.3	21.4	54.4
事业单位工作	19.5	24.7	55.8
国企工作人员	16.0	21.2	62.8
私企工作人员	29.1	19.3	51.5
外企工作人员	28.1	28.1	43.8
外地来京务工	37.3	9.0	53.7
自由职业者	33.0	17.3	49.7
其他	25.3	18.8	55.9

从职业类型或工作单位来看，国企人员情绪分数最高（0.72 分），其次是国家公务员（0.54 分）和事业单位工作人员（0.53 分）。私企人员、外企人员、外地来京务工人员都低于平均分。自由职业者情绪分数最低（0.17 分）。

从悲观到乐观不同情绪种类的分布上看来，自由职业者最悲观、外地来京务工人员最不满与浮躁、外企工作人员最理性与乐观、国家公务员最愉悦。

4. 收入上中高收入群体正性情绪者比例最高，而高收入与低收入群体次之。月收入过万的高收入群体其正性情绪的居民比例最低，负性情绪的居民比例最高。其次为月收入为 1400 元以下的低收入群体中正性情绪居民比例较低、负性情绪居民的比例较高。而月收入为 1401—10001 元段群体正负性情绪的居民比例居中（见表 10）。

表 10　收入因素对社会情绪的影响　(%)

月收入（元）	负性	中性	正性
1400 以下	26.4	19.5	54.2
1401—5223	23.2	19.9	56.9
5224—10001	16.6	26.0	57.4
10001 以上	29.5	27.3	43.2

从社会情绪的得分状况看，中高收入群体（月收入为 5224—10001 元）的情绪分数最高（0.62 分），而高收入群体（月收入万元以上）的情绪分数最低（0.25 分）。高收入群体与低收入群体（月收入低于 1400 元）一样感到不满，并且更为浮躁。

从悲观到乐观不同情绪种类的分布上看来，低收入者（月平均收入为 1400 元以下者）最为悲观，高收入者（月平均收入 10001 元以上者）最为浮躁，且两收入段居民（低收入者与高收入者）最为不满，中高收入者（月平均收入为 5224—10001 元）最为平和与愉悦，而中低收入者（月收入为 1401—5223 元）与低收入者最为乐观。

5. 地域上，呈现“城乡二元”与“本

外地二元”化。所谓的城乡二元，即城镇户籍居民群体中正性情绪者的比例要显著高于农业户籍居民正性情绪者所占的比例。所谓本外地二元，即本地户籍居民群体中负性情绪者的比例要显著高于外地户籍居民负性情绪者所占的比例。(见表11)

表11 户籍因素对社会情绪的影响 (%)

	负性	中性	正性
北京城镇	22.0	20.5	57.4
北京农业	37.8	17.6	44.6
外地城镇	28.2	9.7	62.1
外地农业	27.7	24.1	48.2

从情绪分数上看，北京城镇居民（0.52分）高于外地城镇居民，外地城镇居民高于外地农业居民，北京农业居民（0.29分）最低。

从情绪的种类上看来，农业户籍居民比城镇户籍居民情绪浮躁。北京农业户籍居民表现尤为突出，可能与城市化进程中产生的心理困扰有关。

二、社会情绪对居民社会行为有重要影响

数据显示，社会情绪从行为动机的形成、行为方式的选择、行为对象的选择、行为能力的大小及行为方向等多个方面影响着居民社会行为倾向。

（一）影响居民行为动机的形成

北京居民在亲社会行为动机上，更多地选择了“个人本心意愿”及“遵守法律与道德”两个因素，比例高达75.9%和58.9%。家庭教育也很重要，有38.2%的居民选择该项。但也还有相当比例的居民选择了“从众”、“服从领导”和“以德报德”，其比例分别为19.3%、11%和12.1%（见表12）。

而不同情绪状态下的居民对自我亲社会行为动机来源的认识上却存有显著性的差异。处于正性情绪状态的居民认为，其亲社会行为的动机来源更多地发自本心、家庭教育、遵守法律与道德；而处于负性情绪状态的居民则认为，其行为动机更多的是来自群体的压力（从众）和领导的要求（服从领导）。

表12 不同情绪下的居民对其亲社会行为动机的认识 (%)

	个人意愿	从众	服从领导	家庭教育	以德报德	守法守德
负性社会情绪	71.5	22.8	14.2	30.5	17.0	49.2
中性社会情绪	78.4	17.5	12.2	43.6	13.1	64.0
正性社会情绪	77.6	17.6	8.9	40.4	9.7	62.0

（二）影响居民行为方式的选择

1. 影响居民对困难挫折应对方式的选择。数据显示，北京居民在遇到挫折困难时，经常采取的方式是“尽量看到事物好的一面”“改变自己的想法，重新发现生活中什么重要”“不把问题看得太严重”“自己安慰自己”“尽量克制自己的失望、悔恨、悲伤和愤怒”等。

但处于不同情绪状态下的居民，在面对困难挫折时采取的应对方式存有显著差异。相对来说，负性情绪状态下的居民更愿意采取“通过吸烟、喝酒、服药和吃东西来解除烦恼”“认为时间会改变现状，唯一要做的便是等待”“依靠别人解决问题”“接受现实，因为没有其他办法”“幻想可能会发生某种奇迹”等消极的应对方式。处于负性情绪的居民采用积极应对方式的得分仅为21.5分，而正性情绪的居民得分为23.9分。

2. 影响居民不良情绪调节方式的选择。心理学实验证实，不恰当的调节手段不仅无助于其情绪的调节，反而会进一步激化其情绪。本次调查显示，处于负性情绪状态下的居民对其不良情绪，要么就是采取暴力、集体行动的方式，要么就是发微博、以身体要

挟等方式造舆论，要么就是逃避与忍受。而处于正性情绪状态下的居民更愿意采取“移情”、“向家人寻求安抚”与“积极改变自己和社会”等温和、合法手段来调节自己的情绪（见表13）。

表13 不同情绪下的居民对不良情绪调节方式 (%)

	改变自己和社会	关注其他事情	忍受	家人及朋友安抚	发微博造舆论	游行、示威、静坐	求助有关部门	针对矛盾源反抗	以身体要挟造舆论	移民国外
负性	26.4	44.9	43.2	44.2	10.0	4.1	6.5	6.6	3.1	2.9
中性	35.4	54.0	37.6	50.3	6.2	3.2	11.6	4.2	0.7	1.8
正性	35.5	47.2	28.6	52.7	5.2	1.9	8.9	2.0	1.1	0.8

（三）影响居民行为对象的选择

1. 影响居民对社会事件的关注点。数据显示，不同情绪状态下的居民所关注的社会事件侧重点也不同。从年度居民所关注的10件大事看来，处于正性情绪状态下的居民更愿意关注正性社会事件、更关注国家与社会大事，其关注中国梦的比例高达65%，而仅有14.8%的带有负性情绪居民关注这个问题。相反，处于负性情绪状态下的居民对于影响社会治安的突发事件的关注度却与持正性情绪居民同样高（见表14）。

表14 不同情绪下的居民对不良情绪调节方式 (%)

	负性	中性	正性	差异是否显著
延迟退休之争	24.8	22.0	53.2	显著
中央改进工作作风八项规定出台	16.4	22.9	60.7	
“神舟十号”上天	14.0	21.1	64.9	
二手房出售征税	24.8	22.3	52.9	
中国式咳嗽	26.4	21.6	52.0	
中国梦	14.8	20.2	65.0	
李天一案				不显著
北京摔婴案				
H7N9禽流感				

2. 影响居民对社会信息的关注点。数据显示，处于不同情绪状态下的居民对官办媒体所报道信息种类的偏好大不相同。处于正性情绪状态下的居民更希望这些媒体多报道社会积极信息、多反映老百姓的需求。而处于负性情绪状态下的居民却更希望这些媒体能更多报道社会的阴暗面（见表15）。

表15 不同情绪居民对官办媒体所报道内容的期待 (%)

	消极	中性	积极
多报道社会积极信息	39.8	47.0	52.7
多揭露社会阴暗面	42.6	30.9	33.0
多反映老百姓需求	69.4	77.1	72.8

（四）影响居民的行为能力

1. 影响居民对社会信息的甄别能力及接受方式。数据表明，负性社会情绪状态下的居民对信息真伪的判断能力相对较差。处于负性社会情绪状态下的居民认为其自己能判断信息真伪的比例远远低于正性社会情绪状态下的居民，其比例仅有16.4%，而后者却达到了22.7%。同时，负性社会情绪状态下的居民刚接触一信息时更倾向于认定其为真，比例高达17.9%（见表16）。

表16 不同情绪状态居民对信息的判断能力(%)

	负性	中性	正性
能分辨信息真伪	16.4	24.2	22.7
倾向于认为是真的	17.9	10.8	11.3
凭生活常识去判断其真伪	74.6	83.6	81.8

2. 影响居民自身情绪控制力。数据表明，处于正性情绪状态下的居民中，认为自我不受任何社会情绪影响的比例高达35.1%，受社会正性情绪影响的比例为15.7%。与之恰恰相反，处于负性情绪状态下的居民认为自我不受任何社会情绪影响的比例仅为18.0%，受正性社会情绪的比例仅为13.3%，而受社会负性情绪影响的比例却高达24.6%（见表17）。

表17 不同情绪状态居民对社会正消极情绪的感染情况 (%)

	负性	中性	正性
易受社会负性情绪的影响	24.6	14.7	12.0
易受社会正性情绪的影响	13.3	12.7	15.7
都影响	44.1	41.8	37.2
都不影响	18.0	30.8	35.1

（五）影响居民行为方向

1. 正性情绪状态下的居民其社会参与度高。数据显示，处于平和、愉悦、乐观情绪状态下的居民其经常参与或全都参与社团活动的频率要明显高于那些处于悲观、不满和浮躁等负面情绪状态下的居民。如处于乐观情绪状态下的居民其经常参与或全部参与的比例分别为41.4%与8.9%。相反，处于悲观情绪状态下的居民其经常参与或全都参与社团活动的比例仅为19.7%与8.2%，而偶尔参与的比例却高达72.1%（见表18）。

同时，带有负性情绪的居民其参与宗教类社团活动的比例明显高于带有正性情绪者，其参与其他社团活动的比例却明显较低（见表19）。

表18 不同情绪下的居民社团活动参与频率 (%)

	悲观	不满	浮躁	理性	平和	愉悦	乐观
偶尔参与	72.1	72.0	71.4	60.4	63.8	59.0	49.6
经常参与	19.7	26.4	26.0	34.2	31.1	33.7	41.4
全都参与	8.2	1.6	2.6	5.4	5.2	7.2	8.9

表19 不同情绪下的居民不同种类社团活动参与情况 (%)

	悲观	不满	浮躁	理性	平和	愉悦	乐观
环保类	21.3	23.8	28.6	35.9	34.5	47.2	42.3
志愿者类	40.2	40.7	53.6	54.9	59.1	57.3	65.9
社区文娱健身类	41.0	34.6	40.5	46.1	45.4	48.6	51.0
驴友等兴趣爱好类	12.3	11.2	13.1	13.3	7.6	12.4	10
宗教类	8.2	3.3	6.2	2.0	1.9	3.2	1.9
都没有	28.7	30.8	20.8	18.5	19.0	12.8	13.1

2. 正性情绪状态下的居民其亲社会行为倾向强。亲社会行为倾向是指人们在社会交往中表现出的那些有利于社会和他人的行为倾向。调查中，课题组设计了一组涵盖居民社会秩序、社会道德、社会利他等16种日常行为进行调查。数据分析表明，居民亲社会行为倾向总体上随着居民情绪由负性向正性发展而呈增强趋势。

随着居民情绪由负性向正性社会情绪发展，他们中亲社会行为倾向的比例直线上升，在带有悲观情绪的居民中的比例仅为20.2%，而在带有乐观情绪的居民中，这个比例高达61.4%（见表20）。

表20 不同情绪状态下居民其亲社会行为倾向情况 （%）

	悲观	不满	浮躁	理性	平和	愉悦	乐观
弱	8.7	6.9	2.5	0.9	1.0	2.4	0.3
一般	36.0	28.2	23.7	15.2	13.1	18.1	10.8
较强	35.1	43.1	44.8	39.5	39.3	31.4	27.4
非常强	20.2	21.8	29.0	44.4	46.5	48.1	61.4

同时，在调查中，大部分居民也明确表示在较好心情时更愿意帮助别人，其比例达到了77.7%（见图3）。

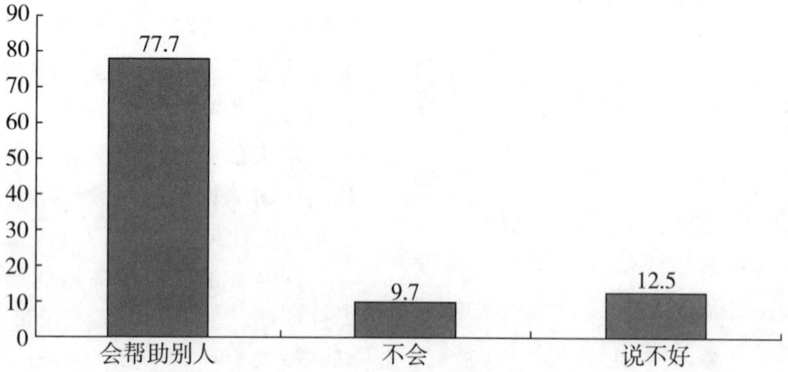

图3 好情绪时居民愿意帮助别人情况 （%）

三、影响居民社会情绪的因素分析

（一）社会认知

1. 对自我社会阶层的认同对其情绪有影响。调查显示，居民对自我社会阶层的认同差异较大，认为自己处于社会上层和中上层的占3.4%，认为自己处于中层和中下层的占到65.9%，认为自己处于底层的占到19.3%。比较近10年来居民对社会阶层的自我认同情况，社会底层的认同比例大幅度降低而中下阶层的认同比例大幅度提高。这个情况表明，从宏观认同角度看，北京的社会结构正在向橄榄形过渡。

居民在自我社会阶层认同上的差异，对其情绪影响体现在：

（1）具有正性情绪的人中，自我认同为处于中层及中下层的居多，具有负性情绪的人中，自我认同为最底层的居多，而且，随着阶层的上升，带有理性、平和情绪的人所占比例逐步增大（见表21）。

表21 各社会阶层居民群体其情绪情况（%）

	正性	中性	负性
中上①	16.3	68.4	15.3
中等	21.8	64.8	13.4
中下	22.1	53.2	24.7
最底	18.1	46.0	35.9

（2）自认处于最底层的人带有悲观、不满与浮躁等负性情绪的比例很高，自认处于

① 因为本次调查中，自我认定处于最上阶层居民少于30人，故将最上阶层并入中上阶层。

中层的人带有理性、平和等中性情绪的比例较高，自认为处于中上层的人带有乐观情绪的比例较高（见表22）。

表22 居民自我认同社会阶层不同其社会情绪表现情况 （%）

	悲观	不满	浮躁	理性	平和	愉悦	乐观
中上	3.1	6.1	6.1	16.3	36.7	11.2	20.4
中等	1.6	3.7	8.0	21.8	38.7	11.9	14.2
中下	3.5	7.9	13.2	22.1	35.6	6.5	11.1
最底	9.5	12.7	13.6	18.1	32.3	4.1	9.5

2. 生活压力感的高低对其情绪有影响。本次调查，居民生活压力感平均得61.7分，自2012年（62分）以来继续保持在压力较大区间。有47.6%的居民反映其生活压力很大或较大，这个比例远远高于压力感一般的居民（35.3%）、压力较小的居民（8.9%）和无压力的居民（6.0%）。在对未来生活压力的看法上，有接近50%的居民预计未来3—5年内生活压力会大幅增加或有所增加。住房、物价和收入三大问题已经连续10年成为居民生活压力的主要来源。

生活压力感的高低显著影响居民情绪，表现在：

（1）具有正性情绪的人中，压力一般及较大者居多。而随着生活压力感的增大，具有中性及负性情绪者比例逐步增加（见表23）。

表23 压力感不同的群体其社会情绪表现（%）

	正性	中性	负性
没有	8.3	84.5	7.1
较小	14.6	74.8	10.6
一般	22.4	64.2	13.4
较大	22.2	47.9	29.9
很大	19.4	37.1	43.5

（2）没有压力的居民群体其情绪最为愉悦、乐观。压力较小的居民群体其情绪较为平和、愉悦和乐观。压力一般的居民群体其情绪最为理性、平和。压力较大的居民群体其情绪最为浮躁。压力很大的居民群体其情绪最为悲观和不满（见表24）。

表24 不同生活压力感的居民其社会情绪表现情况 （%）

	悲观	不满	浮躁	理性	平和	愉悦	乐观
没有	1.2	1.2	4.8	8.3	35.1	14.3	35.1
较小	1.2	2.0	7.5	14.6	42.9	13.4	18.5
一般	1.3	4.2	7.9	22.4	43.2	7.7	13.4
较大	4.7	9.1	16.1	22.2	33.1	6.2	8.6
很大	11.5	16.5	15.4	19.4	25.6	4.2	7.3

3. 居民幸福感自我评价的高低影响着其社会情绪。本次调查，北京居民的总体幸福感得分是57.6分，其中快乐感是54.7分，价值感是60.7分，满意感是57.5分，总体幸福感处于中上水平。

居民幸福感程度不一，直接影响其社会情绪，体现在：

（1）一方面，随着居民群体幸福感的增强其产生中性社会情绪的居民比例增大、产生负性社会情绪的居民比例逐步降低，而幸福感很高的居民群体产生正性社会情绪的比例却最低。另一方面，幸福感最低居民群体中具有正性与负性社会情绪体验的居民比例高于具有中性社会情绪体验的居民比例，呈“V”形分布。而随着幸福感的逐步提升，具有中性社会情绪体验的居民比例逐步提升，到了幸福感很高的居民群体其正性、中性与负性社会情绪分布呈“Λ”形分布，也就是说，随着居民幸福感的增强，其情绪越理性平和而非极端化（见图4）。

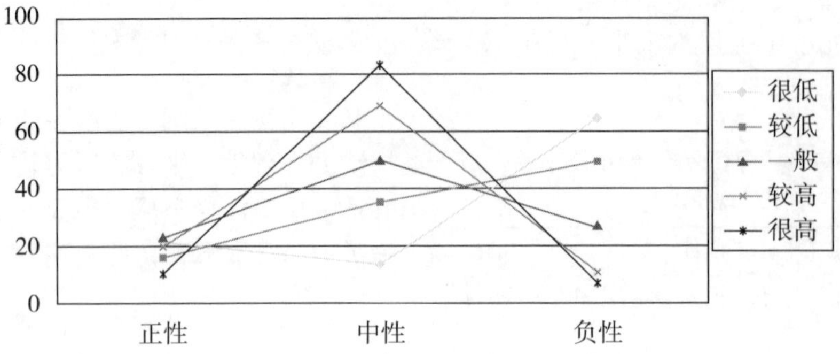

图 4　幸福感强度与各不同性质情绪的关系　（%）

（2）从悲观到乐观各社会情绪种类的分布情况看来，幸福感很低的居民群体其悲观、不满情绪突出，幸福感较低的群体其浮躁情绪突出，幸福感一般的群体其最为理性，幸福感较高的群体最为平和而不满情绪最少，幸福感很高的群体最为愉悦和乐观而不满、浮躁情绪最少（见表 25）。

表 25　不同幸福感的居民其社会情绪表现情况

（%）

	悲观	不满	浮躁	理性	平和	愉悦	乐观
很低	29. 5	27. 3	8. 0	21. 6	11. 4	1. 1	1. 1
较低	13. 1	17. 8	18. 1	15. 8	25. 1	3. 9	6. 2
一般	3. 5	8. 5	14. 8	22. 9	37. 7	4. 9	7. 7
较高	1. 0	3. 0	7. 1	19. 5	41. 0	11. 5	16. 8
很高	1. 7	2. 2	2. 8	10. 5	32. 0	12. 2	38. 7

4. 社会支持的多少影响居民社会情绪。本次社会支持量表测试中，北京居民社会支持总体得 36. 2 分，其中客观支持得 6. 9 分、主观支持得 21. 2 分、支持利用度得 7. 2 分。与理论值相比较，北京居民社会支持总体情况、主观支持与支持利用度都要高于理论值。从北京居民社会支持总分分布看，1. 8% 的居民社会支持总分在 20 分以下（低度社会支持），74. 2% 的居民社会支持总分在 20—40 分之间，为中等程度的社会支持，24. 1% 的居民总分在 41 分以上，具有充分的社会支持。总的看来，98. 2% 的居民具有正常的社会支持，1. 8% 的居民的社会支持水平较低。

居民社会支持情况对其情绪的影响较大，具体表现在以下方面：

（1）居民的社会支持越多，其情绪越正性。具体而言，以低度社会支持的群体中，带有负性情绪的居民比例最高，为 58. 9%；充分社会支持组中，带有中性与正性情绪的比例最高，而中度社会支持组中，各种情绪所占的比例都居于前两组之间（见表 26）。

表 26　社会支持程度不同的居民群体其社会情绪表现情况　（%）

	负性社会情绪	中性社会情绪	正性社会情绪
低度	58. 9	14. 3	26. 8
中度	26. 3	20. 7	53. 0
充分	15. 4	21. 6	63. 0

（2）低度社会支持的群体中，带有悲观、不满和浮躁情绪者的比例最高。充分社会支持的群体中，带有理性、平和、愉悦和乐观等情绪者的比例最高。而中度社会支持群体中，其各种情绪所占的比例都居于前两者之间（见表 27）。

表 27　社会支持程度不同的居民群体其社会情绪种类差异　（%）

	低度	中度	充分
悲观	17. 9	4. 3	1. 4
不满	23. 2	9. 1	3. 3
浮躁	17. 9	12. 8	10. 7

续表

	低度	中度	充分
理性	14.3	20.6	21.6
平和	12.5	35.5	37.0
愉悦	5.4	6.9	9.7
乐观	8.9	10.2	16.1

（二）居民社会价值观对其情绪有较大影响

北京居民社会价值观在本次调查中呈现出以“家本位”为核心的“重社会，轻个人”的结构特点。其中社会价值观的五个维度得分分别为：家庭本位取向8.8分、传统道德取向8.1分、国家本位取向8.1分、现代价值取向7.8分、个体成就取向6.7分。居民在家庭本位取向维度上，重视健康、家庭幸福、孝顺与平安而对子女成器分歧大；在传统道德取向维度上，强调诚信、良心、廉洁与和谐，缺乏仁爱与奉献精神；在国家本位取向维度上，追求爱国、团结与忠诚，而民主意识不强；在现代价值取向维度上，崇尚平等、公正、心胸开阔与自由，缺乏科学与创新精神；在个体成就取向维度上，崇尚自我意识，追求财富与杰出成就而弱化对名望的追求。

关于社会价值观对社会情绪的影响，学术界普遍认为价值观以认知为中介而间接影响社会情绪。本次数据显示，居民对社会价值观重视程度不一影响着其情绪的好坏。

1. 课题组将居民社会价值观总体得分从高到低地进行顺序排序，得分前27%的为高分组，得分后27%的为低分组。数据显示，正性及中性情绪在社会价值观高、中、低分三组中的分布比例都随着社会价值观得分的减少而降低，而负性情绪的表现却刚好相反（见表28）。

表28 社会情绪在社会价值观高、中、低分三组中分布情况 （%）

	低分组	中分组	高分组
负性社会情绪	31.9	20.6	18.3
中性社会情绪	49.1	59.5	59.9
正性社会情绪	19.0	19.8	21.8

2. 社会价值观低分组中，带有悲观、不满、浮躁负性情绪者的比例最大，而理性、平和、愉悦、乐观等情绪者的比例最小；社会价值观中分组中，带有平和情绪者的比例最大，而不满情绪者比例最小，其余几种情绪的比例都居于低分与高分组之间；社会价值观高分组中，带有理性、愉悦、乐观等几种情绪者比例最大，而悲观与浮躁情绪者比例最小（见表29）。

表29 各类社会情绪在社会价值观高、中、低分三组中分布情况 （%）

	低分组	中分组	高分组
悲观	8.1	3.3	1.7
不满	9.9	6.1	7.2
浮躁	13.4	11.2	9.4
理性	18.7	19.8	21.8
平和	32.8	40.5	33.1
愉悦	6.0	7.9	8.5
乐观	9.5	11.1	18.1

（三）社会事件对社会情绪有较大影响

社会事件的发生、走向与结果既从不同方面影响着每一个居民的情绪，又在群体中通过外显或内隐、共鸣或碰撞的方式对整个社会情绪发挥着或增色或褪色，或积极或消极，或促进或抑制的作用。本次社会事件量表调查数据显示，社会事件对社会情绪的影响主要体现在以下几个方面：

1. 对社会情绪性质的影响。正性事件可能带来正性与中性社会情绪，中性事件可能引发中性及负性社会情绪，而负性事件可能引发负性与中性社会情绪。

本次社会事件测量表包括67个事件，分为19个正性事件、10个中性事件和38个负性事件。结果发现：

正性事件引起正性与中性两种社会情绪，前者包含11个正性事件、后者包括8个正性事件。中性事件引起中性及负性两种社会情绪，数目各包含5个中性事件，且引起中性社会情绪的中性事件均为关于改革和发展的社会热点事件。负性事件引起中性及负性社会情绪，数目分别包含28个与10个负性事件。

2. 对社会情绪持久度的影响。总体上，事件对社会情绪影响时间约为2.6—7.8个月。家庭生活事件、学习工作事件与社会事件影响社会情绪的时间分别为5.3个月、4.3个月和4.2个月。其中家庭生活事件中，核心家庭的结构变化或关系变化影响社会情绪的时间最长。例如，离婚对居民情绪的影响平均为7.8个月，是本次调查涉及事件中对居民情绪影响最持久的事件刺激。学习工作事件对情绪影响时间的离散度最小，居民学习工作事件在2013年中几乎都集中于工作学习中的经济问题、人际关系问题、学业成绩或工作业绩问题，学习和工作的压力问题，使得学习工作事件影响社会情绪的时间也较为集中。社会事件中，突发社会事件影响社会情绪的时间较短，政策性事件以及发展性事件影响社会情绪的时间较长。突发社会事件，如"京温事件"对社会情绪的影响不到3个月。政策性事件，如中央八项规定出台、中国梦、光盘行动、二手房出售征收个税、延迟退休等影响社会情绪的平均时间为4.9个月。随着社会发展和改革进程凸显问题的发展性事件，如PM2.5引起的环境和健康事件、老年化社会引起的养老院入住难事件、中国式过马路背后的道德自律与遵守秩序问题等影响时间平均为5.1个月。

3. 对社会情绪产生范围的影响。在社会事件、学习工作事件与家庭生活事件中，社会事件所引起社会情绪的范围最大。数据显示，三者引起居民情绪反应的范围分别为89.5%、80.6%和75.2%。

其中影响最广的10个事件依次为：学习工作压力大（55.8%）、涨工资（43.6%）、延迟退休（38.8%）、李天一案（35.5%）、中央改进工作作风八项规定出台（31.1%）、北京摔婴案（28.9%）、二手房征税（24.8%）、神舟十号上天（24.6%）、工作成绩获肯定（24.3%）、家庭经济困难（23.5%）。

4. 社会事件为社会情绪所带来的社会刺激量。从事件刺激量的平均值来看，对居民情绪影响最大的是家庭生活事件（2.25），其次是社会热点事件（2.11）。学习工作事件对社会情绪的刺激量最小（1.12）。

从不同性质事件所带来的刺激量来看，社会热点事件、学习工作事件及家庭生活事件中负性事件的刺激量也都大于正性事件的刺激量，在67个事件中，负性事件对社会情绪的平均刺激量为2.19，正性事件为2.04，中性事件为1.41。由此说明，负性事件对社会情绪的影响大于正性事件和中性事件。

四、正性社会情绪的培育措施

从上文影响社会情绪的心理及客观因素分析来看，正性社会情绪的培育离不开客观硬件的建设，同时也离不开心理软件的更新。具体而言，应包括以下几点：

1. 硬件建设。心理学认为，情绪的产生是主体内在的需求是否得到满足而外在的表现，需求得到满足则产生正性的情绪、需求得不到满足则产生负性的情绪。故社会情绪的硬件建设，应以围绕满足居民物质与精神需求下功夫。而居民需求的满足离不开政府与居民个人两个主体的共同努力。

相对于政府而言，应做到：

一是扩大居民就业途径。该方面主要是指政府应实施积极的就业措施，进一步扩大就业，保障失业、无业和下岗职工的再就业，保障大学生的初就业，因为本次调查显示，有无稳定收入直接关系到居民社会心态的好坏。二是保障居民公平“赚钱”的机会。坚持市场对资源配置的决定性作用，限制与减少行政对资源配置作用，调动居民自我增收的积极性。三是做好公共服务工作、保障居民基本生活水平。大力贯彻“限高、保中、提低”的收入分配政策，在做到保障居民赚钱的公平机会的同时，提升低收入群体的劳动力收入比例，保障社会弱势群体的最低生活水平。四是保护好环境。环境既关乎居民的身体健康，也关乎居民的心理健康，还关乎社会心态的积极程度。心理学认为好的环境会激发居民好的情绪、促进居民亲社会行为，也是检测一个社会文明程度的标志之一。所以说，保护环境事关重大，且应势在必行。

相对居民个体而言，归根到底就是提升自我能力，获得一份合适的工作。《弟子规》曰：“居有常、业无变”。意思是说“有稳定的工作，有固定的住所”。同样本次调查也反映出一份稳定的、体面的工作对居民社会情绪非常重要。要获得一份好工作，除了政府实施积极的就业政策之外，还需要居民提升自我就业能力，包括再就业能力。在经济日益市场化、竞争日益激烈化的今天，特别需要居民针对当前的社会需要，开阔眼界、加强学习、注重自我素质的提升，不仅需要提高自己的专业素质，而且还需要加强自我的心理素质。更需要居民摒弃过去就业靠政府、靠分配的惰性思维，树立就业市场化、能力市场化、人才市场化、收入市场化的观点，做到兴趣与工作的融合、在校学习与终身学习的结合。也只有这样，才能做到真正的、稳妥的“有业”。

2. 软件更新。心理学人本主义流派认为，外在事情并不影响我们的情绪，而是自我对事情的认知出现了机能性的障碍，才导致主体烦恼。认知行为主义进一步认为，我们每一个人都有“自动思维”的社会适应过程，通过对社会事件、现象认知的不断经验积累，导致我们对某一类事件、现象形成一个惯性的简化思维，这一思维对主体更好地适应社会生活有着积极的意义，但另一方面也阻碍了主体认识跟不上社会事件与社会现象的变化，还以陈旧的自动化思维去适应变化着的社会生活将会导致社会主体产生种种认知歪曲，从而导致负性情绪的产生。

要想获得正确的社会认知，改变非现实的认知歪曲，同样离不开政府与居民个体两者的努力。

相对政府而言，应做到：

一是普及社会心理知识，及时疏导居民社会情绪。当前我市居民心理知识缺乏，但对心理学知识的求知欲望强。2012 年本所的《北京市居民心理健康调查》数据显示，近半数北京居民认为社会上人们存在的心理问题严重，八成多居民认为心理健康工作重要。对于心理辅导，7.8% 的居民明确表示有需求，37.1% 的居民表示目前没有需求将来可能会有。

心理知识的匮乏，直接影响到了居民社会情绪的自我调节。对于居民的上述需求，目前已经得到相关部门的重视。如北京社会心理研究所在北京市委社会工委、社会办的直接领导与支持下，组建了北京市社会心理工作者联合会，联合全市从事社会心理工作研究与实务工作的人才优势，深入社区开展“心桥”类社会心理知识普及活动，向居民普及情绪调节手段，为社会情绪的疏导提供了一个行之有效的途径。

二是大力弘扬社会主义核心价值观，内化为居民行动。社会价值观为社会情绪的基础，关系到社会情绪的方向、强度。在弘扬社会主义核心价值观的工作中，课题组认为应该抓好进行核心价值观传递、传承和教化的载体建设工作。这里主要是强调家庭、学校、单位和政府四个载体的建设，本质上也就是做到家风、学风、单位文化、政风顺应核心价值观的要求，在与时俱进的当今即要做到有所变，同时还要做到有所守。离开了这些载体的建设，核心价值观的弘扬和传递就会变成无源之水、无本之木，也就会成为泛泛而谈的一种理论。

相对居民个体而言，应做到：

一是要重视价值观，并应内化在自己的行动之中。个人对社会价值观的重视程度决定了其发展的高度，正如“大胜靠德、小胜靠智”说的一样，重视社会价值观、传统道德并且以此自律的人会给自己营造一个好的社会资本，这种社会资本会有助于其进一步发展，反之则会阻碍其发展。当前社会正处于由熟人社会进入陌生人社会的阶段，人的道德自律性不强、他律性又不够，导致社会出现一些形形色色的有违道德、价值观的行为。但又因为通信与网络的迅速发展与社会信用体系的逐步完善，当前社会又呈现出联系更紧密的特点，无形中又加大了人与人之间多重博弈的机会，使得看似陌生的社会又有了类似熟人社会的相互制约机制，并且随着这些机制越来越完善。一方面将会极大地减少不诚信、不公平交易的机会；另一方面也将会加大对不诚信、不公平交易的惩戒，重视、传承并践行社会价值观、社会道德的人不仅不再吃亏，而且越来越受到社会的重视与推崇。

二是自觉地利用心理学知识，采取积极的情绪调节手段。数据显示居民社会情绪的自我调节总体还属正常，但还有相当一部分居民采取较为消极的调节手段，这些手段不但不利于他们的情绪调节，反而会给他们情绪造成进一步的负面影响。这就需要居民一方面能向自己身边积极乐观的朋友、同事等人看齐，学习别人的情绪调节办法；另一方面能主动学习一些积极的心理调节知识，学会并实际应用移情、共情、理解、宽容等基本手段来提高与充实自我情绪调节能力。

北京市区县理论研究与调研

关于社区“居站”班子绩效考评体系的调查与思考

赵小平

绩效考评体系是由一组既独立又相互关联并能较完整地表达评价要求的考核指标组成的评价系统，是一个组织为了达到组织目标而共同参与的绩效计划制定、绩效实施管理、绩效考核评价、绩效结果应用、绩效目标提升的持续循环过程。社区居委会和服务站班子，是开展社区建设、服务居民群众、推动社区发展的重要力量。为进一步提升全区社区工作水平，2013年，我委办就社区“居站”班子考评体系建设及运行情况对全区17个街道进行了调查，全面深入了解了全区社区“居站”班子考评工作现状，发现了一些亟待加强的方面，在汇总分析基础上，建议在社区引入绩效管理理念，构建社区“居站”班子绩效考评体系，通过应用科学的指标、流程和方法，对社区开展工作、服务等的实际效果及推动社区发展的贡献和价值进行考核评价，以更好地激发社区的工作积极性，持续推进全区街道、社区科学发展。

一、建立社区“居站”班子绩效考评体系的重要意义

建立社区“居站”班子绩效考评体系，是全面、客观、准确、合理评价整个社区工作和服务状况的重要基础。社区各方广泛参与的绩效考评体系，能够调整社区相关各方的利益关系，并使之整合形成公共利益，从

而将社区各方力量汇集起来形成合力，推动社区不断向前发展。

就社区管理者即街道而言，通过绩效考评可以全面掌握街道所辖各社区的发展状况，找到社区建设整体或个体上存在的问题，有利于街道不断完善社区管理体制机制，有针对性地向社区提出发展建议和整改要求，从而推动地区和谐发展。

就社区自身而言，通过绩效考评可以发现社区管理整个过程中和社区建设、服务上存在的难点和问题、与其他社区之间存在的不足和差距，进而明确社区建设的关键点和方向，不断提升社区建设和服务水平。

就社区“居站”工作人员而言，实行绩效考评可以更加明确自身岗位职责，加强各项任务落实，促进相互学习交流，不断提高工作绩效。同时，通过激励奖惩，使社区工作者和社区共享荣誉、并担责任，能够促进两者共同进步、共同发展。

就社区居民而言，通过亲身参与社区“居站”班子绩效考评，对社区开展的工作和服务进行评判打分，强化居民参与社区治理意识，真正成为社区建设和管理的主体，也激发社区以居民需求为重点更好地开展工作和服务，使广大居民得到实惠。

二、全区开展社区“居站”班子工作考评的基本情况

据统计，目前全区 17 个街道中，有 8 个街道制定了对社区“居站”班子工作考评的明确制度；8 个街道每年组织实施考评工作但无单独的考评制度，其中 3 个街道在对社区工作者个人的考评制度中简要提到了对社区“居站”班子的考评，5 个街道没有文字性规定；还有 1 个街道尚未组织对社区“居站”班子工作的考评。从已经实施社区“居站”班子工作考评的街道来看，基本呈现以下特点：

一是成立了领导小组。大部分街道成立了以街道工委书记、办事处主任为组长，主管领导为副组长，组织部、社区办、监察科、财政科等相关科室为成员的考评领导小组，部分街道还将综治办、计生办等业务科室纳入领导小组成员。考评领导小组主要负责组织实施、综合协调、指导监督等工作，为考评工作顺利开展提供了组织保障。

二是规定了评分权重。大部分街道以街道办事处评议与居民群众评议相结合的方式对社区“居站”班子的工作进行考评，除参考街道处级领导、业务科室或考评委员会对社区评定的分数外，还邀请驻社区单位、居民代表对社区整体工作情况进行全面评判，充分听取社区居民和单位代表的意见和建议，并按照不同权重核定社区总体得分。

三是设立了考评等次。根据社区测评情况，大部分街道设立了不同的考评等次，有的街道设定了优秀、合格、基本合格和不合格社区四个档次；有的将社区设置了 A^+、A、B 三个不同等级；有的将社区划分为一等社区、二等社区和三等社区；还有的街道将考评等次划分为合格与不合格两类，再从考核合格的社区中，评选出特优社区和全优社区。

四是制定了奖励措施。大部分街道能够将考评情况与对社区的奖励挂钩，依据考评等次设立不同标准的考评奖金。在考评奖金使用方面，大部分街道规定考评奖励经费用于补充社区办公经费和活动经费，有的街道还规定可以用于社区工作者学习培训费用、特殊困难工作人员帮扶补贴费用等。

五是建立了反馈机制。在制定考评工作办法的街道中，大部分建立了考评结果反馈机制。对考评不合格社区，有的街道要求制定整改方案，交社区党员代表大会和社区居民代表大会审议，并在今后工作中加以落实；有的街道规定对连续两年考评不合格社区主要负责人诫勉谈话并通报批评。

三、全区开展社区“居站”班子工作考评存在的问题

从目前情况看，全区大部分街道开展的社区“居站”班子工作考评，对加强社区建设，完善社区日常管理机制，强化社区工作者工作责任，提升社区管理服务水平起到了积极推进作用，但相对于社区绩效管理要求，还存在一定差距和一些需要改进的方面。

（一）整体考评亟待加强

从各街道实际情况看，对社区工作者个人的考评因涉及年终考核奖发放，故起步较早且较为规范。2012年《北京市社区工作者考核评议办法》出台后，对考评的内容、标准、组织、程序、结果使用又作出了进一步的明确规定。相比之下，对社区居委会和服务站班子整体工作的绩效考评则相对薄弱，不仅市、区尚未出台统一的考评文件，各街道情况也不尽相同。17个街道中，只有8个制定了单独明确的社区“居站”班子工作考评制度，还有1个尚未组织过对社区“居站”班子工作的考评。这一情况与当下社区工作越发重要的形势明显不符。

（二）考评形式较为单一

绩效考评一般分为日常考评和年度考评，相比年度考评而言，日常考评的难度更大、操作也更为复杂，但其对于一个组织工作任务、计划和指标的细化、落实和督察的意义也更大。目前已经实施社区“居站”班子工作考评的16个街道中，只有5个街道涉及了日常考评，其中2个街道采取了季度考评的形式，1个街道采取了半年考评的形式，2个街道采取了日常检查（抽查）的形式，而其他街道均只有年度考评。缺少日常考评的劣势在于一年一度的考评很难发现社区工作中存在的一些问题，且一旦发现问题已经没有时间修正计划或加以弥补。

（三）量化标准有待细化

考评内容、考评指标和考评分值是绩效考评的核心组成部分，尤其是量化的考评指标，对于提高绩效考评的准确性、对绩效表现作出客观正确的评价有着重要意义。但在实际操作中，由于定量指标制定的难度大，所以往往以定性指标取代定量指标。目前8个制定了社区“居站”班子工作考评制度的街道中，4个街道有明确的考评内容、考评指标和考评分值，另外4个街道只有考评内容和考评分值而缺少细化的考评指标。制定了考评指标的街道，其指标也多数为定性指标，如“党政班子团结，沟通机制畅通”“委会成员分片包户工作得到有效落实”等。大量定性指标的存在容易产生考评打分时凭主观印象、感觉，甚至人际亲疏的现象。

（四）考评程序缺少规范

绩效考评是一个涵盖绩效计划制定、绩效实施管理、绩效考核评价、绩效结果应用、绩效目标提升五个环环相扣、有严格逻辑关系的环节的全过程，注重的是总结社区一年来的工作成果、不足，以及未来工作绩效的改善提高，从而推动整体工作水平提高。目前，各街道对社区“居站”班子的工作考评程序各有不同，但相对于绩效考评要求大多还不完善，往往只注重考评打分环节，忽视了绩效考评过程。甚至有个别街道只是通过领导、部门开会讨论评议得出社区“居站”班子的年度考评结果。考评程序的不完善直接影响了考评结果的客观有效及合理运用。

（五）居民评议流于形式

如何使社区居民对社区“居站”班子一年来的工作表现做出客观真实的评价，是困扰很多街道的一个难题。一方面，在入户随机抽取居民进行考评时，由于街道工作多、任务重，人手不足，造成了抽取量有所不足，不能完整体现社区整体民意。另一方面，参与评议的社区居民对考评工作的重要性认识不足，存在着主观随意性及某些心理倾向，使得考评结果容易出现偏差。比如：有些居民抱着从众心理，相互模仿打分；有些居民抱着“老好人”心态或为了方便，给社区所有被评议项目打满分；有个别居民因为近因或成见，对社区打高分或低分，导致了考评

结果不够客观。

（六）考评结果运用不足

考评结果的运用，影响着考评效果及今后工作的提升。当前全区社区“居站”班子工作考评在结果运用方面还存在一些不足，一是对考评工作的经费支持不够。目前大多数街道能够把考评结果与奖励先进相结合，但由于经费不足，奖励力度不大，考评档次间的差距也相对较小。二是对考评结果的反馈沟通仍有不足。部分街道在考评后没有与社区进行良好的反馈沟通，导致工作上存在的问题改进不够。三是社区考评与社区工作者晋升和培训挂钩很少，这在一定程度上挫伤了社区对待绩效管理及考核的积极性。四是对考评结果较差的社区惩戒不多、不严，导致个别社区对工作要求不高，对考评不够重视。

四、关于开展社区“居站”班子绩效考评工作的对策建议

把绩效管理理念导入社区服务管理，使社区建设和发展成为一个有筹划、注重目标实现的过程，以实际成绩来考核社区“居站”班子工作和衡量社区发展形势，从而促进社区服务管理的科学化和规范化。

（一）加强领导，实行“居站”班子与人员考评双注重

提升社区居委会和服务站的工作绩效，对于提升社区服务管理水平有着不可替代的作用。实施对社区工作者个人的考评，有助于社区工作者本人明确自身责任，提升工作效率；而实施对社区“居站”班子的考评，则更有助于整个社区明确建设的关键和方向，从而形成齐心协力谋发展的合力。在继续做好社区工作者个人考评的同时，区相关部门应加强对社区“居站”班子绩效考评体系的研究指导，在17个街道步调一致、标准统一地推行此项工作。各街道也应成立相应的考评领导小组，负责组织、指导、监督本街道社区“居站”班子的绩效考评工作。同时，考评领导小组应下设由社区党员代表、居民代表、驻社区单位代表、商务楼宇商户代表、街道职能科室等组成的考评委员会，具体负责绩效考评工作。

（二）创新形式，实行日常考评与年度考评双结合

在规范年度考评，健全考评机制的同时，应强化日常考评，把对社区“居站”班子绩效考评的重心放在平时。日常考评可分为三种形式：一是社区“居站”班子按月或季度总结年度工作任务完成情况，街道职能科室及时对进展情况和工作成效进行评估，确保工作按计划顺利推进；二是在社区随机抽取居民户，入户由居民填写对社区居委会、服务站工作的测评表，征求居民意见建议；三是区相关部门组成督导组，针对全区性重点工作安排，不定期在全区范围内抽取社区进行督导，检查工作进展情况，及时提出整改意见。当前，为了保证绩效考评的客观性和真实性，委托第三方机构进行调查的形式也越来越普遍。在推行社区“居站”班子绩效考评时，也可以尝试委托第三方机构，如调查公司或专业社工机构等，由其在社区居民中随机抽样调查，了解社区居委会、服务站工作的群众满意度。

（三）细化标准，实行指标要素与评分标准双量化

建立社区“居站”班子绩效考评体系，指标要素的设置是整个考评体系中最核心的构成，其设置是否科学合理直接关系整个考评工作的成功与否。目前社区居委会设置了关于社区服务和社会福利、社区治安综合治理和人民调解、社区医疗和计划生育、社区文化教育科普和体育、社区环境和物业管理、社区共建和协调发展六大委员会；社区服务站设置了社会福利、为老服务、社会保障、住房保障、计划生育、综合事务六个岗位，可以按照居委会的六大委员会和服务站各岗位的职责对应设置一级指标，同时根据工作内容细化二级指标。在设置指标时，有几个原则需要把握：一是指标不能设计得过于烦

琐，要在保证考评结果客观、全面的条件下，尽量简化；二是对该指标进行考评时的数据来源必须容易采集，其信息渠道必须可靠；三是尽量制定定量指标，指标确实难以量化的，可以制定定性指标，但要细化评价标准。同时，还要量化评分标准，核心指标的分值应适当高于一般指标。

（四）优化流程，实行全程管理与分步执行双规范

构建以“绩效计划制定、绩效实施管理、绩效考核评价、绩效结果应用、绩效目标提升”为主线的社区“居站”班子绩效考评体系，实施全程管理，并做好每一步骤的执行监督，形成严格规范、环环相扣、闭合循环的良好运转机制。绩效计划制定——年初，由考评领导小组成员单位分别制定年度绩效指标，在征求社区及居民意见后，编制印发绩效管理任务书。绩效实施管理——社区按照绩效任务书，制订工作方案，分解岗位责任，加强日常执行。绩效考核评价——领导小组成员单位制定考评标准，汇总形成绩效考评细则；考评委员会统一组织各种形式的绩效考评工作；督导组适时组织开展明察暗访，推动任务落实；年终，考评委员会将考评结果提交领导小组，并在街道范围内公示，接受群众监督。绩效结果应用——领导小组及时向社区反馈考评结果；街道根据考评结果对社区进行激励。绩效目标提升——社区根据考核结果，认真分析问题，制定整改方案，切实抓好落实；领导小组相关成员单位对整改情况及时进行督促检查。

（五）广泛发动，实行政府部门与居民群众双评议

采取“自上而下”与“自下而上”相结合的形式，增加居民群众代表、驻社区单位代表纳入考评委员会的比例，在街道科室对社区“居站”班子打分的同时，广泛发动居民群众参与绩效考评工作。在日常工作中，要充分发挥居民会议常务会的作用，通过定期听取社区工作汇报，使居民会议常务会成员深入了解社区工作。同时，社区要定期组织召开社区代表座谈会，经常性的入户走访，征求居民群众意见、建议。年底考核时，可通过召开社区代表会、在社区宣传栏张贴考评通知、发放《致居民的一封信》等形式，加强对考评工作及其重要性的宣传。在此基础上，以对社区工作依赖性较强的特困户、低保户、老人、残疾人等社区服务工作重点对象为主，随机抽取辖区普通居民代表、服务对象代表、驻社区单位代表及人大代表、政协委员等社区代表，对社区“居站”班子进行考评。对于不同的社区代表，要设计有不同内容侧重的考评问卷。填写问卷可以以召开民主测评会或走访的方式进行，确保做到居民评议切实有效，群众打分不走形式。

（六）明确奖惩，实行激励先进与鞭策后进双推动

注重考评结果的运用，按照巩固先进、推动一般、整顿后进的原则，进一步树立激励与约束统一的正确导向。在激励先进上，对于社区整体，一方面，街道要对典型经验做法大力宣传推广，考评为优秀的社区有资格被推荐为市级先进社区；另一方面，建议在街道设立绩效考评奖金，加大对优秀社区的奖励力度，并对合格社区拉开档次给予经费奖励。对于社区工作者个人，一方面，街道可对优秀社区的工作人员年度考核评优名额予以适当倾斜；另一方面，对工作实绩突出、群众公认度高的班子，在人才选调培训、提拔使用等方面优先考虑。在鞭策后进上，要进一步加大力度，对考评中有“一票否决”、排名明显下滑、分数明显偏低、考评结果不合格或连续考评倒数第一名等情形的社区，可以采取予以通报、年终不予以奖励、社区及其主要负责人取消各类评优资格、扣发社区主要负责人及相关社区工作者部分年终考核奖金等形式进行惩戒，同时，领导小组要责令其限期整改，必要时街道可对社区主要负责人进行诫勉谈话、通报批评甚至调整工作。

（此文作者为东城区委社会工委书记、区社会办主任）

西城区社会单位资源开放工作研究报告

艾　丽

为缓解西城区公共服务资源供需矛盾，建立健全优质化便民服务体系，西城区政府自2009年起，大力推动辖区单位资源对社会开放共享工作，引导驻区单位开放资源，服务民生，取得了一定成效。

一、西城区社会单位资源和居民需求概况

（一）西城区社会单位资源概况

目前，全区各级各类驻区单位的数量约30859个。按隶属关系分，中央单位2428个，占单位总数的8%；市属单位1475个，占单位总数的5%；区属单位1566个，占单位总数的5%；其他单位25390个，占单位总数的82%。按机构类型分，机关单位和事业单位1685个，占单位总数5%；企业27605个，占单位总数的90%；各类社会组织1569个，占单位总数的5%。

（二）西城区居民需求概况

为进一步了解社情民意，特别是群众最急需解决的需求和问题，区委社会工委、区社会办定期开展了社区基本公共服务调查和社情民意调查，根据调查结果显示，目前西城区居民需求排在前几位的分别是停车难、老旧小区及社区设施亟待改善、养老服务尚不能满足需求、就近就医问题还没有完全解决、买菜远、买菜贵、改善社区居民身心健康类服务略显不足等方面的问题。

根据对区社会单位资源和居民需求情况分析，部分居民需求可通过发掘社会单位开放资源推动解决，从而缓解政府公共服务不足问题。社会单位可开放资源包括停车类资源、餐饮类资源、人力资源、便民服务类资源、文化活动类资源、场地类资源、医药类资源、基础设施维修维护类资源等。

二、社会单位资源开放情况分析

截至2013年12月底，西城区相继已有353家社会单位参与到资源开放共享工作中（其中各街道资源开放共享单位情况见图1）。这些社会单位包括机关和事业单位、企业及社会组织，以无偿或低偿形式为社区居民提供活动场地、文体教育、便民服务、就餐、医疗、停车、综合等7大类资源。

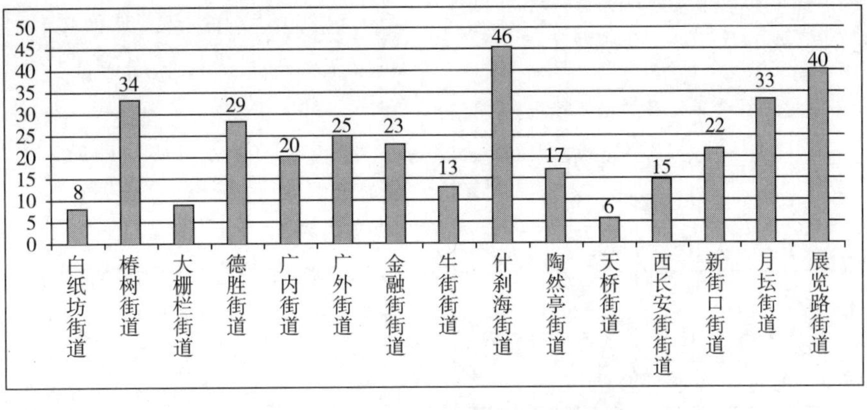

图1　各街道资源开放共享单位情况

（一）从单位级别看

开放中央驻区单位67家，占开放单位总数的19%，占西城区中央驻区单位总数的2.8%；开放市级驻区单位35家，占开放单位总数的10%，占西城区市级驻区单位总数的2.4%；开放区级单位89家，占开放单位总数的25%，占西城区区级单位总数的5.7%；开放其他单位162家，占开放单位总数的46%，占西城区中央驻区单位总数的0.6%（见表1）。

表1 不同级别社会单位资源开放共享情况

单位级别	单位总数	已开放单位总数	占已开放单位份额	开放率
中央驻区单位	2428	67	19%	2.8%
市级驻区单位	1475	35	10%	2.4%
区级单位	1566	89	25%	5.7%
其他单位	25390	162	46%	0.6%
合计	30859	353	100%	—

由上表可知，中央驻区单位、区级单位和其他单位是目前西城区开放资源的主要单位；从总体上看，资源开放共享广度不宽、程度不深、开放率较低，仍有较大挖掘潜力。

（二）从单位性质看

开放机关和事业单位105家，占开放单位总数的29.7%，占驻区机关和事业单位总数的6.2%；开放企业236家，占开放单位总数的66.9%，占西城区企业总数的0.85%；开放社会组织12家，占开放单位总数的3.4%，占西城区社会组织总数的0.76%（见表2）。

表2 不同性质社会单位开放资源情况

单位级别	单位总数	已开放单位总数	占已开放单位份额	开放率
机关和事业单位	1685	105	29.7%	6.2%
企业	27605	236	66.9%	0.85%
社会组织	1569	12	3.4%	0.76%
合计	30859	353	100%	—

由上表可知，机关和事业单位、企业是目前资源开放的主要单位；在机关和事业单位中，部队、学校、医院、博物馆或科技馆、机关的老干部处、街道或社区机构是资源开放的主要单位；社会组织参加资源开放共享的力度最小，在全区1569家单位中，目前仅有12家社会组织参与了资源开放共享。西城区社会组织众多，规模大、级别高的社会组织集中，应更多加以挖掘利用。

（三）从资源开放类型上看

各类资源在西城区的开放共享程度不一，其中活动场地、文体教育资源开放最多，其他依次是便民服务、就餐、医疗、停车、综合资源。

1. 活动场地资源。活动场地资源是西城区社会单位资源开放共享最主要的资源类型。目前，共有163家开放了可供居民健身、娱乐或开会的场所，占拥有这类资源社会单位总数的2.7%。开放这一类资源的以学校、部队、公园和企业为主，其中中央驻区单位38家，市级单位23家，区级单位54家，其他单位48家。开放对象主要为周边居民，每年活动人次从80—7000人次不等。

2. 文体教育资源。西城区共有103家单位向居民开放科普教育、场馆参观等文体活动类资源，占拥有这类资源社会单位总数的29%。开放这一类资源的单位以学校、各类博物馆和纪念馆居多，主要是开展免费讲座、科普宣传教育、艺术鉴赏、知识普及等活动。具体包括中央驻区单位11家，市级单位9家，区级单位41家，其他单位42家。开放对象主要为周边社区居民，少数资源专门针对青少年开放。

3. 便民服务资源。西城区开放便民服务资源的单位有32家，占拥有这类资源的社会单位总数5.2%。这些单位以部队（例如总参和总政后勤处）和个体工商户为主，提供理发、洗澡、保洁、买菜、宠物喂养、照相及用车等服务，其中部队9家，个体工商户16家。开放对象主要为周边社区居民，少数资源专门针对老年人开放。

4. 就餐资源。西城区开放就餐资源的单位共有28家，占拥有这类资源社会单位总数6.5%。开放这一类资源的单位以中央驻区单位后勤食堂和私营餐馆为主，具体包括中央驻区单位15家，区级单位2家，市级单位1家，其他单位10家。周边居民可以到餐厅就餐。部分条件允许的餐厅也可以为老年人、残疾人等特殊群体送餐上门（由社区提前预约下单，送餐上门或送至社区服务站中转）。

5. 医疗资源。西城区共有11家医疗单位向居民提供义务诊断及健康咨询等医疗资源，主要是各级医院和药店，占拥有这类资源社会单位总数1.6%。其中，包括中央驻区单位3家，市级单位3家，区级单位4家，其他单位1家。覆盖人群300—1000人不等。

6. 停车资源。西城区共有10家单位无偿或低偿向周边社区居民开放停车资源，其中包括中央驻区单位3家，市级单位5家，区级单位2家。这些单位可以提供10—300个车位不等，少数单位可以全天候开放，其余单位为夜间和周末开放错时停车，并配以专人管理。

7. 综合资源。西城区共有6家单位开放综合资源。这些单位开放不止一种资源，而且各类资源的开放情况比较均衡。例如北京公交集团保修分公司三厂低偿开放单位食堂就餐资源、低偿提供社区办公用房、免费提供文体活动场地。

三、资源开放共享中存在的问题

资源开放共享工作开展以来，有效推动了一批社会资源相继开放，满足了部分群众的民生需求，缓解了一些社会资源供给紧张的问题，取得较好的社会效应，但总体开放程度不高，推进过程中还存在很多问题。

（一）资源开放共享供需矛盾依然突出

近年来，随着“全响应”社会服务管理创新工作的推进，越来越多的社会单位参与到资源开放共享中来，主动服务周边居民。资源开放共享单位呈现逐年递增趋势，但群众对优质公共服务资源的需求和开放资源之间的矛盾依然突出。这种矛盾既表现在总量上也表现在结构上。从总量上看，资源共享开放率较低，353家开放单位相对全区30859家单位的总数而言只占1.2%，且开放资源惠及范围仅限于周边社区居民，远远不能满足需求。从结构上看，资源开放单位集中在文体、场地类资源，居民急需的停车、便民服务等资源的开放程度不高，资源开放供给与需求之间存在一定错位和结构性矛盾。

（二）供需双方对合理高效利用资源的认知度不高

一是公众对资源开放认知度不高。在调研走访过程中，我们发现由于缺乏资源开放共享的舆论导向和社会氛围，公众对资源开放共享理解也不准确、不深入，缺乏依靠资源共享解决民需问题的意识。二是社会单位对资源开放认知度不高。不清楚哪些资源属于资源开放共享范畴，经常把单位本身的工作职责等同于资源开放共享，尽管自己有着丰富资源，但并没有开放意识。于是，把资源开放共享简单理解为提供会议室、提供活动场地等一般性资源，资源开放层次比较低。

（三）资源开放工作机制不健全

一是政策性依据缺乏操作性。虽然民政部早在2000年出台了《民政部关于在全国推进城市社区建设的意见》（中办发〔2000〕23号），北京市在《关于学校体育设施向社会开放的指导意见》（2007）、《北京市社区管理办法（试行）》（2009）中也提出了建立健全资源共享机制，但缺乏实施细则和可操作性文件，使社会资源开放共享工作的可操作性不高。二是职责设置不明确。社会资源开放共享是社会动员的一部分。目前，市、区、街都没有专门部门来负责推进此项工作，相关委办局和街道也没有专门负责此项工作的科室，没有搭建起社会单位与社区居民需求对接平台，舆论引导宣传力度也不足，导致资源开放共享工作缺乏持续性。三是缺乏系统推进。资源开放共享是一项需要政策、资金、宣传等全方位扶持、多部门整体推进的工作。目前，全区资源开放共享工作虽然已经取得了一些进展，但由于缺乏整体工作统筹、政府各单位认识不统一，导致部分资源开放共享工作存在形式化、碎片化，社会资源服务民生的质量和可持续性都难以令群众满意。四是社会资源长期开放缺乏风险管理机制和有效激励机制。一方面，资源开放会给管理带来压力。例如，学校担心开放操场影响学生安全，分散学生注意力，影响学习；也担心周边居民在操场上发生跌伤等意外伤害后难以划分责任。另一方面，开放资源会增加单位运营成本。例如，某餐饮企业表示，以前曾给老年人提供送餐上门服务，但由于送餐需要专门增派人手，而餐馆在营业高峰期时本来人手就不足，再另外雇人增加了企业运营成本，于是停止了给老年人送餐的服务。再如，某些场地资源开放单位反映，由于资源开放增加了场地维护保养、设施维护保养及人力费用，因此不愿意开放。社会责任感是推动社会资源开放共享工作长期性和可持续性的原动力。目前，我们通过社会建设专项资金奖励主动开放资源单位的做法取得了一定成效，但毕竟不是长久之计，还需要通过更多途径激发驻区单位社会责任感和参与热情。

四、资源开放共享对策意见

（一）加强资源开放共享的政策引导和支持

一方面，尽快建立健全区、街、社区三级资源开放共享工作体系，明晰各个层面在资源共享工作中的职责定位。区级层面整体统筹协调区域内资源开放共享工作，研究整体推进的政策和方法。各部门要研究专业领域资源开发利用问题。街道层面成立专门推进机构，挖掘资源做好服务，充分发挥街道统筹辖区发展的基础性作用。社区层面发挥纽带桥梁作用，加强对居民的宣传教育。另一方面，健全资源开放共享的各项工作机制。民需对接机制上，及时有效地把握全区社情民意，了解老百姓最迫切、最直接的需求，把各类资源与居民需求有效对接，减少资源共享供需结构上的错位；服务动员机制上，各单位都要树立资源共享和共建双赢意识，在做好本职工作的基础上，积极开放资源、服务民生；激励机制上，要积极创新、激发驻区单位社会责任感和参与热情；交流促进机制上，促进社区、单位、居民之间的沟通交流，同时促进成员单位间互相学习先进做法与管理经验。

（二）加大资源开放共享的宣传力度

一是加强对资源开放共享理念的宣传。通过制作播放公益短片和宣传材料，对资源开放共享的内容、方式、政府支持政策等内容进行广泛宣传，凝聚驻区单位广泛认同，扩大资源开放社会影响力和参与度。让更多领域的单位了解资源开放共享，认识到资源开放共享的重要意义。营造人人参与的社会氛围。二是加强对资源共享先进单位的宣传。相关职能部门和各街道也要积极挖掘资源开放共享单位的典型，并加以引导、扶持。注重对这些单位优秀经验成果的宣传报道，通过报纸、网站、微博等形式宣传主动开放资源、积极参与社会建设的社会单位先进事迹，树立驻区单位社会形象。

（三）探索资源开放共享的创新模式

一方面，政府部门要转变原有固化的指令性工作方法，生硬地执行；而要通过服务为先、合作共赢的方式，逐步宣传和渗透资源开放共享理念，推动和激发这些驻区单位的社会责任感，动员他们主动参与到资源共享中来。另一方面，在实践上要积极探索资源共享新模式。资源开放势必会增加管理成本，如果不能科学有效管理，肯定会影响参与的积极性。因此要探索一个既能共享资源又不损失驻区单位利益的方法。可以借鉴资源共享较成熟地区凭单制、非营利组织无偿或低偿供给等多种方式。全区也有一些单位在这方面做了积极探索，如北京市第七中学设立专门体育俱乐部，运作文体活动资源共享，以低偿或无偿形式向社会提供服务。这样既减小了资源共享给开放单位管理上带来的负担，也更方便周边居民使用。

（此文作者为西城区委社会工委书记、区社会办主任）

大力培育社区社会组织 推进社区治理体系和治理能力现代化

苑文新

朝阳区是北京面积最大、人口最多的城区，共有城乡社区404个。近年来，朝阳区把社区社会组织作为整合社区资源、加强社区建设、完善社区自治、服务社区居民的重要载体和力量，通过打造三级服务平台、建立三项培育机制、培育三大参与载体，积极探索培育发展社区社会组织有效途径，形成了独具特色的“2323”社区社会组织服务管理体系，为社区治理体系和治理能力现代化建设奠定了坚实基础。

一、基本背景

社区社会组织产生于社区、服务于社区，既是社区居民的贴心帮手，又是基层政府的得力助手。培育发展社区社会组织，是推进社区治理体系和治理能力现代化的重要载体。

（一）社会转型迫切需要社区社会组织参与治理

朝阳区区域内常住人口354.5万人，其中外省市来京人员151.5万人，占42.7%；农业户籍人口14.3万人；外籍人口5.2万人，约占北京市的一半，占全国总量的近1/10；残疾人17.62万人，约占全市的1/5。在社会转型期，人们的生活空间已经由单位走向社区，生活方式、行为方式和社会需求也趋向多元化，民主意识也日益增强，人们越来越依赖于其所居住的社区，社区承受压力不断增加，迫切需要社区社会组织根据社区治理问题和居民服务需求，采取共同协商、共同参与、共同解决问题的方式参与社区治理。

（二）社区的各种矛盾需要社区社会组织参与化解

随着朝阳区农村城市化、城市现代化和区域国际化推进速度不断加快，社区人口结构发生了巨大变动，给社区带来重大挑战：人口老龄化趋势明显；体制外人员和流动人口不断增多，社区结构越来越复杂；下岗、失业人员数量不断增加，形成了新的社会弱势群体；城市贫困人群出现，尤其是城市化过程失去土地的农民，已经成为社会分化和社会矛盾的重要方面。这些都亟须社区社会组织发挥其反映诉求、规范行为和提供服务方面的作用，通过有效服务，把影响社会稳定的新矛盾和新问题及时有效地消灭在萌芽状态。

（三）陌生人社区需要社区社会组织的连接和整合

朝阳区作为首都功能拓展区，是国际化程度和开放程度最高的城区之一。与传统农业社会的“熟人社会”相比，现代的朝阳社会是一个由制度控制的、分工合作的“陌生人社会”，基于“熟人社会”的人际关系基础已经动摇，传统的社会连接纽带日趋式微，习俗、习惯以及道德控制社会的能力急剧下降。在“陌生人社会”格局下，如何建立制度信任，构建新型人际关系，如何寻找一种新型社会连接方式，对基层社会进行整合，把陌生人的世界真正和谐地连接起来是目前急需解决的现实问题之一。

二、主要做法

按照“加快形成党委领导、政府负责、社会协同、公众参与、法治保障的社会管理体制，加快形成政社分开、权责明确、依法自治的现代社会组织体制”要求，从推进社区社会组织管理体制和培育机制的改革创新入手，立足组织联系和工作联系两个延伸，社会组织服务区域、领域和群域的三个覆盖，建立和完善区、街乡两级“枢纽型”社会组织工作机制，搭建区、街乡和社区三级社会组织服务平台，建立起规范高效的“2323”社区社会组织管理体制和培育机制，初步形成了发展有序、覆盖广泛、结构合理、作用明显的社区社会组织结构体系。

（一）搭建三级平台，大力培育社区社会组织

一是打造区级平台。建立区级社会组织综合服务中心，内设公益项目研发和管理中心、社会资源整合中心，为包括社区社会组织在内的社会组织提供组织培育、人才培养、标准研发、项目管理、资源整合和信息交流的“六位一体”服务，引导和促进社会组织规范运作、健康发展。

二是建立街乡服务平台。在街道试点推进社会组织综合服务基地建设，按照“培育一批、引进一批、发展一批”的工作思路，培育、引进和发展区域性社会组织。为尽快提高街道级社会组织运行能力和水平，组织街道与社工事务所对接，基本实现一个街道对接一个社工事务所，同时，以项目化运作为切入点，推动社工、社区和社会组织协作联动。2012 年以来，12 家社工机构参与 24 个街道 35 个社会服务项目，有效地促进了社区社会组织参与社区治理，也带动了街道社区社会组织的发展。

三是培育社区公益空间。按照一个街道培育一个社区公益空间的原则，推动社区公益空间试点工作。社区公益空间负责社区内公益组织的培育发展和公益服务的策划工作，主要目的是通过公益活动提高社区的组织化程度，同时，充分发挥它在提高社区公益组织开展公益服务的效率、增强社区公益组织参与社区建设、活跃社区文化、促进社区和谐方面发挥积极作用。

（二）建立三项机制，激发社区社会组织活力

一是建立政府购买服务机制。制定朝阳区《政府购买服务项目管理办法》《社会建设专项资金使用办法》《项目评估细则》《项目指导手册》等文件，建立了《政府向社会组织转移公共服务目录》《政府购买公共服务项目目录》《承接政府公共服务事项转移的社会组织目录》，将社区社会组织纳入政府购买服务范畴，形成社区社会组织参与社区建设长效保障机制。

二是建立项目化运作机制。以需求为导向，采取项目化运作方式，以区社会建设专项资金为“种子”资金，深入推进政府购买社会公益服务，支持社会组织发展，激发社会组织活力。结合“为民解忧”工作，梳理出 52 类居民需求，依托公益项目创新实验室征集解决方案，研发公益服务项目，发包给包括社区社会组织在内的社会组织承接。

三是建立党政社群共商共治机制。共商共治的过程就是引导社区社会组织参与社区治理的过程。2012 年年初，朝阳区印发了《关于开展党政群共商共治工程的方案》《街道系统党政群共商共治工程操作手册》，把建立共商共治机制作为提高辖区社会动员能力的重要抓手，大力整合社会资源，形成了全社会共同参与社会治理的工作局面。

（三）培育三大载体，引导社区社会组织参与

一是社区自治参与载体。以社区分类治理为切入点，通过推动老旧小区准物业管理，培育居民公共意识，提高居民参与能力，共同解决社区面临的热点难点问题和公共事务，

实现老旧小区的“自管自转”。在商品房小区，加大对业主大会、业主委员会的政策引导和支持力度，发挥其自我管理和自我服务职能，建立社区党组织、社区居委会、业主委员会、物业公司和社区社会单位议事协商机制，开展好对小区的管理工作。在保障房社区，采取“系统性设计、政策性引导、组团式服务、专业化支持”的方式，通过专业社会工作服务机构和社区、社区社会组织的协作，以“三社联动”提升保障房小区服务水平。

二是民生服务参与载体。依托区社会组织综合服务中心，采取项目化、社会化运作的办法，围绕社区居民日常生活需要，着力构建以公益服务、便民利民服务、社会事务、文化体育、慈善救济、居民维权等六个大类为核心内容的社区社会组织服务体系，引导社区社会组织参与民生服务。

三是社区建设参与载体。通过实施以社区环境、安全促进、文化繁荣和社区关系为主要内容的“社区营造计划”，以及针对老旧小区、商品房小区、保障房小区、国际化及高端小区、功能型小区、村庄型及农村回迁房小区的“小区家园计划”，大力培养以社区建设为主要内容的管理型和服务型社区社会组织，协助社区和小区更好地做好居民管理、服务和自治工作，提升社区建设科学化、服务专业化和自治规范化水平。

三、实践效果

近年来，在各部门、各街乡的大力支持和帮助下，初步形成了“一中心、多基地、N空间”的社区社会组织发展格局，全区共培育各类社区社会组织2600余家，基本涵盖了慈善公益、文体活动、生活服务、社区事务等方面，为社区自治和基层民主政治建设、有效解决公共服务制度统一性和社会需求多样性的矛盾，发挥了越来越重要的作用，有效提升了社区治理的现代化水平。

（一）促进了社区自治和基层民主政治

通过培育老旧小区自管会，在178个无物业管理小区实现准物业管理。在党政社群共商共治中，全区共有35个社会建设协调委员会、1200多家成员单位、226个居民事务协调委员会、11个行业自律协会和5万多名居民积极参与其中，提出出行、停车、养老、扰民、环境、管理等6大类12个方面的意见建议18984条，跟进解决有实施基础、需求迫切的实事1500余件。其中，43个社会组织（含社区社会组织）承接了56个社会服务项目。实践证明，社区社会组织为增强社区自治功能、实现政府行政管理与群众自治的有效衔接和互动提供了平台，成为居民参与社区管理和公共服务、实践社区良性治理的重要载体。通过社区社会组织，让居民对社区提供的社会公共产品服务进行评议，增强了居民群众对社区工作的信任，同时也调动了居民群众参与社区建设、社区活动的积极性。

（二）丰富了社区公共服务产品

近三年来，累计投入4000多万元（区级社会建设专项资金2122.2万元，争取市级专项资金1284万元，街乡配比资金600万元）资金，购买了423个社会组织服务项目（含社区社会组织），整合各类社会资源超过6000万元，服务人群超过100万人次，购买的社会组织服务涉及助老、残疾人、青少年、志愿服务、法律、医疗、便民、特殊人群关爱等诸多领域，实现了“区域、领域和群域”的广覆盖。尤其是保障房地区专业社会工作集群服务、农转居社区融合、“三失”老人（失能、失智、失独）关爱、困境青少年陪伴成长项目获得良好社会反响。社区社会组织在公共服务方面的发展，使政府从依托居委会跳“单人舞”转向政府搭台、各种社会组织“共舞”的过程。社区社会组织的发展不但推进了国家与社会关系的变革，而且使政府在社区管理中的职能角色获得了重新定位，从“怎样把居民管得住”向“怎样使居民过得好”的方向转变。

（三）推动了社会公益事业发展

以9家区级“枢纽型”社会组织和拟认定的192家街道“枢纽型”社会组织为依托，动员和组织5000余家其他社会组织参与社会建设；采取社区、社会组织、社工“三社联动”和社工带义工“两工互动”方式，组织动员2000多家企业参与社区服务，特别是与特殊人群建立结对帮扶；同时，发挥线上和线下两种动员手段，引导社会力量参与应急服务，雅安地震发生后不到3天时间，动员社会力量筹集救灾物资4.5万多件。社区社会组织广泛动员社区资源，为最困难的社会弱势群体捐款、捐物，解燃眉之急，帮助残障人士购物和日常服务，成为社区帮助社会弱势群体不可缺少的补充。同时，社区社会组织通过倡导社会公益事业，在社区产生了积极的“示范效应”，促进了居民间自助，对在全社会倡导互助、志愿、奉献精神，形成良好社会风气，起着重要推动作用。

四、思考体会

经过近几年探索实践，我们深刻体会到，大力培育、扶持和发展社区社会组织，坚持党的领导是前提，树立治理理念是基础，解决民生问题是根本，创新体制机制是重点，提高公信力是关键。

（一）坚持党的领导是前提

社区社会组织不应是无序状态的，更不应与政府是对立的。要“以党建带社建，以社建促党建”的思路，加强党对社区社会组织的领导，把握社区社会组织发展的方向。在社会转型的新形势下，社区社会组织的培育发展和监督管理面临一系列挑战：在坚持独立性的同时，如何保证合法性？在坚持社会性的同时，如何保证公益性？在坚持创新性的同时，如何保证先进性？在坚持开放性的同时，如何保证融合性？在坚持组织性的同时，如何保证导向性？因此，在构建“2323”社会组织服务管理体系的同时，就采用单独组建、联合组建、挂靠组建等方式，在社会组织中开展发展党员和建立党组织的工作，扩大党在社会组织中的组织覆盖和工作覆盖，使社会组织能够聚合在党的周围，成为党的有生力量。

（二）树立治理理念是基础

社区治理关键是在社区建设中，政府与社区社会组织、社会单位以及社区居民形成良性合作关系，以实现社区公共利益最大化。朝阳区以社区治理理念为指导，通过“2323”社区社会组织服务管理体系构建，整合了社区社会组织的服务和管理资源，创新了社区社会组织服务管理机制，依托三级平台完善了社区社会组织支持网络，以系统、整合的途径将社区社会组织与党政群共商共治进行了高度融合，满足了社区居民的多样化和多层次需求，增强了社区成员的幸福感、归属感、认同感，增强了社区的团结和凝聚力，从而实现了对社区居民人性化的有序管理。

（三）解决民生问题是根本

改善民生，提高社区居民的生活品质是社区建设的目标。培育社区社会组织的目的，就是要提高社区的组织化程度，调动各方面的积极性形成合力，解决社区各类民生问题。通过社区社会组织建立社会支持网络、培育社会资本，就是引导驻地单位、广大居民积极参与社区服务和管理，整合社区各种力量来解决社区居民就业、养老、托幼、助残、扶困、邻里纠纷、环境卫生、公共安全、文体娱乐、日常生活等最为基本的民生。

（四）创新体制机制是重点

社区社会组织的发展，要站在推进社区治理体系和治理能力现代化的高度进行整体性体制机制创新。一方面，要从发展体制上，建立社区社会组织培育、扶持制度，给予场地、资金、技术等多方面的支持，尤其是政策上的支持，使其具备相应的身份。实践表明，凡是街道社区在社区社会组织上给予一定支持的，社区社会组织发展就会由零散、非正规化向组织化发展，并且逐渐纳入政府管理服务的有效视域。另一方面，要从运行机制上，重构社区微观组织系统及其运行机制。政府既不是社区治理的单一主体，也不是直接介入社区的管理者，政府与社区社会组织不是简单的领导与被领导的垂直关系，而是共商、共议、共决的多元权力互动关系，主要依靠横向的平等协商共同管理社区事务。

（五）提高公信力是关键

社区社会组织能否为社区居民提供高质量的服务，是能否持续发展的关键因素，而这主要依赖于其自身能力建设。从发展的眼光看，社区社会组织的成长需要政府的资金和政策支持，更重要的是要靠自身服务居众的能力和互惠性的社会机制。社区社会组织能力培养是其成长的一个最关键因素。一是加强完善社区社会组织内部管理制度，以制度规范成员行为，培养成员服从自己制定的规则习惯。二是加大宣传力度，吸引热心社会公益事业，懂政策，懂管理的高素质人才积极投身社区社会组织中，提升社会组织综合的能力和质量。三是通过尽可能多地参加公益活动以提高社会对社区社会组织的认知度和美誉度。

（此文作者为朝阳区副区长）

朝阳区社区党委书记队伍建设调研报告

张永新

随着农村城市化以及城市国际化进程的加快，社区工作在推进朝阳区社会服务管理创新中的地位和作用明显强化，社区党委书记作为社区工作的“领头雁”，处在党的基层组织和社会基层组织的交叉节点及直面群众的前沿，其能力素质的高低直接影响党的基层组织建设和群众工作水平的高低。为了有效提升社区党委书记的能力素质，2013 年 3 月至 9 月，区委社会工委课题组以城市社区党委书记为样本，通过座谈、访谈和问卷调查等形式进行专题调研，先后发放调查问卷 723 份，访谈领导及群众 128 人次，召开座谈会 12 次，初步总结了朝阳区社区党委书记队伍建设的现状，客观分析了现实需求，并有针对性地提出了对策建议。

一、朝阳区社区党委书记队伍建设的现实状况

朝阳区现有 224 个城市社区，实配 223 位书记，其中男性 80 人，女性 143 人。通过对社区书记的全员问卷调查，基本摸清了队伍现状，同时结合对部分街道领导及组织科长的调研，对这支队伍建设特点及存在问题进行了深入分析。

（一）年龄结构喜忧参半，年轻书记数量较少

从年龄结构看（见图 1），将近四成的调查对象年龄在 40—50 岁之间，年富力强，正处于干事业的大好时期；超过一半的书记年龄在 50 岁以上，工作经验丰富，但存在老龄化趋势；40 岁以下的书记不到一成，存在断档危险，应该加紧中青年书记的储备和培养。近 5 年共有 87 位城市社区书记离职，其中非正常离职 31 人（35.63%）。一方面说明社区书记人员结构不尽平衡，年龄梯次不尽合理，另一方面人才流失较为严重，留住优秀人才困难。

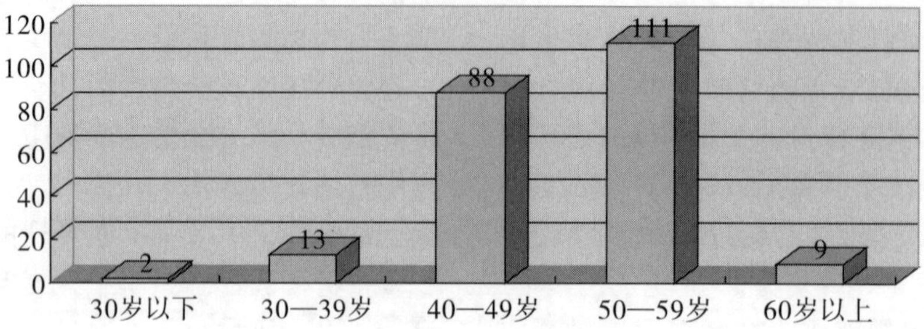

图1　社区党委书记年龄状况

（二）学历构成较为合理，专业素养有所欠缺

社区书记的学历构成（见图2）。客观讲，这个群体作为直接服务群众的基层工作者，并不需要很高学历，所谓“不求最高，但求管用”。目前具有大专和本科学历的书记已经占到总数的近九成，说明经过多年努力，朝阳区社区书记队伍的学历结构比较科学，随着一部分年龄大、低学历书记的退休，这支队伍的学历结构还将进一步优化和改善。专业素养方面，社区书记中学社会学的 14 人（6.28%），学法律的 22 人（9.87%），所学专业与党建工作相关的 27 人（12.11%），具有初级社工师职称的 26 人（11.66%），具有中级社工师职称的 22 人（9.87%）。可以看出，社会学专业比例较小，专业与党建工作相关的比例也不高，说明专业出身的较少，专业结构不太合理。具有初、中级社工师职称的只有 48 人，只占两成，说明书记队伍的专业素质亟待提高。

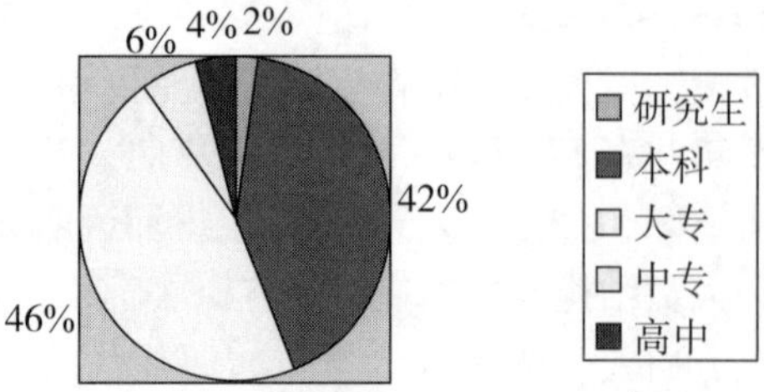

图2　社区党委书记的学历状况

（三）收入水平中等偏下，身体状况令人堪忧

社区书记的工资收入情况（见图3）。可以看出，月薪在 3500 元以下的占 82.51%（184 人），远远低于北京市 2012 年城镇单位在岗职工年平均工资（85307 元）的水平，说明社区书记的工资处于中等偏下水平，这种待遇很难吸引专业人才，对保持队伍稳定非常不利。特别是对于作为家庭顶梁柱的社区书记，上有老，下有小，很难支撑其基本生活，导致其工作没有成就感，生活没有体面感。此外，根据统计，社区书记中身体比较健康的 95 人，占 42.6%；有慢性病的 59 人，占 26.46%；处于亚健康状态的 69 人，占 30.94%。社区书记大多年龄超过 50 岁，已步入中年，长期的超负荷工作，“三高”等慢性病的发病率比较高，身体状况不乐观。

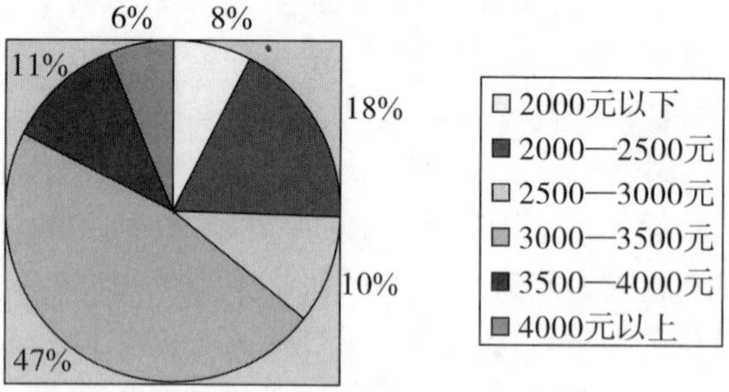

图3　社区党委书记的收入状况

（四）工作任务异常繁重，管理制度有待完善

社区书记是社区全面工作的领导者，既要负责社区党建，又要担负大量的行政工作，同时还要应对大量突发事件，任务繁杂，是诸多矛盾的聚焦点及无形责任的承压者。据不完全统计，社区书记 85% 的工作时间用于

处理一般事务性工作，50% 的业余时间也要用于工作，身心压力巨大。目前对社区书记的管理制度还不完善，特别是还没有完善的激励机制，没有制定从职级、工资、奖金、荣誉等方面的奖罚制度，造成干好、干坏一个样、工资待遇一个样、年终评价一个样。根据调查，目前有 156 位书记（69.96%）认为岗位职责定位不明晰，有 168 位书记（75.34%）对平均主义、“同工不同酬”现象非常不满意，认为制度建设需要进一步加强。

二、朝阳区社区党委书记队伍建设的需求分析

在对社区书记进行全员问卷调查的同时，我们还广泛征求街道工委书记、副书记、组织科长及其他党务工作者的意见和建议，基本摸清了社区书记队伍建设的主、客观需求。

（一）工作职责重在统筹管理，作用发挥涉及方方面面

对社区党委书记的问卷调查我们着重了解了“作为社区书记的职责和作用”问题，社区书记们结合自身工作实际进行了认真回答，给课题组以极大的启示。

关于社区书记的职责主要涉及 7 项（见图 4）。多数社区书记都认为，“人的问题最重要”，“管好了人，干好工作就有保证!”。大家感到一是要加强党员教育管理，管好党员；二是加强党委班子自身建设，带好队伍；三是协调好各种关系，搞好统筹。

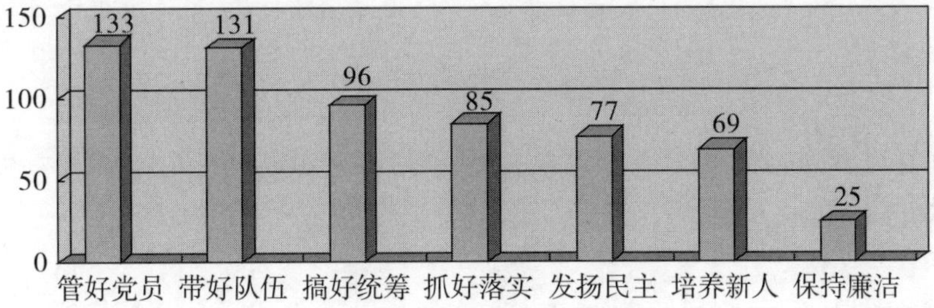

图 4　社区党委书记的主要职责

关于作用的发挥主要涉及 6 个方面（见图 5）。大家认为，作为社区书记，首先，要做到亲民、爱民、助民，善于抓大事、把方向，其次，要做到抓统筹、善谋划，善于抓班子、带队伍；此外，还要“打铁首先自身硬”，带头搞好学习，为广大社工、居民树立榜样。

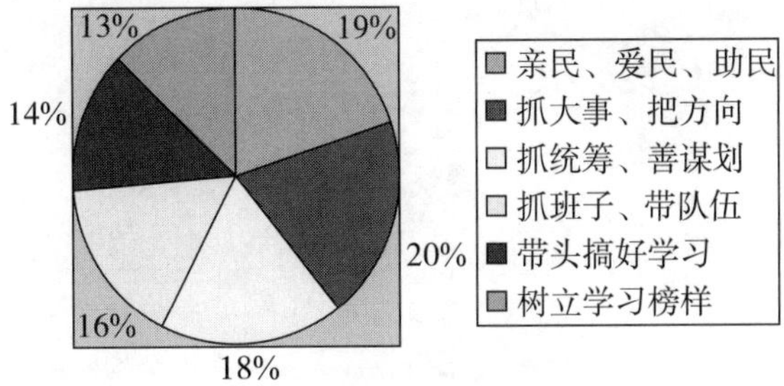

图 5　社区党委书记在社区建设中应该起到的作用

总体看，社区书记的工作职责重在统筹管理，既要管好人、管好班子，又要善于协调地区单位，搞好统筹；社区书记的作用发挥涉及方方面面，要在群众中树立良好的形象，让老百姓既能看得见、摸得着，还能蹦一蹦、够得着。

（二）聚焦热点在于如何提升综合素质，工作难点在于如何取得工作实效

课题组向不同性别、年龄和职务的社工发放调查问卷 250 份，收回 238 份，主要就社区书记工作中遇到的热点和难点问题进行了提问和调研。

关注的热点主要涉及 6 个方面（见图 6），可概括为：一是如何提升自身素质，增强工作能力。希望通过提升专业技能，将理论与实际工作紧密结合，通过统筹辖区单位，

大力推进非公有制党建拓面提质。二是如何减轻工作阻力，增强工作效率。希望通过有效减少事务性工作，协调党政工作关系，增加入党名额，使社区党建工作轻装上阵，扎实推进。三是如何缓解身心压力，增强工作动力。希望通过组织关心和自身调节，使工作压力得到有效缓解，增强工作激情。

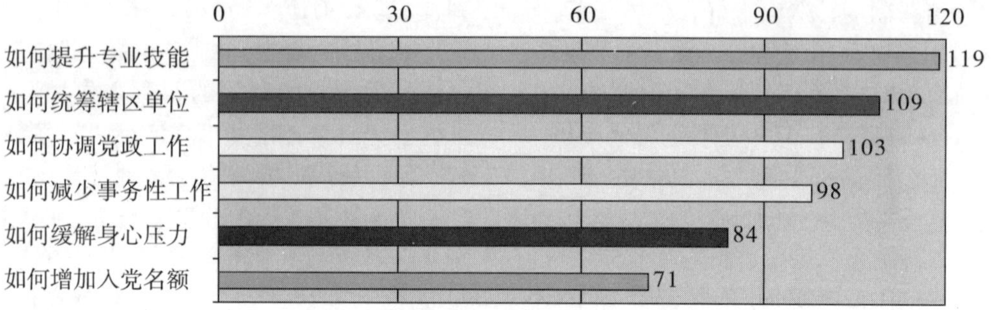

图 6　社区党委书记工作中的热点问题

工作难点也涉及 6 个方面（见图 7），可概括为：一是通过自身力量难以解决的问题。如入党名额少、党建经费不足、社工缺编等。二是客观因素制约难以解决的问题。如人员思想变化大、党员教育管理难等。三是工作任务加码导致的难以解决的问题。如新形势下非公党建任务量大与党务工作者人手不够之间的矛盾等。

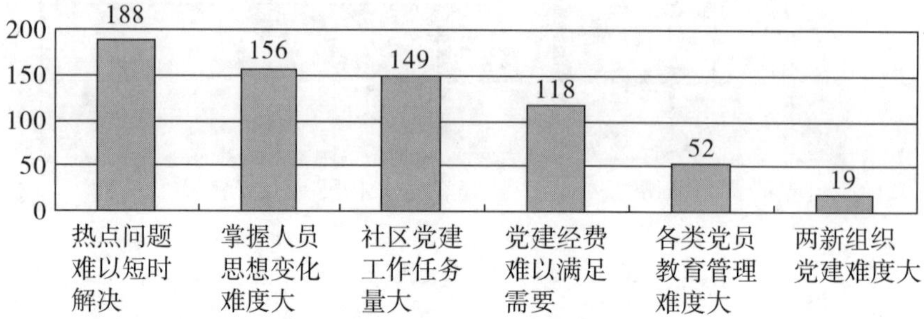

图 7　社区党委书记工作中的难点问题

总体看，对社区书记的要求，群众聚焦的热点主要在于如何提升其综合素质，如何带领社区工作高效运转；而工作难点主要在于如何解决实际问题，如何取得工作实效，使社区工作及居民服务能够真正让群众满意。

（三）知识结构要求具有放射性，能力结构要求成为多面手

通过对机关干部、社区工作者、普通群众的问卷调查，课题组还就社区党委书记的知识结构和能力结构进行了调研和分析。

关于知识结构，主要涉及 6 个方面（见图 8）。从图 8 可以看出，6 个方面得票率比较均衡，说明每一种知识都不可或缺；政治理论知识得票第一，说明对社区书记的要求首先还是政治过硬；对团队协作的要求也较高，说明社区书记一定要有统筹协调的意识和能力。

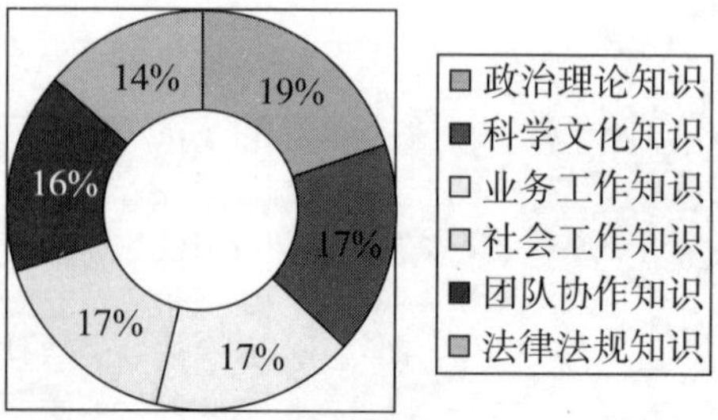

图 8　社区党委书记应该具备的知识结构

关于能力结构，主要涉及 12 个方面（见

图9)。社区书记要具备这12个方面的能力,多而全,说明对其能力要求非常高;12种能力得票率相对来说比较均衡,说明每一种能力都不可或缺;组织领导能力得票第一,说明社区书记首要的是要有领导力,要善于统筹,要在创新的基础上具备解决实际问题的能力。

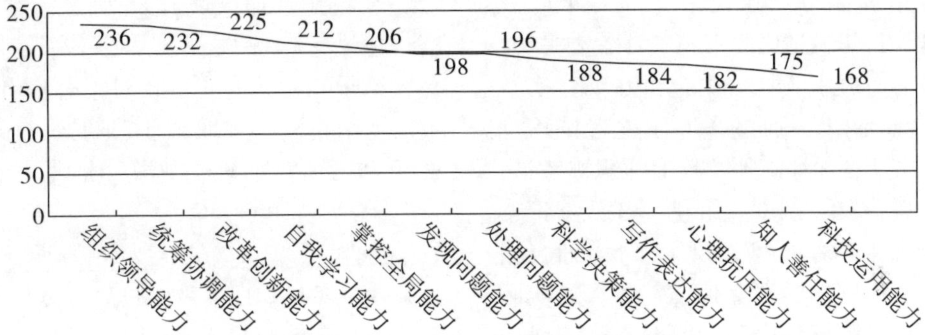

图9 新形势下社区党委书记应具备的能力结构

总体看,社区书记的知识结构要具有放射性,知识面要宽,见识要广,要让群众觉得你值得信赖,"跟着你走没错";而能力要求则具有"多、广、全、杂"的特点,社区书记要成为工作和生活的多面手,成为群众心目中的智多星。

三、朝阳区社区党委书记队伍建设的对策建议

根据近几年工作实践及本次调研的分析结论,课题组认为:朝阳区社区书记队伍建设应该切实搞好"四大工程",达成"四化目标"。所谓"四大工程",即人才储备、素质提升、考核管理、激励关爱四大工程。所谓"四化目标",即梯队化、专业化、职业化、活力化。要通过实施"四大工程"夯实队伍建设基础,营造引得进来、留得下来的人才建设环境,通过实现"四化目标"提升书记队伍素质,营造安心舒心、建功立业的工作环境。

(一)营造宽松成长环境,搞好后备书记储备,实现社区书记队伍的梯队化

一是着眼长远,营造宽松成长环境。要从根本上优化书记队伍的年龄、文化、专业结构,加大对大学生社工的培养力度,使其尽快成长为社区书记后备人选。目前城市社区每年入党名额不超过150人,导致大量社工入不了党;社工中党员比例只有41.2%,不利于党务人员培养;社区专职党务缺编率高达38.91%,不利于社区书记培养。建议:适当增加社区发展新党员名额,以解决部分社区存在多年的"党员发展荒"的现象;尽快配齐缺额的专职党务,同时给每个社区增加一名专职党务编制(目前党员在100人以下的社区只有书记一个党务,非常不利于工作开展)。二是两个"优先",储备优秀后备书记。按照应配额1.5倍的数量建立以居委会主任、专职副书记为主体的党委书记后备人才库(名单报区委社会工委备案),对入库干部按照"优先培训、优先选配"原则进行培养使用。目前,实际配备城市社区专职副书记139人,缺额38人,实际配备居委会主任194人,其中52人不具备培养成书记的潜力,缺额的副书记以及无发展潜力的主任均超过两成,这一方面增加了在职社区书记的工作负担,另一方面也导致社区书记后继乏人。建议:选优配齐社区专职副书记;严把居委会主任人选关,争取尽可能都能培养成社区书记;下派优秀的老科长担任个别薄弱社区的党委书记,赋予其培养社区书记后备人选的任务。

（二）健全教育培训机制，提高综合能力素质，实现社区书记队伍的专业化

一是按照职责需求，建立健全培训制度。根据社区书记能力素质实际要求设计培训课程，完善培训制度。建议：实行“年度三课”制度，每年邀请区委书记、社工委书记、街道工委书记分别为社区书记讲一课；实行“职称覆盖”制度，通过举办职称考试培训班，支持书记参加社工师及政工师职称考试；实行“本科普及”制度，组建“社区书记本科（或研究生）学历培训班”，对培训合格者给予一定比例的学费支持。二是根据实际需要，量身定制培训内容。根据本次调研的能力结构分析结论，重点培养和提高组织领导、统筹协调、改革创新以及解决问题的能力。要改变以往的培训内容多注重“开阔眼界”的知识灌输现状，将重点要放在改善知识结构、加快观念更新上，加大对“当好书记的技巧”“复杂问题的处理”“两新组织党建”等务实能力的培养。三是创新培训载体，有效改进培训方式。采取集中与分散、走出去与请进来、理论与实践相结合等形式，充分发挥典型示范引导作用，增强教育培训效果。根据调查，65%的社区书记建议优先聘请有基层工作经验的同志担任授课者。建议：打破常规，选取一名优秀的社区书记进入街道工委，或兼任街道社会工作党委副书记，并以其名义设立“名师工作室”，让优秀的社区书记带教年轻的后备干部。成立“社区书记联谊会”，定期举办研讨活动，让社区书记相互学习，共同提高。

（三）健全管理考核机制，吸引留住优秀人才，实现社区书记队伍的职业化

一是建立可操作的岗位目标管理制度。根据新的形势，明确工作任务、工作标准和工作要求，制订客观、可操作性强的工作考核指标，重点把可量化的任务指标纳入考核内容，为优秀人才施展才华提供舞台。二是采取居民群众直接参与的考核办法。建立群众测评与目标考核相结合的考核管理制度，把群众评价意见和群众满意度作为街道工委考核社区书记的主要依据，让亲民、实干的人才在考核中脱颖而出。三是实行考核评价与待遇奖励挂钩。把考核结果与书记任用相结合，与年度评奖相结合，与物质奖励相结合。对优秀者加大物质激励与精神激励力度，建议每年评选一次“十佳社区书记”，每人给予一万元的奖励；对不合格者建立有效的退出机制，采取调任、劝退、撤职等方式予以妥善处理，把好社区书记“出口”关。

（四）完善激励关爱机制，增强书记工作激情，实现社区书记队伍的活力化

一是有效减轻工作压力。避免政府职能不正当下移和行政工作不合理摊派，赋予社区书记合理的经费及资源支配权。减少评比活动，杜绝单纯根据档案进行评比创建的现象，将书记的时间和精力从烦琐的迎检工作中解放出来。根据党委、居委会、服务站的不同职能，克服“谁好用就用谁”的现象，改变所有事务首先交由书记办理的现状，确保社区书记以主要精力抓党的建设。二是逐步完善工资制度。建立工资增长机制，争取社区书记的平均月薪每年都能够有一定比例的增长；将现有的职务年限增资进行一定幅度的增加（如可由50元增加到100元）；建立加班费和通信津贴制度，按照国家标准发放加班费，按月给予每名社区书记一定数额的通信补贴；提高年终督察考核奖标准，在现有的社工人均3600元的基础上，对社区书记实行较大程度的倾斜。三是试行报考加分制度。鼓励具有一定资历和条件的社区书记报考区公务员、事业编，面试时可适当加分；参照对村官的政策性照顾安排，对社区书记设置专项的招聘岗位，每年拿出一定数量的街道机关、事业编科级岗位，直接面向社区党委书记进行选拔，让连续3年被评为优秀的社区书记有机会直接选拔到科级岗位，或享受科级待遇。四是关心身体和心理健康。落实带薪休假、报销取暖费等福利待遇，每年安排一次全面体检，选派一定数量的优秀书记进行疗养、外出培训，定期聘请心理专

家对社区书记进行心理引导，舒缓身心压力；在“社会化退休”基础上，参照对退休机关干部的管理制度，搞好对退休社区书记的管理和服务，对生活确有困难的离任、退休社区书记给予一次性生活补助，体现组织的关心和爱护，切实解决其实际困难以及在职社区书记的后顾之忧。

（此文作者为朝阳区委社会工委书记）

海淀区现代社会组织体制研究

徐永全

一、海淀区社会组织发展现状

（一）基本情况

1. 注册社会组织。截至2013年12月，在区民政局登记注册的社会组织789家，其中民办非企业单位（民非）601家，社会团体（社团）188家，社会组织数量约占同期北京市社会组织总数的9.5%。

2. 备案社区社会组织。截至2013年8月底，海淀区备案社区社会组织为1554家，占全市总数的15.1%，居全市第二。

3. 国际组织驻京机构、全国性社会组织在京总部。据不完全统计，截至2012年年底，海淀区有国际组织驻京机构、全国性社会组织在京总部共181家，其中国际组织驻京机构123家，全国性社会组织在京总部58家。

（二）发展特点

1. 海淀区社会组织近年来发展较快，总量居全市之首，但万人社会组织拥有量较低，专职规模总体较小，人员构成差异性大。梳理有效调查问卷发现，以专职人员数量作为社会组织规模的衡量标准，约1/3社会组织无专职工作人员，约1/3社会组织专职工作人员在5人以内。同时，也有约7.8%社会组织专职工作人员超过20人。

2. 海淀区社会组织门类比较齐全，空间上遍布城乡，门类涉及教育、科研、文化、体育、社会服务、工商业服务等各个领域，基本形成门类比较齐全、覆盖广泛的社会组织体系。其中，六成从事教育行业，但近年来社会服务类、科研类社会组织发展较快。

3. 社会组织收入—支出规模总体偏小，资金来源比较局限，财务管理规范性不足。政府支持、会员费、业务活动收入为海淀区社会组织最重要的三项资金来源，此外各类捐赠也是社会组织收入的重要来源。

4. 社会组织功能与作用日渐显现。不同性质、行业、领域社会组织各自发挥作用，但发展水平参差不齐，成效与社会影响、面临机遇和挑战等各不相同。

（三）体制机制现状

1. 明确了管理服务部门职责，建立了联合工作机制。一是明确部门职责。全区社会组织管理服务部门主要涉及区民政局与区社会办两个部门。二是建立联席会议制度。建立了由区社工委社会办统筹，登记管理机关、业务主管部门、支持型社会组织和相关职能部门组成的联席会议制度。

2. 加强体系建设，探索区—街道—社区三级管理模式。一是建立健全政策体系。自2006年以来，先后出台了《关于加强社会组织建设的若干意见》《加强和创新社会管理专项资金支持项目实施方案》《关于全面开展社会组织评估的实施意见》等一系列政策文件，初步形成社会组织建设政策体系，为社会组织的规范化、制度化发展提供了良好的政策环境。二是充分发挥工、青、妇等人民团体在社会组织培育和发展中的引领作用。初步形成了以区工、青、妇等人民团体为骨干、社会组织联合会为补充、街（镇）民间组织联合会、社区社会组织为基础的社会组织工作体系。三是成立海淀社会组织联合会。通过联合会对所属会员单位进行日常服务与管理，发挥桥梁纽带和培育扶持作用。四是激活街（镇）民间组织联合会。通过对街（镇）民间组织联合会的培训、以奖代补支持社区社会组织发展等方式，加强对社区社会组织的管理服务，充分发挥其在服务群众、丰富群众文化生活等方面的作用。

3．加大培育扶持，建立健全工作机制。一是建立健全引导扶持机制，设立了海淀区加强和创新社会管理专项资金，引导社会组织通过加强自身能力建设、提高公共服务能力来寻求发展。二是建立政府与社会组织沟通机制，搭建了社会组织培育指导与服务管理平台，畅通了社会组织反映诉求的渠道。三是建立社会组织激励机制。对在参与社区社会治理、推进中关村科技园区核心区建设中，发挥重要作用的社会组织通过以奖代补的形式进行奖励。四是建立第三方评估机制，以评促建。五是创新年检工作机制。区民政局、区教委、区质监局三家年检单位，采取一站式办公，对全区社会组织实行集中联合年检，极大地简化了社会组织办事程序。

二、海淀区社会组织体制面临的挑战与问题

随着经济社会的深入发展，海淀区现行社会组织体制面临诸多挑战与困境，亟待破解体系、制度、机制、发展、功能等瓶颈性难题。

（一）体系性困境

一是“枢纽”与“被枢纽”之间的纵向张力。政府认定“枢纽型”社会组织，由“枢纽型”社会组织担任某一领域的业务主管或指导单位，政府购买社会组织服务向其倾斜，这种以行政与资金为主要手段的推动，较易给原本扁平化的社会组织增加科层化风险。二是“管办一体”“管办不分”之下的横向矛盾。政府承担着社会组织出资者、服务购买者、资金提供者、监管者等多重角色，容易导致政社不分、监管与运营不分。三是入口严格与监管宽松之间的职能错位。

（二）制度性困境

一是政策法规不够完善，表现在现行法律法规不能满足社会组织发展与管理体制改革创新需要以及政府职能转移制度设计、规范化建设不足，缺乏独立的非营利税收政策体系、注册登记制度亟待改革等多方面。二是监管改革远未到位，表现在现有监管体系效能不强，管理重心放在“入口”而忽视行为管理；社会组织年检刚性不足，年检结果的法律效力不强；直接登记后，监管责任如何明确等多个方面。

（三）机制性困境

政府部门之间、政府部门与社会组织之间以及社会组织之间缺乏有效的沟通、协同机制。特别是社会组织与企业之间缺乏有效供需对接机制。主要表现在社会组织、企业两种主体之间理念、资源互动不足，一方面，越来越多的企业想履行社会责任，愿为社会组织提供资金、志愿者或公益项目，但常找不到对口社会组织与服务对象；另一方面，社会组织需要优良的资金、项目以及志愿者，但是不知道哪些企业愿意提供资金、项目与志愿者等，没有形成及时有效的供需对接。

（四）发展性困境

一是发展相对滞后，均值不高。尽管海淀区登记注册的社会组织总量居全市首位，但万人拥有社会组织数量不仅低于全市平均值，也未达到全国平均值。二是结构不合理，规模不均衡。关于社团，官办社团多，民办社团少；关于民非，教育培训领域多，解决社区居民多元化、个性化需求的民非数量少；关于社区社会组织，文体类多，社区服务类少，活动场地有限，辐射人群有限。三是募集资源渠道单一，社会资源动员不足。政府

支持、会员费、业务活动收入为海淀区社会组织最重要的三项资金来源，资金来源中企业与个人捐赠比重都非常小。四是上下游合作不足，生态链条未形成。据调查问卷统计，约34%的社会组织在运作中从未与其他社会组织有过合作，约43%的社会组织的合作组织个数等于或超过3个，约2.4%的社会组织与境外非政府组织有合作。

（五）功能性困境

一是社会组织工作人员专业化职业化程度不高，专职工作人员少，缺乏公信力。二是社会组织自治性弱，对政府依赖性强，多数社会组织在人员、经费、办公场所等基本资源方面，对政府特别是对业务主管单位的依赖程度比较高。三是社区社会组织缺乏有力的领导和管理，缺乏资源动员能力，开展活动常由社区居委会替代，且热衷于搞活动、发奖品。各种活动的参与者，也主要是为数不多的“积极分子”。激发社区社会组织活力、吸引社区居民广泛参与的社区平台没有真正建立起来。

三、构建海淀区现代社会组织体制的对策建议

构建海淀区现代社会组织体制，需要从全局和战略高度，结合中央精神、北京实际、海淀区情，以国内外成功经验为借鉴，用创新思维、发展眼光、国际视野，科学设计、布局下一步工作目标、原则与路径。

（一）总体目标

以党的十八大、十八届二中全会、三中全会和十二届全国人大一次会议精神为指导，顺应北京市建设中国特色世界城市、海淀区建设环境优美、和谐宜居高科技核心区新要求，以建立政社分开、权责明确、依法自治的现代社会组织体制为目标，以顶层设计、管理体制改革为牵引，以健全体系为突破口，以搭载职能为落脚点，以创新机制为动力，以夯实基础为支撑，加快建立现代政府与社会组织合作关系，确立社会组织社会主体地位，进一步推动社会组织有序发展，发挥社会组织功能作用，建成引领未来、顺应时代、符合实际的现代社会组织体系，为北京市乃至全国现代社会组织体制建设做出贡献。

（二）基本原则

一是坚持政社分开、契约合作。依法界定政府与社会组织的权责边界，厘清政府、市场、社会三者之间的关系，突出社会组织的法人主体地位；引入契约合作模式，创新公共产品供应方式，建立健全政府与社会力量互联、互补、互动的社会服务管理格局。二是坚持统筹规划、分类指导。结合辖区经济社会发展实际，明确发展重点，构建布局合理、功能完善、作用明显的社会组织发展格局；推进社会组织专业化、规范化建设，按性质、类别、发展状况进行分类指导，营造业务齐全、百花齐放、健康规范的社会组织生态。三是坚持培育扶持、依法监管。一手抓积极引导发展、一手抓严格依法管理，既要以需求、问题与项目为导向，侧重能力、质量建设，兼顾扩大数量、规模，又要依法加强监督管理，避免“有罪推定”，健全问责、退出机制。四是坚持有序竞争、自主发展。推进行业协会商会去垄断化、去行政化，引入竞争性机制，增强社会组织自主性，激发社会组织活力；发挥各类“枢纽型”、品牌型社会组织示范、引领作用，完善内部治理结构，健全政策法规，引导和促进社会组织依法自治、自主发展。

（三）具体措施

1. 加强顶层设计。一是完善社会建设工作领导小组职能，吸纳人民团体、行业协会商会、新兴社会组织代表作为成员或特邀单位，建立健全“委员会制”下的“决策”与“执行”机制。二是加强社会组织和志愿者管理服务工作力量，构建覆盖区、街（镇）、社区的社会组织和志愿者工作网络。三是规划社会组织改革发展愿景，注重发挥社会创新咨询机构的作用，引导社会组织发展。

2. 改革管理体制。一是改革登记管理体制，直接登记、备案与双重管理相结合，逐

步建立统一登记、各司其职、协调配合、分级负责、依法监管的社会组织管理体制。二是推进政社分开，去行政化与法人治理相结合。三是培育扶持，职能转移与能力建设相结合，以政府职能改革为契机，编制职能转移、购买服务、社会组织等三个目录，建立“政府转移、社会承接”的常态化工作机制。四是创新监督管理，政府监管、社会监管与组织自律相结合，建立共享、透明的社会组织信用信息公共平台。五是建立社会组织预警网络，逐步构建起政府行政监管、社会舆论监督、社会组织自律相结合的综合监管体系。

3. 搭载工作职能。一是重构政社关系。深入推进有限政府、服务型政府建设，政社分开，有序开放更多的公共资源，以社会化、项目化的方式对接社会组织培育、发展、监管、服务等职能，不断提升社会组织参与公共产品供应能力。二是激发社会活力。确立社会组织社会主体地位，完善内部法人治理结构，广泛动员和组织人民群众依法通过社会组织实行自我管理、自我服务，加快形成政府组织、市场组织、社会组织互联、互补、互动局面。三是培育社会企业，探索公益目标与营利方式之间的结合路径，加快推进社会公益与市场经济有机融合，运用市场手段推动公益创新、解决社会问题，发挥其商业创意、社会关怀及可持续发展作用。

4. 健全工作体系。一是要激发公益积聚效应，鼓励有条件的地区根据需要建立公益园区，如青年园、基金会服务园等，为本领域社会组织公益创业提供支持与服务。二是试点成立社会组织与志愿者服务中心，力争构建覆盖区、街（镇）、社区的社会组织和志愿者工作网络，进行项目化、市场化运作，承担本区、街（镇）社会组织从孵化到注销期间的咨询、支持、代理服务等。三是扩大社会组织筹融资渠道，在成立专门为社会组织发展提供支持的地区性公募基金会上能有所突破。四是健全“枢纽型”社会组织体系，多元发展，建构多层次、多类型、立体式“枢纽型”社会组织体系。五是提升区、街（镇）社会组织联合会牵引能力，加强联合会专业化、规范化建设，推动联合会市场化改革，鼓励联合会与业务主管单位脱钩，引入竞争机制，鼓励同类型联合会成立两家或两家以上，引进专业社会工作者，依法自治、自主发展。

5. 创新工作机制。一是提升统筹协调机制：联席会议与例会相结合。搭建政府部门之间、政府部门与社会组织之间、社会组织之间的沟通平台，畅通沟通协商渠道。二是健全培育扶持机制：制度化购买、招投标机制与公益创投相结合。推动政府购买公共服务规范化、制度化，逐步形成政府制度化购买与公益创投、公益招投标相结合的社会组织培育机制。三是推广三社互动机制：社区、社会组织、社会工作者相结合。建立以“社区为平台，社会组织为载体，社工为骨干”的互动发展模式，最大限度地满足社区居民各种需求。同时，培育社工事务所，发挥专业社会工作者作用，成立以专业社工为核心的各种义工（志愿者）组织，形成以“社工引领义工，义工服务群众，群众参加义工”、覆盖基层社区的志愿服务网络，建立起常态化、规范化草根志愿服务机制。四是引入第三方机制：评估、审计、结果应用相结合。坚持第三方等级评估，开展对政府转移职能、政府购买服务等项目的绩效评估。推广第三方独立审计，注重评估与审计结果的应用，以评促建、以审促建。五是建立评比、研讨、展示机制：将社会组织年度评比、年度表彰与主题研讨、公益项目展示结合在一起，激发社会组织的参与热情，引导社会组织改革发展。六是健全自治自律机制：法人治理、行为指引与信息披露相结合。推动完善以章程为核心的法人治理结构。探索、总结行业协会试点经验，指引社会组织完善内部治理结构，推动法人治理结构从形式走向实质。建立信息披露机制，优化信息披露平台，建立透明公示制度，社会组织的政务、事务、财务向社会和公众公开，接受各界监督。七是强化退出机制：依托联合执法与预警网络，依法取缔非法社会组织，查处各类社会组织违法行为，做到强制、建议、自愿相结合。强制性退出机制。对连续两年不参加社会组织年检或连续两年“年检不合格”的社会组织，以及其他严重违反法律规定的社会组织，依法作出处罚决定。建议性退出机制。对不按时进行换届改选，领导机构涣散，活动停滞，工作基本处于瘫痪状态等“休眠”性社会组织，建议退出。依章程自愿退出机制。对符合章程规定的解散条件的，自愿退出。

6. 夯实工作基础。一是完善制度，对海淀区现代社会组织体制建设进行规划，对社会组织发展规模、速度、结构等进行科学布局，引导社会组织向多元化、专业化、品牌化方向发展。二是提供场地。社会组织的场地可以政府直接提供，也可以由政府协调社会资源提供，还可以是社会直接提供或多方合作提供。改场地无偿使用为有偿使用，培养成本意识，引入以社管社，以社会化方式运营。三是落实资金。既要充分使用市、区专项资金购买社会组织公共服务，又要鼓励企业设立私募基金会，调动或募集企业、个人等社会资金。四是培育人才。建立社会工作人才信息库，加强专业社工培养，开展学历教育，强化能力培训。加强志愿人才培养管理。五是推进信息化。完善社会组织网上行政审批系统，实现网上咨询、登记、年检等功能，扩展政策发布、信息公开、活动展示、经验分享、资源链接等功能模块。

（此文作者为海淀区副区长）

以“智慧社区”建设为抓手
加强社区服务和管理创新研究

陈　刚

智慧社区建设用发展的眼光，高度概括和指引海淀区在社区服务和管理上的创新开拓，是支撑海淀区完成智慧管理、主动服务的重要利器。按照市社会办、市经信委、市民政局联合发布的《关于在全市推进智慧社区建设的实施意见》（京社办发〔2012〕6号）设定的任务目标，通过开展智慧社区的建设工作，改善居民的生活环境，提高居民的生活水平。

为全面了解全区当前社区信息化建设现状，客观评价全区建设智慧社区已具备的基础条件，分析在推进过程中遇到的问题，及时总结经验，探寻有效发展途径，提出借鉴对策，确保北京市提出的到“十二五”期末完成1500个智慧社区建设工作目标的顺利完成。结合前期工作，从基础设施、智慧管理、智慧服务和保障机制等方面深入研究分析形成调研总结报告，为加强全区智慧社区建设提供参考和借鉴。

一、社区信息化的发展现状

创建智慧社区，必须明确建设方向，掌控建设重点，梳理规范流程，完善工作机制。本着由管理、审批向服务、沟通转型，打造人民满意政府，扎实推进服务资源整合，优化服务流程。以居民需求为导向，实现与时俱进的服务形式延伸，以“全面、高效、独特、互动”为核心理念，集电脑、智能手机、物联网、云服务、地理空间数据、网动全媒体、社交网络等各方面技术于一体的统一平台，在线上、线下搭建了一条宣贯、尝新、受用、多盈的完整生态环境，实现横向协同、纵向贯通、服务下沉、管理提升，切实提高政务服务和社区服务的能力与水平，完成一次为居民主动、全面的服务提升。

“十二五”前半期，为推进全区社区信息化建设进程，提高建设水平，海淀区统筹协调、明确分工，各部门积极探索、通力合作，保证了“十二五”前半期发展目标的基本实现。主要成效体现为：一是全区社区信息化基础设施明显改善，集约化程度显著提高，电脑配备平均每个街道达到了 168 台；二是基层人员队伍建设整体素质水平提高，为推进社区自治管理、完善社区服务奠定了坚实的组织基础，提供了有力的人力资源保障；三是信息资源共享和业务协同不断深化，数据共享交换、社区信息化应用在社区管理和服务领域取得显著成效；四是在电子政务基础设施建设方面，建立健全市、区、街镇、社区/村四级政务网络传输体系，满足社区/村政务网络应用需求。截至目前，全区 570 个社区政务网络接入率达到 95% 以上、84 个村已经全部连通，信息网络畅通有效保障了工作协同效率和实时无距离沟通。“首都社区服务 APP”“96181 实时看”等手机应用广泛普及，移动网络逐渐成为海淀居民获取信息和服务、参与管理、加强沟通的有效渠道。

二、存在问题及成因

经过实地调查研究发现，目前全区社区信息化建设正在逐步推进，在示范街道呈现出众多社区管理、服务应用的创新。经过 2 年多的发展，已取得良好的商业效果和社会效益。但目前的发展方向与智慧海淀的定位不匹配，与北京市建设智慧社区的发展要求尚有差距。具体来说，当前全区在智慧社区建设、推广工作存在下列问题和难点。

（一）缺乏整体规划和指导

社区信息化一直处在零星、自由发展的阶段，缺少相关的规范和指导意见，更缺乏整体规划和顶层设计，导致信息化建设片面且相互脱节。这种现状不利于“智慧社区”的整体推进。

目前从全国发展来看，没有智慧社区相关标准的出台。可谓百家争鸣，却又各有所短，各方相同产品的兼容性、互换性、开放性差，集成对接也比较困难，无法形成区域优势。另外，系统建成后缺乏相应的验收、测试标准，也没有相关部门组织验收，所以目前急需针对智慧社区的技术规范出台，从而更加规范系统的实施。

（二）发展水平参差不齐

海淀区各街镇、社区的信息化基础条件不一致，发展水平参差不齐，有的信息化发展较好，有的发展滞后。信息化发展水平参差不齐，导致整体建设和推进时会遇到一些困难，包括基础设施、体制机制、人才储备和技术应用等多个方面。

目前从调研中分析，大部分社区信息化建设成果都集中在城区街镇。需要用城区街镇先进成熟的理念带动“落后”街镇的信息化建设，更需要落后地区自身主动更深的挖掘扩大地区优势，为居民创造更和谐健康的生活环境。

（三）社区信息资源整合困难

受限于目前行政管理体制，社区信息资源一直分散于各垂直业务系统之中，社区信息资源一直处于垂直采集、垂直利用。这种模式一方面加重了基层采集和利用数据的困难；另一方面也造成了信息资源的整合和共享的困难，不利于信息化项目的建设和推广。

目前，从调研分析来看，各街道、社区独立建设的系统同样存在和现有系统重复建设、数据重复录入、相互数据无法打通等问题，严重影响社区使用人员的积极性，同时绝大多数系统偏重管理、信息只在内网流转，对于居民迫切希望得知的信息无法做到及时公开，应用效果得不到充分展示和推广。

（四）物联网技术少之又少

目前，社区采用的设备很多均是多年前的建设标准，虽然可能也实现了视频监控，但并未实现自动控制网络与互联网的互联。随着物联网技术的发展，高速网络、智能安防、智慧小区等物联网应用都应引入社区，进入家庭，建成遍布各处的传感器和智能设备组成“物联网”，实现全面感测、监控分析和智能服务。

（五）智慧社区产品和技术尚不完善

目前，社区智能化产品“智能化”程度还不够高，安全性、标准性都没有相应的规范来保障政府和居民的权益。在部分安防产品中存在误报、错报的现象，同时对于大部分物联网设备的电池供电时间、产品整体质量均参差不齐，往往投入安装了大量设备，最终连后期维护费用、维护服务都跟不上，最终更谈不上智慧的提高。

（六）协同办公、联动处理手段不完善

街居协同办公缺少系统流转、台账管理手段，多部门协同机制不完善、问题的处理权责流程模糊难限定、缺乏统一基础数据的共享，制约跨部门服务管理事件的处理，对内则降低办事效率，增加部门隔阂；对外增加居民走访次数、办事难度，降低了居民满意度。

（七）社区电子商务刚刚起步

随着社会经济的不断发展，社区居民的消费需求也呈现多样化、个性化的发展趋势。当前全区社区电子商务的发展尚处起步阶段，社区便民商业行业低端化、分散化的现象依然存在，仍需进一步提升、转型，以适应不断发展变化的群众需求。

（八）政务办事服务受限多

居民办事服务还处在初级阶段，“三转模式”，即“领导围着科室转、科室围着大厅转、大厅围着居民转”，改变了过去居民跑腿为大厅工作人员跑腿的现象，虽然方便了居民，但办事实质上没有发生本质变化，仍然没有打破部门限制和区域限制，居民不能就近办理，十分不方便；而且某些方面仍然沿用手工模式，以代办的方式实现，效率低下。

具体表现为以下两点：（1）审批权下放不彻底。具有行政审批权的部门在下放审批权时不彻底，只把一些烦琐的办事相关的事项下放到街道或社区，责权相分离，干活的事项下放了，审批的事项没放下来。（2）条块分割较为严重。各个具有审批权的部门都有自己的业务系统，街道或社区受理的信息事项不能直接交换到相应的业务系统中去，实现“一次受理、完成审批”，而是“多次受理、完成审批”。同时，由于条块分割严重，同一事项中涉及居民不同的信息在不同的系统中，验证信息时较为困难，不得不采取原件及复印件的验证模式。

（九）微应用没有得到广泛应用

随着各类移动终端设备的快速普及，人们获取知识、信息的渠道更多依赖于微博、微群和微信等微应用，如何更好、更快地将便民服务信息、政务信息和应急信息通过诸如此类的应用发布，更好地让人们通过终端简单操作即可参与互动交流，将是提升政府管理水平和服务水平的一个重要手段。自动化的信息推送，智能化的根据不同人群的爱好推送，都是由数字化向智慧化的重要转变。

（十）更多服务居民的应用没有渗透

虽然在民政、低保等方面投建了多种设施保障，但部分街道、社区的居民都没有享受到智能远程缴水电气费、一站式医疗测量服务、紧急求助、自助办事服务、移动上门代办服务等，更多的利民、便民设备和应用仍无法落实，零星采集的信息也无法通过互联设备或应用及时传送给儿女或者管理中心，更多更广地渗透落实工作仍需努力。

（十一）缺乏全民参与、共同创建的模式

目前智慧社区建设还处于初级阶段，在政民互动、多方参与的领域、方式等多个层面都在进行摸索，如何做到既统一标准，又能照顾到多方要求，使政府、社区、社会组织和居民达到合力共同体，搭建好协同治理架构，探索出一条共同创建的模式，将是接下来研究的一个重点。

（十二）缺乏适合人才和保障机制

目前社区人员整体特点虽已向知识化、年轻化、职业化发展，但因智慧社区建设的特殊性，其管理与服务模式、配套设备的使用和日常维护等与传统社区建设有很大不同，因此仍需更加专业型或复合型人才的培养。

三、解决对策和建议

（一）推进信息化顶层设计和区级统建

为解决制约海淀区信息化科学发展的各类问题，实现海淀区信息化“十二五”发展目标和智慧社区建设推广，区多部门已联合组建信息化小组，并通过整合海淀区多家实力企业，全面开展支撑体系顶层设计，统筹智慧社区信息化工作，以指导和规范海淀区信息化建设管理，确保信息化建设管理的思路统一性、目标合理性、工作规范性等。目前，由区级带头统建的数据共享交换平台、网格化社会服务管理平台和综合政务服务办事平台都已涵盖辖区相应业务范围，具备全面推广条件，真正实现了区级统一、街镇适用、群众方便、资金节余的目标。

（二）创新区域带动、联合发展

通过试点建设，初步形成区域示范应用，利用品牌效应，搭建区域同步发展方针策略，改变以往单兵作战、投入多产能少的局面，形成一个良好带动发展效益的合力，寻求到优秀且又适宜普及的创新成果，达到全区趋于协调的整体联合发展。

（三）加强资源整合、统筹共享

通过搭建数据共享交换平台，建立基础库和专题库，建立数据采集交换更新机制，有效促进纵向系统与社区基础信息资源库的共享，完善基层服务管理的信息资源基础，减少各类纵向系统在基层重复采集，逐步形成数据“一次采集、资源多方共享”的模式。建立社区信息资源开发利用体系，深度挖掘社区信息资源价值，为居委会、政府等相关部门或个人提供数据支持。对具有经济和社会价值、允许公开的社区信息资源，制定政策和管理办法，加快社区信息资源开发利用的市场化进程。

为提高区街居等部门涉及社区信息化各应用系统的集约化建设程度，从统筹已有网络、存储、计算、终端等社区信息化基础设施建设入手，实行共同建设、共享使用，最大限度充分利用相关设施，实现“一网多用”“一机多用”。同时统筹建设政务服务平台，将区街居三级行政办事服务事项进行全面的梳理，形成政务服务事项库。

（四）推进物联网技术的应用

通过制定建设方案、进行顶层设计、整合资源建设等，全面推进物联网、互联网的应用。可结合现有视频进行行为分析规则制定，通过 RFID 射频技术实现人员工作监管，利用一卡通实现集购物、娱乐、缴费等于一体的生活方式。

（五）严控质量保障，遵循绿色低碳

在基础硬件设施建设中，严格按照国家发布的节能环保相关标准规范进行设备的选型和构建，致力推进绿色低碳安全应用环境，尽全力避除消耗大、排放多、辐射强的产品，并建立巡更巡防机制，全时效动态监控，智能主动预警、报警，让智能化更安心、更健康。

智慧社区建设的内涵一定是分享、共赢、简约、自由、人潜能最大化展示、城市建设和人自身发展的低成本、高效能、高效益。智慧社区建设不是在原来信息化建设规划上加上“智慧”新名词的头衔，也不是简单的通过增设各种“硬件”便可冠以智慧头衔，而是在社会管理创新上追求公共透明、生态体系和人的发展，通过信息化的技术应用，社会建设模式的创新，动员更多的人参与社会建设与管理，并使之更为高效。

（六）强化上下联动、规范处理流程

理顺区街居多级协作机制，构建区—街镇—社区/村三级网格化服务管理体系，建立精细化、规范化、信息化、科学化的工作机制。科学划分网格，把人、地、物、事、组织全部纳入网格进行管理；科学配置网格内各种社会资源；建立、健全网格服务管理制度；实现网格内的人口信息、单位信息、地理信息等整合。形成集源头预防、信息收集、快速反应（信息处理）、分级调处等功能，相对完善、管理顺畅、相互协调的上下联动工作体系。

（七）加快发展社区商务信息化

通过信息化手段，整合整个海淀区的社区便民服务资源，让更多居民享受到便利和优惠。通过政府购买公共服务的方式，建设“商圈”社区电子商务系统，并负责组织加盟商来进行运营；居民可以通过商务网站来了解、购买加盟商所能提供的产品或服务，享受“商圈”给予的折扣和优惠；街道则通过政府购买服务的方式给予加盟企业上网费用补贴，来扶持“商圈”的建设和运营。

开展街道、社区服务一卡通工程建设，与区域商业银行联合发行联名“借记卡”。实现居民足不出社区就可进行水、电、燃气、电话等公共费用的缴纳，进一步拓展一卡通运用领域，逐步实现消费折扣、在辖区商圈所有加盟商刷卡享受消费折扣，同时，将来可以将政府发行的“老残券”以电子货币的形式进行使用，在方便居民使用和商户收取的同时，大大降低社区服务中心工作者盖章、发放、回收、销毁的工作强度。

（八）打造“全区通办”和“三级联动”政务办事体制

为进一步加强街道公共服务大厅和社区服务站的对外服务职能，提供方便、快捷的办事服务，一方面扩大事项的受理范围，让居民可以就近申办；另一方面加强区、街、居三级联动能力，实现报送、审批等环节的线上流转，全区于2013年已基本完成在区级层面政务办事事项的重新梳理和规范，并为网格员提供“政务通”移动APP功能，可在入户采集居民需求时现场进行政务服务事项的快速填报。

“全区通办”打破现有行政审批的局限。将行政审批的受理点由“固定点”扩展到“面”，促进“单点受理”向“多点受理”转变，促进行政审批权由“审批型”向“服务型”转变，促进“纵向联动”向“横向联动”转变。

“三级联动”打破不同层级之间的局限，打破不同系统之间的局限，促进数据“单点聚合”向“多点融合”转变，促进“线下审批”向“线上审批”转变，提高纵向联动效率。

（九）推进移动互联应用和APP下载

建立海淀区“智慧社区”官方微博、微群账号，一方面通过发布各种便民信息、政策信息、应急信息来提高平台的公信力和影响力；另一方面设置专人采集居民提交的各类问题、诉求或者建议，及时回复，及时转入事件受理平台进行问题登记、立案和处理，对于已处理的问题及时通过多种渠道进行反馈和处理满意度跟踪。

通过申请开通海淀区“智慧社区”微信公众账号，利用微信对外开放的接口，可进行“亲民社区简介”“问题反映”“社区信息”推送、“便民通知”“社区之星”展播等功能的深入研究。

通过建设“社区服务信息”APP，利用“社区动态”模块方便居民随时随地关注和参与社区建设，增加居民的沟通交流；利用“信息查询”汇聚居民关注的诸如商户查询、健康知识查询等相关信息，提供贴近居民生活的服务便捷通道；利用办事查询提供居民办理服务事项的办理方式查询、进度查询、结果查询，大大节省居民往返办事大厅的时间。

（十）延伸服务定义，扩展全覆盖居民服务

为民服务由单一、狭义向多元、广义服务方向转变，建设涵盖公共服务、商业服务、卫生服务、就业服务、文化服务等一体化的全覆盖服务体系，依托街道社区办事服务系统，提供社区“一站式”服务；借助市搭建的“96156”社区服务热线平台，提升家政、居家养老（助残）、社区公益、社区志愿等领域的服务能力；凭借开展的针对社区弱势群体的信息化服务，为社区老年人提供专属、精细化的一对一服务和管理，促进居家养老；推进残疾人信息化终端的无障碍改造与配发工作；完善社区卫生机构信息化建设，通过信息共享支持区域医疗中心对社区卫生服务机构的技术指导和服务，开展区域医疗中心与社区卫生服务机构之间的“双向转诊”试点；加强社区卫生服务中心（站）的信息化建设，开展远程医学咨询服务；丰富社区居民的数字文化生活，推进数字图书馆和数字博物馆等服务进入社区。

（十一）完善社会参与机制和拓展群众互动自我服务渠道

要充分发挥政府主导作用，鼓励和吸引有实力、有基础、有创新精神的社会单位，组织志愿者、新人口组织、法人企业等社会力量参与到为辖区居民提供全方位、多层次服务的轨道上。

同时通过多种科技手段完善公共服务与政民互动信息化渠道，主动解答民众关心的问题，拉近政府与公众的距离，使公众能够随时发现问题、反映问题。

（此文作者为海淀区社会办主任）

丰台区社会组织培育研究

王珮琦

社会组织，又称“民间组织”“第三部门”，泛指在社会转型过程中由各个不同社会阶层的公民自发成立的、在一定程度上具有非营利性、非政府性和社会性特征的各种组织形式及其网络形态。社会组织是独立于政府和市场之外的社会力量，具有公益性、非营利性、自治性、志愿性，在反映群众诉求、整合社会资源、提供专业服务、扩大社会参与、维护社会稳定等方面，社会组织具备一定优势。随着我国经济社会的发展和改革的深入推进，社会组织正在成为参与社会治理的重要力量，影响和作用日益扩大，特别是党的十八届三中全会的胜利召开，预示着社会组织迎来了发展的春天。

丰台区正处于实现强势崛起的历史性阶段，新形势下，紧紧抓住历史机遇、政策机遇，努力发挥社会组织的优势，为群众提供更多更好的公共服务产品，对于推进区域经济社会发展和创新社会治理模式都有着重大而深远的意义。本文从全区实际出发，通过实地调研、比较分析等研究方法，摸清全区社会组织发展的基本情况，重点分析总结全区当前社会组织培育的主要模式、基本经验和存在不足，从而为改善全区现有社会组织培育模式，制定出明确、可操作的工作路径打下基础。

一、丰台区社会组织发展现状

近几年，丰台区加大了对社会组织的培育扶持力度。作为全区党的新的组织机构和政府培育社会组织的行政机构，中共丰台区委社会工作委员会、区社会建设工作办公室（以下简称“区委社会工委”“区社会办”）于2008年7月正式成立。按照市、区的相关部署，在各委办局、街道（地区）办事处的共同努力下，着力扶持培育社会组织，全区社会组织取得较快发展。社会组织在经济、文化、社会、教育等各个领域发挥着越来越重要的作用，已经成为沟通党和政府与人民群众的桥梁和纽带，成为推进经济平稳较快发展和社会和谐稳定中一支不容忽视的力量。

截至2013年10月，在区民政局正式登记的社会组织有462个，其中社会团体65个，民办非企业单位397个，另有城乡基层社区社会组织1931个。与2011年年底相比，正式登记的社会组织年均增长8%，城乡基层社区社会组织年均增长12.9%。随着行业协会商会类、科技类、公益慈善类、城乡社区服务类这四类社会组织直接登记工作的开展，预计全区社会组织每年将以10%的速度增长（见表1）。

表1 丰台区社会组织数量2013年与2011年对比

年份 类别	2013年 （单位：个）	2011年 （单位：个）	增长量 （单位：个）	年均 增长率
民办非企业单位	397	343	54	8%
社会团体	65	64	1	0.8%
城乡基层社区社会组织	1931	1534	397	12.9%

回顾过去几年，区委社会工委、区社会办在社会组织培育方面进行了不断地探索和实践，努力营造社会组织良好的发展环境，主要做法有以下四个方面。

（一）创新管理体制，初步构建了“枢纽型”社会组织工作体系

“枢纽型”社会组织是将同类别、同性质、同领域的社会组织进行联系、服务和管理的大型联合组织设置。根据《北京市加强社会建设实施纲要》和北京市《关于加快推进社会组织改革与发展的意见》文件精神，2012年认定了区总工会、团区委、区妇联、区科协、区残联、区侨联、区红十字会7家人民团体为第一批区级“枢纽型”社会组织，2013年在丰台街道和右安门街道开展了街道级“枢纽型”社会组织试点。建立了“枢纽型”社会组织联席会议制度、重要事项通报制度、信息沟通和工作联系机制、考核评估机制等工作机制，努力发挥“枢纽型”社会组织在政治上的桥梁纽带作用、在业务上的引领和聚合作用，在日常服务管理上的平台作用。

“枢纽型”社会组织完成了业务主管职权的归拢，既有利于实现政社分开和社会组织的民间化发展，又形成“枢纽型”社会组织负责培育和管理社会组织的新格局，放大了社会组织的合法性的制度空间。政府部门不再充当社会组织的“婆家”，向着“小政府、大社会”的方向迈进。以“枢纽型”社会组织管理、服务社会组织的体制，既增强了人民团体等传统准政府社会组织的社会公益性特征，有利于社会组织的整体统和，又使这些组织真正回归政府与社会的桥梁和纽带地位，明确了未来的改革方向。

（二）积极争取资金支持，面向社会组织购买公共服务项目

政府向社会组织购买公共服务，就是通过发挥市场机制作用，把政府直接向社会公众提供的一部分公共服务事项，按照一定的方式和程序，交由具备条件的社会组织承担，并由政府根据服务数量和质量向其支付费用。政府向社会组织购买服务是转变政府职能、改进公共服务提供方式的积极探索，有利于充分发挥社会组织优势、引导社会组织健康有序发展，从而激发社会活力，不断扩大社会公共服务的覆盖面，满足人民群众多样化、个性化的服务需求。

2010年始，全区连续开展购买社会组织服务项目工作，购买社会组织服务项目工作影响力日渐扩大，社会组织参与项目申报的热情越来越高，社会组织主动配合政府开展重点工作，逐渐形成扶持社会组织发展、增加公共服务供给的合力。4年来累计争取市区资金总额1523.3万元，购买项目数量254个，其中市级资金占资金总额的85.2%（见图1）。购买形式主要有三种：

一是每年区委社会工委、区社会办积极向有能力承接公共服务项目的社会组织广泛征集项目计划，经过严格筛选报送项目，努力争取区级购买公共服务项目资金，对批复项目实施监管和绩效评价。通过组织社会组织申报市级政府购买服务项目，累计有74个项目共获得1014.3万元市级资金支持。

二是通过运用市级购买专业社工岗位配套资金283万元，依托“一街一社工”项目，向全区8所社会工作机构购买项目20个。

三是通过争取区级资金226万元购买社会组织服务、扶持社区志愿服务项目160个。

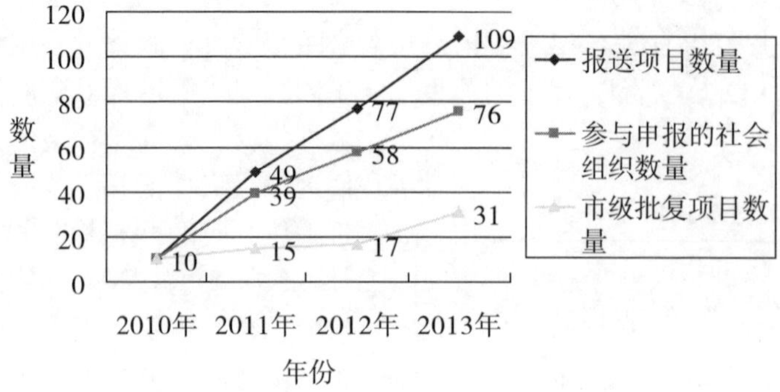

图1 2010—2013年丰台区社会组织获得北京市社会建设专项资金购买项目情况

购买的社会组织服务项目充分结合了丰台区地处城乡结合部，经济和社会发展水平较低，弱势群体集中的特点，在服务对象定位上，重点选择了少年儿童、空巢老人和社会组织。服务内容包括了儿童安全教育、青少年行为偏差矫正、脑瘫患儿康复训练、自闭症儿童家庭服务、外来务工人员子女城市融入、流动青年健康援助、空巢老人日常生活扶助及精神慰藉、健康养生知识普及、食品安全、舆情监测分析、生活环境美化、公众应急救援知识普及、志愿者招募与培训、社区社会组织培育等多个方面。据不完全统计，购买的254个项目，累计举办各类活动3423场次，参加人数98906人次，服务小时数达24158小时，发放宣传材料16万余份，服务内容紧密结合社会热点事件、紧扣社会公共服务薄弱环节、紧贴基层群众需求，深受广大群众欢迎，较好地实现了政府购买社会组织服务的绩效目标。

(三) 加强能力建设，组建社会组织服务中心

2012年下半年开始筹备组建社会组织服务中心，确定了以“1+2”模式组建社会组织服务中心的思路，即由一个区级社会组织服务中心带动丰台街道、太平桥街道两个街道级社会组织服务中心的建设，通过购买项目的方式将社会组织服务中心委托给第三方机构运营，促进“政社分开、权责分明、依法自治”的现代社会组织体制形成。区级社会组织服务中心具有“公益理念传播普及”“政策咨询及信息交流”“社会组织孵化培育”“社会组织能力建设”“公益项目管理及评估”“社会工作人才实践”“社会组织成果展示”等七大服务功能。目前，区级社会组织服务中心处于试运营阶段，已初步具备社会组织入驻、孵化能力，围绕提升社会组织能力建设，开展系列培训，项目实施监管与绩效评估。

(四) 培育与管理并重，规范发展城乡社区社会组织

社区社会组织以社区成员为主体，以社区服务和活跃社区生活为目的，在社区中开展丰富多彩的活动，广大社区社会组织通过开展治安巡逻、义务劳动、邻里守望、咨询服务等活动，提高了社区居民对社区的认同感和归属感，为深化社区建设、维护社会稳定、发展基层民主做出了积极贡献。同时，这些社区组织贴近实际、贴近生活、贴近群众，广泛开展群众乐于参与、便于参与的文化活动，为基层群众和农村偏远地区提供了丰富多彩、生动活泼、健康向上的文化产品和文化服务。

2011年起，区委社会工委、区社会办联合区民政局开展社区社会组织备案工作，以加强培育和管理。先后制定了《丰台区城乡社区社会组织备案工作细则（试行)》，鼓励具有法人登记条件的社区社会组织，到民政部门注册登记，对不具备法人登记条件的社区社会组织，由社区居委会初审，报街道办事处主管部门核准后进行备案管理，或由综合性社区社会组织将分散的社区社会组织作

为团体会员吸纳入会，进行统一管理。先后涌现出“市民劝导队”“南燕志工”“地震应急志愿者服务队”“玉林东里社区事务自管会”等一批群众公认、成效显著的社区社会组织。其中“市民劝导队”探索出了一条依托社区社会组织、动员群众参与社会管理，实现社区民主自治的有效途径，相关经验做法得到市领导的肯定，并在全市进行推广。城乡社区社会组织日益成为加强社区管理、推进社区自治、拓展社区服务的重要力量，成为培育社区意识、化解社会矛盾、整合社会资源、凝聚社区力量的重要途径，成为活跃社区文化、推进公益事业、加强精神文明建设的重要载体。

二、丰台区社会组织发展中的不足

近年来，全区社会组织发展总体上是健康有序的，但和发达地区相比，仍处于发展的初级阶段，还存在一些突出问题。

（一）社会组织数量不足，结构欠合理

在数量上，全区 226.1 万人中，注册的社会组织共 462 个，平均每万人拥有社会组织数不足 3 个，达不到全国的平均值 3.3 个，低于西城区约 4.7 个（注册社会组织 609 个，人口 130.3 万），以及上海（7 个）、青岛（6.5 个）、深圳（4.2 个）等城市，与世界发达国家每万人拥有社会组织数一般超过 50 个的标准，差距更大。不仅如此，全区的社会组织结构也不合理，在城乡社区社会组织中，文体活动类占 52.9%，而从事当前亟须的诸如养老、社区矫正等服务的社区社会组织较少；在注册的社会组织中，教育类占 41.1%，卫生类占 24.2%，培训机构、民办医院较多，而行业协会、科技类、公益慈善性社会组织数量较少、规模较小、服务社会能力比较弱，这些与当前全区社会经济发展要求不相适应。

（二）社会组织发展所需资金和人才缺乏，专业化程度不强

目前全区社会组织的资金来源主要是有限的会费收入，获得市、区政府购买项目资金支持的社会组织数量极少，活动经费申请困难，这就限制了社会组织开展活动，影响社会组织作用的发挥。有些社会组织是从政府部门中脱胎出来，机构、人员、设施等大都来源于政府，主要领导多由政府部门的领导担任，形成与政府部门千丝万缕的联系，导致对政府的依赖性较强，带有明显的行政化倾向，自治程度较低。社会组织工作人员整体水平不高，有些未经过专业训练，缺乏具有公共管理知识、具有宏观协调能力的高素质的社会组织专业人员，而较低的薪酬待遇对高素质专业人才缺乏吸引力，人才流失较普遍。这些都造成了社会组织内部治理发展能力与专业服务能力的不足。

（三）社会组织培育扶持的政策不完善，责任主体不清晰

一方面尽管全区相继出台了一些培育扶持社会组织发展的政策文件，但没有形成较完善的扶持政策体系。如在税收优惠方面，通过申报政府购买社会组织服务项目而获得市、区政府资助的社会组织，在项目实施过程中未享受税收减免政策，使得有限的项目资金仍需用于缴纳一定数量的税收。另一方面，培育和发展社会组织，政府向社会组织转移职能以及购买公共服务项目，势必涉及多个政府部门，但由于缺乏责任机制，没有形成统一规划，仅有个别部门在进行摸索实践。在城乡基层，重登记、轻管理或没有管理的现象较普遍，基本没有社会组织管理与服务的专职工作人员，在社区层面基本由社区工作者一个人身兼数职，没有建立有效的综合培育与监管机构。

三、关于丰台区社会组织培育的建议

（一）提高认识，切实加强领导

要充分认识社会组织在新时期、新形势下的地位和作用，准确把握现阶段社会组织的特点，高度重视社会组织培育。各级党组

织要加强对社会组织培育工作的领导和支持，各部门要把社会组织培育纳入议事日程，各尽其责，帮助解决社会组织发展过程中遇到的困难和突出问题。重点培育，优先发展行业协会商会类、科技类、公益慈善类、城乡社区服务类社会组织，努力为社会组织发展提供良好环境，推动社会组织健康有序发展，积极引导其为全区经济和社会发展服务。

（二）完善政策，形成扶持社会组织的政策体系

一是加强顶层设计，尽快调研出台《丰台区关于加快推进社会组织改革与发展的实施意见》，为全区社会组织的发展做好规划，引领方向。二是加大资金扶持，区级财政设立社会组织发展专项资金，建立公共财政对社会组织的资助和奖励机制，扩大税收优惠种类和范围，完善社会组织专职工作人员的工资指导、社会保障和职称评定等制度，建立对贡献突出社会组织的奖励机制。三是加大政府购买服务工作力度，推动政府各部门将微观层面、社会服务性质的工作向社会组织转移，通过政府购买促进社会组织以需求定发展。四是加强对购买服务资金的绩效评价，建立健全由购买主体、服务对象及第三方组成的综合性评审机制。

（三）创新管理，建立强有力的组织架构支撑

社会组织服务于各级党政部门和社会各行各业，要鼓励社会组织发展，激发社会组织活力，必须要建立覆盖广泛、领导有力的组织管理体系。从全区的具体情况看，目前区民政局社团管理办公室专门负责登记管理工作，区委社会工委、区社会办开展培育扶持工作，在街道、乡镇、社区、村，缺少专门的社会组织培育发展职能。通过借鉴兄弟区县经验，建议明确街道、乡镇培育与管理社会组织的职能，明确承担相应工作任务的科室，在有条件的街道成立街道级社会组织综合服务中心，以购买服务的形式由专业机构入驻，负责社会组织培育工作。

（四）加快现代社会组织制度建设，完善内部治理机制

一是社会组织要建立以章程为核心的内部治理结构，包括人事制度、财务制度、内部民主决策制度，从而增强其自主发展、自我管理和服务社会的能力。二是制定社会组织行为规范和活动准则，完善失信惩罚机制，实行社会组织信息公开，增强社会组织的透明度和公信力，减少社会组织行政化倾向，保持社会组织的民间性及独立性。三是加强社会组织人才队伍建设，建立社会组织内部激励机制，增强社会组织从业人员的工作积极性和主动性，增强服务能力，提高服务质量。四是完善社会组织领域党的建设，在政治上把握方向，确保社会组织为我所用。

（此文作者为丰台区委社会工委书记、区社会办主任）

关于全面转型背景下的基层社会服务管理创新研究

沈代平

党的十八大报告指出，加强社会建设，是社会和谐稳定的重要保证，并对加强和创新社会管理工作作出了新的部署。当前，全区正处在经济社会全面转型的关键时期，社会管理工作面临着新的形势和要求，如何以十八大精神为指导，走出一条具有石景山区特色的基层社会服务管理创新之路，更好地服务于全区转型发展，成为我们必须深入研究和思考的课题。

一、创新基层社会服务管理的必要性

(一) 创新基层社会服务管理是贯彻党的十八大精神，应对新形势的必然要求

加强和创新社会管理，事关党的执政地位巩固，事关国家长治久安，事关人民群众安居乐业，是构建社会主义和谐社会的必然要求，是维护最广大人民根本利益的重要举措。党的十八大提出了围绕构建中国特色社会主义社会管理体系、加快形成“社会管理体制、基本公共服务体系、现代社会组织体制和社会管理机制”的社会体制改革目标，为创新社会服务管理指明了方向。

(二) 创新基层社会服务管理是建设中国特色世界城市，提升城市管理水平的重要举措

全区作为北京城市功能拓展区，在建设世界城市和“人文北京、科技北京、绿色北京”的过程中，面临着全面深化和推进“首都文化娱乐休闲区（CRD)”建设，努力提高科学发展水平、规划建设档次和服务管理水准的重任，进一步创新基层社会服务管理对完善全区“一区三中心”的功能定位具有重要意义。

(三) 创新基层社会服务管理是适应全区全面转型，实现可持续发展的迫切需要

全区经济社会正处于转型发展的关键阶段，随着“大调整、大建设、大发展”的不断推进，过去一些行之有效的社会管理模式、方法和手段，已经无法很好地适应形势发展的需要。面对新形势，我们必须积极推进社会服务管理理念、体制、机制、制度、方法创新，最大限度激发社会活力、最大限度增加和谐因素、最大限度减少不和谐因素，为全区全面转型和可持续发展创造良好的社会环境。

二、全区基层社会服务管理工作的基本现状

(一) 社会服务管理工作格局不断完善

区委、区政府高度重视社会管理工作。成立了由区委书记任组长、区长任第一副组长、33 个部门为成员的社会建设工作领导小组；出台了一系列制度文件，明确了全区社会建设工作基本体系框架；举办了“世界城市·社会建设论坛”，进行了社会建设的理论探讨；形成了 20 多个社会管理创新实践案例，推出了一批理论成果、制度成果和实践成果。

(二) 社会服务管理工作基础不断夯实

在区社会建设工作领导小组及其办公室综合协调、有关部门各负其责的共同努力下，社会管理工作基础不断夯实。一是社会领域党建工作扎实推进，成立了街道社会工委党委，构建形成了以街道社会工作党委为核心，以社区党组织和商务楼宇党组织为基础，驻区社会单位党组织、“两新”组织党组织共建联建的区域性大党建新格局（见图 1)；

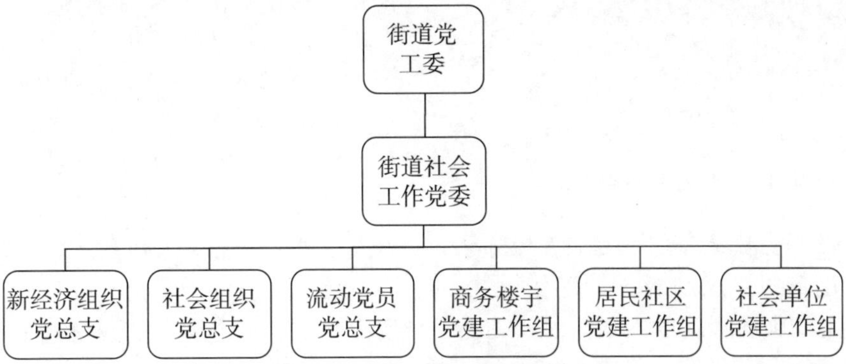

图 1　街道社会工作党委工作运行图

创建了“社区联建门店”党建工作模式，成立了区志愿者联合会党支部；41座商务楼宇全部建立了工作站，成立了党组织，选派了258名党建工作指导员，为楼宇内的1078余家非公有制企业和1.6万余名员工提供全方位的社会管理服务。二是社区建设成效显著，社区管理形成社区党组织、社区居委会、社区服务站“三位一体”的工作格局；95%的社区办公和活动用房面积达到或超过了350平方米的北京市验收标准；2009年以来累计招录700余名人员进入社区工作；29个社区顺利通过市政府绩效管理工作领导小组“六型”社区考核评议，完成挑战值目标；截至2012年年底，共建成“一刻钟社区服务圈”64个（其中市级示范点48个），覆盖社区123个，服务人口55万余人；98个社区实现了基本公共服务全覆盖。三是社会组织服务管理稳步发展，目前全区共有各级各类社会组织573家（见图2），认定了10家区级“枢纽型”社会组织，搭建起了以条为主、条块结合的社会组织工作网络；组建了18支6万余人的志愿服务队伍；建立健全了政府购买社会组织服务工作监督管理制度，2009年以来政府累计投入了近3亿元实施700余项便民工程、投入1325万元购买了100余项社会组织服务。

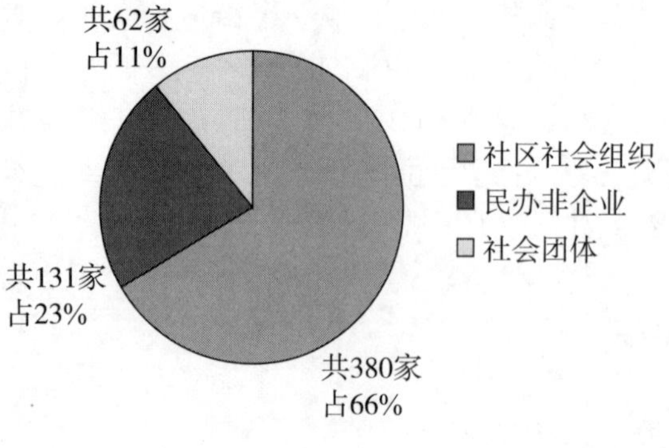

图2 石景山区社会组织结构特点图

（三）社会服务管理工作特色亮点不断呈现

一是创建新居民互助服务站工作模式，创新了流动人口服务管理的方式方法，习近平同志给予充分肯定并作出重要批示。二是创建商务楼宇“五站合一”工作模式，把党组织的覆盖面、政府的社会管理和公共服务职能拓展延伸到商务楼宇，此工作模式在全市得以推广。三是形成了公益反哺家园、“红蜡烛”、金色亲情志愿服务队、“快乐相伴”首钢留守家庭子女志愿服务等志愿服务精品。四是建立了社区社情恳谈会等平安石景山建设品牌。

近年来，全区社会建设工作取得了显著成效，并在服务全区经济社会发展大局以及奥运安保、新中国成立60周年大庆、首钢转型调整等重要活动、重大举措中发挥了积极作用。2009年，全区被国家民政部授予首批“全国和谐社区建设示范城区”荣誉称号。

三、全区基层社会服务管理工作所面临的问题

在看到工作成绩的同时，我们应该清醒地认识到，随着社会形势的发展变化、全面转型的不断深入，社会管理工作也将面临着各种新情况、新问题。

（一）社会领域党建工作面临新的课题

1．两新组织党建工作覆盖面需要进一步扩大。随着全区国家服务业综合改革试点区、国家可持续发展实验区和中关村国家自主创新示范区特色园区、新首钢高端产业综合服务区建设不断推进，将带来政策、人才、技术、资金等要素的大量汇聚，非公有制经济组织、社会组织不断产生，大量人员在非公有制企业实现就业。目前，全区规模以上非公有制企业党组织覆盖率为100%，规模以下非公有制企业党组织覆盖率为66.7%（见图3），随着非公有制企业的发展壮大，两新组织党建工作覆盖面还需进一步扩大。

2．社区党建力度需要进一步强化。至2012年年底，全区现有常住外来人口21.4万人，占全区常住人口的33.5%，其中流动党员教育管理成为街道、社区党建工作的重要内容。随着个体工商户迅猛发展，社区服务管理的事务不断增多，街道、社区统筹辖区资源、引领区域发展的责任更加重大。

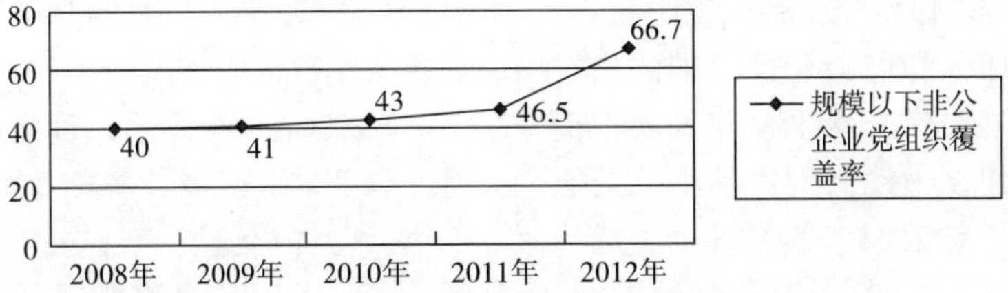

图3 2008—2012 年非公有制企业党组织覆盖率对比图

（二）社区建设工作面临新的期待

1. 社区服务管理水平有待提升。随着全区经济结构调整，大量的“单位人”变成“社会人”，人们就业、工作和生活方式不断发生变化，以及流动人口、老龄人口和特殊人群不断扩大，群众对社区的归属感越来越强，对生活质量和社区服务的要求越来越高，社区公共服务和管理的作用日益凸显，社会服务管理水平需要进一步提升。

2. 基本公共服务体系有待完善。随着首钢产业转型调整的完成，38 个首钢社区、涉及19.8 万人（其中首钢居民 13.6 万人）的配套服务由过去企业提供转为政府提供。同时至 2015 年，全区将完成 58 个小区 774 栋房屋 315.67 万平方米的老旧小区综合整治工作，随着基本公共服务覆盖范围向老旧小区、流动人口不断延伸，公共服务需求进一步增加。

（三）社会组织参与社会管理的力度需要进一步加强

1. 政府职能转变需要社会组织积极参与。2012 年，全区第三产业增加值占地区生产总值的比重达到 62%，初步形成了以服务业为主导的经济结构。从实践发展经验来看，现代服务业尤其是高端服务业的发展需要优质的社会软环境，政府职能需要进一步转变，社会组织参与社会事务的程度需要进一步提高。

2. 社会组织发展状况需要改善。全区虽然出台了一些加强社会组织扶持、管理的制度办法，取得了一定成效，但是社会组织参与社会管理存在一些需要加以重视并解决的实际问题，比如施展领域有限、发展空间狭小，政府财政投入不足、扶持力度不大，因找不到业务主管单位而无法登记等。

（四）平安石景山建设面临新的压力

1. 就业形势严峻。由于受到经济整体形势不确定性和全区产业结构调整的影响，以及安置首钢富余人员用去了较多就业资源，2012 年全区城镇登记失业率为 2.04%，就业总量矛盾和结构性矛盾更加凸显，社会保障压力增大。

2. 群众利益诉求增多。随着社会经济快速发展、民主法治进程逐步推进和公众素质不断提高，利益主体更加多元、权利意识更加强烈，公众参与公共事务积极性不断增强。同时，一次性农转居的遗留问题依然存在，因生活困难、拖欠薪资、涉法等上访诉求时有发生，社会管理难度增大。

四、创新基层社会服务管理的对策与建议

面对社会发展形势的新变化和全区全面转型的新要求，我们要在继承已有工作成绩的基础上，勤于实践、勇于创新，全力推动全区基层社会管理创新工作迈上新台阶，努力建设一个“让人民过上更好生活”的现代化首都新城区。

（一）转变观念、完善机制，增强社会管理工作推进合力

1. 切实转变社会服务管理工作思想观念。社会管理主要是对人的服务和管理，说到底是做群众的工作。社会管理创新不仅仅是管理方式、管理手段的创新，更重要的是观念的转变与创新。要牢固树立以人为本、

服务为先的理念，以保障和改善民生为重点，把群众满意作为加强和创新社会管理的出发点和落脚点，通过消除公众生存和发展中面临的各种社会障碍，为他们提供基本公共服务、安全保障、利益维护、平等机会、选择自由等，从而促进每个人全面自由的发展，实现寓管理于服务之中。

2. 完善社会服务管理工作体制机制。按照党的十八大的要求，加快形成党委领导、政府负责、社会协同、公众参与、法治保障的社会管理体制。进一步完善领导体制和沟通协调机制，充分发挥党委在社会管理中总揽全局、协调各方的领导核心作用和社会建设工作领导小组的牵头抓总作用；利用好区委社会工委、区社会办的社会建设的机构优势，加强工作统筹协调，积极发挥领导小组成员单位作用，增强工作合力，使各项措施有效衔接、各项工作协同推进，继续保持社会建设工作良好发展态势。

（二）加强社会领域党建工作，提高科学化水平

1. 打造精品工程，着力推进非公有制企业党建工作。一是开展“向日葵工程”。以“强特色、创品牌、育精品”为目标，在非公有制企业中开展党建精品项目——“向日葵工程”。通过从10个行业中选树培育10家非公有制企业党建标兵单位，由9个街道、科技园区负责党建工作的主管领导担任党建指导员，开展一对一业务指导，提高党建水平，并由此带动更多非公有制企业的党建工作。二是开展“党组织呼唤工程”。通过引入“区域党员”、发现“口袋”党员、寻找“隐形”党员、发展新党员等方式，壮大非公有制企业党员队伍，着重解决无党员非公有制企业的党员问题，并依托这些党员尽快建立党组织。三是开展巩固拓展既有成果工程。完善商务楼宇“五站合一”工作模式，认真组织好在商务楼宇非公有制企业中成立商会的试点工作，丰富“五站合一”工作内容。依托“社区联建门店”和区工商联、区个体私营企业协会，及时组建区域性党组织或行业性党组织，建立党建工作阵地，扩大党建工作覆盖面。

2. 健全组织体系，确保社会组织正确发展方向。推进区级“枢纽型”社会组织党建工作，以“枢纽型”社会组织联合党组织牵头负责，发挥其政治上桥梁纽带作用，将党的组织和党建工作拓展到同类别、同性质、同领域的社会组织，努力做到社会组织发展到哪里、党建工作就跟进到哪里，确保社会组织沿着正确方向不断地发展。

3. 加大整合力度，完善区域化党建格局。深入开展“三级联创”活动，进一步发挥街道社会工作党委对社区党建的组织领导作用，规范社区党建运行机制；加大驻区单位、驻区社会组织和驻区党员资源整合力度，健全共驻共建机制，强化社区党组织在区域发展中的领导核心作用。根据街道、社区内流动党员数量，以新居民互助服务站为平台，建立街道或社区流动党员党支部，将支部建立在服务站上，并纳入街道或社区党组织进行统一管理，加强流动党员教育管理，努力做到流动党员离乡不离组织。

（三）加强社区建设，大力提高基本公共服务水平

1. 以社区规范化建设为抓手，提升社区管理水平。一是厘清政府委托事务和社区自治事务的边界，减少社区承担的行政事务，增强社区自治能力。二是依托社区人才工作室等平台，加大人员培训管理，提高专业化能力水平；做好社区居委会换届选举工作，不断优化队伍结构。三是推进“六型社区”建设，改善社区环境，打造干净、规范、服务、安全、健康、文化的和谐社区；抓好“智慧社区”建设，探索社区服务提供新方式，提升社区公共服务信息化水平。

2. 以基本公共服务体系建设为抓手，建立公共服务多元提供机制。按照加快推进政府主导、覆盖城乡、可持续的基本公共服务体系建设的目标要求，推进“一刻钟社区服务圈”建设，将服务项目、服务内容不断向老旧小区延伸，扩大社区基本公共服务覆盖

面；完善政府购买公共服务制度体系，实行项目化运作模式，引导和鼓励社会组织、企业参与改善民生的各项服务，形成“以政府为主导，市场为补充，社会组织积极参与”的多元化公共服务提供机制，增强基本公共服务承载能力。

3. 以各类人群服务管理为抓手，提高公共服务均等化水平。一是加强流动人口服务管理。深化“以业控人、以房管人、以证管人”的流动人口管理模式和新居民互助服务站服务职能，提高服务质量。探索居住证制度，将流动人口就业、社会保障、出租房屋、子女就学等服务管理内容逐步纳入居住证制度，改善流动人口的工作生活条件，维护流动人口的合法权益，做到同管理、同服务、同教育。二是加强特殊人群服务管理。依托现有“金顶阳光事务所”“小飞象”“乐龄老年社会工作服务中心”等，加大对重点人群、弱势困难群体等的帮扶力度，彰显社会管理的人本关怀。

（四）坚持育管并重，进一步激发社会组织活力

1. 扎实推进政府职能转变。进一步厘清政府与市场、与社会之间的关系，积极将政府社会管理的部分职能适当向社会组织转移，为社会组织不断发育成长提供发展空间。加快推进事业单位改革，理顺政府与事业单位之间的关系，进一步明确事业单位的功能定位，提高事业单位整体素质和服务水平，探索鼓励和引导社会力量兴办公益事业，拓展社会组织的服务领域。

2. 建立政府、社会组织间合作机制。在转变政府职能的过程中实现党政部门与社会组织关系的转型，建构政府各相关职能部门与社会组织之间以服务为轴心的新型关系，探索建立党政部门与社会组织的合作互动机制，加快形成政社分开、权责明确、依法自治的现代社会组织体制，推动社会管理从重政府作用、轻多方参与向政府主导、多方参与、合作共管的模式转变。

3. 加大对社会组织扶持管理力度。通过政府购买服务等形式，加大公共财政对社会组织的资助、奖励。建立健全社会组织负责人管理、项目绩效考评、年度检查等制度，探索建立社会组织退出与社会问责相结合的工作机制，加强监督管理，确保服务质量和资金使用效率。探索建立区级层面政府购买服务网站，定期发布政府需求信息，通过公开招投标竞争等方式引导社会组织公平公正承接服务项目。

（五）创新方式方法，促进社会和谐稳定

1. 加强法治保障，建立群众权益维护新机制。建立健全法治框架内的党和政府主导的维护群众权益机制，畅通群众诉求表达、利益协调、权益保障渠道；健全信息公开机制，减少因信息不对称造成群众利益受损；严格落实决策风险评估制度，建立侵害群众利益的纠错机制和责任倒查机制，防止不作为、乱作为等现象发生，从决策源头上维护群众合法权益。

2. 搭建参与平台，形成社区治理新局面。在发挥好居民委员会、业主委员会和物业管理公司在社区治理中的主体作用的同时，积极培育社区社会组织，建立社区居民参与社区事务的新渠道，促进公民社会不断成长；充分发挥服务性、公益性、互助性社区社会组织在拓展公共服务、扩大就业、传播并丰富公益文化、规范成员行为、维护社会稳定等方面的积极作用，大力培育社区精神，增强社区居民对社区的认同感和责任感，形成社区多元化治理格局。

3. 重视源头治理，探索社会管理新举措。一是大力推进网格化社会服务管理体系建设。加快建立健全区、街“网格化社会服务管理综合指挥中心”，搭建“三级平台”，实现城市管理网格、社会面防控网格、社区网格“三网融合”；加强街道协管员队伍统筹规范工作，充实街道、社区网格力量，合力推动城市综合服务管理更加智能化、精细化、科学化，构建源头治理、动态管理、应急处置相结合的社会管理机制。二是探索实行网络问政。运用政府网站、微博、微信等新媒介手段，打造网络问政平台，搭建公众尤其是年轻人群体诉求表达新通道，并与网

格化社会服务管理体系相结合，建立区、街、社联动机制，第一时间回应公众诉求，解决实际问题，引导网络舆情，推动政府、社会、公众间的合作互动和虚拟社会的健康发展，维护和谐稳定。

（此文作者为石景山区委社会工委书记、区社会办主任）

关于加强社会组织培育和管理的研究报告

陈国才

社会组织的培育与管理是我国当前社会建设的重要内容。随着中国从传统的“单位社会”向现代公民社会的转型，社会组织已经成为政府、市场、家庭之外的“第四社会要素”，发挥着不可替代的政治与社会功能。党的十八大报告明确提出，“要加快形成政社分开、权责明确、依法自治的现代社会组织体制”。

为贯彻党中央构建“现代社会组织体制”的要求与北京市委市政府《关于加快推进社会组织改革与发展的意见》等一系列方针政策，门头沟区委社会工委与北京市委党校社会学教研部合作，成立课题调研组，力图在摸清社会组织发展现状，总结前一阶段工作的经验与不足的基础上，发现存在的主要问题与解决对策，并明确下一阶段的工作方向，以期为探索一条既符合现代社会治理方向，又具有门头沟区域特色的社会组织发展模式积累科研数据、提供科学依据。

课题调研历时 3 个月，采用座谈、访谈和问卷的形式，共召开座谈会 6 次，其中社会组织从业人员座谈会 3 次，专家咨询会 3 次；访谈对象 32 个，发放问卷 206 份。访谈对象为各类社会组织的负责人、居委会主任、街道办事处与区政府职能部门的工作人员。

一、门头沟区社会组织发展的基本情况

（一）发展历程及数量规模

门头沟区的社会组织起步于 20 世纪 80 年代，区合营个体户经济协会（1982 年）、区书法家协会（1984 年）和区计划生育协会（1988 年）是第一批开拓者。到 90 年代，区志愿者工作协会（1991 年）、区水利学会（1994 年）和区旅游行业协会（1998 年）等行业协会相继成立，充实了社会组织的队伍。新世纪之后，区科学技术协会（2002 年）、北京永定河文化研究会（2004 年）和区野山茶协会（2005 年）等一批技术与学术社团的成立，进一步完善了社会组织体系。

自 2003 年以来，门头沟区社会组织的数量以平均每年 10% 左右的速度递增。到 2013 年上半年，已经认定区级“枢纽型”社会组织 7 家，街道“枢纽型”社会组织 1 家，正式注册社会组织 170 家（社会团体 96 家、民非 74 家），社区社会组织 626 家（见图 1）。

国际通行衡量社会组织数量的指标是“每万人拥有注册型社会组织数量”。[①] 照此计算，门头沟区每万人注册社会组织数为 5.97 个，低于全市平均水平（6.8 个），在远郊区县中低于怀柔区和延庆县，距离北京市的发展目标（8.0 个）还有较大进步空间（见表 1）。

① 这是衡量社会组织发展情况的重要指标，就我国的情况而言，社会团体、民办非企业和基金会三类属于注册社会组织，而社区社会组织没有纳入统计范畴。

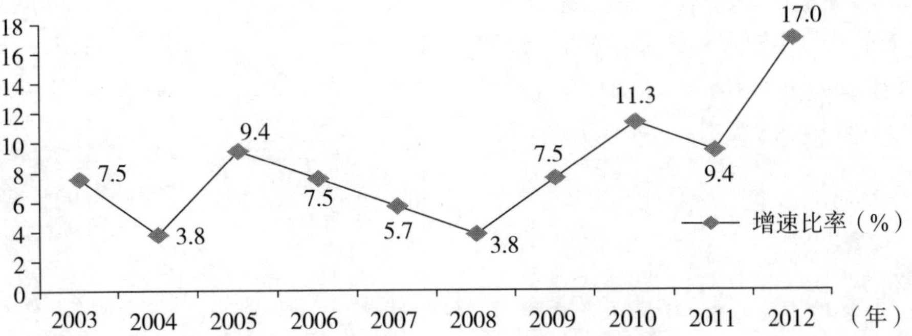

图1　社会组织每年平均增量变化趋势图

表1　区域社会组织总体规模的横向比较①

区域范围	具体数值		衡量标准
	社会组织总数（个）	人口总数（万）	万人社会组数
门头沟区	170	29.8	5.97
平谷区	274	42.0	6.52
怀柔区	376	37.7	9.97
密云县	156	47.4	3.29
延庆县	229	31.7	7.22
北京市（现有）	8573	1261.0	6.8
北京市（目标）	—	—	8.0
全国平均水平	499000	135404	3.69

（二）类型分布

目前，门头沟区初步形成了由“枢纽型”社会组织、正式注册社会组织与社区社会组织组成的社会组织体系，其比例分别为1%、21%与78%，比重分布较为合理（见图2）。

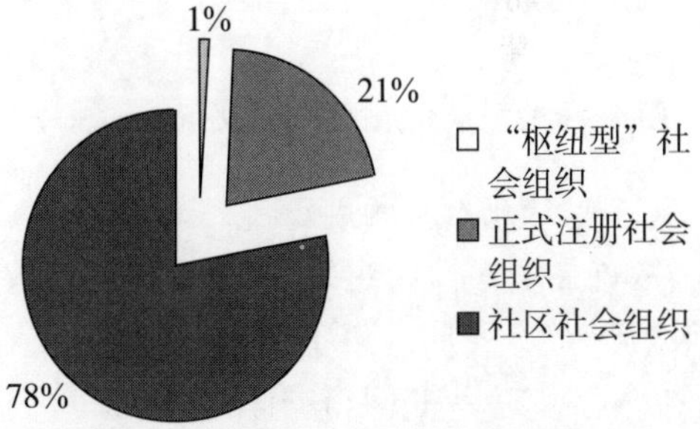

图2　社会组织的类型数量划分图

注册社会组织遍及就业服务、法律咨询、社区教育、文化体育、扶老助残、公益慈善、经济发展、科学研究以及社会组织发展支持等领域。其中，提供文化体育、扶老助残、社区教育、经济发展等服务较多；法律咨询、公益慈善、公共就业的相对较少（见图3）。

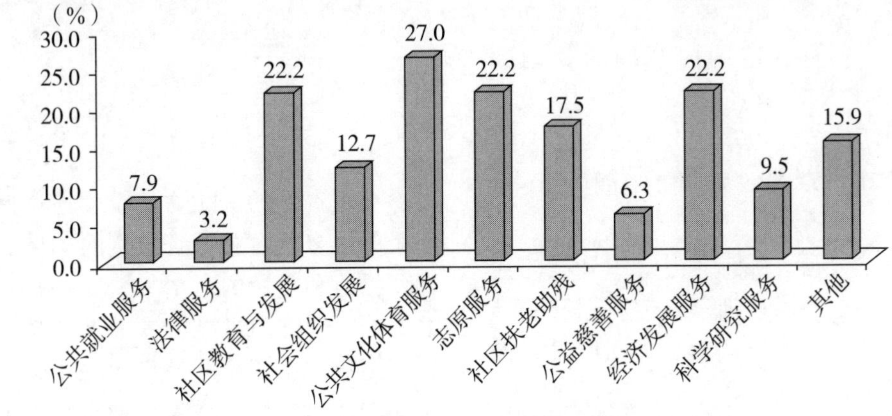

图3　注册社会组织服务类型划分图　（%）

① 以上为2012年数据，社会组织数据来源于北京市社会组织服务平台网和国家统计局网站，人口数据来源于北京市各区县2012年年度报告。

在626家备案的城乡社区社会组织中，提供服务类型主要集中在社区文体科教（229家）、社区福利服务（154家）、社区治安民调（95家）、社区医疗计生（72家）等（见图4）。

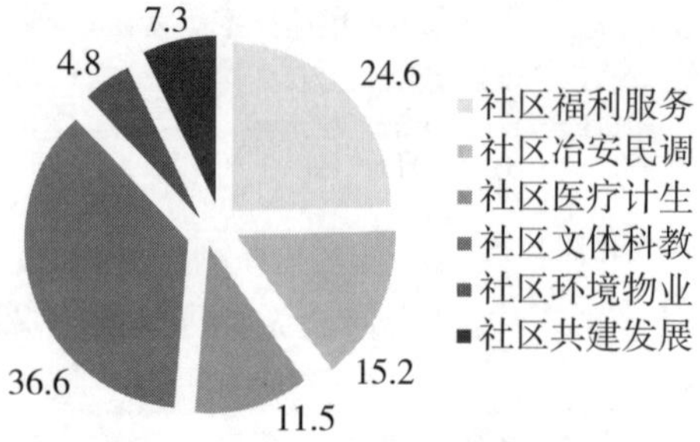

图4　社区社会组织的类型分布图　（%）

（三）从业人员构成

数据显示，社会组织兼职工作人员数量超过50%。在专职人员中，31—50岁的人数占41%；50岁以上的占33%，30岁及以下的占26%。从性别构成来看，男性占64.1%，女性占35.9%；从文化程度来看，本科及以上为61.9%；大专学历为23.8%，高中及以下为14.3%。

（四）活动区域与活动方式

从活动区域看，在街道或乡镇层面开展活动的比例为42.2%；在区级层面开展活动的比例为44.4%，在市级层面开展活动的比例为6.7%；跨区域（京津冀）开展活动的比例为6.6%；全国范围内开展活动的为3.2%。从这组数据可以看出，门头沟区大部分社会组织活动范围以本区与所在街道乡镇为限，对全市、京津冀地区的辐射力还比较弱。

从活动方式看，目前社会组织开展的活动类型多样，主要以培训、宣传策划和劝导教育为主，其次为矛盾调解、资料收集、提供信息、义演义卖等活动（见表2）。

表2　社会组织的主要活动方式

活动方式	所占百分比(%)	活动方式	所占百分比(%)
培训、研修、训练	23	出版刊物	5
宣传策划	11	举办学术论坛	4
劝导教育	8	商业性活动	3
矛盾调解	8	举办展览会	3
收集资料、提供信息	8	设置经营实体	1
培育基层组织	8	热线服务	1
义演义卖活动	7	国际交流与援助	1
提供资金、物资等援助	5	网络交流	1
政策建议、提案	5		

（五）负责人的来源与产生方式

调查数据显示，门头沟区社会组织负责人来自事业单位的占调查总数的31.0%，来自党政机关的占19.7%，完全由个人发起或组建的占14.1%，来自企业的占8.5%，来自其他渠道为26.7%。有56.4%的社会组织的负责人为兼职状态，且有身兼数职的情况（见图5）。

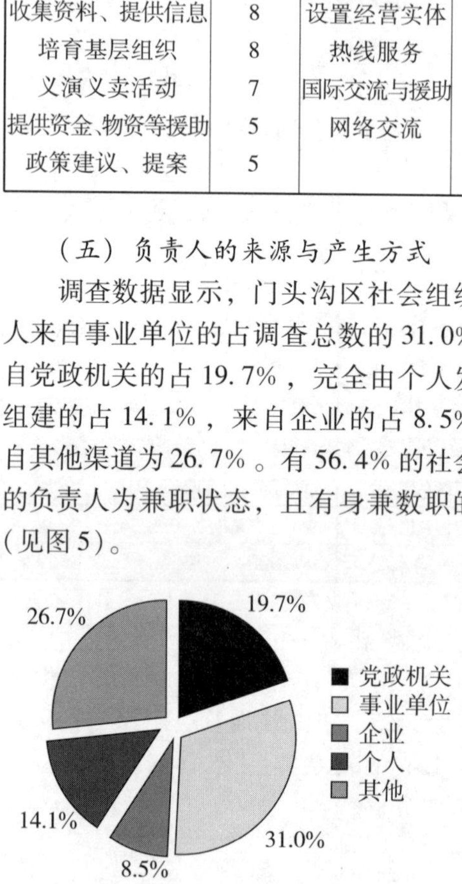

图5　社会组织负责人来源情况图

在负责人的产生方式上，通过民主选举产生的居多，占总调查数量的71%，由主管部门派遣和任命的占18%，由前任负责人提名并经主管部门批准的占10%。根据访谈资料，多数“枢纽型”社会组织负责人由主管部门派遣与任命，或者由前任负责人提名并经过主管部门批准。值得注意的是，社区草根组织的负责人多数为居委会指定，而且党员身份是候选人提名的基本条件（见图6）。

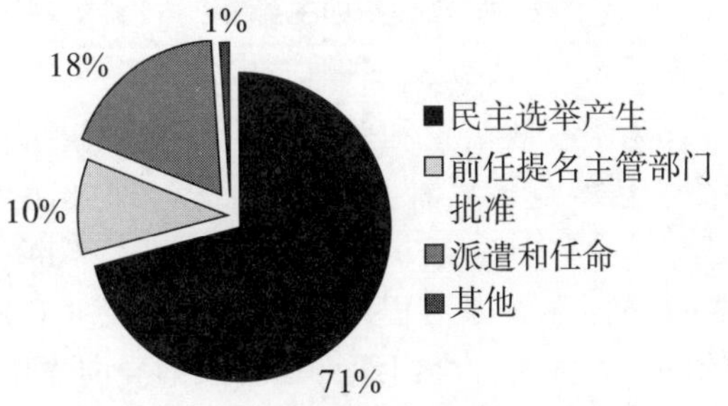

图6 社会组织负责人的产生方式图

（六）经费来源与财会制度

调查显示，社会组织的经费约70%来自政府拨款或者政府购买服务的项目经费，服务性收入约占10%，会费收入约占8%，企业或个人提供的赞助及捐助的比例不足1%。另外，大多数社会组织由于成本的缘故，往往是组织负责人身兼数职，没有严格的财务制度与专业的财务人员。

（七）规章制度建设情况

调查数据显示，有47.4%的社会组织每半年召开一次或多次理事会，52.6%的社会组织每年召开一次理事会。有77.1%的社会组织至少每年召开1次会员全体大会，10.4%是每2年召开1次会员全体大会。有21.6%的社会组织没有正式的决策机构，一些重要的决策和议程由两个以上的成员协商制定，或者由负责人个人决定；运用理事会等正式决策机构决定重大决策和活动计划的为68.5%。

总体而言，大型的社会组织规章制度相对健全，区义工联合会、志愿者工作协会、老年人协会、区交通运输协会等社会组织章程明确，也有理事会、监事会和会员代表大会等完善的法人治理结构；议事原则清晰，组织决策和人员任免实行民主决策与监督的程序；定期召开会员代表大会，商讨和表决一些重要议题、决策和人事任免。

（八）承接公共服务的主要形式

调查显示，全区社会组织承接公共服务项目，大多通过政府直接委托的方式，占全部项目的62%；而采取招标方式承接政府公共服务项目的情况相对较少，大约占17%；此外，合作形式主要是短期，约有55%的社会组织与政府之间的公共服务对接是短期合作协议（见表3）。

表3 社会组织承接政府公共服务的形式

形式	政府委托组织工作事项的形式(所占比例)		
	长期合作协议(%)	短期合作协议(%)	其他(%)
直接委托	31	31	9
进行招标	2	15	
其他		9	4
合计	33	55	13

二、社会组织培育与管理的实践探索

（一）社会组织的登记备案和年检工作的常态化

门头沟区依据《社会团体登记管理条例》《民办非企业单位登记管理暂行条例》《基金会管理条例》等法规，依法对各类社会组织进行登记备案。同时，为推进社会组织的规范发展，秉着注重培育发展和监督管理并重的原则，出台实施了《社会团体年度检查暂行办法》和《民办非企业单位年度检查办法》，从四个方面推动年检工作：增强对年检工作重要性的认识、加强与社会组织业务主管单位的联动、发挥网络信息技术的便利、加强对未按时年检的社会组织的催促与处罚。以2013年上半年为例，参加年检的社会组织有155家（社团89家，民非66家），其中115家年检合格（社团69家，民非46家），年检合格率74.2%，拟注销登记5家。

（二）完成社会组织类型的科学划分与认定

为提高政府购买社会服务的效率，充分发挥专项资金的导向作用，门头沟区在科学调研全区社会组织的情况与特点的基础上，划分认定了10类社会组织，分别为就业服务、法律服务、社区教育、文化体育、志愿服务、扶老助残、公益慈善、经济发展、科学研究和社会组织发展支持，为系统规划和合理布局奠定了科学基础。

（三）初步形成政府购买社会组织服务的工作机制

近年来，门头沟区根据中央与市委市政府关于“加强政社合作、转变政府职能”的基本精神，积极打造政社合作平台，把政府购买社会组织服务列入区政府的工作重点，建立起以项目为导向的政府购买服务工作机制。

为此，门头沟区制定了《门头沟区政府购买社会组织服务项目实施方案》和《门头沟区政府购买社会组织服务项目实施细则》，成立了政府购买社会组织服务的评审委员会，明确提出可由社会组织承接的社会服务事项目录，由评审委员会集中面向社会组织公开征集项目，由区委社会工委和区民政局具体实施，采取政府全额购买、单独立项、委托开展的方式，转移给相关的社会组织，并邀请专家为社会组织申报项目进行培训与督导，有重点、有层次地培育一批具有一定影响力的组织服务品牌。以2012年为例，区政府投入资金371万元购买社会组织服务，撬动社会资金3000万元，有效拉大社会就业，受益群众达到26万人。2013年，区政府用于购买社会组织的服务项目资金增长到550万元，社会效益日益显著。①

（四）稳步推进区级、街镇两级的“枢纽型”社会组织认定工作

按照市委市政府关于推进“枢纽型”社会组织认定工作的精神，门头沟区认定了区团委、区总工会、区文联、区残联、区红十字会、区妇联、区科协等7家区级“枢纽型”社会组织。此外，区社会工委、社会办、民政局等职能部门还积极推动建立街镇的“枢纽型”社会组织，多次召开街镇“枢纽型”社会组织建设推进会。目前，首家街道层面的“枢纽型”社会组织已经诞生，这是社会组织培育和管理创新的一项重要举措。

（五）初步建立社会组织的评估管理制度

为了有效培育和管理社会组织，门头沟区制定实施了《社会组织评估管理办法》，建立了全区社会组织评估管理制度，不断完善评估标准、评估程序，特别注重服务对象的评价，强化社会组织评估结果的导向作用，把评估结果作为政府购买服务项目与社会组织享受各类扶持政策的重要依据，由此激励和约束社会组织的行为。

（六）搭建社会组织的信息服务平台

门头沟区依托为民服务信息平台，开发社会组织信息发布功能模块，为社会组织提供服务项目推介、志愿者招募、服务供给信息发布、居民需求调查、经验交流等各项服务。同时，该平台可推广和宣传社会组织的优秀品牌服务项目，实现社会组织服务供给与居民服务需求的高效对接，促进政府职能部、社会组织、居民的多方互动与广泛交流，不断提升社会组织的透明度和公信力。

三、社会组织培育与管理存在的问题

（一）社会组织发展的总体布局和系统谋划有待加强

按照党的十八大报告构建“现代社会组织体制”的基本精神，门头沟区提出了社会组织发展的总体目标，力争用2—3年的时间，初步建立门类齐全、层次丰富、结构优化、功能完善的社会组织体系。但一些基本问题仍需深入研究，例如，如何在实践中明确政府、市场和社会组织各自的领域与职能；门头沟区社会组织的总体数量应该是多少；各类社会组织的比例如何，关系如何，如何开展合作；重点发展哪些类型的社会组织等。

① 门头沟区：《2013年社团办工作总结及下半年工作思路》。

（二）社会组织管理的行政化倾向依然浓厚

淡化社会组织的行政色彩，激发社会组织的活力，这是党的十八届三中全会关于社会组织发展的基本方针，也是“现代社会组织体制”建设的基础。但调查发现，社会组织的行政化色彩还十分浓厚。

人民团体和行业协会等“枢纽型”社会组织，长期被视为是政府行政机关的衍生机构；社会组织与业务主管部门的挂靠关系，经常被理解为行政隶属关系；其负责人的产生与活动的开展都需要政府的许可。社会组织从负责人、经费来源、办公活动场所到组织活动所需的资源，都来自政府或依赖政府的帮助，开展的活动多来自于“自上而下”的分派，缺乏群众参与和回应，自身的独立性和自主性较低；由此造成一部分组织缺少长期发展的规划与可持续的项目，惰性较强。

（三）缺乏为社会组织提供服务的专业机构

国内外先进经验证明，对处在起步阶段的社会组织来说，专业服务机构的支持至关重要。目前，门头沟的社会组织在规范化建设方面还处在摸索阶段，亟须引入专业的社会组织服务机构，为其提供法律咨询、能力提升、财务管理、项目申报等方面的能力建设。

（四）缺乏从事社会组织工作的专业人才

调查显示，由于无法承担高昂的人力成本，社会组织的从业人员多数为兼职，专业知识也相对匮乏，专业人才的“引进”十分困难，而且许多社会组织面临着现有人才流失，严重影响了社会组织的规范化和专业化水平。

（五）社会组织的规章制度与内部治理结构亟待完善

规章制度缺失或无力是门头沟区一部分社会组织的通病，把工作计划等同于规章制度与“一言堂”的现象屡见不鲜，造成部分社会组织的宗旨不清，志愿性和公益性缺失，营利取向抬头。另外，缺乏健全的治理结构，理事会制度发育不健全，选举办法常流于形式，不能补充新鲜血液。

（六）社会组织资金来源渠道比较单一，长效合作机制缺乏

如前文所言，门头沟区社会组织的经费70%来自项目经费和社区公益金两大财政资金；会员会费、自营收入、企业或个人捐助的比例较小。此外，项目以短期为主，缺乏长效机制，致使社会组织对未来工作缺乏预期，出现急功近利现象；更疲于应付各类检查，使工作不能充分落到实处，影响了项目的社会效果。

四、社会组织培育与管理的政策建议

建立门类齐全、层次丰富、结构优化、功能完善，适应区域经济社会发展总体要求的社会组织体系，是一项长期艰巨的系统工程。一方面，要紧紧围绕党的十八大报告与十八届三中全会《中共中央关于全面深化改革若干重大问题的决定》的基本精神，加强党委领导职能与政府主导作用，加快实施政社分开，激发社会组织的活力，推进社会组织明确权责与依法自治；另一方面，又要充分尊重门头沟区的区情区况，稳步推进，注重各方面政策措施的协调配合。

（一）正确处理政社关系，促进政府与社会组织良性互动

当前，发展社会组织的前提是处理好政府与社会的关系，核心内容是转变政府职能，推动政社分开，明确政府与社会组织的界限，给社会组织更大的空间，增强其独立性和服务能力。具体可以用5个关键词来概括：即“授权”“主导”“协商”“服务”“监管”。

“授权”：区政府要加大向社会组织转移职能的范围与步伐，而且转变政府职能与社会组织承接服务要同步推进，在促进社会组织成熟的过程中转移政府职能。建议区政府

梳理应当转移的职能目录、政府购买服务的目录、能承接政府职能的社会组织目录，明确衔接的工作步骤和时间表。

“主导”：坚持党和政府的主导作用主要体现为掌舵而不是划桨，宏观局面的把控而不是具体关系的支配，要通过法律监督、政策引导与项目扶持等方式，引导社会组织的发展与规范建设。要立足门头沟区“跨越发展”与“生态涵养”的区情，合理布局、重点培育。一方面，要针对总数偏少的问题，加大政府购买服务的力度，出台优惠政策，激励社会组织的总体发展；另一方面，要重点培育就业、法律、科学研究、行业协会、商会、基金会等亟须的社会组织。

“协商”：政府职能部门和社会组织在提供公共服务、进行社会治理的具体事务上是协商合作关系；要充分尊重各领域社会组织对相关事务的建言权，在体制机制上要把相应的社会组织纳入决策过程。

“服务”：政府要为社会组织承接政府职能提供必要的服务，对转移给社会组织的事项，需要制定财政、管理、人才培训等方面的配套政策，有效保障转移的职能转得出、承接的民间组织能接得好。

“监管”：政府既要作为法律的维护者，依法保障社会组织充分的自由活动空间，同时也要作为法律执行者，依法加强对社会组织的监管，坚决打击违法违规的社会组织。

（二）有针对性提高不同类型社会组织的能力

1. 强化“枢纽型”组织的主导力。让“枢纽型”社会组织成为同性质、同类别社会组织的中枢组织与联合平台，成为政府服务外包、合同外包的重要承接者，弥补“社会协同”与“公众参与”不足的社会管理短板。

首先，进一步改革“双重管理体制”，理顺党政职能部门（社工委、社建办、社团办、街道）、各级“枢纽型”社会组织与相应领域的社会组织的关系，淡化“枢纽型”组织的行政色彩，提升业务指导职责，激发社会活动能力。就某些成熟的官办社会组织，区政府可尝试分步骤推动其社会化，在法人主体、机构、职能、人员、资产、住所方面实现脱钩，待试点成熟后，再逐步推广。

其次，引导“枢纽型”社会组织提升服务能力，积极为本领域购买服务项目提供帮助，允许其拓宽筹集资金的途径，优化资源配置，打造项目品牌，赢得本领域的社会组织和民众的认可。

2. 提升行业协会的约束力。引导行业协会成为权威的行业中介机构，使其作为成员企业的代言人和服务员，在企业与政府之间发挥“桥梁”和“纽带”作用，促进各行业的规范发展。

第一，政府要明确行业协会作为“企业代表”参与决策的权利，在人大、政协等机构中明确发言权，能直接参与制定或修改有关的政策法规，制定行业发展战略等。

第二，提高行业协会的服务能力，引导其在市场动向调研、制定产品标准、举办产品展览，召开科研会议等领域开展工作，助力其成为行业的信息中心、品牌服务中心乃至研究中心。

第三，拓宽行业协会的筹资渠道，改变依靠会员会费的单一渠道，鼓励某些行业协会申请政府购买服务的项目，并支持行业协会举办各种展览，出版行业刊物，通过展览出场费与刊物广告费筹集资金，以保持行业协会一定的财务独立性。

第四，引入竞争机制，以推行“一业多会”、内部竞选产生领导机构等方式，提升行业协会的工作动力，实行优胜劣汰。

3. 增强公益组织的服务力。力争形成一批“政府引导、社会兴办、专业运作、多元支持”的公益组织，成为满足人民群众多样化需要的主力军，起到承接公共服务，为政府排忧解难的作用。

首先，学习其他区县的成功经验，创建公益组织孵化中心，按照“公益性、慈善性、潜力性、枢纽性”等要求严格把关，选择一批现有的社会组织，为其提供能力建设与规范建设，打造品牌服务项目，为公益组织的相互合作提供服务平台，扩大公益活动的社会效果，促进其可持续发展。

其次，为公益组织解决办公场地的“燃眉之急”，可以通过改造民防设施等闲置资源或共用使用率较低的办公会议场所等办法，减轻其开支压力，助力其公益性。

最后，设立专项资金购买服务岗位，完善社会工作者的社会保障，支持专业人才进入社会组织工作，同时通过政策税收、媒体宣传等方式引导企业进入公益领域，为公益组织提供资金，实现政府、企业、社会组织的三方共赢。

4. 提高社区草根组织的生命力。继续培育一大批各类社区草根组织，形成政府项目支持、社区居委会引导、群众广泛参与、组织规范发展的良性局面。

第一，要正视社区草根组织的“正能量”。当前，社区已经成为群众业余生活的主要场所，群众通过参与各类草根组织的活动，既放松身心，又促进了邻里关系的和谐，提高了基层的动员能力。

第二，要为居委会“减负”，充分发挥居委会作为“基层枢纽型自治组织”的功能，引导草根组织健康发展，杜绝邪教等非法势力的渗透，同时也可以为本社区草根组织在街道统一备案等业务提供更好的服务，减轻它们的文案工作。

第三，政府要制定方便社区草根组织申请购买服务项目的政策，特别是财务报销政策。

第四，着力推进社区内外的资源共享，大力提倡社区单位、企业开放社会服务资源，为草根组织活动提供场所与便利，降低草根组织的活动成本。

（三）加强规范化建设和综合监管，保障社会组织健康发展

第一，完善社会组织的内部治理结构，对注册登记的社会组织要求建立理事会与会员代表大会；理事会成员应有社会人士参与，确保公正性和中立性，必要时还可建立监事会。

第二，完善社会组织信息公开制度，提高社会组织运作过程的透明化。要求社会组织，特别是公益慈善组织，除年检报告外，重大事项与开支也必须进行信息公开。

第三，以政府购买服务的方式，在区街两级引入独立的专业服务机构。一方面，它们可以为社会组织，特别是社区草根组织，提供政策讲解、项目申报、法律咨询、财务管理等业务支持；另一方面，也可以为政府的项目审批、评估提供专业服务，提高项目的科学性、公平性与社会效果，让职能部门摆脱过量的繁琐业务，集中精力从事监管。当然，这类服务机构必须接受政府的深度监管，特别是财务审计。

第四，加强社会组织服务管理机构的力量。区政府在转移职能的同时，要加强相关机构注册备案、培育扶持、绩效评估和监督管理的职能，建立起区、街道（镇）和社区（村）三级社会组织服务管理体系，实现基层社会组织服务管理“零距离”。

第五，建立健全项目的评估体系。政府职能部门在加大购买社会服务力度的同时，更要建立健全一套科学的项目评估机制，特别是要建立收集服务受众意见的机制，建立常规的“群众问责”机制作为评估的重要参考指标。

（此文作者为门头沟区委常委、常务副区长）

门头沟区网格化社会服务管理体系建设的实践与思考

王培兰

网格化社会服务管理体系建设是北京市推进社会服务管理信息化、精细化的创新举措。为深入做好全区网格化体系建设工作，使网格化与门头沟区社会服务管理工作更好地衔接，提高全区社会建设和社会治理水平，门头沟区网格化社会服务管理体系建设工作领导小组办公室结合全区工作实践对网格化社会服务管理体系建设进行了探索和研究。

一、全区网格化社会服务管理体系建设的背景

（一）中央文件精神

党的十八届三中全会通过的《中共中央关于全面深化改革若干重大问题的决定》明确指出：坚持源头治理，标本兼治、重在治本，以网格化管理、社会化服务为方向，健全基层综合服务管理平台，及时反映和协调人民群众各方面各层次利益诉求。这为我们开展网格化体系建设提供了理论依据和前进方向。

（二）北京市网格化体系建设的工作要求

2012年5月30日，市委、市政府召开了网格化社会服务管理体系建设推进大会，对试点经验进行了全面总结，并要求年底前各区县要全面推开，力争用一年左右的时间初步建立起网格化社会服务管理工作体系框架。

（三）全区网格化社会服务管理体系建设的工作需要

当前，全区正处于大拆迁、大建设、大发展的关键时期，社会结构深刻变动、利益格局深刻调整、思想观念深刻变化，特别是广大群众参与社会事务管理的热情日益高涨，迫切需要进一步创新社会管理体制机制和方式方法。2011年，区委、区政府以为民服务信息平台为载体，初步建立起全区统一热线号码61696156、短信号码和服务网站“三线合一”的全天候、全程跟踪式社会服务管理模式，实现了政府、企业、社会资源的有效整合和职能的有效衔接，走出了一条具有门头沟特色的社会服务管理之路。按照全市网格化社会服务管理体系建设推进大会精神，进一步总结经验、规范基层基础工作、强化部门责任，健全网格化社会服务管理体系，对于推动科学发展、促进社会和谐稳定具有重要意义。

区委、区政府高度重视网格化工作，2012年全市网格化体系建设推进大会后，专门成立了网格化建设工作领导小组，区委书记、区长任组长，各相关职能部门主要领导和各街镇党政一把手为成员，多次召开专题会议进行研究，就如何将网格化与为民服务信息平台紧密结合，建设符合门头沟实际、具有门头沟特色的网格化工作体系进行研讨，确立了以网格化为基础，以为民服务信息平台为依托，建设区、街（镇）、社区（村）三级指挥平台、实行区、街道（镇）、社区（村）、网格、节点五级管理，最大限度地提升精细化服务管理水平的建设思路，经区委常委会审议通过，印发了《关于推进全区网格化社会服务管理体系建设的实施意见》和《实施方案》，对推进网格化的各项任务、工作标准、实施步骤、工作要求等进行了安排和部署，明确了各相关部门和镇街的工作职责。同时，2013年安排了450万元专项资金，全面启动了网格化体系建设，为全区网格化体系建设提供资金保障。

二、北京市网格化社会服务管理体系的实践模式

几年来，各区县结合本地实际进行了积极探索，形成了各具特色的网格化社会服务管理模式。

（一）朝阳区“全模式”网格化社会服务管理模式

朝阳区从2010年7月开始，以城市网格为基础，建立“全模式”社会服务管理系统，其理念为“全覆盖、全过程、全参与”，通过资源整合，实现信息共享、业务集成、全程监督和全面评价。建立全区统一的信息平台。社区（村）建立覆盖人、地、事、物、组织等要素在内的基层网格数据库。区、街道（乡镇）按辖区范围对社区（村）基础数据库进行分类，按照人口、市政、城管、维稳、综治、公共服务等类别，建立上下对应的数据库，实现社会服务管理的量化统计、量化分析和量化评价。实行“一级监督、两级指挥”的管理格局。以指挥、监督双轴制衡为原则，设置区政府直管的独立的、垂直的社会服务管理监督中心，1499人的监督员队伍分布到各社区（村），加强对社会服务管理全过程监督、评价和考核。按照发现问题、案件受理、案件派遣、任务处置、结果反馈、复查核查形成闭环工作流程，所有案件由系统平台自动生成对各责任主体的评价结果。充实基层工作人员队伍。按网格管理员、监督员和协管员“一格三员”的标准配齐信息采集工作人员，明确基层网格信息的采集标准与更新时限。科学集成工作内容。通过一个平台将社会服务管理各项业务集成融合为应急管理、城市管理、综治维稳、安全生产、社会事业、社会保障、社会服务、经济动态、法律司法、党建工作共十大模块，在十大模块基础上，将工作内容细分为118个大类577个小类3537个细类，涵盖社会服务管理的各方面内容，使居民们能够“看单点菜”。

（二）西城区“全响应”网格化社会服务管理工作模式

西城区网格化社会服务管理的思路是建立“全面感知、快速传达、积极响应”的全响应社会服务管理工作格局，其核心是服务，实现方式是全面感知、快速传达、积极响应，目标是实现社会服务管理全覆盖、全感知、全时空、全参与、全联动，促进社会健康、持续、和谐发展。为了实现全响应目标，西城区运用信息化技术手段，本着以人为本、问题导向、资源整合、集成共享、部门协同、多元参与的原则，充分整合利用现有资源，在区、街、社区建立三级全响应社会服务管理平台。在社会管理上，整合区城市管理监督指挥中心、非紧急救助中心等职能，建立区城市社会服务管理指挥中心，在街道建立指挥分中心，形成集应急处置、城市管理、综治维稳、信访等为一体的城市社会管理体系，搭建统一的数据中心和调度平台。在社会服务上，按照社会保障一体化、公共服务均等化要求，以需求为核心、以社会化为依托，整合社会服务资源，构建区社区服务中心平台，拓展街道社区服务中心、社区服务站和楼宇工作站功能，形成区、街、居三级联动便民服务体系。在社会参与上，以社会协同、多元参与为目标，建立和推广楼门（院）长信息系统，推广PDA等现代信息手段，定期发布《西城区社情民意调查分析报告》，及时了解社会服务需求，构建社会参与网格管理，扩大社会参与。

（三）密云县立体分类式网格化社会服务管理模式

密云县针对地貌的复杂特点，本着方便群众、易于管理的原则，划分两种工作网格：一种是按照地理类别划分社区、村庄、农地、山场、景区、公路、河流、工业区等8类基础网格，实现网格化管理的全地域覆盖；另一种是政府职能部门采取包片包区、包镇包村等方式划分业务网格，将各种服务管理事项融入到网格。构建“一网建设、两级指挥、四级服务管理”体系框架。将现有的信息网

络资源和维稳应急、网格化城市管理等资源进行整合，建立区、乡镇两级指挥中心。全面整合“6+N”类力量。将党员、村组长、“六护”人员、协管员、志愿者、街道科室人员等力量融入网格，在不增加人员的情况下，形成1.8万人的社会管理员队伍。健全三项运行机制。包括信息收集、处理分派、监督考核等机制，对事件进行全过程监督，形成“县镇指挥、部门履职、社会协同、多元参与”的网格化管理新局面。

三、全区网格化社会服务管理体系建设的实践与探索

根据全市网格化服务管理体系建设的工作部署和要求，门头沟区网格化体系建设以“61696156”为民服务信息平台为依托，以基础网格为载体，以信息化系统为支撑，以落实责任为核心，以整合力量和优化流程为重点，突出全域覆盖、全员参与，建立起“精细化管理、人性化服务、全员化参与、科学化运转”的工作体系和运行机制，打造具有区域特色的社会管理创新品牌。

（一）网格化体系建设进展情况

门头沟区网格化社会服务管理体系建设按照“试点先行、先易后难、分期分批、逐步实施”的原则，分阶段推进网格化体系建设，其中大峪街道和军庄镇作为试点街（镇）已分别于4月和8月先后完成，并于4月10日在大峪街道召开了全区网格化社会服务管理体系建设工作现场会和工作推进会；城子、东辛房、大台3个街道办事处和永定、龙泉、清水等8个镇于11月底实现了上线试运行，年底前实现了门头沟区全域覆盖。重点抓了以下工作：

1. 健全三级指挥体系。区级层面：依托“61696156”为民服务信息平台，成立区社会服务管理综合指挥中心，承担全区社会服务管理信息收集、任务分派、督察考核三大职能，协调解决镇街反映的社会管理和社会服务突出问题。街道（镇）层面：成立网格化服务管理领导小组，建立街道（镇）网格化服务管理指挥分中心，对社区（村）上报的问题进行任务分配和协调处置。社区（村）层面：依托社区（村）服务站，建立网格化服务管理工作站，负责辖区网格化社会服务管理工作，发现问题、及时上报、协调解决。

图1　网格化社区工作站

2. 夯实网格化基础工作。

一是科学划分网格。以社区（村）为单位划分社会服务管理网格，同时将商业街区、重点路段、商务楼宇、山场、旅游景区等纳入不同社区（村）基础网格管理，截止到12月10日，全区四办九镇共划分1115个基础网格。

二是突出管理节点。将公共服务设施、私搭乱建、环境整治、险房险户、十二类特殊人群等关键部位和重点人群作为服务管理的重要节点，加大巡查和服务管理力度。

三是丰富服务内容。通过整合利益诉求及矛盾调处机制、号召党员主动认岗领责、开展四评一创、代理代办、志愿者服务、文体活动、物业管理、安全保障等诸多服务项目进网格，大大提升了服务水平，实现服务全覆盖。

四是整合网格管理人员力量。以党员、居民代表、居民小组长为骨干，整合公安、城管、司法、劳动、交通、残联、民政、林业、水务等各类专业力量，整合连民心服务

队、市民劝导队、爱民服务车队、夕阳红驿站、老年互助小组等志愿服务力量，建立4500余人的网格化社会管理员队伍。

五是工作职责下沉。将社会服务管理事项划分为维护公共服务、排查化解矛盾、维护市政市容等13大类60余小类673项，全部落实到基础网格中，明确网格社会管理员职责，最大限度地实现小事不出社区（村），将矛盾问题化解在基层的目标。

图2　军庄镇北四社区网格划分图

3. 创新双向运行工作机制。

（1）自下而上分层处理解决机制。针对网格发现的问题，建立“社区自治、属地管理、区级统筹协调”的自下而上分层办理的责任体系。一是强化社区（村）自治功能：依托网格化社会服务管理工作站，协调解决基础网格内的服务管理问题，力争小事不出社区（村），实现社区（村）内的微循环。二是强化街道（镇）属地管理职能：依托街道（镇）网格化社会服务管理指挥分中心，解决社区（村）反映的服务管理事项，确保一般事不出属地，实现街道（镇）层面的小循环。三是强化区级统筹作用：依托区网格化社会服务管理综合指挥中心，对网格逐级反映的问题进行分办处置，重点难点问题通过社会建设工作联席会议等方式，及时进行协调解决。

（2）建立自上而下的闭合工作流程。即：通过区网格化社会服务管理综合指挥中心，增强“61696156”热线服务功能，自上而下解决群众应急求助事项。一是通过热线、短信、网站三种渠道直接受理群众反映网格内的服务管理事项；二是根据服务管理事项类别，由区级平台向各职能部门或属地进行派单转办，限时办理；三是对各类转办事项进行全程跟踪、直接督办；四是服务事项办结后，平台及时对当事人进行回访，对办理结果不满意的，督促承办单位整改落实。

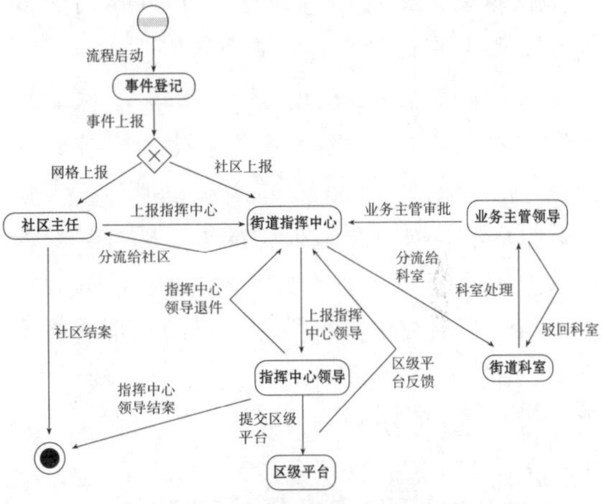

图3　网格化工作流程图

4. 实现信息化支撑。围绕网格化服务管理的闭合工作流程，开发建设了门头沟区网格化社会服务管理信息系统，建立信息采集、

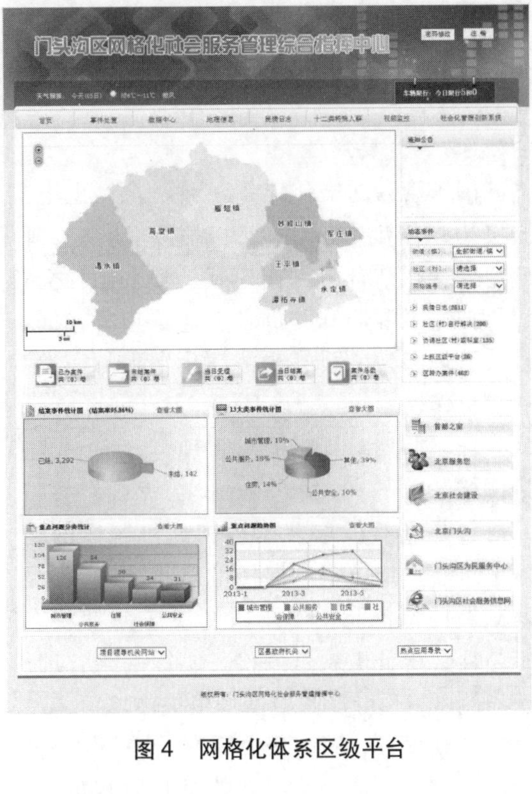

图4　网格化体系区级平台

工作处置、事件上报、日常管理的社区（村）级平台，分类转办、内部调度、事件处置的街道（镇）级平台和业务统筹、指挥协同、资源共享的区级社会服务管理平台，并与区“61696156”为民服务信息平台进行对接和整合，形成全面覆盖、上下联通的网格社会服务管理信息化支撑体系。

5. 开展数据采集工作。建立区、街（镇）、社区（村）三级网格化社会服务管理数据中心，在广泛调研征求意见的基础上，形成数据中心目录，采取外包的方式委托社会专业数据采集公司，对4办9镇的人、地、事、物、组织相关数据进行采集，目前已形成较为全面、准确的数据中心。其中人、地、事、物、组织数据分别有786685条、26794条、362条、1476条、7207条。

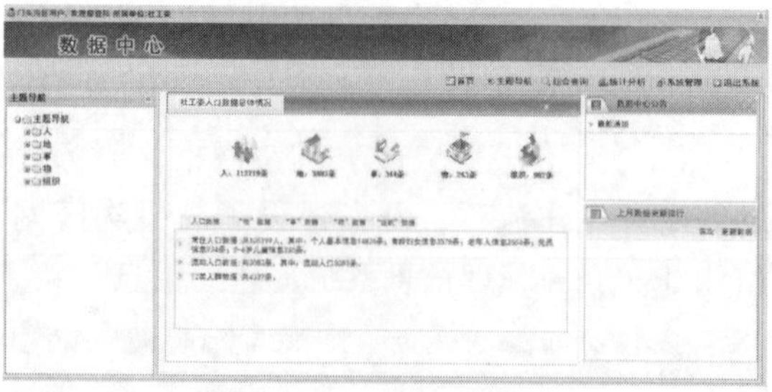

图5：网格化数据中心

（二）主要成效

门头沟区网格化体系建设经全区上下共同努力，初步形成了源头治理、动态管理、应急处置相结合的工作模式，整合了社会资源，拓宽了群众利益诉求表达渠道，在提高社会管理和为民服务的精细化水平方面发挥了积极作用。

1. 创新工作举措，实现“七大项目”进网格

一是利益诉求及矛盾调处机制进网格。网格员通过走访了解居民的意见和建议，及时掌握民情民意，使矛盾解决于萌芽状态。二是社会动员机制进网格。实行网格管理员包户制度，引导广大群众积极关注城市建设、参与公共事务、履行公共责任，自觉成为平台的信息员、情报员、宣传员和监督员，成为社会服务管理的“动态网格”。三是党员任岗领责、四评一创等重点工作进网格。通过党员任岗领责，充分发挥网格内党员的模范带头作用，带动其他居民参与社区建设。通过四评一创，加强居民对街道和社区工作的监督。四是代理代办服务进网格。整合社区服务站工作、劳动协管、流动协管、残疾人协管等工作内容，实行社区工作者进网格入户为居民办理各类具体事务，实现零距离服务。五是“一刻钟社区服务圈”建设进网格。通过打造“一刻钟社区服务圈”，整合梳理各类服务项目，为居民提供更为便捷的服务。六是志愿者服务进网格。各社区进一步整合志愿者力量，成立形式多样的为老年人、残疾人、困难群众等弱势群体开展形式多样的服务活动。七是文体活动进网格。整合社区资源，免费向居民提供活动场所，通过建立文体队伍，组织开展丰富多彩的文化活动，提升社区居民生活质量。

2. 实现“双赢双促”，物业化与网格化相结合

军庄镇作为全区网格化社会服务管理体系建设的试点镇，大力创新网格化管理工作，聘请专业化的物业公司与村网格化社会服务管理工作站对接，对网格内的事件实现共同管理、共同承担任务，实现了网格内的工作人员与辖区单位、物业公司对接。组建了日常保洁队、治安劝导队等物业服务队伍，配备统一的服装和工具，制定相关规章制度，网格化社会服务管理工作站负责协调、配合等工作，确保网格内环境卫生和安全稳定。此外，与物业服务相关的道路、环境卫生等基础工作也随着网格化服务管理工作的日益推进不断完善。

门头沟区网格化体系建设经全区上下共同努力，初步形成了源头治理、动态管理、应急处置相结合的工作模式，整合了社会资源，拓宽了群众利益诉求表达渠道，在提高社会管理和为民服务的精细化水平方面发挥了积极作用。目前，全区网格化社会服务管理信息系统接到事件总数为11008件，已办

结10905件，办结率99.06%，其中网格员在基础网格内解决事件8052件并登记在民情日志中，社区（村）自行处置事件2315件，街道（镇）处置事件136件，上报区级平台事件27件，区转办事件478件，95%以上的事件在基层得到解决，基本实现了将矛盾控制在源头、把纠纷化解在网格、把问题解决在基层的目的。

四、门头沟区网格化建设存在的问题

门头沟区网格化体系建设主要存在以下几个方面的不足：

（一）体制机制建设还需完善

虽然全区网格化体系建设取得了积极进展，但整体看门头沟区还处于起步阶段，在顶层设计、系统思考、资源整合等方面还有提升空间，在网格化体系运行机制、制度上有待进一步完善。

（二）网格内容相对单一

未将辖区内的人、地、物、事、组织等全部纳入网格进行管理，特别是政府职能部门的服务管理项目没有下沉到网格，网格功能尚未实现从管控为主向服务为主的转变，村民（居民）对医疗卫生、便民服务、生活保障、文教体育等方面的服务需求不能得到较好满足。

（三）工作力量亟须整合

主要表现：一是动员不足，没有将基层党员、公益岗位人员等工作力量整合入格，各种力量没有完全动员起来。二是下沉不够，涉及入格的各责任单位的力量没有有机融合，缺乏和街道（乡镇）、村的联系机制，工作合力不强。三是应用信息化技术的技能不高，网格一线的工作力量，多是“4050”人员，对信息技术比较陌生，影响了服务管理的效率和质量。

（四）基础建设水平较低

一是已有的规划、城管、公安等管理平台之间软件系统互不兼容，数据不能交换，信息不能共享，成了信息孤岛；二是各街道（镇）指挥分中心的网格化体系建设所需要的硬件设备还不完善。

（五）督导考评力度较小

网格化社会服务管理体系建设工作处于探索阶段，没有明确具体督察部门，各属地街道（乡镇）也没有配备专门的工作力量，上下联动、左右互动的工作机制没有形成，工作的垂直指导和横向监督没有落到实处。

五、门头沟区网格化建设的建议

当前，网格化社会服务管理体系建设已经成为全市开展社会服务管理创新的重要抓手和着力点，针对门头沟区网格化建设存在的薄弱环节和问题，提出以下建议。

1. 加强顶层设计，按照智慧门头沟总体要求，加强各系统资源整合，搭建全区网格化社会服务管理平台，为推动门头沟区社会服务管理创新做出贡献。

2. 进一步推进职能部门力量进社区（村）、进网格，按照实名制管理的要求，加强对网格专业力量的监督和管理，及时解决问题。

3. 进一步加强基层民主自治，拓展参与渠道，充分发挥各类社会单位、社会组织、志愿者队伍、市民劝导队的积极性，参与网格化社会服务管理体系建设中来。

4. 完善基础性工作，根据网格化运行情况完善工作机制，加强街（镇）指挥分中心和社区（村）工作站硬件建设，加强人、地、事、物、组织信息采集，完善和更新数据库。

5. 进一步细化网格事件分类标准，健全考核奖惩工作机制，最终达到“精细化管理、人性化服务、全员化参与、科学化运转”的工作目标。

（此文作者为门头沟区区委社会工委书记、区社会办主任）

房山区社会领域党建工作创新的实践与思考

于瑞林

房山区委社会工委成立以来，按照区委的决策部署，认真贯彻中央、市委关于加强党的建设的要求，坚持把社会领域党建工作放到推动房山跨越式发展的具体实践中来思考、来谋划，在服务发展“一区一城”中明确定位，确立了“一手抓党建覆盖，一手抓创新提高”的思路，在社区党建、社会组织党建、非公有制经济组织党建等方面取得了显著成效，为保持全区经济平稳增长、民生持续改善、社会和谐稳定作出了自己的贡献。

一、主要做法

（一）全面推进社区党建工作

1. 健全机制，完善区域化社区党建格局。成立了街道（乡镇）社会工作委员会，建立了以街道（乡镇）党（工）委为领导，街道（乡镇）社会工委具体负责，社区党组织为重点，社区党员为骨干的党建工作网络。制定了《房山区街道（乡镇）社会工作委员会工作职责》《房山区街道（乡镇）社会领域党建工作考评办法》等系列文件。全区126个社区全部建立了党组织，管理党员12931人。

2. 优化组织，发挥社区党组织领导核心作用。根据“一分、三定、两提高”社区管理体系建设的新思路，实行党组织、居民委员会、社会服务站“三位一体”的工作模式。理顺社区党组织和社区其他组织的关系，充分发挥社区党组织在社区各种组织和各项工作中的领导核心作用。通过社区党组织和居委会的换届工作，部分社区实现了党组织书记、居委会主任一肩挑，进一步巩固了社区党组织的领导核心地位。

3. 创新方式，加强社区党组织人才支持。建立了社区工作指导员制度，以全区退休和非实职处级以上领导干部为对象，按照“参政不决策、尽职不越位、帮忙不添乱”的工作原则，先后共派驻113名社区指导员，发挥了其联络员、参谋员、助理员的作用。同时，出台《房山区社区工作指导员管理办法》等文件，将社区指导员的工作出勤、在岗时间等情况纳入管理范畴，并开展优秀社区工作指导员评选表彰活动。

（二）扎实推进非公有制经济组织党建工作

1. 稳扎稳打，加大党组织组建力度。通过“单独建、联合建”等多种形式，先后在城建集团等83家非公有制企业新建党组织。目前，在非公有制经济组织中共有独立建立党组织255个，联合党组织112个，覆盖企业2065家，有效扩大了党组织在非公有制经济组织中的覆盖面。

2. 创造条件，建立商务楼宇“五站合一”工作站。在商务楼宇采取“五站合一”的模式，即建立党建工作站，社会工作站，工会、妇联、共青团工作站。4年来，共指导组建了盛通商务楼宇等5个工作站，为非公有制企业提供了党建阵地和经费、人员支持。

3. 严格标准，选派非公有制企业党建指导员和专职党建工作者。在派驻过程中，明确了“四有”标准，即：有较好的党建工作经验和较强的组织协调能力；有一定的政策理论水平；有勤奋敬业、吃苦耐劳、乐于奉献精神；掌握相关市场经济和经营管理知识。目前，已派驻非公有制企业党建指导员35名，专职党建工作者56名，发挥了其在企业发展中的“组织员”“辅导员”“领航员”作用。

（三）稳步推进社会组织党建工作

1. 紧贴实际，在“枢纽型”社会组织中努力推行“3+1”党建工作模式。按照市统一要求，在“枢纽型”社会组织中，本着党建业务一起抓的原则，推行“3+1”工作模式。“3”就是在“枢纽型”社会组织中成立党建工作委员会、建立社会组织的党组织、明确一个工作科室。党建工作委员会协调所属的社会组织的整体党建工作；社会组织的党组织管理所属协会的党组织和党员的发展工作；设立一个工作科室作为业务和党建工作的管理单位。“1”就是建立党建工作联席会议机制。目前，全区已确立“枢纽型”社会组织9家，其中区私个协已建立“3+1”党建工作模式。

2. 瞄准需求，搭建服务社会组织的新载体。区私个协党总支成立后，为增强服务的针对性和有效性，以“融资服务超市”为依托，在企业与银行间搭建融资金桥；以会员法律服务中心、经济合同争议调解中心、企研会法律大讲堂为载体，为各成员单位提供综合法律服务；发挥个体职业技能培训学校资源优势，向会员企业职工提供6大类20项职业技能培训服务；设置商标孵化中心办公室，为会员企业提供注册商标、专利、版权服务。

（四）积极推进社会领域党组织活动开展

1. 提高认识，深入开展学习实践“科学发展观”活动。2009年10月起，按照市、区统一部署，在社会领域开展了学习实践科学发展观活动，共有232个党组织和13158名党员参加学习实践活动，学习实践活动本着“抓住契机、打开局面、解决问题”的思路，通过积极开展“四个面向”“六个家园”等创建活动，圆满完成了学习实践活动的各项任务，为全面推进社会领域党建工作赢得了先机。

2. 培育典型，积极开展“创先争优”活动。自2010年4月起，根据《在全区社会领域基层党组织和党员中深入开展“创先争优”活动的指导意见》，在社会领域积极开展“创先争优”活动，共有564个党组织，15197名党员参加，在非公有制企业中建立联系点182个、提合理化建议1314条、开展技术革新项目411个、带来经济效益2亿多元、为群众办理好事实事1439件。

3. 推动发展，大力开展“五个好”示范点创建活动。自2010年7月起，按照《房山区非公有制企业党建“五个好”示范点考核评价标准》等文件，在“两新”组织中开展“五个好”示范点评选活动。目前，已有64家两新组织获此殊荣，增强了“两新”组织间的良性互动，也在社会领域树立了党组织的良好形象。

4. 凝聚力量，先期开展“我的梦·中国梦”大讨论活动。2013年7月起，为深入贯彻落实党的十八大精神，在社会领域深入开展了“我的梦·中国梦”大谈论活动，通过深入基层听民声、问民意、解民忧，切实改进了思想作风和工作作风，改善了思想方法和工作方法，提高了思想水平和工作水平，努力做到了大讨论活动与年度重点工作两手抓、两促进、两到位、两见效。

二、存在的问题

（一）部分社区党组织作用发挥不明显

1. 区域性社区党建格局有待完善。各级社会工委的成立，为社区党建工作构建了基本框架，为推进社区党建深入发展开辟了新的途径。但如何完善社区党组织与社区居委会、社区服务站之间的分工协作，如何增强社区党组织与辖区企事业单位党组织之间的联建互助，还是需要进一步探索的新课题。

2. 党员参与社区党建的机制有待健全。如何引导社区党员有组织地参加社区事务，仍是社区党建工作的一大难点。目前，参与社区党建工作的还是社区内退休或未就业的党员，在职党员对社区的认同感和归属感相对薄弱，对参与社区党建工作缺乏热情，如何动员更多的党员参与到社区党建工作中，营造和谐繁荣的社区文化环境还需做更多的工作。

3. 党建工作者的综合素质有待提升。部分社区党建工作者由于知识水平、工作方法等方面的不足，在应对综合性较强的社区党建工作上，还有些力不从心。4 年来，全区共招录社工 527 名，本科及以上 330 人，其中取得助理社工师资格的社工 260 人，取得社工师资格的社工 27 人，部分社工充实到社区党建工作中，但整体水平还需进一步提升。

（二）非公有制经济组织党建与企业共同发展实施难

1. 非公有制经济组织党建工作的思想基础有待强化。加强非公有制经济组织党建工作，有利于让优秀的企业人才增进对党的感情，有利于推动非公有制经济健康发展。大多数企业对这个问题在思想认识上是到位的，但也有企业对在非公有制经济组织中建立党组织、开展党的活动的问题，存在着模糊认识，认为不建党组织非公有制经济照样发展，“重经济、轻党建”。

2. 非公有制经济组织党建工作的组织基础有待巩固。在一些非公有制经济组织中，党建工作不同程度地存在着有企业无党员、有党员无组织、有组织无活动、有活动无实效的“四有四无”现象，党组织覆盖面小，党组织不健全，党员力量薄弱，有的企业甚至出现“空头支部”。

3. 非公有制经济组织党建工作的场地、人员、经费保障有待规范和加强。全区共有非公有制企业 3159 家、社会组织 264 个，除规模较大的非公有制企业有较规范的活动场所外，大多数中小型单位没有活动场地。我们在全区推行了非公有制企业党建指导员和专职党务工作者队伍建设，但仍需进一步统筹人力资源。全区已经初步形成了以“区财政拨款为主、党建返还为辅、企业支持”的长效经费保障机制，但经费的来源和数量还十分有限。

（三）社会组织党建体制机制尚未理顺

1. 社会组织中党组织的职能有待科学定位。在社会组织中开展党建工作还处于起步阶段，缺少相关法律支持，如何对其党组织进行准确定位，增强党组织在社会组织中的凝聚力和战斗力，实现党建工作和自身业务工作相互促进，还是社会组织党建工作中的一个难题。

2. 社会组织建立党组织和发展党员有待加强。全区社会组织党建工作基础薄弱，党员人数少、所占比例低，再加上社会组织具有类型繁多、规模不一、领域分布广、人员流动性大等基本特点，决定了党组织寻找党员难度大，发展党员更加困难。

3. 社会组织中党员的先锋模范作用有待发挥。由于社会组织中党组织的政治引领、保障监督和战斗堡垒作用没有得到充分发挥，造成普通党员不愿亮身份，没有底气在政策宣传、文化创建、舆论引导、矛盾化解等方面发挥先锋模范作用。

三、对策与建议

（一）社区党建要整合资源共享共促

1. 高起点规划社区党建。社区党组织都要根据新形势新任务，提出以服务为载体，以社区形象为抓手，以创建文明社区为整体目标，把党组织建设成为领导一方、凝聚一方、服务一方的核心力量。目前，全区正在深入推进“阳光家园”“红色家园”“爱心家园”“康乐家园”“学习家园”“和谐家园”等“六个家园”建设，力争实现“一社区一特色、一街道一品牌”的目标。

2. 坚持各类党组织协同参与社区党建。要把各方面的有利条件利用起来，智慧力量凝聚起来，能动作用调动起来，形成推动社区党建工作的强大合力。社区内的党政机关、企事业单位党组织和党员，在社区活动中，没有上下级之分，共同协商，各自发挥优势和特长，为社区党建工作做贡献。

3. 注重社区党建人才的培养。要结合

社区党组织工作现状需要，定期组织党建工作培训班，采取专家授课、讨论交流、结业考试等方式，切实提高党建工作队伍的业务素质。要以“我的梦·中国梦”大讨论活动等为载体，践行党的群众路线，密切与群众的血肉联系，引导广大党员积极参与社区建设。

（二）非公有制经济组织党建要促进非公有制企业科学发展

1. 进一步明确非公有制经济组织党建工作的重要性。要进一步加强宣传教育，通过对新时期党的理论和实践的学习，提高对非公有制企业党组织的地位、作用的认识，在广大企业和党员群众中形成一种“围绕发展抓党建，抓好党建促发展”的理念自觉和行动自觉。

2. 努力探索非公有制经济组织党建工作方法和活动方式的新路子。要围绕加强企业管理、推进技术进步、提高经济效益、凝聚职工人心等开展党建，做到企业党建与企业发展在活动方式上相渗透、工作成效上相促进。要继续深化“创先争优”“五个好创建”“我的梦·中国梦”大讨论等活动为载体，通过大型活动和小型活动、工作时间活动和业余时间活动、集中活动与分散活动相结合的方式，切实扩大党组织在社会领域的影响力，切实增强对非公有制企业的政治引领，切实营造非公有制企业发展的良好氛围。

3. 认真落实非公有制经济组织党建各项保障措施。按照有场所、有设施、有标志、有党旗、有书报、有制度的标准，继续建设区域性、开放性、综合性的党群活动服务中心，为基层党组织开展活动提供空间。要继续做好选派党建指导员、党建联络员的工作，继续办好党组织负责人系列培训。要不断拓展党建经费渠道，使更广泛的力量关注、重视、参与非公有制经济组织党建工作。

（三）社会组织党建要探索创新党与社会组织之间良性互动的方法路子

1. 强化党建工作在社会组织中的地位。要确立党组织在社会组织中的政治引领作用，深入贯彻党的方针政策，引导和监督社会组织遵守法律法规，支持社会组织按照章程开展工作，履行社会服务职能，切实实现好、维护好、发展好各方的合法权益。

2. 加大在社会组织中建立党组织和发展党员的工作力度。要坚持“应建必建、应派必派”的原则，在社会组织中加快成立党组织，做到成熟一个组建一个，组建一个巩固一个，巩固一个带动一批。要把社会组织党员培养工作纳入社会组织发展的规划之中，创新党员发展模式，主动做好党员发展工作。

3. 发挥社会组织中党员的先锋模范作用。要结合不同社会组织的实际工作，培育发现一批过得硬、叫得响、推得开的先进典型，着力构筑能够体现出鲜明时代性、广泛代表性、有效带动性的先进群体，通过充分发挥其先锋模范作用和典型示范作用，推动社会组织党建水平的提高和社会组织的健康发展。

（此文作者为房山区委社会工委书记、区社会办主任）

以用为本　推进社会工作人才队伍建设

张玉震

人才是生产力，是第一资源，而人才发展要以用为本。只有在使用中，人的才能才会不断增长；只有在使用中，人才队伍才会持续壮大；只有在使用中，人才结构才会更加合理。人才的发展坚持以用为本，才能做到人尽其才、才尽其用，才能造就规模宏大、素质优良的人才队伍，才能形成人人皆可成才、人人尽展其才的生动局面。

社会工作人才队伍作为六支人才队伍之一，是现代社会管理与服务的重要力量，造就一支结构合理、素质优良的社会工作专业人才队伍，是构建社会主义和谐社会的迫切需要，是满足人民群众日益增长的社会服务需求的必然要求。

一、社会工作人才队伍面临的问题

社会工作人才的发展必须坚持以用为本，然而，全区的社会工作人才队伍在使用中还存在着一些问题。一是社会工作人才不够用。《通州区社会工作人才队伍建设“十二五”规划》明确提出：“力争经过3—5年的努力，使专业社会工作人员数量大幅度增加，社会工作人才总量提高到4000人。”近几年全区通过多种方式使社会工作人才队伍粗具规模，但是离这个发展目标还存在很大差距。二是社会工作人才不适用。在养老院、福利院、打工子弟学校、医院等机构从事社会服务相关工作的人员，绝大多数都没有拿到社会工作者职业水平证书，也未受过社会工作专业教育，不能应用专业的知识和方法提供服务。三是社会工作人才不被用。目前全区取得社会工作者职业水平证书和社会工作专业毕业人员有将近300人，但是这些人大部分在社区从事日常事务性工作，没有开展专业的社会工作服务，他们掌握的社会工作专业知识和方法无“用武之地”。

当前，全区已进入建设首都城市副中心的关键时期，各种社会矛盾集中凸显，对社会服务和社会管理的多样化、复杂化的需求也日益强烈，迫切需要一支结构合理、素质优良、专业化、职业化的社会工作人才队伍，面对以上存在的问题，社会工作人才队伍建设应紧紧围绕“用”这个核心，做到“五加强”。

二、加强人才引进，充实社会工作人才队伍

以使用为目标引进人才，需要什么样的人就引进什么样的人，通过多种方式壮大社会工作人才队伍。一是公开选聘。2009年至2012年，全区已经面向社会选聘了近500名社区工作者，壮大了社会工作者队伍，下一步将继续面向社会选聘，通过公开、公正、公平的笔试、面试等程序，将符合社会工作人才标准、具有社会工作专业知识和技能的人员引进社会工作人才队伍。二是转化提升。目前，全区有一大批社会工作从业人员在社区、敬老院、阳光中途之家、学校等机构从事社会工作，但是不具备社会工作专业知识和技巧。去社会办通过组织专业知识和专业方法的培训、鼓励其报名参加全国社会工作者职业水平考试等方式使其具备社会工作人才标准，纳入社会工作人才队伍。三是购买岗位。全区已经连续三年开展了购买社会工作岗位试点工作，为四个街道购买了为老服务岗、残疾人服务岗、青少年服务岗等社会工作岗位，取得了不错的效果。下一步，我们将在总结试点经验的基础上，继续开展购买社工岗位工作，将服务领域由社区逐步扩大到敬老院、孤儿院、学校等机构，通过购买岗位壮大社会工作人才队伍。

三、加强人才培养，提升社会工作人才素质

人才要在使用中培养，培养方向以使用为目标，需要什么样的人培养什么样的人，通过多种方式培养社会工作人才，提高他们的专业素养和技能，力争社会工作各个领域都有能用的人才。一是加大培训力度提升专业水平和能力。举办社会工作者继续教育培训班、社会工作者职业水平提升班、社会工作实务能力提升班等培训班，聘请社会工作理论和实务领域的专家和学者授课，向社会

工作者传授社会工作专业知识和实务技巧，提升社会工作人才的专业理论水平和实务能力。二是充分发挥资深社工的传帮带作用。新入职社工年纪轻、理论水平高、学习能力强，但是缺乏实务经验，而资深社会工作者有丰富的社会工作实务经验，通过建立帮扶对子、社会工作导师制度等方式，建立资深社工与新入职社工之间的联系，通过资深社工的言传身教，提高新入职社工的专业能力。三是引入社会工作督导。社会工作督导作为社会工作专业发展的应有之义，在西方国家和我国香港、澳门地区已经非常普遍，在社会工作专业发展中发挥着不可替代的作用。全区社会工作发展应该尝试引入督导，聘请理论和实务经验丰富的并具有专业资格的督导指导全区专业社会工作实务的开展，帮助社会工作者提升专业能力。

四、加强人才激励，提高社会工作人才能动性

要使社会工作人才留得住、用得上，就要加强对人才的激励，激发社会工作人才的主动性、创造性和积极性。一是建立合理的薪酬制度。近年来，北京市几次大幅度提高社会工作者待遇，总体待遇水平已经达到了不低于全区执行事业单位工资制度的全额拨款事业单位（不含教师）、按照国家和全市有关规定执行的待遇水平，采取了学历、资历、资格、岗位等多种指标相结合，兼顾了工作年限和专业级别，形成了较为合理的薪酬制度。二是探索建立晋升与选拔提升机制。探索建立社会工作者职级体系，在社会工作者职称评定的基础上，设立更为细致的职级，明确任职的条件和程序及对待遇的影响，创造社会工作职业体系内的晋升机制。同时探索在公务员和事业单位招考中，一些与社会工作相关的岗位单独面向社工招考或者对于社会工作者给予加分和优先录用，形成另一个渠道的流动机制。三是探索建立社会工作人才奖励制度。为增强社会工作的社会影响力，增强社会工作人才的职业自豪感和荣誉感，探索建立优秀社会工作人才的奖励制度，对于那些在社会工作相关领域创新工作的方法，为社会建设工作和社会工作事业的发展有突出贡献，在全区甚至全市有示范作用的优秀社会工作人才授予荣誉称号，并给予相应的经济奖励。

五、加强社会工作发展，使社会工作人才“用武有地”

加强全区社会工作事业的发展，创造社会工作人才施展才华的空间，使具有专业知识、理论水平和实务能力的人才有“用武之地”。一是拓宽社会工作服务领域。目前全区社会工作服务领域还仅仅局限于社区、助老、助残、青少年等几个领域，造成社会工作者发挥作用的局限性，很多社会工作者的专业知识和实务能力没有发挥的空间。随着社会工作的发展，社会工作领域将逐步拓宽到卫生社会工作、学校社会工作、矫正社会工作、社会工作研究、心理辅导等更宽广的领域。二是开发社会工作岗位。在社会工作服务的各个领域开发和设置社会工作岗位，根据“以需定岗”的原则，在涉及社会工作的街道、社区、企事业单位、社会组织等机构中研究设置社会工作岗位。根据不同领域社会工作的岗位要求，明确岗位设置标准、岗位职责和岗位数量，根据岗位的具体要求和标准面向社会招聘或通过购买社工岗位的方式满足岗位需求。三是引进社会工作专业机构。目前全区范围内已经有两家社会工作事务所，由于机构的规模小、专业人员少、缺少专业资源支持，两家社工事务所提供的专业社会工作服务远远不能满足全区社会建设的需要。引进其他区县成熟的、拥有雄厚的专业资源的社会工作专业机构，在全区设立分支机构或者开展专业服务，能够弥补区内专业机构的不足，同时促进区内专业机构的发展。

六、加强人才服务，为社会工作人才营造良好环境

做好服务，让社会工作人才欣然留下来，充分发挥作用，对于社会工作人才队伍建设至关重要。一是大力宣传，提高社会工作的社会认知度和影响力。社会工作是一门新兴的专业，社会认知度和影响力还比较低，造成社会工作人才的职业自我认同度低和开展工作困难等问题。通过报纸、杂志、网站等媒体推广宣传社会工作，普及社会工作相关知识，有利于增强社会对社会工作的关注度，让社会尊重和支持社工，激发他们的工作热情和创造潜能。二是营造环境，鼓励社会工作人才自主创业。社会工作是一项社会事业，社会事业社会办，应该营造社会工作发展的良好环境，鼓励社会工作人才自主成立社会工作专业机构，从注册资金、办公场地、注册程序上给予相应的支持，并在专业机构成立后通过政府购买服务、购买社工岗位等方式扶持其发展，同时鼓励其向政府机关、企事业单位、社会组织提供专业服务。三是提供帮助，解除社会工作人才后顾之忧。探索建立社会工作人才帮扶基金，通过向社会募捐、政府捐助等方式筹集资金，依法运营依法管理，严格帮扶程序和帮扶方式，对于本人患重大疾病或者遇到重大事故的、家庭遭遇重大灾难的社会工作人才给予相应的经济帮助，解除他们的后顾之忧。

（此文作者为通州区社会办主任）

关于运用社会服务管理创新指标体系推进社会建设的思考

于庆丰

经过30多年的改革开放，我国经济已经开上快车道，社会物质财富飞速增长，人们生活水平不断提高，综合国力不断增强。随着经济社会发展的推进，我国正处于经济结构调整加快、社会转型加速的关键时期，社会管理跟不上经济发展步伐的矛盾日益凸显，社会建设的相对滞后导致影响社会和谐稳定的因素大量存在。历史和现实证实：发展是硬道理，稳定是硬任务。社会建设搞不好，社会管理不创新，公共服务不完善，不但经济发展会成为一句空话，而且也会影响到和谐稳定的社会基础，动摇党的群众基础和执政基础。党中央在深刻认识我国经济社会发展的阶段性特征和准确把握中国整体发展的历史规律下，科学适时地提出了“加强社会建设和管理，推进社会管理体制创新”这一伟大战略构想，为中国经济社会又好又快发展注入了强大动力。

顺义区作为北京东北部发展带的重要节点、重点发展新城之一，是首都国际航空中心的核心区，是服务全国、面向世界的临空产业中心和现代制造业基地。同时，作为首都社会服务管理创新三个综合试点区之一，顺义区承担着先试先行、提供经验的重任。区委、区政府按照全区“经济发展进入稳中求进、提质增效的新阶段，城市发展进入完善功能、提升品质的新阶段，社会建设进入深化服务、创新管理的新阶段”的三个阶段性特征，立足于“加快推动临空经济区向首都国际航空中心核心区转型升级，推动现代制造业向创新创造转型升级，推动经济发展向投资、消费协调拉动转型升级，推动城乡发展向城乡一体化转型升级，乘势而上，实现更大作为”的战略部署，提出运用社会服务管理创新指标体系服务社会建设的现实任务。社会服务管理创新指标体系是社会建设

的重要抓手,“如何建立健全社会服务管理指标体系,如何运用社会服务管理创新指标体系服务社会建设”成为当下摆在全区各级党政领导班子、领导干部、社会组织和人民群众面前的重要课题。

一、运用社会服务管理创新指标体系服务社会建设的必要性及意义

建立健全社会服务管理创新指标体系,用指标体系弥补当前社会服务管理在体制、机制方面的不足,具有重要的现实意义。

(一)有利于落实各级关于社会服务管理创新的相关要求

社会建设是新时期国家和地方的重大发展任务,从中央到地方各级政府都把社会建设摆在国家和地区综合发展的重要位置。早在2004年9月,党的十六届四中全会在《中共中央关于加强党的执政能力建设的决定》中就明确要求:“加强社会建设和管理,推进社会管理体制创新”。2012年,党的十八大又重申“加强社会建设,是社会和谐稳定的重要保证。必须从维护广大人民根本利益的高度,加快健全基本公共服务体系,加强和创新社会管理,推动社会主义和谐社会建设”。北京市作为中国的首都,其社会建设和服务管理始终走在全国其他城市的前列,自2008年9月全市社会建设工作大会召开以来,相继出台了《北京市社会服务管理创新行动方案》《中共北京市委关于加强和创新社会管理全面推进社会建设的意见》《北京市“十二五”时期社会建设规划纲要》等文件,对全市社会服务管理创新工作进行了全面部署。顺义区社会服务管理创新指标体系正是在中央、市、区相关文件精神的指导下,落实有关政策要求的现实之为。全区通过加强社会服务管理创新指标体系的研究,确保社会建设各项工作“定性、定量、定时、定责”,确保社会建设全区一盘棋,协调有序推进。

(二)有利于提高全区社会服务管理创新工作精细化水平

精细化管理是一种理念、一种文化。精细管理的本质意义就在于它是一种对战略和目标分解细化和落实的过程,是让组织的战略规划有效贯彻到每个环节并发挥作用的过程,同时也是提升组织整体执行能力的一个重要途径。社会服务管理创新指标体系的构建过程就是化宏观为微观,化战略为行动的过程。社会服务管理创新指标体系在实施过程中必须注重细节、大处着眼、小处着手、细分步骤、简化程序、追求精湛、持之以恒。必须通过把社会建设的总体目标划分为不同领域,各领域又划分不同目标,目标内设置若干核心指标,才能使社会服务管理工作达到精细管理、精细操作和精细执行。

(三)有利于提升参建单位社会服务管理创新工作的执行力

构建社会服务管理创新指标体系既是一项创新性很强的工作,也是一项提升政府执行力的系统工程。指标体系的精髓在于管理体系的系统性、规范性和标准性,在整个指标体系的实施运行过程中,各个参与组织、各级参与人员的行为都有其合理的表现方式:做什么、为什么做,谁来做,何时做,怎么做,做到什么程度,达到什么样的效果都有明确的规定,避免了缺陷和疏漏。指标体系中每个指标的责任归属和具体的目标,强化了参建单位的责任理念,破除了随意裁量的观念,打破了单位间的壁垒;指标体系的实施流程与评价办法,强化了参建单位的过程管理理念,使行政人员能够对自己的工作行为有一个审查过程,可以揭示出低效率的行为,强化正确的行为。另外,通过指标体系实施后的排名与效果分析,还可以起到激励和监督作用,鞭策排名靠后的参建单位和行政人员不断完善自我,不断提升执行力。

(四)有利于拉近党和政府与人民群众的感情

指标体系采取群众参与的工作方式,坚持指标从群众中来、到群众中去,创建了新

时期党和政府密切联系群众的工作方式。指标体系的征集坚持“见物见人”的原则。始终坚持以人为本，执政为民，将一切工作的出发点和落脚点全部放在维护群众利益上，着力保障和改善民生，使经济发展的物质成果惠及广大居民群众，努力实现“劳有多得、病有良医、老有颐养、困有所助、住有宜居、学有优教”。指标体系的考核评价坚持公众参与、社会评价的原则。突破政府部门自我设计、自我考核的评价管理模式，实现政府与社会公众的良性互动，践行党的“从群众中来，到群众中去”的群众工作路线。

二、社会服务管理创新指标体系的内涵

顺义区社会服务管理创新指标体系以指标为导向，以不同权重为杠杆，重在收集基础信息、反映群众需求、发现报告问题、排查化解矛盾、协助解决问题，动员公众参与社会管理与服务。整体上看，顺义区社会服务管理创新指标体系犹如一张纵横交织的网。

（一）纵向的因果关系

从纵向来看，整个指标体系从上到下划分为“推进社会服务”“深化社会管理”“扩大社会动员（含社会领域党建）”“构建社会和谐”“促进社会文明”五大领域。每一领域指标划分为结果层面指标、过程层面指标和保障层面指标三类。在服务、管理、动员、和谐与文明五大领域中，服务与管理是基础，动员是手段，和谐与文明是结果。每一领域的结果层面指标用来描述任务完成程度，是衡量结果的指标标准；过程层面指标是描述驱动结果层面目标得以实现的因素，过程层面指标的完成情况在很大程度上决定结果层面目标实现的可能性；保障措施层面的指标主要反应了人力资本、组织资本与信息资本等内容，它们是用以衡量推进过程层面和结果层面目标达成的后勤保障工作的完备度。

（二）横向的推导关系

从横向来看，领域下的目标、指标、目标值、完成时限、主责单位、配合单位、受众群体、权重、工作强度、评价标准之间形成推导关系。

具体说，“目标”是组织在一定时期的特定绩效领域内所希望取得的理想成果，它的表述通常为一个动宾结构的短语。“指标”是衡量目标实现程度的标尺，必须可衡量、可量化。“目标值”是指既定目标在相应指标上所期望达到的绩效标准。按目标值完成的进度，分为年度目标值和季度目标值。“完成时限”是指组织要求某一目标值必须达到的时间规定。“主责单位”是指负责对某一指标和目标值牵头抓总的主体单位。主责单位全权负责某一指标和目标值的实施，同时负责指标和目标值的分解及工作任务完成标准的设置。“配合单位”是相对主责单位而言的行动单位，受主责单位召集，配合主责单位完成相关指标及目标值。配合单位指标的权重及完成标准，依据主责单位相关情况制定。“受众群体”是指某项指标及目标值实现后，受众群体所属辖区及数量。“权重”是指该指标在整体评价中的相对重要程度。指标权重的设定是由各主责单位按照全局性（覆盖人口数或工作范围达到51%以上的）、局部性（覆盖人口数或工作范围介于11%—50%的）、事务性（覆盖人口数或工作范围小于等于10%的）三个层面的标准，分别赋予每个指标5、3、1不等的权重。“人均工作强度”（人数×时间）是指完成某一指标及目标值所需要投入的人力与工作时间，通常由人数×小时来表示。“评价标准”是指评价某项社会服务管理创新指标及目标值完成情况的标准。责任单位按照定性、定量、定时、定责的原则，详细制定、填写每个档次的评分标准。评分标准分为优、良、中、差四个档次。为了减少人为打分误差，采取定点记分法，“优”打100分，“良”打85分，“中”打70分，“差”打40分。

三、顺义区社会服务管理创新指标体系的特点

顺义区社会服务管理创新指标体系是在相关学科的理论指导下，结合顺义区社会建设的实际来进行开发设计的，具有如下几个鲜明的特点。

（一）指标体系引入了前沿的管理理念

社会建设是一个涉及诸多领域自身结构、功能调整和这些领域之间关系协调的复杂过程。社会学、管理学、经济学的很多理论成为顺义区社会服务管理创新指标体系构建的重要理论支撑，如社会公正理论、社会福利理论、社会风险理论、社会冲突理论、社会治理理论、新公共服务理论等。尤其是管理学中的战略性绩效管理思想及其平衡记分卡工具更是顺义区社会服务管理创新指标体系开发设计的直接理论基础。

顺义区社会服务管理创新指标体系的开发设计是从顺义区的使命、核心价值观、愿景和战略出发，按照战略性绩效管理的“三个目的、四个环节和五项关键决策”框架来进行的。从表面看，顺义区社会服务管理创新指标体系仅是一张纵横交错的二维表格，但其设计的后台则采用了平衡记分卡这一战略管理工具、绩效管理工具与管理沟通工具，使全区社会建设化愿景为目标、化战略为行动，促进全区社会服务管理创新工作的有序开展。

（二）指标体系具有强有力的组织保障

社会服务管理创新指标体系是全区社会建设领域工作的一项重大突破，也是全区社会服务管理创新发展与完善的一个重要里程碑。顺义区社会服务管理创新指标体系的有效推进主要得益于其具有坚强的组织保障。区四次党代会报告、区第四届人代会报告均将社会服务管理创新列为重点工作，并在“折子工程”中得以进一步明确。指标体系的创建、试行、拓展得到了区委、区政府、人大、政协等领导班子的大力支持，同时也得到了全区各职能部门、镇、街道、功能区以及居委会、村委会的全力配合。

（三）指标体系突出群众评价

顺义区社会服务管理创新指标体系中的指标评价突出群众主体地位，指标综合得分主要由单位自评得分和群众评价得分两部分构成。单位自评是指各责任单位对本单位的每个年度指标完成情况进行自评打分。群众评价由专业统计部门组织受众群体代表依法对相关年度指标进行打分。记分采用加权平均法，单位自评占40%，群众评价占60%。系统自动生成综合评价分，综合评价分为优（86—100分）、良（71—85分）、中（60—70分）、差（40—59分）。群众评价得分占60%，充分体现出群众既是社会服务管理创新工作的重要参与者，又是社会服务管理创新的直接受益人，社会服务管理创新工作搞得好不好，成效如何，群众最有发言权。同时，这样的分值设置也促使参建单位落实群众路线，放低姿态，急群众之所急、想群众之所想、解群众之所忧，扎扎实实为群众办实事、做好事、解难事，通过惠民心、暖人心的实际行动真正做人民群众的贴心人。

（四）指标体系中的指标来源广泛

社会服务管理创新指标来源广泛，实施多向采集，有领导批示、相关建议、单位自定、群众诉求、督察督办、便民电话和来信来访等。指标分为两类：确定指标和即时指标。确定指标是指各责任单位（包括各职能部门、镇、街道、功能区以及村委会、居委会、功能区企业、网格细胞等）依据职责确认并向社会发布的计划指标。即时指标相对确定指标而言，是指在确定指标发布后新增的指标。通过确定指标和即时指标的互为补充，力争实现社会服务管理工作全覆盖、无盲点。

（五）指标体系的施行采用信息化手段

信息化是当前帮助人们从繁琐事务中解放出来，提高工作实效的重要手段。为提高社会服务管理创新指标体系运行的效率、保证指标体系服务社会建设的质量，顺义区依

托北京市电子政务专网，研究开发了社会服务管理创新指标信息系统。该信息系统具有以下五方面特色：一是覆盖全面。系统涵盖了各职能部门、镇、街道、经济功能区、村（居）委会、功能区内企业及网格细胞（注：网格细胞是指处于社会最基层的、直接为群众服务的最小组织。如，旺泉街道西辛北社区合唱团、双丰街道马坡一社区秧歌队等）的工作，涉及党政工作和民生领域各个方面，各项工作均以指标形式体现。二是突出了以人为本和执政为民。指标的来源和确定均着眼于解决人民群众最关心、最直接、最迫切的现实问题，且在考核时群众的测评占相当比重。三是可量化、好考核。各项指标均设定完成的标准、进度和最终时限，在不同时间节点都有工作进度的提示，显示清晰明了，对各单位之间形成良性竞争和推动工作起到有力的鞭策作用。四是整合资源，操作简单。信息系统可最大限度利用全区现有的信息化设施，操作比较简便，易于掌握。该系统将在区信息中心负责的电子政务办公服务平台上运行，并与区城管执法监察局的现有工作平台联网互通，经过必要的分层次培训后，操作方法可很快掌握和熟练使用。五是体现了科学性和公平公正。在领导层面、系统控制中心和基层单位设定了不同的权限，查询便捷。各单位指标完成情况最终以分析报告的形式由系统根据数据进行分析后自动生成，避免了人为误差。

四、顺义区社会服务管理创新指标体系建设的实践做法

经过近两年的准备，顺义区社会服务管理创新指标体系建设已经取得初步成果，达到了预期目的。

（一）出台社会服务管理创新指标体系实施办法

2012年年底，区委、区政府在“1＋X”系列文件（《关于推进社会服务管理创新的意见》和劳动就业、社会保障、流动人口管理等20个配套实施方案）的基础上，经过征询多方意见后制定出台了《顺义区网格化社会服务管理创新指标体系实施办法（试行）》（以下简称《办法》）。《办法》共有六章、二十二条，对指标体系的制定思想、原则、来源、依据、运行机制和工作保障等内容进行了明确，已成为指标体系服务社会建设的指导性文件之一。

一是总则。包括4条，分别说明了《办法》制定的依据、指导思想、基本原则、指标考核范围及责任划分。二是指标体系。包括4条，分别说明了指标体系制定的目的、领域、目标和指标等内容。三是工作体系。包括3条，规定了组织领导、工作平台和群众工作模式。即区委、区政府成立顺义区网格化社会服务管理创新工作领导小组，以社区、村、企业为单位建立基础网格。设立区社会办、区应急办、区城管执法监察局为统筹工作平台；各职能部门为支持平台；各镇、街道、功能区为融合工作平台；各村、社区、企业为基础工作平台四级。全面推行“1＋1＋15”群众工作模式。四是运行机制。规定了指标体系的运行过程，包括指标征集、指标确认、指标发布、指标实施、指标考评和考评运用六个方面的内容。五是工作保障。主要包括组织保障、资金保障和技术保障。组织保障：指标体系管理工作由区社会建设工作领导小组负总责，区社会建设工作领导小组办公室具体负责。各职能部门、镇、街道、功能区组织相应工作力量，保障此项工作的顺利开展。资金保障：由区、镇两级政府负责，将所需经费列入预算。技术保障：建设顺义区社会服务管理创新指标信息系统综合平台，实现顺义区社会服务管理创新指标体系工作的信息化。六是附则。包括2条，标明《办法》实施日期和最终解释权的归属。

（二）建立社会服务管理创新指标体系

顺义区社会服务管理创新指标体系以“党委领导、政府负责、社会协同、公众参与、法治保障”“社会管理精细化”“打通经纬”“见人见物”四项原则为指导，涉及

“推进社会服务”“深化社会管理”“扩大社会动员”“构建社会和谐”“促进社会文明”五大领域，涵盖“结果、过程、保障”三个层面，共计1060项指标。指标实施流程包括“指标征集、指标确认、指标发布、指标实施、指标考评、结果运用”六个步骤。考评结果不仅纳入区政府绩效考评，而且还将作为全区各级领导班子和领导干部绩效考核的依据以及区委、区政府确定便民工程、实事工程、重点工程的重要依据。

（三）强化社会服务管理指标体系的组织领导

为推进社会服务管理创新指标体系的贯彻落实，成立了由区委、区政府主要领导牵头的社会建设工作领导小组，全面负责顺义区社会服务管理创新指标体系的管理工作，并由区社会建设工作领导小组办公室具体负责指标体系的各项日常工作。各职能部门、镇、街道、功能区组织相应工作力量，保障此项工作的顺利开展。2013年9月18日，区四大部门主要领导专题听取了社会服务管理创新指标体系建设情况汇报。王刚书记和卢映川代区长在会上提出：社会服务管理创新指标体系的实施要积极稳妥、分层分批推进，先期进行工作试点。在指标体系的试点阶段，成立了由区委常委、组织部部长车克欣，区委常委、副区长于庆丰任组长，区社会办主任张友生任副组长，各试点单位及相关责任单位一把手为成员的社会服务管理创新指标体系实施试点工作领导小组，全面负责试点工作的组织领导，区社会建设工作领导小组办公室负责具体落实试点各项工作。

（四）搭建社会服务管理创新指标信息系统

指标信息系统主要由数据服务器、主干网、终端（含移动终端）共同组成，它们是承载社会服务管理创新指标体系运行的物理平台。该系统主要包括文件汇编、指标体系、工作平台和分析报告等6个部分。一是文件汇编部分。文件汇编汇集整理了中央、北京市、顺义区三级党委、政府颁发的与社会服务管理创新有关的所有文件，这些文件对顺义区的社会服务管理创新工作起着理论指导和政策支持作用。在文件汇编部分，系统可实现各类文件的分类展示、用户查询、打印下载等功能。二是指标体系部分。指标体系是顺义区社会服务管理创新的顶层指标库，指标库中的指标可以适时进行动态调整。库中的指标是依据区内群众的现实需求和区党政中心工作的安排，按批次、有重点、分步骤的选定实施。指标体系部分具有指标的分类、采集、分解、确定与发布实施等多项功能，它是实现社会服务管理精细化的重要载体和抓手。三是工作平台部分。工作平台是顺义区社会服务管理创新各参与单位的一个综合管理平台。各责任单位通过社会服务管理创新指标信息系统来归总各自的年度任务指标，形成各自的指标台账并依据台账任务开展社会服务管理创新工作。工作平台具有账单填写、指标查询、工作监控、工作提示四项功能。四是分析报告部分。分析报告是根据指标考核的情况，由系统自动生成的统计结果。报告分为全区综合分析报告和各单位分析报告两种。系统可以提供分析报告的查看、发布、导出、打印等功能。

（五）开展社会服务管理创新指标体系试点工作

为稳步推进社会服务管理创新指标体系实施工作，根据《顺义区网格化社会服务管理创新指标体系实施办法（试行）》和《顺义区网格化社会服务管理创新指标体系实施方案》，全区分三批开展社会服务管理创新指标体系实施试点工作。第一批自2013年10月10日开始至2014年6月底结束，选取全区职能部门、镇、街道、村委会、居委会各5.5%、10.5%、100%、0.5%、77.7%的单位作为试点。在职能部门层面，选取社会办、民政局、广电中心作为试点；在镇层面，选取北小营镇、牛栏山镇作为试点；在街道层面，将光明街道、胜利街道、石园街道、空港街道、旺泉街道、双丰街道六个街道全部纳入试点范围；在村委会层面，选取北小营镇北小营村和牛栏山镇张庄村作为试点；在居委会层面，将6个街道所辖居委会全部纳入试点范围。第二批自2014年7月1日开始至2014年12月底结束，选取试点单位的比例达到全区所有单位的30%；第三批从2015年1月1日开始至2015年12月底结束，选取试点单位的比例达到全区所有单位的50%。

通过扎实推进社会服务管理创新指标体系，顺义区正着力解决当前社会服务管理中存在的热点、难点问题，切实保证发展为了人民，发展依靠人民，发展成果由人民共享。

（此文作者为顺义区委常委、副区长）

创新理念　提升服务
全力打造国际化和谐宜居社区

——空港街道创新社区服务管理的调研与思考

巩维国

近年来，空港街道围绕区委、区政府提出的“打造临空经济区、建设世界空港城”的目标，坚持“需求是动力、满意是标准”的工作理念，秉承“以文化为媒、以服务为先”的指导思想，从实际情况出发，积极推进现代化、国际化、融合化的和谐社区建设，取得明显成效，为顺义区全面加强和创新街道社区的服务管理提供了示范与经验。

一、空港街道基本情况

空港街道于2007年10月批准成立，2008年6月正式挂牌，东邻首都国际机场，西接北京市朝阳区，属典型的城乡结合地区，地理位置十分优越，交通网络非常便捷。街道地域面积27.38平方公里，下辖9个社区29个自然小区，其中包括18个高档别墅区、8个中高档小区、3个整体回迁小区。街道现有住户12487户，总人口3.6万人，其中常住人口24023人（户籍人口5636人）、流动人口5308人。近年来，宜居的社区环境吸引了越来越多的外籍人士入住，目前，社区外籍人士达到了6700人，分别来自40余个国家和地区，其中以德国、美国、韩国人居多，绝大部分为使馆、跨国公司、商界、金融界高层人员。街道社区具有明显的复合型、国际化的特点。

二、创新社区服务管理的具体措施

大量外籍人士落户顺义，入住街道社区，是顺义日益迈向国际化的一个缩影。街道党工委清醒地认识到，如何适应社区居民多样化的实际，为中外居民提供周到、细致的服务，既是对街道社区党组织的考验，也直接关系到顺义乃至首都的形象。空港街道是临空经济功能区的重要组成部分，辖区基本涵盖了顺义新城—空港城组团的核心区，因此，高起点、高标准加强街道社区建设，打造现代化、国际化、融合化的和谐社区势在必行。在深入调研和认真分析街道具体情况和特点的基础上，党工委采取了一系列行之有效的措施。

（一）更新观念，增强国际意识

外籍人士不断增多，既提升了街道社区的形象和品质，也对街道社区的服务管理提出了新的标准和要求。为了做好面向外籍人士的服务管理，把街道社区打造成顺义的国际名片，成为首都的世界窗口，空港街道制定了现代化、国际化、融合化的发展战略，将推进国际化和谐宜居社区建设确定为重中之重的工作。

总体思路是突出“四个坚持”：一是坚持国际标准，社区参照国际化标准建设和管理，以城市居住区为基础，以开放型社区为依托，使社区具备现代化的城市形态，融合亲和的区域文化，安全便利的人居环境；二是坚持社会公平，在社区内的外籍居民享有同本国居民同样的待遇，平等享受各类社区资源；三是坚持个性需求，社区在为外籍居民提供日常基本服务的同时，还针对各国文化差异及外籍居民生活习惯，提供形式多样的个性化服务；四是坚持社区融合，国际化社区在语言、风俗、宗教、道德等诸多方面存在差异，在社区生活与公共事务的处理中，社区要坚持求同存异、扩大参与，引导各方居民在社区事务中发挥作用。

（二）创新管理，提升物业水平

空港街道共有26家物业公司，针对辖区别墅区外籍人士多的特点，街道以物业管理为切入点，多措并举，提升服务质量和水平。一是在别墅区推行“管家”式服务管理模式。每50户业主设一名管家，管家负责与业主沟通交流，为业主提供24小时服务；社区为业主发放便民联系卡，内容包括联系人、联系电话和各项便民服务项目等，从而使“管家”成为联系社区和业主的桥梁和纽带。二是创新社区物业管理服务机制。在全市率先建立首个街道层面的物业管理服务办公室，在辖区内9个社区全部设立物业管理服务工作站，在每个园区设定1名专职工作人员，形成“社区党支部、居委会、社区服务站、业委会、物业公司”五位一体的工作格局。建立健全了物业监管联合考核机制，区住建委将《北京市物业服务企业及项目负责人违法违规行为记分标准》的5大类41项内容，以委托书的形式全部交由街道按季实施考核。街道物管办负责监督指导，针对物业公司存在的问题，形成书面记录，并要求物业公司限期改正。建立实行了物业纠纷快速调处机制，取得了良好效果。2010年空港街道物业纠纷发生40起，2011年降至10起，2012年截至目前只有3起，且无越级访。通过实施物业监管模式，物业公司成长环境更加优化，民意诉求渠道更加畅通，有效提升了社区服务管理水平。三是调动居委会在物业服务管理中发挥积极作用。居委会协调物业公司和相关部门，定期对社区工作者、物业员工、园区内保姆、保洁人员开展技能、语言培训，提升其工作能力和服务水平，满足外籍居民专业化、个性化的服务需求。

（三）搭建平台，促进文化融合

空港街道以“构建公共文化服务体系、构建社区文化传播体系、构建中西文化友好交流体系”为目标，坚持贴近社区实际、贴近社区居民生活，充分考虑传统文化与现代文化、本土文化与外来文化、通俗文化与高雅文化的融合，从文化娱乐、休闲健身、环境美化、科技普及、艺术培训等方面丰富社区文化内容，开展丰富多彩、生动活泼的社区文化活动，加强社区品牌文化建设、促进中外居民文化友好交流。为展示中国传统文化，让外国人了解中国、喜欢中国，很多社区都开展了有浓郁特色的“外国人过中国节”活动。捏面人、吹糖人、变脸、龙狮舞、高跷花会等民俗，已经走进别墅区，深受外国居民喜爱。在端午、中秋、春节等中国传统节日期间，组织社区居民开展赛龙舟、包饺子、猜灯谜、写春联等传统民间活动，引导外籍居民融入中国文化，营造中西互融、和谐共处的良好氛围。在圣诞节、万圣节、感恩节等外国传统节日期间，联合外籍居民开展化装舞会、要糖果、画彩蛋等活动，让外籍居民切实感受到家的温暖。同时，积极开展共驻共建活动，组织外籍居民与辖区共建单位开展联谊活动，如篮球赛、足球赛等，强化居民共驻共建意识，增进友谊；开展高雅艺术、经典艺术进社区活动，努力提高社区居民的欣赏水平和文化品位。

（四）广泛发动，形成共建合力

空港街道积极培育各类社会组织，目前社会组织共有89个，包括7个业委会、20个社区互助组织、12个社区中介组织、13个社区服务组织、14个社区公益组织、23个社区文体组织，这些社会组织在推动政府职能转变、完善经济体制、加强社区服务管理、促进社区精神文明建设等方面发挥了重要作用。如社区成立的公益慈善类社会组织，踊跃开展冬衣送温暖、建母亲水窖、为贫困人员献爱心等活动；北京遭遇特大暴雨时，别墅区慈善组织捐赠衣被2000余件，为受灾群众送去了温暖。与此同时，针对街道辖区外籍居民志愿服务意识较强的特点，街道因势利导，深入挖掘社区的各类社会资源、人才资源，不断壮大社区志愿者队伍，积极推进外籍志愿者参与社区服务管理。主要包括：积极对社区服务管理提出意见建议，发挥居委会、派出所和社区外籍居民沟通联系的桥梁和纽带作用，推动社区工作改进和提高；积极配合居委会和派出所做好社区安全防范工作，增强外籍居民的自身安全防范意识；在社区外籍居民中积极宣传《中华人民共和国外国人入境出境管理法》等法律法规，配合派出所做好外籍居民住宿登记工作；配合居委会和派出所做好涉外民间纠纷的调解工作；配合社区做好环境卫生监督工作等。通过引导发动外籍人员参与社区服务管理，社区环境更加整洁优美、安定有序。

（五）网上建居，开展特色服务

外籍居民因上班、外出等原因，很少能向居委会直接表达自己的意愿和想法，而有些事情又亟须在短时间内妥善办理。对此，为不断优化对外籍居民的服务，空港街道积极推进辖区的信息化建设，以信息技术手段着力推进服务管理精细化。街道层面，加快“网上街道办事处”建设，建立了空港街道社会服务管理创新信息化平台，梳理各类服务事项近500项，为居民特别是外籍居民提供“一站”加“一网”式的服务。每个社区开通24小时双语客服热线，为居民提供报事、报修、急救、出租车、入境登记、居住证办理、投诉建议等各种服务，实现社区服务全覆盖。社区层面，打造“网上居委会”服务模式，通过搭建博客、论坛、QQ群、手机短信、电子邮箱等交流平台，设置告知事项、办事指南、政策查询、留言评论、意见反馈、休闲娱乐等板块，及时发布便民服务信息，接受居民咨询，收集居民建议，处理居民事务，促进居民交流，对居民反应的事情，做到“事事有回音、件件有落实”。社区居委会同时采用书面通知、短信、电子邮件、电话联系、社区网站等多种方式，定期向社区居民报告工作、汇报情况、反馈意见、调查居民满意度，加强了与社区居民特别是外籍居民的沟通与联系。

三、几点启示和建议

空港街道是顺义区社会服务管理创新的试点街道，面对顺义区“打造临空经济区、建设世界空港城”的新形势，面对首都建设中国特色世界城市和街道社区广大居民日益多元化、个性化的新需求，街道党工委坚持以人为本、科学发展不动摇，党委领导、依法治理不放松，创新管理、提升服务不懈怠，广泛发动、共建共享不虚浮，有力地推进了社区建设和街道发展，他们的经验带给我们以下四点启示：一是社区党组织必须在社区建设和服务居民中充分发挥领导核心作用，离开党组织的统筹协调，社区管理就可能偏离正确方向。二是社区服务管理工作必须始终坚持以人为本，以广大居民的普遍满意为街道工作成效好坏和工作措施得力与否的最终标准。三是社区服务管理必须动员各种社会力量参与进来，形成合力，不能仅靠党组织和居委会的单打独斗，否则，效果不会持久。四是社区服务管理必须紧紧依靠社区居民，突出居民的主体地位和作用，这样才能营造出和谐社区共建共享的良好氛围。

空港街道国际化社区程度较高，但地处城乡结合区域，与市区国际化社区有诸多不同，如何在现有成绩的基础上进一步提高社区服务管理水平还需不断探索。可从三方面加以努力：一是提高社区志愿服务融合率，促进别墅区与普通社区结对交流，将国外先进的志愿服务理念与中国特色志愿服务实践相结合，提高街道志愿服务水平；二是探索在外籍居民密集的社区开设汉语课程，教授居民日常用语，方便外籍居民生活，从而进一步了解中国文化、实现文化的交流与融合；三是完善市政配套设施，根据人口总量、人口结构和实际需求，合理布局，因地制宜，不断完善配套设施配置标准，体现出超前性、人性化、多元化等特点，更好地满足外籍居民的生活需求，使社区不断迈向现代化、国际化、融合化之路。

（此文作者为时任顺义区委社会工委书记、区社会办主任）

昌平区非公有制企业党建工作存在的问题及对策

刘向东

改革开放以来，非公有制经济得到了快速而显著的发展，已成为推动和影响经济、社会、政治、文化发展的重要力量。近几年，伴随着昌平区城市化进程的加快，经济建设和城市定位的转型，“京北创新中心，国际科教新城”战略的实施，昌平区非公有制企业的数量在不断增加，规模在不断提升，对国民经济的贡献也在逐步提高，决定了非公有制企业党建工作在整个党建工作中的地位也越来越凸显，因此必须要以更大的工作力度来扎实抓好。

自2006年以来，昌平区就在贯彻党和国家、市委市政府的各项关于推进非公有制企业党建的相关政策基础上，稳步推进昌平区非公有制企业党建工作的开展，已经取得了一定成效，也积累了很多经验。但是问题依然不少，问题是什么，原因何在，如何解决，如何从根本上提高昌平区非公有制企业党建工作的水平，是此次课题立项的意义所在。

课题在2012年党建研究会课题“昌平区加强非公有制党建工作的实践与思考”的基础上，继续更深一步。前一课题着重探讨了做法、成功的经验，对问题及其成因以及问题的解决并未做深刻的剖析。2013年课题立项以后，课题组继续调研，重点考察了党建工作开展缓慢的非公有制企业，目的是找到问题症结所在，以便对症下药。同时对一些党建工作开展得比较好的非公有制企业也进行了实地调查，总结经验，既是为了将已有的成绩巩固提高，更为了找出合适的办法解决依然存在的问题。

一、昌平区加强非公有制企业党建的主要做法和成效

2013年以来，昌平区继续致力于非公有制领域党建工作的扩展和深入，在全力总结已有工作经验并加以贯彻落实党中央，市委、区委关于推进非公有制领域党建工作的建议、政策等基础上，工作进一步展开。一年来昌平区在非公有制企业党建领域主要开展了以下几方面工作。

一是继续致力于摸清非公有制企业数目，实现组织全覆盖。紧紧围绕基层组织建设年的工作要求，以“五个好”非公有制企业党组织创建为抓手，不断扩大党组织和党的工作覆盖面，不断创新党组织的活动载体和方式方法，党组织在企业生产经营中充分发挥“引领、助推、凝聚、服务”作用，取得了较好的成效。截至目前，统计在案的非公有制企业2731家，已经建立非公有制企业党组织404个，党员5132人。现有党委3个，党总支9个，党支部211个，联合党支部181个。党组织覆盖非公有制企业1746家，覆盖

率 63.9%（有党员的非公有制企业党组织覆盖率为 100%），选派党建工作指导员 492 名，实现了党的工作全覆盖。其中区委社会工委直属独立法人企业党组织 56 家，现有党员 720 人。

二是健全制度，整合资源，为非公有制企业发展提供保障。健全完善了领导干部联系非公有制企业制度，区级领导干部每人联系 1—2 个非公有制企业；各镇（街道）、有直属非公有制企业的相关单位班子成员，每人也联系了 2—4 个非公有制企业；建立了非公有制企业党建工作联席会议制度，由工商、税务、统战等 13 个部门组成，形成了加强非公有制企业党建的整体合力。

先后制定了非公有制企业党建工作《联席会议制度》《党费收缴制度》等规范性文件，对非公有制企业党建工作进行了规范。调动各方面力量积极与企业管理层和主要投资人协商解决活动场地问题，统一配发了党旗、党员电教设备和数字电视机顶盒、笔记本电脑等必备办公设备。订阅了《非公有制企业论坛》《支部生活》等党建刊物，免费发放给非公有制企业。

通过成立区中小企业信用促进协会，为中小企业与政府部门、银行担保和中介机构间沟通联系搭建了桥梁；通过建立区中小企业融资服务机构，较好地解决了中小企业融资难问题；通过召开非公有制企业主座谈会，走访人大代表、政协委员中的非公有制企业主等形式，与企业管理层或主要投资人多沟通、勤联系；通过主动服务，得到了上自企业主要投资人、企业管理者，下到普通党员、员工的认可和信任，为推进非公有制企业党建工作打下了基础。

三是加强教育培训、建立激励机制，致力于确保党建活动可持续发展。将非公有制企业党员的教育培训与企业文化建设相结合、与创先争优活动相结合、与企业生产经营相结合，把党员教育培训有效融入生产管理，实现了党建工作与业务工作的科学对接。一年来，先后有 30 个非公有制企业党组织被评为市区先进基层党组织，36 名非公有制企业党员被评为市区优秀共产党员，73 名非公有制企业家被评为区优秀中国特色社会主义事业建设者。

四是搭建平台，寻找契合点，致力于党建作用的充分发挥。组织开展了“党员设岗定责”“党员发挥作用公示”等活动，发挥非公有制企业党员的先锋模范作用。北京福田康明斯公司党委做到“四个坚持”（坚持文化建设总揽不包揽，构建多元化企业文化；坚持核心业务关注不干预，增强外资方高管认同感；坚持边缘业务补位不越位，不断扩大党组织的影响力；坚持重点问题善谋不乱谋，党组织参与决策的水平不断提高），不断创新中外合资企业党建工作新模式，形成了引领企业文化、保障企业发展的合资企业党建工作体系，有力地推动了企业科学发展。阳坊胜利涮羊肉集团党支部在全体党员中开展了“树起一面旗帜，做到五个自觉”活动。一面旗帜，即一名党员就是一面旗帜。五个自觉，即自觉以党员标准严格要求自己，自觉当好领导的参谋助手，自觉树好群众形象，自觉做好群众工作，自觉接受群众监督。设立党员意见箱，组织党员和入党积极分子为企业发展建言献策，共为企业收集有效建议 150 余条，进一步增强了广大党员的责任感和使命感。

围绕全区中心工作，昌平区积极引导非公有制企业服务全区社会经济建设，形成了企业帮村、项目带村、村企结合、整村推进、双赢共荣的模式。北京美佳兴业贸易有限公司由公司党支部牵头，无偿为农民提供搭建大棚、栽培蘑菇的技术服务，定期为农民讲授蘑菇的管理方法和经验，并做好蘑菇的包装、市场销售和深加工项目。绿田园生态农场有限公司、雨轩养殖有限公司等企业都在党支部的带领下，坚持“公司 + 农户”的生产模式，促进了当地农业产业化的发展，实现了企业发展与农民增收致富的“双赢”。

二、昌平区当前非公有制企业党建工作面临的主要困境及原因分析

近年来昌平区在一系列举措的推动下，非公有制企业织党建工作已经取得很大进展，党组织对非公有制经济组织的生产发展、文化引领、督促指导等作用，在党员的先锋模范作用发挥方面，党员职工和党务工作者能够关心非公有制经济组织发展和员工的健康成长。然而，从总体上看，全区非公有制企业党建工作依然存在很多问题，具体表现为以下几个方面：

一是从总体上看，非公有制企业党组织建设工作开展不平衡。从调查情况来看，有些非公有制企业党建工作做得有声有色，工作规范，并做到了党建发展引领和促进企业发展，比如福田康明斯党委、北京蒙太因医疗器械有限公司、北京天翼生物工程有限公司等公司党支部，就很好地将公司文化、公司发展和党建进行了很好地融合。但是还有一部分公司，尽管成立了党组织，但是基本上处于一种可有可无的尴尬境地，党组织的工作和公司行政、办公室工作交叉在一起，党组织工作被职工工作代替。

总体来说，原国有、集体企业改制后组建的非公有制企业党组织，或者公司老总原在国有、集体企业，有着比较丰富的党建工作经验，并养成了党建生活习惯，这类公司与新发展起来的非公有制企业党组织建设相比较，明显更加重视党建工作，党建工作更加规范，工作经验更丰富，成效也比较突出。而一些小微企业，为企业生存牵扯的精力过多，党建工作还没有被公司负责人排上日程。第二种情况是，规模以上非公有制企业，组建党组织问题较少，党组织和相关部门联合，采取措施，在符合条件的企业组建党组织。但是，由于昌平区当前发展中和城市化进程中的特定历史时期特点，更多的中、小、微企业，由于党员人数少、党员流动性大，加上企业本身更加专注企业的生存和发展空间等原因，党建工作比较滞后，甚至连组建党组织都存在问题。目前，联合组建，无论是企企联合、村企联合还是社企联合，都比较少见。

二是党组织地位不明确，作用被边缘化。党组织在传统企业组织体系中处于核心地位，而在非公有制企业里基本处于“边缘地位”位置。就昌平区目前而言，统计在案且有党员（三名党员以上，三名党员以下的采取了挂靠和联合组建的方式）的非公有制企业已经实现了党组织全覆盖。但是党组织真正发挥了引领作用的企业还比较少见。一方面，非公有制经济组织特有的制度安排，限定了党组织的组织空间和活动空间，党组织相对于非公有制经济组织的经营体系而言处于边缘化状态。另一方面，非公有制企业中党的干部地位相对于企业管理层处于边缘化状态。要么党务工作者由企业管理者兼任，党务工作属于额外工作，不在业务衡量范围之内。要么企业领导人兼任党组织领导人，以企业管理冲淡或者代替党务工作。由于党的地位在非公有制企业中的这种变化，党组织在非公有制企业里的作用就面临一系列的新挑战，也为党建工作的开展带来了较大的难度。

三是依然存在制度不规范、组织不健全、经费不足、组织活动难以开展等情况。已经建立党组织的非公有制企业，党建工作的开展也有很多地方不规范。有的党组织开展工作和活动无章可循，随意性很大，甚至成了自娱自乐的组织，与工会无异。有的党组织长期不发展党员。有的又突击发展党员，不严格执行党员发展的各项程序和制度。这些都导致了非公有制经济组织党组织战斗力的弱化和党员形象的退化。党组织要开展活动，就需要有相应的经费支持。昌平区目前对非公有制企业党员进行了党费返还，每人每年活动经费 200 元，虽然已经较以前有了很大提高。但是这笔经费对于一个只有几名党员的企业党组织而言，很难开展活动。必须依赖企业资金的支持，主动权就完全在企业主手中，这就大大制约了非公有制组织党建工

作的开展。

四是党组织负责人难选。由于大部分非公有制企业规模相对较小，党员人数也少，要选出政治坚强、熟悉党务工作、会做思想政治工作，而且懂经营会管理，善于同企业主合作共事的党组织负责人比较难。同时，由于部分企业党组织负责人，把抓党建工作等同于抓企业经营管理，把党组织等同于企业的下属办事机构，致使党组织负责人在职工中缺乏影响力和感召力。

五是党员队伍建设滞后。（1）企业党员自身身份认同感不强。党员包括党组织的负责人都是以员工的身份进入企业的，他们的经济收入、职业地位和管理权力和其对企业的经济贡献同政治表现没有关系，导致部分党员只注重员工的角色，不愿亮出党员身份，或不愿参加党组织的活动等现象。（2）党员的发展难。企业员工入党积极性不高，目前众多非公有制企业中申请入党的员工较少。加上昌平区城市化进程中的特定原因，村支部对附近一些企业提出不要发展党员要求。（3）党员流动性大。在激烈的市场竞争中，不少非公有制企业不断分化组合，用工制度灵活，导致党员流动频繁，使某些企业常常出现党员队伍“朝增暮减”“有组织、无党员”的情况，给党组织设置带来困难，也给党员日常教育管理和发展工作带来影响。

存在上述种种问题的原因是多方面的，主要有以下几条。

一是制度不健全，管理混乱，政策实际操作难度比较大，各种保障落实起来困难。就现有的制度、法律、规章而言，只有原则性的规定，实际操作起来却因为非公有制企业类型千差万别而难以操控。缺乏具体的、操作性强的规定和制度，更缺乏惩罚性措施。

二是非公有制经济组织业主对开展党建工作的态度消极。非公有制经济组织党建工作做得不好，与业主的思想认识有很大关系。由于非公有制企业的特定性质，业主对党建工作存在认识上的误区，担心开展党建活动影响了非公有制经济组织的生产经营活动。众所周知，非公有制经济组织以获取利润为生存的前提，一些业主担心成立党组织后影响生产经营，认为开展党的活动，既要占用时间，又要活动经费，给非公有制经济组织的人力、物力和财力上带来额外的负担，增加企业的生产成本，进而影响到非公有制经济组织的生存和发展。

三是优秀党务工作者的缺乏和其对开展党建工作的顾虑。就目前情况来看，非公有制企业党务工作者对企业的影响力还远远不够。按照目前的工作模式和实际情况，在非公有制企业开展党建工作很难在短时间内给企业的经营发展带来显而易见的好处，很难影响企业主对党建工作的态度。很少有企业有专职的党务工作者，大多为兼职，党务工作是无偿的额外工作，如果把精力过多地投入到党务工作，就很难得到业主的认同和支持，党务工作与其报酬并不相关，党务工作者因此对党务工作并没有特别高的热情。

四是非公有制经济组织自身私有化的特点对党建工作的影响。非公有制经济组织产权私有，需要自己养活自己，员工具有雇用性，非公有制经济组织业主在组织中具有至高无上的地位和决策权，在非公有制经济组织设置党组织和开展党的活动对业主依赖性比较大，党建工作的活动场所、党组织工作经费等物质基础都是非公有制经济组织业主提供并做决定。大多数非公有制经济组织具有“小、散、变、杂”的特点，组织内的党员流动快，管理难度大。同时，非公有制经济组织自身发展的不稳定性。在市场经济条件下，非公有制经济组织处于不断的发展变化之中。在非公有制经济组织开展党建工作必然要受制于市场经济规律以及自身发展规律的制约和影响，这些因素在一定程度上阻碍了非公有制经济组织党建工作的开展。

三、构建非公有制企业党建工作运行新机制，推进非公有制企业党建发展

党的十八大报告要求创新基层党建工作，

加大非公有制经济组织、社会组织党建工作的力度，以服务群众、做群众工作为主要任务，加强基层服务型党组织建设。加强非公有制经济组织党建工作，必须从非公有制经济组织的特点出发，有所突破和创新。在非公有制企业进行党的建设，正确领导是关键，扩大党组织的覆盖面是基础，取得广大业主的真心支持是条件，发挥党组织和党员在企业中的作用是目的，持之以恒地改革创新是动力。

一要合理运用组织力量，促使非公有制企业建立党组织并开展组织活动。非公有制企业中党组织的建设和活动状况在很大程度上主要取决于组织部门的重视程度和对非公有制企业的影响力。鉴于非公有制企业在社会主义市场经济中的地位越来越重要，运用政权的力量，促使非公有制企业建立党组织，开展党建工作，这是必需的也是可能的。因此，第一步必须运用政权的力量首先让组织建立起来。

二要找准定位，理顺关系，做到不缺位，不越位。组织建立以后，如果企业主认识不到党组织对自身利益的促进，觉得自己建立党组织是一种牺牲，那么他对党建工作的支持将始终是消极的、被动的。党的组织即使在企业中建立起来了，也不易找到自己的定位，很容易被边缘化。因此，必须要转变观念，从非公有制企业本身的特点出发，找准定位，理顺关系，党建工作才能顺利开展。

非公有制企业固有的特殊性以及与国有企业和集体企业存在的差异，使得我们在传统的计划年代形成的党建工作的原则、思路、工作制度，在新的历史时期已不能完全适用于非公有制企业。对非公有制企业党组织来说，如何确立其在非公有制企业中的地位和怎样发挥其作用，这是顺利有效的开展非公有制企业党建工作必须解决的基础性问题。

2012 年中央办公厅发布的第 11 号文件明确了非公有制企业党组织在非公有制企业中的地位和作用，即“非公有制企业党组织是党在企业中的战斗堡，在企业职工群众中发挥政治核心作用，在企业发展中发挥政治引领作用”。党组织要团结带领业主和员工一起推动非公有制经济组织持续、健康发展。

非公有制经济组织党组织既要成为非公有制经济组织正确走向的引领者，更要成为非公有制经济组织生产经营的服务者。要把关心、支持非公有制经济组织的生产经营，为非公有制经济组织排忧解难，促进非公有制经济组织持续、稳定、健康发展，作为党组织应尽的职责和主要的任务，还要成为非公有制经济组织和谐稳定的推动者。把党组织的使命与非公有制经济组织健康发展、员工利益实现有机地统一起来，将业主和员工的利益目标集中到为社会主义现代化建设的目标上来。党组织一方面要在职工中发挥维权、教育、组织作用；另一方面又要对非党员业主发挥帮助、引导、监督作用，对党员业主发挥教育、管理、监督作用，对业主中的入党积极分子发挥引导、教育、培养作用。

三要找到非公有制企业党建和企业发展的契合点，以非公有制党建引领企业文化建设。非公有制企业是以利润作为最高目标的经济组织，党组织参与非公有制企业经营与发展的合理性在哪里？在社会与经济不断发展、变革的新时期，非公有制企业党建应当是内部合理性和外部合理性的统一。一方面要以文化活动为载体，将党建工作寓于各种喜闻乐见的群众性活动和企业文化建设之中，增强知识性、艺术性、趣味性。另一方面以经济活动为载体，开展劳动竞赛、争先创优、创建文明单位、青年文明号等活动，激发职工的政治热情和工作热情。此外，还可以将必要的政治学习融化在业务知识、科技文化知识学习和有益身心健康的文体活动中，把解决生产经营中的难点、热点问题作为开展党内活动的重点，从而有效促进党建工作与生产经营和各项管理工作紧密结合，使党的建设与企业发展同频共振，互相促进，共同发展。

四要健全机制，为非公有制企业党建提供保障。根据发展的需要，积极创新非公有制经济组织党组织的设置模式，为党建工作顺利进行提供保障，不断提升非公有制经济组织党组织的影响力，就要党组织充分发挥“润滑剂”的作用，积极创新保障机制，协调和处理好企业发展的各种关系，积极创建“和谐型”企业，保证党组织工作良好有效地开展，不断激发党员队伍的活力。

首先要落实党内关爱。要坚持以人为本，建立党内激励、关怀、帮扶机制，关心和爱护基层干部、老党员、生活困难党员，定期开展走访慰问，积极协调和维护职工合法权益，尊重、关心、爱护党员群众，稳定企业职工队伍，增强非公有制企业党组织的凝聚力，促进企业内部和谐。建立和谐的劳资关系，在企业内努力营造人与人融洽协调，相互尊重，人格独立，相互理解、相互支持的和谐氛围。适当给予优秀党员职工经济和政治上的优待，增强党组织的吸引力，不断激发党员队伍的活力。

其次要完善经费保障。要完善工作经费保障制度，加大政策投入，通过上级党组织拨款、经济富裕党员捐助、党费返还等方式，为党建工作开展提供物质保障，确保创新无顾虑、活动有经费、战斗有阵地，为企业稳定发展“助燃”。建立健全党组织工作经费补贴制度，针对非公有制经济组织党组织书记、优秀党员、优秀职工和普通党员职工的工作实际，给予不同等级的工作补助和津贴，加大非公有制组织党建活动的经费帮扶力度，让广大党员职工感受到党组织的温暖，积极投身于非公有制经济组织建设中。

最后要提供人力保障。要抓好队伍培育。要搞好非公有制经济组织的党建工作，关键要有一个素质高、业务精的党组织负责人。应着力建立非公有制经济组织党组织“一把手”人才库，并把“政治素质好、懂经营、有文化、善管理”的技术骨干、企业管理人员培育为党组织负责人，带头开展创先争优，带领企业发展壮大。努力把生产经营技术骨干培养成党员，把党员培养成生产经营技术骨干，把党员生产经营技术骨干培养成经营管理人才，使非公有制企业真正成为创业创新创意的“人才高地”。

（此文作者为时任昌平区委社会工委副书记、区社会办主任）

关于基层网格化工作的调研报告

张德广

按照区领导指示，由区委社会工委牵头，与区网格办、区综治办、区经信委组成网格化基层工作调研组，于3月17日至18日前往天宫院街道海子角东里社区和海子角社区及亦庄地区办事处对全区网格化基层工作推进情况进行调研。通过调研，我们发现了网格化工作在基层推动过程中存在的问题，经过几家单位的分析讨论，确定了造成这些问题的主要原因，并初步提出了解决办法。具体调研报告如下。

一、发现问题

（一）多系统并行，各系统情况不一

目前，社区需要进行信息录入工作的信息系统至少有6套，分别为“96156”社区信息管理应用系统、计生系统、流动人口和出租房屋管理系统、大兴区社会服务管理综合信息系统、大兴区城市管理系统和3月份新部署的大兴区村庄社区化综合管理系统。从权属上看，“96156”、计生、流管三个系统

为市级或全国性质的信息系统，其他均为区级系统，区级系统在统筹和数据交换方面更具操作性；从运行时间上看，“96156”、计生、流管三个系统已在基层运行较长时间，其他系统在基层运行时间较短，时间约为1—2年，需要进一步培训以提升操作水平；从数据构成方面看，村庄社区化综合管理系统严格按照人、地、事、物、组织、情的结构进行了数据库的搭建，而其他系统的数据结构在区分和查询方面都不够便捷，存在上手难、操作繁琐的问题。

（二）基层重复录入数据，增大了工作量

正由于多系统同时运行，导致有大量的基础数据需要在多个系统重复录入，大大增加了基层的工作量。社区需要分配大量的精力在数据录入工作上，无暇顾及社区服务。其中市级系统：“96156”系统、计生系统、流管系统的数据更新周期为1个月。社区需要将新增和变更的信息整理录入上报。其中计生和流管系统通常需要安排人员到街道办事处录入。区级系统：社会服务管理系统刚基本完成基础数据的录入工作，还未形成明确的更新制度。城市管理系统应用于城市部件和事件管理，没有基础数据录入工作。综治系统刚刚完成系统培训，并要求社区开始录入基础数据。

（三）部分社区未接通电子政务网

据社区反映，有相当一部分社区未接通电子政务网，导致无法使用各种信息系统。网未通导致：社区的基础数据无法通畅的上传；社区工作者也无法享受到信息系统所带来的便利以及工作流程的优化。据了解，目前大兴区5个街道、5个地区办事处共有150余个社区，其中接通电子政务网的社区不足一半。

（四）城管系统疑难问题大量积压在街道社区

城市管理系统的运行情况存在以下问题：一是有大量的疑难问题没有权属单位认领，积压在街道和社区，给社区工作造成了很大压力；二是社区为了保证事件的高办结率，只上报易解决和可解决的事件，甚至出现做假刷高办结率的情况。社会服务管理系统中也遇到了类似的情况，目前有林校路街道和清源街道的部分社区开展了居民诉求事件办理功能的试点应用，从系统数据来看，社区录入的事件记录均为日常业务，办结率近乎百分之百，系统并没有起到采集居民诉求的作用。

（五）社会服务管理系统数据需有部门接受处理，同时系统本身需提升优化

社会服务管理系统的运行情况存在以下问题：一是系统优化问题。我们在调研的过程中发现，社区工作人员对社会服务管理系统的建设提出了一些意见，建议社会服务管理系统在一些细节上需要改进和优化。例如，技术关联问题、目录排序问题等。二是使用问题。社会服务管理系统设计之初没有配备手持终端，居民诉求只能通过手工输入事件到该系统，逐级处理上报。此外，为了增加采集居民诉求的渠道，社会工委通过与智慧社区工作相结合，在大兴区社会服务网手机客户端中集成了居民诉求采集模块。居民安装该手机应用后即可自行上传诉求，然后社会服务管理系统通过专用接口从大兴区社会服务网后台读取数据。目前使用该系统较好的街道是林校路街道和清源街道，事件上报率高，在社区、街道层面解决。但区内缺少诉求上报、分配和沉淀的明确制度。一方面暂时没有部门接收管理这些诉求数据；另一方面系统也无法设置相应的处理流程，目前这一部分诉求数据只能积压在系统后台。

二、分析原因

（一）数据共享无通道，系统之间有壁垒

从市区两级系统对比分析：就基础数据来讲，“96156”系统的数据最全，计生、流动人口、出租房屋等信息均已涵盖。但网格化管理所形成的网格管理数据以及居民诉求

和事件办理模块所形成的诉求和事件数据均不在“96156”范围内。例如，社会服务管理系统的基础数据基本采用了与“96156”系统相同的标准，而综治系统除了基础信息之外，还需要采集工厂、员工等数据，也不在“96156”范围之内。

从各部门数据上看：数据项相同的较多，但根据各部门的业务需求，同类基础数据之间，在采集项目、数据类型等各方面存在较大差异。比如，对村庄社区化系统和社会服务管理系统的人口数据进行比较，村庄社区化系统需要采集的项目有50项，社会服务管理系统则有38项，其中重合的项目仅有18项。而满足数据类型相同，两平台可以共享的数据项为0。

从国家、市区政策看：市级或国家级的系统无法直接调取数据与区级系统进行共享，往往要通过街道级职能科室根据业务需求或工作部署，要求社区级进行数据调取再转存入其他系统，同样增加了基层工作量。当前网格化工作在基层存在的问题是政府信息化建设过程中必定会出现的一个阶段。

根据以上三点原因，我们发现各个部门各自为政，根据需要建立信息系统，缺乏统一规划，数据共享无通道，系统之间有壁垒，从而形成信息孤岛，增加了基层工作人员的重复劳动。

（二）各部门系统业务性强，缺乏数据统筹

各信息系统都是根据各部门业务需求进行建设的，其宗旨是满足各部门业务在信息化方面的实现，以提升工作效率、促进工作落实。然而，当各系统在社区级实际落地后，并没有考虑到社区“上面千条线、下面一根针”的工作局面，同一名社区工作人员在不同系统中录入同一类数据时，面临的是“名字一样、长相差不多、但是爸妈不一样”的情况，即使是同类数据，但根据各系统数据项要求不同，还要反复核对，甚至反复采集再录入，缺乏一个数据统筹单位，提供统一的数据参数。

（三）信息系统环境不完善，各街道重视程度不够

第一，有一些社区之前已经接通政务网，但由于社区办公用房搬迁，需要重新架设网络。第二，还有一些社区办公环境拥挤，暂时不具备安装政务网的条件，需等待办公用房的改善。第三，随着城市化进程的推进，大兴区每年都会新增一些社区，这些社区也都需要架设政务网络，需要区级相关部门制定相应的长效机制加以解决。第四，通网资金多与信息系统建设项目捆绑，如此次95个社区的政务网建设奖金就包含在社会服务管理系统中。项目不招标签约，政务网络建设奖金就不到位，无法及时地给社区安装。第五，各街道对于信息系统的认识大多停留在自动化办公，完成上级单位交办的事项，并不认可信息系统可以促进社会管理，所以在实际工作中，往往积极性不高，对各社区的工作情况关心不够，要求提得多，实际问题解决得少。

（四）各委办局对网格化工作理解不到位

首先，针对城管系统疑难问题大量积压在街道社区层面的问题，我们分析的原因是各委办局对网格化工作的理解不到位，实施网格化工作的意义就在于将各相关部门的力量下沉至社区，然后通过信息系统按照权属职责直接将任务分配至相关部门处理，从而打破各委办局总给社区压活的局面，解放社区力量，以更好地为老百姓服务。其次，职责下沉不到位。全区的网格化工作培训会已经针对委办局进行培训，但委办局的职责没有实质性的下沉到网格化工作当中去。最后，考核主体的问题。网格化工作被考核的主体应该是各相关部门、权属单位，而非社区。如果将社区作为考核单位，社区为了追求漂亮的数据，势必会做出瞒报作假等行为；而权属单位作为事件处理的主体，却不被考核，会出现推诿扯皮等现象。

三、工作建议

（一）加强培训

以往培训都以社区级工作人员为主，旨在加强系统操作能力，今后要对街道级开展主管领导、职能科室科长、工作人员多层级培训，以深化街道对信息系统的认识，提升街道级工作人员对基层的指导能力。

（二）加强下沉

区网格中心应系统地对需要下沉工作的委办局的主管领导及科室进行分批培训，将网格化工作的意义、工作要求、工作步骤、工作方法等逐一讲解透彻，以利于工作的快速推进。

（三）技术解决

一是通过调研，我们发现“96156”的数据是可以通过社区端口导出和导入；二是建议由区经信委搭建数据项目最全的数据信息库，制定统一的数据交换标准，然后根据各信息系统的专长，确定唯一可信的数据源，然后进行交换共享；三是同时开发村社级、镇街级工具，满足各系统的数据项要求，自由导入导出、实现一次采集录入，多系统按安全级别自选数据使用，最大限度地帮助基层解决同类数据反复工作的难题。

（四）通网问题

建议社工委将每年新增的和办公用房发生变动的社区数量，提供给经信委，由经信委申请专项资金预算，不再与信息系统建设项目捆绑。或由社工委直接将政务网络的安装费用计算在办公用房的费用内一并申请，社区搬迁一个，安装一个。

（五）提升管理

第一，需要一个部门做好各系统之间、技术保障与属地工作实际之间的协调统筹，将各自的数据共享出来，这才是打破信息孤岛的关键所在。第二，要建立合理的考核制度。第三，区内应统一事件、部件的合理分配。目前，城市管理系统中的部件事件直接上报到区网格中心，直接由网格中心分配；建议社会服务管理系统的事件也应从社区、街道这样一级一级过滤传到区网格中心。第四，关于各系统的优化升级技术支持应由经信委统一负责跟踪服务。

（此文作者为大兴区委社会工委书记、区社会办主任）

平谷区经济类社会组织基本情况分析及对策研究

张海霞

党的十八大报告明确提出“加快形成党委领导、政府负责、社会协同、公众参与、法治保障的社会管理体制”。经济类社会组织是社会组织的重要组成部分，在推动区域经济发展，承担公共服务，增进有序合作方面有着不可替代的作用。为此，平谷区组织专门力量，开展了经济类社会组织调研，摸清经济类组织的现状，分析存在的主要问题，提出下一步发展的对策和建议。

一、经济类社会组织发展阶段特征明显

目前，全区经济类社会组织处于依附政府资源发展的初级阶段，在国家政策引导、区域经济发展趋势、主管部门扶持的影响下，阶段性特征比较明显。

（一）国家政策、文件的规定影响社会组织登记数量

2003 年民政部出台了《关于加强农村专业经济协会培育发展和登记管理工作的指导意见》（民发〔2003〕148 号），要求“适当放宽登记条件，简化登记程序”，对全区此类组织的登记注册数量产生较明显影响。2001 年至 2012 年的 12 年中，2003 年登记注册组织迅速达到 34 家，2004 年文件精神余温尚存，注册数量虽减半仍达到 16 家，而其余年份均在 1—9 家之间，近些年来甚至急剧下降，2010 年至 2012 年连续三年均为 0 家。可见，国家扶持政策的出台对此类组织影响较大。（见图 1）

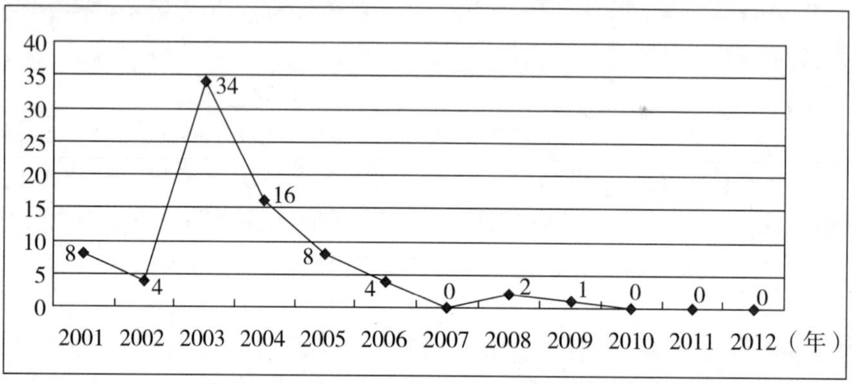

图 1　经济类社会组织 2001—2012 年登记注册数量（个）

资料来源：区民政局《截至 2013 年 5 月社团登记表》。

（二）区域经济的发展趋势引领社会组织服务方向

平谷区作为北京市主要农副产品生产基地之一，果品生产是平谷农业经济的支柱产业和农民致富的主要来源；同时，作为生态涵养发展区，“旅游富民”成为全区发展目标之一。在区域经济社会发展大环境的影响下，目前经济类社会组织主要涉及农业、旅游业和工商业三个领域。（1）涉农类社会组织 87 家，占总量的 71%；（2）工商业类行业协会商会 28 家，占总数的 23%；（3）旅游行业类协会 7 家，占总量的 6%（见图 2）。

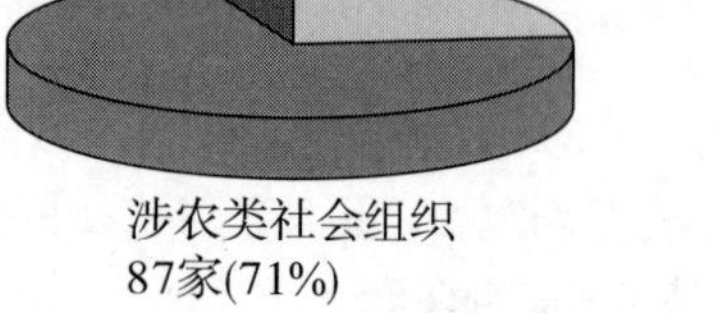

图 2　经济类社会组织分布情况图

（三）主管部门的扶持力度决定社会组织生存状态

带有官办色彩的社会组织，具体指负责人由政府部门工作人员兼任，或者组织发起有政府部门参与的组织。此类社会组织得到主管部门的支持力度比较大，运行状态较好。122 家经济类社会组织中，有 22 家社会组织带有官办性质，占总量的 18%。包括私个协会、民俗旅游协会、果品产业协会、农民专业合作社联合会等，政府拨款比例高达 100%，都是运营状况较好、发挥作用明显、有良好发展前景的组织。纯民办组织 100 家，占总量的 82%，主要依靠会费、企业赞助生存，处于维持基本生存水平，发展情况和前景不乐观（见图 3）。

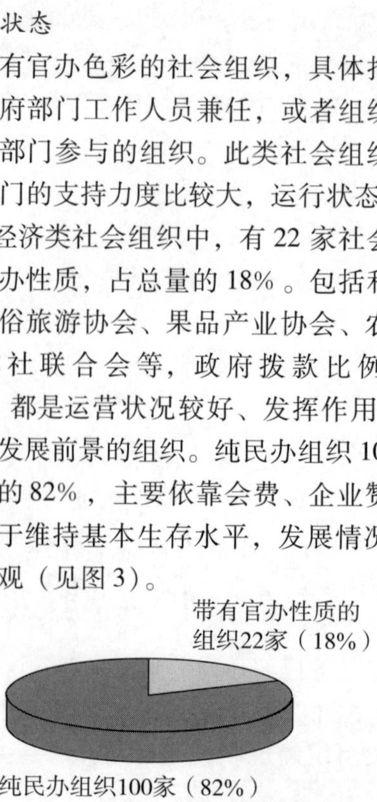

图 3　经济类社会组织性质情况图

二、经济类社会组织服务社会水平提升

近几年，全区经济类社会组织施展作为、发挥功能，成为有效连接政府、市场和公众的枢纽，整体服务社会水平得到提高，搭建了七大工作平台。

一是搭建会员增收致富平台。经济类社会组织为会员提供新品种新技术改良、市场营销策划等多项服务，全面实现农民增收，农业致富。例如，绿都林科技示范园，发挥涉农组织上联科研院所、下联千家万户的辐射带动作用，长年坚持向1000余个果品种植户传递技术信息，促进农业新成果转化。以山东庄镇鱼子山村果农的400个草莓种植大棚为例，2013年的收入就达2000余万元。2011年至2013年，示范园在全区累计发展草莓种植户1550余户，累计农民增收达6000余万元。

二是搭建公共职能承接平台。各组织有效承担政府部分公共服务职能，包括行业服务、行业调查研究、行业监督管理、社区服务、资质初审、教育服务、文化体育服务、社会监督、扶贫及社会救助、政府部门审批材料收集等十大类别，为今后政府部门转移或剥离部分公共服务职能打下良好基础。

三是搭建三方沟通合作平台。平台有效连接政府、市场和公众三方，形成良性互动，确保三方信息及时准确传递。(1)为政府决策提供参考，如区旅游协会，向政府反映加强信息网络建设等方面建议，区政府高度重视，完善旅游导向系统、建立旅游宣传网站等建议逐一落实。(2)及时向会员提供销售市场信息，拓展会员销售渠道，提高市场占有率。如果品产业协会每年帮助会员与市内各大商场、超市及社区开展对接活动300余次，果品销售额达13.6亿元，为果农带来良好经济效益。

四是搭建社会矛盾化解平台。各组织积极开展行业自律，规范市场竞争行为，促进行业健康发展，有效促进社会和谐。以民俗旅游协会为例，由于缺乏旅游景点等原因，区内20个市级民俗旅游村收入不均衡，出现恶性竞争。协会在全区范围进行总体规划，形成民俗旅游特色模式，各村经营者都能找准位置有侧重地开展服务，从根本上杜绝恶性竞争，有效化解社会矛盾。

五是搭建队伍素质提升平台。通过组织会员培训学习和考察交流提升整体服务水平，增强社会竞争力。2012年，各组织共开展培训和考察活动8800余次，参与者达10万人次，包括组织负责人、专职工作人员综合素质提升培训，专业资格认证培训和市区内外交流等。例如，农业机械产业协会，组织会员参加农村实用人才培训班等各种培训活动70余次，培训经营、管理、技术人员2953人次。

六是搭建资源信息共享平台。各组织积极搭建公共技术服务平台，通过编印内部刊物、设立专业网站等形式，及时发布行业动态、管理营销等信息，为会员提供决策参考。如农民专业合作社联合会的绿谷农合之家网站，拥有政策发布、合作社展示、技术信息服务、农产品营销、品牌塑造、宣传推介六大平台，为66家会员和900余家农民专业合作社提供服务和交流平台。

七是搭建特色品牌打造平台。通过实施品牌战略，提高会员品牌意识，帮助会员培育品牌、宣传品牌、保护品牌，提高市场竞争力。民俗旅游协会申请全市首个集体商标“客居香”，会员通过签署协议共同维护和使用集体品牌，强化产业集群的规模优势和品牌优势。农民专业合作社联合会以“绿谷农合”品牌为平台，进一步共建农产品营销体系。

三、经济类社会组织发展的瓶颈

目前，全区经济类社会组织发展处于初级阶段，仍存在许多瓶颈问题，具体表现为“两不到位”“三缺乏”“四个待提升”。

（一）外部环境

1. 登记管理机关管理力量不到位。全区共有注册和“草根”社会组织 470 家，而从事登记管理工作的区民政局社团办仅有行政编制人员 3 名，均有执法证，登记和执法由 3 人全权负责。既无健全执法机构，又无专业督查队伍，对日常登记等工作都在忙于应付，很难有时间和精力加强对组织的指导服务。

2. 业务主管单位管理制度不到位。法律、法规对业务主管职责规定较笼统，业务主管单位对管什么、管多少、管到什么程度认识不清。参与调查的 40 个组织中，除了官办色彩较浓的组织得到业务主管指导较多外，其余基本认为各主管部门对其发展的促进作用不明显。

3. 缺乏整体规划和统筹协调。目前，区内经济类社会组织发展处于各部门、各行业各司其职状态，缺乏组织发展整体规划部署和统筹协调机制。各组织管理部门也都是从部门利益出发各负其责，没有形成管理合力，组织发展具有随意性、盲目性。

4. 政府资助行为缺乏规范。政府部门的资助没有政策依据，缺少规范，带有随意性，不同组织支持差别较大。官办色彩较浓的组织，如区私个协会、区工商联、区果品产业协会等，政府资助力度较大，达到 100%。2012 年得到政府拨款较多的组织，如区农民专业合作社联合会达到 70 万元。纯民间社团组织很难得到政府支持，如婚庆礼仪服务行业协会等 13 个组织，2012 年经费为 0，没有资金，活动难开展，作用难发挥，甚至连生存都成了问题。

5. 加大政府购买服务力度。2010 年以来，北京市建立了政府购买社会组织公共服务项目，投入专项资金加大社会组织发展扶持力度。全区虽然也采取了相应措施，但力度不够大，作用还不十分突出，应进一步统筹资金，扩大购买服务覆盖面。

（二）组织内部

1. 队伍素质待提升。（1）法定负责人年龄偏老化。社会组织负责人平均年龄为 52.5 岁，一些带有官办色彩的组织，成了离退休人员发挥余热的场所。尤其是农业和旅游行业组织，由于农村青壮年劳动力大多外出打工，负责人老龄化、兼业化较严重，平均年龄高达 58.5 岁。（2）兼职工作人员较多。40 家社会组织负责人中有 27 人是兼职，占 67.5%；从业人员队伍 275 人，215 人是兼职，占 78.2%。大部分兼职人员抱着暂时干干的态度，存有“脚踏两只船”思想，不能对组织工作形成长远打算。

2. 筹资能力待提升。2012 年，40 家经济类社会组织共筹措经费约 858 万元。其中政府拨款 399 万元，占总数的 46.5%；核准服务性收入 412 万元，占总数的 48%；15 家获得企业赞助和会费收入 47 万元；17 家社会组织经费为 0。有 80% 的经济类社会组织既无政府资助也无服务收入，只能依靠会费和企业赞助，经费筹措渠道不畅，形成无资金—无作为—无吸引力的恶性循环。

3. 治理水平待提升。目前，50% 的社会组织还没有健全以章程为核心的内部管理制度，缺乏符合现代法人治理要求的自律机制和监管机制。有的在召开理事会等重要会议或对重大问题进行表决时，看似履行了民主程序，实际细节有很多不规范之处，有个别组织甚至存在“一言堂”情况，组织民主性难以发挥。

4. 市场竞争力待提升。涉农专业行业协会、农民专业合作社等农业经济组织大多还缺乏规模、品牌和市场竞争力。农业社会化服务组织数量偏少，服务功能较弱。农业经营体系中，缺少具有竞争优势的龙头企业，产、加、运、储、销产业链脆弱，农业企业带动性较弱，与农民难以形成稳定共赢的利益联结机制。

四、促进经济类社会组织发展的对策和建议

社会组织建设与发展是一项综合性、系

统性工程，需要从全局和战略高度明确方向、科学规划、培育扶持、规范管理、整体推进。根据市区有关加强社会组织建设与管理的文件精神，结合全区实际情况，对经济类社会组织发展提出如下建议。

（一）设机构，综合协调，密切部门合作

1. 建立专门机构。由区社会建设工作领导小组协商区委社会工委（区社会办）、区民政局、区人力社保局、区财政局和税务等相关部门，联合建立社会组织综合管理工作领导小组，制定联席会议制度。同时设立涉农经济组织发展工作领导小组，成员单位由区农业局、区农委、区科委等部门组成，既要各司其职，又要加强合作，形成监管合力。

2. 建立协调机制。进一步健全各部门分工负责、密切配合的综合服务、统筹协调机制，共同研究出台促进经济类社会组织发展的政策文件，形成统筹解决社会组织发展的合力。

3. 制定优惠政策。发展改革、人力资源、财政、税收、农业等职能部门应依据业务范围、政策法规进行监管扶持。尤其是财政、税收等部门要研究出台社会组织税收优惠办法，增加优惠税种，保证社会组织享有会费收取、政府委托培训等项目的税收减免政策。

（二）定规划，总揽全局，促进分类指导

4. 制定总体规划。将培育和发展经济类社会组织作为重要议题，列入区域经济和社会发展的总体规划，抓紧制定具有平谷特色、有利于经济类社会组织健康快速发展的整体规划和指导意见，高起点、全局性地对此类组织进行定位，明确其性质、地位和职能。

5. 加强分类指导。按照“整合传统类，发展新兴类，扩大农经类”的精神稳步推进，整合果品业等传统类组织，努力发展物流服务等新兴组织，重中之重是积极扩大各类农业经济组织的覆盖面。贯彻落实党的十八大提出的“构建集约化、专业化、组织化、社会化相结合的新型农业经营体系”的工作精神，在坚持和完善农村基本经营制度的基础上，通过集成创新，构建专业农户、专业合作社、专业服务组织、专业加工企业、专业行业协会“五位一体”的经营体系。

（三）建机制，政府购买，提高公共服务质量

6. 建立规范购买机制。区社会办、区民政局、区财政局等部门组成政府购买公共服务工作领导小组，建立区级政府购买服务专项资金，制定可操作性强的整体规划，确定购买服务的项目、标准、数量及购买方式等。制定服务购买预算，并向社会公布服务需求信息和资金预算信息，严格考核承接组织的专业资质和服务能力。

7. 进行多方专业监督。首先是外部监督，包括会计事务所、审计事务所等第三方机构的监督；包括社会公众和媒体监督等。其次是内部监督，包括财政部门对购买资金使用的监督；购买服务部门对服务质量、效果的监督等。

8. 实施综合绩效评估。评估主体包括政府主管部门、社会组织、第三方评估组织。创建开放性的评估系统，制定评估办法，评估结果对社会公开，并作为下一年度购买项目的重要依据。依据评估效果，对评估社会组织给予奖励或惩罚。

（四）建制度，培养人才，提高社会组织发展能力

9. 加强制度建设。各社会组织要健全内部管理机制，包括以章程为核心的自律机制，会员大会或代表大会制度，理事会或常务理事会制度，健全协会内部财务管理和民主决策程序，以民主、协商方式处理组织内部事务。

10. 加大表彰力度。通过开展优秀组织年度评选、“十佳行业协会商会”表彰等活动，推选带动经济类社会组织健康发展的“领头羊”、领袖能人典型，鼓舞经济类社会组织增强内驱力。

11. 促进参政议政。探索在人大和政协会议中建立“社会组织界别”，建立重大行

业决策征询社会组织意见的制度，对于表现突出的优秀社会组织负责人优先给予其区政协委员、区人大代表、党代表等政治待遇。既为其他组织树立学习榜样，又鼓励经济能人带动组织更好发展。

12. 加强互动交流。加强区内社会组织与区外先进社会组织、区内社会组织之间、社会组织会员之间的互动交流。开阔社会组织负责人及成员的眼界，向区内外优秀社会组织学习先进经验，增强经济类社会组织发展动力，提高社会组织促农增收能力。

13. 拓展筹资渠道。积极探索市场化、企业化道路，变“输血”为“造血”，通过收取会费、接受捐助、开展服务等方式筹措经费。允许并鼓励此类组织设立或挂靠社会中介组织，如咨询中心、检测中心、会计事务所等，以扩大社会服务领域，增强自我发展能力。

（五）重监管，多方参与，加大综合管理力度

14. 业务主管单位加大监督力度。业务主管单位要研究制定加强社会组织日常监管的具体措施和办法。在未来条件具备时，“双重”管理体制变为“一口”登记制，政府各部门不再担任业务主管，将改为按照行业管理部门职能，通过项目委托、信息发布、政策指导等方式，对组织进行指导和扶持。

15. 登记机关加大综合管理力度。要通过充实力量、加大投入、配备专职执法队、落实专业监管工作等，不断充实登记管理机构力量。

16. 综合协调部门加大培训力度。积极搭建理论研讨、考察学习、经验交流、典型宣传等，提高从业人员队伍素质。优化人才发展环境，完善专职工作人员资格认证、职称晋升等政策措施，吸引更多中青年专业人才加入队伍，使队伍趋向年轻化。

（六）搭平台，群策群力，促进共同成长

17. 搭建交流展示平台。重点是区委社会工委、区民政局、各街道（乡镇）要搭建多种形式的社会组织发展平台，构建区、街道、社区（村）三级社会组织服务平台。开展全区社会组织公益行活动，展示各组织风采，建立社会组织 QQ 工作群，增强交流互动。

18. 建立信息化管理系统。区社会办、区民政局、各业务主管等部门，应合力提升信息化建设水准，建立两套管理系统，即社会组织服务民生资源配置信息系统和社会组织信用信息系统。全面收集社会组织内部结构、能力建设、信用水平等数据，进行全方位的综合评估，作为其参与服务的重要依据。

19. 建立媒体宣传平台。政府相关部门建立相应的体制、机制和服务交流平台，向广大群众及社会各界进行社会组织宣传和普及活动。要在区电视台、绿谷信息网、区社会建设网、《绿谷》杂志、《平谷报》等媒体，通过开辟社会组织专栏、专版等方式，加大经济类社会组织宣传展示力度，以良好的面貌弘扬社会正能量，同时接受社会各界公众监督。

（此文作者为平谷区社会办副主任）

怀柔区农村基本公共服务体系建设存在的问题及对策

赵海军

农村基本公共服务水平的高低，是衡量一个国家和地区农村经济社会发展和城乡基本公共服务均等化水平的重要标志，也是全面推进新农村建设的关键所在。为全面掌握

怀柔区农村基本公共服务的情况，我们历时半年在怀柔区进行了一次全面系统的调查，重点走访调查了区民政局、区卫生局、区水务局、区教委、区人力社保局、区市政市容委、区残联等涉及农村重要公共服务的职能部门，并集中对不同类型的村庄进行了深入调研，从而分析总结出了制约全区农村基本公共服务发展的原因，并针对这些问题提出了有针对性的对策和建议。

一、现状及问题

近年来，经过持续投入和建设，怀柔区多项农村基本公共服务都取得了一定的成绩。但在投入不断加大的同时，供需结构失衡、统筹协调较弱、建设质量不高、管理问题突出等也逐渐凸现，并对未来整个区域的基本公共服务发展产生愈加重大的影响。

（一）供需结构失衡

1. 供给能力不足。近年来，国家、北京市、怀柔区三级政府都高度重视新农村建设工作，公共财政支出不断向郊区农村转移，在农村基本公共服务建设上加大了投入。但是，村民的需求结构随着社会的发展不断转型和升级，政府的公共服务供给能力却难以很快适应这种变化，并与其以同等速度提高，同时提供公共服务的专业人员（乡村医护人员、乡村教师、农村法律服务工作者等）也普遍呈现出人员缺口较大、后续力量不足等现实问题。

2. 供给与需求脱节。农民作为农村基本公共服务的受益主体，基本公共服务的提供应最大限度满足他们的需求。但目前的公共服务供给决策几乎都是以“自上而下”的行政命令方式进行，政府具有绝对的主体地位，作为基本公共服务重要参与成员的农民在现实中却没有话语权和选择权，难以有效反映符合自身利益诉求的需求和意见，往往只能被动或消极接受服务。

（二）统筹协调较弱

1. 政策分散。各级职能部门虽然都在农村不断投入，但各自为政、盲目投入或多头投入的现象极为突出，致使一些基本公共服务内容上的投资出现空白或重复。缺乏上级统筹，就难以集成各项公共服务政策，没有指导性和系统性的实施方案，各干各事。这不仅使得各项投入不能形成合力，难以达到“1+1>2”的良好局面，而且致使公共服务供给成本较高，一些供给资本使用和管理不当，资金浪费的现象难以避免。

2. 分配不均。目前，农村基本公共服务中存在一个明显的弊端，那就是村干部尤其是村支部书记的个人能力和人脉关系对于该村的建设和发展影响过大。能力强、人脉广的村干部能不断获得政府的支持和资金的投入，而能力弱或人脉不够的村干部则容易导致本村的关注率低下，基本公共服务得不到充分保障，农村基本公共服务供给的公平和持续性要求难以保证。

（三）建设质量不高

数量增加但质量良莠不齐、重形式而轻实用的问题在农村基本公共服务建设中表现得较为突出。具体表现在以下三个方面。

1. 综合规划缺失。农村基本公共服务的提供通常需要跨部门协作或多部门配合，但当前的资金支配权通常掌握在各自系统中，条块分割的管理导致农村基本公共服务建设无法得到综合考虑和统一规划，公共服务难以形成综合性体系。例如村级活动场所，一个综合性场所可以解决的问题，却零散建设党员活动室、文化活动室、成人学校、数字影院等，导致空间浪费而实用性不高。

2. 重“硬”轻“软”。对“有形的或硬性的”公共服务，由于容易在短期出成绩，关系到政绩或利益，各职能部门都会表现出强烈兴趣，并且热衷投入，从而出现多方投入、错位供给、反复建设的情况，供给趋于过剩；而对一些软性的公共服务或没有好处的惠民利民工程，由于短时间内难见效果或难以考评，大部分部门则普遍缺乏积极性，或相互推诿责任，往往造成供给缺乏或不足。

3. 配套设施不足。大部分农村基础设施

都存在外在形式够而配套设施不足的问题，从而容易出现资源浪费或设备闲置，实用性不强，使用率低下。如村里的数字影院，放映器材都到位了，但放映的屋子没有配套的空调和暖气，一到夏天室内闷热，反而不如露天电影受欢迎。再如村里的卫生室，医疗设施配备齐全了，但因为乡村医生的待遇不足、人员匮乏和老龄化等问题，导致村卫生室的医疗卫生服务难以满足村民的需求。

（四）管理问题突出

1. 基础设施的管理。区农委虽然曾以正式文件明确了农村基础设施建设、维护、管理和监督的责任主体，但实际上大部分公共设施建成后，职能部门就将基础设施的日常管理和维护保障任务移交给镇（乡）政府或村委会直接管理。由于与之匹配的后续维护费用或售后服务难以到位，导致公共服务的管理和监督缺位，从而出现资源闲置、运转低效、无法维修等相关现实问题。

2. 协管人员的管理。协管员的设立初衷是在解决农村劳动力就业的同时，也能为村民提供快捷方便的公共服务。但因为这种就业往往没有签订劳动合同、社会保险缴纳不齐全、收入水平不统一等原因，导致村级协管人员既因为聘用问题相互扯皮，无法实现有效的考核和淘汰；又因为保障水平有限而容易缺乏工作激情和责任心，难以形成协管效用合力。

二、对策及建议

1. 统筹领导机制。建立农村基本公共服务综合体系建设工作领导小组，下设办公室，负责在农村基本公共服务建设中起到发现需求、统筹资金、实施监督、经验总结的复合性功能。统筹领导机制，既能使农村基本公共服务建设得到统筹兼顾，形成政策合力，又可将准备用于农村基本公共服务的建设资金进行聚集和规划，避免各部门在农村公共服务中各自为政、零散投入、重复建设、重建轻管等问题，统一规划、统一协调，规范推进农村基本公共服务建设工作。

2. 确立责任机制。政府是农村基本公共服务的主导者和提供者，农民是农村基本公共服务的直接受益者。要想让农民实实在在受益，就要在构建“自下而上”的农村公共服务需求表达机制上，建立“自上而下”的责任机制。通过责任机制，明确每项公共服务的责任主体，并科学划分各级政府、各职能部门在农村基本公共服务中承担的具体职责和指标任务，从而使得各责任主体能够按照规划要求进行有序建设，避免相互推诿和盲目建设的情况。

3. 完善投入机制。建立和完善财政保障机制，成为农村基本公共服务建设必不可少的重要物质基础。要达到这一目标，需要在农村基本公共服务责任主体认定的基础上，保障各责任主体的财权与事权相匹配，强化政府的财政保障能力，扩大公共财政在农村的投入，优化财政支出结构，建立起各级财政对农村基本公共服务投入的稳定增长机制，满足农民对最基本公共服务的需求。

4. 明确激励机制。通过激励机制，构建职能部门、社会组织、农民、志愿者、市场主体等多方力量共同参与的新架构，打造社会协同、公众参与的公共服务多元化体系。一是激励职能部门发挥作用，对完成了年度目标的职能部门，宣传其成功经验，实现成果共享。二是在便民服务、基础设施使用和管护等方面，通过政策扶持、规范引导等方式激活各种民间组织和社会力量的能量；同时通过政府购买服务的方式，将部分公共服务经营内容交给有资质的社会组织来完成。三是鼓励村民积极参与，让村民既享有利益，也适当履行一定义务，最大程度发挥农民的自治能力和主观能动性。

5. 形成目标机制。针对全区 284 个行政村，制定出 3—5 年的农村社区基本公共服务中期战略规划，在此总体目标下，分解制定每年度各个村庄基本公共服务配套建设的基本任务和具体内容，从而建立起完整的具有引导性的目标机制，使各级政府具有整体建设纲领和具体操作步骤，从实际问题和需求入手，通过分步实施，从无到有，逐步完善和规范，最终建立起农村社区基本公共服务综合体。

6. 健全考评机制。政府要依法强化对农村基本公共服务的监督检查，创新考核标准，在对镇（乡）、职能部门等进行绩效考核时，改变“重资金、轻效益、轻管理”的传统理念，将社会管理能力、公共服务能力、支持度、群众满意度等内容纳入评价体系中，实行以结果为导向的绩效管理，使评估结果与预算挂钩，不断提高公共服务供给和管理水平。同时，通过将农村基本公共服务指标纳入政府和干部的政绩考核体系，形成正确的政绩导向，促使各级政府把工作重心由注重GDP和投资项目转为重视农村公共服务管理，不断提高服务管理水平。

（此文作者为怀柔区委社会工委书记、区社会办主任）

由“管”到“治”
推动网格化工作纵深发展的思考

王玉江

2010年开始，按照“社会建设努力走在全市郊区前列”的奋斗目标，密云县立足工作实际和群众需求，大力推进立体分类式网格化社会服务管理体系建设。2012年6月，在全市率先实现网格化工作全覆盖，进入全面运行和深化完善阶段。目前，网格化体系已经成为全县基层综合服务管理的重要平台，在改善城乡环境秩序、提升为民服务水平、促进社会和谐稳定等方面发挥着重要作用。为推动全县网格化工作向纵深发展，更加及时地反映和协调人民群众各方面各层次利益诉求，引导、支持居民群众和社会力量广泛参与社会治理，进一步提升网格化体系建设水平，我们就有关问题进行了专题调研。

一、全县网格化体系建设现状和成效

全县网格化体系建设坚持顶层总体设计和基层实践创新相结合的原则，通过3年多的探索和实践，在体系框架、人员整合、科技支撑等方面形成了一系列符合郊区特点、具有密云特色的经验和做法，取得了明显成效。具体来说，可以概括为“五个一”。

1. 编织了一张全域覆盖的工作网络。建立纵向到底、横向到边的工作体系，形成县、镇（街）、村（社区）、基础网格的四级立体工作层级，按照不同地理特点划分社区、村庄、农地、山场、景区、公路河流铁路、工业区等7类5204个基础网格。在县级层面成立县网格化社会服务管理综合指挥中心，统一领导全县网格化社会服务管理工作，并实现网格化指挥中心与应急、非紧急救助、综治维稳中心融合、贯通，统一指挥调度；在20个镇街建立镇街网格化社会服务管理工作领导小组，下设镇街网格化指挥中心；369个村（社区）全部成立了社会服务管理站。

2. 整合了一支多元协作的网格队伍。整合配备了“6+N”类网格工作人员1.8万余名。“6”类是指基层党员、村（居）民代表、协管员、公益性就业岗位人员、志愿者、镇街机关干部；“N”类是指县职能部门干部，其中协管员和公益性就业岗位人员是农村网格的骨干力量。为使网格工作人员更好地发挥作用，全县将2092名协管员和1.5万名公益性就业岗位人员进行整合，择优设立专职社会管理员，采取奖励和补贴的方式适当提高工资待遇，使其承担社会治安、环境整治、保护水源、防汛防火、便民服务等网格职责，实现了减员增效。特别是属地社会管理员积极进网格开展治安巡防、矛盾调解等工作，营造了和谐稳定的社会环境，全县群众安全感、满意度连续多年位居全市前三名。

3．形成了一个条块统筹的工作格局。县级各职能部门结合工作实际划分各自的业务网格，与镇街基础网格互动对接，共同构成立体分类式网格，及时高效处置业务范围内的各类事项，实现了条块有机统筹。目前已有38个县级部门融入网格化体系，与8600多名属地社会管理员共同实施精细化管理，对水源环境、违章建筑、盗采盗运、流动人口集中区等进行常态化治理。镇街便民服务中心和村便民服务代办点，依托网格化机制加强公共服务，构建了农村“三级联动”便民服务体系，通过社会管理员为群众提供108项代办服务，农民办事更省心、更省力。条块统筹的网格化管理，提高了工作效率和质量。2013年，全县环境建设综合成绩排名位居全市前列；县法院建立的“三纵五横”网格化工作模式，在全市法院系统进行推广。

4．建设了一条互联互通的信息纽带。开发了密云县网格化社会服务管理信息系统，建立涵盖14大类、178项、100多万条信息的社会服务管理基础数据库，形成动态更新机制，解决了底数不清、情况不明的问题，实现了县、镇（街）、村（社区）、职能部门的互联互通，该系统已获得国家版权局颁发的《软件著作权登记证书》。依托网格化信息系统，推动政务网、视频监控网、电话通讯网、“村村响”广播网“四网合一”，统筹整合城乡社区服务站、镇街便民服务中心、“一刻钟社区服务圈”、“电子保姆”智能化呼叫系统等各类平台资源，为社会服务进网格提供了有力支撑。今年1月至11月，网格化信息系统共记录事项68.98万件，办结68.68万件，办结率99.56%。

5．建立了一套规范标准的运行机制。编制了密云县网格化社会服务管理标准体系，对网格划分、人员配置、运行管理、监督考评等40多项综合管理和业务内容进行全面规范。建立了“发现上报、任务分派、问题处置、核查反馈、形成评价”五步闭合流程，实行全程智能化管理。建立了网格化三级预警监察机制，强化监督考核。对未按规定及时履责的单位，视情况启动政府督查督办、监察局行政效能监察程序；每天、每周、每月、每季度对网格化运行情况进行分析通报；同时要求镇街机关干部全员包网格，将工作成效纳入单位责任制和干部本人年度考核。

二、全县网格化体系建设存在的不足

全县网格化体系建设虽然取得了较大成效，但在当前全面深化改革的形势下，与社会建设的实际需要相比，与城乡群众的服务需求相比，还存在着很多不足之处，具体表现在以下方面。

1．融入网格的县职能部门涵盖领域不足，政府主导作用有待进一步发挥。根据县网格化指挥中心统计，目前有38个县职能部门接受指挥中心分派任务，但划分业务网格、主动进网格开展工作的仅有24个，融入网格的服务管理事项没有完全涵盖与群众生产生活密切相关的领域，特别是有些承担基层管理任务、直接面向群众服务的部门还没有进网格。已经进网格的职能部门融入程度也不一样，个别部门安排进网格人员和管理力量有限，难以发挥作用，无法与基层力量形成合力。同时，各单位网格化工作仍重管理轻服务，融入网格的职能、系统记录的事件大都是管理类事项，服务职能需要与网格化体系进一步深度衔接。

2．网格化体系建设的引导机制不够健全，规范化建设有待进一步加强。一是在前期体系建设中，社会管理员的职责、进入网格的服务管理事项等由有关职能部门和各镇街自行设定，社会管理员上报的事件标准不一，不利于信息平台高效地处置各类事件、准确地开展研判分析。二是在工作运行中还存在着不规范的地方，特别是事件处理流程不统一、考评监督机制不完善，各镇街各部门的考核内容、标准设置和分值权重都存在不同程度的差异。三是事件分类不够科学。部分事件重复分类，如街道环境类和宣传广告类事件中都有“散发小广告”的子类事件，影响工作效率。同时还有很多事件未能纳入网格化体系，如教育、科技、文化、卫生、体育等服务类事件，亟待补充。

3. 网格工作平台的智能化程度不够高，新兴信息技术手段有待进一步应用。全县网格化体系在建设初期，立足于有效和管用，在较短的时间内就开发了一套覆盖各镇街、各部门的网格化信息系统，为网格化工作提供了重要的技术支撑。但受财力和观念的制约，工作平台的智能化程度还不够高，包括统计分析模块的智能化水平较低，重点区域视频探头分布还存在盲点，网格化信息系统与视频监控系统未能有效集成，GIS 地图、城市管理等基础数据仍需细化，手机终端尚未得到有效应用等。这些新兴信息技术的应用不足，在一定程度上制约了群众和社会力量的参与。

4. 参与网格化工作的社会主体相对单一，社会动员机制有待进一步完善。在当前的社会形势下，政府作为单一主体管理公共事务已难以满足群众需求，应动员社会组织及群众共同参与治理，充分发挥多元主体的作用。全县虽然在网格管理员队伍建设中整合了党员、村（居）民代表、志愿者等各方社会力量，但相应的宣传引导和激励机制并没有完全建立起来，特别是在政策、资金两方面对社会组织的扶持力度有限，在社会事务管理中社会组织参与不足，群众参与的广度和深度也有待提高，群众主体地位没有得到充分发挥。

三、推动全县网格化工作向纵深发展，实现由“管理”向“治理”的转变

（一）充分认识推动全县网格化体系向纵深发展、由“管理”向“治理”转变的重要意义

党的十八届三中全会通过的《中共中央关于全面深化改革若干重大问题的决定》提出：“创新社会治理，必须着眼于维护最广大人民根本利益，最大限度增加和谐因素，增强社会发展活力，提高社会治理水平。”要“以网格化管理、社会化服务为方向，健全基层综合服务管理平台，及时反映和协调人民群众各方面各层次利益诉求。”这为全县进一步推动网格化体系向纵深发展、实现社会管理向社会治理转变，提供了重要的政策指导和理论支撑。我们要充分认识到社会治理跟社会管理的不同：社会治理的内涵更为全面，涉及社会建设的方方面面；社会治理的主体更为多元，既包含党委、人大、政府、政协，又包含市场、社会组织、居民群众；社会治理的方式更为多样，不是单纯依靠行政手段，更多依靠法治、依靠自治。

解决目前全县网格化工作中存在的问题，必须推动网格化体系向纵深发展、由“社会管理”向“社会治理”转变。因为网格化的社会治理能最终实现公共利益的最大化，是政府、社会组织、企事业单位、镇村以及个人等诸多主体，通过平等合作的关系，依托网格化体系，依法对社会事务和社会活动进行的规范和治理。它强调多元互动、彼此信任、利益协调，要求治理理念从管理向服务转型，治理主体从单一向多元转型，治理方式从传统向现代转型，治理资源从分散向整合转型。这种治理模式，克服了相对单一的传统管理手段的缺陷，能够应对当前社会事务日益复杂、社会需求千差万别、社会问题点多面广的社会形势，有效解决社会服务管理中的各种矛盾和问题。

（二）从多元参与入手，推动政府、社会组织、群众等不同主体在网格化体系中协同配合

1. 发挥政府主导作用，推进部门职能与网格化深度融合。在职能部门、镇街职能科室进网格的基础上，优化组织结构、完善运行机制、突出责任落实，在网格化体系框架内强化部门协作的体制机制。探索在县、镇（街）网格化工作领导小组下面，分别建立生态建设、社会管理、社会服务三个工作组，每个工作组明确一个牵头部门（科室），成员由相关领域职能部门（科室）组成。由县、镇（街）网格化指挥中心负责运行管理、监督考评，各工作组依托网格化体系负责本领域工作的贯彻落实，推动政府职能部门工作人员进入网格直接联系和服务群众。

2. 激发社会组织活力，引导社会力量参与。充分发挥县、镇（街）两级“枢纽型”社会组织引领带动作用，以社会领域党的群众路线教育实践活动为契机，深入整合社会资源，带动各行各业积极参与网格化的社会治理。加大社会组织孵化和培育力度，重点培育和优先发展商会类、科技类、公益慈善类、城乡社区服务类社会组织。健全政府购买社会组织服务制度，通过政策、资金倾斜，扶持引导更多社会组织参与网格化的社会治理。

3. 完善社会动员机制，以志愿服务为平台吸引群众参与。深入实施“志愿服务进网格工程”，大力动员城乡群众共同参与社会治理，将网格打造成志愿者与群众之间的“传声筒”，形成依托网格采集群众需求、对接志愿服务项目的长效机制，为志愿者在网格内帮群众解难题、办实事提供精细化、高效化的服务平台。

（三）从标准实施入手，推动网格化体系规范运行

全县网格化标准体系已通过专家评审，申报了国家级服务业标准化试点并已通过初审，正式发布后的工作重点是有效运行，在实践中持续改进，以标准化建设为手段规范网格化体系运行。一是建立健全推动标准体系运行的机制。研究制定推进标准体系落实的实施方案和考核细则，健全督查考核机制，将标准实施和网格化运行情况纳入各单位年终考评。二是切实提高标准体系运行时效。将网格划分、管理层级、人员配置、运行流程、监督考评等进行全面规范，便于各镇（街）、各职能部门网格化工作依照标准运行；对网格事件重新科学分类，补充缺失事件类型，完善现有事件类型，提高网格化体系精细化程度，使基层上报的事件更加规范，便于党委政府根据统计数据科学决策；促进更多职能部门细化、规范相关领域工作标准，更好融入网格开展工作。三是加强网格队伍建设。通过加强各职能部门、基层单位工作人员的标准体系培训，进一步普及网格化、标准化知识，提高社会治理标准化意识。四是建立持续改进网格管理服务的长效机制。各镇街和融入网格的职能部门应以标准体系实施为新起点，把标准化工作作为推动社会治理创新的手段和方法，建立持续改进的长效机制，推动标准化建设成果转化和社会治理规范化，努力构建“有法可依、有标可循、有准可考”的新型工作机制，切实提高社会治理法治化水平。

（四）从服务群众入手，推动基层服务资源与网格化体系整合集成

推进网格化的社会治理模式，强化社会服务体系建设，切实提高群众幸福感和满意度。一是推进机构整合。将村（社区）基层组织创建工作领导小组、网格化社会服务管理站、社区服务站、便民服务站等机构合并，纳入网格化社会治理平台，统筹承担相关工作任务。二是推进流程整合。以网格化信息系统为基础平台，整合便民服务中心、党建全程记实管理中心、综治维稳管理中心等服务管理资源，梳理服务管理项目，实现便民服务、综治维稳、生态环境保护等社会治理工作运行流程有机合一，构建大平台、多接口、一体化的社会治理格局。三是推进人员

整合。在网格化社会治理工作中统一调配协管员、村（社区）“两委”班子成员、大学生村官（社区工作者）、生态林管护员、管水员、防疫员、保洁员等公益性就业岗位人员，集中更多人力资源为群众服务。

（五）从技术支撑入手，推动网格化体系更加智慧联动

现代信息化技术的发展，为社会建设拓展工作范围、提升工作水平提供了新手段、新方法，我们要不断强化新兴信息技术在网格化体系建设中的应用。一是建设 GIS 地理大图像系统。结合社会服务与管理事项，规划建设图像信息点位，预留新城、商务区、京沈高铁等规划建设区域图像点位，实现对密云 5204 个网格无盲区、无死角的图像监控全覆盖，推动社会服务管理领域互联化、物联化、智能化。二是建设基于 GIS 的网格化视频管理指挥系统。在网格化社会服务管理信息平台整合 GIS 地图的基础上，进一步实现对全县重要节点视频探头信息的整合，将分散的视频探头信息集中整合到 GIS 地理大图像系统中，实现重点区域视频探头的可视化管理，推动视频监控系统、指挥调度系统、网格化平台系统（空间地理位置信息、事件信息、资源信息）的“三系统”整合。三是开发应用网格化社会服务管理手机终端软件。通过现代化智能通讯工具，为群众或网格社会管理员随时随地进行现场信息录入、拍摄、上报、反映诉求创造条件，利用智慧手段引导志愿者和社区居民主动参与网格化的社会治理工作。四是推进城市管理网格化系统建设。对消防、安全生产、智能交通、供暖供气、电力调度、通讯网络资源等进行集中监控管理，获取各行业实时动态数据，使管理者能够实时了解全县各行各业的运行状态，提前做好预测预警。

（此文作者为时任密云县委副书记、政法委书记）

关于加强延庆县社区专职工作者队伍专业化的几点思考

谷建英

自 2009 年开始，延庆县连续 3 年通过社会工委、民政局、总工会、残联等部门共招录社区专职工作者 313 名，现在岗 296 人。目前已有 92 人通过社会工作者职业水平考试，约占总人数的 31.1%。随着全县经济、社会快速发展，人民群众生活水平不断提高，对专业性社区服务要求越来越高，加快打造一支专业化的社区专职工作者队伍是一项当务之急的任务。

一、扎实推进社区专职工作者专业化进程

（一）完善培训体系，不断提高社工专业素质

自 2009 年以来，社会工委克服资金、教师、场地等困难，坚持对全县社区工作者开展入职、职业资格、骨干专业培训等一系列培训。一是开展入职培训，对新招聘的社区专职工作者上岗前进行不少于 20 学时的岗位基本业务知识培训。二是定期开展县、街道、社区三级专项业务培训，按照每年不低于 40

学时的标准组织社区专职工作者开展岗中轮训。三是开展职业资格培训，每年定期组织社区专职工作者进行职业资格培训，对取得助理社工师证书、社工师证书的社区工作者分别进行不少于72学时、90学时的继续教育培训，逐步提高社区专职工作者在职业资格考试中的通过率。四是强化骨干培训。针对全县社区专职工作者队伍启动为期三年的“三个一”工程项目，开展社区骨干培训，用三年的时间建立和完善社区专职工作者培养体系，初步实现培养一支素质优良、结构合理的专业化社区工作者队伍的目标。

（二）创新使用机制，搭建发展平台

通过消夏文艺演出、宣讲比赛等形式，让社工充分展示自我，促进社工个性特长的发挥，激发其奉献社区的热情；建立岗位交流制度，定期挑选优秀社区专职工作者到街道机关业务科室挂职锻炼，提高社区专职工作者对社区工作的认识和理解；通过“两委”换届选举，共有45名社区专职工作者进入“两委”班子，其中1名当选为社区党组织书记、居委会主任，2名当选为社区党组织副书记，33名当选居委员会副主任。

（三）完善考核制度，增强社工队伍活力

建立“评优”制度，结合年度考核结果，评出“优秀社区专职工作者”，并给予奖励；连续两年考核不合格者予以解聘；同时，各社区进行一年或一月的常规性考核，并纳入县、街道人才储备库的管理。另外，结合北京市“寻找最美社工”计划，在全县范围内选拔“最美社工”候选人，对其先进事迹大力宣传，展示社区专职工作者丰富的职业内涵和独特的职业风采，进一步增强社区专职工作者的活力。

（四）规范工资待遇，增强社工岗位的吸引力

一是大幅提高社区专职工作者待遇。严格执行市有关文件精神，参照全县同类、同学历、同工作年限的全额拨款（不含教师）事业单位工作人员工资标准进行测算，全县于2010、2012年两次调整社区专职工作者待遇，提高了社区专职工作者的收入水平。二是鼓励高学历、高素质人才加入社区工作者队伍。获得全日制本科学历的社区工作者享受每月100元职业水平补贴，获得博士学位的研究生享受社区正职待遇，获得硕士学位的研究生享受社区副职待遇，在岗人员取得国家承认的研究生学历执行上述标准。三是鼓励社区工作者提高专业化水平。社区工作者通过国家社会工作者职业水平考试，获得社会工作师职业水平证书的，自获得证书当月（以批准日期为准）起，职业水平补贴增加至每人每月300元；获得助理社会工作师职业水平证书的，自获得证书当月（以批准日期为准）起，职业水平补贴增加至每人每月200元。另外，规定了年终奖金基数，在考核合格的基础上按一定比例系数发放；为社工办理了养老、医疗、生育、保险金及住房公积金，为其解决了后续保障问题。

二、存在的问题

（一）分头招录，管用分离，社工队伍管理机制不完善

4年来，延庆县共招聘社区专职工作者313人，其中2009年社会工委招聘30人，2010年社会工委招聘150人，2011年民政局招聘70人，2012年补录63人。补录人员中，县总工会招录20人，县残联招录43人。这些社工由社会工委统一管理，基层使用。一方面，社会工委承担着为全县社区专职工作者服务并对其进行管理的责任与义务；另一方面又没有相关的编制与专项资金。事实上，社会工委在社区专职工作者管理的过程中仅仅是充当人员档案备案、保险缴纳以及工资发放的角色，尽管被赋予统一管理的权限，但在实际工作中却受到来自不同方面各种因素的制约。其中的矛盾不仅导致社区专职工作者管理缺乏制约力，更为严重的是无法有效凝聚社区专职工作者，使社工缺乏归属感，从而造成社工队伍的不稳定。

（二）专业不对口，社工专业技能有待提高

社区专职工作者队伍的专业化需要社区工作的专业知识，同时更要具备服务社区的实战经验，这样才能在应对实际工作中的问题时能够将技能与实际工作紧密结合，处理好各种社区矛盾与问题。根据统计，全县88.4%的社区专职工作者没有接受过系统的社会工作专业教育，其中一部分社工虽然有较长时间的工作实践，但经验型居多，缺乏社会工作的专业知识和技能。特别是能综合运用各类专业方法的“复合型”社工、在一线解决复杂问题的“临床型”社工严重不足，难以有效针对当前复杂多样的社会问题，提供个性化、系统化的专业服务，很大程度上限制了社会工作效能作用的发挥。

（三）缺乏专业服务平台，培训没有资金保障

由于居委会承担着政府的基层组织工作职责，进而滋生了机关化、行政化的倾向。因此，尽管有一部分社区专职工作者已经取得了助理社会工作师或社会工作师的证书，但是其从事的工作仍是行政性工作。缺乏社区工作“去行政化”及“专业化”的机会和平台，掌握的专业知识没有得以真正发挥，居民群众的情感、心理、社交等方面的问题很难得到专业知识的干预。

目前，全县并无专门的社区专职工作者队伍专业化建设相关工作经费，以往的专业化建设项目大多采取从其他经费中调剂等方式来解决相关经费问题，一定程度上影响了社区专职工作者队伍专业化建设。

三、推进社区专职工作者专业化建设的建议

（一）增强宣传力度，提高社工社会地位

要加大宣传力度，形成全党、全社会对社区工作高度重视的舆论环境，努力营造有利于社会工作人才队伍建设的社会环境。一方面充分利用各种传媒手段多渠道宣传，让全党全社会了解社区工作，重视社区工作。举办各种知识竞赛、优秀社区专职工作者报告会等形式多样的活动，推进社区工作的开展。另一方面，以群众喜闻乐见的形式大力宣传社区专职工作者的先进事迹，提高全社会对社会工作的知晓度、认同度和关注度。

（二）创新培养途径，提升社工专业技能

继续组织常规专业培训的同时，实施职业社工能力提升计划，健全社区工作专业高等教育培养体系。整合各种社会资源，通过集中培训、理论讲座、室外拓展等多种形式提升社区专职工作者队伍的整体素养。确定一些社区为社区工作实践考核基地，要求所有社区专职工作者每年考核一次，接受社区居民的评判，提高社区专职工作者的专业操作能力，增强社区专职工作者的专业意识。

（三）构建专业平台，提高社工工作积极性

一是以家缘社工事务所、鹏鲲社工事务所、社工联合会为平台，将社区专职工作者有机整合，打造出一支满足居民需求的专业力量。开展法律法规宣传、公益理念宣传，开展救助孤残儿童、孤寡老人等活动，采取各种途径更好地为居民服务。二是购买专业岗位，强化专业指导。为大力推进社工人才专业化、职业化建设，通过引进一批专业社工人才，以“专业带动非专业”的形式，培养和带动一支本土化的专业社工队伍，整体提升全县社会工作发展水平，按照全市“一街一社工”项目的要求，以购买专业社工岗位为契机，在各街道设置有关青少年教育的专业社工岗位，为专业社工提供施展才华的舞台。

（四）落实待遇保障，增强社工队伍稳定性

合理的薪酬是吸引人才、壮大队伍的重要前提，也是体现社会工作者职业认同、个人尊严的基础保证。因此，提高社会工作人才队伍待遇是当前亟待解决的问题。①将社

区专职工作者专业化建设经费纳入财政预算，加大财政投入，建立专项资金，保障工资和项目活动经费的正常支出。②社会工作者的待遇应参照同领域或单位的事业人员工资标准执行。③大力拓宽社会融资渠道，鼓励和支持有条件的企业和个人设立非公募基金会，引导社会资金投向社区工作领域，按经济发展水平和提供服务水平，实现工资水平和活动经费稳步增长。

（此文作者为延庆县委社会工委副书记、县社会办副主任）

·附　　录·

中共北京市委社会工作委员会
北京市社会建设工作办公室
领　导　介　绍

宋贵伦

职　　位： 中共北京市委社会工作委员会书记、北京市社会建设工作办公室主任，北京市社会建设工作领导小组办公室主任。

领导简介： 1960年2月出生，男，汉族，河北新河人，中共党员，第十一届全国人大代表，北京市第十三、十四届人大代表，中共北京市十一届市委委员，第十届市纪委委员，北京师范大学本科毕业，中共北京市委党校在职研究生毕业，研究员。

工作经历： 曾任中共中央文献研究室秘书处秘书、理论研究组助理研究员，中共中央宣传部办公厅副处级秘书，西城区委宣传部副部长（挂职锻炼）、常务副部长（正处级）、部长，市委宣传部助理巡视员、副部长，市委宣传部副部长、市社会科学界联合会党组书记、常务副主席。

分管工作： 负责全面工作。

赵小卫

职　　位： 北京市社会建设工作领导小组办公室副主任，市政协委员、社会和法制委员会副主任。

领导简介： 1952年2月出生，男，汉族，北京市人，中共党员，中共中央党校在职研究生毕业。

工作经历： 曾任市委研究室政治处副处长、处长，市委研究室副巡视员，市委社会工委委员、市社会办副主任，市委社会工委副书记、市社会办副主任，市委社会工委委员（正局级）。

分管工作： 负责市社会建设工作领导小组办公室有关工作。

周开让

职　　位： 中共北京市委社会工作委员会副书记、北京市社会建设工作办公室副主任。2013年8月调任市委统战部副部长、市侨联党组书记。

领导简介： 1965年9月出生，男，汉族，山西临猗人，中共党员，北京大学社会学系硕士研究生毕业。

工作经历： 曾任北京大学校团委副书记，宣武区委宣传部副部长、《宣武报》总编辑，宣武区精神文明建设办公室主任，宣武区政府办主任，宣武区委常委、政法委书记，宣武区委常委、区纪委书记、区委政法委书记（兼），市委社会工委委员、市社会办副主任。

分管工作： 分管办公室（人事处）、社会动员工作处（志愿者工作处）、机关党委（工会）。

张　坚

职　　位： 中共北京市委社会工作委员会副书记、北京市社会建设工作办公室副主任。

领导简介： 1957年2月出生，男，汉族，江苏淮阴人，中共党员，中国人民大学本科毕业，副研究员。

工作经历： 曾任北京市政府研究室社会处副处长、处长，北京经济技术投资开发总公司副经理，市政府研究室助理巡视员，北京奥组委总体策划部副部长、部长，市委社会工委委员、市社会办副主任。

分管工作： 分管研究室（政策法规处）、北京社会心理研究所。

陈建领

职　　位： 中共北京市委社会工作委员会委员、北京市社会建设工作办公室副主任兼机关党委书记、工会主席。

领导简介： 1964年2月出生，男，汉族，河南夏邑人，中共党员，中共中央党校硕士研究生毕业，研究员。

工作经历： 曾任海淀区人事局副局长，市委组织部研究室副主任、主任，市委组织部副局级组织员兼区县干部处处长和北京市人力资源研究中心主任。

分管工作： 分管党建工作处、机关党委（工会）。

刘占山

职　　位： 中共北京市委社会工作委员会委员、北京市社会建设工作办公室副主任。

领导简介： 1962年4月出生，男，汉族，北京市人，中共党员，中共北京市委党校研究生毕业，高级政工师，高级人力资源管理师（IPMA－CP）。

工作经历： 曾任昌平县阳坊镇党委副书记、镇长，昌平县黑山寨乡党委书记，昌平县委组织部副部长（正处级），昌平县委宣传部常务副部长（正处级），昌平区委宣传部常务副部长，昌平区委城乡建设工委书记、城建委主任，昌平区委建设工委书记、建委主任，北京市市政工程总公司副经理，市政路桥控股（集团）有限公司副总经理，平谷区委常委、组织部长。

分管工作： 分管人事处工作、社会工作队伍建设处。

王丽竹

职　　位： 中共北京市委社会工作委员会委员、北京市社会建设工作办公室副主任。

领导简介： 1956年12月出生，女，汉族，河北南宫人，中共党员，东南大学本科毕业。

工作经历： 曾任市政府文教办秘书处副处长，市政府办公厅卫生体育处副处长、区政处（军事处）副处长、综合处（军事处）处长，市政府办公厅副巡视员，市委社会工委委员、市社会办副巡视员。

分管工作： 分管北京市社会建设信息中心和网格化社会服务管理体系建设工作。

刘　轩

职　　位： 中共北京市委社会工作委员会委员、北京市社会建设工作办公室副主任。2013年3月到市委党校参加离职学习。

领导简介： 1963年2月出生，男，汉族，河南许昌人，中共党员，首都经济贸易大学在职研究生毕业，副研究员。

工作经历： 曾任市经济体制改革委员会农村经济体制处副处长、处长，市经济体制改革办公室产业和市场体制处处长，朝阳区大屯地区办事处副主任（挂职锻炼），市发展改革委产业发展处处长，市经济与社会发展研究所副所长（正处级），市发展改革委经济体制综合改革处处长兼市行业协会和市场中介发展办公室主任，市委社会工委委员、市社会办副巡视员。

分管工作： 分管社会组织工作处。

王智玲

职　　位：中共北京市委社会工作委员会委员、北京市社会建设工作办公室副主任。

领导简介：1957年3月出生，女，汉族，河北易县人，中共党员，中共中央党校在职研究生毕业，高级政工师。

工作经历：曾任朝阳区团结湖街道办事处副主任，朝阳区小关街道办事处主任，朝阳区亚运村街道办事处主任、工委书记，朝阳区街道办主任、街工委书记，朝阳区委社会工委书记，朝阳区区长助理、朝阳区委社会工委书记，市委社会工委委员、市社会办副巡视员。

分管工作：分管社区建设处、社会动员工作处（志愿者工作处）。

王想平

职　　位：中共北京市委社会工作委员会委员、北京市社会建设工作办公室副巡视员。2013年8月调任北京市援疆指挥部副指挥。

领导简介：1972年3月出生，男，汉族，湖北鄂州人，中共党员，北方交通大学硕士研究生毕业，副教授。

工作经历：曾任北方交通大学党委宣传部副部长、新闻中心副主任、党委办公室及校长办公室副主任，北方交通大学宣传部副部长（主持工作）兼党校副校长、新闻中心主任，北方交通大学宣传部部长、新闻中心主任，北京国际新闻中心公共信息部部长，市委社会工委、市社会办综合处（宣传处）处长，浙江兰溪市市长助理（挂职锻炼）。

分管工作：分管综合处（宣传处）。

赵济贵

职　　位：中共北京市委社会工作委员会委员、北京市社会建设工作办公室副巡视员。2014年6月任职。

领导简介：1963年3月出生，男，汉族，河北清苑人，中共党员，中共中央党校硕士研究生班毕业。

工作经历：曾任密云县精神文明建设办公室副主任，市政府办公厅区政处（军事处）助理调研员、综合处（军事处）助理调研员，拉萨市政府副秘书长（援藏），市政府办公厅综合处（军事处）调研员、副处长，调研处调研员、副处长，调研处处长，市委社会工委、市社会办机关党委专职副书记、党建工作处处长。

分管工作：分管办公室工作，协助分管机关党委（工会）。

张青之

职　　位： 北京市社会建设工作办公室副巡视员。

领导简介： 1963年11月出生，男，汉族，江苏赣榆人，中共党员，国防大学硕士研究生毕业。

工作经历： 曾任54691部队副政委，总后勤部政治部宣传部副团职干事、正团职干事、副师职干事，总后勤部干部轮训大队副大队长。

分管工作： 协助分管北京社会心理研究所。

北京市区县社会工作机构及负责人

单位名称：中共北京市东城区委社会工作委员会　北京市东城区社会建设工作办公室
书记主任：赵小平（2013.1—2013.12）
单位地址：北京市东城区什锦花园胡同23号
联系电话：010-64031118-8740
办公传真：010-64031118-8740
邮政编码：100007

单位名称：中共北京市西城区委社会工作委员会　北京市西城区社会建设工作办公室
书记主任：艾　丽（2013.1—2013.12）
单位地址：北京市西城区西直门内大街275号
联系电话：010-82141123
办公传真：010-82141124
邮政编码：100035

单位名称：中共北京市朝阳区委社会工作委员会　北京市朝阳区社会建设工作办公室
书　　记：张永新（2013.1—2013.12）
主　　任：赵年生（2013.1—2013.12）
单位地址：北京市朝阳区日坛北街33号
联系电话：010-65099333
办公传真：010-65099334
邮政编码：100020

单位名称：中共北京市海淀区委社会工作委员会　北京市海淀区社会建设工作办公室
书　　记：高　峰（2013.1—2013.12）
主　　任：陈　刚（2013.1—2013.12）
单位地址：北京市海淀区长春桥路17号
联系电话：010-82510637
办公传真：010-82579250
邮政编码：100089

单位名称：中共北京市丰台区委社会工作委员会　北京市丰台区社会建设工作办公室
书记主任：王珮琦（2013.1—2013.12）
单位地址：北京市丰台区丰台镇北大街9号院
联系电话：010-83656681
办公传真：010-63852710
邮政编码：100071

单位名称：中共北京市石景山区委社会工作委员会、北京市石景山区社会建设工作办公室
书记主任：沈代平（2013.1—2013.12）
单位地址：北京市石景山路18号
联系电话：010-88699851
办公传真：010-88699851
邮政编码：100043

单位名称：中共北京市门头沟区委社会工作委员会　北京市门头沟区社会建设工作办公室
书　　记：王培兰（2013.1—2013.12）
主　　任：张慧琦（2013.1—2013.4）
王培兰（2013.4—2013.12）
单位地址：北京市门头沟区新桥大街36号
联系电话：010-69861008
办公传真：010-69844023
邮政编码：102300

单位名称：中共北京市房山区委社会工作委员会　北京市房山区社会建设工作办公室
书记主任：于瑞林（2013.1—2013.12）
单位地址：北京市房山区良乡工业开发区金光路1号

联系电话：010－69370379
办公传真：010－69370378
邮政编码：102488

单位名称：中共北京市通州区委社会工作委员会　北京市通州区社会建设工作办公室
书　　记：宁秋君（2013.1—2013.12）
主　　任：张玉震（2013.1—2013.12）
单位地址：北京市通州区新华东街192号
联系电话：010－80880715
办公传真：010－80880715
邮政编码：101100

单位名称：中共北京市顺义区委社会工作委员会　北京市顺义区社会建设工作办公室
书记主任：巩维国（2013.1—2013.4）
书记主任：张友生（2013.5—2013.12）
单位地址：北京市顺义区府前东街2号顺建大厦7层
联系电话：010－89442437
办公传真：010－89442437
邮政编码：101300

单位名称：中共北京市昌平区委社会工作委员会　北京市昌平区社会建设工作办公室
书　　记：陈秋生（2013.1—2013.12）
主　　任：刘向东（2013.1—2013.12）
单位地址：北京市昌平区政府街23号昌平区民政局10层
联系电话：010－69717193
办公传真：010－69717193
邮政编码：102200

单位名称：中共北京市大兴区委社会工作委员会　北京市大兴区社会建设工作办公室
书记主任：张德广（2013.1—2013.12）
单位地址：北京市大兴区兴政街15号
联系电话：010－69265780
办公传真：010－69265295
邮政编码：102600

单位名称：中共北京市平谷区委社会工作委员会　北京市平谷区社会建设工作办公室
书记主任：曹洪谦（2013.1—2013.12）
单位地址：北京市平谷区府前街9号
联系电话：010－69983239
办公传真：010－69983239
邮政编码：101200

单位名称：中共北京市怀柔区委社会工作委员会　北京市怀柔区社会建设工作办公室
书记主任：赵海军（2013.1—2013.12）
单位地址：北京市怀柔区青春路26号（怀柔区总工会院内西楼3层）
联系电话：010－69685027
办公传真：010－69685027
邮政编码：101400

单位名称：中共北京市密云县委社会工作委员会　北京市密云县社会建设工作办公室
书记主任：张志华（2013.1—2013.12）
单位地址：北京市密云县鼓楼西大街3号
联系电话：010－69059001
办公传真：010－69053804
邮政编码：101500

单位名称：中共北京市延庆县委社会工作委员会　北京市延庆县社会建设工作办公室
书记主任：鲁振中（2013.1—2013.12）
单位地址：北京市延庆县妫水北街70号
联系电话：010－69176982
办公传真：010－69177830
邮政编码：102100

北京市社会建设研究基地名单

研究基地名称	重点研究方向
清华大学“北京城市发展与社会建设研究院”	宜居北京
中国人民大学“北京社会建设研究院”	人文北京
首都师范大学“首都新农村社会与文化建设研究中心”	农村社会建设
北京市社会科学院“北京社会管理研究中心”	社会管理
中国青年政治学院“北京社会工作人才发展研究院”	社工人才
北京工业大学“北京社会建设研究院”	社会建设理论与实践
北京师范大学“北京社会建设研究院”	社会政策
北京城市学院“北京社会建设研究院”	社会舆情
国家行政学院社会和文化教研部合作共建单位	社会建设与社会管理创新
北京交通大学“北京社会建设研究院”	社会诚信
北京联合大学“北京社会建设研究院”	社区自治
中央财经大学“北京社会建设研究中心”	社会心理
北京国际城市发展研究院“北京社会发展研究中心”	社会改革与城市管理创新

北京市各区县出台的社会建设工作相关文件目录

区县名称	文件名称	文号
东城区	2010年（第二批）社区用房规范化建设项目检查验收实施方案	东社会办发〔2013〕1号
	关于在全区推进智慧社区建设的实施方案	东社会办发〔2013〕2号
	关于对第一批社区用房规范化建设项目进行公示的通知	东社会办发〔2013〕3号
	关于启动第三批社区用房规范化项目建设工作的通知	东社会办发〔2013〕4号
	关于做好北京市第二批社区用房规范化建设项目检查验收的通知	东社会办发〔2013〕5号
	关于申请支付2013年度使用北京市社会建设专项资金购买社会组织服务项目资金的请示	东社会办发〔2013〕8号
	2013年社会建设工作要点	东社委发〔2013〕3号
	关于印发基层平安创建工作专项方案的通知	东社委发〔2013〕12号
	关于各街道社区工作者职数设置的通知	东社委发〔2013〕13号
西城区	2013年“全响应”社会服务管理创新工作要点	西社领发〔2013〕1号
	关于调整西城区社会建设工作领导小组成员单位及人员的通知	西社领发〔2013〕2号
	2013年社区党建“三级联创”工作要点	西社委发〔2013〕1号
	关于西城区非公有制企业党组织“五好”示范点的批复	西社委发〔2013〕3号
	统筹和规范街道社区协管员管理的意见（试行）	西社办发〔2013〕1号
朝阳区	关于加强业主大会业主委员会建设的意见（试行）	京朝办发〔2013〕22号
	关于构建区级“枢纽型”社会组织工作体系的办法	朝社组发〔2013〕1号
	关于认定第一批区级“枢纽型”社会组织的通知	朝社组发〔2013〕2号
	关于进一步改进工作作风密切联系群众的实施细则	朝社委发〔2013〕1号
	2013年重点工作督察保障工作方案	朝社委发〔2013〕2号
	街道系统2013年纪检监察工作要点	朝社委发〔2013〕5号
	关于授予建外soho等80个星级商务楼宇服务站称号的决定	朝社委发〔2013〕6号
	关于加强街道系统社区纪委规范化建设工作的意见（试行）	朝社委发〔2013〕7号
	街道领导班子“三重一大”决策制度实施办法（试行）	朝社委发〔2013〕8号
	2013年街道系统党建工作要点	朝社委发〔2013〕10号
	关于开展“凝聚党旗下党群心贴心”七一系列活动的通知	朝社委发〔2013〕11号
	关于成立北京市朝阳区智耘弘善社会工作事务所的批复	朝社办发〔2013〕1号
	2013年政府购买社会组织公共服务项目公示	朝社办发〔2013〕12号
	关于加强社区公益事业专项补助资金使用管理工作的意见	朝社办发〔2013〕13号
	关于做好“朝阳区爱岗敬业模范社工金蜜蜂奖”申报工作的通知	朝社办发〔2013〕15号

续表

区县名称	文件名称	文号
海淀区	关于深化社会管理体制改革，加强街、镇统筹协调能力，深入推进网格化工作的实施意见	京海发〔2013〕7号
	落实《关于进一步深化社会管理体制改革，加强街、镇统筹协调能力，深入推进网格化工作的实施意见》的工作任务分解方案	京海办发〔2013〕20号
	促进社会组织发展的意见（试行）	京海办发〔2013〕47号
	2013年“六型社区”创建工作方案	海政办发〔2013〕27号
	关于转发网格化社会服务管理工作考评办法（试行）	海政办发〔2013〕47号
	关于进一步健全完善社会服务管理体制规范机构设置的通知	海编委发〔2013〕19号
	2013年社会领域非公有制企业党的建设工作实施方案	海社委发〔2013〕5号
	2013年度街道系统基层党组织分类定级工作方案	海社委发〔2013〕8号
	2013年社区建设工作要点	海社办发〔2013〕3号
	2013年面向社会公开招考社区工作者工作方案	海社办发〔2013〕4号
	关于开展街道“枢纽型”社会组织工作体系建设的工作方案（试行）	海社办发〔2013〕10号
	2013年加强和创新社会管理专项资金支持项目实施方案	海社领办发〔2013〕1号
丰台区	居民群众参与社区事务管理的动员组织制度	京丰办发〔2013〕13号
	加强物业服务和社会管理工作意见	丰政办发〔2014〕1号
	关于明确基层公共就业平台职能和人员配置工作的通知	丰人社发〔2013〕294号
	关于聘请离退休党员干部担任非公有制经济组织党建工作指导员的通知	丰社委发〔2013〕3号
	非公经济组织党建指导员管理办法	丰社委发〔2013〕11号
	关于申请支付2013年政府购买社会组织服务项目资金的函	丰社办函〔2013〕39号
	关于进一步加快推进河东三乡地区办事处职能转变相关工作的方案	丰社委文〔2013〕45号
石景山区	2013年社会建设工作要点	石社字〔2013〕1号
	关于在全区推进智慧社区建设的通知	石社字〔2013〕12号
	统筹规范街道协管员队伍管理工作实施方案（试行）	石社字〔2013〕13号
	2013年社会领域纪念建党92周年活动工作方案	石社字〔2013〕16号
	关于进一步加强社区青年汇工作的实施方案	石社领〔2013〕1号
	关于表彰2012年度先进社区居委会及先进社区居委会主任的决定	石社领办〔2013〕1号
	关于表彰2012年度“十佳大学生社工”的决定	石社领办〔2013〕2号
	2013年社会建设拟办实事项目	石社领办〔2013〕3号
	2013年公开招聘社区工作者工作方案	石社领办〔2013〕4号
	关于在全区推进“六型社区”建设的通知	石社领办〔2013〕6号

续表

区县名称	文件名称	文号
门头沟区	关于建立社会建设工作体系的意见	门发〔2013〕10号
	关于进一步加强街道和地区办事处工作的意见	门发〔2013〕19号
	关于进一步增强街道统筹协调功能的实施方案	门办发〔2013〕38号
	社会组织“星火工程”实施方案	门办发〔2013〕39号
	关于进一步加强新建安置小区服务管理工作实施意见	门政办发〔2013〕21号
	2013年街道系统开展“四评一创”活动实施方案	门组字〔2013〕28号
	关于第二批社区用房规范化建设项目检查验收实施方案	门社领办发〔2013〕3号
	关于开展“社区规范化建设示范点”创建活动的实施方案	门社领办发〔2013〕6号
	2013年社会建设工作要点	门社领办发〔2013〕7号
	区级社会建设专项支持资金管理办法（试行）	门社领办发〔2013〕9号
	关于加强社区建设专项资金使用和管理的通知	门社领办发〔2013〕10号
	关于开展“社区环境创建年”活动的实施意见	门社领办发〔2013〕11号
	关于开展“绿色社区”创建活动的实施方案	门社领办发〔2013〕12号
	社区“一居一品”创建活动实施方案	门社领办发〔2013〕13号
	关于深入推进十二类人群服务管理工作的意见暨“生命影响生命”行动计划	门社领办发〔2013〕14号
	关于在全区聘请离退休党员干部担任非公有制经济组织党建工作指导员的通知	门社委发〔2013〕1号
	2013年社会领域党建工作要点	门社委发〔2013〕2号
	关于深入开展“落实‘三个优化’，多办利民实事，全力建设国家生态文明示范区”解放思想大讨论活动的实施方案	门社委发〔2013〕3号
	关于改进工作作风、密切联系群众的若干规定	门社委发〔2013〕4号
	非公有制企业党建工作指导员管理办法	门社委发〔2013〕5号
	非公有制经济组织党建工作指导员专项资金使用管理办法（试行）	门社委发〔2013〕6号
	关于组建“蓝铃铛”志愿服务队加强社区防汛工作的通知	门社委发〔2013〕8号
	2013年社会动员试点工作方案	门社委发〔2013〕10号
	2013年市级“六型”社区示范单位创建活动方案	门社办发〔2013〕19号
	推进智慧社区建设工作实施方案	门社办发〔2013〕21号
	2013年“国际社工日”庆祝活动方案	门社办发〔2013〕22号
	区社会办防汛工作预案	门社办发〔2013〕35号
	关于进一步加强市民劝导队管理的通知	门社办发〔2013〕39号
	关于推进老旧小区自我服务管理试点工作的实施意见	门社办发〔2013〕54号
	关于做好网格化社会服务管理信息系统与为民服务信息平台对接工作的通知	门社办发〔2013〕57号

续表

区县名称	文件名称	文号
房山区	社区工作者管理制度（试行）的补充规定	房社委〔2013〕7号
	关于启动“一刻钟社区服务圈”信息平台建设的通知	房社领办发〔2013〕2号
	关于在全区社会领域开展“我的梦·中国梦”大讨论系列活动的安排意见	房社委〔2013〕12号
通州区	关于城乡全覆盖网格化社会服务管理平台项目建议书（代可研性研究报告）的函	通社办文〔2013〕1号
	关于城乡全覆盖网格化社会服务管理平台招标方案核准的函	通社办文〔2013〕2号
	关于城乡全覆盖网格化社会服务管理平台项目环境审核的函	通社办文〔2013〕3号
	关于第三批社区规范化建设基础设施项目实施方案的请示	通社办文〔2013〕5号
	关于第一批社区用房规范化建设项目决算的请示	通社办文〔2013〕8号
	关于全区第二批社区用房规范化建设项目进行结算评审的函	通社办文〔2013〕12号
	关于网格化社会服务管理创新项目所需资金的请示	通社办文〔2013〕20号
	关于进一步改进文风会风　加强作风建设的意见	通社委发〔2013〕2号
	关于表彰2012年度优秀社区工作者的决定	通社委发〔2013〕3号
	2013年社会建设工作意见	通社委发〔2013〕4号
	2013年网格化社会服务管理工作意见	通社委发〔2013〕7号
	2013年社区建设工作要点	通社委发〔2013〕8号
	2013年社会组织建设工作要点	通社委发〔2013〕9号
	2013年社会工作队伍建设工作要点	通社委发〔2013〕10号
	关于在全区推进智慧社区建设的实施方案	通社委发〔2013〕11号
	关于做好选拔优秀社工到“枢纽型”社会组织实岗锻炼有关工作的通知	通社委发〔2013〕12号
	关于开展创建全国文明城区　打造“试点示范小区”活动的实施意见	通社委发〔2013〕14号
	关于2013年度市民劝导队工作表彰决定	通社委发〔2013〕21号
	关于建立社会服务管理创新专项资金的请示	通社领办文〔2013〕1号
	社会服务管理创新项目管理办法（暂行）	通社领办发〔2013〕1号
	全面推进社区基本公共服务全覆盖工作方案	通社领办发〔2013〕2号
	关于推进区级“枢纽型”社会组织规范化建设的意见（试行）	通社领办文〔2013〕3号

续表

区县名称	文件名称	文号
顺义区	治理非法盗采加工运输经营砂石土方行为工作实施方案	京顺办发〔2013〕4号
	网格化社会服务管理指挥中心先行启动城市管理模块运行方案	京顺办发〔2013〕13号
	争创全国社会组织建设创新示范区活动实施方案	顺政办发〔2013〕24号
	推进智慧社区建设实施方案	顺政办发〔2013〕25号
	公共租赁住房管理暂行办法的通知	顺政发〔2013〕38号
	关于政府购买“枢纽型”社会组织管理服务的实施方案	社建领办〔2013〕1号
	关于2013年度使用北京市社会建设专项资金购买社会组织服务项目的实施方案	社建领办〔2013〕2号
	关于使用北京市社会建设专项资金购买专业社会工作岗位的实施方案	社建领办〔2013〕3号
	社区社会组织专项支持资金使用暂行规定	社建领办〔2013〕4号
	关于认定第三批区级“枢纽型”社会组织的通知	社建领办〔2013〕5号
昌平区	关于进一步推进社区规范化示范点创建工作的通知	昌社办发〔2013〕1号
	关于进一步推进“一刻钟社区服务圈”建设的通知	昌社办发〔2013〕2号
	关于开展第二批北京市智慧社区申报工作的通知	昌社办发〔2013〕3号
	关于开展首批北京市试点智慧社区认定工作的通知	昌社办发〔2013〕4号
	关于改进工作作风密切联系群众的实施细则	昌社委发〔2013〕1号
	关于聘请离退休党员干部担任非公有制经济组织党建工作指导员的通知	昌社委发〔2013〕2号
	关于聘请离退休党员干部担任非公有制经济组织党建工作指导员的意见	昌社委发〔2013〕3号
	关于认真做好2013年政府购买社会组织服务项目申报工作的通知	京昌社领办发〔2013〕1号
	关于推进智慧社区建设工作实施方案	京昌社领办发〔2013〕2号
	关于全面推进社区基本公共服务全覆盖工作的通知	京昌社领办发〔2013〕3号
大兴区	关于聘请退休党员任党建指导员的方案	京兴社委发〔2013〕1号
	关于改进工作作风密切联系群众的有关意见	京兴社委文〔2013〕1号
	2010年社区规范化建设办公与服务用房项目自查验收报告	京兴社办文〔2013〕3号
	2013年社会建设工作要点	京兴社领办文〔2013〕1号
	2013年社区建设要点	京兴社领办文〔2013〕2号
	2013年社会建设信息化工作要点	京兴社领办文〔2013〕3号
	纪念中国共产党成立92周年在非公经济组织中开展系列活动的意见	京兴社委发〔2013〕2号

续表

区县名称	文件名称	文号
大兴区	2013 年社区规范化建设工程实施方案	京兴社办文〔2013〕17 号
	关于“智慧社区”网络民生工程实施方案的请示	京兴社办文〔2013〕19 号
	关于旧宫地区办事处招录社区服务站专职工作人员的批复	京兴社领办文〔2013〕4 号
	关于成立社会组织联合会的请示	京兴社办文〔2013〕26 号
	关于同意设立“北京市大兴区生活服务中心”的批复	京兴社办文〔2013〕29 号
	关于开展老旧小区自我服务管理试点工作的实施方案（试行）	京兴社办文〔2013〕30 号
平谷区	关于认定第二批区级“枢纽型”社会组织的通知	京平社领发〔2013〕1 号
	关于认定区工商联作为区级“枢纽型”社会组织的通知	京平社领发〔2013〕2 号
	关于开展 2013 年“雷锋精神遍绿谷　为民助人千万家——让志愿服务走进生活”主体活动的通知	京平社领办发〔2013〕4 号
	推进智慧社区建设工作实施意见	京平社领办发〔2013〕5 号
	关于开展 2013 年“幸福平谷社会组织公益行”系列活动的通知	京平社领办发〔2013〕6 号
	关于表彰 2013 年度社会建设信息化工作先进单位和先进个人的通报	京平社领办发〔2013〕9 号
	2013 年政府购买社会组织公共服务项目的工作要求	京平社领办发〔2013〕10 号
	2013 年城市街道社区党的建设“三级联创”活动考评工作方案	京平社发〔2013〕6 号
怀柔区	关于进一步加强社区青年汇工作的实施意见	怀社领发〔2013〕1 号
	关于推进“枢纽型”社会组织规范化建设的意见（试行）	怀社领办发〔2013〕18 号
	向社会组织购买服务项目指导意见（试行）	怀社领办发〔2013〕19 号
	关于“社会工作者联合会　志愿者联合会一届三次理事会”情况的通报的意见	怀社领办发〔2013〕32 号
	镇乡街道级网格化社会服务管理指挥中心内部运行管理办法	怀网领发〔2013〕1 号
	关于成立网格化社会服务管理中心的请示	怀社委字〔2013〕3 号
	关于深化基础网格功能试点建设的工作方案	怀网领发〔2013〕2 号
	关于深化基础网格功能建设的实施意见	京怀办发〔2013〕41 号
	关于社会建设专项资金和项目管理办法（试行）的通知	京社办发〔2013〕21 号
	关于开展“我和我的社区”主题系列宣传活动的通知	怀社委〔2013〕12 号
	关于在全区聘请退休党员干部担任非公有制经济组织党建工作指导员的通知	京怀组字〔2013〕12 号
	关于在镇乡、街道及雁栖经济开发区成立社会工作党委的通知	京怀组字〔2013〕17 号

续表

区县名称	文件名称	文号
密云县	关于规范农村地区居民社区党组织、居委会、服务站专职工作人员管理的意见	密政发〔2013〕26号
	关于加强社区党组织居委会服务站领导干部任免管理的意见	密组字〔2013〕12号
	关于加强引导社区居民文明养犬工作的通知	密社办发〔2013〕17号
	社区工作者考核办法	密社办发〔2013〕30号
	社区工作者培训管理办法	密社办发〔2013〕31号
	网格化社会服务业标准化试点实施方案	密社办发〔2013〕32号
	2013年社会建设工作要点的通知	密社委发〔2013〕1号
	关于聘请离退休党员干部担任非公有制经济组织党建工作指导员的通知	密社委发〔2013〕2号
	关于社区服务站领导职务竞争上岗的意见	密社委字〔2013〕7号
	关于组织社区工作者任职资格考试的通知	密社委字〔2013〕8号
	关于开展街道“枢纽型”社会组织工作体系建设试点的指导意见	密社委字〔2013〕9号
	关于加强镇、街“枢纽型”社会组织工作体系建设的通知	密社领办发〔2013〕1号
	关于印发2013年社会建设工作考核办法的通知	密社领办发〔2013〕2号
	关于印发建设网格化社会服务管理标准体系工作方案的通知	密社领办发〔2013〕3号
	关于对各镇街（地区）社会建设工作进行年终考核的通知	密社领办发〔2013〕4号
	2013年社会建设信息工作总结和2014年信息工作要点	密社领办发〔2013〕5号
	2013年社会建设工作意见	密社领发〔2013〕1号
	关于认定第二批县级“枢纽型”社会组织的通知	密社领发〔2013〕2号
	关于开展网格化社会服务管理优秀工作人员和优秀单位评选活动的通知	密社领发〔2013〕3号
	网格化社会服务管理优秀工作人员和优秀单位评分方案（试行）	密社领发〔2013〕4号
	关于表彰网格化社会服务管理优秀工作人员、融入网格化优秀志愿者和优秀单位的决定	密社领发〔2013〕5号
	关于表彰下半年网格化社会服务管理优秀工作人员、融入网格化优秀志愿者和优秀单位的决定	密社领发〔2013〕6号
	关于表彰2013年度网格化社会服务管理优秀工作人员、融入网格化优秀志愿者和优秀单位的决定	密社领发〔2013〕7号
延庆县	关于推进网格化社会服务管理工作的实施方案	延社领办文〔2013〕1号
	关于改进工作作风密切联系群众的十项规定	延社委文〔2013〕2号
	社会工作人才梯队建设项目2013年度实施方案	延社委文〔2013〕6号
	社会领域党建要点	延社委文〔2013〕8号
	关于廉政文化进社区工作实施方案	延社委文〔2013〕19号
	2013年社会组织公益系列活动方案	延社办文〔2013〕17号
	关于推进住宅小区物业服务管理改革意见的通知	延政办发〔2013〕20号

北京市、区县社会建设工作统计表

北京市社会工作事务所一览表

区县	序号	社会工作事务所名称	主要服务领域
	1	北京芳华社会工作服务发展中心	妇女儿童及家庭专业社工服务
	2	北京超越青少年社会工作事务所	未成年人司法社会工作服务
东城区	3	助人社会工作事务所	青少年事务、为老服务、残疾人服务
	4	阳光社会工作事务所	青少年事务、为老服务
	5	引行社会工作事务所	社区公益服务、志愿者团队建设
西城区	6	悦群社会工作事务所	残疾人康复、驻校社会工作
	7	仁助社会工作事务所	青少年事务、驻校社会工作
	8	睦友社会工作事务所	为老服务、医务社会工作人才派驻
	9	厚朴社会工作事务所	少数民族文化促进、社区工作者发展
	10	泓德中育文化发展中心	外来人口融合
朝阳区	11	惠心社会工作事务所	青少年事务、为老服务、残疾人服务
	12	在行动社会工作事务所	流动人口服务、社区工作者发展和提升
	13	近邻社会服务中心	城乡结合部外来务工人员和拆迁转居人员服务
	14	曙康社会工作事务所	专业社会工作政策咨询、志愿者团队建设
	15	七彩昀社会工作事务所	流浪乞讨人员服务，社区关系修复，军队、司法社会工作
	16	亚运村立德社会工作事务所	残疾人康复、社区关系融合
	17	民和社会工作事务所	家庭综合社工、商务楼宇社工、公益文化
	18	颐天悦社会工作事务所	为老服务、心理辅导、志愿服务宣传与推广
	19	艺途社会工作事务所	家庭文化服务、企业文化服务、残障人士文化服务
	20	望京李楠社会工作事务所	残疾人服务、志愿者团队建设
	21	心声社会工作事务所	社区矫正、青少年服务
	22	智耘弘善社会工作事务所	商务楼宇服务、家庭服务
海淀区	23	惠泽社会工作事务所	青少年事务、帮扶困难家庭
	24	睿搏社会工作事务所	司法矫正、青少年事务、家庭社会工作
	25	北城心悦社会工作事务所	社工培养、社区需求调研、社区公益服务、社区支援服务

续表

区县	序号	社会工作事务所名称	主要服务领域
丰台区	26	挚爱婚姻家庭社会工作事务所	老年人家庭关系支持
	27	蓟翔社会工作事务所	青少年事务
	28	九万里社会工作事务所	社区公益服务、志愿者团队建设
	29	中鼎社会工作事务所	青少年社工服务，为老服务，社工招聘、培训、派遣
	30	瑞丰社会服务中心	社会组织培育
	31	乐助社会工作事务所	流动人口服务、妇女社会工作服务
	32	利智社会工作事务所	残疾人服务
	33	彤心社会工作事务所	为老服务、公共安全
石景山区	34	金顶阳光社会工作事务所	司法矫正、重点人群管理和服务
	35	星缘社会工作事务所	智障青少年服务、心理咨询
	36	乐龄老年社会工作服务中心	社区居家养老服务
	37	泉源儿童之家	孤残儿童救助
	38	智达社会工作事务所	40、50下岗人员再就业指导服务
	39	长庚社会工作事务所	健康知识普及、社区困难群体服务、社区志愿服务
	40	木铎社会工作事务所	为老服务
门头沟区	41	康馨社会工作事务所	妇女儿童社会工作、医务社会工作
房山区	42	尚民社会工作事务所	心理咨询、助老助残
	43	睿诚社会工作事务所	青少年社工服务，为老服务，社工招聘、培训、派遣
通州区	44	中仓社会工作事务所	为老服务
	45	玉桥社会工作事务所	为老服务、志愿者团队建设
顺义区	46	绿港社会工作事务所	“农转居”人员的角色转换、社区心理咨询
昌平区	47	温心社工师事务所	为老服务、青少年事务
	48	城市之光社会工作事务所	青少年服务
大兴区	49	朗润社会工作事务所	心理健康服务、心理咨询
	50	博恒司法社会工作事务所	社区矫正、安置帮教、人民调解、法律援助、社区治理
	51	助兴社会工作事务所	为老、残疾人等弱势群体服务
	52	众合社会工作事务所	为老、残疾人等弱势群体服务
	53	阳光之家社会工作事务所	司法矫正等服务
	54	仁和社会工作事务所	社区社会工作、拆迁户社会工作服务、青少年社会工作
平谷区	55	绿谷社会工作事务所	社工培养、为老服务、青少年服务、心理咨询、法律咨询
怀柔区	56	京北社会工作事务所	社会工作政策研究、社会建设政策咨询
密云县	57	家业如心社会工作事务所	专业心理服务
	58	馨欣社会工作事务所	社区心理服务
	59	祥和社会工作事务所	为老服务、青少年事务
延庆县	60	家缘社会工作事务所	法律援助
	61	鹏鲲社会工作事务所	社区公益服务、志愿者团队建设

北京市社会建设工作获奖情况

单位或个人	所属单位	表彰奖励名称
市委社会工委、市社会办		2013年度中国社工事业贡献奖
市委社会工委、市社会办		“万名社区工作者培训计划”被评为2013年度中国社会工作领域十大事件
市委社会工委、市社会办		2012—2013年度北京市调查研究工作先进单位
市委社会工委、市社会办		北京市第九届全民健身体育节优秀组织奖
综合处（宣传处）	市委社会工委、市社会办	《关于推进社会服务管理网格化工作的调研报告》获2012—2013年度北京市优秀调查研究成果优秀奖
综合处（宣传处） 社会动员工作处（志愿者工作处）	市委社会工委、市社会办	《关于进一步深化和完善网格化社会服务管理体系建设的调研报告》获2013年首都综治工作重点调研课题二等奖
社区建设处	市委社会工委、市社会办	全国群众体育工作先进单位
社区建设处	市委社会工委、市社会办	北京市生活垃圾分类先进单位
社区建设处	市委社会工委、市社会办	北京市住房保障先进单位
社会组织工作处 社会动员工作处（志愿者工作处）	市委社会工委、市社会办	《关于建立现代社会组织体制的调研报告》获北京市2013年度维稳工作优秀调研报告二等奖
机关党委	市委社会工委、市社会办	首都全民义务植树先进单位
北京社会心理研究所	市委社会工委、市社会办	《北京社会心态调查研究》获2012—2013年度北京市优秀调查研究成果二等奖
朝阳区		全国专业社会工作服务示范区
朝阳区		全国社区志愿服务示范区
朝阳区		全国社区管理和服务创新实验区
朝阳区		《朝阳区社区党委书记队伍建设调研报告》被北京市党建研究会评为2013年度自选课题优秀成果一等奖
朝阳区社会志愿者公益储蓄中心		民政部优秀志愿服务案例二等奖
东城区委社会工委		2012年度“北京公益行系列活动”优秀组织奖

续表

单位或个人	所属单位	表彰奖励名称
海淀区马连洼街道		全国安全社区建设先进单位
丰台区马家堡街道		全国和谐示范社区示范街道
丰台区右安门街道		北京市社区管理和服务创新实验区
房山区委社会工委		2013 年北京市区县机关档案工作市级优秀单位
通州区委社会工委		北京市第二届“寻找最美社工活动”优秀组织奖
大兴区安全生产监督管理局		全国安全社区建设先进单位
平谷区兴谷街道		全国和谐社区建设示范街道
平谷区兴谷街道		北京市第九届全民健身体育节优秀组织奖
平谷区渔阳地区太和园社区		北京市优秀科普社区
平谷区滨河街道金海社区		国家级科普社区
平谷区兴谷街道社保所		北京市优秀社保所
延庆县香水园街道新兴东社区		社区学雷锋志愿服务联络工作示范站
延庆县东外大街		首都文明示范街
于瑞林	房山区委社会工委、区社会办	2013 年度中国十大社工人物
安　娜	西城区仁助社会工作事务所	首都市民学习之星、2013 年度中国优秀社工人物、2013 年度首都最美社工
李　真	北京市协作者社会工作发展中心	2013 年度中国优秀社工人物
丁　蕊	北京市西城区睦邻社会工作事务所	2013 年度中国最美社工
吴　扬	北京市西城区社会工作者联合会	2013 年度中国最美社工
陈美玲	北京市第一社会福利院	2013 年度中国最美社工
张秀玲	北京市 SOS 儿童村	2013 年度中国最美社工
王海青	石景山区鲁谷社区五芳园社区	2013 年度中国最美社工、2013 年度首都最美社工
刘冠华	丰台区右安门街道东滨河路社区	2013 年度中国最美社工、2013 年度首都最美社工
朱佳琦	房山区拱辰街道宜春里社区居委会	2013 年度中国最美社工、2013 年度首都最美社工
张跃豪	朝阳区亚运村街道立德社会工作事务所	2013 年度中国最美社工、2013 年度首都最美社工
胡夏瑜	北京市妇联社会工作部	2013 年度中国最美社工、2013 年度首都最美社工
韩士鹏	顺义区绿港社会工作事务所	2013 年度中国最美社工、2013 年度首都最美社工

续表

单位或个人	所属单位	表彰奖励名称
曾　鑫	北京市红丹丹视障文化服务中心	2013 年度中国最美社工、2013 年度首都最美社工
兰凌燕	东城区崇外街道西花市南里南区社区	2013 年度首都最美社工
张鶩制	朝阳区奥运村社保所南沙滩社区	2013 年度首都最美社工
侯晓叶	昌平区城南街道秋实家园社区居委会	2013 年度首都最美社工
潘瑞凤	西城区广内街道西便门东里社区	2013 年度首都最美社工
岳金柱	市委社会工委、市社会办	第十一届北京市优秀思想政治工作者
邢桂丽	市委社会工委、市社会办	北京市妇女儿童工作先进个人
王进殿	市委社会工委、市社会办	第七届首都民族团结进步先进个人
李占影	市委社会工委、市社会办	首都绿化美化先进个人
王胜健	市委社会工委、市社会办	北京市节能先进个人
张　江	市委社会工委、市社会办	首都市民学习之星
郭　昊	西城区悦群社会工作事务所	第二十七届北京市青年五四奖章
康卫国	丰台区委社会工委、区社会办	北京市生活垃圾分类先进个人

2013 年社会建设调研报告和理论文章目录（选编）

报告或文章题目	作者	单位及职务
谈谈社会建设与社会治理	郑必坚	国家创新与发展战略研究会会长
加快构建中国特色社会主义社会体制	魏礼群	北京师范大学中国社会管理研究院院长
社会建设时代已经来临	陆学艺	中国社会科学院荣誉学部委员
大力加强和创新社会管理 更好地保障和改善民生	赵胜轩	第十二届全国人大常委会委员、中国社会科学院副院长、党组副书记
搞好社会管理创新的三点想法	陈冀平	第十二届全国政协常委、社会和法制委员会副主任、中国法学会党组书记、常务副会长
社会组织管理制度改革问题	邓文奎	国务院研究室社会发展研究司司长
重建社会管理的基石——诚信与规则	刘应杰	国务院研究室综合司巡视员
浅议加强和创新社会管理的底线	王金华	民政部办公厅副主任
更好地发挥社会组织在管理社会事务中的作用——基于广东、浙江改革创新实践的观察和思考	廖　鸿 许　昀	廖鸿系民政部民间组织管理局副局长，许昀系民政部民间组织管理局政策法规处副处长
政府购买社会工作岗位的实践与建议	卢　磊	民政部社会工作研究中心研究员
加强社会管理的基础工作　推进我国社工实务体系建设	赵蓬奇	中国社会工作协会副会长兼秘书长
治理主体的改变与治理方式的改进——“枢纽型”社会组织工作体系的内在逻辑	高　勇	中国社会科学院社会发展研究所
培育社会组织共同参与社会治理	崔明华	上海市社会工作党委书记、上海社会建设委员会办公室主任
关于社会体制改革的几点思考	刘润华	广东省社会工作委员会专职副主任
发展壮大社会工作人才队伍的对策建议	林惜文	广东省民政厅纪检组组长
新社会组织党建工作质量考评体系探究	鲁亚飞	中共海门市委常委、市委组织部部长
“双工联动”模式的多元形式	肖　萍 邹千秋	深圳市鹏晨社会工作服务社
民富然后国富　社会强然后国家强	周为民	中央党校马克思主义理论教研部主任、教授
完善首都基本公共服务供给方式的思考与建议	丁元竹	国家行政学院决策咨询部副主任
在社会体制改革中发展社会组织	龚维斌	国家行政学院社会和文化教研部主任
能力建设与社会组织发展——对北京市科技类社会组织的实证研究	马庆钰	国家行政学院公共管理教研部副主任
社会改革的春天	王　名	清华大学 NGO 研究所所长
社会建设宏伟蓝图与社会组织改革发展趋势	王　名 张严冰	清华大学 NGO 研究所所长 清华大学公共管理学院助理教授

续表

报告或文章题目	作者	单位及职务
社会建设与社会管理创新的四个“抓手”	李　强	清华大学社会科学院院长、教授
社会动员机制研究	王天夫	清华大学社会学系教授
以契约精神发展公共服务购买	贾西津	清华大学公共管理学院副教授、清华大学 NGO 研究所副所长
购买服务中政府与社会组织的关系	郑杰榆	清华大学 NGO 研究所博士
中国城市社区党建研究述评	张　超	清华大学政治学系博士
社会工作要增强协调能力	王思斌	北京大学社会学系教授、中国社会工作教育协会会长
社会工作者要善于合作	王思斌	北京大学社会学系教授、中国社会工作教育协会会长
加快社会管理体制改革任重道远	程天权	中国人民大学公共治理研究院院长
居住证制度与流动人口服务管理	翟振武	中国人民大学社会与人口学院院长、教授
社会工作介入社会管理研究——基于北京等地的经验	李迎生	中国人民大学社会与人口学院教授、博士生导师
中国社区发展历程的回顾与展望	李东泉	中国人民大学教授
中国社会管理和社区治理的新特点新趋势	郑杭生	中国人民大学教授
北京市新生代农民工价值取向分析报告	辛志勇 侯佳伟 王修晓	中央财经大学
2013 年度北京市老年人社会心态状况分析报告	丁志宏	中央财经大学
政府购买公共服务“双主体”政策背景下社会工作专业机构面临的机遇与挑战	范燕宁	首都师范大学社会学与社会工作系主任、教授，首都师范大学社区矫正与社会发展中心主任，北京市海淀睿博社会工作事务所所长
高校教师领办专业社工服务机构探析	张书颖	北京政法职业学院社会法律工作系教授
论当代中国社会组织在社会建设中的主体地位	曹飞廉	北京工业大学社会学系
老旧社区典型问题调查分析与对策建议——以海淀区为例	韩秀记	北京工业大学人文社会科学学院博士后
我国社会工作服务机构的管理与创新	曲玉波	上海政法学院教授
社区建设目标反思	张　昱	华东理工大学法学院院长
社区建设与中国社会工作发展	方　萍	中山大学政治与公共事务管理学院公共管理专业博士研究生
社会工作人才队伍建设的制度性因素分析	刘海燕	吉林建筑大学文法学院副教授
社会管理创新与社会工作人才队伍建设	李淑芳	内蒙古财经大学法学院副教授
评估，社会组织管理培育的有效手段	朱晓红	华北电力大学人文学院社会企业研究中心主任、教授
新社会组织党建问题探析	曹　大	广东省佛山市委党校党史党建教研部副教授

2013年全国社会建设工作重要事件（摘录）

【中央财政支持社会组织参与社会服务项目立项】 2月8日，民政部发出《关于2013年中央财政支持社会组织参与社会服务项目立项通知》，经专家委员会评审和项目管理工作领导小组批准，2013年中央财政支持社会组织参与社会服务项目共立项470个项目。

【1000名专业人才受国家派遣服务“三区”】 3月13日，《民政部关于做好首批边远贫困地区、边疆民族地区和革命老区社会工作专业人才支持计划实施工作的通知》发布，第一批计划选派1000名社会工作专业人员到国家确定的中部和西部地区，集中为特殊困难地区覆盖的县、国家扶贫开发工作重点县和省级扶贫开发工作重点县，以及新疆生产建设兵团困难团场提供专业服务，同时为这些困难地区培养500名社会工作专业人才。

【中国社会工作协会2013年社区工作委员会会议召开】 会议以科学发展观为指导，认真贯彻落实党的十八大精神，围绕“全面提高社区工作社会化、专业化、现代化和科学化水平，推进区、街、镇工作发展，建设文明和谐社区”主题，于4月18日至19日召开。会议就各成员提交的“社区志愿服务”“基层社会组织建设与发展”“网格化管理”“社区工作者培训”“街道改革发展”“破解社区建设难题”等建议进行深入研讨。来自北京、上海、天津、重庆、广东等13个省、市的委员代表共40余人参加会议。

【芦山震灾捐赠新规推动社会组织发挥积极作用】 4月20日，四川雅安芦山地震发生后，民政部及时发布《关于四川芦山7.0级强烈地震抗震救灾捐赠活动的公告》，不指定救灾捐赠接收主体，提倡通过依法登记、有救灾宗旨的公益慈善组织和灾区民政部门进行捐赠，为社会组织参与救灾和灾后重建服务畅通了渠道，同时强化信息公开，加强监督管理，提高捐赠使用的透明度。四川省雅安市成立了全国首个抗震救灾社会组织和志愿者服务中心，对接社会组织公益项目493个，涉及资金11.46亿元，社会组织成为抗震救灾的重要力量。此举是构建政府与社会组织联合救灾机制的新探索，整合救灾资源、拓宽救灾渠道，在救灾领域建立了政社互动互补的新格局。

【天津市率先推出社会组织调解机制】 为更好地服务社会组织，天津市在全国率先推出社会组织调解机制，于4月印发《天津市社会组织人民调解工作（暂行）办法》，规范了各级职责，明确规定“市、区县两级业务主管单位、‘枢纽型’社会组织及其他类型社会组织要设立社会组织人民调解委员会，负责调解所属社会组织内部矛盾纠纷”，构建起全市“两线三面”的社会组织调解工作大格局。截至11月底，各区县民政部门已成立社会组织人民调解委员会，开始免费为社会组织调解内部矛盾纠纷。社会组织内部发生矛盾纠纷时，可以向社会组织人民调解委员会申请调解，社会组织人民调解委员会也可以主动调解。接到调解申请后，社会组织人民调解委员会要在5个工作日内征求被申请人是否同意调解的意见，在征得各方当事人的同意后，在3个工作日内启动调解程序，并将调解时间、地点和人民调解员名单通知当事人，调解终结时限为30个工作日。社会组织人民调解委员会通过劝说、疏导及说服等方法，促使当事人在平等协商基础上自愿达成一致协议，妥善解决矛盾纠纷。

【民政部确定首批社会工作专业人才培训基地】 5月3日，民政部公布首批民政部社会工作专业人才培训基地名单。根据专家评审意见，综合考虑各地社会工作发展状况和实际需求，民政部培训中心等37家单位被确定为首批社会工作专业人才培训基地。37家培训基地将在加强师资队伍建设、提升专业培训能力、认真探索社会工作专业人才成长规律和具有社会工作特色的培训模式等方面切实发挥示范引导作用。按照2013年2月份民政部发出的《关于遴选社会工作专业人才培训基地的通知》，民政部社会工作司每3年对培训基地进行检查和考核。考核合格的，保留"民政部社会工作专业人才培训基地"标牌；考核不合格的，要限期整改，整改不合格的，撤销备案，收回培训基地标牌，并向社会公布。

【社会组织人才培训首次纳入国家专业技术人才知识更新工程】 5月17日，人力资源和社会保障部办公厅印发《专业技术人才知识更新工程2013年高级研修项目计划》。据此，10月14日，民政部、人力资源和社会保障部联合举办首届全国行业协会商会领军人才高级研修班，社会组织人才培训首次纳入国家专业技术人才知识更新工程，这是加强社会组织人才队伍建设的重要举措。7月15日，人力资源和社会保障部、民政部联合下发了《关于鼓励社会团体、基金会和民办非企业单位建立企业年金有关问题的通知》，该政策出台对稳定社会组织人才队伍，提高其社会保障水平具有重要意义。

【全国社会工作专业人才服务"三区"计划实施工作在兰州启动】 6月27日，全国社会工作专业人才服务"三区"计划实施工作暨社会工作实务能力提升培训班在兰州举行。从2013年到2020年期间，国家将每年为边远贫困地区、边疆民族地区和革命老区选派1000名、培养500名社会工作专业人才。实施"三区"计划，支持边远贫困地区、边疆民族地区和革命老区发展壮大社会工作专业人才队伍，建立健全专业社会工作制度，对推动这些地区进一步完善社会服务体系、创新社会管理、加强社会建设、促进社会和谐具有重要作用。今年是实施社会工作专业人才服务"三区"计划的第一年，各地正在根据实际，灵活选择不同的实施方式。如新疆通过外部支持的方式，从北京、广东、深圳、长春等地选派60余名社会工作专业人才，一定程度上缓解了新疆本地社会工作专业人才不足问题。甘肃、宁夏、青海等省、自治区采用政府购买岗位或者项目服务的方式，支持民办社会工作服务机构招募和组织社会工作专业人才到受援地区提供服务。

【民政部首批试点企业社会工作全面铺开】 7月26日，民政部发布《关于确定首批企业社会工作试点地区和单位的通知》，确定河北省衡水市等18个地区和北京市北灯汽车灯具有限公司等80家单位为民政部首批企业社会工作试点地区和单位。企业社会工作在全国试点单位铺开，标志着开展和推进企业社会工作已提上实际工作日程。

【云南等地积极推进社会组织改革创新】 8月23日，云南省委、省政府出台《关于大力培育发展社会组织加快推进现代社会组织体制建设的意见》，同时出台一系列配套政策，在此之前，民政部、云南省政府于7月18日共同举办了"推进社会建设创新社会组织"座谈会，民政部部长李立国，云南省委书记秦光荣出席会议并讲话。云南省在政府退出公益慈善募捐市场、地方性税收减免、政府购买服务等方面的政策具有创新性。与此同时，安徽、福建、大连、宁波、厦门等地党委政府也纷纷出台推进社会组织改革创新的综合性文件，落实中央精神、全面深化社会组织改革的氛围日趋浓厚。

【国务院出台政府向社会力量购买服务指导意见】 9月26日，国务院办公厅下发《关于政府向社会力量购买服务的指导意见》，对政府向社会组织，以及企业、机构等社会力量购买服务做出系统安排和全面部署，填补了我国政府购买服务政策领域的空白。依法在民政部门登记成立或经国务院批准免于登记的社会组织成为购买服务的重要承接主体。

这是新一届政府对进一步转变政府职能、改善公共服务作出的重大部署，对于优化社会组织发展环境、更好发挥社会组织积极作用具有重要意义。

【社会组织逐步纳入国家社会信用体系建设】 年内，社会组织纳入国家社会信用体系建设范畴，地方率先启动，9月20日，浙江省下发了《关于加强社会组织信用体系建设的通知》，9月26日，上海市下发了《社会组织信用信息记录、共享和使用管理暂行办法》，登记、年检、评估、执法等情况成为评价社会组织信用状况的重要信息。同时，社会组织建设创新示范、行业协会自律与诚信创建、民办非企业单位塑造品牌与服务社会等活动在全国深入开展，社会组织评估工作全面推进，符合条件的全国性社会组织累计评估率达到70%，社会组织诚信建设得到加强，信用环境进一步优化。

【社会组织登记管理简政放权】 11月8日，国务院下发《关于取消和下放一批行政审批项目的决定》，12月7日，下发《关于修改部分行政法规的决定》，取消了法律规定自批准之日起即具有法人资格的社会团体及其设立分支机构、代表机构备案，取消了全国性社会团体分支机构、代表机构的设立登记、变更登记和注销登记，取消了商务部对在华外国商会的前置审批，并对《外国商会管理暂行规定》做了相应修改。与此同时，全国多个省份下延了非公募基金会和异地商会的登记管理权限。以简政放权为核心的社会组织登记管理改革在中央和地方次第展开、稳步推进。

【黑龙江省建立全国首个地方社会组织人才库】 11月12日至14日，黑龙江省社会组织领军人才培训班举办，省内各市县社会团体、基金会、民办非企业单位的负责人近230人参加培训。为加强社会组织人才队伍建设，更好地实现对社会组织人才的动态管理和全方位服务，国家民间组织服务中心以全国社会组织人力资源管理服务平台为载体，依托此次人才培训，与黑龙江省民间组织管理局合作建立黑龙江省社会组织人才库，作为黑龙江省社会组织人才的“蓄水池”，建立登记管理机关联系服务社会组织人才的稳固渠道，为帮扶各类优秀人才在社会组织中建功立业创造有利条件。

【《中共中央关于全面深化改革若干重大问题的决定》通过】 11月12日，中国共产党第十八届中央委员会第三次全体会议通过《中共中央关于全面深化改革若干重大问题的决定》。《决定》提出要创新社会治理体制，从改进社会治理方式、激发社会组织活力、创新有效预防和化解社会矛盾体制、健全公共安全体系四个方面提出要求。

【全国社会工作标准化技术委员会成立】 11月13日，全国社会工作标准化技术委员会在京成立，主要任务是社会工作标准管理、标准研制、标准审查、标准实施与评估，从而提升社会工作服务质量，强化社会工作管理成效，提高社会工作制度化、规范化、科学化水平，为推进社会工作事业发展迈出关键一步。

【《关于加快推进社区社会工作服务的意见》发布】 11月15日，民政部、财政部下发《关于加快推进社区社会工作服务的意见》，要求切实加强社区社会工作专业人才队伍建设，积极发展社区社会工作服务，进一步促进和谐社区建设。文件要求各地及相关部门积极落实《民政部财政部关于政府购买社会工作服务的指导意见》，将社区社会工作服务纳入政府购买服务范围，逐步加大财政投入力度，确保社区社会工作服务开展有场地、有人员、有资金，鼓励社会资金支持购买社区社会工作服务，推动社区社会工作全面发展。

【中央对改革社会组织管理制度作出重大部署】 党的十八届二中全会和十二届全国人大一次会议通过《国务院机构改革和职能转变方案》对改革社会组织管理制度作出重大

部署，主要任务包括，推进行业协会商会与行政机关脱钩，对行业协会商会类、科技类、公益慈善类、城乡社区服务类社会组织实行直接登记，完善相关法律法规，健全社会组织管理制度，推动社会组织完善内部治理结构。目前，制定社会组织改革综合性文件、行业协会商会与行政机关脱钩、修订相关法律法规等工作有序推进，直接登记工作初见成效，各级民政部门直接登记了19000多个社会组织。

【全国安全社区建设工作会议召开】 11月21日至22日，全国安全社区建设工作会议暨国际安全社区命名仪式在江苏南京召开。国家安全监管总局党组成员、副局长杨元元出席会议并讲话。来自全国各省、市、自治区的相关代表330余人参会。大会新命名98个全国安全社区，表彰21个全国安全社区建设先进单位，52名全国安全社区建设先进个人，分别授予“全国安全社区建设先进单位”和“全国安全社区建设先进工作者”称号。在命名仪式上，全国共有6个社区获得“国际安全社区”称号。目前，全国启动安全社区建设的街道和乡镇共2355个，覆盖人口1.37亿，已建成国际安全社区68个。

【三部委对北京市开展新建社区商业和综合服务设施规划专题调研】 12月6日，为贯彻落实《国务院关于深化流通体制改革加快流通产业发展的意见》中“新建社区商业和综合服务设施面积占社区总建筑面积比例不低于10%”的文件要求，住建部、商务部、国土部联合对北京市开展专题调研，听取市社会办、规划委、商务委、国土局等部门工作情况汇报，实地查看朝阳区双井街道富力社区商业服务设施和社区综合服务中心、东城区东花市街道“农超对接”便民菜店和利用地下民防工程设立的综合性便民市场，并与街道、社区工作者代表进行座谈交流。